아브라함 카이퍼를 따르는 전통은 네덜란드 개혁 교회 전체로 보면 비주류, 방계, 또는 하나의 지류에 지나지 않았다. 그러나 그 영향은 변방에 머물지 않고 삶의 여러 영역에 넓고 깊이 스며들었다. 그에 대한 이유를 이 책은 잘 보여 준다. 이 전통에 속한 이들의 작품은 아직도 지극히 적은 분량만 영어로 혹은 한국어로 번역되었다. 이런 상황에서 이 책은 아브라함 카이퍼 전통 전체의 지형을 어느 정도 조망할 수 있는 지도를 제공해 준다. 이 지도를 들고 실제 몸으로 지역을 탐사하며 걷는 일은 이 전통을 존중하되 이 전통을 쇄신하고 새로운 상황에 창의적으로 적용해 보려는 열의를 가진 사람들의 몫이다. 이 책을 읽는 이들은 저자가 마지막 부분에서 외적 여정과 내적 여정, 즉 문화와 삶에 대한 깊은 관여와 내면으로 깊이 들어가는 '영성 형성'이 중요하다고 강조하는 것에 반드시 귀를 기울여야 할 것이다. 그렇지 않으면 아브라함 카이퍼 전통은 또 하나의 헛된 기독교 국가의 꿈에 지나지 않을 것이기 때문이다.

강영안 서강대학교 철학과 명예교수, 미국 캘빈 신학교 철학신학 교수

이 책은 신칼뱅주의 주창자인 아브라함 카이퍼와 그 전통에 속한 사상 전반을 다룬 총론서다. 기독교 세계관을 본격적으로 탐구하려면, 카이퍼주의 전통인 신칼뱅주의로 거슬러 올라가야만 복잡한 실마리를 풀어 갈 수 있다. 이 책은 기독교 세계관 논의에서 늘 언급된 "창조-타락-구속", "구조와 방향", "문화 명령" 같은 기초적인 개념을 반복하는 데 그치지 않고 포스트모더니즘, 세속화, 다원주의라는 현대의 맥락에서 카이퍼주의 사상이 갖는 타당성을 설득력 있게 설명한다. 특히 기독교 세계관과 신칼뱅주의, 그리고 그 광범위한 영향에 대해 관심 있는 독자라면 이 책을 통해 최신의 연구 성과 및 그와 관련된 논의의 정보를 살펴보면서 큰 유익을 누릴 것이다.

김동춘 기독연구원 느헤미야 원장, 조직신학 교수

『아브라함 카이퍼 전통과 삶의 체계로서의 기독교 신앙』의 저자 크레이그 바르톨로뮤는 아브라함 카이퍼의 작품이 네덜란드 암스테르담과 동시에 출간되는 유익을 누린 남아프리카공화국 출신이다. 바르톨로뮤는 카이퍼 및 바빙크의 저작 및 배경에 대해 매우 친숙하면서도, 그들과 100년이라는 시간적 거리를 두고 살아가는 자신의 고유한 자유를 상실하지 않은 채 그들의 유산을 우리 시대의 논객들과 나누는 토론 가운데서 적실하게 다시 살려 낸다. 바르톨로뮤는 논의의 중심이 되는 1차 자료들을 원전으로 읽으면서 그들이 동시대 사람들에게 들려주고 싶었던 핵심 가치를 명석하게 파악할 능력을 가진 저자로서, "원래의 의미"를 유지하면서도 자신이 경험한 북미나 남아공 사회의 현실에 대해 뛰어난 안목으로 적절한 비평을 제시하는 일을 매우 능숙하게 수행한다. 신칼뱅주의 전통의 고유한 정취를 시대의 고민과 함께 맛보고 싶은 이들에게 필독을 권한다.

유태화 백석대학교 신학대학원 조직신학 교수

아브라함 카이퍼는 한국이 민주화로 몸살을 크게 앓고 있던 1980년대 후반 대학 시절의 내게 한줄기 빛처럼 다가온 고마운 존재였다. 성경적 원리들을 삶의 다양한 국면에서 적용하고자 분투하고 노력한 그의 공적 활동과 저술들이, 이제 21세기 한국 그리스도인들에게도 비로소 나팔소리처럼 울려 퍼지는 듯하다. 하지만 카이퍼의 저작들은 방대하고 복잡하기에 독자들이 그의 사상을 일목요연하게 파악하기가 어렵고 국내 자료도 많지 않아 안타까움을 느껴 왔다. 이제 크레이그 바르톨로뮤의 포괄적이면서도 명료한, 그리고 감동을 주는 아브라함 카이퍼 전통에 대한 입문서인 『아브라함 카이퍼 전통과 삶의 체계로서의 기독교 신앙』이 국내에 소개되는 것을 보게 되어 기쁘다. 카이퍼 사상의 여러 주제들과 공공신학에 관심 있는 독자들에게 이 책을 강력히 추천한다.

이상웅 총신대학교 신학대학원 조직신학 교수

크레이그 바르톨로뮤의 연구는 아브라함 카이퍼 및 신칼뱅주의에 대한, 영어로 된 최고의 상호 작용 중 하나를 제공한다. 그는 흔히 반복되는 정형화된 핵심 구호들과 개념들을 넘어선다. 종종 자신의 개인적인 신선하고 독립적인 관찰들에 의존하면서, 입증된 신학자의 설득력으로 독자에게 말한다. 그는 19세기에 이미 존재했던 이 전통을 오늘의 세계 및 문제들과 실제로 연결하면서, 신칼뱅주의가 여전히 아주 활기가 넘친다는 것을 증명하는 데 성공한다. 이 책 전체에서 독자들은 카이퍼 전통에 대해 바르톨로뮤가 가진 살아 있고 호소력 있는 열정을 맛본다. 그러나 동시에, 그의 책은 그 전통의 단순한 개관 혹은 요약을 훨씬 넘어서는 것을 제공한다. 오히려 우리는 그 전통에 대한 독립되고 동시대적인 관여를 보는데, 이는 관련된 강조점들을 다른 전통들로부터 가져와서 풍성히 사용하기를 주저하지 않는 것이다. 바르톨로뮤의 책은 카이퍼와 신칼뱅주의의 중요성을 분명히 보여 주면서도, 또한 그 전통이 중요하고 창조적인 방식으로 계속되도록 한다.

A. L. Th. 더 브라위너 캄펜 신학 대학교 윤리학 및 영성 교수

오늘날 세계에서 가장 뛰어난 신학자들 중 한 사람이 역사상 가장 강력하고 중요한 신학 전통들 중 하나와 건설적이고 비판적인 대화에 참여할 때 우리는 무엇을 얻는가? 바로 크레이그 바르톨로뮤의 『아브라함 카이퍼 전통과 삶의 체계로서의 기독교 신앙』이다. 바르톨로뮤가 카이퍼, 바빙크, 프린스터러, 플랜팅가 및 다른 이들과 상호 작용하는 것은 재치 있고 이해하기 쉬우면서도 공공신학, 조직신학, 철학, 정치학, 교육, 성서학을 포함하는 넓은 영역의 관심사와 연관된다. 강력히 추천한다.

브루스 애쉬포드 서던뱁티스트 신학교 학장 겸 신학과 문화 교수

이 책은 기억할 만한 그리스도인 정치 지도자에 대한 반가운 소개를 제공하는데, 그는 또한 엄청난 신학자였고 경건한 묵상집 저자였으며, 항상 적극적으로 활동했던 언론인이었고 이 세상 속 그리스도인의 삶에 대한 중요한 이론가이기도 했다. 아브라함 카이퍼를 아직 알지 못하는 이들은 크레이그 바르톨로뮤가 신뢰할 만한 안내자라는 점을 발견할 것이고, 이 '플라잉 더치맨'을 이미 만났던 이들은 바르톨로뮤의 통찰이 보여 주는 넓이와 깊이에 만족하게 될 것이다.

마크 놀 리젠트 칼리지 역사 연구 교수

크레이그 바르톨로뮤는 카이퍼 전통을 가장 잘 알고 있는 내부자들 중 한 사람으로서, 새롭게 관심을 갖게 된 이들이 쉽게 이해할 수 있는 안내서를 썼다. 바르톨로뮤는 세계관, 영역 주권, 구조적 다원주의에 대한 강조 같은 신칼뱅주의의 두드러진 특징들을 제시하는 한편, 소홀히 여겨진 측면들, 즉 영성, 가난한 이들에 대한 관심, 선교에 대한 초점을 또한 부각한다. 남아공 사람의 시각에서 쓰면서, 바르톨로뮤는 필요할 때 그 전통을 비판하는 것도 피하지 않는다. 오랫동안 우리는 신칼뱅주의에 대한 동시대의 신학적 소개가 필요했는데, 『아브라함 카이퍼 전통과 삶의 체계로서의 기독교 신앙』은 급성장하는 이 분야에서 의심의 여지 없이 표준 교과서가 될 것이다.

클리포드 앤더슨 밴더빌트 대학교 도서관 연구 및 교육 담당 도서관장 아브라함 카이퍼는 1800년대 말 네덜란드에서 신칼뱅주의 운동을 시작했는데, 이는 고전적 기독교가 현대 세계에 새로운 적실성으로 말할 수 있도록 하는 방식이었다. 이제 한 세기 이상이 지난 후, 크레이그 바르톨로뮤는 카이퍼의 독창적 통찰들과 이후의 발전, 그리고 그것들이 포스트모던 세계에서 갖는 관련성에 대한 이 분명하고 철저한 개관을 내놓았다. 이 운동의 전문가들과 초보자들 모두 기독교 교육, 철학, 그리고 정치적·문화적 관여에서 특징적으로 전개된 독특한 카이퍼주의의 주제들—창조, 세계관, 영역 주권—에 대한 간결한 설명을 여기서 보게 될 것이다. 무엇보다도 바르톨로뮤는 카이퍼주의자들이 다른 이들로부터 배울 수 있는 지점을—그리고 애초에 카이퍼에게 생기를 불어넣은 영성과 성경에 침잠하는 것을 그들이 어떻게 회복할 수 있는지(그리고 그래야만 하는지)—제시한다. 카이퍼에게 동의하든 안 하든, 이 책은 그가 말했고 행했고 일으킨 것을, 간략하게, 배우는 곳이다.

제임스 브래트 캘빈 대학교 은퇴 교수

아브라함 카이퍼의 생애와 업적은 우리 시대에 면밀한 주의를 기울일 가치가 있으며, 『아브라함 카이퍼 전통과 삶의 체계로서의 기독교 신앙』은 이 풍요로운 전통과 그것이 오늘날 갖는 적실성과 관련해 없어서는 안 될 안내서다. 카이퍼의 수고는 광범위한 분야에 걸쳐 있어서, 이 역동적 유산의 복잡성 안에서 길을 잃기 쉽다. 이 책은 이런 다양한 노력에 대한 소중한 소개를 제공하면서 오늘날을 위한 카이퍼의 지혜를 밝히고 추출한다.

조던 볼러 액턴 종교 및 자유 연구소 선임 연구원

아브라함 카이퍼 전통과
삶의 체계로서의 기독교 신앙

IVP(InterVarsity Press)는
캠퍼스와 세상 속의 하나님 나라 운동을 지향하는
IVF(InterVarsity Christian Fellowship)의 출판부로
생각하는 그리스도인을 위한 문서 운동을 실천합니다.

Originally published by InterVarsity Press
as *Contours of the Kuyperian Tradition* by Craig G. Bartholomew
ⓒ 2017 by Craig G. Bartholomew
Translated and printed by permission of InterVarsity Press,
P.O. Box 1400, Downers Grove, IL 60515, USA.
www.ivpress.com.

Korean edition ⓒ 2023 by Korea InterVarsity Press
156-10 Donggyo-ro, Mapo-gu, Seoul 04031, Republic of Korea.

아브라함 카이퍼 전통과
삶의 체계로서의 기독교 신앙

Contours of the Kuyperian Tradition

크레이그 바르톨로뮤

이종인 옮김

Ivp

조각가와 수학자, 좋은 친구들,

그리고 같은 방향으로의 오랜 순종의 여정을

함께하는 동료 순례자들인

게르트 및 이스티네 스와트에게

차례

	머리말	15
	서론: 그 성읍의 평안을 구하며	21
1	아브라함 카이퍼의 회심	37
2	창조와 구속	71
3	성경	133
4	세계관	167
5	영역 주권: 카이퍼의 사회 철학	211
6	교회	255
7	정치, 가난한 사람들, 다원주의	299
8	선교	331
9	철학	375
10	신학	411
11	교육	443
12	영성 형성의 필요성	479
	후기: 아브라함 카이퍼 전통을 연구하기 위한 자료	495
	참고문헌	501
	저자 찾아보기	531
	주제 찾아보기	545

머리말

존 볼트(John Bolt)가 옳게 주장하듯이, "카이퍼를 냉정한 태도로 소개할 수는 없다. 그의 정신이 그것을 금지한다!"[1] 분명히 이 책은 카이퍼의 사상에 대한 냉정한 소개가 아니다. 이 책을 쓰는 것은 나 자신이 카이퍼라는 인물에게 깊이 빠져들 수 있는 특별한 기회를 제공했고, 그의 사상과 그것이 오늘날 갖는 엄청난 적실성에 대해 걷잡을 수 없을 정도로 열정을 갖게 되었다. 이것은 우리가 카이퍼를 절대시해야 한다고 제안하려는 것이 아니라—그런 행동에 대해서는 누구보다도 카이퍼가 먼저 반대할 것이다—이 시대를 위해 그의 사상을 회복하는 것이 우리에게 대단한 유익이 되리라는 점을 주장하는 것이다.

수년 전에 조지 마즈던(George Marsden)은 카이퍼주의(Kuyerianism)가 북미 복음주의에서 상대적 성공을 거둔 것에 대해 글을 썼다.[2] 이것이 사실

1　John Bolt, *A Free Church, A Holy Nation: Abraham Kuper's American Public Theology* (Grand Rapids: Eerdmans, 2001), p. xix.
2　George Marsden, "The State of Evangelical Christian Scholarship", *Reformed Journal* 37 (1987): p. 14는 "복음주의 (학문) 공동체에서 대략 카이퍼주의적 전제주의(Kuyperian presuppositionalism)로 불릴 만한 것이 성공—혹은 거의 성공—한 것"을 말한다.

이기는 하나, 나는 종종 그것이 카이퍼를 그의 영향력 있는 통찰들 몇 가지로 축소하는 일반적 견해가 아닌지 의심이 든다.

이 책에서 나의 목표는 독자들에게 카이퍼 전통에 대한 개관과 그것이 오늘날 갖는 의의를 어느 정도 깊이 있게 소개하는 것이다. 카이퍼를 그가 처한 맥락 속에서 이해하기 위해서는 어느 정도의 역사는 필수로 다루어야 하지만, 이 책은 역사적 연구는 아니다. 오히려 나의 목적은 카이퍼의 사상 및 그와 아주 가까웠던 동료들의 사상의 중요한 지표들에 살을 붙이는 것이다. 이 작업을 진행하는 과정에서 나는 카이퍼의 천재성에 거듭 경탄했는데, 만약 독자들이 이 책을 통해 카이퍼의 저작 자체를 읽기로 결심하게 된다면 이 책의 목적은 달성될 것이다.

리처드 마우(Richard Mouw)가 나에게 밝힌 견해에 따르면, 우리가 살고 있는 "지금이 카이퍼주의의 때다." 이 말은 여러 의미에서 사실이다. 이 책이 출간되는 즈음에는 렉스햄 출판사(Lexham Press)가 거의 전집에 가까운 카이퍼의 주요 저작을 영어로 내고 있을 것이다. 액턴 연구소(Acton Institute)가 카이퍼 번역 작업을 진행하고 있는데, 나는 그들에게, 특히 멜 플리케마(Mel Flikkema)에게 큰 빚을 졌다. 그들은 번역이 완료되는 대로 그것을 파일 공유 시스템을 통해 내가 이용할 수 있도록 해 주었다. 나는 네덜란드어를 읽을 수 있지만, 그들의 친절은 내 과업을 헤아릴 수 없이 더 쉽게 만들었다. 또한 이것이 의미하는 바는, 독자 여러분이 내가 바라는 대로 이 책을 통해 카이퍼와 그의 동료들에 대해 흥미를 갖게 된다면, 카이퍼의 저작에 뛰어들지 않는 것에 대해 변명의 여지가 없다는 것이다. "원천으로"(ad fontes) 돌아가는 것, 바로 이것을 나는 강력하게 권한다!

렉스햄 출판사의 브래넌 엘리스(Brannon Ellis)는 내게, 만약 카이퍼가 영어권 사람이었고 그의 방대한 저작이 영어로 출간되었더라면, 카이퍼의 영향력이 어느 정도였을지 궁금하다고 말했다. 물론, 우리는 알지 못한다.

나에게 명백한 사실은, 카이퍼의 **때가 이르렀다**는 것이다. 카이퍼는 계몽주의적 비전이 유럽과 네덜란드에서 전방위적 영향력을 행사하던 시대에 살았다. 우리는 바로 그 동일한 기획이 해체되고 종교가 온 세계에서 대대적으로 복귀하는 시대에 살고 있다. 나는 카이퍼 전통이 가진 자원들이 우리의 위태로운 시대에 앞으로 나아갈 수 있는 건설적인 길들을 발견하게 한다는 점을 제안한다. 그 자원들은 우리가 직면하는 주된 위협들 일부를 제거하고, 교회의 생명을 회복하고, 인류의 번영을 촉진시켜 줄 것이다.

주목할 만한 책 『사산된 신』(The Stillborn God: Religion, Politics, and the Modern West)에서 마크 릴라(Mark Lilla)는 계몽주의의 영향을 명료하게 설명하는데, 카이퍼는 이에 동의할 것이다.

기독교 정치 신학을 공격하고 그 정당성을 부인함으로써, 동시에 이 새로운 철학은 역사상 대부분 사회에서 권위를 정당화하는 데 기반이 되었던 기본 원리들에 도전했다. 그것은 결정적 단절이었다. 이 새로운 철학의 야망은 정치에 대한 사유와 담론에서, 신적 계시나 우주론적 사변에 호소하지 않으면서, 배타적으로 인간적 용어만 사용하는 습관을 발전시키는 것이었다. 그 희망은 서구 사회들을 모든 정치 신학에서 벗어나 다른 해안으로 건너가게 하는 것이었다. 하나의 사상 실험으로 시작한 것이 우리가 물려받은 삶에 대한 실험이 되었다. 이제 기독교 정치 신학이라는 오랜 전통은 잊혔으며, 그와 함께 인간 삶 전체를 하나님의 권위 아래 두려는 아주 오래된 추구에 대한 기억도 상실되었다.[3]

---

3   Mark Lilla, *The Stillborn God: Religion, Politics, and the Modern West* (New York: Vintage, 2007, 2008), p. 5. 『사산된 신』(바다출판사).

그러나 이제 우리는 예기치 않았던 상황에, "우상의 황혼이 연기된"[4] 때에 처해 있다. 20세기와 21세기 동안 종교는 대대적으로 복귀했고, 서구는 그런 상황에 대처할 준비가 전혀 되어 있지 않다. 카이퍼의 멘토였던 흐룬 판 프린스터러(Groen van Prinsterer)와 카이퍼 자신이 거듭해서 우리를 "혁명"(계몽주의 전통)과 그리스도 사이의 선택에 직면하게 한다. 비슷하게, 릴라는 『사산된 신』에서 다음과 같이 말한다.

여기에 재구성된 이야기는 이 시대의 사회들이 직면하는 실제 선택이 과거와 현재 사이, 또는 서구와 "나머지 세계" 사이의 선택이 아님을 우리에게 상기시켜야 할 것이다. 선택은 두 거대한 사상 전통 사이에서, 인간의 조건을 그려 내는 두 방식 사이에서 이루어진다. 우리는 반드시 그 대안들에 대해 분명히 알고, 그것들 사이에서 선택하고, 또 우리의 선택에 따르는 결과들과 함께 살아야 한다. 그것이 **바로** 인간의 조건이다.[5]

카이퍼도 그것을 더 잘 말하기는 어려웠을 것이다!

릴라의 지적에 따르면, 대부분의 현대인에게 "서구가 그 자신의 정치 신학을, 철저하게 현대적 방식으로, 창출할 수 있었으리라고 생각하는 것은 놀랍고 심란하게 만드는 일이다. 더욱 심란하게 만드는 것은, 이 새로운 정치 신학자들이 가볍게 무시될 수 없는 독창적이고 도전적인 저작들을 생산했다는 사실이다."[6] 카이퍼는 단순한 정치 신학자를 훨씬 넘어서는 인물이었지만, 정치는 그의 사상과 삶에서 중심이었다. 그리고 그는 릴라가 언급하는 것을 구현했다. 카이퍼는 결연히 기독교 신앙의 핵심을 고수했으나,

---

4 같은 책, p. 3.
5 같은 책, p. 13.
6 같은 책, p. 11.

반현대적이지는 않았다. 그는 "혁명"을 경멸한 만큼이나, 그것이 가져온 유익들과 새로운 역사적 상황을 인정했다. 그는 반동적이지 않았고, 오히려 주도적으로 기독교 전통을 새로운 상황에서 맥락화하는 것을 추구했다. 그리고 그의 작업은 독창적이고 도전적이었으며, 가볍게 무시될 수 있는 것이 분명히 아니었다.

계몽주의 전통을 의심 없이 확고히 지지하는 수호자들에게는, 카이퍼의 사상은 고사하고 릴라의 논평도 거슬릴 것이다. 한편으로는 그것에 대해 할 수 있는 일이 거의 없다. 그러나 카이퍼는 또한 변증가였고, 기독교 전통이 어떻게 우리 삶의 모든 차원에서 우리 모두에게 더 나은 길을 제공하는지를 삶의 모든 영역에서 거듭해서 보여 주고자 했다. 그는 신정주의자가 아니었으며 오히려 현대 사회들 안에서의 진정한 다원주의를, 즉 모든 사람이 자유롭고 번영할 수 있는 환경을 조성할 책임을 국가가 지는 것을 지지했다. 종종 나는 카이퍼가 요한 바오로 2세에 대해 어떻게 생각했을지 궁금하다. 요한 바오로 2세가 교황이 되었을 때 초기 권고에서 수천 명의 청중에게, 실제로는 수백만 명의 사람들에게, 두려워하지 말고 우리 마음을 그리스도께 활짝 열도록 호소하던 것을 회상해 보라. 나는 카이퍼가 "아멘"으로 화답하는 소리가 들리는 것 같다.

이 작업을 출간해 준 IVP 아카데믹(IVP Academic)에 감사할 일이 남았다. 그들과 함께 일하는 것은 즐거움이며, 특히 나의 편집자 데이비드 콩던(David Congdon)에게 감사하다. 리머 드 브리스(Rimmer de Vries)는 먼저 나에게 이 책의 집필을 제안해 주었고, 집필에 필요한 시간을 낼 수 있도록 놀랍게도 재정을 지원해 주었다. 나는 집필을 위한 시간을 허락해 준 리디머 대학(Redeemer University College)에, 그리고 연구 조교로 일한 키건 로더(Keegan Lodder)에게, 그리고 이 책의 초고에 따뜻한 애정으로 관여한 나의 학생들에게 고마움을 전한다. 또한 주어진 짧은 시간 안에 철저한 색인 작업을 탁월하게 해낸 제니퍼 존스(Jennifer Jones)에게 고마움을 전한다. 마지막으로, 이 책의 교정을 보는 동안 은혜롭게 환대해 준 예루살렘 교황청 성서 연구소(Pontifical Biblical Institute in Jerusalem)의 예수회 신부들, 사제들, 수녀들에게 고마움을 전한다. 해리 반 다이크(Harry Van Dyke), 아드 더 브라위너(Ad de Bruijne), 조지 하링크(George Harinck)는 원고를 면밀하게 읽고 훨씬 더 나은 책이 되도록 도움을 주었다. 물론, 결함에 대한 책임은 전적으로 나에게 있다.

이 책을 나의 좋은 친구 이스티네 및 게르트 스와트에게 헌정하게 되어 기쁘다. 그들은 카이퍼주의 여정의 여러 해 동안 나와 함께했고, 그 여정의 소중함과 즐거움을 계속 맛보고 있다.

서론: 그 성읍의 평안을 구하며

제자는 예수를 따르는 사람이다. 이것은 지금까지 있었던 그리스도인이든 앞으로 있을 그리스도인이든 모두에게 사실이다. 그러나 제자도는 항상 특정한 역사적·문화적 맥락들 안에서 살아 내는 것으로, 이런 맥락들 안에서 특정한 도전들에 직면한다. 내가 목회를 하며 신학교에서 가르칠 때 남아프리카공화국(South Africa, 남아공)은 인종 차별주의적 아파르트헤이트(apartheid) 시대였고, 나는 학생들에게 만약 그들이 백인이 다수인 교회에서 복음을 선포한다면 반드시 인종 차별주의로부터 돌이키는 깊은 회개를 요구해야 할 것이라고 말했다. 흑인이 다수인 교회에서 설교하는 학생들에게는, 증오와 폭력에 의존하려는 유혹 같은 쟁점을 다루어야 할 것이라고 제안했다. 두 집단 모두 저항에 직면할 것이었다.

우리는 항상 우리의 특정한 문화들과 역사적 맥락들 한가운데서 함께 그리스도를 따르도록 부름을 받으며, 또한 이런 맥락들 속에서 "그 성읍의 평안을 구하[도록]"(렘 29:7) 부름을 받는다.[1] 조지 웨이젤(George Weigel)은

---

1   여기서 "평안"(welfare)은 NIV에서는 "평화와 번영"(peace and prosperity)으로 번역되는 것으로, 풍성한 의미를 담고 있는 히브리어 '샬롬'(shalom)의 번역어다. '샬롬'은 창조 세계가 바르게

교황 요한 바오로 2세에 대해 말하면서, 그가 현재에 있는 교회를 이끄는 최선의 방법을 분별하기 위해 미래를 정찰했다고 한다.[2] 물론 우리는 미래를 알지 못하며, 또한 역사가 예기치 못한 놀라움으로 가득하다는 것은 피할 수 없는 사실이다. 하지만 미래는 항상 현재로부터 나오며, 따라서 우리는 많은 놀라움이 우리 앞에 있으리라는 점을 온전히 인식하면서 그리스도를 따라야 함과 동시에, 우리 시대의 정신들이 무엇이고 그것들이 우리를 어디로 이끄는지에 대해 의식해야 할 책임이 분명히 있다. 그리스도를 따르는 것은 우리의 소명이자 열망이다. 우리는 그것을 오로지 **오늘**, 우리의 현재 맥락과 상황들에서만 할 수 있다.

존 스토트(John Stott)는 **이중 귀 기울임**(double listening)에 대한 요청에서 이것을 분명히 표현했다. 즉 제자들은 한 귀를 성경에, 다른 귀를 문화에 기울여야 한다는 것이다. 성경에서 우리는 우리에게 주어지는 하나님의 권위 있는 말씀을 듣지만 또한 우리는 그 말씀을 구현해야 하며, 이것을 우리는 오로지 **우리의 맥락들에서** 할 수 있다.[3] 성경에 깊이 몰두하는 것은 제자도에서 반드시 필요하지만 문화적 분석도 마찬가지다. 우리가 우리 시대의 도전을 인지해야, 비로소 **우리** 시대를 정찰하고 **우리의 맥락**에서 복음을 함께 구체화할 방법을 찾을 수 있다.

물론 우리의 맥락들은 서로 다르다. 특히 나는 기독교의 전 세계적 중심들이 이동했으며, 따라서 세속적 서구가 더 이상 세계 기독교의 중심이 아니라는 점을 알고 있다. 우리는 서구의 일부를 포함해서 세계 곳곳에서 기독교의 부흥을 목격하지만, 기독교의 새로운 중심들은 아시아, 라틴 아메리

질서가 잡혔을 때의 풍성한 안녕(well-being)을 가리킨다.
2   웨이젤은 이 점을 여러 곳에서 강조한다. 참고. George Weigel, *The End and the Beginning: Pope John Paul II—The Victory of Freedom, The Last Years, The Legacy* (New York: Image, 2010), p. 195.
3   John Stott, *The Contemporary Christian: An Urgent Plea for Double Listening* (Leicester, UK: Inter-Varsity Press, 1992). 『시대를 사는 그리스도인』(IVP).

카, 아프리카에 있다. 서구의 대부분은 적의에 찬 세속적 엘리트에 의해 통치되고 있으나, 대부분의 개발 도상국과 우리 시대의 가장 발전한 나라들 가운데 일부에서는, 예컨대 한국에서는, 교회가 살아 있고 번창한다.

그러므로 우리가 중요하게 주의해야 할 것은, 우리의 특정한 맥락들과 문화들에서 직면하는 도전들을 평가해야 한다는 점이다. 동시에, 서구 방식의 소비문화가 전 세계에 확산되는 이른바 **세계화**(globalization)라는 사실이 있다.[4] 그러나 서구에서는 우리 시대의 정신을 **포스트모더니즘**(postmodernism)으로 부르는 것이 일반적인데, 20세기 후반에 서구에서 힘을 얻은 이 단어는 현대성(modernity)에 대한 광범위한 반동을 가리킨다. 20세기를 열었던 오만함은 연이은 충격으로 엄청난 강타를 당했다. 즉 모든 전쟁을 끝내기 위한 전쟁인 줄 알았던 제1차 세계대전, 공산주의의 발흥, 대공황, 제2차 세계대전, 핵전쟁의 위협, 생태적 위협 등으로, 이 목록은 계속 이어진다. 실제로 20세기는 역사상 가장 잔혹한 시대라는 주장이 있다. 흥미롭게도, 포스트모던의 반동이 현대성의 토대들과 그 현대성이 과학과 이성을 신뢰하는 것에 대해 가차 없는 의문을 제기하기 시작한 때는, 제2차 세계대전 이후에 서구가 상대적으로 안정과 풍요를 누리던 시기였다. 포스트모더니즘은 분명히 현대성의 신념 체계 대부분을 맹공격했지만, **포스트모더니즘**(**탈**현대주의)이라는 이름 자체가 현대성이 세계화에서 경제적으로 그리고 기술적으로 거둔 승리를 은닉하고 있다. 소비자 자본주의(consumer capitalism)는 본질적으로 현대적 현상이다.[5] 포스트모더니즘은 대체로 건설적이기

4　참고. Michael W. Goheen and Erin G. Glanville, eds., *The Gospel and Globalization: Exploring the Religious Roots of a Globalized World* (Vancouver: Regent, 2009); Craig G. Bartholomew and Thorsten Moritz, eds., *Christ and Consumerism: A Critical Analysis of the Spirit of the Age* (Carlisle, UK: Paternoster, 2000).

5　네덜란드의 경제학자의 중요한 저작인 Bob Goudzwaard, *Capitalism and Progress: A Diagnosis of Western Society* (Carlisle, UK: Paternoster, 1997)를 보라. 『자본주의와 진보사상』 (IVP).

보다는 해체적이며, 현대성에 대한 비판으로서 유용하기는 하나 대안이 되는 건설적 이론들을 제시하는 데 실패했다는 점은, 소비자 자본주의의 과잉을 억제할 수 있는 그 어떤 공동의 현대적 이념이나 세계관이 더 이상 존재하지 않음을 의미한다. 우리에게 남아 있는 것은 스스로 정당성을 부여하는 거칠 것 없는 소비자 지상주의(comsumerism)다.

그 영향들은 전 세계에서 볼 수 있다. 경제적 아파르트헤이트가 북반구와 남반구 사이에서 시작되었고,[6] 흥미롭게도 북반구에서는 지도력이 중국, 싱가포르, 한국, 인도 등의 나라들로 이동하고 있다. 우리가 세계 어느 곳에 살든지, 이런 세계화의 힘들은 우리의 맥락들의 특정한 도전들과 상호 작용하면서 매일매일 어떤 방식으로든 우리에게 영향을 끼친다.

예를 들어, 내가 자랐고 또 이 책의 집필을 시작했던 남아공을 보자. 내가 남아공에 있을 때 머무는 내 가족의 집은, 호평을 받은 소설 『울어라 사랑하는 조국이여』(Cry, the Beloved Country)의 저자인 앨런 페이튼(Alan Paton)이 살았던 곳에서 가깝다. 남아공은 이례적으로 아름다워서, 내가 사는 콰줄루나탈(KwaZulu Natal)에서 자동차로 10분 정도 가면 천 개의 언덕이 있는 계곡에 들어서게 된다. 이곳은 남아공에서 발견되는 다양한 풍경들의 절묘한 아름다움을 상징적으로 보여 준다. 그 계곡에서 북쪽으로 조금 더 가면 이코포(Ixopo)에 이르는데, 그곳에서 페이튼의 소설이 시작된다.

이코포에서 언덕들로 이어지는 아름다운 길이 하나 있다. 이 언덕들은 풀로 덮여 굽이치고 있으며, 그 어떤 노래로도 표현할 수 없는 아름다움을 간직하고 있다. 길은 캐리스브루크(Carisbrooke)까지 10킬로미터를 올라가고, 안개만 없다면 그곳에서 당신은 아프리카의 가장 아름다운 계곡들 중 하나

---

[6] 참고. Harm de Blij, *The Power of Place: Geography, Destiny, and Globalization's Rough Landscape* (Oxford: Oxford University Press, 2009). 『공간의 힘』(천지인).

를 내려다 볼 수 있다. 당신 주위에는 풀과 고사리가 있고, 초원에 사는 새들 중 하나인 티티호야의 쓸쓸한 울음소리가 들릴 것이다. 당신 아래로는 드라켄즈버그 산맥(Drakensberg)에서 시작해서 바다에 이르는 움짐쿨루(Umzimkulu) 계곡이 있고, 강 건너 뒤편으로는 거대한 언덕들이 연이어 있으며, 그것들 너머 뒤편으로는 인제일리(Ingeli)와 이스트 그리쿠아랜드(East Griqualand)의 산맥이 펼쳐진다.[7]

페이튼은 『울어라 사랑하는 조국이여』의 대부분을 스칸디나비아 나라들의 소년원들을 방문하는 여행 때 집필했다. 자서전 『산을 향하여』(*Towards the Mountain*)에서 그는 자신이 어떻게 향수병에 걸렸는지를, 잠시 대성당에서 시간을 보낸 후 머물던 호텔로 돌아왔을 때 그 소설이 자신 안에서 쏟아져 나온 것을 설명한다.[8] 오직 내러티브만 할 수 있는 방식으로, 그 책은 아파르트헤이트 시대 남아공의 비애를 상기시킨다.

『울어라 사랑하는 조국이여』의 주인공은 흑인 사제인데, 그의 아들이 요한네스버그(Johannesburg)로 떠난다. 그 아들은 곤경에 빠지고 젊은 백인 변호사를 살해하기에 이른다. 소설은 그 사제 아들의 사형 집행으로 끝을 맺는다. 사제는 아침 일찍 일어나서 묵상하고 기도하며 시간을 보내고, 그러는 동안 아들은 처형된다. 책은 이렇게 끝난다. "그렇게 새벽은 온 것이다. 수천 세기 동안 한번도 빠짐없이 새벽이 왔듯, 그렇게 새벽은 온 것이다. 그러나 구속의 공포, 공포의 구속, 혹은 숙명으로부터 해방되는 우리의 새벽은 언제 올지, 물론 그것은 하나의 비밀이다."[9]

여러모로 남아공의 해방은 최초의 민주적 선거가 있었던 1994년에 왔

---

7   Alan Paton, *Cry, the Beloved Country* (New York: Scribner, 1948, 2003), p. 7.『울어라 사랑하는 조국이여』(홍성사).
8   Alan Paton, *Towards the Mountain: An Autobiography* (London: Penguin, 1986).
9   Paton, *Cry, the Beloved Country*, p. 251.

다. 넬슨 만델라(Nelson Mandela)와 데 클레르크(F. W. de Klerk)가 1993년 노벨 평화상을 수상하던 날 밤, 대주교 데스몬드 투투(Desmond Tutu)는 "우리가 남아공을 바로잡게 되면, 그것이 세계의 다른 나라들에게 패러다임이 될 것이다"라고 선언했다.[10] 2014년에 남아공은 민주주의 20년을 경축했다. 그러나 안타깝게도, 우리가 바로잡지 못했다는 것은 너무나 명백하다. 최근에 출간된 책들로는 저명한 기자 막스 두 프레즈(Max du Preez)의 『봄의 소문: 민주주의 20년 후의 남아프리카공화국』(A Rumour of Spring: South Africa After 20 Years of Democracy), 가톨릭 학자 파울루스 줄루(Paulus Zulu)의 2013년작 『위기에 빠진 국가: 도덕성에 호소하다』(A Nation in Crisis: An Appeal for Morality), 감리교 목회자이자 정치가 알렉스 보레인(Alex Boraine)의 2014년작 『무엇이 잘못되었는가? 실패한 국가가 될 위기의 남아프리카공화국』(What's Gone Wrong? South Africa On the Brink of a Failed State), 옥스퍼드와 남아공 역사학자 R. W. 존슨(Johnson)의 2015년작 『남아프리카공화국은 얼마나 오래 지속될 것인가? 다가오는 위기』(How Long Will South Africa Survive? The Looming Crisis) 등이 있다.[11]

아파르트헤이트 남아공의 강경한 비판자이자 새로운 남아공의 훌륭한 지지자이며 기여자인 저자들에 의해 집필된 이 책들은 읽는 사람들을 우려하게 만든다. 두 프레즈와 보레인은 모두 아프리카 민족 회의(African National Congress)의 망명 기간을 철저히 조사해서 우리가 지금 보는 혼란

---

10 Allister Sparks, *Tomorrow Is Another Country: The Inside Story of South Africa's Negotiated Revolution* (Wynberg, Cape Town: Struik, 1994), p. 10.
11 Max du Preez, *A Rumour of Spring: South Africa After 20 Years of Democracy* (Cape Town: Zebra Press, 2013); Paulus Zulu, *A Nation in Crisis: An Appeal for Morality* (Cape Town: Tafelberg, 2013); Alex Boraine, *What's Gone Wrong? South Africa On the Brink of a Failed State* (Johannesburg: Jonathan Ball, 2014); R. W. Johnson, *How Long Will South Africa Survive? The Looming Crisis* (Oxford: Oxford University Press, 2013).

스러운 양상들이 거기에 뿌리를 둔 것인지 살핀다.[12] 둘 다 그렇다는 결론을 내린다. 망명 기간에는 당의 권위를 절대화하는 경향이 있었고, 그 경향은 당이 현재 집권하고 있다는 점을 제외하고는 현재까지 지속되고 있다. 윤리적으로 정당은 최종적 권위가 되기에 명백히 부적합하지만, 압박을 받을 때 당에 호소하는 것을 우리는 거듭 듣는다. 아프리카 민족 회의가 항상 그랬던 것은 아니다. 그 설립자들 중 일부는, 즉 앨버트 루툴리(Albert Luthuli)와 망명 시기 지도자 올리버 탐보(Oliver Tambo) 같은 이들은 헌신된 그리스도인이었으며, 특히 루툴리는 그리스도 안에서 자신을 나타내신 하나님께 주된 충성을 바친 인물이다.

그와 같은 초월적 권위는 건강한 정치를 위해 필수적이다. 이런 의미에서 정치와 국가는 종교를 필요로 한다. 그러나, 잘 알려진 바와 같이, 남아공 역사에서 기독교와 정치의 관계는 결코 간단하지 않았다. 기독교는 대주교 데스몬드 투투 같은 탁월한 인물들을 배출했지만, 대다수 그리스도인들은, 특히 개혁파 그리스도인들은 아파르트헤이트를 지지하는 자신들의 입장을 정당화하기 위해 기독교를 이용했다. 그 결과로 기독교는, 특히 개혁파 기독교는 남아공에서 신뢰를 잃었다.

분명히 남아공은 쫓아내야 할 **특정한 마귀들**이 있었다. 이런 맥락에서 예수를 따르고자 하는 그리스도인들은 남아공의 문제 많은 역사에 대해, 그리고 어떻게 그것을 오늘날 이해해야 할지에 대해 깊이 알고 있어야 할 것이다. 하지만, 이와 함께, 우리는 남아공과 세계화의 접점을 비판적으로 탐구해야 한다. 경험 많은 남아공 기자 앨리스터 스팍스(Allister Sparks)는 비상근 정치 분석가로 일했는데, 그는 그 일에서 자신이

---

12 중요한 책인 Stephen Ellis, *External Mission: The ANC in Exile, 1960-1990* (Oxford: Oxford University Press, 2013)를 보라.

남아공뿐 아니라 세계 전체에서 빠르게 전개되는 사건들을 다루고 있음을 깨달았다. 왜냐하면 우리나라가 더 이상 고립된 존재가 아니라는 점이 곧 명백해졌기 때문이다. 지금은 세계화의 시대이고, 어떤 지역에서 발생하는 무슨 주요 사건이라도 모두에게 영향을 끼친다. 우리 모두는 마셜 매클루언(Marshall McLuhan)이 말하는 지구촌에 살고 있어서, 뉴욕의 고층 빌딩을 향해 돌진하는 비행기 한 대가 요한네스버그에 경제적 충격을 초래할 수 있으며, 중동에서 일어나는 전쟁이 원유 가격과 전 세계의 생활비를 치솟게 할 수 있다. 심지어 워싱턴에서 신보수주의자들이 꾸며 내는 정치 이념들은 프리토리아(Pretoria)에서 음베키(Mbeki) 대통령이 직면하는 정책 선택에 제약을 가할 수 있다.[13]

존슨의 주장에 따르면, "남아공의 발전을 이해하는 열쇠는 세계 자본주의 정치경제로의 통합에 있다."[14] 물론 남아공의 문제들 중 다수는 그 나라 내부적인 것이지만, 그 문제들은 전 세계적 소비자 지상주의와 그것이 남아공에 끼치는 영향으로 나타나는 기회 및 문제와 분리할 수 없다.

아이러니하게도, 넬슨 만델라의 석방과 1994년의 첫 번째 민주적 선거 이전에 남아공은 정치적 고립으로 인해 어느 정도 세계의 영향들로부터 보호되었다. 1994년에 문호가 열렸는데, 단지 민주주의에 대해서만 아니라 세계화의 소용돌이, 마약 거래, 음란물 등에 대해서도 열린 것이었다. 동구권은 산산조각 났고, 그 결과로 아프리카 민족 회의의 사회주의는 거의 영향력이 없었다. 우리의 두 번째 대통령 타보 음베키는 경제적으로 워싱턴 컨센서스(Washington consensus)를 따르는 중대한 결정을 내렸는데, 이것은

---

[13] Allister Sparks, *First Drafts: South African History in the Making* (Johannesburg and Cape Town: Jonathan Ball, 2009), p. xiv.
[14] Johnson, *How Long*, p. 15.

상대적으로 안정된 경제를 가져온 반면, (이제는 흑인과 백인으로 이루어진) 엘리트 계층이 막대한 부를 전유하고 빈곤층은 더 빈곤해지는 가운데, 대규모의 실업이 지속됨으로써 남아공이 엄청난 좌절을 겪게 하고 있다.

남아공의 발전을 위한 도전들은 분명히 엄청나다. 남아공 역사의 **특정한** 도전들이 있고, 또한 매일매일 남아공에 영향을 주는 **세계적** 도전들이 있다. 예를 하나 들어 보자. 남아공의 상점들은 중국 제품들로 넘쳐난다. 2010년에 이 나라가 자랑스럽게 월드컵을 주최했을 때, 모든 곳에 걸린 참가국 국기들은 중국산이었다. 만약 누군가가 지역적 도전을 세계적 도전으로부터 쉽게 분리할 수 있다면 그것은 또 다른 문제가 되겠지만, 물론 그런 도전들은 하나의 큰 솥에서 융합해 우리 면전에서 폭발할 것처럼 위협한다. 내가 남아공 사람으로서 이 맥락을 이해하는 데 큰 도움을 준 것은 "새로운" 남아공이 직면하고 있는 문제들의 대부분을 모든 개발 도상국도 직면하고 있다는 점이었고, 이에 대한 가장 큰 이유는 오늘날 어떤 개발 도상국이든 세계화 가운데서 성장하고 발전하고자 한다는 것이다.

그렇다면 이런 시대에 우리는 어떻게 그 **성읍의 평안을 구할** 수 있을까? 그리스도인들 및 특히 이슬람을 포함하는 다른 신앙을 가진 이들에게 이것은 핵심적 질문인데, 필립 젠킨스(Philip Jenkins)가 보여 주듯이, 개발 도상국인 나라들에서는 종교가 폭발적으로 성장하기 때문이다.[15] 우리가 살아가는 환경은 세계적으로 **탈세속화**(desecularization) 가운데 있으며, 점증하는 세속화 가운데 있지 않다. 종교는, 특히 기독교는, 안타깝게도 종종 그런 것처럼 문제의 일부가 아닌, 해결책의 일부가 될 수 있을까? 남아공의

---

15 Philip Jenkins, *The Next Christendom: The Coming of Global Christianity*, 3rd ed. (Oxford: Oxford University Press, 2011), 『신의 미래』(도마의길); *The New Faces of Christianity: Believing the Bible in the Global South* (Oxford: Oxford University Press: 2006); *God's Continent: Christianity, Islam, and Europe's Religious Crisis* (Oxford: Oxford University Press: 2007).

역사는 그리스도인들이 당대의 가장 나쁜 이데올로기에, 이 경우에는 인종 차별주의에 포로가 되고 심지어 그것의 옹호자들이 될 수 있음을 보여 주는 분명한 증거다. 동시에 남아공의 역사는 아파르트헤이트에 저항한 그리스도인들의 사례들로 넘쳐나는데, 왜냐하면 그들은 이웃들이 성별이나 피부색과 관계없이 하나님의 형상으로 창조되었으며 따라서 존중과 평등으로 대우받을 가치가 있음을 이해했기 때문이다. 그리고 "새로운" 남아공은 미래로 향하는 **샬롬**의 길들을 찾도록 도울 수 있는 살아 있는 교회가 절실히 필요하다. 안타깝게도 그에 대한 징후는 희박하다. 존슨은 다음과 같이 기술한다. "1990년 이후 교회들은 깨어날 수 없는 깊은 잠에 빠졌다. 마치 반아파르트헤이트 투쟁이 그들을 지치게 만들어서 부패, 불평등, 편협에 대항하는 새로운 투쟁을 위한 힘이나 의욕이 없어진 것 같았다."[16]

만약 전 세계에서 소생하는 기독교가 건강해지고 또 우리의 도전적 맥락들에서 인류의 번영에 기여하려면, 무엇이 우선순위가 되어야 할까? 우리가 **선교적**(missional)이어야 한다는 점에는 아마도 모두 동의할 수 있을 것이다. 하지만 그것은 정확히 무엇을 의미하는가? **선교**(mission)는 전도와 교회 활동들로 쉽사리 축소되는데, 물론 이런 것들은 필수적이지만, 선교는 그보다 더 넓은 것이다. 데이비드 보쉬(David Bosch)가 지적하듯이, "선교는 우리 상표의 종교로 사람들을 모집하는 것 이상이며 또한 그런 것과 다르다. 선교는 사람들에게 하나님의 보편적 통치를 일깨우는 것이다."[17] 보쉬는 이어서 우리가 추구해야 할 것을 말한다.

하나님의 통치의 도래를, 윤리적으로, 어떻게 표현할 것인가? 사람들이 그들

---

16 Johnson, *How Long*, p. 128.
17 데이비드 보쉬에 대한 이 인용과 다른 인용들은 그의 사후 출판된 마지막 저서에서 가져온 것이다. David Bosch, *Believing in the Future: Towards a Missiology of Western Culture* (Valley Forge, PA: Trinity Press International, 1995), p. 33.

의 맥락에서 실제 질문들에 응답하도록 어떻게 도울 것인가? 종교는 단지 사적인 영역에만 관여해야 한다는 패러다임을 어떻게 깰 것인가?…이것은 우리가 하나님 나라를 이 땅에 세울 수 있다고 제안하는 것이 아니다. 하나님 나라를 시작되게 하는 것은 우리 몫이 아니지만, 우리는 그것을 더 볼 수 있고 더 만질 수 있도록 만드는 일을 도울 수 있다. 우리는 하나님의 다가오는 통치에 가까운 것을 시작할 수 있다.[18]

올바르게 보쉬는 예수의 사역에서 중심 주제가 하나님 나라라고 파악하는데(참고. 막 1:14-15), 우리는 3장에서 이를 볼 것이다. 실제로, 하나님 나라 또는 하나님의 통치가 성경의 주요 주제라는 강력한 논거가 있다.[19]

만약, 보쉬가 말하는 것처럼, 선교에서 교회의 역할이 하나님의 통치/하나님 나라를 가리키고 구현하는 것이라면, 이것이 우리의 시공간에서 우리에게 주는 특정한 도전들은 무엇일까? 데이비드 보쉬는 이렇게 질문한다. "서구의 '탈기독교'(post-Christian) 대중에게 우리가 반드시 전달해야 하는 것은 무엇인가? 내가 보기에, 우리는 타당성 구조들(plausibility structures) 또는 세계관들이 사람들의 삶에서 하는 역할을 입증해야만 한다."[20] 유사하게, 앤드루 워커(Andrew Walker)는 그의 저서 『그 이야기를 말하기: 복음, 선교, 문화』(Telling the Story: Gospel, Mission and Culture)의 결론을 내리는 장에서 우리 시대의 교회에 주어진 세 가지 선교적 명령에 초점을 맞추는데, 그 첫 번째가 새로운 타당성 구조들을 세우는 것이다. 워커는 이렇게 서술한다. "만약 세계가 더 많은 소비로 비틀거린다면, 대중문화에 둘러싸여 있

---

18 같은 책, p. 35.
19 참고. Craig G. Bartholomew and Michael W. Goheen, *The Drama of Scripture: Finding Our Place in the Biblical Story*, 2nd ed. (Grand Rapids: Baker Academic, 2014). 『성경은 드라마다』(IVP).
20 Bosch, *Believing in the Future*, p. 48.

지만 분열한다면, 더욱 더 우리는 분파적(sectarian) 타당성 구조들을 만들어 내어 우리 이야기가 회중들을 붙들어 주고 그들로 하여금 선조들이 전해 준 복음에 뿌리를 내리도록 해야 할 것이다."[21]

보쉬는 주로 서구의, 비종교적 문화들을 다루는데, 우리는 종교가 되살아나는 개발 도상국의 중요성에 주목했다. 개발 도상국은 교회들이 가득 차고 신앙은 활력과 생기가 넘친다는 측면에서 큰 이점을 갖는다. 하지만 보쉬의 우선순위는 그런 맥락들에서도 여전히 관련성을 갖는다. 그들도 세속적 서구로부터 불어오는 전 세계적 영향력에 휩쓸리며, 흔히 그들의 지도자는 최고의 세속적 서구 대학들에서 교육을 받은 세속적 엘리트이기 때문이다. 만약 개발 도상국의 그리스도인들이 (1) 타당성 구조들 및 (2) 세계관들에 주의를 기울이지 않는다면, 그리스도인의 숫자만으로는 별 도움이 되지 않을 것이다. 어떤 의미에서 이 책의 나머지 부분은 이 두 가지 쟁점에 대한 것이 될 것이다. 지금은 이것들을 간략히 풀어 설명해 보고자 한다.

타당성을 설명할 때 내가 사용하는 최선의 방법은 내 영웅들 가운데 하나인 테레사 수녀의 사례다. 테레사 수녀는 클린턴 대통령 재임 당시에 백악관에서 연설하면서 낙태 문제에 대해 청중을 질책한 적이 있다. 어떻게 그녀는 그렇게 할 수 있었으며, 왜 청중은 그녀의 말을 진지하게 받아들여야만 했을까? 왜냐하면 콜카타의 가난한 사람들과 함께한 그녀의 삶이 그 말에 귀를 기울여야 한다고 너무나 큰 소리로 말하고 있었기 때문이다! 테레사 수녀는 **내적으로 타당성이 있었고**, 따라서 그녀가 말을 하면 그녀에게 동의하지 않는 사람이라도 귀를 기울여야만 했다. 타당성은 그리스도인들이 말할 때 사람들로 하여금 그리스도인들에게 경청하게 만드는, 하나님 나라의 삶에 대한 인격적·공동체적·사회적 구현을 가리킨다.

---

[21] Andrew Walker, *Telling the Story: Gospel, Mission and Culture* (London: SPCK, 1996), p. 190.

타당성은 세계관과 밀접하게 관련되어 있다. 내가 회심하고 몇 년이 지난 후 그리스도인으로서 아파르트헤이트 남아공을 이해하게 된 획기적 사건은, 기독교가 세계관이라는 통찰에 눈을 뜬 것이다. 즉 기독교는 하나님이 창조하신 삶의 모든 것과 관련된다. 데이비드 보쉬의 저서 『미래를 믿으며』(Believing in the Future)의 마지막 장의 제목은 "믿지 않음이라는 불가능성"(The Impossibility of Not Believing)이다. 이 제목으로 그가 전하고자 한 의미는, 모든 사람이 스스로 의식하든 의식하지 않든 인간이라는 이유로 세계관을 가지고 있다는 것이다. 세계관은 안경과 같다. 우리는 모두 안경(즉 세계관!)을 쓰고 있지만, 우리는 안경을 **통해 세상을** 보기 때문에 일반적으로 우리가 쓰고 있는 안경에 대해서는 의식하지 않는다. 실제로, 마이클 폴라니(Michael Polanyi)는 종종 세계관에 변화가 있을 때 비로소 우리는 이전의 세계관이 얼마나 강력했는지를 의식하게 된다고 주장한다. 그는 두 가지 사례를 드는데, 하나는 과거에 마르크스주의자였던 사람의 이야기이고, 다른 하나는 프로이트주의자였던 사람의 이야기다.[22]

그리스도인들이 마주하는 도전은—특히 오늘날 더욱 긴박해진 것으로—온전히 성경적인 기독교 세계관을 발전시키는 것이며, 또한 우리의 구체적 맥락들에서 삶을 창조적으로, 그리고 이 관점에서 타당성 있게 사는 것이다. 우리는 우리의 안경을 의식해야 하며, 가능한 한 온전히 기독교적인 시각으로 우리의 세상을 바라본다는 것을 적극적으로 확실하게 해야 한다.

우리 시대의 도전들은, 순화시켜 말한다고 해도, 중대하다. 웬델 베리(Wendell Berry)가 아주 적절히 표현하듯이, 우리는 종종 전혀 통제할 수 없는 것처럼 보이는 세력들의 소용돌이 한가운데서 "어려운 희망"으로 부름

---

[22] 참고. Michael Polanyi, *Personal Knowledge: Towards a Post-Critical Philosophy* (Chicago: University of Chicago Press, 1958), p. 288. 『개인적 지식』(아카넷).

을 받았다.²³ 그러나 "그리스도 안에서" 우리는 희망이 없지 않으며, 요한계시록 1:12-20에서 보듯이 그리스도는 계속해서 그분의 백성 가운데 거니시면서, 절망적으로 어둡고 차가운 세상에 그리스도의 빛을 비추는 촛대가 되라고 부르신다. 그러나 이 세상은 그분이 위하여 죽으신 그분의 세상이며, 따라서 우리는 우리의 맥락들에서 다가오는 하나님 나라에 근접한 사건들을 시작하기 위해 우리가 할 수 있는 것을 하는 데 오직 유익만 있으리라는 점을 확신할 수 있다.

하지만 우리는 이 여정에 필요한 자원을 어디서 찾을 수 있을까? 앞으로 보겠지만, 그 답은 단연코 그리스도 안에서 깊이 살아가는 것이다. 뿌리 깊은 영성이 반드시 있어야겠지만, 또한 깊은 사유와 현명한 행동도 마찬가지다. 이 모든 요소들 때문에 쓸데없이 시간을 낭비할 필요는 없는데, 왜냐하면 우리는 기독교적 실천과 사상의 위대한 전통의 후예들로서 그 정수를 뽑아내 현재에 적용할 수 있고 또 그래야 하기 때문이다. 기독교 사상에서의 **세계관**과 관련해서는, 현대성의 도전들에 대응하기 위해 그리스도인들에게 무엇이 필요한지 명료하게 표현하기 위해 그 개념을 택한 19세기 개혁파 사상가들 두 사람이 있다. 거의 동시에 스코틀랜드의 신학자 제임스 오어(James Orr, 1844-1913)와 네덜란드의 목사, 신학자, 언론인, 정치가, 총리, 문화 비평가 아브라함 카이퍼(Abraham Kuyper, 1837-1920)는 **세계관**(worldview)이라는 개념을 사용해서 정통 기독교 신앙의 포괄적 범위를 표현했다. 나는 이것을, 카이퍼가 부른 **칼뱅주의**(Calvinistic) 세계관보다는, 오어에 동의해서 **기독교**(Christian) 세계관으로 부르는 것을 선호한다. 그러나 이 개념을 발전시키고 구체화한 측면에서는 카이퍼가 훨씬 더 중요하다. 오어가 신학에 머무른 반면, 카이퍼는 삶을 아우르면서 삶의 모든 영역에서

---

23 예를 들어, Wendell Berry, "A Poem of Difficult Hope", in *What Are People for?* (New York: North Point, 1990), pp. 58-63를 보라. "어려운 희망의 시", 『나에게 컴퓨터는 필요없다』(양문).

그리스도를 따른다는 것이 무엇을 의미하는지를 표현하고자 노력했다. 카이퍼는 『칼뱅주의 강연』(Lectures on Calvinism)에서 다음과 같이 감동적으로 말한다.

> 만약 존재하는 모든 것이 하나님을 위해 존재한다면, 그에 따라 온 창조 세계는 하나님께 영광을 돌려야 합니다. 창공의 해와 달과 별, 공중의 새, 우리를 둘러싼 모든 자연이, 그러나 그 무엇보다도 인간 자신이 제사장 같은 존재로서,[24] 온 창조 세계와 그 안에서 번성하는 모든 생명을 하나님께 바쳐야 합니다.…창조 세계의 제사장이 받는 거룩한 기름부음은 그의 수염으로 흘러서 그의 옷깃까지 내려와야 합니다.…인간이 어디에 있든지, 무엇을 하든지, 그가 자신의 손을 농업이나 상업이나 산업 어디에 사용하든지, 또는 그 지성을 예술과 과학의 세계에 사용하든지, 그 어떤 영역에서든 그는 항상 하나님의 얼굴 앞에 서 있으며, 하나님을 섬기는 일에 고용된 것이고, 그의 하나님께 철저히 복종해야 하며, 무엇보다 그의 하나님의 영광을 목표로 삼아야 합니다.[25]

이 인용문은 카이퍼가 우리에게 물려준 사상과 실천의 향연을 맛보게 한다. 카이퍼는 결코 완벽하지 않았으며, 예컨대 인종 및 남아공의 보어인(남아공의 네덜란드계 백인-편집자)에 대한 그의 견해들을 논의한 부분에서 우리는 인종적 순수성이라는 사안과 관련해 그의 부족함을 발견할 것이다. 그

---

[24] 여기서 카이퍼가 어떻게 정교회 신학자 Alexander Schmemann, *For the Life of the World: Sacraments and Orthodoxy*, 2nd ed. (Crestwood, New York: St. Vladimir's Seminary Press, 1973)의 주장과 유사한 방식으로 인류의 제사장 직분을 환기시키는지에 주목하라. 『세상에 생명을 주는 예배』(복있는사람).

[25] Abraham Kuyper, *Lectures on Calvinism* (Peabody, MA: Hendrickson, 2008), pp. 41-42. 『아브라함 카이퍼의 칼빈주의 강연』(다함).

러나 내가 이 책에서 논증하고자 하는 바는, 카이퍼의 사상과 그에게서 흘러나오는 전통에는 그리스도인들이 남아공을 포함하는 이 세상의 소금과 빛으로 부름을 받은 소명을 실행하도록 도울 수 있는 풍성한 자원이 있다는 것이다.[26]

카이퍼의 생애에 대해서는 여러 저자들이 상세하게 기술했다. 이 책의 목적은 카이퍼 사상의 체계적 윤곽을 분석하는 것인데, 이를 위해 카이퍼의 동료 및 제자들의 사상을 적절히 참고하고, 오늘날 우리가 그로부터 무엇을 배울 수 있을지 물을 것이다.[27]

---

[26] John Bolt, *A Free Church, a Holy Nation: Abraham Kuyper's American Public Theology* (Grand Rapids: Eerdmans, 2001), pp. xx-xxi는 1997년에 그랜드래피즈에서 아프리카 신학자인 가나의 크와메 베디아코(Kwame Bediako)와 함께한 식사에 대해 말한다. 그에게서 서아프리카의 혼란스러운 정치 상황에 대해 듣고, 토머스 제퍼슨(Thomas Jefferson)에 대한 PBS 다큐멘터리를 이틀 저녁에 걸쳐 시청한 후, 볼트는 서아프리카에 토머스 제퍼슨 같은 사람이 절실히 필요한 것이 아닌지 베디아코에게 물었다. 베디아코는 미소를 지으며 대답했다. "오늘날 아프리카에 더욱 필요한 것은 아브라함 카이퍼 같은 사람입니다."

[27] 카이퍼의 생애에 대한 책들 중 영어로 집필된 가장 최근의 것은 다음과 같다. James D. Bratt, *Abraham Kuyper: Modern Calvinist, Christian Democrat* (Grand Rapids: Eerdmans, 2013).

1

아브라함 카이퍼의 회심

> 현대성에서 중상류층의 대담성이 실패한 것에 대한 전체 이야기는 설 자리의 상실에 대한 이야기다.
>
> 존 캐럴(John Carroll), 『자아와 영혼』(Ego and Soul)

아브라함 카이퍼가 이룬 것들은 비범했다. 그는 목사, 훌륭한 신학자, 정치 활동가, 네덜란드 반혁명당(Anti-Revolutionary Party)의 지도자, 총리, 암스테르담 자유 대학교의 공동 설립자, 다작의 언론인, 많은 책의 저자, 교회 개혁가 등이었다. 하지만 그가 행하고 성취한 모든 것의 동기는 어디서 왔는가? 물론 인간의 동기는 복잡하고 다양한 측면을 가지며, 분명히 아브라함 카이퍼는 복잡한 사람이었다. 그러나 현대성에는, 학계에서 그리고 종종 문화에서 사람들의 사생활과 그들의 공적 성취 및 학문 사이를 분명히 구분하는 경향이 있다. 궁극적으로 이것은 종교적 중립성의 신화에 기인하는데, 즉 우리의 공적 삶이 우리의 삶의 이야기 및 믿음과 별개라는 생각이다. 올바르게 카이퍼는 어떤 식으로든 이 경계를 절대화하는 것을 거부한다. 그가 옳게 진술하는 것처럼, "우리가 생각하는 방식은 필연적으로 우리 자신의 삶의 여정에, 우리 각자가 우리의 마음과 삶으로 경험한 것에 뿌리를 내리고 있다."[1]

우리는 카이퍼의 이야기, 특히 그의 회심 이야기를 알지 못하고는 카이퍼나 그의 업적을 이해할 수 없다. 다행히도 카이퍼는 이에 대해 어느 정도 자세하게 그의 글 「확신컨대」(Confidentially)[2]에 기술했다.

카이퍼의 회심

카이퍼는 국가 교회인 네덜란드 국교회(Dutch Reformed Church)[3]의 개혁파 목사 아들이었다. 국왕 빌럼 2세(William II, 1792-1849) 치하에서 새로운 헌법이 도입되어서, 국가 교회가 위계적 방식으로 재조직되고 내각 각료의 지시를 받게 되었다. 많은 네덜란드 개신교도들은 이것을 개탄했다. 국가 교회 안에서 두 무리가 내부적 개혁을 위해 노력했다. 하나는 흐로닝언 학파(Groningen school)에 속한 이들로, 그들은 전통적 교리에 대해 느슨한 입장을 취할 네덜란드 교회일치적 개신교주의를 위한 자산을 르네상스 인문주의자 에라스뮈스(Erasmus)와 중세 신비주의에서 찾았다.[4] 19세기 중반까지 흐로닝언 신학이 네덜란드의 성직자 준비를 지배했다. 두 번째 그룹은 갱신운동(Réveil)[5]의 네덜란드 분파를 지지하는 이들로 구성되었으며, 가장 중요

---

1   James D. Bratt, ed., *Abraham Kuyper: A Centennial Reader* (Grand Rapids: Eerdmans, 1998), p. 46.
2   같은 책, pp. 45-61. 참고. George Puchinger, *Abraham Kuyper: De Jonge Kuyper* (1837-1867) (Franeker, Netherlands: T. Wever, 1987). George Puchinger, *Abraham Kuyper: His Early Journey of Faith*, ed. George Harinck (Amsterdam: VU University Press, 1988), p. 9에 따르면, "그의[카이퍼의] 종교적 불꽃이 점화되자, 카이퍼의 감성적 자아는 폭발 후 오늘날까지 네덜란드에 그 흔적을 남기는 문화적 화약통이라는 것이 드러났다."
3   종교개혁에서 유래한 Nederlandse Hervormde Kerk.
4   참고. Herman Bavinck, "Recent Dogmatic Thought in the Netherlands", *Presbyterian and Reformed Review* 10 (April 1892): pp. 209-228.
5   '레베이'는 "갱신" 또는 "회복"을 의미한다. 기독교적 갱신을 목표로 한 이 운동은 스위스와 영국

한 대표자들은 이삭 다 코스타(Isaac da Costa, 1798-1860)와 하윌라우머 흐룬 판 프린스터러(1801-1876)로, 후자는 카이퍼의 삶에 지대한 영향을 끼치게 된다. 1834년에 소도시 윌륨(Ulrum)의 목회자 헨드릭 더 코크(Hendrik de Cock)는 자라나는 신학적 자유주의에 대한 대응으로 네덜란드 국교회에서 탈퇴했는데, 이 분리는 120개 교회가 네덜란드 국교회를 떠나는 결과로 이어졌다. 1848년의 새로운 정치적 헌법은 국가와 교회의 관계를 끊었지만, 그런 위계적 구조는 변하지 않았다.

카이퍼의 아버지는 자신이 신학을 공부했던 레이던(Leiden)의 한 교회로 청빙을 받아, 그곳에서 26년간 목사로 있었다. 성직자로서의 얀 프레데릭 카이퍼(Jan Frederik Kuyper)는 극단적인 것들을 싫어했고 회중의 연합을 위해 힘썼으며, 이삭 다 코스타로부터 진지한 복음적 정신을 받아들였다. 과거를 회상하면서 카이퍼는 자신이 자라며 경험한 기독교에 대해 매우 비판적이었고, 청소년기에 교회에 혐오감을 느꼈다고 언급했다. "거기[레이던에] 있었던 교회는 사실 교회가 아니었다. 성령이 부재했고, 내 마음은 그토록 뻔뻔하게 스스로를 모욕하는 교회나 그런 교회로 대표되는 종교에 대해 어떤 동정심도 느낄 수 없었다."[6]

카이퍼는 레이던 김나지움(gymnasium)에서 탁월한 교육을 받고 레이던 대학교에 진학해서, 1858년에 학사 학위를, 1862년에 박사 학위를 취득했다. 그는 신학을 전공했지만, 그의 진짜 관심사는 신학보다는 역사와 문학에 있었다.[7] 카이퍼는 그 시기의 자신의 영적 상태를 되돌아보면서, 자신이 신앙에 대한 비판에 무방비였음을 발견하고 문제가 내면 깊은 곳에 있었음

에서 그 자산을 끌어왔으며, 특히 상류층에 영향을 끼쳤다. 네덜란드에서 이 운동의 선구적 인물은 위대한 시인 빌럼 빌더다이크(Willem Bilderdijk, 1756-1831)였다.
6　Bratt, ed., *Abraham Kuyper: A Centennial Reader*, pp. 46-47.
7　카이퍼의 문학 사랑은 그의 평생에 걸쳐 특히 작가와 웅변가로서 그에게 영향을 끼쳤다. John Bolt, *A Free Church, A Holy Nation: Abraham Kuyper's Public Theology* (Grand Rapids: Eerdmans, 2001)는 카이퍼를 "시인"으로 묘사하면서 이 점을 언급한다.

을 인식했다. "나의 신앙은 회심하지 않은, 자기중심적 영혼에 깊이 뿌리를 내리지 않았고, 의심하는 영의 맹렬한 열기에 노출되면 시들어 버릴 수밖에 없었다."[8]

1858년 여름에 카이퍼는 자신의 아내가 될 요한나 스하이(Johanna Schaay)를 만났다. 요한나가 신앙 고백을 위해 준비하며 교리문답 교육을 받고 있는 동안에 카이퍼는 요한나에게 그녀가 배우고 있는 고백의 내용을 왜 믿느냐고 물으면서 계속 몰아붙였는데, 이는 그가 전통적 기독교 신앙에서 점차 멀어지고 있음을 드러내는 것이었다. 브래트(Bratt)가 지적하는 바에 따르면, "둘 사이의 서신을 검토해 볼 때 박사 과정 당시의 카이퍼 신학을 가장 잘 묘사하는 표현은 유니테리언(Unitarian)으로, 뚜렷한 칼뱅주의적·도덕주의적 강조점들이 함께 있었다."[9] 카이퍼는 그리스도의 영원한 신성을 부인했으며 예수가 순전히 한 인간이시라고 주장했다. "우리 안에 있는 합리적이고 종교적인 감정이 하나님이며, 이 하나님이 자신을 모든 곳에서, 따라서 또한 인간 안에서 드러낸다."[10] 카이퍼의 비정통성은 교리적 영역에서 명백히 나타난다. 불멸성과 관련해서 그는 그런 믿음의 필요성을 느꼈지만 명확히 파악할 수는 없었다. 속죄와 관련해서 그는 그리스도의 피를 통한 용서를 이해할 수 없는 것으로 보았다. 계시와 관련해서 그는 예수가 실제로 무엇을 말씀하셨는지를 우리가 어떻게 알 수 있는지에 대해 의문을 제기했으며, 또한 어쨌거나 그분은 단지 인간이었다. 그는 교회 관습의 형식들을 소홀히 대했다. 그는 정말로 중요한 것은 하나님의 거룩성과 덕이라고 주장했다.

만약 이것이 모두 너무나 익숙하게 들린다면, 그럴 만한 이유가 있다.

---

8   Bratt, ed., *Abraham Kuyper: A Centennial Reader*, p. 47.
9   Bratt, *Abraham Kuyper: Modern Calvinist, Christian Democrat*, p. 26.
10   같은 책, p. 26에 인용됨.

카이퍼는 역사 비평이 유럽에서 힘을 얻고 있던 시기에 신학을 공부했으며, 그의 스승은 네덜란드 현대주의 신학의 선구자 요한네스 헨리퀴스 스홀텐(Johannes Henricus Scholten, 1811-1885)이었다. 스홀텐은 엄밀한 자연주의(naturalism)를 받아들였는데, 이는 자연을 낭만적 범주들에서 보는 것이 아니라 육체에 대한 정신의 투쟁, 자의성에 대한 도덕성의 기나긴 투쟁으로 보았다. 종교는 이 과정의 일부였고, 이성이 진전함에 따라 물러날 것이었다. 스홀텐과 그의 동료들은 독일의 고등비평을 성경의 역사성에 대한 그것의 부정과 함께 받아들였다. 성경과 신학은 자율을 향한 인간 발전의 우화로 간주되었다. 아브라함 쿠에넌(Abraham Kuenen, 1828-1891)은 스홀텐의 가장 중요한 동시대 사람으로, 역사 비평의 발전에서 주요 인물이었다.[11]

스홀텐의 강의를 듣기 위해 모든 학과에서 학생들이 몰렸다. 그들을 매료한 것은, 스홀텐의 후계자들 중 하나가 예리하게 지적하듯이, "그들 눈앞에서 세워[지고 있는] 하나의 위대한, 완전히 발달한 세계관 및 인생관"을 목격한다는 점이었다. 그것은 "모든 것을 포함하는 일원론(monism)"이었으며, "그 안에서 모든 질문이 하나의 답을 얻고, 인간 사유에 어떤 분열도 남기지 않고, '모든 능력의 능력이며 모든 생명의 생명인' 하나님에게서 모든 것이 흘러나온다."[12] 스홀텐은 마을 목회자였는데, 그곳에서 고전적 개혁파 신학의 굳건함에 의해 감명을 받았다. 카이퍼와 마찬가지로 그도 그것을 그의 시대에 맞게 발전시키고자 했으며, 앞으로 우리가 보게 되겠지만, 그럼에도 카이퍼는 스홀텐과는 아주 다른 방향을 선택했다.

그의 「확신컨대」에서 카이퍼는 자신을 하나님에게 이끈 세 가지 사건에 대해 들려준다. 첫 번째 사건은 그가 학부생으로서 참여한 신학 경연 대회인데, 섭리적으로 그는 폴란드 신학자 얀 라스키(Jan Laski, 1499-1560)의 1차

---

[11] 참고, 3장.
[12] Bratt, *Abraham Kuyper: Modern Calvinist, Christian Democrat*, p. 29에 인용됨.

자료를 발견할 수 있었고, 얀 라스키와 장 칼뱅의 교회에 대한 견해들을 비교한 320쪽짜리 논문으로 우승했다.[13] 카이퍼는, 적어도 나중에 회고하면서는, 1차 자료를 얻을 수 있게 된 것을 하나님의 개입으로 보았다.

카이퍼에게 진정한 전환점은 요한나가 그에게 보내 준 책, 즉 샬럿 영(Charlotte Yonge, 1823-1901)이 쓴 1853년의 영국 베스트셀러 소설 『레드클리프의 상속자』(*The Heir of Redclyffe*)로부터 왔다.[14] 카이퍼가 말하는 바에 따르면, "이 걸작은 내 거만한, 반역하는 마음을 깨뜨린 도구였다."[15] 당시 잉글랜드에서는 성공회-가톨릭주의(Anglo-Catholicism)가 존 키블(John Keble), 에드워드 퓨지(Edward Pusey), 존 헨리 뉴먼(John Henry Newman)의 진두지휘 아래서 부흥하고 있었다. 키블(1792-1866)은 허슬리(Hursley)의 교구 사제와 오터본(Otterbourne)의 청빙 사제가 되었는데, 후자는 영의 가족이 살던 교구였다.[16] 영은 성공회-가톨릭주의의 철저한 신봉자였고, 작가로서 키블에게 지도를 받았다.[17]

---

[13] 참고. 같은 책, pp. 35-37. 라스키에 대해서는 다음을 보라. Michael S. Springer, *Restoring Christ's Church: John a Lasco and the Forma ac ratio* (Aldershot, UK: Ashgate, 2007); Henning P. Jürgens, *Johannes a Lasco in Ostfriesland: der Werdegang eines europäischen Reformators* (Tübingen: Mohr Siebeck, 2002). 카이퍼의 논문에 대해서는 Jasper Vree, *Abraham Kuyper's "Commentatio" (1860): The Young Kuyper About Calvin, a Lasco, and the Church*, 2 vols. (Leiden: Brill, 2005)를 보라. Springer, *Restoring Christ's Church*, p. 6의 지적에 따르면, "19세기 네덜란드의 신학자 아브라함 카이퍼는 라스코에 대한 연구를 시도한 최초의 현대 학자들에 속했다." 야스퍼 프레이는 카이퍼가 편집한 라스키 저작 선집을 "현대 라스코 연구의 토대"로 언급한다(Springer, *Restoring Christ's Church*, p. 6).

[14] Charlotte M. Yonge, *The Heir of Redclyffe*, Wordsworth Classics (Ware, UK: Wordsworth, 1998). 영은 백 권 이상의 책을 쓴 작가였다. 샬럿 영에 대한 정보와 그녀의 편지들에 대한 접근은 Charlotte Mary Yonge Fellowship 웹사이트를 보라. www.cmyf.org.uk.

[15] Bratt, ed., *Abraham Kuyper: A Centennial Reader*, p. 51.

[16] 참고. Charlotte Mary Yonge, *John Keble's Parishes: A History of Hursley and Otterbourne* (London: Macmillan, 1898).

[17] 작가로서 영에게 끼친 키블의 영향에 대해서는 다음을 보라. Ellen Jordan, Charlotte Mitchell, and Helen Schinske, "'A Handmaid to the Church': How John Keble Shaped the Career of Charlotte Yonge, the 'Novelist of the Oxford Movement'", in Kirstie Blair, ed., *John Keble in Context* (London: Anthem, 2004), pp. 175-191. 저자로서의 영과 그녀의 소설에 대해서는 Tamara S. Wagner. ed., *Charlotte Yonge: Reading Domestic Religious Fiction* (Abingdon, UK: Routledge, 2012)을 보라. 글쓰기에 대한 영의 시각에 대해서는 그녀의 글 "Authorship",

소설의 주요 인물들은 두 사촌들 필립 드 모빌(Philip de Morville)과 고아가 된 기 드 모빌(Guy de Morville)이고, 이 소설은 그들의 긴장 관계를 중심으로 전개된다. 필립은 교만하고 야심적이며, 완고하고 융통성이 없다. 기는 온화하고 세심하며, 강한 신앙을 갖고 있다. 그는 수용적이고 자기희생적이다. 이 소설은 정반대인 두 인물이 반복적으로 충돌하는 모습을 보여준다.

그러나 회심하지 않았을 때의 카이퍼는 필립의 성격에 매료되었으며, 그를 자신의 영웅으로 삼고 자신과 동일시했다. 소설에서 필립은 이탈리아에서 말라리아 열병에 걸렸다가, 아이러니하게도 그가 소설 대부분에서 괴롭히고 이용했던 사촌 기 덕분에 살아난다. 필립을 희생적으로 돌보던 기는 필립이 회복한 그 열병에 걸려 죽는다. 카이퍼의 지적에 따르면, 이 소설에서 "거의 알아차릴 수 없게 자동적으로 역할들이 뒤바뀌어, 한때 그토록 비범했던 필립은 그의 모든 허영과 내적 공허함이 폭로되는 반면, 기는 참된 위대함과 내적 힘에서 탁월성을 보인다."[18] 기는 전형적으로 낭만주의자이고 깊은 감정과 명예로 충만하며 충동적이지만, 낭만적 열정을 순수한 사랑으로 돌린다. "기는 **질풍노도**(Sturm und Drang)를 평온한 항구로 이끈다."[19]

필립은, 그리고 그와 더불어 카이퍼도, 깊은 회한에 빠지게 된다. 영이 기의 장례 예배를 묘사한 문구는 분명히 카이퍼를 크게 감동시켰을 것이다. "사람들이 그를 안식을 위해 땅에 내려놓았을 때, 사방으로 가지를 뻗은 밤나무 아래로 평화의 복이 고귀한 영국식 장례 예배 가운데 찾아들었다. 고아였던 그의 삶에서 그의 발걸음들을 인도했던, 어머니인 교회의 말씀들이

The Monthly Packet, September 1892를 보라(http://community.dur.ac.uk/c.e.schultze/index.html).
18 Bratt, ed., Abraham Kuyper: A Centennial Reader, p. 53.
19 Bratt, Abraham Kuyper: Modern Calvinist, Christian Democrat, p. 40. '슈투름 운트 드랑'은 "Storm and Stress"로 영역되는 독일어 문구로, 낭만주의를 출현시킨 문예 운동이다.

땅에 안식처를 마련해 준 것이다."²⁰ 요양을 하면서 필립은 깊은 후회 가운데 자신의 삶을 돌아보며, 쉼 없이 "깊은 회개의 상처"²¹를 살아 낸다. 그는 회복되는 동안에 여동생과 함께 지내려고 잉글랜드로 돌아오고, 어느 날 어린 시절을 보낸 스타일허스트의 집에 간다. 마을 교회에 들어가서 "그는 무릎을 꿇었다. 고개를 숙이고 두 손은 깍지를 낀 상태였다."²² 이것은 그가 절망에서 희망으로 돌아섰음을, 하나님께 돌아오는 길을 발견했음을 보여 주는데, 카이퍼의 언급에 따르면, "필립이 무릎을 꿇었다는 부분을 내가 읽었을 때, 나도 모르게 두 손을 모으고 의자 앞에 무릎을 꿇고 있었다. 아, 그 순간 내 영혼이 경험한 것을 나는 나중에야 온전히 이해했다. 하지만 그 순간 이후 나는 내가 전에 우러러보던 것을 경멸했고, 내가 감히 경멸하던 것을 추구하게 되었다."²³ 카이퍼 자신이 나중에 기록했듯이, "진정한 평화, 흔들리지 않는 신앙, 능력의 온전한 발휘를 위해서는, 우리 영혼이 반드시 심연의 가장 깊은 곳에서, 모든 사람에게 버림받은 상태에서, 전능하신 하나님만 의지해야 한다."²⁴

그렇게 해서 카이퍼는 하나님 나라에 들어왔다. 신학 박사 학위 과정에 있던 학생이 마침내 본향으로 가는 길을 발견한 것이다. 「확신컨대」에서 카이퍼는 자신이 신학을 전공하는 학생으로서 얼마나 신앙에서 멀어져 있었는지 드러내는 언급을 살짝 한다. "나는 칼뱅과 아 라스코[얀 라스키]에 대해 잘 알게 되었으나, 그들의 글을 읽으면서도 그 내용이 진리일 수 있다는 생각은 전혀 들지 않았다."²⁵ 앞에서 우리는 카이퍼의 문학 사랑에 주목했는

20 Yonge, *Heir of Redclyffe*, p. 412.
21 같은 책, p. 452.
22 같은 책, p. 461.
23 Bratt, *Abraham Kuyper: Modern Calvinist, Christian Democrat*, p. 39에 인용됨.
24 Abraham Kuyper, "The Biblical Criticism of the Present Day", trans. J. Hendrik de Vries, *Bibliothecra Sacra* LXI (1904): p. 678.
25 Bratt, ed., *Abraham Kuyper: A Centennial Reader*, p. 56.

데, 성령이 소설을 사용하여 그를 하나님께 돌아오게 하신 사건에는 놀랍도록 인간적인 무엇이 있다.

카이퍼는 이 소설에서 다른 교훈들도 얻었다. 박식한 필립은 그의 약혼녀를 학대하고 지배했는데, 카이퍼도 비슷하게 요한나를 압박하고 조종했다. 그는 그녀에게 범한 자신의 죄를 회개했다. 앞에서 언급한 바와 같이 그는 또한 소설에서 영국 국교회가 신자들의 어머니로서 하는 역할에 깊은 인상을 받았는데, 카이퍼에 따르면 이 시점부터 그도 성화된 교회를 열망했다.[26]

1863년에 카이퍼는 베이스트(Beesd) 마을에 소재한 네덜란드 국교회로 처음 청빙을 받았다. 그가 그곳에서 경험한 것들은 그의 삶에서 세 번째 형성기를 표시했다. 만약 얀 라스키에 대한 연구가 카이퍼를 하나님의 주권과 그분이 역사에 개입하시는 일들의 실재에 대해 일깨웠다면, 『레드클리프의 상속자』를 만난 것은 그를 C. S. 루이스(Lewis)가 기독교의 전당이라고 표현한, "교파적 차이들을 초월하는, 실재에 대한 위대한 기독교적 전망"[27]에 천착하게 했다. 이 전당으로부터 많은 방이 갈라져 나오는데, 이는 다양한 교파들을 나타낸다. C. S. 루이스는 자신의 『순전한 기독교』(*Mere Christianity*)가 많은 방이 연결되어 있는 이 전당에 대한 것이라고 말한다. 루이스의 목적은 독자들에게 어떤 방에 들어갈지, 즉 어떤 교단이나 전통에 소속될지 말하는 것이 아니라, 단지 그들을 순전한 기독교로 초대하는 것이다.[28] 카이

---

26 카이퍼와 뉴먼의 비교에 대해 George Puchinger, "Newman en Kuyper", in *Ontmoetingen met theologen* (Zutphen, Netherlands: Terra, 1980), pp. 94-105를 보라. 푸칭거는 카이퍼가 뉴먼과 퓨지의 저작에 대해 알고 있었는지 우리가 알 수 없다고 지적한다. 그러나 같은 책, p. 105는 카이퍼가 영의 소설을 통해 성공회주의를 접했음을 잊어서는 안 된다고 결론을 내린다. 영의 소설이 카이퍼에게 끼친 엄청난 영향을 염두에 둘 때, 그가 뉴먼, 키블, 퓨지를 알지 못했다고 가정하는 것은 의아한 일이다.

27 Alister McGrath, *C. S. Lewis—A Life: Eccentri Genius, Reluctant Prophet* (Carol Stream, IL: Tyndale House, 2013), p. 221. 『C. S. 루이스』(복있는사람).

28 루이스는 청교도 리처드 백스터(Richard Baxter)에게서 이 표현을 배웠다. 참고. 같은 책, pp. 218-219.

퍼는 지금 그 전당에 있다. C. S. 루이스가 그랬듯이, 오랜 시간에 걸친 사유와 대화 끝에, 기독교 신앙이 아닌 버스에 올라탔다가 회심하여 내린 후에 말이다! 베이스트(1863-1867)에서 카이퍼는 어떤 방에 들어가야 할지를 발견했다.

카이퍼가 베이스트에 도착했을 때 그는 회심을 통해 하나님과의 영적 친밀함에 대한 새로운 감각을 갖고 있었다. 그곳에서 전한 첫 설교에서 그는 하나님과의 교제가 "인간의 마음속에 있는 가장 숭고한 열망"임을 강조했고, 자신이 다시는 시야에서 놓치지 않을 핵심적 요점으로 마무리했다. "종교는 언제나 마음의 문제이고, 그 마음 안에서 성령 하나님은 그분의 선하신 기쁨에 따라 말씀하십니다"라는 것이다.[29] 동시에 그의 설교는 네덜란드 신학에서 떠오르던 윤리학파의 입장을 반영하고 있었는데, 스홀텐의 현대주의와 국가 교회를 떠난 이들의 엄격한 고백주의 사이에서 중도를 발견하고자 했다.[30] 복음의 사회적 차원에 대한 카이퍼의 인식은, 그가 영세 저축자들을 위한 은행을 설립하기 위해 공공복지를 위한 전국 협회(National Society for the General Welfare)와 일하는 가운데 일찍부터 드러났다.

카이퍼는 베이스트의 회중을 "겉모습은 정통 신앙이지만 영적 생명력의 진정한 빛이 없는, 경직된 보수주의에 의해 특징지어진" 것으로 묘사한다.[31] 그는 회중 내에 불평가 무리가 있음을 인지하고 그들에게 경고했지만, 그들을 무시하는 것이 불가능함을 깨달았다. 그가 그들을 알게 되면서 그들의 확신, 영적 문제에 대한 그들의 깊은 관심, 그들의 성경 지식, 그들의 잘 정돈된 세계관, 그리고 "온전한 주권적 은혜"에 대한 그들의 강조에 의해 깊은 인상을 받았다. 카이퍼가 주권적 은혜에 대한 그들의 강조를 포용

---

29 Bratt, *Abraham Kuyper: Modern Calvinist, Christian Democrat*, p. 43에 인용됨.
30 Kuyper, "Biblical Criticism of the Present Day", p. 436는 슐라이어마허(Schleiermacher)를 윤리학파의 시조로 본다.
31 Bratt, ed., *Abraham Kuyper: A Centennial Reader*, p. 55.

하자 그들은 그를 기독교의 개혁파 방으로 단단히 끌어들였다. 하지만 카이퍼가 보기에 그들은 종교개혁의 세계와 시대에 지나치게 얽매여 있었고, 그는 그 이상이 필요했다. 그는 윤리학파를 주도하던 요한네스 군닝(Johannes H. Gunning, 1829-1905)과 다니엘 샹테피 드 라 소세(Daniel Chantepie de la Saussaye, 1818-1874)의 저작에 손을 뻗었다.³² 그가 보기에 그들의 작업은 매혹적이었으나 부적절했다. 마침내

> 칼뱅 자신이…나에게 처음으로 견고하고 확고한 노선을 드러냈는데, 그것은 온전한 확신을 얻기 위해 따라가야 하는 것이었다. 즉시 나는 우리가 주해적으로, 심리적으로, 역사적으로 그를 넘어서 진보해야 함을 알았지만, 그럼에도 내가 여기서 발견한 것은 모든 의심을 차단하면서 신앙의 체계가 전적으로 논리적 방식으로 구성되게 하는 토대들이었다. 그리고 놀라운 결과는, 가장 일관된 윤리가 그 내부의 방들을 지배했다는 점이다.³³

칼뱅을 (재)발견하면서, 카이퍼는 베이스트 교회의 불평가들이 자신에게 전달한 것이 바로 이 전통이었다는 사실을 알게 되었다. "그리고 칼뱅의 가르침은 그의 사후 수 세기가 지난 후에, 이국땅의 촌 동네에서, 돌바닥이 깔린

---

32 군닝의 출간 저서 목록과 관련해 네덜란드 국립 도서관(Nationale bibliotheek van Nederland)인 왕립 도서관(Koninglijke Bibliotheek)의 웹사이트 http://poortman.kb.nl을 보라. 참고. A. de Lange and J. H. Gunning Jr., *Brochures en brieven uit zijn Leidse tijd* (1889-1899) (Kampen: Kok, 1984); Daniël Chantepie de la Saussaye, *Verzameld werk. Een keuze uit het werk van Daniël Chantepie de la Saussaye*, selected and annotated by F. G. M. Broeyer, H. W. de Knijff, and H. Veldhuis, 3 vols (Zoetermeer, Netherlands: Boekencentrum, 1997-2003).
33 Bratt, ed., *Abraham Kuyper: A Centennial Reader*, pp. 58-59. 칼뱅에 대한 헤르만 바빙크(Herman Bavinck)의 흥미진진한 강의를 다음에서 보라. Herman Bavinck, "John Calvin: A Lecture on the Occasion of His 400th Birthday, July 10, 1509-1909", trans. John Bolt, *The Bavinck Review* 1 (2010): pp. 57-85.

방에 사는 평범한 노동자의 머리로도 여전히 **이해**할 수 있는 것이었다."[34]

더 나아가 카이퍼는 자신의 칼뱅 발견을 교회와, 그리고 『레드클리프의 상속자』와 연결했다. 칼뱅주의가 그가 목회하는 교회의 가난한 노동자들을 통해 카이퍼에게 전달된 것이 의미하는 바는, 칼뱅이 하나의 교회를 세웠고 그것에 부여한 형태를 통해 복을 유럽 전역과 그 너머에 이르기까지, 가난하고 교육받지 못한 사람들 가운데도 전파했다는 점이다. 카이퍼는 칼뱅이 하나님을 우리의 아버지로, 교회를 우리의 어머니로 묘사한 것을 극찬했는데,[35] 이는 물론 『레드클리프의 상속자』에 나오는 장례 예전에 대한 묘사를 상기시켰다.

그리고 이제 나는 기적 같고, 말로 표현할 수 없는, 거의 믿을 수 없는 능력을 실제 사람들 안에서 참으로 보았다. 그 능력은 영적으로 조직된 교회가 자신이 원하는 바를 알고 자신의 본질적 사상을 말로 담아내는 한, 심지어 우리가 겪었던 해체 중에도, 여전히 묵묵히 그리고 수수하게 드러낼 수 있는 것이다.…"우리 어머니가 될 수 있는 교회"를 회복하는 것이 내 인생의 목표가 되어야 했다.[36]

카이퍼와 현대주의

이제 확고하게 개혁파가 된 후에, 신학에서의 현대주의에 대한 카이퍼의 반발을 더욱 일으킨 것은 그의 옛 스승 스홀텐에 의해 1864년에 출간된 요한

---

[34] Bratt, ed., *Abraham Kuyper: A Centennial Reader*, p. 59.
[35] John Calvin, *Institutes of the Christian Religion* (Philadelphia: Westminster, 1960), IV.1.1.
[36] Bratt, ed., *Abraham Kuyper: A Centennial Reader*, p. 61.

복음 연구였는데,[37] 스홀텐은 요한복음의 저자에 대해 자신이 이전에 가졌던 견해를 완전히 뒤집었다. 카이퍼의 언급에 따르면, 스홀텐 자신이 이 급진적 변화를 플라톤적 세계관에서 더 아리스토텔레스적 세계관으로 옮겨 간 데 따른 것으로 인정했다. "이로써 그는 선험을 자신이 하는 비평의 안내자로 삼았음을 스스로 인정한 것이다."[38] 카이퍼는 자신이 진보나 새로운 이해를 반대하는 입장은 전혀 아니라고 강조한다. "그러나 우리는 비평이 그 대상의 본질에는 다가가지 않고 모든 것의 종속을 요구하면서, 그 선험의 변덕에 따라 실험용 시신을 다루듯 장난만 치고 있는 것을 숨겨 주는 신성한 연무를 떨쳐 버려야 한다."[39]

그런 다음에, 1865년에, 네덜란드 국교회의 지도층 인사였던 알라드 피어슨(Allard Pierson)이 현대주의 원리들 때문에 사역을 내려놓았다. 피어슨의 주장은, 만약 기독교 신앙이 문화에 의해 대체될 것이라면, 왜 앞서 나가서 과학과 교육에 몰두하지 않느냐는 것이었다. 1865년에 행한 세 편의 설교 시리즈에서 카이퍼는 이런 쟁점들에 정면으로 맞섰다. 피어슨은 논리적으로는 옳았는데, 교회가 인간주의와 기독교 사이에서 냉정한 선택을 해야 하는 상황을 마주하고 **있었고** 중간 지대는 없었기 때문이다. 물론 카이퍼는 인간주의가 아니라 기독교를 원했다. 카이퍼에게 현대주의의 도전에서 위태로운 것은 단지 교회만이 아니라 영혼의 존재 자체, 실제로는 물질적인 것을 초월하는 모든 실재의 존재였다. "텅 빈 물질주의의 망령은 이제부터 카이퍼의 상상에서 가장 깊은 공포를, 무자비하고 무의미한 세계에 있는 궁극적인 것을 대표할 것이었다."[40]

---

[37] J. H. Scholten, *Het Evangelie naar Johannes: kritisch, historisch onderzoek* (Leiden: P. Engels, 1864).
[38] Bratt, ed., *Abraham Kuyper: A Centennial Reader*, p. 115n34.
[39] 같은 책, p. 115.
[40] Bratt, *Abraham Kuyper: Modern Calvinist, Christian Democrat*, p. 47.

1867년에 카이퍼는 위트레흐트(Utrecht)에 있는 한 교회를 맡게 되었다. 거기서 그는 보수주의자들과 충돌했다.[41] 그러나 만약 극보수주의가 한쪽에 있는 도전이었다면, 다른 쪽에 있는 도전은 현대주의였고, 그가 암스테르담으로 가기 위해 위트레흐트를 떠난 1871년에 카이퍼는 이 문제를 "현대주의: 기독교의 영토에 있는 파타 모르가나"(Modernism: A Fata Morgana in the Christian Domain)에서 정면으로 대응했다.

아마도 카이퍼는 **현대주의**(modernism, 모더니즘)를 현대성의 의미를 암시하는 용어로 사용한 첫 번째 인물이었을 것이다.[42] 주의해야 할 것은 현대주의에는 카이퍼가 흠모했던 것들이 많았다는 점인데, 즉 그 지적 범위, 용기, 일관성이다. 정통 신앙이 충족하기를 원했던 그의 기준은 현대주의가 세운 것이었다. 그러나 카이퍼는, 제임스 오어가 그랬듯이, 현대주의가 제기하는 도전의 포괄성을 인식했다. "가장 굳건히 놓인 기초들이 공격을 받고 있으며, 우리의 가장 깊고 소중한 원칙들이 뿌리째 뽑히고 있다. 마치 1793년에 있었던 프랑스 혁명의 비명이 지금 우리가 들을 수 있게 벌어지고 있는 격렬한 전투에 대한 서곡에 불과했던 것처럼 보일 정도다."[43] 카이퍼에게는, 에드먼드 버크(Edmund Burke, 1729-1797)에게 그랬듯이, 현대주의란 기독교에 반대하는 비판이 가장 일관성 있는 체계를 만들어 낸 이론이

---

41 참고. Abraham Kuyper, "Conservatism and Orthodoxy: False and True Preservation", in Bratt, ed., *Abraham Kuyper: A Centennial Reader*, pp. 65-85.
42 Malcolm Bull, "Who Was the First to Make a Pact with the Devil?", *London Review of Books* (May 14, 1992): pp. 22-23. 불이 주장하는 바에 따르면, "만약, 명료성을 위해, 현대를 적어도 19세기 중반에서 20세기 중반에 이르는 시기를 포함하는 것으로 받아들인다면, 우리는 현대성을 그 시기 동안에 서구에 있는 삶의 사회적 조건들 측면에서, 그리고 현대주의를 현대성의 경험에 대한 긍정적인 문화적 대응으로 규정할 수 있다. 아마도 현대성으로 시작하는 것이 가장 쉬울 것인데, 그것은 그 안에 필연적으로 현대성에 대한 암묵적 정의를 이미 담고 있다." 그는 이 시기에 현대주의가 특히 예술 및 신학과 연계되었다는 점에 주목한다. 최초의 언급이 신학에서 발견된다는 점에 대해서는 논란의 여지가 없으며, 이런 측면에서 불은 카이퍼가 그의 "Fata Morgana"에서 신학에 있는 현대주의에 가한 비난을 언급한다.
43 Abraham Kuyper, "Modernism: A Fata Morgana in the Christian Domain", in Bratt, ed., *Abraham Kuyper: A Centennial Reader*, p. 89.

었다.⁴⁴ 이는 저항이 의무였다는 뜻이다. "여러분은 자신의 시대에서 벗어날 수 없으며, 있는 그대로 받아들여야 합니다. 그리고 시대는 우리에게 우리의 신앙이 해체되는 것을 받아들이거나 논쟁에 가담하라고 요구합니다. 이 선택이 주어졌을 때, 헌신된 사람은 주저하지 않습니다." 그는 특유의 미려한 수사로 단언했다. "영적 무감각의 밀월은 끝났습니다."⁴⁵

그렇지만 저항의 방법이 카이퍼에게 중요했다. 우리는 현대주의를 과소평가하거나 비방함으로써 싸우지 않는다. 흥미롭게도, 카이퍼는 현대주의가 **나타나야 했다**고 주장한다. 거의 같은 시기에 현대주의는 모든 곳에서 그 사도들을 소집했다. 독일에서 슈트라우스(Strauss), 스위스에서 바우어(Baur), 미국에서 파커(Parker), 남아공 케이프에서 콜렌소(Colenso)가 그런 사람들이었다.⁴⁶ 현대주의는 하나의 기독교 이단인데, 모든 이단들과 마찬가지로, 기독교의 빛줄기를 그 시대의 영적 공기 안에서 굴절시킨다는 점에서 그렇다. 그것은 새롭지 않지만, "지금처럼 **지배한** 적이 없으며, 오늘날처럼 중심이 되는 중요성을 차지한 적도 없다."⁴⁷

그 시대의 영적 공기에 있는 무엇이 현대주의를 일으켰는가? 이것이 카이퍼의 질문이다. 그는 네 가지 원인을 찾아낸다. 첫째는 당대 철학의 파산이고, 둘째는 혁명의 무력함이고, 셋째는 자연 연구의 엄청난 확대이고, 넷째는 교회의 수면 상태다. 현대주의는, 카이퍼에 따르면, 현실주의의 한 형태이지만 물질주의의 심연을 향하고 있다. 아이러니하게도, (신학적) 현

---

44 참고. Edmund Burke, *Reflections on the Revolution in France* (New York: Boobs Merrill, 1955). 『프랑스 혁명에 관한 성찰』(한길사).
45 Bratt, ed., *Abraham Kuyper: A Centennial Reader*, pp. 89-90.
46 다비드 프리드리히 슈트라우스(David Friedrich Strauss 1808-1874), 페르디난드 크리스티안 바우어(Ferdinand Christian Baur, 1792-1860), 시어도어 파커(Theodore Parker, 1810-1860), 그리고 주교 존 윌리엄 콜렌소(John William Collenso, 1814-1883)는 모두 성경의 진리에 대한 의문을 제기했던 역사 비평이 부상하는 데 주도적 역할을 한 인물들이다.
47 Bratt, ed., *Abraham Kuyper: A Centennial Reader*, p. 98.

대주의는 물질주의에 반대하여 기독교 신앙을 옹호하기 위해 등장했다. 기독교 신앙을 현대 문화와 중재하려고—혹은 오늘날의 표현으로는 **상관관계를 이루도록**(correlate)—시도한 것이다. 카이퍼는 이렇게 말한다. "만약 사람들이 '육체성은 하나님의 길의 목적이다'(corporeality is the end of the road of God)라는 바더(Baader)의 진술을 자신들의 표어로 삼으면서 성경의 현실주의로 이끌림을 받았더라면, 그 노력이 얼마나 대단한 보상을 받았을까?"[48]

신학적 현대주의는 카이퍼의 언급에 따르면, 개신교주의를 참칭하고 자신과 개신교주의를 같은 나무의 가지들로 제시하려 시도한다! 그러나 신앙과 관련해 현대주의는 인간의 권위와 자율성을 그 출발점으로 삼는데, 이것이 바로 개신교주의가 맹렬히 비난한 것이다. 따라서 현대주의는 천상의 것들이 아닌 가시적 영역에만 관심을 쏟는다. 실질적으로 그것은 신성한 것(the sacred)과 세속적인 것(the profane)을 나누는 경계선을 지워 버렸다.

현대주의자들의 종교적 입장에 반대해 카이퍼는 다음과 같이 비난한다.
1. 영원히 아름다운 사랑이라는 그들의 하나님은 추상적 개념으로서, 말씀하시는 하나님이신 살아 계신 말씀과는 한참 멀리 떨어져 있다.
2. 그들은 기도를 간구가 아니라, 영혼의 분출에 불과한 것으로 본다.
3. 일관성이 있다면, 그들은 신적 통치의 실재를 부정한다.
4. 도덕성에 대한 그들의 견해는 문제가 있다. 그들은 인류의 특별한 창조를 부인하며 결국 죄에 대한 아무런 실재적 개념도 없다. 도덕성에 대한 그들의 견해에서는 우리가 이상을 향해 비상하지만, 성경적 기독교에서는 이상이 그리스도 안에서 우리에게 내려온다.
5. 그들의 신학은 결함이 있다. 그들은 역사에 주의를 기울이지만, 모든

---

48 같은 책, p. 102. 프란츠 폰 바더(Franz von Baader, 1765-1841)는 신비주의 로마 가톨릭 신학자로, 카이퍼는 그의 사상을 본질상 전 세계적이고 우주적인 것으로 여겼다.

것을 그 이념에 눌러 넣으려는 결함 있는 렌즈를 통해서 바라본다. "그 이념은 현실에서 도출한 것이 아니라, 신성한 것과 세속적인 것의 비합법적 연합에서 탄생한 것이다."⁴⁹ 그 결과는 성경이 예수에 대해 말하는 것이 사실일 수 없다는 것이다.

카이퍼는 현대주의 신조를 다음과 같이 요약한다.

현대주의자인 내가 믿는 하나님은 모든 인류의 아버지이며, 또한 예수는 그리스도가 아니라 나사렛 출신의 랍비다. 나는 인류가 본성적으로 선하지만 개선을 위해 노력할 필요가 있다고 믿는다. 나는 죄가 상대적일 뿐이며 따라서 용서가 인간의 발명에 불과하다고 믿는다. 나는 더 나은 삶에 대한 희망과, 심판 없는, 모든 영혼의 구원을 믿는다.⁵⁰

교회에 대한 현대주의의 견해와 관련해 카이퍼는 이렇게 평가한다. "실제 하나님이 없고, 실제 기도가 없고, 실제 신적 통치가 없고, 인간 삶의 현실이 위협 아래 있고, 실제 죄가 없고, 실제 이상이 없고, 진정한 역사가 없고, 참된 비평이 없고, 철저한 검증을 견딜 수 있는 교의가 없고, 실제 교회도 없다."⁵¹

놀랍게도 카이퍼는 현대주의가 교회 안에서 정통 신앙을 구해 냈다고 주장하는데, 이는 마치 아픈 사람을 치유하기 위해 독극물을 주사하거나 끔찍한 패배가 나라의 명운을 깨우는 것과 같다. 그는 현대주의의 도전을 아리우스주의(Arianism)라는 초기 이단과 비교하면서, 그의 청중에게 두려워하지 말라고 독려한다. 교회는 그런 것을 이전에 극복해 왔으며, 다시금 극

---

49 같은 책, p. 114.
50 같은 책, p. 116.
51 같은 책, p. 118.

복할 수 있다는 것이다.

현대성은 복잡한 현상이며, 또한 카이퍼는 그의 저작들에서 **범신론**(pantheism)과 **진화**(evolution)를 구분한다. 그는 범신론이 경계들을 모호하게 한다고 비난한다. 첫째는 세계와 하나님 사이의 가장 근본적 경계이고, 다음으로는 그에 따른 모든 다른 경계들이다.[52] 흥미롭게도 카이퍼는 창세기 1장의 "나눔"(dividing)이라는 주제를 창세기의 창조 신학에, 따라서 하나님에 의해 주어진 경계들에 대한 신학에 중심이 되는 것으로 이해하는데, 이는 최근의 여러 학자들이 강조하고 있는 통찰이다.[53] 카이퍼는 하나님과 세계 사이의 경계를 모호하게 하는 범신론이 치명적 결과들을 가진다는 데 대해 단호하다. "만약 하나님과 세계 사이의 경계가 제거되고 거룩한 삼위일체 안에서 우리가 더 이상 풍성한 인격적 삶의 충만함을 흠모할 수 없다면, 우리 자신의 인격적 삶의 원동력은 부서지게 되어 있다."[54]

카이퍼는 진화를 놀라울 정도로 공정하게 다룬다. 반복해서 그는 진화의 통찰들을 전면에 내세운다. 긍정적으로 그는 그것을 너무 오랫동안 철학을 지배했던 경험주의와 불가지물(the unknowable)의 강조에 대한 반가운 응답으로 본다. 둘째로 그것은 자연에 대한 주의 깊은 연구를 촉진했다. 셋째로 그것은 유기 생명체에서 설계의 통일성을 발견했으며, 넷째로 종들 안에 있는 변이를 밝혀냈다. 그러나 진화의 오류는 그것이 모든 생명체에 대한 정당한 과학적 탐구들을 하나의 세계관으로 확장하고, 그러면서 우주의 수수께끼를 풀었다고 생각하는 것에서 기인한다. **세계관**으로서 진화는 전체 우

---

[52] Abraham Kuyper, "The Blurring of the Boundaries", in Bratt, ed., *Abraham Kuyper: A Centennial Reader*, pp. 363-402, 374.

[53] 참고. 예를 들어, Paul Beauchamp, *Création et Séparation: étude exégétique du chapitre premier de la Genèse* (Paris: Aubier Montaigne-Éditions du Cerf, 1969); Leon R. Kass, *The Beginning of Wisdom: Reading Genesis* (Chicago: University of Chicago Press, 2003), pp. 31-36.

[54] Bratt, ed., *Abraham Kuyper: A Centennial Reader*, p. 387.

주를 설명하려 시도하면서 기독교와 대립하게 된다. 카이퍼는 세계관으로서의 진화와 기독교 사이의 반립(antithesis)을 일련의 "대조"(over against) 진술들로 환기시킨다.⁵⁵

1. 카이퍼는 세계관으로서의 진화를 구현한다고 보는 니체(Nietzsche)와 대조해서, 잃은 자를 찾으시며 약한 자에게 긍휼을 베푸시는 그리스도를 제시한다. "만약 진화의 발상 그 자체에 철저히 반대하는 누군가가 확실히 있다면, 그분은 바로 자신을 육신 가운데 계신 하나님으로 나타내기 위해 빛들의 아버지로부터 내려오신 분입니다. 그리스도는 기적입니다."⁵⁶
2. 카이퍼는 진화의 목표 없는 메커니즘과 대조해서, 영원한 존재로서 자신의 뜻의 계획에 따라 모든 것을 일하시는 분을 제시한다.
3. 카이퍼는 종의 선택(species selection)과 대조해서, 하나님의 선택(election)을 제시한다.
4. 카이퍼는 사람이 무덤에서 소멸된다는 주장과 대조해서, 다가올 심판과 영원한 영광을 제시한다.

카이퍼는 세계관으로서의 진화가 미학과 윤리학에 대해 갖는 함의들을 탐구한다. 세계관으로서의 진화가 윤리학에 대해 갖는 함의들은 파괴적이다. 도덕적 이상, 세계 질서, 법칙, 그것들이 수반하는 의무감, 그리고 하나님 안에 있는 그것들의 근원이 모두 사라지고, 그렇게 해서 우리는 상호 연관된 죄, 속죄, 구속, 회개의 개념들을 잃는다.⁵⁷ 카이퍼는 니체를 진화와 연결하고 세계관으로서의 진화가, 니체가 그렇듯이, 강자가 약자에게 긍휼을 베풀어야 하는지 혹은 짓밟아야 하는지의 질문으로 우리에게 도전한다고

---

55 같은 책, pp. 429-430, 439.
56 같은 책, p. 389.
57 같은 책, p. 434.

지적한다. 진화의 논리적 귀결은 절대적 허무주의다.

설 자리

카이퍼의 회심에 따른 영향은 주목할 만하다. 그것은 그에게 설 자리를 주어서 그곳으로부터 당시의 급속히 변화하던 세계, 즉 우리가 상속자들인 현대 세계의 출현에 관여하도록 했다. "경계들을 흐리는 것"(Blurring the Boundaries)에서 카이퍼는 시대의 도전에 어떻게 응답해야 하는지에 대한 질문을 제기한다. 그는 세 가지 접근이 시도되고 있다고 파악한다. 첫째는 변증의 방식이다. 그의 지적에 따르면, "이성이 논쟁의 당사자와 심판관 둘 다인 곳에서는 어떤 논증도 소용이 없습니다."[58] 둘째는 신앙과 새로운 세계관(들) 사이의 중재를 추구하는—카이퍼가 (신학적) 현대주의라고 부르는 것에 전형적인—접근이다. 그런 중재의 지지자들은 기괴한 결혼을 성사시키는 데 자신들의 힘을 소진한다! 셋째는 머리와 가슴을 분리하기를 추구하는 양서류들이다. 그런 이원론(dualism)은 전혀 소용이 없는데, 왜냐하면 논리와 윤리가 사용할 수 있는 것은 오로지 하나의 마음이기 때문이다.

대신에 카이퍼는 하나님이 아브라함을 따로 불러내신 것과 그리스도가 열둘을 따로 불러내 자신의 공적 사역에 동행하게 하심으로써 교회를 형성하신 것의 사례를 우리가 따를 것을 제안한다. 그의 주장에 따르면, 신앙을 간직하고 경계들을 흐리는 것의 위험을 인식하는 이들이 그들 자신의 주변에 경계선을 긋고 그 안에서 삶을 전개함으로써 시작하고, 당면한 싸움에 준비될 정도로 성숙할 수 있어야 한다.[59]

---

[58] 같은 책, p. 396.
[59] 같은 책, p. 396.

성경은 카이퍼의 분리 요청에 근본이 된다. "그렇다면 여러분은 제가 주장하는 우리 체계의 요지에 대해 분명히 아십니다. 즉 '팔링게네시아' (*palingenesia*)의 토대에 있는 우리 자신의 **삶의 영역**(life-sphere)과, 또한 성령이 성경의 촛대에 점화하시는 빛에 힘입은 우리 자신의 **삶의 관점**(life-view)입니다."[60] 카이퍼는 '팔링게네시아'에 기초한 삶의 영역을 언급하는데, 이것은 설명이 필요한 신약성경 그리스어 단어다. 이 단어는 거듭남(rebirth)을 의미하며, 각주에서 카이퍼는 왜 자신이 이 단어를 계속 사용하는지를 설명한다. "의도적으로 내가 이 그리스어 단어를 사용하는 것은, 이 단어가 인격적 거듭남(rebirth, 딛 3:5) 및 하늘과 땅의 재창조(re-creation, 마 19:28)를 모두 포괄하기 때문이다."[61]

성경의 권위에 대해 카이퍼는 명확히 한다. 그가 동의하면서 인용하는 칸트(Kant)의 진술에 따르면, 만약 우리가 성경이 권위를 상실하도록 허용한다면, 비교할 만한 어떤 권위도 다시는 나타날 수 없다.[62] 카이퍼는 이 진술에 대해 다음과 같이 언급한다.

> 오래전에 제가 그 진술을 읽었을 때 그것이 가진 깊은 진리를 느꼈습니다. 성경에서 우리는 영적 권위의 백향목을 대면하는데, 이는 열여덟 세기 동안 우리 인간 의식의 토양 속으로 뿌리를 뻗어 온 것이며, 그 그늘 아래서 인류의 종교적이고 도덕적인 삶이 품위와 가치 면에서 측량할 수 없이 증가했습니다. 이제 그 백향목을 베어 내 보십시오. 잠깐 동안 여전히 그 둥치에서 약간의 푸른 싹이 돋아나겠지만, 누가 우리에게 다른 나무를 줄 것이며, 누가 미래 세대들에게 그와 같은 그늘을 제공하겠습니까? 바로 이런 이유로―학식

---

60 같은 책, p. 400.
61 같은 책, p. 398.
62 같은 책, p. 399.

의 결과로서가 아닌 어린아이의 순진함으로—제가 단순한 신앙 가운데 성경 앞에서 머리를 숙이고, 성경의 대의에 힘을 쏟고, 이제 성경에 대한 신앙이 다시 증가하는 것을 볼 때 내적으로 기뻐하면서 하나님께 감사합니다. 여러분이 아시는 바와 같이 저는 보수적인 사람이 아닙니다. 하지만 저의 보수주의는 이런 것입니다. 즉 저는 우리의 백성을 위해 그 백향목의 풍성한 보호를 지키도록 노력해서, 그 결과로 미래에 그들이 그늘도 없이 맹렬한 사막에 앉지 않도록 할 것입니다.[63]

카이퍼의 분리 요청이 절대로 다시 관여하지 않기 위함이 아니라는 것에 주목하라. 오히려 우리가 분리하는 것은, 그렇게 함으로써 그리스도인으로서 우리가 관여해야만 하는 투쟁에 요구되는 성숙을 얻기 위해서다. 이것은 **사명을 위한**(for mission) 물러남이지, 단지 물러남을 위한 물러남이 아니다. 카이퍼는 신앙이 삶의 모든 것에 영향을 끼친다고 단호히 주장하며, 거기에는 정신의 삶도 포함된다. "믿는 사람들은 **삶**에 대해 다르게 인식할 뿐 아니라, **사유**의 세계에서도 다른 지향을 얻는다."[64] 그는 아우구스티누스의 『고백록』(*Confessions*) 10.6을 감동적으로 인용하는데, 여기서 아우구스티누스는 창조 세계의 여러 지체에게 질문하지만 그들은 모두 "나는 그분이 아니다"라고 답한다. 마지막으로, 그들은 한 목소리로 "**우리를 지으신 분이 바로 그분이다**"라고 크게 외친다. 카이퍼가 지적하는 것처럼, 이제 아우구스티누스는 다른 인격이 되었으며 따라서 다르게 듣고 사유했다.

---

63 같은 책, pp. 399-400.
64 같은 책, p. 398.

'팔링게네시스' – 카이퍼 전통의 핵심

카이퍼의 회심은 이후에 그의 삶을 지배하게 될 거대한 주제들을 모두 씨앗 형태로 담고 있으며, 우리는 그 주제들을 이 책의 나머지 장들에서 탐구할 것이다. 지금은 카이퍼―그리고 다른―전통에 대단히 근본적이지만 쉽게 간과되는 요소들에 초점을 맞추고자 한다. 카이퍼 전통이 북미와 남아공, 그리고 다른 곳에 이식되는 과정에서 민족 분리주의(ethnicism)라는 위험이 출현했는데, 이는 네덜란드인 집단 거주지들이 개척되는 과정에서 먼저 기독교 신앙이 아니라 일차적으로 네덜란드 혈통이 특징으로 부각되는 위험이 수반되었기 때문이다.[65] 불가피하게 그런 민족 분리주의는 카이퍼 전통에 중심이 되는 선교적 비전의 상실을 가져오고, 이는 곧 하나님의 말씀인 성경에 대한 신뢰의 상실로 이어진다. 동시에, 카이퍼 전통으로 회심한 일부는 이 전통의 공적 비전에 너무나 매료되어서 교회에 대해서는 절망하고 무시하게 된다. 이 과정을 역전시키기 위해서, 이 전통에 참으로 근본적인 다음의 요소들에 주의를 기울여야 한다.

회심 카이퍼에게 가장 큰 위험은 그가 기성 교회에서 목사의 아들로 자라났다는 점이었다. 내가 **위험**이라고 말하는 이유는, 그것이 주는 많은 유익과는 별개로, 그가 자신의 배경과 교회 활동과 신학생이라는 것 때문에 스스로를 그리스도인이라고 여기는 심각한 위험이 있었기 때문이다. 분명히 회심 이전에 카이퍼는 요한나와의 관계에서 자신이 모든 기독교적인 것들에 대해 권위가 있는 것처럼 대했다. 이것은 덴마크 철학자 쇠렌 키르케고르(Søren Kierkegaard, 1813-1855)의 사상에 중심이 되는 그 위험이다.[66] 키

---

[65] 8장 끝에서 내가 마이클 고힌(Michael Goheen)과 나눈 대화를 보라.
[66] 참고. 예를 들어, John Elrod, *Kierkegaard and Christendom* (Princeton, NJ: Princeton University Press, 1981).

르케고르는 코펜하겐에 살면서, 동료 시민들을 기독교 세계(Christendom)의 잠에서 깨우려고 끊임없이 노력했다. 즉 그들이 스스로 기독교 국가 및 국가 교회에 속해 있기 때문에 하나님과 그들의 관계에도 아무런 문제가 없다고 여겼기 때문이다.

회심이 아니었다면 카이퍼는 자신이 성취한 것을 절대로 이룰 수 없었을 것이다. 그의 회심은 그리스도인의 삶에 전적으로 중심이 되는 것이 그리스도를 통한 하나님과의 살아 있는 관계라는 점과, 이것이 한 사람의 마음에서 성령의 사역을 통해서 일어난다는 점을 그가 볼 수 있게 했다. 카이퍼는 이것과 그 이상의 것을 표현하기 위해 신약성경 그리스어 '팔링게네시스'(*palingenesis*)를 선택했다. 카이퍼 자신은 디도서 3:5과 마태복음 19:28을 언급한다. 디도서 3:5은 그 문맥과 함께 인용할 가치가 있다.

> 3우리도 전에는 어리석은 자요 순종하지 아니한 자요 속은 자요 여러 가지 정욕과 행락에 종노릇한 자요 악독과 투기를 일삼은 자요 가증스러운 자요 피차 미워한 자였으나 4우리 구주 하나님의 자비와 사람 사랑하심이 나타날 때에 5우리를 구원하시되 우리가 행한 바 의로운 행위로 말미암지 아니하고 오직 그의 긍휼하심을 따라 중생의 씻음과 성령의 새롭게 하심으로 하셨나니 6우리 구주 예수 그리스도로 말미암아 우리에게 그 성령을 풍성히 부어 주사 7우리로 그의 은혜를 힘입어 의롭다 하심을 얻어 영생의 소망을 따라 상속자가 되게 하려 하심이라 8이 말이 미쁘도다 원하건대 너는 이 여러 것에 대하여 굳세게 말하라 이는 하나님을 믿는 자들로 하여금 조심하여 선한 일을 힘쓰게 하려 함이라 이것은 아름다우며 사람들에게 유익하니라.
> (딛 3:3-8)

몇 가지 사항이 주목할 가치가 있다. 첫째, 디도서 3:3은 회심 이전에 우리가 어떤 존재였는지를 보여 준다. 카이퍼는 이것과 동일시했을 것이다. 그는 자신이 의롭고 지혜롭다고 생각했지만, 필립 드 모빌(Philip de Morville)과 마찬가지로, 교만하고 어리석었음을 보게 되었다. 둘째, 우리는 이런 상태에서 건져지고 구원을 받아야 하며, 전적으로 이것은 "예수 그리스도 우리 구주"를 통한 하나님의 자비에 의해서다. 셋째, 구원은 '팔링게네시스'(거듭남)와 새롭게 함의 씻음을 통한 성령의 사역이다. 구원은 거듭남의 초자연적 사건으로, 결코 인간이 성취할 수 있는 것이 아니다. 하나님의 은혜에 의해 우리는 그분 앞에서 그리스도 안에서 의롭다고 선포되고, 그렇게 해서 영생의 소망을 가진 상속자가 된다.

비록 요한복음 3장이 '팔링게네시스'라는 단어를 사용하지는 않지만, 디도서 3장과 동일한 것을 다룬다. 독실한 신앙인 니고데모는 밤에 예수를 찾아와서, 그분이 하나님으로부터 온 선생이라고 인정한다. 이에 대해 예수는 잘 알려진 말로 대답하신다. "진실로 진실로 네게 이르노니 사람이 거듭나지 아니하면 하나님의 나라를 볼 수 없느니라"(요 3:3). 다시 요한복음 3:5에서 예수는 말씀하신다. "진실로 진실로 네게 이르노니 사람이 물과 성령으로 나지 아니하면 하나님의 나라에 들어갈 수 없느니라." 요한복음 3:8에서 예수는 "성령으로 난" 것을 말씀하신다. 회심에 대한 이런 높은 견해를 카이퍼는 그리스도인이 되는 것에 본질적이라고 보았다.

우리는 카이퍼 전통에 대한 관심이 그 고향인 네덜란드의 개혁파 교회들과 네덜란드 이민자들이 북미에 세운 개혁파 교회들의 울타리를 넘어 새롭게 되는 것을 목도하고 있다. 최근 몇 년간 카이퍼 전통을 발견한 많은 복음주의자들에게 우리 모두가 회심해야 한다는 것을 상기시킬 필요는 없을 것이다.[67] 그런 독자들을 흥분시킬 것은 거듭남과 하나님 나라 사이의 연결

---

67 서구 방식으로 나는 회심을 개인적인 것으로 여긴다. 그러나 다음을 보라. Diogenes Allen, *Spritual Theology: The Theology of Yesterday for Spiritual Help Today* (Cambridge, MA:

에 있는데, 이에 대해서는 뒤에서 살펴볼 것이다.

하지만 북미의 개혁파 교회들에서 교회, 학교, 대학은 확실히 대부분 네덜란드계로 남아 있다.[68] 이것은 카이퍼가 "'팔링게네시아'의 토대에 있는 우리 자신의 **삶의 영역**과, 또한 성령이 성경의 촛대에 점화하시는 빛에 힘입은 우리 자신의 **삶의 관점**"을 말할 때 정확히 의도한 바는 아니다. "우리 자신의 삶의 영역"을 위한 기초는 '팔링게네시스'이지 민족성이 아니다! 우리 자신의 삶의 영역이 민족성에 함몰되어 회심의 필요를 인식하는 데 실패할 때 삶의 영역은 독자적 삶을 갖기 시작하며, 선교와 하나님 나라는 곧 부차적 영역으로 밀려난다. 많은 개혁파 교회들과 기관들이 카이퍼주의에 대한 관심을 잃어 가면서, 성령의 새로운 바람을 통해서만 **그들의** 전통에 대한 이런 관심과 재관여가 일어날 것이라는 의심이 든다. 하나님 나라는 그 나라의 왕 때문에 흥미진진하다. 하지만 그 왕과의 살아 있는 관계가 없다면, 종교는 많은 것에 관여하면서도 그 왕의 향기를 마땅히 그분의 것인 창조 세계 전체에 확산시키는 데 열정적으로 관심을 기울이는 하나님 나라의 선교적 비전을 상실할 것이다.

성경

그렇다면, 저는 솔직하고 주저함 없이 말하는데, 개혁파 신앙을 가진 우리 그리스도인들에게 성경은 우리 하나님의 말씀이며 기록입니다. 개인적으로 또는 가정예배에서 내가 성경을 읽을 때, 모세도 요한도 아닌, 주 나의 하나님이 나에게 말씀하십니다.[69]

Cowley, 1997), pp. 37-63.
[68] 분명히 이것은 항상 그렇게 의도된 것은 아니었다. 참고. H. Evan Runner, "Lecture I: Scientific and Pre-Scientific", in *Christian Perspectives 1961* (Hamilton, ON: Guardian Publishing, 1961), pp. 13-15.
[69] Abraham Kuyper, "The Biblical Criticism of the Present Day", p. 422.

한 사람이 회심할 때 성령이 하시는 일들 가운데 하나는, 성경이 하나님의 말씀이며 하나님이 그분의 영으로 그분의 말씀을 통해 우리에게 말씀하신다는 것을 그들에게 확신시키시는 것이다. 카이퍼의 여정은 이런 점을 강력히 보여 준다. 회심 이전에 그는 당시 부상하던 자유주의적 성경관을 받아들였는데, 그에 따르면 성경의 가치는 현대적 세계관의 렌즈를 통해 평가된다. 회심은 카이퍼를 이전과는 정반대로, 즉 자신과 관련해서는 의심의 해석학으로, 성경과 관련해서는 신뢰의 해석학으로 이끌었다. 이는 카이퍼가 성경에서 발견한 모든 문제를 회심이 해결했다는 의미는 전혀 아니다. 반대로, 그는 어떻게 해결해야 할지 전혀 알지 못하는 많은 문제가 있음을 인정한다. 그러나 그런 문제들은 이제, 마치 거대한 상수리나무 아래서 그늘과 쉼을 찾을 수 있는 것처럼, 성경에 대한 어린아이 같은 신앙의 맥락에 놓이게 되었다.

앞에서 우리는 "'팔링게네시아'의 토대에 있는 우리 자신의 **삶의 영역**과, 또한 성령이 성경의 촛대에 점화하시는 빛에 힘입은 우리 자신의 **삶의 관점**"에 대한 카이퍼의 요청을 언급했다. 여기서 카이퍼가 사용하는 성경에 대한 은유는 우리에게 칼뱅의 성경에 대한 은유, 즉 세상을 바로 볼 수 있게 해 주는 안경을 연상시킨다. 우리 가운데 안경이 필요한 이들은 이것을 너무나 잘 이해할 것이다. 나는 멀리 있는 것을 보려면 안경이 필요한데, 안경이 내 시야에 주는 변화는 놀랍다. 성경이 없으면 이 세계는 흐릿해지고, 우리는 세계를 하나님의 영광의 극장으로 제대로 볼 수 없다.

카이퍼 전통은, 제임스 오어 및 다른 이들과 함께, 기독교가 **세계관**을 수반한다는 사실을 우리에게 일깨우는 것에서 기독교 신앙과 사상에 중요한 공헌을 했다. 그것은 그 전망에서, 하나님 나라와 마찬가지로, 철저히 포괄적이다. 조지 마즈던이 북미 복음주의에서 카이퍼주의의 승리를 말할 때 언급하는 것은 의심의 여지 없이 이것으로, 즉 복음주의자들이 그리스도의 주되심이 창조 세계 전체를 요구하고 품는다는 것을 올바르게 깨닫게 되었다는 점이다.[70] 우리가 잊지 말아야 할 것은, 한 세계관은 "성령이 **성경**의 촛대에 점화하시는 빛" 안에서 세계를 보는 **한에서만** 기독교적이라는 사실이다. 우리의 세계관이 아닌 성경이 하나님의 말씀이고, 또한 우리의 세계관은 성경에 의해 규정되고 또 승인되어야 한다. 카이퍼 전통에 절대적으로 중심이 되는 것은 이렇게 성경을 무오한 하나님 말씀으로 신뢰하는 것이며, 우리는 이 입장에서 조금도 움직여서는 안 된다.

팔링게네시스 카이퍼는 성경이 우리 자신을 우리에게 해석해 주며 그 빛으로 창조 세계 전체를 **창조 세계로** 밝혀 준다는 그의 즉각적 인식에서, 위대한 기독교 철학자 J. G. 하만(Hamann, 1730-1788)을 연상시킨다.[71] 우리 중 많은 사람은 먼저 그리스도인이 되고, 수년 후에 일종의 두 번째 회심을 통해 복음의 포괄성을 발견한다. 하만과 카이퍼의 경우에는 그것이 회심과 함께 왔다.

'팔링게네시스'를 선택한 카이퍼의 천재성이 여기에 있는데, 카이퍼가 지적하듯이, 이 단어는 신약성경에서 우리의 개인적 거듭남과 관련해서만 아니라, 또한 마태복음 19:28에서 전체 우주의 거듭남과 관련해서도 사용되기 때문이다. 그리고, 카이퍼가 아주 예리하게 보았듯이, 이 둘은 필수적으로 연관되어 있다.

ESV(English Standard Version)는 마태복음 19:28의 '**팔링게네시스**'를 "새로운 세상에서"(in the new world)로 번역한다. 그때 인자는 자신의 영광스러운 보좌에 앉으실 것이고, 또한 그분을 따르는 이들도 함께 다스릴 것

---

70 참고. 이 책의 서문, 각주 2.
71 참고. Craig G. Bartholomew and Michael W. Goheen, *Christian Philosophy: A Systematic and Narrative Introduction* (Grand Rapids: Baker Academic, 2013), 『그리스도인을 위한 서양 철학 이야기』(IVP); John R. Betz, *After Enlightenment: The Post-Secular Vision of J. G. Hamann* (Chichester, UK: Wiley-Blackwell, 2012).

이다. 이 구절에서 예수는 역사의 절정인 자신의 재림을 말씀하시며, 자신이 선호하는 스스로에 대한 칭호인 인자를 사용하신다. 이 명칭의 주된 배경은 다니엘 7장에 있는데, 거기서 인자 같은 이가 "옛적부터 항상 계신 이"에게 나아가신다. "그에게 권세와 영광과 나라를 주고 모든 백성과 나라들과 다른 언어를 말하는 모든 자들이 그를 섬기게 하였으니 그의 권세는 소멸되지 아니하는 영원한 권세요 그의 나라는 멸망하지 아니할 것이니라"(단 7:14).

분명히 다니엘 7장에서 인자는 최고의 왕적 칭호다. 그리스도의 통치는 모든 것 위에 있다. 거듭남은 한 개인이 하나님 나라에 들어가는 수단이지만(참고. 요 3:5), 예수의 가르침의 주제인 하나님 나라는 회심과 교회보다 훨씬 더 큰 것이다. 비록 교회가 하나님 나라의 징표로서 대단히 중요하기는 하지만 말이다. 하나님 나라는 이스라엘의 하나님의 통치에 대한 것이며, 그분의 창조 세계 전체를 향한 목적들을 회복하기 위해 예수 안에서 그리고 예수를 통해 역사 안으로 침입하신 절정의 사건에 대한 것이다. 그러므로 회심의 거듭남은 하나님의 선교(missio Dei)에 대한 적극적 참여자가 되는 것을 수반한다. "기독교는 새 창조를 지향하지만, 옛것으로부터 새것이 나오는 것이며, 이미 존재하는 타락한 세계로부터 새롭게 빚어지는 것이다."[72]

이것은 "거듭남"을 오늘날 복음주의에서 종종 그런 것보다 훨씬 더 중요한 것으로 만든다. 복음주의는 우리가 거듭나야 한다고 올바르게 강조하지만, 이 경험을 하나님 나라와 연결하는 데는 너무나 자주 실패한다. 그에 비해 예수는 우리가 성령으로 말미암아 거듭나지 않고는 하나님 나라를 **볼 수도, 들어갈 수도** 없다고 단호히 말씀하신다. 하나님 나라의 포괄성은 성

---

[72] Bratt, ed., *Abraham Kuyper: A Centennial Reader*, p. 69.

경 및 카이퍼 전통에서 주요 주제이지만, 그것과 관련해 회심의 요소를 간과하지 않는 것이 필수적이다. 만약 사람이 거듭나지 않았다면, 그가 "하나님 나라의 일"(kingdom business)에 관여하는 것은 아무런 가치가 없다! 하나님 나라는 먼저 그 왕과 바르고 살아 있는 관계로 들어가는 것이며, 문화적 관여는 오직 이 경험으로부터 나오고 또한 항상 이 경험 위에 세워진다. 성령의 크나큰 기쁨은 죄인들을 하나님이 그리스도 안에서 이루신 실재에 대해 개방하시는 것과, 회개와 신앙의 응답을 통해 그들을 그리스도인이 된다는 것과 동의어인 하나님 나라에 들어갈 수 있도록 하시는 것이다.

두 가지 위험이 오늘날의 기독교에 맞선다. 하나는 올바르게 회심을 강조하면서도, 부당하게 회심을 하나님 나라 및 하나님의 계획과 연결해서 그분의 창조 세계를 새 하늘과 새 땅에 있는 절정으로 나아가도록 이끄는 데 실패하는 것이다. 이렇게 해서 회심은 개인주의적인 것이 되어, 거의 배타적으로 제도 교회와 연결되고, 세상에는 무관심한 채 하늘(heaven)에 가는 것에만 초점을 맞춘다. 카이퍼는 그런 견해에 대한 비판에서 가차 없다. "삶은 그것의 모든 결과 가운데 영원한 것의 향기가 피어오르는 하나의 높고 거룩한 성전을 형성하며, 삶의 성전의 제단이 아닌 자기 영혼의 제단을 섬기기를 원하는 사람은 아마도 스스로 혹은 다른 이들에 의해 사제로 성별되었을지 모르나, 분명히 그리스도에 의해서는 아니다."[73] 복음주의를 괴롭혀 온 성/속 이분법은 바로 이 문제의 구체화이며, 교회의 사명에서 전도가 사회정치적 관여보다 우선하는지 여부에 대한 논란도 마찬가지다. 우리는 이것을 9장에서 자세히 논의할 것이다.

두 번째 위험은 문화적 관여를 너무 강조해서, 문화적으로 관여해야 하는 사람들이 하나님 나라의 시민들이라는 점과, 그 누구도 하나님 나라의

---

[73] 같은 책, p. 83.

시민으로 태어나는 것이 아니라 거듭남을 통해 **하나님 나라에 들어가야** 한다는 점을 잊어버리는 것이다. 첫 번째 위험이 특히 복음주의의 문제인 반면, 두 번째 위험은 특히 진보적, 교회일치주의적 기독교의 문제다. 우리는 이 책에서 문화적 관여에 대한 카이퍼의 천재성을 많이 언급하게 되겠지만, 그의 비전의 광대함에 너무나 흥분한 나머지 그 비전에 참여하는 것은 우리가 하나님 앞에서 무릎을 꿇는 데서 시작하고 그 자리로 끊임없이 돌아가는 것이라는 점을 잊어서는 안 된다.

교회 우리가 본 것처럼, 카이퍼의 회심에 필수적인 것은 교회에 대한 관심이었는데, 즉 칼뱅이 그토록 유려하게 표현하듯이, 참으로 신앙 안에서 신자의 어머니가 될 수 있는 교회에 대한 관심이었다. 카이퍼는 그에게 상을 안겨 준 칼뱅과 라스키의 교회관에 대한 논문을 쓸 때부터 이 쟁점과 씨름했는데, 그의 회심은 이 쟁점을 더 중요하게 만들었지 덜 중요하게 만들지 않았다. 그가 새로운 교단인 돌레안치(Doleantie, "애통")의 창설에 참여하게 되는 것은 논란이 되는데, 6장에서 우리는 교회에 대한 그의 평생에 걸친 열정을 더 자세히 탐구할 것이다.

여기서는 카이퍼에게 제도 교회가 대단히 중요함을 지적하는 것으로 충분하다. 그의 사회 이론에서 카이퍼는 영역 주권(sphere sovereignty)이라는 그의 교리로 가장 잘 알려져 있는데, 그에 따르면 사회는 하나님의 설계에 의해 정부, 가정, 교육, 제도 교회 등의 분리된 영역들로 나뉘어 있다. 우리는 이 이론을 5장에서 검토할 것이다. 여기서 우리는 카이퍼가 제도 교회의 영역이 독특하게 중요함을 결코 잊지 않았다는 점에 주목한다. 1870년에 위트레흐트에 있는 회중에게 한 그의 고별 설교에서 카이퍼는 이것을 분명히 한다. "교회의 문제는 다름 아닌, 기독교 자체의 문제입니다."[74]

---

[74] 같은 책, p. 69.

우리는 어떻게 카이퍼가 당시 부상하던 신학적 자유주의에 대항했는지를 보았는데, 그는 죽은 보수주의에 대해서도 똑같이 비판적일 수 있었다. 카이퍼는 사도들에 의해 교회에 맡겨진 복음을 고수하는 의무에서는 교회가 마땅히 그리고 본질적으로 보수적이라고 보았다. "그러므로 '보전'(preservation)은 교회의 강령으로 남아 있어야 하는데, 그것을 보전하고자 하는 노력이 없다면 교회는 값진 진주도 잃을 것이기 때문입니다." 혁명과 달리, 기독교는 파괴가 아니라 회복을 목표로 한다. 그러나 "기독교는 구원을 추구하기 때문에, 기독교의 이름으로 장식했으나 그 능력은 상실한 가짜 보수주의를 경멸합니다."[75]

카이퍼는 정통 신앙의 교회를 원했지만, 그것은 살아 있는 정통 신앙이자 시대의 필요에 따라 자신의 자원들을 발전시킬 수 있는 것이어야 했다. 우리 시대의 언어로 표현하자면, 우리는 그가 복음을 약화시키는 어떤 시도도 혐오했으나 복음의 맥락화(contextualization, 상황화)를 간절히 바랐다고 말할 수 있겠다. "우리가 보전을 위해 노력할 수 있는 것은 지금까지 그 원리로부터 나온 것이거나 그 원리 자체입니다."[76] 카이퍼에게 딜레마는 없었다. 우리는 원리 자체를 선택해야 하며, 그것은 그리스도다.

그리스도의 교회에 있는 **모든** 권세는 영원히 그리스도께 거슬러 올라가야 합니다. 그분이, 그리고 오직 그분만이, 우리의 왕이십니다. 오직 그분에게만 하늘과 땅의 모든 권세가 주어졌습니다. 그리고 태양이 낮을 다스리도록 더 큰 빛으로 하늘 위에 주어졌듯이, 그렇게 의의 태양은 지상의 전투하는 교회 위에서 주되심을 행사하시기 위해 위로부터 빛나십니다. 그분은 임마누엘이시며, 그분과 견줄 것은 아무것도 없습니다. 그분은 이스라엘의 통치자이시

75　같은 책, pp. 71, 79.
76　같은 책, p. 81.

지만, 그것은 그분이 자기 목숨을 많은 사람의 대속물로 주시려고 스스로 짓밟힘을 당하도록 넘겨주신 후의 일입니다.[77]

결론

이 장을 시작하면서 우리는 "현대성에서 중상류층의 대담성이 실패한 것에 대한 전체 이야기는 설 자리의 상실에 대한 이야기다"라는 취지로 존 캐럴을 인용했다. 거기서, 현대성이 막 출현하던 시기에, 카이퍼는 이런 실수를 전혀 범하지 않았다. 은혜에 의해 그는 자신의 입장을 "그리스도 안에" 확고히 두었고, 그곳으로부터 기독교적 관점을 유럽 문화 전체에 적용할 수 있었다. 이 점에서 그는 오늘날 우리에게 가르칠 것이 많이 있다.

---

77 같은 책, p. 131.

2

창조와 구속

지난 수십 년간, 하나의 문제가 구약성경의 주해와 신학을 지배해 왔다.
구약성경과 신약성경을 관통한다고 상정되는 근본적 구원론의 확언과 관련해서,
창조의 교리에 어느 정도의 독립성을 부여해야 하는가에 대한 것이다.…
그렇다면, 기독교 공동체들 안에서 이 논의의 위험성은 높다.

폴 리쾨르(Paul Ricoeur), "창조를 사유하며"(Thinking Creation)

은혜의 경륜이 아무리 풍성할지라도,
그것은 몸에 난 상처에 붙이는 반창고로 남을 뿐이며
그 자체가 몸의 필수 요소는 아니다.

아브라함 카이퍼, 『거룩한 신학의 원리』(Principles of Sacred Theology)

그리스도의 십자가는 역사를 두 부분으로 나누지만,…
창조에서 십자가까지 그리고 십자가에서 재림까지 두 부분 모두에서
그것은 하나의 전체, 하나의 단절 없는 하나님의 일이다.
기독교는…온전한 인간을, 모든 인류를, 세계의 총체성을 품는다.…

> 그리고 그것의 핵심과 중심은 그리스도의 인격과 사역에 있다.
>
> 헤르만 바빙크, 『계시 철학』(Philosophy of Revelation)

> 하나님은 개인들이나 나라들이 아닌, 세상을 사랑하셨다.
>
> 아브라함 카이퍼, 『거룩한 신학의 원리』

카이퍼 전통의 중심에는 주권적 하나님이 계시며, 그분은 그리스도 안에서 우리에게 오셨다. 그러므로 카이퍼 전통은 삼위일체적이며 그리스도 중심적이다. 이 특징들은, 물론, 모든 다른 정통 기독교 전통들과 공유하는 것이다. 그러나 우리가 하나님이 그리스도 안에서 성취하신 일을 설명하고자 할 때, 카이퍼 전통의 독특성들이 부각된다. 카이퍼 전통의 독특성들은 이런 측면에서 다양한 질문을 통해 탐구될 수 있다.

- 그리스도의 구원하시는 사역을 통해 무엇이 성취되었는가?[1]
- 구속과 창조는 어떤 관계인가?
- 타락과 그리스도 안에 있는 구원은 어떤 관계인가?
- 자연과 은혜는 어떤 관계인가?
- 일반 계시와 특별 계시는 어떤 관계인가?
- 성경 이야기의 주요 주제들은 무엇이며, 그것들은 어떻게 창조 세계에 대한 하나님의 사역인 하나님의 선교를 상기시키는가?
- 그리스도의 재림 때 창조 세계에는 무슨 일이 일어나는가?

카이퍼는 우리가 이 질문들에 답하는 방식이, 하나님 나라의 도래와 그것의 궁극적 완성 사이에 있는 이 시기에 우리가 그리스도인의 삶과 순종을 어떻게 생각하는지에 대해 깊은 함의들을 가진다는 것을 잘 알았다. 따

---

1 참고. Craig G. Bartholomew, "Wisdom Books (Old Testament)", in Adam J. Johnson, ed., *T&T Clark Companion to Atonement* (London: Bloomsbury, 2017), pp. 801-806.

라서 그가 네 번째 질문인 자연과 은혜의 관계 측면에서 이 질문들에, 배타적으로는 아닐지라도 면밀하고 주된 관심을 기울이는 것은 놀라운 일이 아닙니다. 우리는 카이퍼로 시작해서, 앞의 질문들에 대한 대답들을 명료하게 표현하는 데 대가였던 바빙크에게로 넘어갈 것이다. 그런 다음에 우리는 자연과 은혜의 관계에 대한 서로 다른 견해들의 유형론을 발전시키는 것에서 알버트 월터스(Al Wolters)를 따를 것이다. 마지막으로, 우리는 은혜가 자연을 회복한다는 카이퍼주의의 견해를 중심으로 한 융합을 발전시키는 것에 대해 기술할 것이다.

아브라함 카이퍼

칼 바르트(Karl Barth)처럼, 카이퍼는 하나님이 타락 이후로만 아니라 처음부터 창조 세계에 대한 관계에서 참으로 은혜로우시다고 본다. 카이퍼가 지적하는 바에 따르면, "낙원에 있는 사람이 단 한 순간이라도 은혜가 그의 주위를 맴돌며 그에게 스며드는 일이 없이 존재하는 것을 상상하기란 불가능"하다.[2] 선택된 자의 구원에 관계되는 **특별 은혜**(particular grace)는 카이퍼가 **일반 은혜**(common grace)라고 부르는 것을 전제하는데, 즉 타락 이후에 하나님이 그분의 창조 세계를 보전하시는 것이다.[3]

---

2   Abraham Kuyper, *Common Grace: God's Gift for a Fallen World: The Historical Section*, trans. N. D. Kloosterman and E. M. van der Maas (Bellingham, WA: Lexham Press, 2015), vol. 1, p. 263.

3   일반 은혜에 대한 카이퍼의 논의에 앞서, 헤르만 바빙크는 1894년에 캄펜 신학교에서 학장으로서 "일반 은혜"라는 제목으로 연설했다. 참고. "Herman Bavinck's 'Common Grace'", trans. Raymond van Leeuwen, *Calvin Theological Journal* 24, no. 1 (1989): pp. 35-65. 『헤르만 바빙크의 일반은총』(다함). 일반 은혜에 대한 카이퍼의 견해를 비판한 것을 다음에서 보라. Simon J. Ridderbos, "De theologische cultuurbeschouwing van Abraham Kuyper", PhD diss., Free University of Amsterdam, 1947; S. U. Zuidema, "Common Grace and Christian Action in Abraham Kuyper", in *Communication and Confrontation* (Toronto: Wedge, 1972), pp. 52-105. 주이데마는 카이퍼의 저작에서 일반 은혜와 특별 은혜 사이에 긴장이 있다

카이퍼가 보기에, 우리는 하나님이 그분의 창조 세계를 보전하시는 것이 오직 선택된 자의 구원을 가능하게 하시기 위함이라고 생각하는 실수를 범해서는 안 된다. 이 관점이 지니는 실수는 그리스도가 아니라 선택된 자에 초점을 맞춘다는 것이다. 카이퍼의 지적에 따르면, 개혁파 신앙고백들에서 이 세상의 모든 것이 그리스도를 목표로 한다는 것과 그리스도의 몸이 역사 안에 있는 하나님의 일의 중심에 있다는 것이 분명해서, 우리는 "그리스도의 교회가 세계 역사의 중심을 이룬다"고 말할 수 있고 또 그래야 한다.[4] 교회는 그리스도와 그분이 어떤 분이신가 하는 점 때문에 이 중심이다.

아니, 그리스도가 여기서 첫 번째 위치를 차지하신다. 그분을 통해 만물이 존재하며, 우리도 그분을 통해 존재한다. 그분은 하나님의 영광의 반영이시고 그분의 본질의 드러난 형상이시며, 그분에 대해 우리는 하늘과 땅에 있는 보이는 혹은 보이지 않는 만물이 그분으로 말미암아 창조되었으며 그분 안에서 지금도 만물이 함께 섰다고 고백한다[참고. 골 1:16-17]. 모든 것이 이 그리스도를 중심으로 돌아가는데, 그분 안에 하나님의 충만이 육체로 거하시기 때문이며[참고. 골 2:9], 또한 그분 앞에 모두가 무릎을 꿇어야 하고 모든 입이 그분을 주님이신 그리스도로 시인하여 하나님 아버지께 영광을 돌려야 하기 때문이다[참고. 빌 2:10-11].[5]

카이퍼는 이것과 특별 은혜와 일반 은혜의 상호 관계를 파악하기 위해 우리가 핵심적 사안, 즉 **자연과 은혜의 관계**에 집중해야 한다고 지적한다.

고 주장한다. 그러나 그는 카이퍼가 이 긴장을 특히 그의 책 *Pro Rege*에서 돌파한다고 본다. 참고. Craig G. Bartholomew, "Not So Common", introductory essay for Abraham Kuyper, *Common Grace*, vol. II (Bellingham, WA: Lexham Press, 2019).

4　Kuyper, *Common Grace*, vol. 1, p. 266.
5　같은 책, vol. 1, p. 266.

카이퍼는 이것을 앞에 있는 첫 번째 질문을 제기함으로써 수행한다. 즉 그리스도의 사역을 통해 성취되는 것이 정확히 무엇인지에 대한 질문이다. "단지" 죄책의 소멸인가? 카이퍼의 대답은 분명하다. "우리가 성경을 살핀다면, 그리스도가 하나님의 어린양으로서 우리의 죄를 위해 죽으셨다는 것 외에 어떤 다른 의미도 없다는 생각은 유지될 수 없다."[6] 그리스도는 우리의 칭의와 성화를 위해서만 아니라, 또한 지혜와 "완전한 구속"을 위해서도 주신 바 되었다. 카이퍼는 일련의 수사적 질문을 제기한다.

우리는 그리스도가 우리의 칭의와 성화를 위해서만 주신 바 되었다고 말해야 할까, 혹은 고린도전서 1:30을 사도 바울과 함께 계속 고백하면서 그리스도가 **지혜와 완전한 구속**을 위해서도 하나님으로부터 우리에게 주신 바 되었다고 해야 할까? 우리는 그분 안에 우리 죄의 대속만 있다고 말해야 할까, 혹은 그분이 "만물을 자기에게 복종하게 하실 수 있는 자의 역사로"[빌 3:21] 우리의 비천한 몸을 언젠가 자기의 영광스러운 몸과 같이 변화시킬 분이라고 계속 인정해야 할까? 우리는 그리스도의 사역이 골고다에서 종료되었다고 여겨야 할까, 혹은 성경 및 첫 세기들의 모든 교회와 함께 우리 주님이 현재의 상황에 종지부를 찍고 새 하늘과 새 땅으로 인도하기 위해 하늘로부터 오실 것이라고 계속 바라야 할까? 간결하게 말하자면, 우리는 우리 영혼의 구원자로 충분하다고 생각해야 할까, 혹은 하나님의 그리스도를 영혼과 몸 모두의 구원자로, 그리고 비가시적인 것들뿐 아니라 또한 우리 눈에 가시적이고 분명한 것들의 재창조자(re-creator)로 계속 고백해야 할까? 그리스도는 오직 영적인 것에만 의미가 있는가, 혹은 자연적이고 가시적인 것에도 의미가 있는가? 그분이 세상을 이기셨다는 사실은 선택된 자들의 영혼만

---

[6] 같은 책, vol. 1, p. 267.

남겨 두기 위해 언젠가 세상을 무로 되돌릴 것을 의미하는가, 혹은 이 세상도 그분의 상급, 그분의 영광의 트로피가 될 것을 의미하는가?[7]

카이퍼가 이런 일련의 질문들을 통해 분명히 하는 것은, 그리스도의 사역이 개인들의 구원을 넘어 전체 창조 세계를 다시 새롭게 하는 것까지 포괄한다는 점이다. 그러므로 그리스도 안에 있는 하나님의 은혜는 확실히 개인들을 구원하지만, 또한 창조 세계를 회복하고 역사를 항상 의도되었던 종착지를 향해 이끄는 것을 목표로 삼는다.

이것의 실질적 함의들은 중요하고, 카이퍼는 그것들에 대해 전혀 의심하지 않는다. 그는 독자에게, 그리스도를 단지 자기 영혼을 위해서만 받아들임으로써 세상 속에서 자신의 삶이 신앙에 의해 다스려지는 것이 아니라 신앙과 병행하는 것으로 간주되는 위험성을 숙고하도록 요구한다. 그럴 경우에 기독교는 단지 교회와 선교 같은 "영적" 사안에만 관련성이 있는 것으로, 삶의 다른 영역들은 모두 그리스도 밖에 있는 것으로 여겨진다. 이것은 과격한 윤리적 함의들을 가지는 잘못된 이원론으로 이어진다. "세상에서 당신은 다른 사람들이 하는 대로 행동한다. 세상은 덜 거룩한, 거의 거룩하지 않은 영역이므로, 세상에서는 세상의 방식대로 처리해야 한다."[8]

학문 활동, 예술, 사업, 정치의 모든 것이 거룩하지 않게 된다. 일종의 쓸모없는 이원론이 그리스도인의 삶에 나타난다.

> 당신은 결국 두 가지 사고 영역에서 살게 된다. 하나는 영혼의 구원과 관련된 아주 좁고 축소된 사고방식이고, 다른 하나는 세계와 관련된 넓고 광대하며 삶을 아우르는 사고 영역이다. 그렇게 되면 당신의 그리스도는 첫 번째의, 축

---

7 같은 책, vol. 1, pp. 267-268.
8 같은 책, vol. 1, p. 269.

소된 생각 영역에 편안히 속하시지만, 넓은 영역에서는 아니다. 그리고 그런 반립과 잘못된 균형감으로부터 경건한 불성실과 무기력은 물론이고, 모든 편협한 마음과 내적 허위가 발생한다.[9]

여기서 카이퍼의 손가락이 가리키는 것은, 더 최근의 사상에서는 성/속 이원론으로 알려진 것이다. 예배, 기도, 설교, 전도 같은 교회 활동들은 영적이거나 성스러운 것으로 여겨지는 반면에 교육, 정치, 농업, 레저, 스포츠 등은 "세속적인", 따라서 우선적인 영적 활동들에 비해 부차적인 것으로 간주된다. 많은 20세기 복음주의가 그런 이원론에 물들었으며, 그 영향은 여전히 남아 있다.[10] 신학적으로 그런 견해가 문제가 되는 이유는 구원을 창조와 단절된 상태로 남겨 두기 때문이다.

특별 은혜를 따로 다루면서, 일반 은혜에 있는 토대와 궁극적 목적, 즉 하나님에 의해 창조되었고 유지되었고 결코 버려진 적 없는 세상의 구원은 소홀히 하는 경우가 너무나 많다. 이 오류의 슬픈 결과는 다음과 같다. 특별 은혜가 허공을 떠다니고, 우리 영혼의 구원이 세상에 있는 우리의 위치와 삶으로부터 분리되고, 수문들이 유대적 특수주의(Jewish particularism)가 유입되도록 열리고, 우리 그리스도인들이 우리의 신앙에 열정을 불어넣고 회복력을 자극할 철저히 건전하고 참된 기독교 세계관 및 인생관에 도달하는 데 방해를 받는 것이다.[11]

---

9   같은 책, vol. 1, p. 269.
10 다음의 중요한 책을 보라. David W. Smith, *Transforming the World? The Social Impact of British Evangelicalism* (Carlisle, UK: Peternoster, 1998).
11 Kuyper, *Common Grace*, vol. 1, p. 377.

어떻게 성/속의 접근이 교회 생활에서 나타나는지에 대한 예는 우리가 소명에 대해 생각하는 방식에 그것이 끼치는 영향에서 드러난다. 그것은 존 스토트가 **소명의 피라미드**라고 언급한 것을 낳는데, 이는 그림 1에서 보는 바와 같이 표현될 수 있다.

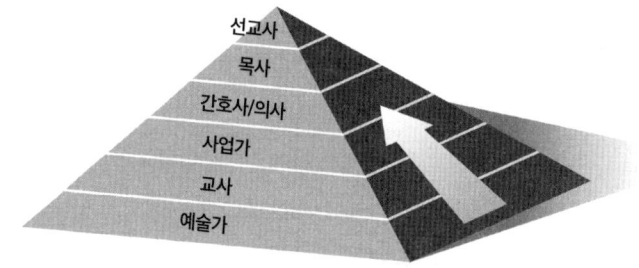

그림 1. 소명의 피라미드

소명의 피라미드를 올라갈수록 그 사람의 영성은 증가하며, 가장 위의 두 층만 "풀타임"으로 하나님을 섬긴다. 사업은 영적 활동들에 자금을 제공하는 한에서만 유익하다. 건강을 돌보는 것은 의미가 있지만, 진짜 중요한 것은 **영혼**이다. 이런 식으로 계속되는 것이다. 삶의 넓은 영역은 그 나름의 길을 가도록 방치되며, 사실상 기독교는 대부분의 그리스도인들이 그들의 시간 대부분을 사용하는 일과 관련이 없다.[12] 결국 사람은 데이비드 스미스(David Smith)가 『세상의 변화? 영국 복음주의의 사회적 영향』(Transforming the World?: The Social Impact of British Evangelicalism)에서 묘사한 것과 같은 처참한 상황에 도달한다. 제임스 오어 같은 스코틀랜드 신학자들이 현대성에 비판적으로 관여하면서 이를 위해 "세계관" 개념을 수용한 반면, 케임브리지 대학교 그리스도인 연합(Cambridge University Christian Union)은 감상적 설교를 전하는 미국 복음주의자를 초청했다. 독창자가 "내가 거기 있을

---

12 이 점에 대한 두드러진 논평을 다음에서 보라. Wendell Berry, *What Are People For?* (New York: North Point, 1990), pp. 96-97.

것이라고 어머니에게 말해 주오"(Tell Mother I'll Be There)라는 가사의 노래를 불렀고, 찰스 알렉산더(Charles Alexander)는 하늘에서 어머니를 만나고 싶다면 자리에서 일어나라고 학부생들에게 요청했다. 스미스가 말하는 것처럼, "분명히 그 그리스도인 연합은 세속적 사상에 물든 대학에서 하나님의 말씀을 의미 있게 전달하려는 어떤 노력도 포기한 것이고, 그렇게 노골적으로 주관주의적 기교에 의존한 선교는 종교적 신앙이 비이성적이고 용납할 수 없는 것이라는 지식인층의 신념을 확인시켜 줄 뿐이다."[13]

카이퍼는 이런 것을 전혀 받아들이지 않을 것이지만, 또한 반작용으로 그 추를 다른 극단으로 보내는 오류를 범하지도 않을 것이다. 그는 "내가 어떻게 하여야 구원을 받으리이까?"(행 16:30)라는 질문이 우리의 생각과 실천에서 가장 중요한 위치에 있어야 한다는 점을 아주 분명히 했다. 또한 그는 하나님의 구원의 포괄적 범위가 모든 사람의 구원이라는 측면에서 보편 구원론(universalism)과 동일시될 수 없다는 점도 분명히 했다. 동시에,

> 우리가 동등한 명료성과 솔직함을 가지고 고백해야 하는 것은, 칭의와 성화를 위해 우리에게 주신 바 된 이 동일한 그리스도가 또한 어떻게 지혜와 완전한 구속을 위해 우리에게 주신 바 되었는가 하는 것이다. 말하자면, 우리의 전 존재인 영혼과 육체, 그리고 우리가 살고 있는 온 세계, 우리의 존재에 속해 있고 또 뗄 수 없이 연결된 세계를 함께 포괄하는 이 모든 것의 재창조를 위해 우리에게 주신 바 되었는가에 대한 것이다.[14]

은혜는, 카이퍼에 따르면, 자연에 외적인 것으로 여겨서는 안 된다. 그것은 물 위에 부은 기름처럼 분리된 채 남아 있지 않고, 물에 빠진 사람이 이

---

13   Smith, *Transforming the World?*, p. 74.
14   Kuyper, *Common Grace*, vol. 1, p. 270.

2. 창조와 구속

세상으로부터 피신할 수 있는 구명정도 아니다. "우리가 **은혜**를 그 모든 풍성함 가운데 이해하기 위해서는, 은혜의 잔뿌리들이 자연의 삶의 관절과 틈으로 침투한다는 사실을 알아차려야 한다."[15]

자연에 침투하는 은혜라는 이런 견해는 그리스도의 사역에 대한 우리의 견해에서 생겨난다.

> 만약, 다른 한편으로, 우리의 구세주이신 그리스도가 우리의 영혼뿐 아니라 우리의 몸도 다루신다는 것이 확실히 사실이라면, 세상의 만물이 그리스도의 것이며 그분에 의해 소유권이 주장된다는 것이 확실히 사실이라면, 그분이 언젠가 그 세상의 모든 적들을 이기고 승리하시리라는 것이 확실히 사실이라면, 절정은 현재와 같이 그리스도가 일부 개별 영혼들을 주변에 모으시는 것이 아니라 새 하늘 아래 있는 새 땅에서 왕으로서 다스리시는 때가 되리라는 것이 확실히 사실이라면, 그렇다면 당연히 이 모든 것은 전적으로 달라지며, 은혜가 자연과 분리될 수 없이 연결되어 있다는 것, 즉 은혜와 자연이 함께 속해 있다는 것이 즉시 명백해진다.[16]

물론 이 통전적 견해는 그리스도의 사역뿐 아니라 그의 **정체**로부터도 나온다. "죽은 자들 가운데서 먼저 나신 이"는 골로새서 1장이 말하듯이 또한 "모든 피조물보다 먼저 나신 이"이며, 육신이 되신 말씀은 요한의 기록에 따르면 지은 것이 하나도 그분이 없이는 된 것이 없는 분으로서 하나님과 함께 계셨고 또한 그분이 곧 하나님이신, 동일한 영원한 말씀이시다.

만약, 마태복음 5장이 우리에게 말하듯이, 예수의 제자들이 세상의 소금이며 세상의 빛이라면, 자연과 은혜의 관계에 대한 바른 견해를 발전시

---

15 같은 책.
16 같은 책.

키는 것에 많은 것이 달려 있다. 세상의 안녕이 여기에 달려 있다. 이원론적 세계관은 소금이 이 세상의 썩어 가는 고기에 문질러지는 것과 빛이 세상의 어둠을 비치는 것을 가로막는다. 카이퍼는 이것을 잘 알고 있지만, 올바르게 다른 곳에 집중한다. 중요한 것은 단지 세상의 안녕이 아니라, 하나님의 영광이다. 성경의 예언자들과 같이 그는 거룩한 분노에 사로잡혀 있다. "일단 우리가 이것을 깨달으면, 새 창조와 재창조 사이의 이 광대한 구분이 부차적 중요성을 가지는 것으로 제시될 때 우리는 우리 안에서 어떤 거룩한 분노가 요동하는 것을 감지한다." 다시금, "그러나 그럼에도 그런 무리들 가운데 있는 사람들이 어떻게 하나님의 명예에는 최소한의 관심만 기울이는지 보는 것은 마음을 상하게 한다."[17] 카이퍼는 하나님의 명예가 가장 중요하다는 자신의 성경적 인식에 대한 근거를 타락 후에 하나님이 **원복음**(*protevangelium*)을 아담과 하와가 아닌 뱀에게 선포하시는 것에서 찾는데, 그것은 뱀의 명성과 명예가 아닌 하나님 자신의 명성과 명예가 보전되도록 하기 위해서였다.

자연과 은혜의 관계에 대한 우리의 견해는, 그리스도의 재림 때 어떤 일이 일어나리라는 우리의 생각 자체에서도 드러난다. 그렇다면 창조 세계는 어떻게 될 것인가? 하나님의 창조 사역은 실패했는가? 카이퍼가 옳게 주장하듯이, "하나님의 명예는 그분의 영광스러운 창조 사역이 실패한 것이 아니라, 그분의 이름을 영화롭게 했음이 궁극적으로 드러나리라는 사실에 달려 있었다."[18] 그러므로 그리스도의 재림 때 그리스도가 가능하게 하실 목표로서 카이퍼는 재창조를 주장하는데, 이를 월터스는 "회복된 창조"(creation regained)라고 부른다.

---

[17] 같은 책, vol. 1, p. 290.
[18] 같은 책, vol. 1, p. 209.

그러나 만약 우리가 단 한 순간이라도 지배적 개념인 재창조를 떠나서 **새롭게**(anew) 창조한다는 식의 잘못된 개념에 빠진다면, 이 모든 것의 어떤 합리적 동기도 사라질 것이다. 모든 것이 부조리한 성격을 얻고, 우리는 순전한 자의성이라는 느낌을 받아서, 예배를 위한 그 어떤 충동도 지루하고 무의미한 어이없음으로 바뀐다.[19]

요한계시록에 대한 그의 책에서, 카이퍼는 우리의 세계와 관련해 다음과 같은 사실을 분명히 한다.

이 세계는 지금도, 그리고 앞으로도 언제나, 전능하신 하나님이 창조하신 세계이고, 천사들과 인간들의 모든 죄에도 불구하고 그 넓은 범위들에서 하나님이 지탱하셨고 유지하신 세계이고, 종말의 때에 삶의 완전한 형태로 이끄셔서 그분의 창조 목적에 완벽히 상응하도록 하실 세계이고, 천사들과 인간들의 죄에도 불구하고 그분의 본래 계획이—이제는 더 이상 타락에 영향을 받지 않고—충만함과 풍성함의 형태로 찬란하게 빛을 발하게 하실 세계다.[20]

따라서 카이퍼는 **재창조**를 강력히 긍정하지만, 그가 그것을 설명하는 것은 더 복잡하다. 그는 베드로후서 3:10이 창조 세계가 소멸하리라는 것을 문자적으로 말하고 있다고 받아들인다. "먼저는 존재하는 모든 것이 소멸할 것이고, 그런 다음에 비로소 새로운 질서가 혼돈으로 보이는 것으로부터 모습을 드러낼 것이다." 소멸할 것과 재창조될 것 사이를 구별하려는 노력 가운데, 카이퍼는 형식과 본질 사이에 다소 도움이 되지 않는 구분을 한

---

19 같은 책, vol. 1, p. 291.
20 Abraham Kuyper, *The Revelation of St. John*, trans. John H. de Vries (Grand Rapids: Eerdmans, 1963), p. 344.

다. "지금 존재하는 것이 언젠가 소멸하여 사라질 것이라는 점은 의심의 여지가 없지만, 그럼에도 소멸되는 것은 본질이 아니라 단지 그 형식뿐이고, 본질 자체는 새롭고 더욱 영광스러운 형식들로 나타날 것이다."[21] 카이퍼는 고린도전서 15장을 이런 측면에서 결정적인 것으로 거론한다. 창조 덕분에 우리 인간의 본성 또는 본질에 속하는 모든 것은 두 번째 시기에도 다시 나타날 것이나, 더 풍성함과 더 큰 영광으로 그럴 것이다.

전적으로 같은 방식으로 우리가 상상해야 할 것은, 지금 일반 은혜의 열매가 맺히는 모든 형식이 언젠가 소멸할 것이나, 이 모든 것의 기초에 있는 강력한 배아는 소멸하지 않고 남을 것이며, 언젠가 영광의 새 나라로 옮겨질 것이고, 하나님이 이 모든 것에 그분의 나라의 영광에 거룩하게 어울리는 새로운 형식을 공급하실 것이라는 점이다.[22]

결국 카이퍼의 사유에는 소멸과 재창조 사이의 긴장이 있다. 그는 새 땅이 가시적·물질적 실재일 것이며, 현존하는 세계로부터 발전해서 이 세계와 "종류에서" 상응할 것이라고 주장한다.[23] 그러나 이것이 어떻게 "소멸하는" 이 창조 세계와 연관되는지는 이해하기 어렵다. 그럼에도, 전반적으로 카이퍼의 견해는 풍성하고 통찰력이 있다. 그는 다음과 같이 정리한다.

원래 하나님은 그분의 우주를 하나의 연결된 유기적 전체로 창조하셨다. 최고의 예술가의 이 예술 작품은 죄에 의해 찢기고 망가졌다. 결과적으로 마치 창조가 실수이며 이 창조 세계에 대한 하나님의 목적이 좌절된 것처럼 보였

21　Kuyper, *Common Grace*, vol. 1, pp. 544, 572.
22　같은 책, vol. 1, p. 549.
23　같은 책, vol. 1, p. 572.

고, 실제로 사람들은 여러 세기 동안 그렇게 생각했다. 그러나 신비가, 비밀이 하나님에게 있었다. 이전에 사람들은 그 비밀을 이해하지 못했으나, 그것이 그리스도 안에서 나타났다. 그리고 이 비밀은 하나님의 원래 계획이 무효화되지 **않았고** 계속해서 충만한 위엄 가운데 있다는 것, 그리하여 하나님이 자신의 세계 계획을 실현하실 것이고, 언젠가 그리스도 안에서 그분이 여기서 하늘과 땅으로 묘사되는 그분의 창조 세계의 부분들과 조각들을 **한 머리 아래**, 즉 온전히 하나의 유기적이고 온전하고 연결된 실체로 다시 한번 연결하시리라는 것이다.[24]

평가

자연과 은혜의 관계에 대한 카이퍼의 사유는 참으로 풍성하다. 첫째, 우리는 그가 이 사안을 근본적 중요성을 가지는 것으로 **인식하는** 것이 얼마나 중요한지를 주목해야 한다. 안타깝게도 그것은 여전히 거의 탐구되지 않은 채로 남아 있다.

둘째, 올바르게 카이퍼는 계속해서 우리를 그리스도와 하나님의 영광으로 돌아오도록 이끈다. 결국 삶은 하나님과 그분의 영광에 대한 것이지 우리에 대한 것이 아닌데, 우리가 우리 자신을 삶의 중심에 두지 않고 하나님이 하나님 되시도록 "놓아둘" 때 우리는 — 역설적으로 — 우리 자신을 찾게 된다. 바빙크의 통찰력 있는 지적대로, "회심은 하나님에게로 돌아가는 것이지만, 동시에 그 사람 자신에게 오는 것이다."[25]

셋째, 카이퍼는 우리를 구원하는 은혜가 또한 전체 창조 세계의 구원을

---

[24] 같은 책, vol. 1, p. 577.
[25] Herman Bavinck, *The Philosophy of Revelation* (Grand Rapids: Baker, 1909), p. 258. 『계시 철학』(다함).

목표로 한다고 주장하면서도, 여전히 개인 구원의 중요성을 절대로 놓치지 않는다. 넷째, 기독론은 카이퍼의 포괄적 비전에서 놀라울 정도로 중심을 차지한다. 카이퍼는 창조주인 동시에 구속주이신 그리스도에 대한 거대한 성경적 비전에 우리가 눈뜨게 한다.

다섯째, 카이퍼는 자연과 은혜의 관계에 대해 우리가 지니는 견해의 실질적 결과들에 유념한다. 이것은 부차적 사안이 아니며, 세상에서 그리스도인이 실천하고 증언하는 것의 핵심에 이른다. 여섯째, 카이퍼는 은혜가 창조 세계 바깥에 있지 않고 그 중심을 관통한다는 것을 분명히 이해했다.

일곱째, 창조의 최종 목적(telos)을 재창조로 보는 카이퍼의 견해는 성경적이지만, 창조 세계가 소멸할 것으로 보는 그의 견해는 개선되어야 한다. 최근 연구들은 베드로후서 3:7이 창조 세계의 파괴가 아니라, 죄와 악이라는 해로운 독소로부터의 정화를 말하고 있다고 주장한다.[26] 비록 우리가 이 창조 세계와 새 하늘과 새 땅 사이에서 연속성과 불연속성의 정확한 지점들을 정밀하게 말할 수는 없지만, 우리는 이 창조 세계의 갱신과 그러므로 그 자체로 소멸하지 않을 것을 확신 있게 말할 수 있다.

여덟째, **종말론**은 자연과 은혜에 대한 카이퍼의 견해에서 더 강력한 요소가 될 수 있었다.[27] 카이퍼는 자연과 은혜와 관련해 우리가 "추구해야 할 것은 이 일시적 삶의 본성과 영원한 생명의 특징 사이에 어떤 가능한 연관성이 존재하는지에 대한 질문에 답하는 것일 뿐"이라고 지적하지만, 그는 "영원한 생명"을 그리스도의 초림으로 창조 세계에 이미 침입한, 다가올 시

---

26 Craig G. Bartholomew, *Where Mortals Dwell: A Christian View of Place for Today* (Grand Rapids: Baker Academic, 2011), pp. 152-156를 보라.
27 반면에 다음을 참조하라. Abraham Kuyper, *Principles of Sacred Theology*, trans. J. Hendrik de Vries (Grand Rapids: Baker, 1980), p. 371; Abraham Kuyper, *The Revelation of St. John* (Eugene, OR: Wipf and Stock, 1999); Abraham Kuyper, *Van de voleinding*, 4 vols. (Kampen: Kok, 1929-1931).

대의 생명으로 탐구하지 못했다.²⁸

아홉째, 특별 은혜와 일반 은혜의 관계에 대한 카이퍼의 기술에는 긴장들이 있다. 카이퍼는 "개혁파 사람은 은혜를 통해 그 배후와 아래에 있는 자연을 바라보고 따라서 일반 은혜와 특별 은혜를 모두 고려한다"고 주장하지만, 특별 은혜와 일반 은혜의 상호 관계에 대한 그의 견해에는 긴장들이 남아 있다.²⁹ S. U. 주이데마(Zuidema)는, 앞에서 지적한 바와 같이, 카이퍼가 이 긴장 관계를 그의 후기 작업, 특히 『왕을 위하여』(Pro Rege)에서 돌파하면서 일반 은혜가 어떻게든 특별 은혜와 별개라는 견해를 떠난다고 주장한다. 주이데마가 기술하는 것처럼, "그러면 오히려 일반 은혜는 하나님의 사역으로 고백될 것이다. 그것을 통해 하나님이 그분의 창조 세계를 지탱하시고, 그분의 창조 질서를 유지하시면서, 고난을 받으며 또한 전투하는 교회가 이 세대의 끝까지, 하나님이 그분의 일반 은혜 안에서 공급해 주신 무기들을 가지고 교회의 전쟁을 왕을 위하여(pro Rege) 싸우도록 길을 열어 주시는 것이다.³⁰

만약 우리가 시작했던 질문들로 돌아간다면, 정도의 차이는 있으나 카이퍼에 의해 그 모든 것에 답이 주어지고 있음을 우리는 볼 수 있다.

자연과 은혜에 대한 헤르만 바빙크의 견해

헤르만 바빙크는 카이퍼보다 젊은 동시대인이었다.³¹ 그는 암스테르담 자유

---

28 Kuyper, *Common Grace*, vol. 1, p. 570.
29 같은 책, vol. 1, p. 380.
30 Zuidema, "Common Grace and Christian Action in Abraham Kuyper", pp. 100-101.
31 이에 대한 주요 저작은 다음을 보라. Dirk van Keulen, *Bijbel en dogmatiek: Schriftbeschouwing en schriftgebruik in het dogmatisch werk van A. Kuyper, H. Bavinck, en G. C. Berkouwer* (Kampen: Kok, 2003).

대학교로 오라는 초청을 여러 번 거절한 후, 마침내 1902년에 수락하고 카이퍼의 신학 교수직을 물려받았다. 그렇게 해서 그가 암스테르담으로 옮겨 갔는데, 여러 권으로 된 그의 『개혁파 교의학』(Reformed Dogmatics) 초판이 이미 출간된 후였다. 그는 교수 이력의 나머지 기간을 자유 대학교에서 보냈다.

흥미롭게도 헤르만 바빙크가 1888년에 발표한 알브레히트 리츨(Albrecht Ritschl, 1822-1889)의 신학에 대한 논문에서 고백하는 바에 따르면, 그는 우리를 세상으로부터 분리하는 것으로 보는 구원관과 우리를 구비시켜 우리의 지상 소명을 성취하도록 하는 것으로 보는 리츨의 구원관을 어떻게 결합시킬지 알지 못한다.[32] 같은 해에 바빙크는 교회의 보편성에 대한 학장 연설을 발표했는데, 무엇보다도 자연과 은혜의 관계를 아름답게 설명했다.[33] 리츨의 작업이 바빙크를 자극해 이 문제를 면밀히 살피게 했고, 일단 해결된 후에 그것은 바빙크의 신학에 절대적 중심이 되어 그의 저작들 어디서나 발견된다. 실제로 그는 기독교 전통들 안에 있는 차이들을 이 문제로 환원한다.

모든 그리스도인은 두 가지 요인들을 고려해야 하는데, 즉 창조와 재창조, 자연과 은혜, 지상의 소명과 하늘의 소명 등이다. 그리고 사람이 이런 것들을

---

[32] Herman Bavinck, "The Theology of Albrecht Ritschl", trans. John Bolt, *The Bavinck Review* 3 (2012): pp. 123-163. 바빙크의 진술에 따르면, "개인적으로 나는 이 두 가지 견해를 결합하는 어떤 방법도 알지 못하지만, 둘 다에 탁월한 것이 많으며 둘 다 부인할 수 없는 진리를 내포하고 있다는 점은 확실히 안다"(p. 157). 참고. Jan Veenhof, *Nature and Grace in Herman Bavinck*, trans. Al Wolters (Sioux Center, IA: Dordt College Press, 2006), pp. 8-9. 알브레히트 리츨은 독일의 신학자로서 세계관을 중요하게 활용했다. 참고. Clifford B. Anderson, "Jesus and the 'Christian Worldview': A Comparative Analysis of Abraham Kuyper and Karl Barth", *Cultural Encounters* 6, no. 1 (2006): pp. 61-80.

[33] Herman Bavinck, "The Catholicity of Christianity and the Church", *Calvin Theological Journal* 27 (1992): pp. 220-251. 『교회의 분열에 맞서』(도서출판 100).

서로 어떤 관계에 두느냐에 따라 그의 종교적 삶은 다른 특징을 띤다.…자연과 은혜 사이에 있는 신적으로 제정된 관계를 파괴하는 사람은 누구나 하나를 위해 다른 하나를 희생하게 된다.[34]

바빙크는 자연과 은혜의 관계가 종교개혁에, 특히 칼뱅의 사상에 핵심이 된다고 본다. 종교개혁은, 신학을 재정비함으로써, 우주를 다시 확고히 하나님의 영광의 극장으로 보도록 만들었다. "자연적인 것은 가치가 더 열등하지 않다.…그것은 교회가 그런 것만큼이나 신적이다. 비록 그 기원이 재창조가 아닌 창조에 있고, 성자가 아닌 성부에게서 오지만 말이다."[35]

바빙크는 경건주의에서 사람이 하나님과 갖는 관계가 중요한 우선순위라는 것을 인정한다. 그러나 그는 관여하지 않는 기독교의 위험을 경계하는데, 즉 세상을 자기 좋은 대로 하게 두는 것이다. 바빙크가 놀랍도록 분명히 했던 점은, 세상의 문제가 **죄**이며 은혜가 바로 이 문제를 다루기 위해 왔다는 것이다. 바빙크는 예수가 정치인도, 새로운 법률 제정자도, 철학자도 아니었고 단지 예수, 즉 **구원자**이셨다고 말한다. "하지만 그분은 완전히 그리고 전적으로…온전하고 깊고 넓은 개혁파적 의미에서 그런 분이었다.…하나님의 사랑과 성자의 은혜와 성령의 교통은 죄에도 영향을 끼친다." 자주 그는 디모데전서 4:4-5과 요한1서 3:8을 인용하면서 다음과 같이 정리한다. "하나님의 아들이 나타나신 것은 아버지의 일을 멸하려 함이 아니라 마귀의 일을 멸하려 함이며, 그리하여 아버지의 일을 회복하고자 함이다." 바빙크의 기억할 만한 표현으로 말하자면, "은혜는 자연을 파괴하지 않고, 다만 자연을 긍정하고 회복시킨다."[36]

---

[34] Herman Bavinck, *De Bazuin* XLVIII, no. 12 (March 23, 1900); Veenhof, *Nature and Grace*, p. 8에 인용됨.
[35] 같은 책, p. 12에 인용됨.
[36] 같은 책, pp. 20, 17에 인용됨.

바빙크는 자연과 은혜의 관계에 대한 바른 이해가 갖는 실천적 함의들을 잘 알았다. 그는 회심과 그리스도와의 관계가 갖는 중요성을 결코 간과하지 않으며, 또한 우리가 하나님 나라를 시작할 수 있다고 생각하는 일종의 메시아주의의 위험을 올바르게 경계한다. "오늘날 우리는 온 세상을 회심시키려고, 그리스도를 위해 삶의 모든 영역을 정복하려고 나선다. 그러나 종종 우리는 자신이 참으로 회심했는지, 살든지 죽든지 그리스도께 속해 있는지 묻는 것은 소홀히 한다." 하지만, 그리스도에 대한 신앙의 입장으로부터, 신자는 "자유롭게 주위를 둘러보고 빛들의 아버지로부터 내려오는 모든 좋은 은사와 완전한 선물을 누릴 수 있다. 모든 것이 그의 것인데, 왜냐하면 그는 그리스도의 것이고 그리스도는 하나님의 것이기 때문이다. 온 세상이 그가 해야 할 일의 재료가 된다."[37] 페인호프(Veenhof)는 바빙크의 견해를 다음과 같이 요약한다.

> 그리스도의 사역과 말씀에 대한 구원론적 집중과 그것에 기초한 보편적 폭과 범위는 신자들의 삶에 반영되어야 한다. 그리스도와의 신앙 관계가 결정적 전제 조건일 뿐 아니라, 문화적으로 의미 있는 사역 가운데 창조된 실재를 펼쳐 내는 데 원동력이 되는 방식으로 말이다. 복음을 통한 그리스도와의 신앙 관계가 최우선이다. 먼저 사람이 다시 하나님의 아들이 되어야, 비로소 진정한 의미에서 "문화적 피조물"이 될 수 있다. 그러나 일단 그가 하나님의 아들**이라면**, 또한 그는 다시 자신을 문화에 헌신할 수 있다.[38]

바빙크는 자신의 『계시 철학』에서 "계시와 문화"라는 장을 설교자 요한

---

[37] Herman Bavinck, *The Certainty of Faith*, trans. Harry der Nederlanden (St. Catherines, ON: Paideia, 1980), pp. 94, 95. 『믿음의 확신』(CH북스).
[38] Veenhof, *Nature and Grace*, pp. 28-29.

크리스토프 블룸하르트(Johann Christoph Blumhardt)로부터의 교훈적 인용으로 시작한다. "사람은 두 번 회심해야 하는데, 먼저 자연적 삶으로부터 영적 삶으로, 그런 다음에는 영적 삶으로부터 자연적 삶으로다."[39]

바빙크의 신학은 철저히 **삼위일체적**이며, 그는 자연과 은혜에 대한 삼위일체적 견해를 카이퍼보다 간결하고 완전하게 표현한다.

기독교의 본질을 구성하는 현실은, 성부의 창조 세계가 죄에 의해 파괴되었으나 하나님의 아들의 죽음 가운데 회복되고, 성령의 은혜에 의해 하나님 나라를 향해 재창조된다는 것이다. 교의학은 어떻게 하나님이 스스로 자충족적인 분으로서, 그럼에도 그분의 창조 세계에서 스스로를 영화롭게 하시는지를 보여 준다. 그 창조 세계는 죄로 찢겼음에도 그리스도 안에서 다시 통일되었다(엡 1:10). 그것은 우리에게 하나님을, 처음부터 마지막까지 항상 하나님으로 묘사한다. 하나님의 존재, 자신의 창조 세계 가운데 계신 하나님, 죄에 대적하시는 하나님, 그리스도 안에 계신 하나님, 성령을 통해 모든 저항을 무너뜨리시고 창조 세계 전체를 자신이 결정하신 목표로, 즉 자신의 이름의 영광으로 돌아오도록 인도하시는 하나님을 말이다.[40]

자연과 은혜에 대한 바빙크의 신학은 또한 기독론적이다. 부활이 창조의 재긍정이라는 올리버 오도노반(Oliver O'Donovan)의 진술을 강하게 연상시키는 표현을 사용해서, 바빙크는 다음과 같이 주장한다. "부활은 모든 문화의 근본적 회복이다."[41] "그리스도가 죽은 자들로부터 몸으로 부활하신 것

---

[39] Bavinck, *The Philosophy of Revelation*, p. 242.
[40] Herman Bavinck. *Reformed Dogmatics*, 4 vols. (Grand Rapids: Baker Academic, 2008), vol. 1, p. 112. 『개혁교의학』(부흥과개혁사).
[41] Oliver O'Donovan, *Resurrection and Moral Order: An Outline for Evangelical Ethics* (Grand Rapids: Eerdmans, 1986, 1994), p. 15; Bavinck, *The Philosophy of Revelation*, p.

은, 기독교가 인간적이거나 자연적인 어떤 것에도 적대적 태도를 취하지 않으며 다만 창조 세계를 모든 죄악된 것으로부터 구하고 완전히 거룩하게 한다는 사실을 결정적으로 증명한다."[42] 여기서 톰 라이트(Tom Wright)의 작업을 연상하게 되는 사람도 있을 것이다. 라이트는, 예를 들어, 이렇게 말한다.

> 부활의 가장 깊은 의미는 새 창조와 관련이 있다.…바울이 로마서 8장에서 분명히 인식한 것처럼, 그것은 온 창조 세계가 출애굽을 경험해서 그 타락과 부패를, 동질성으로의 속박을 떨쳐 버릴 것이라는 징표였다.…이 희망 때문에, 예수의 부활은 현재 시대가 대단한 의미로 가득 차 있음을 의미한다. 현재에 하나님의 영광을 위해 행하는 일은 진정으로 하나님의 미래를 위해 건설하는 것이다.[43]

카이퍼와 바빙크는 모두 그들의 신학에서 성육신을 중시하는데, 이 강조점은 회복되어야 한다.[44] 바빙크의 지적에 따르면, 가현설적(docetic) 기독론은 언제나 자연과 은혜에 대한 이원론적 견해로 이어진다. 요한1서는, 바빙크가 자주 인용하는 것으로서, 가현설에 대한 확실한 교정책이다. 바빙크는 그리스도의 인성을 긍정하는 것이 자연과 은혜의 관계에 대한 바른 이해를 내포한다고 주장한다. 성육신을 긍정하면서 자연을 폄하할 수는 없는 것이다. 성경은, 바빙크의 주장에 따르면, "성육신에서도 역시 창조의 선함과 물질의 신적 기원을 고수한다." 원칙적으로 성육신은 "모든 이원론의 극

267.
[42] Veenhof, *Nature and Grace*, p. 21에 인용됨.
[43] N. T. Wright in Wright and Marcus J. Borg, *The Meaning of Jesus* (London: SPCK, 1999), p. 126. 『예수의 의미』(한국기독교연구소).
[44] 참고. Athanasius, *On the Incarnation*. 예를 들어, Richard J. Mouw and Douglas A. Sweeney, *The Suffering and Victorious Christ: Toward a More Compassionate Christology* (Grand Rapids: Baker Academic, 2013)를 보라.

복, 그리고 금욕주의에 대한 규탄"을 함의한다.[45]

바빙크는, 신토마스주의적(neo-Thomist) 범주를 사용해서, 죄와 은혜는 **본질적**(substantial)이지 않다고 주장한다. 그것들은 사물의 본질이 아니라, 본질에 붙어 있는 것이다.[46] 결과적으로, 죄는 선한 창조의 파괴 없이 제거될 수 있으며, 은혜는 새롭게 창조하는 일 없이 창조를 회복할 수 있다. "죄는 물질이나 자연이나 사물의 본질에 있지 않고, 피조물의 의지에 속해 있다. 그것은 윤리적 속성을 가지며, 따라서 보상되고 지워지고 없애질 수 있다. 죄는 피조물에게서 분리될 수 있으므로, 그것이 사라져도 피조물은 손상되지 않은 채로 남아 있을 뿐 아니라 오히려 그 이상으로 회복되고 영화롭게 된다."[47] 또한 바빙크는 자연과 은혜에 대한 자신의 견해를 카이퍼와 연결해서, 한 사회의 혁명이 아니라 **개혁**을 긍정한다. 혁명은 악한 것과 함께 선한 것도 파괴하는 반면, 개혁은 오직 죄만 겨냥한다. 우리는 이 문제를 7장에서 다시 다룰 것이다.

바빙크는 창조의 최종 목적을 원래의 상태로 되돌리는 것(repristination)이 아니라 **회복**(restoration)으로 본다. 성경에서의 움직임은 동산(garden)에서 도성(city)으로 이루어지지, 동산에서 동산으로의 움직임이 아니다. 하나님은 그분의 창조 세계를 처음부터 의도하셨던 운명으로 이끄신다.

잘 알려진 것처럼, 바빙크는 카이퍼보다 훨씬 더 많은 신학 저작을 집

---

[45] Veenhof, *Nature and Grace*, pp. 21-22에 인용됨.

[46] 참고. 월터스의 통찰력 있는 논평을 다음에서 보라. 같은 책, p. 3. 이는 볼렌호븐(Vollenhoven)과 도이어베르트(Dooyeweerd)가 자연과 은혜에 대한 카이퍼와 바빙크의 통찰들을 더 정당하게 다루는 그들 자신의 어휘를 어떻게 발전시켰는가에 대한 것이다. 특히 관련성 있는 것은 그들의 개념들, 즉 법(law), 주체(subject), 방향(direction)이다. 구조(structure)와 방향에 대한 탁월한 논의를 다음에서 보라. Albert M. Wolters, *Creation Regained: Biblical Basics for a Reformational Worldview*, 2nd ed. (Grand Rapids: Eerdmans, 2005). 『창조 타락 구속』(IVP).

[47] Bavinck, *The Philosophy of Revelation*, p. 307. 참고. Kuyper, *Principles of Sacred Theology*, p. 346; Brian G. Mattson, *Restored to Our Destiny: Eschatology and the Image of God in Herman Bavinck's Reformed Dogmatics*, Studies in Reformed Theology (Leiden: Brill, 2012).

필했다. 『개혁파 교의학』에서 그는 일반 계시와 특별 계시를 풍성히 논의하며, 독자들은 그 논의를 참고하면 된다.[48] 여기서 지적해야 하는 것은, 일반 계시와 특별 계시에 대한 바빙크의 설명이 카이퍼의 설명보다 더 체계적이고 더 섬세하며, 내가 보기에는, 카이퍼가 일반 은혜를 사용하는 것보다 더 도움이 된다는 점이다. 또한 바빙크는 종말론을 더 강하게 강조한다.

절대로 기독교 신앙이 내세적이거나 창조 세계에 반대되는 것으로 제시되어서는 안 된다. 오히려 은혜와 자연은 기독교 신앙 안에서 연합되고, 일반 계시는 하늘 나라와 지상 나라를 연결한다. 창조와 구속을 하나의 위대한 종말론적 찬미의 칸타타로 결합하는 것이다. 은혜는 자연을 회복하며, 종교적 삶은 일상의 인간 경험이라는 직물로 엮인다. 궁극적으로, 하나님은 창조와 구속에서 한 분이며 동일한 살아 계신 하나님이시다. 은혜는 자연을 회복한다.[49]

이 장의 시작에서 제시한 질문들을 다시 본다면, 카이퍼와 마찬가지로, 바빙크는 그 질문들 거의 전부를, 좀 더 체계적이긴 하나 두드러지게 유사한 방식들로 답한다는 점을 알게 될 것이다. 재림과 관련해 바빙크가 언급하는 바에 따르면, "주님의 재림의 날은 신자들의 부활, 불신자들의 심판, 창조 세계의 회복을 가져올 것이다."[50]

자연과 은혜에 대한 서로 반대되는 견해들

모든 정통 기독교 전통들은 창조, 타락, 구속을 믿는다. 카이퍼 전통이 제기

---

[48] Bavinck, *Reformed Dogmatics*, vol. 1, pp. 301-385.
[49] 같은 책, vol. 1, p. 302, 원문의 강조.
[50] 같은 책, vol. 4, p. 691, 원문의 강조. 마지막 일들에 대한 바빙크의 신학과 관련해 이 책을 보라.

하는 쟁점은 서로 다른 전통들이 이 셋 사이의 관계를, 혹은 카이퍼와 바빙크의 표현대로, 자연과 은혜의 관계를 어떻게 해석하느냐에 대한 것이다. 카이퍼의 저작에서 우리는 자주 그가 칼뱅주의, 루터파, 가톨릭 관점들을 구분하는 것을 본다. 그런 구분들은 바빙크의 저작에서 더 체계적인데, 그의 접근을 발전시키고 다듬은 알버트 월터스는 기독교 전통이 자연과 은혜의 관계를 이해해 온 방식을 다섯 가지 범주들로 구분한다.[51]

1. 자연에 대립하는 은혜(*gratia contra naturam*, 재세례파)
2. 자연 위에 있는 은혜(*gratia supra naturam*, 로마 가톨릭)
3. 자연과 병립하는 은혜(*gratia iuxta naturam*, 루터파)
4. 자연 안에 있는 은혜(*gratia intra naturam*, 칼뱅주의)
5. 자연과 동등한 은혜(*gratia instar naturae*, 자유주의)

월터스의 이해에 따르면, **자연**은 인간의 삶과 문화를 포함하는 창조 세계를 가리키고,[52] **은혜**는 예수 그리스도 안에 있는 새로운 생명을, 구속과 구원을 가리킨다.[53] 카이퍼주의의 관점에서 볼 때, 사람이 자연과 은혜의 관계를 이해하는 방식은 토대가 되며 불가피하게 다른 사안들의 전체 범위

51　예를 들어, Herman Bavinck, "The Catholicity of Christianity and the Church"를 보라. 월터스가 책을 쓴 배경이 되는 것은 H. R. 니버(Niebuhr)의 영향력 있는 책 *Christ and Culture* (New York: Harper & Row, 1951)다. 『그리스도와 문화』(IVP). Al Wolters, "On the Idea of Worldview and Its Relation to Philsophy", in Paul Marshall, Sander Griffioen, and Richard J. Mouw, eds., *Stained Glass: Worldview and Social Science* (Lanham, MD: Universitiy Press of America, 1983), pp. 14-25를 보라. 참고. Albert Wolters, "Nature and Grace in the Interpretation of Proverbs 31:10-31", *Calvin Theological Journal* 19 (1984), pp. 153-166.

52　참고. Henri de Lubac, *A Brief Catechism on Nature and Grace*, trans. Br. Richard Arnandez (San Francisco: Ignatius, 1984), p. 13은 nature라는 단어의 의미들이 가진 모호함을 지적하지만, 그것의 신학적 사용은 어려움을 주지 않다고 주장한다. 그는 G. 마르틀레(Martelet)의 견해를 찬성하며 인용한다. "사람 안에 있는 신적 채택에서 기인하지 않는 그 어떤 것도, 비록 그것이 그 사람 안에 있는 영과 자유에서 기인할지라도, 자연적이라고 불릴 수 있다." 그러나 드 뤼박의 논의(de Lubac, pp. 9-22)는 자연에 대한 그의 견해가 월터스가 자연을 창조 세계와 동일시하는 것과 다름을 시사한다. 드 뤼박에게 인류는 자연으로 환원될 수 없다. 인간은 자연을 넘어선다. 만약 **자연**으로 의미하는 바가 "창조 세계"라면 이렇게 말할 수 없을 것이다.

53　Al Wolters, "The Nature of Fundamentalism", *Pro Rege*, September 1986, p. 7.

에서 드러난다. 이를테면 복음과 율법, 복음과 문화, 창조 세계를 위한 하나님의 질서 혹은 자연법과 우리가 그것을 아는 방식, 합리성과 인식론, 교육, 정치 등의 관계에 대한 우리의 견해다.[54]

그런 유형론이 바로, 실제로는 관점들이 나뉘고 겹친다는 것에 유의하면서 주요 모델들을 분별하려는 시도다. 이런 종류의 유형론이 파악하는 것은 경향들이며, 항상 엄격하게 한정된 범주들이 아니다. 또한 우리는 자연과 은혜의 관계에 대한 다양한 관점들이 신앙고백적 전통들 **안에서** 발견되는 시대를 살고 있으므로, 예를 들어, 앞의 유형론으로부터 우리가 오늘날 모든 루터파 교인들이 자연과 병립하는 은혜에 대한 견해를 견지한다고 말하는 것으로 상정되어서는 분명히 안 된다. 역사적으로, 루터파 사상에서 자연과 병립하는 은혜는 두 왕국 교리(doctrine of two kingdoms)에서 나타났다. 그런 표현은 루터파 교인들 가운데 여전히 흔하지만, 역설적이게도 오늘날 그 견해의 가장 열성적 지지자는 개혁파 신학자인 데이비드 반드루넨(David VanDrunen)이다![55] 또한 루터파 신학자들은 루터의 자연관이 정확히 무엇이었는지 다시 논의하고 있는데, 예를 들어, 잘 알려진 루터파 신학자인 오스발트 바이어(Oswald Bayer)는 세 가지 상태(estates)—교회, 가정, 정치—에 대한 루터의 교리에 훨씬 더 많은 관심이 주어져야 한다고 주장한다. 실제로, "루터가 세상과 자연의 긍정적 의미를 발견한 것에 대한 이야

---

[54] 율법과 복음에 대해, 다음을 참고하라. Herman Dooyeweerd, *A New Critique of Theoretical Thought* (Jordan Station, ON: Paideia, 1984), vol. 1, pp. 511-513. 철학과 합리성에 대해, 다음을 보라. Al Wolters, "Dutch Neo-Calvinism: Worldview, Philosophy and Rationality", in H. Hart, J. van der Hoeven, and Nicholas Wolterstorff, eds. *Rationality in the Calvinian Tradition* (Toronto: University Press of America, 1983), pp. 113-131.

[55] David VanDrunen, *Living in God's Two Kingdoms* (Wheaton, IL: Crossway, 2010), 『하나님의 두 나라 국민으로 살아가기』(부흥과개혁사); *Natural Law and the Two Kingdoms: A Study in the Development of Reformed Social Thought*, Emory University Studies in Law and Tradition (Grand Rapids: Eerdmans, 2010), 『자연법과 두 나라』(부흥과개혁사).

기는 아직 저술되지 않았다."⁵⁶

　토마스주의 전통은, 우리가 자연 위에 있는 은혜 유형과 연관시킨 것으로서, 유사하다. 앞으로 보게 될 것처럼 많은 가톨릭 학자들 가운데 이 유형에 대한 풍성한 증거가 있지만, 그것은 절대로 그들에게만 국한되지 않는다. 동시에 이 사안에 대한 토마스 아퀴나스의 견해는 논쟁이 되고 있는데, 일부는 자연과 은혜에 대한 확고한 구별이 토마스의 견해를 잘못 대변한 그의 추종자들의 특징이라고 주장한다.

　우리는 자연을 회복하는 은혜의 견해를 옹호할 것이지만, 다른 견해들을 대변하는 전통들 각각으로부터 배울 것이 많다.

　자연에 대립하는 은혜　재세례파 교인들이 가장 흔히 이 견해와 연관된다. 재세례파는 종교개혁 및 종교개혁 이후 시기에 출현했으며 끔찍한 박해를 당해야 했다.⁵⁷ 재세례파 신학은 하나님의 새로운 백성으로서의 교회를 강조하며 교회를 하나님 나라와 동일시하는 경향이 있다. 그로스(Gross)는, 예를 들어, 다음과 같이 말한다. "재세례파 교인들은…하나님 나라에 대한 궁극적 책임을 요구했는데, 그들은 세상으로부터의 분리를 요구함으로써 그렇게 했다."⁵⁸ 역사적으로, 세상을 폄하하고 죄의 영향들이 세상에 대한

56　Oswald Bayer, *Freedom in Response: Lutheran Ethics: Sources and Controversies*, trans. Jeffrey F. Cayzer (Oxford: Oxford University Press, 2007), p. 99. 바이어는 p. 95에서, "아주 주목할 만한 것은, 두 왕국 교리를 특징짓는 영적 통치와 세상적 통치의 엄격한 구분과 대조적으로, 세 가지 상태의 교리는 영적인 것을 다른 두 가지와 차례대로 병립시키며, 그렇게 해서 그것을 다른 경우에는 극명하게 대조되는 '세상적' 영역과 함께 다룬다는 점이다"라고 주장한다. 참고. 마찬가지로 루터파 신학자인 디트리히 본회퍼가 두 영역 교리와 강하게 거리를 두는 것을 다음에서 보라. Dietrich Bonhoeffer, *Ethics* (London: SCM Press, 1955), pp. 62-72(『윤리학』, 복있는사람); Uwe Simon-Netto, *The Fabricated Luther: Refuting Nazi Connections and Other Modern Myths*, 2nd ed. (St. Louis: Concordia, 1995, 2007), 『루터와 정치』(CLC).

57　재세례파에 대한 포괄적인, 그 역사를 포함하는 입문서는 다음을 보라. Thomas N. Finger, *A Contemporary Anabaptist Theology: Biblical, Historical, Constructive* (Downers Grove, IL: IVP Academic, 2004).

58　Leonard Gross, "Sixteenth Century Hutterian Mission", in Wilbert R. Shenk, ed., *Anabaptism and Mission* (Scottdale, PA: Herald, 1984), pp. 97-118, 인용은 p. 98.

관여를 불가능하게 만든 것으로 보는 진술들은 재세례파 전통에서 어렵지 않게 발견할 수 있다. 1577년 무렵에 주교 페터 발포트(Peter Walpot, 1521-1578)는, 예를 들어, 후터파(Hutterites)의 『대 신조서』(Great Article Book)에서 다음과 같이 적는다.

> 그리스도인과 세상 사이에는 마치 하늘과 땅 사이처럼 엄청난 차이가 존재한다. 세상은 세상이고, 항상 세상으로 남고, 세상처럼 행동하고, 온 세상은 그저 세상일 뿐이다. 그리스도인은, 반면에, 세상으로부터 소집되었다. 그가 부름을 받은 것은 절대로 세상을 닮기 위해서가 아니고, 동반자가 되기 위해서가 아니고, 세상의 군중과 어울리기 위해서가 아니고, 그 멍에를 끌기 위해서도 아니다.[59]

로버트 웨버(Robert Webber)의 논평에 따르면, "하나님 나라에 대한 재세례파 신학에서 놀라운 점은 그들이 그리스도의 나라와 이 세상 나라 사이에서 보는 절대적 반립이다."[60] 새 창조와 하나님 나라는 교회와 동일시된다. 토머스 핑거(Thomas Finger)는 재세례파 신학에서 "새 창조"라는 주제의 중심성에 주의를 환기시키지만, 그가 이것을 개인적·공동체적·선교적 차원들이라는 세 가지의 측면에서 풀어낼 때, 공동체적 차원은 전적으로 제도적 교회와 관련해서 논의된다. 교회의 선교적 차원에 대한 그의 논의에서 핑거는 "듀에인 프리즌(Duane Friesen)은 **창조를 고려함으로써 재세례파의 교회-세상 이원론에 도전하는데, 그것은 재세례파가 거의 다루지 않는**

---

[59] Robert E. Webber, *The Church in the World: Opposition, Tension, or Transformation?* (Grand Rapids: Zondervan, 1986), p. 87에서 인용됨.
[60] 같은 책, p. 88.

주제다"라고 언급한다.[61] 명백히 핑거 자신도 그의 포괄적인 책에서 창조에 대한 어떤 실질적 논의를 담고 있지 않다. 그리고 이것은 문제를 제시한다. 즉 만약 누군가가 창조에 대해서와 타락이 하나님의 선한 창조에 끼친 영향에 대해서 명확한 개념을 갖고 있지 않다면, 구속은 토대를 잃고 교회로 축소되어, 잠재적으로 자연에 대립하는 은혜의 입장으로 귀결된다. 재세례파 전통에는 또한 창조의 목적인을 새 하늘과 새 땅으로 이끄는 것이 아니라 영적인 것으로 보는 강한 경향이 있다.[62]

하지만 오늘날의 재세례파 사상은 앞에 묘사된 입장과는 훨씬 더 미묘한 차이가 있다는 점에 주의해야 한다. 물론, "교회-세상 이원론은 재세례파 사상에 기본이 된다. 그것은 내적으로는 '티나 주름 잡힌 것이 없이' 교회를 세우려는 비전에 의해서, 외적으로는 박해의 위협에 의해서 야기된 것이다" 같은 진술들은 여전히 있다.[63] 그러나 즉시 저자는 재세례파가 세상을 위한 그들의 사명을 진지하게 받아들일 방법들을 탐구하는 것으로 이동한다.

월터 윙크(Walter Wink) 및 다른 이들과 일치하게, 핑거는 창조 세계에서 작용하는 힘들을 "권세들"이라고 부른다. 그는 "권세들은 구속되는가?"라고 질문을 제기하고, 오직 골로새서 1:20이 이 가능성의 긍정에 가까이 온다고 주장한다. 그는 성경의 다른 곳에서 악한 권세들은 완강히 하나님께 대적하며, 역사적으로 재세례파는 **세상**을 이런 의미로 이해했다고 지적한다. 칭찬할 만하게도, 핑거는 성경에서 **세상**의 다른 의미들을 검토하고 다

---

61 Finger, *Anabaptist*, pp. 157-254, 강조 추가; p. 305. 프리즌에 대한 언급은 다음의 책을 말한다. Duane Friesen, *Christian Peacemaking and International Conflict* (Scottdale, PA: Herald, 1986), p. 58. 『정의와 비폭력으로 여는 평화』(대장간). 프리즌의 견해에 대한 요약은 Finger, *Anabaptist*, pp. 305-306를 보라.
62 참고. 같은 책, pp. 512-561.
63 Cornelius J. Dyck, "The Anabaptist Understanding of Good News", in Shenk, *Anabaptism and Mission*, pp. 24-39, 인용은 p. 31.

음과 같이 결론을 내린다.

> 하나님이 인간에게 창조적 능력을 부여하셨으므로 이 세상은 또한 과정 또는 세대이고, 또한 줄거리와 유사해서, 인간이 여러 방향으로 발전시킬 수 있다. 그것의 기본적으로 의도된 방향에서 이 과정은 "심히 좋은" 것이다. 결과적으로 원래 창조의 구조들, 과정들, 목적들은 새 창조와 대단히 다를 수 없다. 새 창조로서 새롭지만, 삶의 기본 구조들을 폐기하지는 않는다. 비록 그 절정이 어떻게든 그것들을 초월할지라도, 그것들의 잠재력을 실현하는 것이다.[64]

여기서 우리는 창조, 타락, 구속에 대한 더욱 완전한 이해로 나아가는 움직임을 본다. 세상을 그 안에 창조의 구조들이 있는 과정으로 보는 핑거의 견해는, 구조들을 창조에 기초시키는 카이퍼보다는, 흐룬 판 프린스터러에 더 가깝다. 하지만 "권세들"이라는 표현은 내가 보기에는 그다지 도움이 되지 않는데, 골로새서 1:8, 15에서 "권세들"이 부정적 함의들을 내포해서, 그런 표현이 창조를 쉽사리 타락으로 무너뜨리며 구조와 방향 사이에 있는 중요한 구별을 모호하게 만들기 때문이다.[65]

『만물이 함께 섰느니라』(Things Hold Together)에서 브랜슨 팔러(Branson Parler)가 주장하는 바에 따르면, 재세례파 전통과 관련된 신학자 존 하워드 요더(John Howard Yoder)는 그리스도와 창조 세계를 이원론적으로 분리한다고 부당하게 비난을 받는다. 요더에 대한 팔러의 변호는 아주 흥미로우며, 카이퍼 전통에 중요한 대화 상대를 제공한다. 그의 주장에 따르면, 요더의 삼위일체적 신학에서 구속은 창조 세계의 구속이다.

---

[64] Finger, *Anabaptist*, p. 316.
[65] 참고. Wolters, *Creation Regained*, pp. 87-114. 구조는 창조와 함께 오지만, 타락은 창조의 선한 구조들이 잘못 인도될 수 있는 가능성들을 연다.

요더도 "권세들"이라는 표현을 사용하며, 팔러는 그것들을 "질서 잡힌 인간적 삶을 가능하게 하는 땅과 하늘의 영적 권세들, 보이는 것들과 보이지 않는 것들 모두의 연계"로 정의한다. "권세들"이라는 표현의 정적이기보다는 역동적인 특성이 요더의 마음을 끌었다. 그러나 권세들은 임의적이지 않고 질서 잡혀 있으며, 요더는 그것들을 창조 질서에 대한 개혁파의 교리와 비교한다. "창조의 질서들에 대한 개혁파 교리를 가지고 [헨드리쿠스] 베르코프[(Hendrikus) Berkhof]의 바울은 모든 인간이 구조화되어 있다는 점, 그 구조화된 특성은 그 자체로 우발적이거나 타락이 아니라 신적으로 주어진 피조성의 일부이므로 전체가 항상 부분들보다 더 크다는 점을 확증한다." 타락은 권세의 타락을 수반하므로, 타락은 또한 문화의 타락이다. 이 타락성은 깊이 파고드는데, 요더에 따르면, "[그것은] 구조적이라서, 뒤틀려 있는 것이다. 그것은 기능적이라서, 자기 임무를 수행하지 못하는 것이다. 그것은 지성적이라서, 우리가 사물을 볼 때 그것이 정말로 그래야 하는 모습으로 인식할 수 없는 것이다."[66]

팔러의 주장에 따르면, 요더에게 예수의 권세는 권세를 재정립하고, 따라서 창조 세계의 정치를 재정립한다. 인간은 평화로운, 그리스도를 닮은 권세를 행사하도록 창조되었으며, 권세들은 번성하게 하는, 역동적인 평화의 종으로 창조되었다. 문화의 변혁은 하나님 나라의 침입과 관련해서 성령의 사역에 의존한다. 창조 세계의 권세들이 성령에 의해 자유롭게 될 때, 교회의 공적 실천들은 인간 문화 전체에서 변혁적 영향을 행사한다. 따라서 구속은 권세들을 소멸하지 않는다. 오히려 구속은 참된 인간 권세와 권세들을 회복시킨다. "어린양의 승리에 일치하게 사는 것은 창조 세계에 이

---

66 요더의 말로 Branson L. Parler, *Things Hold Together: John Howard Yoder's Trinitarian Theology of Culture* (Scottdale, PA: Herald, 2012), pp. 134, 138, 146-147에 인용됨. 요더는 권세들에 대해 존 스토트와 대단히 흥미로운 서신을 주고받았다.

질적이거나 모순되지 않고, 오히려 가장 기초적 수준에서 창조 세계와 일치한다. 하나님이 세상을 창조하셨고 또 계속해서 역사에 관여하시기 때문에, 창조 세계는 처음부터 '열린 미래'를 지향하고 있다."[67] 그리스도와 권세들 사이의 새로운 관계는 진정한 문화적 변혁을 위한 길을 연다. 하나님 나라는 하나님의 원래 목적의 회복을 수반한다.

하나님 나라의 침입은 교회의 삶을 중심으로 이루어지며, 또한 거기로부터 주변 세상으로도 흘러간다. "따라서 그리스도가 어떻게 문화를 구속하시는가에 대해 우리가 말할 때, 우리는 이것이 먼저 교회의 삶 자체와 관련된다는 점을 기억해야 한다." "그렇게 교회는 참된 인류의 옹호자이자 선구자의 깃발 아래 행진하는데, 그분은 참된 **하나님의 형상**(imago Dei)으로서 창조의 권세를 행사하신다."[68]

분명히 팔러의 요더 해석은 카이퍼 전통의 해석에 훨씬 더 가까운 견해로서, 생산적인 대화 상대가 된다. 창조와 구속은 밀접하게 연결되며, 권세들에 대한 훨씬 더 미묘한 차이가 있는 견해가 제시된다. 어떻게 교회의 공적 실천들이 문화에 영향을 주는지에 대한, 또한 창조 세계의 구조들이 가진 정확한 본질에 대한 질문들은 여전히 남아 있다. 재세례파 전통에서 늘 그렇듯, 제도 교회는 여전히 중심으로 있으며 또한 평화주의 입장이 옹호된다.

카이퍼 전통이 재세례파 전통에 주의 깊게 귀를 기울여야 할 부분은 타락이 공적 삶에 침투하는 정도에 대한 재세례파의 강조다. 특히 아미쉬(Amish) 같은 분리주의 그룹들에서, 종종 우리는 서구 그리스도인들이 비교적 무비판적으로 참여하는 전 세계적 소비문화에 대한 급진적 대안을 목격한다. 재세례파 전통이 예언자적으로 카이퍼주의자들에게 일깨우는 것은, 우리가 창조 세계의 **오도된** 구조들에 **무비판적으로** 연루된 정도에 대해서

---

67 같은 책, p. 156.
68 같은 책, pp. 200, 154.

다. 카이퍼주의자들은 기꺼이 문화적 발전을 긍정하지만, 전 세계적 소비자 지상주의와 군산복합체 한가운데서 아미쉬와 다른 재세례파들은 발전을 위한 창조의 규범들에 대해 날카롭게 의문을 제기한다.

자연과 동등한 은혜 이 유형의 예는 신학적 자유주의로, 너무나 기꺼이 시대정신에 적응하고 하나님이 그 안에서 일하신다는 것을 과신해서, 은혜가 이 세상에서 일어나는 일과 쉽사리 동일시되고 만다. 우리의 첫 번째 모델 "자연에 대립하는 은혜"는 이 스펙트럼에서 신학적 자유주의의 반대쪽 끝에 있으며 이 둘보다 더 다른 모델은 없을 것이다. 여기서 '인스타르'(*instar*)는 동등함을 의미하는데, 이는 이 견해에서는 은혜와 자연이 매우 밀접하게 연결되어 있어서 타락이 창조 세계에 끼친 영향은 거의 무시됨을 나타낸다.

이것은 카이퍼와 바빙크가 직접 맞닥뜨렸고 배격한 견해로, 우리가 1장에서 살펴본 것이다.[69] 그러나 우리가 본 것처럼, 카이퍼는 부상하는 현대주의로부터 배울 것이 많으며 특히 정통 신앙의 그리스도인들이 자유주의자들과 마찬가지의 결과물을 산출해야 한다고 주장했다. 카이퍼 자신은 교회론과 관련해 현대 자유주의 신학의 아버지인 프리드리히 슐라이어마허(Friedrich Schleiermacher)로부터 많은 것을 배웠다.

자연과 병립하는 은혜 은혜가 자연과 나란히 또는 옆에 있다는 견해는 루터파 전통 및 루터의 두 왕국 교리, 즉 세상 나라와 하나님 나라에 대한 가르침과 결부된다. 그러나 루터의 견해에 대한 19세기와 20세기의 희화화에 굴복하지 않으려면, 우리는 루터가 중세의 물질-영 이원론과 단절하면서, 근본적 이분법이 물질과 영 사이가 아니라 신앙과 행위 사이에 있다고 주장했다는 점에 주목해야 한다.[70] 루터가 중세의 영-물질 이분법과 단

---

[69] 스홀텐의 신학은 카이퍼 당시에 있었던 이 견해의 예가 될 것이다.
[70] William A. Dyrness, *Reformed Theology and Visual Culture: The Protestant Imagination*

절한 것은 창조 세계에 대한 훨씬 더 긍정적 견해를 가능하게 한다. 루터에게 모든 창조된 것은 실제로 하나님의 가면들(larvae Dei)이다. 갈라디아서 2:6에 대해, 예를 들어, 루터는 이렇게 평가한다. "이제 온 창조 세계는 하나님의 얼굴 혹은 가면이며…하나님이 그들에게 주셨고 그들이 그분의 피조물이므로, 가면들 또는 사회적 지위들은 있을 수밖에 없다." 이것은 만물의 우발성을 암시하지만, 또한 창조된 사물들**뿐 아니라** 관료, 교사, 부모 등 삶에서의 역할들도 포함하는 이 가면들이 하나님을 경외할 수 있는 수단으로 존중되어야 함을 의미한다. 예수 안에서 계시된 하나님은 루터에게 또한 그분의 모든 피조물들 안에서 그리고 사이에서 끊임없이 활동하시는 창조주다.[71] 잘 알려진 바와 같이, 루터는 소명 혹은 부르심에 대한 풍성한 신학을 분명히 표현했다. 실제로, 합당한 이유로 루터파 종교개혁자들은 히에로니무스가 전도서를 "세상에 대한 멸시"(contemptus mundi)로 읽는 것을 넘어섰는데, 이것은 천 년 동안 전도서 해석을 지배했던 읽기였다. 그들의 창조신학과 세상에서의 삶에 대한 긍정적 견해는 전도서를 훨씬 더 긍정적이고 성경 중심으로 읽을 수 있는 길을 열었다.[72]

그럼에도 불구하고, 이원론이 루터파 견해에 남아 있다. 윌리엄 라이트(William Wright)가 언급하는 바에 따르면, "하나님의 두 왕국에 대한 루터의 이해는 실재의 본질에 대한 그의 기본적 전제를 제시했다. 간단히 말해, 그것은 그의 기독교 세계관이었다."[73] 루터는 사탄의 나라 혹은 세상 나라와

---

from Calvin to Edwards (Cambridge: Cambridge University Press, 2004), p. 51. 참고. William J. Wright, *Martin Luther's Understanding of God's Two Kingdoms: A Response to the Challenge of Skepticism*, Texts and Studies in Reformation and Post-Reformation Thought (Grand Rapids: Baker Academic, 2010), pp. 17-43.

71 Dyrness, *Reformed Theology*, p. 52에 인용됨.
72 참고. Craig G. Bartholomew, *Ecclesiastes* (Grand Rapids: Baker Academic, 2009), pp. 31-33.
73 William J. Wright, *Martin Luther's Understanding*, p. 114. 그러나 Bernd Wannenwetsch, "Luther's Moral Theology", in Donald K. McKim, ed., *The Cambridge Companion to Mar-*

하나님 나라를 구별한다. 그러나 이것은 두 왕이 있다고 말하는 것이 전혀 아니다. 삼위일체 하나님이 둘 다를 통치하시는데, 영적 나라는 직접적으로, 그리고 세상 나라는 간접적으로, 그분의 세 가지 질서들(orders) 또는 직분들(stations)을 수단으로 해서 다스리신다. 그 세 가지는 결혼, 가정, 혹은 집안일, 살림 등을 포함하는 일상생활, 세상 정부 또는 국가, 그리고 교회다.

내가 보기에, 이원론은 **자연법**(natural law)에 대한 루터파의 견해에서 표면화된다.[74] 데이비드 스타인메츠(David Steinmetz)에 따르면, "하나님은, 복음을 통해 교회를 다스리시는 분으로서, 질서가 무너진 이 세계를 국가가 이용할 수 있는 도구들—즉 인간 이성, 지혜, 자연법, 폭력적 강제의 적용—을 통해 다스리신다."[75] 분명히, 루터파 관점에서, 그리스도인들은 좋은 시민이 되도록, 그렇게 함으로써 세상 나라에서 소금과 빛이 되도록 부름을 받았다. 베른트 반넨베치(Bernd Wannenwetsch)가 지적하듯이, 루터는 신앙을 모든 직분 위에 있는 직분으로 보았으며, "**모든 직분 중에서** 이 하나의 직분의 수위권은 복음이 인간의 사회적 삶의 모든 측면에 퍼지는 것을 보장했다."[76] 하지만 생기는 질문은, 어느 정도까지 복음이 국가, 합리성, 교육 등에 대한 우리의 견해를 형성하는가 하는 것이다. 스타인메츠에 따르면, 루터에게, "이성과 자연법은 제대로 운영되는 국가에 적절한 기준들을 제공한다. 성경에 계시된 신적 정치 체제, 즉 오직 참된 신자들에 의해서만 올

---

tin Luther (Cambridge: Cambridge University Press, 2003), pp. 120-135가 p. 132에서 주장하는 바에 따르면, 루터의 두 왕국 교리는 "루터의 신학에서 단지 해방의 목적을 수행했으며, 세속 권위와 교회 권위의 융합 및 한편을 다른 편에서 불법적으로 차용하는 것에 반대했다."

[74] 루터파 관점에 대한 조심스럽게 차이가 있는 묘사를 다음에서 보라. Carl E. Braaten, "Natural Law in Theology and Ethics", in Carl E. Braaten and Robert W. Jenson, eds, *The Two Cities of God: The Church's Responsibility for the Earthly City* (Grand Rapids: Eerdmans, 1997), pp. 42-58. 브라텐이 보기에 "사회 윤리는 필연적으로 종말론과 자연법을 서로 관련시킬 것인데, 그렇지 않다면 그것은 성경적으로 기독교적 관점으로 간주될 자격을 박탈당할 것이다"(p. 56).

[75] David Steinmetz, *Luther in Context*, 2nd ed. (Grand Rapids: Baker Academic, 1995, 2002), p. 114.

[76] Wannenwetsch, "Luther's Moral Theology", p. 132.

바르게 해석될 수 있는 체제는 필요하지 않다."⁷⁷

『그리스도와 문화에 대한 대화: 건설적 주제들과 실천적 적용들』(Christ and Culture in Dialogue: Constructive Themes and Practical Applications)이라는 아주 흥미로운 책에서, 대부분이 루터파인 저자들은 니버가 루터파 신학을 역설 관계에 있는 그리스도와 문화—역설적 전망—로 분류한 것을 다시 검토하면서, 이 루터파 관점이 오늘날 그리스도인의 문화 관여에 가장 적절하다고 강력히 옹호한다. 칼 브라텐이 서문을 쓰는데, 거기서 그는 두 왕국에 대한 믿음 및 복음과 율법 사이의 적절한 구별을 역설적 전망에 핵심이 되는 것으로 밝힌다. 브라텐은 두 왕국을 분리하는 실수에 대해 경고하면서, 역설적 전망이 교회로 하여금 기독교 국가의 모델과 세속화된 교회의 모델을 모두 피할 수 있도록 하는 데 아주 적합하다고 주장한다. 브라텐의 주장에 따르면,

> 두 왕국은 모두 하나님의 뜻에 뿌리를 내리고 있어서, 세상에서 벌어지는 일들은 교회에서 벌어지는 일들만큼이나 하나님의 관심 대상이다. 자기 자신의 축을 중심으로 돌아가는 세속적 세상이라는 것은 없으며, 자체의 법칙을 따르는 자율적 사회, 정치, 경제 구조들이라는 것도 없고, 스스로에게 법이 될 수 있는 세속적 권위들이라는 것도 없다. 그것들은 모두 세계사적 과정의 드라마에서 하나님의 대리인들이다.⁷⁸

좋은 말들이다. 그러나 두 왕국 접근법은 실제로는 정확히 어떤 모습인

---

77 Steinmetz, *Luther*, pp. 124-125.
78 Carl E. Braaten, "Foreward", in Angus J. L. Menuge, ed., *Christ and Culture in Dialogue: Constructive Themes and Practical Applications* (St. Louis: Concordia Academic Press, 1999).

가? 그 책에서 진 비스(Gene Veith)가 집필한 장은 루터의 비전에 대한 동시대적, 실제적 적용을 엿볼 수 있게 한다.[79] 비스는 그리스도인들에게 문화적 관여가 중요함을 강조하면서도 다음과 같이 지적한다.

> 자신의 소명을 세속 문화에서 행사하는 그리스도인들은 자신의 활동을 세속적 측면에서 평가해야 하는데, 이것도 하나님의 주권 아래에 있는 것이다. 그리스도인 예술가들은 자신의 신앙을 작품에서 표현하겠지만, 그 예술 작품의 질은 일차적으로 그것의 신학적 메시지가 아니라 미학적 탁월성에 있는데, 미학의 법칙들이 하나님에 의해 그분의 창조 세계에서 규정되었기 때문이다. 음악, 배관, 컴퓨터 공학, 물리학, 목공예에서 딱히 기독교적 접근은 필요하지 않는데, 왜냐하면 이 모든 것이, 아무리 세속적으로 혹은 비종교적으로 보일지라도, 이미 하나님의 주권 아래에 있기 때문이다.[80]

비스가 보기에, 정치를 하는 그리스도인들은 "강경하게 권력을 다투는 행위이든 타협과 합의를 이끌어 내는 기술이든" 정치적 규칙에 의해 행동해야 한다. 또한 정치를 하는 그리스도인들은 하나님의 법에 일치하게 권력을 행사해야 한다. 비스가 아주 분명히 하는 바에 따르면, "세속적 나라는, 다시 말하지만, 영적 나라와 반드시 분리해서 유지되어야 한다."[81]

『그리스도와 문화에 대한 대화』의 마지막 장에서 로버트 벤(Robert Benne)은 교육에 대한 루터파적 접근이라는 주제를 다룬다. 그의 주장에 따르면, 루터파 전통은 세상의 층위에서 인식론적 자율성을 지지하며 그 결과

---

[79] Gene Veith, "Two Kingdoms Under One King: Towards a Lutheran Approach to Culture", in Menuge, *Christ and Culture in Dialogue*, pp. 129-144.
[80] 같은 책, p. 140.
[81] 같은 책, pp. 140-141.

는 다음과 같다.

> 이성과 경험은 일반적으로 신뢰할 만한 앎의 수단이다. 비록 그것들도 우상숭배적으로 될 수 있고 지나친 권리 주장을 할 수도 있지만 말이다. 그러나 이 인식론적 자율성은 존재론적 자율성이 아니다. 이성과 경험, 그리고 그것들이 탐구하는 세계는 하나님의 피조물이다. 그것들은 신적 실재와 별개로서 있지 않는다. 둘째, 이성과 경험은 오직 세상적 또는 수평적 영역에서만 자율성이 주어진다.

그러므로, 벤에게, 루터파 단과 또는 종합 대학들은 "변증법적 두 양극, 즉 기독교와 문화 사이에서 지속적이고 해소되지 않는 대화"가 있는 장이다.[82]

그 책에서 벤과 다른 저자들은 카이퍼주의의 비전에 대해 간략히 설명하지만, 이 변혁적 접근이 다소 유용하기는 하나 너무 이상적이고, 죄의 권세를 과소평가하고, 전체주의적이고, 따라서 잠재적으로 억압적이라는 등의 위험이 있다는 꼬리표를 단다. 벤이 보기에, "루터파 전통은, 더 역설적 신학의 뿌리들로부터 작업하면서, 기독교적 계시와 문화적 지식을 창조적 긴장 가운데 붙드는 것에서 가장 유망하다."[83]

카이퍼주의의 관점에서 볼 때, 중요하게 남아 있는 이원론이 루터파 교육 신학에 대한 벤의 설명에서 명백하다. 루터파 교육 신학은 학문 분과들의 인식론적 자율성을 받아들이면서, 그것들을 카이퍼주의자들에 의해 옹

---

[82] Robert Benne, "A Lutheran Vision of Christian Humanism", in Menuge, *Christ and Culture in Dialogue*, pp. 314-332. 또한 다음 책들을 보라. Robert Benne, *Quality with Soul: How Six Premier Colleges and Universities Keep Faith with Their Religious Traditions* (Grand Rapids: Eerdmans, 2010); *A Paradoxical Vision: A Public Theology for the Twenty-First Century* (Minneapolis: Augsburg Fortress, 1995).

[83] Robert Benne, "A Lutheran Vision", p. 325. 또한 다음을 보라. Robert Benne, *Good and Bad Ways to Think About Politics* (Grand Rapids: Eermans, 2010), 특히 pp. 51-60.

호된 학문들의 내적 개혁으로부터 면제시킨다. 이성과 경험은 중립적인 것들로 다루어지며, 또한 정치, 사회의 본질, 과학, 예술 등을 바르게 이해하기 위해 복음의 빛이 필요하다는 점은 부인된다. 벤의 변증법은, 아주 다른 인식론들로부터 시작하는 변증법에서 진리와 지혜가 나오리라고 신뢰하는 것으로서, 심각하게 문제가 있다. 이것이 바로 마이클 버클리(Michael J. Buckley)가 그의 『현대 무신론의 기원들』(At the Origins of Modern Atheism)에서 경고한 위험인데, 그는 현대성의 시작 때 그리스도인들이 범한 주된 오류는 인식론적 토대들을 계몽주의 사상가들에게 넘겨주어야 했고, 그러고 나서 기독교적 관점과 일치하는 결론들을 위해 노력해야 했다는 것이라고 주장한다.[84]

독자들이 유념해야 하는 것은, 자연과 은혜에 대한 루터파 견해가 루터파 신학자들 가운데 지속되고 있는 논의라는 점이다.[85] 예를 들어, 반넨베치는, 앞의 평가들과 대조적으로, "루터는 직업적 이성의 자율성이라는 생각을 품지 않는다"고 주장한다.[86] 또한 폴 힌리키(Paul R. Hinlicky)는 그의 방대한 저작 『사랑받는 공동체: 기독교 사회 이후의 비판적 교의학』(Beloved Community: Critical Dogmatics After Christendom)에서 이 사안을 오스발트 바이어와 다른 학자들이 진행 중인 연구와 오늘날 서구 사회에서 우리가 처한 상황에 비추어 창조적으로 다시 논의한다.[87] 루터의 견해에는 대단한 강점들이 있지만, 루터파의 자연법 옹호에서 드러나는 두 왕국 사이의 긴장

---

[84] Michael J. Buckley, *At the Origins of Modern Atheism* (New Haven, CT: Yale University Press, 1990).
[85] 참고. 예를 들어, Ulrich Duchrow, ed., *Lutheran Churches—Salt or Mirror of Society* (Geneva: Lutheran World Federation, 1977); Karl H. Hertz, ed., *Two Kingdoms and the World* (Minneapolis: Augsburg, 1976); Oswald Bayer, *Freedom in Response. Lutheran Ethics: Sources and Controversies* (Oxford: Oxford University Press, 2007).
[86] Wannenwetsch, "Luther's Moral Theology", p. 133.
[87] Paul R. Hinlicky, *Beloved Community: Critical Dogmatics After Christendom* (Grand Rapids: Eerdmans, 2015), pp. 791-814.

은 실제적이며, 내가 보기에는, 모든 문화에 침투할 수 있도록 은혜에 문을 활짝 열어 주지 못한다.[88]

루터파 전통의 측면에서, 자연과 은혜의 관계를 재평가하는 데 가장 창의적 신학들 중 하나는 디트리히 본회퍼의 신학이다. 본회퍼의 사상은 분명히 복잡성들을 갖고 있으며, 나치 독일이라는 그의 상황에서 이해되어야 한다. 1932년 4월에 있었던 베를린 청년 회의(Berlin Youth Conference)에서 본회퍼는 평화와 전쟁에 대한 논의에서 "창조 질서들"(orders of creation)에 호소하는 어떤 시도도 맹렬히 비난했다. 그는 우리가 어느 정도까지 선한 창조 질서들을 알 수 있었는지를 경계했으며, 오히려 "보전 질서들"(orders of preservation)을 말했다. 힌리키와 다른 이들은 비슷한 견해를 취하면서 그런 질서들 혹은 위임들에 대한 역동적 견해를 주장하고, 창조 질서의 교리를 너무 정적인 것으로 경계했다. 카이퍼 전통과 관련해, 그런 견해는 흐룬판 프린스터러의 견해에 더 가깝다. 그는 하나님의 규범적 질서를 역사 안에 주어진 것으로 봤으며, 이는 그것이 창조 세계에 확고히 기초해 있는 것으로 본 카이퍼의 견해와 다르다.

본회퍼가 도움이 되는 지점은, 그리고 여기서 그는 반넨베치에 더 가까운데, 그가 세상에 대한 두 영역들의 접근이라는 개념을 철저히 거부했다는 점이다.[89] 본회퍼가 분명히 하는 바에 따르면, "두 가지 현실이 존재하는 것이 아니라 오직 한 가지 현실이 존재하며, 그 현실은 세계의 현실 속에 있는 그리스도 안에서 드러난 하나님의 현실이다.…그리스도의 현실은 그 자체 안에 세계의 현실을 구성한다."[90] 본회퍼의 신학은 깊이 교회론적이다. "교

---

[88] 제2차 세계대전 후에 루터의 두 왕국 교리는 철저한 검토의 대상이 되었다. 참고. Heinz Zahrnt, *The Question of God: Protestant Theology in the Twentieth Century*, trans. R. A. Wilson (London: Collins, 1969), pp. 171-201.
[89] 참고. 앞의 각주 73.
[90] Bonhoeffer, *Ethics*, pp. 62-72.

회 역사는 세계 역사의 숨겨진 중심이다."[91] 그리스도 안에서 하나님은 이 세계 안에 있는 공간을 요구하셨으며, 비록 그것이 여관방에 지나지 않을지라도, "이 좁은 공간에서 그분은 단번에 세계의 현실 전체를 함께 구성하시며 현실의 궁극적 토대를 드러내신다." 그리스도의 공동체로서 교회는 항상 자신을 넘어선다. 그곳은 그리스도 안에 있는 모든 현실의 기초에 대해 증언되는 곳이다. "만약 사람이 교회의 공간 혹은 영역에 대해 말하기를 바란다면, 그는 이 공간의 경계들이 예수 그리스도에 대한 교회의 증언에 의해 매 순간 넘게 되고 무너진다는 점을 명심해야 한다." 교회의 자리는 세상으로부터 영역을 빼앗으려고 의도된 것이 아니라, "세상이 여전히 세상이라는 것, 하나님께 사랑을 받고 하나님과 화해된 세상이라는 것을 증명하기 위한" 것이다. "교회가 자신의 영토를 수호할 수 있는 유일한 방법은, 영토를 위해서가 아니라 세상의 구원을 위해서 싸우는 것이다."[92]

세상으로부터의 물러남은 본회퍼에게 선택지가 아니다. 어둠과 악은— 그리고 본회퍼는 이것들의 크기에 대해 어떤 착각도 하지 않는다—포기되어서는 안 된다. 삶의 모든 영역이 그리스도를 위해 주장되어야 하는데, 왜냐하면 "그리스도는 그분이 쟁취하신 것의 아무것도 포기하지 않으시기 때문이다. 그분은 자신의 손에 꽉 잡고 계시다." 성육신은 본회퍼에게 유한한 현실에 대한 궁극적 긍정이다. "그리스도는 세상을 위해 죽으셨으며, 또한 그리스도가 그리스도이신 것은 오직 세상 속에서다."[93] 인간의 삶이 세상에서 취하는 형태의 측면에서 본회퍼는 네 가지 신적 위임을 밝히는데, 즉 노동, 결혼, 정부, 교회. 하나님의 뜻은, 우리와 함께하고 우리의 세상에 있

---

[91] Dietrich Bonhoeffer, *Sanctorum Communio: A Theological Study of the Sociology of the Church*, Dietrich Bonhoeffer's Works 1 (Minneapolis: Augsburg Fortress, 1998), pp. 142-143. 『성도의 교제』(대한기독교서회).
[92] Bonhoeffer, *Ethics*, pp. 68, 69.
[93] 같은 책, pp. 70, 71.

는 그리스도의 현실이 진짜가 되는 것이다. 본회퍼의 신학은 강력하게 종말론적이며, 또한 그는 그리스도의 오심과 하나님 나라의 완성 사이의 시간을 "궁극 이전의 것"(the penultimate)으로 묘사한다. 이것은 현재 삶의 중요성을 경시하지 않는다. 실제로, 궁극 이전의 것은 그 심오한 의미를 궁극적인 것(the ultimate)으로부터 받는다.

본회퍼는 궁극 이전의 것이 반립에 의해 특징지어진다는 점을 인식하지만, 그리스도인들은 "세속적인 것"을 버려서는 안 된다. 세속적인 것에 대한 반대는 "더 나은 세속성"의 추구에서만 가능해야 한다. "오직 이 의미에서, 논쟁의 대상으로 루터의 두 왕국 교리가 받아들여져야 하고, 그것이 원래 이 의미에서 의도되었다는 점은 의문의 여지가 없었다." 그것이 그리스도의 재림을 위한 길을 준비함으로써 특징지은 궁극 이전의 것은, 그리고 이 준비는, 단지 내적인 것이 아니라 "가장 큰 가시적 규모의 형성적 활동"이다. 본회퍼는 개신교 신학에서 "자연적인 것"의 실종을 한탄하고 그것을 회복하고자 했다.[94] 자연적인 것은, 타락 후에, 그리스도의 오심을 향해 있는 것인 반면, 비자연적인 것은 그리스도에 대해 그 문들을 닫는 것이다.

본회퍼에게 세계는 **구체적** 책임의 **장소**로, 그 책임은 그리스도 안에서 우리에게 주어진 것이다. 그는 장소에 주어짐(implacement)의 특수성에 대한 예리한 감각을 명료하게 표현한다. 우리의 과업은 세계를 변혁시키는 것이 아니라, "주어진 장소에서 그리고 현실을 적절히 고려해 필요한 것을 행하는 것이다." 은혜가 사람에게 올 때 그 혹은 그녀가 있는 장소에서 그렇게 하며, 바로 이 장소에서 우리는 그리스도의 부르심을 듣고 응답하도록 소집된다. "부르심은 온전히 그분께 속하라는 예수 그리스도의 부르심이다. 이 부르심이 나를 발견한 그 장소에서 그리스도는 나에 대한 소유권을 주

---

[94] 같은 책, pp. 65, 66, 93, 101-141.

장하신다. 그것은 사물과 관련된 일, 사람들과 관련된 관계들을 포함한다. 그것은 '성취들의 제한된 장'을 요구하지만, 그 자체의 가치로서가 아니라 예수 그리스도를 향한 책임 안에서의 가치다."[95]

본회퍼의 신학은, 내가 보기에는, 역설적 전망보다는 변혁적 세계관에 훨씬 더 가깝다. 비슷한 경향이 오늘날의 루터파 사상가들 안에서 보인다. 오늘날의 루터파 신학자인 폴 샌트마이어(Paul Santmire)는, 예를 들어, 자연의 신학에 대해 일련의 획기적인 책들을 집필해서, 우리 중 많은 이들이 "세상 나라"에 관여할 수 있는 강력한 환경 신학을 발전시킬 수 있도록 도움을 주었다. 그의 작업에서 나는 그가 그런 사안을 이성과 경험에 국한하지 않고, 오히려 성경 이야기에 완전히 관여하는 것을 본다. 구약성경 연구에서는 테렌스 프레타임(Terence Fretheim)의 작업이 마찬가지로 주목할 만하다. 그의 관찰에 따르면,

> 일반적으로 말하자면, 창조 세계를 위한 하나님의 목적은 구속이 아니다. 하나님의 구속은 새 창조를 위한 수단이고, 구원은 그 새로운 현실의 핵심 특징일 것이다.…창조 세계는 하나님이 구속 같은 더 중요한 사안에 공을 들이시느라 등한시되는 그런 것이 아니다.…하나님의 구속 행위의 목적은 그 종말론적 목표를 향해 나아가는 창조 세계를 변혁시키는 것이다. 하나님의 목표는 새 창조이지, 새 구속이 아니다. 창조 세계가 하나님이 의도하신 것으로 존재하고 또 되기 위해서는 구속이 있어야 하지만, 구속은 그 자체가 목적이 아니다. 하나님의 목적은 최종적으로 창조 세계와 관련이 있으며, 새 창조다.[96]

---

95 같은 책, pp. 203, 225.
96 Terence E. Fretheim, *God and World in the Old Testament: A Relational Theology of Creation* (Nashville: Abingdon, 2005), p. 12.

프레타임이 변혁을 강조하는 것은 중요하며, 여기서 그가 표현하는 자연과 은혜에 대한 견해는 우리가 카이퍼 및 바빙크에서 보는 것과 유사하다.

내가 본회퍼와 오늘날의 루터파 신학자들, 즉 오스발트 바이어와 폴 힌리키를 읽을 때, 나에게는 자연과 은혜의 관계에 대해 루터파들과 카이퍼주의자들 사이에 신선한 대화를 위한 때가 무르익은 것처럼 보인다. 내가 보기에 루터파 견해에 긴장들이 남아 있지만, 오늘날의 루터파 신학자들은 루터파 관점에 미묘하지만 중요한 차이를 제공했으며, 특히 우리의 후기 현대 맥락에서 이 전통을 재평가하려는 징후들이 있다.

자연 위에 있는 은혜 자연 위에 있는—혹은 자연을 완성하는—은혜에 대한 견해는 로마 가톨릭과 연관되며 위대한 중세의 신학자 토마스 아퀴나스에게 거슬러 올라간다. 그의 『신학 대전』(*Summa Theologiae*)의 질문 1에서, 예를 들어, 그는 이렇게 견해를 밝힌다. "은혜가 자연을 파괴하지 않고 완전하게 하듯이, 자연적 이성은 의지의 자연적 성향이 사랑에 굴복하는 것처럼 신앙을 도와야 한다."[97] 아퀴나스는 지상의 영역에 초점을 맞춘 아리스토텔레스의 철학을 당시 지배적이던, 하늘의 영역에 초점을 맞춘 아우구스티누스주의 신학 전통에 통합시키는 것을 추구했다. "따라서 그 시대가 제시한 과업은, 서로에 대한 반발로 분열될 조짐을 보이는 두 영역 사이에 적법한 결합을 이루는 것이었다."[98]

토마스가 아주 분명히 하는 것은 온 세상이 하나님의 선한 창조이며,

---

[97] Thomas Aquinas, *Summa Theologiae: Questions on God*, ed. Brian Davies and Brian Leftow, Cambridge Texts in the History of Philosophy (Cambridge: Cambridge University Press, 2006), p. 15.

[98] Josef Pieper, *Guide to Thomas Aquinas* (San Francisco: Ignatius, 1991), p. 120. 『토마스 아퀴나스』(분도출판사). 아퀴나스와 아리스토텔레스의 정확한 관계에 대해서는 학자들 사이에 많은 논의가 있어 왔다. Ralph McInerny, *Thomas Aquinas: Selected Writings*, ed. and trans. Ralph McInerny (New York: Penguin, 1998)는 서문에서 이런 논의를 검토한 후에, "이 선집은 토마스 아퀴나스의 철학이 근본적으로 아리스토텔레스적이라고 상정한다"라고 기술한다.

전체적으로 하나님의 법에 의해 질서 잡혀 있다는 점이다. 체스터턴(G. K. Chesterton)은 프란체스코와 토마스가 동일한 것을 추구했다는 점을 예리하게 지적하는데, 즉 성육신과, 그에 따라 본질적으로 선한 것으로서의 자연 세계의 회복이다.[99] 아퀴나스는 **세상**이라는 단어가 세 가지 다른 용례가 있음을 단언한다. 두 가지는 긍정적인 것인데, 선하게 창조된 세상과 그리스도에 의해 다시 새롭게 된 세상이다. 세 번째 용례는 죄에 의해 뒤틀린 것으로서의 "창조 세계"다.[100] 따라서, 창조된 세계 자체는 선하다. 성(性)이 선하고, 몸이 선하고, 관능성과 열정, 심지어 분노도 선하다.[101] 하나님은 세상을 그 질서와 함께, 각 피조물을 그 본성(nature)과 함께, 인류를 이 세상을 이해할 수 있는 이성적 능력과 함께 하나님의 형상으로 창조하셨다. 토마스가 자연 세계를 긍정하는 것은 선한 창조에 근거할 뿐 아니라, 또한 성육신과 성례들에 근거하는데, 둘 다 본질상(in nature) 물질적인 것들이다.

이 모든 것에서 카이퍼 전통과 토마스 전통은 일치한다. 차이가 전면에 부각되는 곳은 인식론의 영역, 혹은 앞의 인용에서 토마스가 "자연적 이성"으로 의미하는 것이다. 토마스의 사상은 복잡하고, 학자들은 그 형태와 개관에 대한 논의를 계속하고 있다.[102] 우리의 목적을 위해서는, 1257년에 출간된 아퀴나스의 『보에티우스의 "삼위일체론"에 대하여』(*On Boethius' "On the Trinity"*)로부터 랄프 맥키너리가 발췌한 것들로 충분할 것이다.[103]

이 작업이 특히 흥미로운 이유는, 여기서 토마스가 진리를 아는 데 하나

---

99 G. K. Chesterton, *Saint Thomas Aquinas* (Garden City, NY: Double Day, 1933, 1956), pp. 1-28. 체스터턴의 주장에 따르면, "그들은 비틀거리는 성육신 교리를 강화했다"(p. 17).
100 Thomas Aquinas, *Commentary on the Gospel of St. John*, part 1: chapters 1-7, trans. James A. Weisheipl (New York: Magi, 1998), 1, Lectures 5, p. 128. 요한복음 1:10에 대한 주석.
101 아퀴나스에 대한 인용은 Pieper, *Aquinas*, pp. 122, 174를 보라.
102 에티엔느 질송(Etienne Gilson), 브라이언 데이비스(Brian Davies), 브라이언 레프토(Brian Leftow), 랄프 맥키너리, 엘리오노르 스텀프(Eleonore Stump), 스티븐 롱(Stephen A. Long) 등의 연구를 보라.
103 McInerny, *Thomas Aquinas: Selected Writings*, pp. 109-141.

님으로부터의 조명이 어느 정도로 필요한지를 논의하기 때문이다. 스콜라적 방법이 늘 그렇듯 먼저 토마스는 자신의 견해에 반대되는 견해를 탐구하는데, 그 견해는 카이퍼주의의 견해와 상당히 유사하며, 세상을 아는 데 신적 조명이 요구된다고 주장한다. 질문 1, 1항에서 우리가 반복적으로 보게 되는 진술은 다음과 같다. "따라서 보이지 않는 태양이신 하나님의 빛에 의해 조명되지 않는 한 인간의 지성은 진리를 알 수 없다."[104]

그러나 토마스는 이 견해에 반대해 반론을 펼친다. "즉 인간의 마음은 그 자연적 빛에 의해, 다른 어떤 것의 덧붙임 없이도, 진리를 알 수 있다." 토마스에게는, 내가 보기에 아우구스티누스와 달리, 인간의 마음은 하나님에 의해 창조되었기 때문에 자연적 빛에 의해 조명된다. 그리고 바로 여기서 신학과 철학 사이에 있는 자연-은혜 이원론이 등장한다. "신성한 교리는 신앙의 빛에 기초하는데, 이는 철학이 자연적 이성의 빛에 기초하는 것과 마찬가지다. 그러므로 철학에 관련된 것이 신앙에 속한 것과 반대되어야 한다는 것은 불가능하다. 비록 전자가 후자에 못 미치기는 하지만 말이다."[105]

그러므로 최소한으로 주장될 수 있는 것은, 토마스가 아리스토텔레스의 자연적 영역을 아우구스티누스 신학 전통의 영적 영역에 위계적 방식으로 관련시킨다는 점이다. 두 가지 영역들이 있지만, 위에 있는 은혜의 영적 영역은 아래에 있는 자연의 영역의 결점들을 보충하기 위해 필요하다. 자연적인 것과 초자연적인 것이 있다. 토마스의 "출발점은 두 영역, 두 층위의 지식, 은유적으로 **두 층**이 있고, 이것들이 명백히 구별되나 단순히 분리되지는 않는다는 것이다. 하나는 더 높은 확실성이 있고, 다른 하나는 근본적이며 논리적으로 분명히 우월한데, 둘 다 궁극적으로는 모순되지 않고 근본적

---

[104] 같은 책, p. 110.
[105] 같은 책, pp. 112, 136.

으로 일치한다."[106] 이성은 아래의 영역에서 지식을 얻기 위해 작동하며, 신앙은 위의 영역에서 지식을 얻기 위해 작동한다. 자연법은 아래의 영역에서 지식을 주며, 계시는 위의 영역에서 지식을 준다. 이성의 자연적 빛 위에 세워진 철학적 지식은 아래의 영역에 적합하고, 신학은 위의 영역에 있는 계시에 대한 신앙의 결과물이다. 이 종합에서 **은혜는 자연을 완전하게 하고 완성하되**, 파괴하지 않는다.

계시는 기본적으로 인간의 철학에 반대하지 않으며(물론 **거짓된**, 올바르지 않은 철학은 반대할 것이다), 오히려 그것을 보충하고 완성과 완전에 이르게 한다. 토마스의 체계는 마치 두 개 층으로 이루어진 집 같다. 아리스토텔레스적 철학이 기초와 1층을 제공하고, 가톨릭 신학은 (철학의 도움을 받아) 2층과 지붕을 더함으로써 그것을 완전하게 하고 완성한다.[107]

은혜는 자연을 완성하고, 보충하고, 완전하게 하고, 성취한다. 이 모든 단어들은 아래층이 뒤틀리거나 부패했다는 것이 아니라, 단지 불완전하다는 것을 시사한다. 이성은 우리를 어느 정도는 (믿을 만하게) 인도하겠지만 불충분하고, 따라서 신앙과 계시가 더 많은 것을 추가해서 완성해야 한다. 철학은 진리의 사다리를 어느 정도는 오르게 하겠지만, 신학이 그 길의 나머지를 인도한다.

자연과 은혜의 관계에 대한 토마스와 토마스 전통의 올바른 이해와 관련해 논의가 계속되고 있으므로, 이런 논의는 내가 여기서 해결할 수 있는

---

[106] Hans Küng, *Great Christian Thinkers: Paul, Origen, Augustine, Aquinas, Luther, Schleiermacher, Barth* (London: Bloomsbury, 1994), p. 111, 원문의 강조.『위대한 그리스도교 사상가들』(크리스천헤럴드).

[107] Tony Lane, *The Lion Concise Book of Christian Thought* (Herts, UK: Lion, 1984), pp. 94-95.『기독교 인물 사상 사전』(홍성사).

것이 아니다![108] 여기서는 이런 "토마스"의 견해가 어디로 인도할 수 있는지에 대한 현대의 사례를 주목해 보는 것으로 충분하다. 역사학자 제임스 터너(James Turner)가 마크 놀(Mark Noll)과의 대화에서 언급하는 바에 따르면, 스콜라주의는 죽었고 신토마스주의는 쇠락했다.

> 그러나 가톨릭 지식인들이 대체로 여전히 공유하는 확신은, 인간 이성의 문제에서 우리는 모두 종교적 신앙과 관계없이 같은 토대 위에 서 있다는 것이다.…구원의 서정(order of salvation) 외에는, 그리스도인들과 비그리스도인들이 정확히 같은 기반 위에 서 있다. 실재에 대한 지식은 모두가 같은 조건에서 접근 가능하다.…신앙은 어떤 **인식론적 우위**도 제공하지 않는다.[109]

터너가 토마스 전문가는 아니지만, 보에티우스에 대한 토마스의 주석으로부터 어떻게 그런 견해를 발전시킬 수 있었는지 이해하기는 어렵지 않다. 분명히 터너는 자연/은혜 이원론을 표현하는데, 그것은 변혁적 기독교 증언의 가능성을 제한하고 카이퍼와 바빙크의 견해와 동떨어진 것이다.

우리의 후기 현대 시대에 이해하기 매우 어렵게 된 일이 있는데, 어떻게 모든 학문 분과에서, 모든 역사가들이 하듯이, 단순히 그 자체의 객관적 규범에 호소하고 역사―또는 다른 주제―를 연구할 수 있는지에 대한 것

---

[108] 참고. B. Wentsel, *Natuur en Genade: Een introductie in en confrontatie met de jongste onwikkelingen in de Rooms-Katholieke theologie inzake dit thema* (Kampen: Kok, 1970); 이 주제에 대한 앙리 드 뤼박의 여러 중요한 저작들; John Milbank, *The Suspended Middle: Henri de Lubac and the Debate Concerning the Supernatural* (Grand Rapids: Eerdmans, 2005).

[109] Mark Noll and James Turner, *The Future of Christian Learning: An Evangelical and Catholic Dialogue*, ed. Thomas A. Howard (Grand Rapids: Brazos, 2008), pp. 105-106. 내가 보기에는 훨씬 더 생산적인 견해가 John R. Betz, *After Enlightenment: The Post-Secular Vision of J. G. Hamann* (Chichester, UK: Wiley-Blackwell, 2008)의 결론에서 명료하게 제시된다.

이 바로 그것이다.[110] 그렇게 합의된 해석학은 더 이상 없으며, 한 사람의 신앙이 역사에서, 다른 학문 분과들에서, 그리고 서구가 직면하고 있는 문화의 위기들에서 앞으로 나아갈 길을 비추는지 여부에 대해 질문이 제기되어야 한다. 이런 점에서 기독교 철학자 요한 게오르크 하만에 대한 가톨릭 신학자 존 베츠(John Betz)의 연구는 주목할 만한 가치가 있다. 하만은 카이퍼 전통과 많은 유사성을 드러내며, 그의 책 『계몽주의 이후』(*After Enlightenment*) 마지막 장은 "탈현대성 이후: 포스트모던 삼두마차 이전의 하만"(*After Postmodernity: Hamann Before the Postmodern Triumvirate*)이라는 흥미로운 제목을 갖고 있다.[111]

베츠는 하만이 포스트모더니즘을 넘어설 수 있는 자원을 가졌음을 인식하면서 계몽주의 이후에는 오직 두 가지 선택지만 있다고 주장하는데, 즉 어떤 형태의 세속적 탈현대성 혹은 탈세속화 신학이다. 베츠의 표현에 따르면,

그러나 만약 하만의 메타 비평(metacritique)이 계몽주의로 돌아갈 가능성을 차단한다면, 그것은 그렇게 해서 또한—바로 여기에 있는 신학의 어려움은—신앙에서 분리된 이성이 단지 특정한 형이상학적 원리들뿐 아니라 만물의 신학적 기원과 종말도 오류 없이 확립할 수 있다고…믿으면서 이성과 신앙, 자연과 은혜를 분리하여 밀폐된 칸에 격리하려고 시도하는 **신스콜라주의**(*neo*-scholasticism, 중요한 측면들에서 대부분의 중세 스콜라주의와 구분되어야 하는 것)로 돌아갈 가능성도 차단한다. 달리 말해, 하만의 메타 비평은 두

---

110 Hinlicky, *Beloved Community*, p. 800는 유사하게 오늘날의 맥락에서 자연법과 씨름한다. 물론 오늘날의 무모한 다원주의가 바로 자연법 또는 일반 은혜에 대한 새롭게 된 강조를 요구한다고 주장될 수 있을 것이다. 참고, Richard Mouw, *He Shines in All That's Fair: Culture and Common Grace* (Grand Rapids: Eerdmans, 2001). 『문화와 일반 은총』(새물결플러스).
111 Betz, *After Enlightenment*, pp. 312-340.

가지 길을 모두 차단한다. 그것은 계몽주의의 잔뜩 부풀려진 이성의 교리에서 바람을 빼는 한편…또한 순수하게 이성적 형이상학이나 순수하게 자연적 (혹은 철학적) 신학의 가능성들에 대한 더 겸손한 평가를 요구한다.[112]

가톨릭 신학자로서 베츠는, 하만을 다룸으로써, 터너보다는 카이퍼 및 바빙크에 훨씬 더 가까운 지점에 도달한다.

자연 안에 있는 은혜 카이퍼 전통은 은혜가 자연 **안에서** 일하면서 자연을 죄의 질병으로부터 치유한다는 관점을 대변한다. 이 장의 앞부분들에서 이 견해를 설명했으므로, 여기서는 다시 반복하지 않겠다.

서로 다른 전통들로부터 수렴하는 견해들

앞의 유형론은 중요하고 지속되는 **차이들**을 밝히지만, 또한 이전에는 서로 대립하는 것으로 여겨졌던 관점들 사이에서 발전하는 **수렴**도 보여 준다. 지금은 흥미롭고 중요한 시기인데, 흥미로운 이유는 자연-은혜 관계에 대한 다양한 전통들의 그리스도인들 사이에 광범위한 합의를 위한 여지가 있음을 시사하기 때문이다. 분명히 이 맥락에서 카이퍼 전통은 제공할 것이 많고 배울 것도 많다! 지금은 또한 중요한데, 왜냐하면 파편들로 끝없이 분열되어 있고 서구 및 전 세계적 문화에서 소금과 빛으로 있으면서 협력할 수 없는 교회를 문화적 관여는 감당할 수 없기 때문이다. 이 장을 시작하면서 우리는 창조와 구원의 관계가 교회에 필연적으로 중요함과 관련해 폴 리쾨르를 인용했다. 이 문제의 해결은 대단히 실천적 함의들을 가지며, 우리는 다양한 전통들이 은혜가 자연을 회복시킨다는 가장 중요한 카이퍼주의의

---

112 같은 책, p. 317.

통찰에 가까워지는 징후들을 어떻게 보여 주는지를 보았다. 물론 그런 전통들의 지지자들은 이 움직임을 다소 다르게 진술할 것이다! 오늘날 교회에 요구되는 과업들은 하나의 전통이 감당하기에는 너무나 거대하므로, 교회일치주의적 협력이 반드시 필요하다. 그러나 그것은 신학적·실천적 효력을 가진 교회일치주의적 협력이어야 하며, 자연과 은혜의 관계를 중심으로 한 수렴이 바로 그것을 제공할 수 있을 것이다.

오늘날의 정통 신학 가운데는 은혜가 자연을 회복한다는 기본적 통찰을 지지하는 징표들이 너무나 많아서, 여기서 그것들 대부분을 논의할 수 없을 정도다. 결론적으로 그것들 중 몇 가지를 언급하는 것으로 충분할 것이다. 클라우스 베스터만(Claus Westermann)은 우리 시대에 창세기에 대해 아마도 가장 철저한 연구를 했다. 그는 고전적 역사 비평을 고수하며, 넓게 말하자면, 자유주의 신학 전통에 속할 것이다. 그러나 그는 다음과 같은 사실을 아주 분명히 한다. "구세주를 보내신 하나님은 계속 창조주로 계신다. 신약성경이 새 창조를 말할 수 있는 것은 바로 하나님이 계속 창조주로 계시기 때문이다."[113]

성공회 신학자인 올리버 오도노반은 우리 시대의 가장 중요한 윤리학자 중 한 사람으로, 그의 저서 『부활과 도덕적 질서』(*Resurrection and Moral Order*)는 역작이다. 그는 창조와 구속의 관계와 관련해 길게 인용할 가치가 있다.

창조와 구속은 각각 존재론적 측면과 인식론적 측면을 갖는다. 창조된 질서가 있고 자연적 지식이 있으며, 새 창조가 있고 또한 그리스도 안에 계시가 있다. 이는 많은 현대 신학에서 존재론적인 것과 인식론적인 것의 혼동을 유

---

[113] Claus Westermann, *Genesis 1-11: A Commentary*, trans. John J. Scullion (Minneapolis: Augsburg, 1984), p. 177.

발해서, 우리는 계시되었으며 아무런 존재론적 토대 없는 윤리와 창조에 기반하며 따라서 자연적으로 알려진 윤리 사이에 있는 용납할 수 없을 정도로 양극화된 선택 앞에 지속적으로 놓인다.…만약…부활의 복음이 하나님이 창조하신 세계의 안정성과 영구성을 보증한다면, 양극화된 선택지들 중 어느 것도 옳지 않다. 결론적으로, 계시의 영역에서, 그리고 오직 거기서만, 우리는 자연적 질서를 있는 그대로 볼 수 있으며 자연에 순응하는 윤리의 인식론적 장애물을 극복할 수 있다. 이 자연은 모든 사람을 연루시키며, 실제로, 우리가 나중에 보게 될 것처럼, 모종의 "자연적 지식"을 배제하지 않는데, 이것도 사람의 창조된 자질의 일부다. 하지만 오직 그리스도 안에서만 우리는 우리가 서 있는 질서와 그 질서에 대한 우리의 타고난 지식을 이해한다.[114]

결론

바빙크의 주장에 따르면, "결국, 특별 계시의 목적과 목표는 하나님 자신의 삼위일체적 영광, 자기 자신을 기뻐하심이다. 계시의 의도는 인류를 하나님의 형상을 따라 재창조하고, 하나님 나라를 지상에 세우고, 세계를 죄의 권세에서 구하고, 그렇게 해서 그분의 모든 피조물 안에서 주의 이름을 영화롭게 하는 것이다."[115] 온 세계는 하나님께 속해 있다. 동시에, 모든 현실이 죄의 저주 아래에 있으며—또한 현실의 모든 것이 예수 그리스도 안에서, 그리고 그를 통해, 구속의 범위 내에 놓여 있다. 널리 알려진 카이퍼의 말로 하자면, "온 세계에서 그리스도께서 '이것은 나의 것이다'라고 정당하게 말씀하지 않으시는 곳은 한 치도 없다." 모든 것을 위한 선한 창조 구조가 있

---

114 Oliver O'Donovan, *Resurrection and Moral Order*, pp. 19-20.
115 Bavinck, *Reformed Dogmatics*, p. 1.

지만, 타락 후에 삶의 모든 영역에서 오용될 심각한 가능성은 열려 있다. 올바르게도 카이퍼주의는 복음과 창조 세계 사이의 어떤 갈등도 인정하지 않는다. 카이퍼주의자들은 복음이 창조 세계를 회복하는 치유의 능력이라고 이해한다. 하나님의 원래 설계에 일치하며 그 원래 의도된 완성을 향한 것이라고 말이다. 이것은 날카로운 통찰이며 오늘날을 위한 중요한 교회일치주의적 자원이다.[116]

덧붙여서: 성경에서의 자연과 은혜

복음주의 독자들은 자연을 회복하는 은혜에 대한 카이퍼와 바빙크의 견해가 가진 논리에 의해 잘 설득되겠지만, 또한 그것이 정말 성경적인지 질문할 것이다. 카이퍼와 바빙크는 모두 자연과 은혜에 대한 그들의 검토에서 성경을 진지하게 받아들이며, 나는 독자들에게 그것들을 이런 측면에서 읽을 것을 권한다. 그들의 저술에는 성경적 통찰들이 가득하다! 그럼에도 불구하고, 우리가 3장에서 주목하는 것처럼, 그들은 모두 당시에 가능했던 것보다 더 철저한, 정통 신앙의 성경 주해가 필요함을 인지했다. 암스테르담 자유 대학교와 캄펀 신학교는 다양한 주요 성서학자들의 보금자리 역할을 했는데, 그들의 저술도 오늘날 되찾을 필요가 있다.[117] 여기서 나는 자연과 은혜에 대한 견해를 주해적으로 기초하게 만드는, 가장 중요한 최근의 성서학 연구들 가운데 일부에 주목하고자 한다.

카이퍼와 바빙크의 작업은 성경을 단편적으로가 아니라 전체로 이해하

---

[116] 남아공과 밀접히 관련된 아주 흥미로우며 분명히 무비판적이지 않은 논문 모음을 다음에서 보라. Ernst M. Conradie, ed., *Creation and Salvation: Dialogue on Abraham Kuyper's Legacy for Contemporary Ecotheology* (Leiden: Brill, 2011).

[117] 예를 들어, 알더스(G. Ch. Aalders, 1880-1961), 히스펜(W. H. Gispen, 1900-1986), 흐로스헤이더(F. W. Grosheide, 1881-1972), 리델보스(H. N. Ridderbos, 1909-2007) 등.

는 것의 중요성을 우리에게 일깨운다. 이런 측면에서 성경의 주요 주제는 **언약과 하나님 나라**다. 여러 해 전에 이미 칼 바르트가 주장한 바에 따르면, 창조는 언약의 외적 근거이고 언약은 창조의 내적 근거다.[118] 내가 보기에 이 주장은 옳으며, 토대가 되는 언약 본문이 창세기 1:1-2:3이라는 점을 볼 때 이것은 자연과 은혜에 대한 카이퍼주의의 견해에 상당한 성경적 안정감을 더해 준다. 카이퍼와 바빙크는 모두 행위 언약(covenant of works)과 타락 후의 은혜 언약(covenant of grace)이라는 개혁파 범주들로 작업한다. 내가 보기에는 바빙크가 이런 측면에서 카이퍼보다 더 통찰력이 있는데,[119] 그는 비록 **언약**이라는 단어가 창세기 1-2장에는 나타나지 않지만 타락 전에 인류의 종교적 삶이 언약의 특징을 가진다고 인식하기 때문이다.[120] 최근의 성경 신학 작업은 창세기 1:1-2:3이 구약성경에서 토대가 되는 언약 본문이라는 점을 주해적 정밀함으로 보여 준다는 점에서 특히 도움이 된다.

언약 이 견해에 대한 가장 철저한 주해적 지지는 호주 성서학자인 윌리엄 덤브렐(William Dumbrell)에게서 온다.[121] "언약"(*berit*)이라는 단어는 창세기 6:18에 처음 나타난다. "그러나 너와는 내가 내 언약을 세우리니." 덤브렐은 창세기에서 언약이 세속적으로 사용된 세 가지 경우(창 21:22-32; 26:26-33; 31:43-54)를 살펴보는 것이 교훈적이라고 지적하는데, 왜냐하면 언급된 언약들은 이미 존재하는 관계를 시작되게 하는 것이 아니라, 그 언약

---

118 Karl Barth, *Church Dogmatics*, eds. G. W. Bromiley and T. F. Torrance, 14 vols. (Edinburgh: T&T Clark, 1957-1975), III/1. 『교회 교의학』(대한기독교서회).
119 참고. Abraham Kuyper, *Dictaten Dogmatiek III*, "Locus de Foedere"; *Uit het Woord*, Tweede Serie, Tweede Bundel, *De Leer der Verbonden* (Amsterdam: J. H. Kruyt, 1885).
120 Bavinck, *Reformed Dogmatics*, vol. 2, p. 569. 이전 작업인 다음도 보라. Anthony A. Hoekema, *Herman Bavinck's Doctrine of the Covenant* (Clover, SC: Full Bible Publications, 2007).
121 덤브렐의 견해를 옹호하는 입장과 관련해 다음을 보라. Craig G. Bartholomew, "Covenant and Creation: Covenantal Overload or Covenantal Deconstruction", *Calvin Theological Journal* 30, no. 1 (April 1995): pp. 11-33.

들에 준법률의 보장을 제공하고 그것들의 지속에 대한 확신을 제공하는 것이기 때문이다.[122] 이것이 창세기 6:19에 대한 우리의 해석에 중요한 이유는, "언약"으로 언급된 관계의 근원을 이전 상황에서 찾아야 한다는 것을 의미하기 때문이다. 언약이 시작될 때 보통 사용되는 말은 '카라트'(karat, 자르다)인데, 이 단어가 창세기 6:17-18에서 사용되지 않고 또한 관련된 구절인 창세기 9:9-13에서도 사용되지 않으므로, 다시 우리는 노아와 맺은 언약 배후에 있는, 그 이전에 존재하는 관계로 거슬러 올라가 찾아야 한다. 노아와 맺은 언약의 조건은 뚜렷이 창조 세계 전체에 해당하고, '카라트' 대신에 사용된 동사 "세웠다"(히브리어로는 "서게 했다")는 이전에 존재하는 관계를 염두에 두고 있다는 견해를 더욱 지지한다. 노아와 맺은 언약의 조건과 거기서 사용된 표현은 그러므로 우리를 그 관계가 시작된, 즉 창조에 의해 시작된 맥락인 창세기 1-2장으로 돌아가게 한다.

구약성경에서의 결정적 단계는 하나님이 아브라함과 맺으신 언약이다. 창세기 12:1-3에서 "복을 주다"의 히브리어 어근이 다섯 번 반복적으로 나타나는 것은 창세기 1-11장에 나오는 "저주하다"의 어근이 다섯 번 반복적으로 나타나는 것과 의도적으로 대조되는데, 이는 아브라함과 그의 후손을 통하여 하나님이 그분의 온 창조 세계를 위한 복의 목적을 회복하시리라는 것을 분명히 나타낸다.[123] "언약적 측면에서 우리는 창세기 12:1-3을 창세기 3-11장에 대한 신적 응답으로 보았다. 전 세계적 측면에서 세워지는 하나님 나라가 아브라함 언약의 목표다." 시내산 언약이 아브라함 언약을 배경으로 제시되어 이스라엘은 어떤 의미에서 "아담에게 주어진 창조 책임의 소

---

[122] Dumbrell, "Covenant", 미출간 논문. 덤브렐 자신의 견해에 대한 온전한 방어를 다음에서 보라. Dumbrell, *Covenant and Creation: An Old Testament Covenantal Theology* (Exeter, UK: Paternoster, 1984). 제2판이 최근에 Paternoster 출판사에 의해 출간되었다.
[123] "복"에 대해서는 다음을 보라. Claus Westermann, *Blessing in the Bible and the Life of the Church* (Minneapolis: Fortress, 1978). 『축복』(소망사).

유자"로 그려지는데, 그것은 "구원을 받은 이들에 의해 최종적으로 그리고 온전히 표현될" 것이다.[124] 이스라엘과 관련해 덤브렐은 다음과 같이 지적한다.

> 구속이라는 성경의 계획이 최종적으로 초점을 맞추는 것은 구원을 받은 백성보다는 통치되는 세상이다.…이스라엘은 분명히 아브라함의 약속들이 직접적으로 염두에 둔 민족이다. 하지만 민족으로서의 이스라엘은, 정치적 틀 안에서 드러난 신적 통치의 상징으로서, 최종적 세계 통치의 모습에 대한 이미지, 그 자체를 넘어서 아직 존재하지 않는 현실을 가리키는 상징으로 의도되었다.[125]

덤브렐은 상당히 세밀한 주해 작업으로 언약이라는 주제를 성경 전체에서 추적하는데, 여기서 우리가 그의 전체 논증을 따라갈 수는 없다. "내가 그들의 악행을 사하고 다시는 그 죄를 기억하지 아니하리라"라는 야웨의 진술을, 그가 예레미야 안에 있는 새 언약에 중심이 되는 것으로 밝힌다는 점을 지적하는 것으로 충분하다. "야웨가 더 이상 죄를 기억하지 않으실 때, 죄를 용서하기 위한 행위가 더 이상 필요하지 않을 것이며, 속죄가 더 이상 요구되지 않을 것이고, 참회가 말로 표현될 필요도 더 이상 없을 것이다! 죄는 신자들의 삶과 경험에서 더 이상 문제가 되지 않을 것이다! 즉시 우리는 이것이 기독교 신자의 현재 경험을 넘어서는 것을 깨닫는다."[126]

언약은, 덤브렐이 올바르게 주장하듯이, 신약성경에서 계속해서 주요 주제다. 요한계시록 4장에서 보좌 주위를 두르는 무지개(참고. 창 9:13)는 창

---

[124] Dumbrell, *Covenant and Creation*, p. 78; Dumbrell, "Covenant."
[125] Dumbrell, *Covenant and Creation*, pp. 66-67.
[126] Dumbrell, "Covenant."

조 세계를 향한 하나님의 언약 목적들이 승리했음을 드러낸다. 하나님의 언약들이 그분의 구속 사역에 필수적이라는 점은 모두가 동의한다. 덤브렐의 작업이 보여 주는 것은, 언약을 통한 구속이 하나님이 그분의 창조 세계를 향해 가지신 원래 목적들의 회복을 수반한다는 점이다. 혹은, 버나드 질스트라(Bernard Zylstra)가 말하듯이, "언약은 창조 세계만큼 넓다."[127] 아이작 와츠(Isaac Watts)가 그의 잘 알려진 찬송가에서 우리로 하여금 기쁨으로 노래하게 한 것은, "저주가 발견되는 어느 곳으로든" 그리스도의 구속이 확장된다는 점이다("기쁘다 구주 오셨네"의 원곡 가사로, 한국어 찬송가는 "온 세상 죄를 사하려"로 옮겼다—편집자). 구속은 "회복된 창조"다.

하나님 나라 덤브렐이 옳게 본 것처럼, 신약성경에서 언약은 계속해서 주요 주제이며,[128] 그것은 예수의 가르침의 가장 중요한 주제인 "하나님 나라"와 밀접하게 연결되어 있다.[129] 실제로, 고든 스파이크만(Gordon Spykman)은 언약과 하나님 나라가, 말하자면, 같은 동전의 양면과 같다고 주장한다.[130] 요한 헤르만 바빙크(Johan Herman Bavinck)는 하나님 나라라는 주제와 그것이 선교를 위해 갖는 함의들을 발굴하는 것에서 중요한 작업을 했다. 신약학자로서 헤르만 리델보스의 하나님 나라 연구는 여전히 필독 자료다.[131] 하지만 신약성경의 하나님 나라에 대해 아마도 가장 중요한 최근 연구는 톰 라이트에 의한 것으로, 특히 그의 『예수와 하나님의 승리』(*Jesus*

---

[127] Bernard Zylstra, "Preface to Runner", in H. Evan Runner, *The Relation of the Bible to Learning* (Jordan Station, ON: Paideia, 1982), p. 30. 이것은 클라스 스킬더(Klaas Schilder)의 견해다.

[128] 이에 대한 이의 제기가 있지만, 다음을 보라. N. T. Wright, *The Climax of the Covenant: Christ and the Law in Pauline Theology* (Edinburgh: T&T Clark, 1991).

[129] 참고. Herman Bavinck, "The Kingdom of God, the Highest Good", trans. Nelson D. Kloosterman, *The Bavinck Review* 2 (2011): pp. 133-170.

[130] Gordon J. Spykman, *Reformational Theology: A New Paradigm for Doing Dogmatics* (Grand Rapids: Eerdmans, 1992), p. 11. 『개혁주의 신학』(CLC).

[131] Herman Ridderbos, *The Coming of the Kingdom* (Philipsburg, NJ: Presbyterian and Reformed, 1962). 『하나님 나라』(솔로몬).

and the Victory of God)가 그렇다. 실제로, 지난 세기에 있었던 신약학과 선교학의 의미 있는 업적은 하나님 나라를 예수의 가르침의 가장 중요한 주제로 되찾은 것에 있다.[132] 분명히, 적어도 공관복음에 따르면, 하나님/하늘 나라는 예수의 가르침에서 **가장** 중요한 주제였다.[133] 이에 대한 증거는 압도적인데, 여기서는 예수의 가르침에 대한 마가의 요약을 언급하는 것으로 충분하다. "요한이 잡힌 후 예수께서 갈릴리에 오셔서 하나님의 복음을 전파하여 이르시되, '때가 찼고 **하나님의 나라**가 가까이 왔으니 회개하고 복음을 믿으라' 하시더라"(막 1:14-15).

라이트가 지적하듯이, "따라서 우리가 안전하게 내릴 수 있는 결론은, 예수가 습관적으로 이 마을 저 마을을 다니시면서 이스라엘의 하나님 나라에 대해 말씀하셨고, 이 나라를 다양한 방식으로, 특히 누구를 가릴 것 없이 모든 사람과 식사를 나누면서 경축하셨다는 것이다."[134] 하지만 예수가 하나님 나라로 의미하신 것은 무엇이었는가? 그분은 결코 그것을 정의하지 않으면서도 청중의 이해를 상정하시는 것으로 보이므로, 우리는 구약성경 배경과 예수 시대의 유대교 배경, 그리고 가장 중요하게는 예수가 하나님

---

[132] 20세기 선교학에서의 하나님 나라와 그것이 오늘날 갖는 의의에 대한 아주 유용한 개관은 Lesslie Newbigin, *Sign of the Kingdom* (Grand Rapids: Eerdmans, 1981)이다. 하나님/하늘 나라와 관련해 출간된 연구의 양이 엄청나고 또 계속 출간되고 있다. 참고. Bartholomew, *Where Mortals Dwell*.

[133] 요한복음에서 "하나님 나라"는 단지 두 번, 3:3, 15에 나타난다. 공관복음의 하나님 나라에 상응하는 요한의 표현은 "영생"이다. A. N. Wilder, "Preface", in *The Kingdom of God in 20th Century Interpretation* (Peabody, MA: Hendrickson, 1987)이 요한복음과 관련해 지적하는 바에 따르면, "영생, 빛, 진리라는 자신의 범주들을 가지고, 이 복음서 저자는 새 시대(New Age)에 대한 경축과 그것이 가져오는 진통을 전혀 상실하지 않는다"(p. ix). R. Brown, "Translating the Whole Concept of the Kingdom", *Notes on Translation* 14, no. 2 (2000), p. 43가 올바르게 지적하는 바에 따르면, 하나님 나라에 대한 "복잡한 다층적 개념"을 구성하는 상이한 요소들이 신약성경에서 다양한 용어들로 표현되고 있지만, 그러면서도 여전히 하나님 나라의 개념과 관련이 있다.

[134] N. T. Wright, *Jesus and the Victory of God* (London: SPCK, 1996), p. 150. 『예수와 하나님의 승리』(CH북스).

나라를 설명하시는 다양한 방식을 탐구하지 않을 수 없다.[135]

역사적으로, 우리는 이스라엘의 삶에서 명확히 어느 시점에 왕으로서의 하나님 개념이 출현했는지 확언할 수 없다. 그러나 정경에는 그런 개념이 처음부터 있다. 창세기 1장은 하나님을 위대한 왕으로, 인간을 그 왕의 청지기로 그린다. 창세기 3장은 이 통치에 대한 반역을 보여 주며, 창세기 12장부터는 아브라함의 혈통을 통해 하나님이 이 세상을 향한 그분의 목적을 회복하시려는 계획을 제시한다. 그러므로 하나님 나라 신학은 구약성경의 내러티브에 깊이 새겨져 있다. 창조주로서, 하나님은 모든 것을 다스리는 왕이시다. 타락 후에 그분은 특히 자신의 백성인 이스라엘을 다스리시는데, 그들은 하나님의 통치 아래서 능동적으로 살면서 이 세상에 규범이 되는 피조물의 삶이 어떤 것이어야 하는지 보여 주는, **왕 같은**(royal) 제사장(참고. 출 19:6)이 되도록 부르심을 받았다. 이스라엘이 포로로 전락함에 따라, 선지자들은 하나님이 이스라엘 및 그분의 창조 세계에 의도하신 목적들을 성취하기 위해 결정적으로 행동하실 때를 기대한다. 마르틴 부버(Martin Buber)는 다음과 같이 바르게 지적한다. "일어날 일은 이것인데, 즉 모든 것을 포괄하는 하나님의 통치자 되심의 실현이 이스라엘의 시작과 끝이라는 점이다." "이스라엘의 메시아 신앙은…그 핵심 내용에 따르면, 하나님과 세상 사이의 관계가 하나님의 완성된 왕적 통치 안에서 성취됨을 지향하는 것이다."[136]

신구약 중간기 유대 문헌에서 우리는 하나님 나라라는 표현을 발견하

---

[135] Ridderbos, *Coming of the Kingdom*, p. 3의 지적에 따르면, 예수는 "적어도 우리에게 전수된 전통에 따르면, 다가올 사건에 대해 더 이상의 설명이나 묘사를 하지 않으셨다. 이것은 그 표현이…이 메시지가 주어진 이들에게 이미 알려진 것이었으며 그들로부터 즉각적 반응을 이끌어 낼 수 있도록 계산된 것이었음을 시사한다."

[136] Martin Buber, *Kingship of God*, 3rd ed. (Atlantic Highlands, NJ: Humanities Press International, 1990), pp. 58, 14-15.

며, 하늘 나라는 미쉬나(Mishnah)에 두 번 나온다.[137] 따라서, 라이트가 지적하듯이,

> 그러나 적어도 우리가 확신할 수 있는 것은, 이스라엘의 하나님의 통치에 대해 말하는 사람은 그 누구라도 이스라엘이 오랫동안 품어 온 희망의 성취를 언급하는 것으로 받아들여졌으리라는 점이다. 언약의 하나님은 자신의 백성을 재구성하기 위해, 그들의 포로 생활을 끝내기 위해, 그들의 죄를 용서하기 위해 행동하실 것이다. 그런 일이 일어나면, 이스라엘은 더 이상 이교도들의 지배를 받지 않을 것이다. 이스라엘은 자유롭게 될 것이다. 해방의 수단은 물론 논란의 여지가 있었다. 그 목표에 대해서는 그렇지 않았다.[138]

라이트의 중요한 통찰은, 예수가 자신의 하나님 나라 선포에서 기본적 유대인의 틀을 취하시면서도 하나님의 통치의 성취에 대한 윤곽을 지속적으로 재정의하셨다는 것이다. 예수의 하나님 나라 선포는 **종말론적**이며 **묵시적**이었다.

> 따라서 "때가 찼다"라는 표현은 위대한 미래의 문턱에 도달했다는 것, 그 문이 열렸다는 것, 절정이라는 신적 사역의 실현을 위한 선결 조건들이 지금 존재한다는 것, 그러므로 이제 신적 드라마의 종결이 시작될 수 있다는 것의 암시로 이해되어야 한다.…
> 미래는, 말하자면, 현재 속으로 뚫고 들어온다. 하나님이 구속하시는 세

---

[137] 참고. N. T. Wright, *The New Testament and the People of God*, Christian Origin and the Question of God 1 (Minneapolis: Fortress, 1992), pp. 302-307, 『신약성서와 하나님의 백성』 (CH북스); Jonathan T. Pennington, *Heaven and Earth in the Gospel of Matthew* (Grand Rapids: Baker Academic, 2009), pp. 258-268.

[138] Wright, *Jesus and the Victory of God*, p. 151.

상, 그분이 종결하시고 완성하시는 사역들의 거대한 전체가 세상의 현재 시간으로 침투한다.[139]

예수는 자신이 오시는 것을 이스라엘 역사의 절정으로 보셨는데, 그것은 이 세상의 마지막에 대한 은유들만 표현하기에 적합한 사건들을 수반하며, 역사 **안에서** 새로운 국면을 야기하는 것이다. "하나님 나라는 무엇보다도 사회적 단어다. '하나님 나라'는 하나님이 일으키고자 하시는 것이 거대한 세계적 사건이지 단지 거대한 **개인적** 사건이 아님을—우주적인 것이지 단지 마음의 문제가 아님을—시사한다. **하나님**이 오실 때 일어나는 일은 산탄이 아니라, 폭발처럼 세상을 다시 빚어내는 핵무기가 될 것이다."[140]

예수는 하나님 나라의 도래와 그것의 미래 완성을 선포하셨다. 하나님 나라의 현재와 미래 사이의 이 긴장은 유대 묵시의 재구성을 수반하지만, 유대 사상의 수평적 종말론을 개인적 경건의 수직적 종말론으로 대체한다는 의미에서는 결코 아니다. "현재의 하나님 나라의 핵심은 그것이 미래의 하나님 나라의 첫 열매라는 것이다. 그리고 미래의 하나님 나라는 소멸을 수반하는데, 그것은 공간, 시간, 혹은 우주 자체의 소멸이 아니라, 공간과 시간과 창조 세계를 위협하는 것의 소멸, 즉 죄와 죽음의 소멸이다." 예수가 유대교 이야기의 종말론을 재작업하시는 것에서, 라이트는 전형적인 유대교의 상징들이 빠져 있음을 지적한다. "세계관 **질문들**에 대한 답들은 단순히 이스라엘과 그 민족적 희망의 측면이 아닌, 구속된 인류와 우주의 측면에서 주어질 수 있다." 사도행전 1:8에서 누가는 "새롭게 시작된 하나님 나라는 어떤 단일한 영토가 아닌 전 세계를 그 신성한 본거지로 주장한다"

---

[139] Ridderbos, *Coming of the Kingdom*, pp. 48, 55.
[140] Frederick D. Bruner, *The Christbook: A Historical/Theological Commentary. Matthew 1-12* (Grand Rapids: Eerdmans, 1987), p. 87.

는 점을 나타낸다.[141]

케어드(G. B. Caird)에 따르면, "명백히, 예수의 가르침에 있는 하나님 나라에 대한 이해는 우리가 시작할 때 갖는 전제들에 의존한다."[142] 이것은 우리가 하나님 나라를 해석할 때 사용하는 성경신학적 틀과 관련해 특히 사실이다. 만약 우리가 창조에서 시작해 타락과 구속을 지나 새 창조에 이르는 성경의 정경적 형태를, 또한 예수가 1세기 유대교에 깊이 뿌리를 내리고 계심을 진지하게 받아들인다면, 하나님 나라에서 왕의 통치 영역은 너무나 분명하다. 즉 창조 세계 전체인 것이다.

이런 방식으로, 큰 주제들인 언약과 하나님 나라는 은혜가 자연을 회복한다는 카이퍼주의의 견해에 주해적 근거를 제공한다.

---

[141] Wright, *Jesus and the Victory of God*, p. 218.
[142] George B. Caird, *New Testament Theology*, completed and ed. L. D. Hurst (Oxford: Clarendon, 1994), p. 368.

3

성경

> 성경에 대한 무지는 오늘날 너무나 만연해서,
> 복음을 전하려면 맨 처음부터 시작해야 한다.
>
> J. H. 바빙크, 『선교학 개론』(An Introduction to the Science of Missions)

> 18세기에 온전히 모습을 드러내는 성경에 대한 역사 비평의 교리적 토대는,
> 우리가 스피노자를 간략하게 살펴본 것이 보여 주는 것처럼,
> 계몽주의가 이성에 대해 가진 신앙이다.
>
> 한스 게오르크 가다머(Hans-Georg Gadamer), 『진리와 방법』(Truth and Method)

20세기가 막을 내리기 시작함에 따라, 여전히 무대 위에 서 있는 우리는, 사실대로 말하자면, 어떻게 행동하고 무엇을 생각해야 하는지에 대해 상당히 당혹스럽다. 물론 우리는 우리의 선조들이 했던 것 못지않게 우리의 대사를 말하고 연기를 하는 것처럼 보인다. 그러나 우리는 드라마의 이름을 거의 기억하지 못하며, 의미나 목적에 대해서는 더욱 그렇다. 아마도 극작가는 죽었고, 따라서 그의 원래 의도와 관련해 더 이상 물어볼 수도 없다. 문화적 기억은 누더기가 된 대본을

여전히 붙들고 있지만 많은 쪽이 분실되었고, 그것이 주는 지침은 거의
알아볼 수 없으며, 알아본다 해도 우리에게는 마치 외국어처럼 보인다.
전자 기기로 전달되는 최신 유행의 이미지들과 어구들로 무장한 우리에게
말이 궁한 법은 절대로 없다. 우리가 궁한 것은 의미다.

레온 카스(Leon R. Kass), 『굶주린 영혼』(The Hungry Soul)

히브리서는 다음과 같은 주장으로 시작한다. "옛적에 선지자들을 통하여 여러 부분과 여러 모양으로 우리 조상들에게 말씀하신 하나님이 이 모든 날 마지막에는 아들을 통하여 우리에게 말씀하셨으니 이 아들을 만유의 상속자로 세우시고 또 그로 말미암아 모든 세계를 지으셨느니라"(히 1:1-2). 이 확신은, 즉 하나님이 예수 안에서 권위 있게 최종적으로 말씀하셨다는 것과, 우리가 완전히 신뢰할 수 있는 그분의 말씀을 삶의 모든 것에 규범이 되는 성경 안에서 발견한다는 것은, 카이퍼 전통의 중심에 있다. 그러나 그것은 현대성이 계속해서 도전했던 확신이다. 마치 쓰나미처럼 현대성은 문화의 모든 것을 휩쓸었고, 불가피하게, 현대적 세계관은 곧 성경에 영향력을 행사하여, 성경에 대한 역사 비평적 접근을 결과로 가져왔다. 역사 비평은 19세기 후반에 독일에서 발전했으며, 20세기 초에는 유럽과 미국에서 지배적이었다.[1]

우리는 역사 비평이 출현한 지 한 세기가 지난 시점에 살고 있으며, 그 한 세기 동안 역사 비평은 문학적·신학적 해석에 의해 면밀하게 평가되고 상대화되고 비판되어서, 오늘날 우리는 그것의 전제들 중에서 많은 것을 거부하면서도 그 통찰들을 수용하기가 훨씬 더 쉽다.[2] 카이퍼와 바빙크에게는

---

1   이것은 단 한 가지 유형의 역사 비평만 있다는 말이 아니라, 서로 다른 유형의 역사 비평이 공통적으로 성경에 현대적 세계관을 적용했다는 말이다. 이 장의 시작 부분에 인용한 가다머의 글을 보라.
2   참고. Craig G. Bartholomew, *Introducing Biblical Hermeneutics: A Comprehensive*

상황이 아주 달랐다. 네덜란드는 역사 비평의 발전에서 유럽의 다른 나라들보다 뒤쳐져 있었지만, 이런 상황은 1850-1860년의 10년 동안 결정적으로 바뀌었는데, 얀 헨드릭 스홀텐(1811-1885)과 아브라함 쿠에넨(1821-1891)이 레이던 대학교에서 앞장선 변화였다.

카이퍼와 바빙크는 모두 레이던 대학교에서 스홀텐과 쿠에넨에게 가르침을 받았다. 그들은, 말하자면, 역사 비평이 네덜란드를 사로잡았을 때 가장 앞자리에 앉았던 것이다. 나도 젊은 시절에 옥스퍼드 대학교로 공부하러 갔을 때, 역사 비평의 주요 방법론들을 소개받고 그것을 성경에 적용하도록 배우면서 받았던 도전을 여전히 기억한다. 하지만 성경에 대한 이 새로운 비판적 접근이 그들이 흠모하고 존경하는 교수들을 통해 그들 앞에 열렸을 때, 카이퍼와 바빙크가 어떻게 느꼈을지는 상상하기 어렵다.

레이던 대학교: 네덜란드의 현대주의적 신학

스홀텐은 위트레흐트 대학교에서 공부했고, 1840년에 프라네커에서 신학교수로 임용되었으며, 거기서 레이던 대학교로 옮겨서 은퇴할 때까지 머물렀다. 신학자로서 스홀텐은 『개혁파 교회의 신학 원리들』(*Principles of the Theology of the Reformed Church*)를 출간했다.[3] 하지만 그는 또한 신약성경을 연구했으며, 1864년에 『요한복음에 대한 비판적 연구』(*Critical Study of the Gospel of John*)를 출간했는데, 이 책은 우리가 1장에서 본 것처럼 카이퍼가

Framework for Hearing God in Scripture (Grand Rapids: Baker Academic, 2015); Craig G. Bartholomew and Heath A. Thomas, eds., *A Manifesto for Theological Interpretation* (Grand Rapids: Baker Academic, 2016).

3   Jan Hendrik Scholten, *Principles of the Theology of the Reformed Church*, 2 vols. (1848-1850); 4th ed., 1861-1862.

현대주의적 신학이 가진 깊은 문제들을 이해하는 데 도움을 주었다.[4]

학생들이 스홀텐의 강의로 몰려들었고, 그 학생들 중 하나였던 아브라함 쿠에넨도 그를 통해 신학에 흥미를 갖게 되었다. 쿠에넨은 사마리아 오경의 아랍어판으로부터 창세기의 서른네 장을 편집한 작업으로 박사 학위를 받았다. 1853년에 그는 레이던 대학교의 **정원외** 교수(professor extraordinarius)로 임용되었고, 1855년에 정교수가 되었다. 그는 호로닝언 학파의 창시자인 빌럼 무를링(Willem Muurling)의 딸과 결혼했는데, 이 학파가 네덜란드 국교회의 칼뱅주의 신학과 절연한 것을 우리는 1장에서 언급한 바 있다. 쿠에넨은 현대주의 신학의 주요 지지자가 되었는데, 이것은 코르넬리스 빌럼 옵조머(Cornelis Willem Opzoomer, 1821-1892)와 스홀텐이 네덜란드에서 기초를 놓았으며 그 본부는 레이던 대학교였다. 이 학자들은 독일에서 튀빙겐 학파(Tübingen school)가 펼친 것과 유사한 운동을 만들어 냈다.[5] 그들의 신학으로부터 태동하기 시작한 것은 "다른 유형의 정신, 독일 관념론 같은 종류의 절대적 반(反)초자연주의의 정신"이었다.[6]

쿠에넨의 첫 번째 주요 저작인 『구약성경 책들의 기원과 수집에 대한 역사 비평적 탐구』(*Historical-Critical Investigation of the Origin and Collection of the Books of the Old Testament*)는 하인리히 에발트(Heinrich Ewald, 1803-

---

4 참고. Bavinck, *Reformed Dogmatics*, vol. 1, p. 366. 여기서 언급되는 것은 J. H. Scholten, *Het Evangelie naar Johannes* (Leiden: P. Engels, 1864)다. 스홀텐의 신학적 발전에 대한 설명은 그의 *Afscheidsrede bij het Neerleggen van het Hoogleraarsambt* (1881)에서, 그리고 아브라함 쿠에넨이 쓴 전기 *Levensbericht van J. Henricus Scholten* (1885)에서 볼 수 있다.
5 참고. George Harinck, "Twin Sisters with a Changing Character: How Neo-Calvinists Dealt with the Modern Discrepancy Between the Bible and Modern Science", in Jitse M. van der Meer and Scott Mandelbrote, eds., *Nature and Scripture in the Abrahamic Religions* (Leiden: Brill, 2008), vol. 1, pp. 317-370.
6 Gerrit J. Tenzythoff, *Sources of Secession: The Netherlands Hervormde Kerk on the Eve of the Dutch Immigration to the Midwest*, Historical Series of the Reformed Church in America 17 (Grand Rapids: Eerdmans, 1987), p. 102.

1875)의 독일 학파 노선을 따랐다.[7] 에발트는 오경 비평의 아버지인 율리우스 벨하우젠(Julius Wellhausen)의 스승들 중 하나였으며, "역사상 가장 위대한 구약학자 중 하나"로 묘사된다.[8] 에발트는 괴팅겐 대학교의 동양 언어 교수였다. 1838년에 그는 튀빙겐 대학교의 철학부 소속으로 옮겨 갔고, 1841년에는 신학부로 자리를 옮겼다. 오경 비평의 측면에서 에발트는 보충 가설(supplementary hypothesis)을 옹호했다. 엘로힘 자료(Elohist source)는 기본 문서(Grundschrift)로서, 창세기 1장에서 시작해서 오경을 지나 여호수아에 이른다. 편집자가 이 기초 자료를 원래는 별도의 J(야웨) 자료에서 가져온 것을 삽입해서 확대한 것이다. 이렇게 해서 에발트는 오경에 대한 JEDP 자료 비평 접근으로 알려진 가설에 중요한 역할을 했다. 쿠에넨은 오경의 기저에 있는 자료들에 대한 부상하는 논의들에서 상당한 역할을 했다.[9]

1869-1870년에 쿠에넨은 이스라엘의 종교에 대한 책을 출간했고, 이어서 1875년에는 히브리 예언에 대한 연구를 출간했는데, 그 범위 면에서 상당히 논쟁적이었고 특히 신학적 교리들을 예언의 성취에 근거시키는 이들을 겨냥한 것이었다.[10] 1882년에 쿠에넨은 잉글랜드로 가서 "국가 종교들과 보편 종교"(National Religions and Universal Religion)라는 주제로 히버트 강좌(Hibbert lectures)를 전했다.[11] 이런 여행, 저술 번역, 서신 왕래를 통해

---

[7] Abraham Kuenen, *Historisch-Kritisch Onderzoek naar het ontstaan en de verzameling van de Boeken des Ouden Verbonds*, 3 vols. (1861-1865); 2nd ed., 1885-1893.

[8] John Rogerson, *Old Testament Criticism in the Nineteenth Century: England and Germany* (London: SPCK, 1984), p. 91.

[9] 참고. Ernest Nicholson, *The Pentateuch in the Twentieth Century: The Legacy of Julius Wellhausen* (Oxford: Clarendon, 1998), pp. 6-15; Rudolph Smend, "The Work of Abraham Kuenen and Julius Wellhausen", in M. Sabø, ed., *HB/OT* 3, vol. 1, pp. 424-453; Simon J. De Vries, "Hexateuchal Criticism of Abraham Kuenen", *Journal of Biblical Literature* 82, no. 1 (1963): pp. 31-57.

[10] Abraham Kuenen, *De Godsdienst tot den ondergang van den Joodschen staat* (Eng. trans. 1874-1875); *De profeten en de profetie onder Israël* (Eng. trans. 1877).

[11] 쿠에넨의 여러 저작을 온라인에서 영역본으로 이용할 수 있다. *An Historico-Critical Inquiry into the Origin and Composition of the Hexateuch* (Pentateuch and Book of Joshua); *Na-*

쿠에넨은 스홀텐보다 국제적으로 훨씬 더 널리 알려졌다. 그의 서신 왕래는 그가 당시의 대표적 비평학자들과 대화하고 있었음을 보여 주는데, 거기에는 남아공 케이프의 콜렌소 주교, 스코틀랜드의 윌리엄 로버트슨 스미스(William Robertson Smith), 율리우스 벨하우젠이 포함된다.[12] 그의 책들이 독일어와 영어로 번역된 것은 그의 광범위한 영향력을 시사한다.[13]

쿠에넨의 작업은 우리가 현대 성서 비평의 출현을 깊이 다루도록 하며, 이 영역에 익숙하지 않은 독자들은 의심의 여지 없이 그것이 어떤 관련성이 있는지 의문이 들 것이다. 우리는 여기서 쿠에넨과 스홀텐의 작업을 더 상세히 다룰 수 없지만, 짧게나마 들여다본 것은 카이퍼와 바빙크가 접한 것이 현대 성서 비평에 대한 가벼운 탐구가 아니라 현대의 발전들 선두에 있던 비평적 성서학이었다는 점이다. 카이퍼도 바빙크도 성서학자가 아니었지만, 그들은 자신들이 말하는 현대주의 신학과 성서 비평이 무엇인지 잘 알고 있었다.

새로운 비평이 즉각 교회에 영향을 끼쳤음을 주목하는 것이 중요하다.[14] 쿠에넨은 『학습자들을 위한 성경』(*The Bible for Learners*)의 공저자인데, 이

---

tional Religions and Universal Religions: Lectures Delievered at Oxford and in London, in April and May, 1882; The Religion of Israel to the Fall of the Jewish State (3 vols.).

12 John W. Rogerson, "J. W. Colenso's Correspondence with Abraham Kuenen, 1863-1878", in W. P. Stephens, ed., *The Bible, the Reformation and the Church: Essays in Honour of James Atkinson*, Journal for the Study of the New Testament Supplement 105 (Sheffield: Sheffield Academic Press, 1995), pp. 190-223; Cornelius Houtman, "Abraham Kuenen and William Robertson Smith: Their Correspondence", *Nederlands Archief voor Kerkgeschiedenis* 80 (2000): pp. 221-240; R. Smend, "Kuenen and Wellhausen", in Peter W. Dirksen and Aad W. van der Kooij, eds., *Abraham Kuenen (1828-1891): His Major Contributions to the Study of the Old Testament: A Collection of Old Testament Studies Published on the Occasion of the Centenary of Abraham Kuenen's Death (10 December 1991)*, Oudtestamentische Studiën 29 (Leiden: Brill, 1993), pp. 113-127.

13 Dirksen and van der Kooij, *Abraham Kuenen*에 실린 논문들을 보라.

14 참고. Abraham Kuyper, "The Biblical Criticism of the Present Day", trans. J. Hendrik de Vries, *Bibliotheca Sacra* LXI (1904): pp. 410-442, 666-688, 특히 676-677에서 카이퍼는 윤리학과 가운데서 현대주의자들이 정통주의자들보다 더 잘 알려져 있다는 사실에 두려움을 드러낸다.

책은 학생 및 평신도에게 성서 비평을 소개하고 성경을 기록으로 읽음으로써 그것에 다리를 놓게 하려는 시도로 안내한다. 성경의 많은 부분이 신화와 전설로 분류되지만, 현대 성서 비평의 아버지인 빌헬름 데 베테(Wilhelm de Wette, 1780-1849)가 말했듯이, 이것이 성경의 종교적 가치를 손상시키는 것은 절대 아니라고 주장된다. 변화산 사건에 대해, 예를 들어, 이 저자들은 "만약 산 위에서의 변화가 예수의 역사에 빛을 던져 주리라고 기대한다면, 우리는 몹시 실망할 것이다"라고 지적한다.[15]

개혁파의 응답

카이퍼는 레이던에서 현대주의의 도전들에 응답한 첫 번째 인물이 결코 아니었다. 1857년에 이삭 다 코스타는 "쿠에넨 교수 앞에서 재판을 받는 선지자 호세아"(De profeet Hosea te recht staande voor den hoogleraar Kuenen)를 발표했다.[16] 하우트만(Houtman)은 코스타의 비판과 관련하여 다음과 같이 지적한다.

> 얼마나 정통주의자들과 현대주의자들이 두 개의 분리된 세계에 살고 있었는지를, 그리고 얼마나 그 둘이 서로 다른 출발점과 전제를 보이는지를, 피어슨은 『옛 동시대인들』(Oudere tijdgenooten)에서 놀랍게 기술했는데, 거기서 그는 독자에게 갱신 운동 진영에서의 성경 이해와 성경 사용에 대해 알려 주며 그에 대한 자신의 의견을 제시한다.[17]

---

15 Henricus Oort, Isaäc Hooykaas, and Abraham Kuenen, *The Old Testament for Learners* (Boston: Little, Brown, 1900), p. 10.
16 Isaac da Costa, *De Heraut* (1857), p. 6.
17 C. Houtman, "Die Wirkung der Arbeit Kuenens in den Niederlanden", in Dirksen and van der Kooij, *Abraham Kuenen*, p. 34. 독일어: "Wie sehr Orthodoxe und Moderne in

알라드 피어슨(1831-1896)은 영향력 있는 갱신 운동 가문 출신이었으며, 다 코스타가 그의 부모 집에 주기적으로 방문했다. 피어슨은 국가 교회의 주요 인물이었지만, 1865년에 교회에 대한 인내심을 상실하고 현대주의에 깊이 매료되면서 교회를 떠나 미학 교수가 되었다. 피어슨으로서는, 만약 기독교가 결국 문화에 의해 대체되어야 하고 단지 인간 진화의 한 양식일 뿐이라면, 왜 기다리겠는가? 왜 앞서 도약해서 교육과 과학에 헌신하지 않는가?

피어슨과 마찬가지로, 카이퍼는 현대주의와 교회 사이에서 세계관들의 충돌이 일어나고 있음을 인식했다. 1865년 11월과 12월에 전한 세 편의 연속 설교에서 카이퍼는 피어슨의 논리가 옳다고 선언했다! 교회는 인간주의와 기독교 사이의 선택을 직면하고 있으며, 그 둘 사이에는 어떤 타협도 있을 수 없다. "한 몸으로서의 교회만이 아니라, 영혼의 존재 자체, 또는 물질 영역을 넘어서는 어떤 실재의 존재 자체가 쟁점이었다. 공허한 물질주의의 유령이, 지금부터, 카이퍼의 상상 속에 있는 가장 깊은 공포, 무자비하고 무의미한 세계에 있는 궁극적인 것을 대표하게 된다."[18]

쿠에넨은 다 코스타의 비판에 응답하지 않았다. 대신에 그는 시편을 메시아적으로 해석한 독일 구약학자의 연구를 표적으로 선택했는데, 바로 빈의 에두아르트 뵐(Eduard Böhl, 1836-1903)이었다.[19] 뵐에 대한 쿠에넨의 공

---

zwei voneinander getrennten Welten lebten und wie sehr beide durch unterschieldliche Ausgangspunkte und Voraussetzungen gekennzeichnet waren, ist von Pierson treffend in *Oudere tijdgenooten* beschrieben worden, wo er den Leser mit den Schriftauffassung und dem Schriftgebrauch in den Kreisen des Réveil vertraut macht und seine Meinung dazu äussert."

18 Bratt, *Abraham Kuyper: Modern Calvinist, Christian Democrat*, p. 47.
19 Eduard Böhl, *Zwölf messianische Psalmen: Nebst einer grundlegenden christologischen Einleitung* (Basel, 1862). 참고. Ulich Gäbler, "Eduard Böhls Auseinandersetzung mit dem Holländer Abraham Kuenen über die rechte Auslegung des Alten Testaments, 1864", *Jahrbuch für die Geschichte des Protestantismus in Österreich* 96, parts 1-3 (Vienna: Verlag des Evangelischen Presseverbandes in Österreich, 1980), pp. 101-116.

격은 그가 어떤 네덜란드 사람을 직접 공격하지 않으면서도, 네덜란드 대중에게 정통 신앙의 주해에 대한 자신의 견해를 보여 줄 수 있게 했다.

카이퍼: "오늘날의 성서 비평"

1881년 가을에 카이퍼는 암스테르담 자유 대학교의 총장직 이임을 기회로 삼아서, 자신의 "오늘날의 성서 비평"(The Biblical Criticism of the Present Day)에서 성서 비평 문제를 다루었다. 처음부터 그는 자신의 입장을 아주 분명히 한다. 즉 성서 비평은 교회에 해를 끼치는데, 왜냐하면 교회의 신학을 약화시키며, 교회로부터 성경을 빼앗고, 그리스도 안에 있는 교회의 자유를 파괴하기 때문이다. 카이퍼는 현대 성서 비평이 유럽의 대학들을 장악하고 있으며, 이것이 암스테르담 자유 대학교 같은 대학을 설립하는 이유들 가운데 하나라는 점을 알고 있었다. 그가 지적하듯이, "그러므로, 잘못 인식되고 신학을 강탈당한 교회를 대신하여, 우리는 이 새로운 대학에 옛 나무의 가지를 하나 심으면서 하나님이 그것을 흥하게 하시길 기도합니다."[20] 카이퍼는 성서 비평에 대한 세 가지 주요 비판을 발전시킨다.

1. 그것은 신학을 해체하고 신학이 아닌 다른 것으로 대체한다(그의 백과사전적 논증).
2. 그것은 그리스도인들에게서 성경을 강탈한다(그의 교의적 논증).
3. 그것은 교회 안에서 도움이 되지 않는 성직자주의(clericalism)로 이어진다(그리스도인의 자유에 대한 그의 논증).

우리는 이것들 각각을 상세히 검토해 볼 것이다.

백과사전적 논증 카이퍼는 신학 백과사전에 상당한 힘을 쏟아서, 이 주

---

[20] Kuyper, "Biblical Criticism of the Present Day", pp. 410, 421.

제에 대해 세 권짜리 저술을 출간할 정도였다.²¹ 성서학은 카이퍼에게 신학 백과사전의 일부이며, 그는 당시의 성서 비평이 신학의 살아 있는 생태계에 파괴적이라고 보았다.

카이퍼에게 신학은 다른 학문들과 차이가 있는데, 그 대상이 하나님이라는 점에서, 그리고 하나님은 오직 하나님 자신에 대한 그분의 계시를 통해서만 알려질 수 있다는 점에서 그렇다. "모든 다른 학문에서 인간은 대상을 관찰하고 사려 깊게 탐구하며 그 대상을 자신에게 종속시킵니다. 그러나 신학에서는 대상 자체가 능동적입니다. 그것은 단지 열려 있는 상태로 서 있는 것이 아니라, 보이도록 자신을 내어줍니다. 조사를 허락하지 않지만, 스스로를 계시하는 것입니다. 그리고 오로지 자신의 존재에 대한 지식이 퍼져 나가도록 인간을 도구로 삼습니다."²²

신학은 통일체이며 성령의 자극으로부터 태어난다. 그것은 하나님의 백성 가운데서 아주 중요한 역할을 한다. 하나님은 "자신의 존재에 대한 지식이 우리에게 받아들여지기를, 그리고 우리 생각과 마음의 고랑에 뿌려져 싹을 내기를, 싹이 난 후에는 열매를 맺어 그분의 이름을 존귀하게 하기를 의도하십니다."²³

카이퍼에게 **교의학**은 신학의 핵심으로, 비평적-문학적 연구는 그 중심에서 가장 멀리 떨어져 있고, 중심 주변은 주해, 목회 신학, 교회 역사가 둘러싸고 있다. 이 중심은 가장 큰 힘을 받아야 하는데, 이는 성서 비평이 뒤죽박죽으로 만드는 우선성이다. 그것은 "종속적인 것을 주된 것으로 만들고, 테두리에 더 가까이 놓인 것에 최선의 힘을 기울이며, 최고의 두뇌와 최고의 시간을 신학의 핵심 연구에서 빼내어, 가공할 뇌수종의 출현을 야기합

---

21 부분적으로 헨드릭 더 프리스(J. Hendrik de Vries)에 의해 영어로 번역된 것이 다음의 책이다. Kuyper, *Principles of Sacred Theology* (Grand Rapids: Baker, 1980). 참고. 10장.
22 Kuyper, "Biblical Criticism of the Present Day", p. 411.
23 같은 책.

니다." 탁월한 달변가인 카이퍼는 성서 비평의 영향을 어떤 왕실 만찬에 비유한다. 식탁보의 실 가닥이 모두 헤아려지고, 황금 잔에 묻은 얼룩들도 빠짐없이 기록되었지만, 정작 포도주는 없다! 카이퍼가 보기에, "성경 개론"**에 대해서는**(about) 많은 말을 하면서도 성경의 권위**에 근거해서는**(on) 거의 말하지 않는다면 대단히 잘못된 것이다. 그 결과로 "신학 영역의 훨씬 더 큰 부분은 여전히 경작되지 않은 땅입니다. 진정한 신학적 감각은 무디어졌습니다. 신성한 신학(sancta theologia)의 바깥 성소에서 이어지는 입구가 아직도 그들이 걸어오기를 기다리고 있는데, 신학자를 자처하는 이들 대부분은 이미 자신들의 연구가 끝났다고 선언합니다."[24]

성서 비평은 그렇게 계시 신학의 지배 원리를 전복시켰고, 일단 우리가 지배 원리를 버리고 나면 "그런 연구 과정이 우리를 지배하며, 연구 과정에서 이런 일탈 충동을 낳는 그 다른 원리의 힘에 우리를 무의식적으로 종속시킵니다."[25] 카이퍼가 보기에 성서 비평은 그 시대의 정신을 보여 주는 것이며, 따라서 성서 비평의 출현과 지배는 결코 우연이 아니다.

그것은 오히려 그런 정신의 일반적 성향으로, 유럽 모든 나라에서 거의 동시에 성경에 반대하는 매우 유사한 추정들이 제기되었습니다. 슐라이어마허 추종자들, 로버트슨 스미스 추종자들, 쿠에넨 추종자들, 콜렌소 추종자들이 바로, 한때 통용되던 개념들의 개혁자로서, 삶의 모든 분야에서 전체 인류의 의식을 뒤바꾸어 놓은 정신을 성경에 기초에서 가장 정확하게 해석한 자들이 됩니다. 신학에서도 혁명이 일어났는데, 이는 우리가 이미 정치에서 그리고 사회 관계와 가정 관계에서 목도한 바와 같습니다.[26]

---

24 같은 책, pp. 412, 414.
25 같은 책, p. 415.
26 같은 책, p. 415.

카이퍼가 보기에 이 새로운 정신은 흔히 정통 개신교주의의 형식들을 입고 나타난다. 따라서 그는 흐로닝언 학파에서 기원하는 윤리적 접근에 비판적이었는데, 그 학파는 시온의 언어를 계속 사용하지만 우리에게 준 것은 전혀 다른 신학이다.[27] 그의 주장에 따르면, "'종교학'(science of religion)은 신성한 신학의 보좌에 오르는 것이 허용되었고, 자원하는 사제로서 여러분은 뛰어난 재능을 바치며, 자원하는 소년 성가대원으로서 경의의 향을 가져옵니다." 카이퍼는 깊은 통찰을 여기서 보여 주는데, 왜냐하면 현대 성서학에서의 중대한 변화가 실제로 성경의 신학적 해석을 **종교사**(history of religions)의 접근으로 대체한 것이었기 때문이다. 카이퍼가 구약학에 대해 지적하듯이, "단순한 명칭 변화가 일어나서 이제부터는 모든 우상숭배가, 그것이 아무리 유일한 참 하나님을 대적하는 성격을 가질지라도 '종교'로 지칭된다는 것은, 우상숭배적 세계관 전체를 정죄하는 옛 언약에 대한 비판입니다."[28]

카이퍼는 성서 비평이 교회에 대해 갖는 함의들을 항상 인식하고 있었다. 그가 보기에 그것은 교회에 매우 해를 끼치는데, 왜냐하면 교회는 건강한 신학이 필요하기 때문이다. 실제로, 신학은 하나님으로부터 오는 선물이다. "간단히 말해서, 교회에 필요한 신학은 평신도 편에서의 신성한 것들에 대한 지식과 구체적으로는 아니라도 점진적으로 다르며, 교회 바깥에 서 있지 않고 성령의 봉사 안에서 교회와 함께 한 뿌리 위에서 꽃을 피우고 번성합니다." 그런데 바로 이런 신학을, 카이퍼가 말하는 바에 따르면, "생체 해부자들"인 성서 비평가들이 교회에 주지 않는다.[29]

교의적 논증 둘째로, 카이퍼는 성서 비평이 교회가 가진 성경을 교회로

---

[27] 참고. 같은 책, pp. 433-442.
[28] 같은 책, pp. 420, 674.
[29] 같은 책, p. 420.

부터 빼앗는다고 주장한다. 그는 중요한 질문을 던진다. 언제 교회는 성경을 갖고 또 언제 그렇지 않은가? 카이퍼는 이 중요한 질문에 "일용 노동자처럼 꾸밈없이" 대답하고자 하는데, "왜냐하면 성경은 일용 노동자에게나 교수에게나 신성한 보석이기 때문입니다."[30]

카이퍼는 자신이 성경을 개인적으로 혹은 가정예배에서 읽을 때, 그것을 그에게 말을 거는 모세나 요한의 음성이 아닌, 주 하나님의 말씀으로 읽는다고 고백한다. 이 지점에서 그의 말을 길게 인용할 가치가 있다.

그렇다면 나에게 만물의 기원과 인간의 재앙 같은 타락을 이야기해 주는 이는 바로 그분입니다. 하나님은 나에게 침묵의 장엄함으로, 어떻게 자신이 타락한 우리 인류를 위해 구원을 정해 놓으셨는지 말씀하십니다. 나는 그분이 스스로 행하신 이적들을 우리의 구원과 그분의 택하신 백성의 구원과 관련시키시는 것을, 그리고 그 백성이 그분을 대적하여 반역했을 때 어떻게 그분이 진노 가운데 그들에게 고난을 주셨는지, 그리고 벌을 주신 후 그들을 그분의 은혜로 회복시키셨을 때 그들이 그분의 사랑하시는 아들이 오시는 날을 고대한 것을 직접 듣습니다. 그 거룩한 역사의 한가운데서 나는 시편에서 성령이 내 영의 귀에 노래하시는 것을 듣는데, 이는 내 영혼 깊은 곳에 있는 것을 드러내며, 예언서들에서 나는 그분이 이스라엘 선견자들의 영혼에 속삭이셨던 것이 반복되는 것을 듣고, 그 안에서 내 영혼은 깊은 영감을 주는 아름다운 전망으로 생기를 되찾습니다. 마침내 신약성경을 펼치면, 하나님이 직접 내게 '오실 그분', '선조들의 소망'을 드러내시고, 구유가 있던 곳을 보여 주시고, 그분의 발자취를 가리키시며, 골고다에서는 어떻게 그분의 유일무이한 사랑의 아들이 비참한 운명에 처한 나를 위해 십자가의 죽음을 죽으

---

[30] 같은 책, p. 422.

셨는지 보게 하십니다. 그리고 마지막으로, 동일한 하나님이신 성령이, 이를 테면, 자신이 예수의 제자들을 통해 그 십자가의 부요함과 관련해 선포하게 하신 것을 내게 읽어 주시고, 요한계시록에서 하늘들의 하늘로부터 노래하는 황홀한 호산나 찬가로 이 드라마의 기록을 닫으십니다. 이것을 유치한 신앙이나 다름없다고 부르면서 더 지혜로운 여러분은 그것을 이미 넘어섰다고 할지라도, 나는 그것을 더 좋게 할 수 없습니다. 나의 성경은 나에게 그런 것이고, 지나간 세대들에서 그런 것이었으며, 지금도 여전히 그런 것, 즉 살아계신 하나님의 교회의 성경입니다. 인간 저자들은 사라져야 합니다. 성경에서 하나님이 직접 영혼의 귀에 이야기하시고, 노래하시고, 예언하시고, 교정하시고, 위로하시고, 환호하셔야 합니다. 주 하나님의 위엄이 질문의 핵심이며, 그것뿐입니다.[31]

분명히 카이퍼는 성경에 대한 아주 높은 견해를 가지고 있다. 그러나 그는 성경 숭배(bibliolatry)는 피한다. 성경이 하나님의 말씀이 되는 유일한 경우는, 하나님이 성경 안에서 그리고 성경을 통하여 누군가에게 말씀하시는 것을 성령이 가능하게 하실 때다. 카이퍼는 **영감**(inspiration)을 성경이 생기도록 하는 데 하나님이 사용하신 방식으로 인정한다. 주의 깊게 그는 계시를 영감과 구별한다. 그가 "뒤로 향하는 자들"(those backward ones)과 함께 긍정하는 것은, 하나님이 돌판에 율법을 기록하셨으며, 시내산에서 들을 수 있도록 말씀하셨으며, 자신의 선지자들을 통해 미래를 예측하셨다는 것 등이다. 그러나 성경은 계시와 동등하게 다루어져서는 안 되는데, 왜냐하면 성경은 하나님이 자신에 대해 계시하신 것 중에서 모든 시대의 교회를 위해 성경이 되는 말씀으로 보전되어야 할 만큼만 우리에게 제공하기 때문이

---

31 같은 책, pp. 422-423.

다.³² 카이퍼는 영감에 대한 마술적, 받아쓰기식 견해를 배격한다. "나는 그 기록자들이 성령을 섬기는 데 전적으로 도구적이라고 보는데, 여기에는 그들이 알았던 모든 것과, 더불어 그들의 이전 훈련의 결과와 심지어 그들의 주변 환경과 자격까지 포함됩니다. 또한 나는 성령이 이 사람 전체를 사용하셨다고 주장하는데, 여기에는 그에게 속하는 모든 것이 포함됩니다."³³ 카이퍼는 어떤 이들이 성경과 하나님의 말씀을 구분하는 것을 배격한다.³⁴ 전체로서나 각 부분들에서나 성경은 하나님의 말씀이다. 성경은 무오하며, 카이퍼 당대에 일부 독일 신학자들이 습관적으로 했던 것처럼 말씀으로부터 생각을 분리할 수 없다. 따라서 카이퍼는 오늘날 우리가 성경의 완전 축자 영감(plenary verbal inspiration)이라고 부르는 것을 긍정한다. "또한 그것은 축자 영감이었는데, 기계적으로 육신의 귀에 속삭이는 것이 아니라, 유기적으로 사람의 의식으로부터 말씀을 불러일으키는 것이다." 성경의 영감을 건드리지 않는 한, 카이퍼는 누군가의 영감 이론에서 어느 정도의 비일관성을 허용한다. "모든 인간적 숙고의 불확실성과 대조되는 신적 확고함, 바로 이것이 바로 성경을 '거룩한' 것으로, 즉 하나님의 교회를 위한 성경으로 만드는 것입니다."³⁵

카이퍼는 성서 비평의 모든 측면에 반대한 근본주의자가 결코 아니다.³⁶ 그는 비평가들이 성경에 세심한 주의를 기울이는 것과 성경 형성의 역사를 탐구하는 것을 긍정한다. 하나님의 은혜 아래서 성경에 대한 가장 극단적인

32 참고. Bavinck, *Reformed Dogmatics*, vol. 1, p. 381.
33 Kuyper, "Biblical Criticism of the Present Day", p. 430. 참고. Bavinck, *Reformed Dogmatics*, vol. 1, p. 431, 영감에 대한 기계적 접근 비판.
34 참고. Bavinck, *Reformed Dogmatics*, vol. 1, p. 443: "성경은 하나님의 말씀이다. 그것은 하나님의 말씀을 단지 담고 있는 것이 아니라, 하나님의 말씀이다."
35 Kuyper, "Biblical Criticism of the Present Day", pp. 432, 433.
36 참고. Harinck, "Twin Sisters"; Al Wolters, "The Nature of Fundamentalism", *Pro Rege*, September 1986, pp. 2-9.

난도질조차 유익으로 이어질 것이다. 그는 자신이 성경에서 발견하는 난점들에 대해 상당히 열려 있으며, 이런 것들은 다음의 네 가지 조건을 가지고 정면으로 맞닥뜨려야 한다고 역설했다.

1. 우리가 구할 수 있는 친필 원고는 없다.
2. 성경의 여러 장르는 진지하게 받아들여져야 한다.
3. 엄격한 변증적 작업은 계속해서 중요하다.
4. 난점들이 여전히 남아 있는 부분에서, 우리는 성경의 무류성을 거부하는 교만한 과학주의보다는 무지를 공언하기를 선택한다.[37]

이는 카이퍼가 성경에 오류가 있음을 인정하는 것이라고 계속 상기시키려는 사람들에 대한 응답으로, 그는 흥미로운 예화를 든다. 만약 어떤 사람이 그 끝이 약간 손상된 순금 잔을 들고 있다면, 누가 이 잔 대신 가짜 금으로 된 잔을 택하겠는가?[38]

문화의 다른 영역들에서와 마찬가지로 분명히 카이퍼는 보수주의를 요청하는 것이 아니지만, 그는 신학의 기본 원리를 폐기하는 것을 반대한다. 카이퍼는 말씀을 통해 세상을 읽을 것을 주장하며, 그 말씀이 우리에게 세상에서의 반립을 경고한다고 지적한다. 성경은 "세상"과 그 정신을 정죄하며,

> 따라서 이 시대에 그토록 강력하게 영향을 끼치는 이 세상의 정신이 성경의 권위를 무너뜨리기 위해 모든 힘을 기울이는 것은 너무나 자연스러운 일입니다. 그것이 성경 앞에서 굴복하거나 성경이 그것에 맞게 구부러지거나 둘 중 하나뿐이며, 이 세상에 영감을 주는 정신은 성경에 영감을 준 정신에 대항하여 굽힐 수 없는 전쟁을 벌이는 수밖에 없습니다. 이 둘에 의해 형성된 반

---

[37] Kuyper, "Biblical Criticism of the Present Day", pp. 675-676.
[38] 같은 책, p. 677.

립은 완전히 반대됩니다.[39]

오직 성령이 우리에게 지혜를 가르치실 수 있고, 따라서 모든 피조물의 정신은 자신을 성령에 종속시켜야 한다. "이것은 우리를 절대적 딜레마 앞에 두는데, 피할 길이 전혀 없는 선택입니다." 성경에 영감을 주는 성령의 사역과 관련해서, 오류가 있을 수 있는 인간의 판단보다는 성령의 자기 증거가 더 신뢰되어야 한다. 카이퍼는 성경에 중요한 의미를 부여하지 않는 학자들이 이제 그 연구를 위해 일생을 바친다는 점을 지적한다. 따라서 신학은 경계를 늦추어서는 안 되고, "그러므로 나는 신학의 고유 원리가 여기서 허용하고 허용하지 않는 것에 대해, 보수주의의 법정에 호소하는 것이 아니라 우리 학문의 백과사전에 묻습니다." 신학에서 "적극적 탐구자"는 주체가 아니라 대상의 정신이다. 카이퍼는 성령의 증언이 이 세상에 대한 특정한 견해를 산출하여, 그 결과로 "성경에 대한 모든 비판적 연구는 신학에 이질적인 것으로서, 명백히 성령의 원리에 대항하는 철학적 원리에 의해 지배되는 것으로서 거부되어야 합니다"라고 말한다.[40] '데우스 호모'[*Deus homo*, 신인(神人)]를 '호모-데우스'(*Homo-deus*, 인간 신)로 뒤집는 그 시대의 영적 충동은 성경의 폐기로 이어지거나, 혹은 경건이 어느 정도 억제한다면 성경을 찢어 내어 그 "성경"이 이 세상의 지혜를 긍정할 때까지 전혀 다른 구성으로 재조합하게 한다. 최종 결과는 교회가 성경을 강탈당한다는 것이다.

성직자적 논증 셋째, 카이퍼는 성서 비평이 교회로부터 자유를 박탈하고 오히려 지적 성직자주의에 사로잡히도록 만든다고 주장한다. 괴로운 영

39　같은 책, p. 668. 참고. Bavinck, *Reformed Dogmatics*, vol. 1, pp. 439-440.
40　Kuyper, "Biblical Criticism of the Present Day", pp. 671, 669, 672.

혼들은 하나님을 향하여 목양되고 **"말씀의 반석"**[41] 위에 세워져야 한다. 괴로운 영혼은 오직 하나님을 의지함으로써만 평화를 찾으며, 성령은 하나님의 말씀을 통해 하나님의 백성을 보살피신다. "동일한 성령이 이후로 언제나 공적 설교를 통해 그 말씀을 해석하셨으며, 생명으로 부르심을 받은 이들 안에 있는 신앙과 그것이 어우러지게 하십니다." 카이퍼는 성경이라는 정경의 산출을 감독하신 동일한 성령이, 성경의 계속되는 삶을 돌보신다고 강조한다. "그리고 마지막으로 성경 주해에 관해서 말하자면, 여기서도 역시 성령이 진짜 주해자이시며, 견해 차이가 있는 곳에서 최고 재판관(Supremus Judex)이십니다." 성령의 증언은 성경이 하나님의 말씀이라는 확실성을 제공하며, 그리하여 신자에게 참된 자유를 부여한다. 이것은 모든 사람이 그분을 알게 될 것이므로 이웃에게 "여호와를 알라"고 말할 필요가 없으리라는 예언의 성취다. "혹은, 만약 여러분이 원한다면 그것을 거룩하고 신적이며 유일한 진짜 평등이라고 불러도 좋습니다. 절대적으로 유사하며 흔들리지 않는 마음속 확신을 가지고, 가장 심오한 학자를 가장 소박한 가정주부와 나란히 무릎 꿇게 하기 때문입니다."[42]

성서 비평의 문제는 이 아름다운 만물의 질서를 약화시킨다는 것이다. "그것은 단단하던 것을 느슨하게 합니다. 성경의 각 부분을 원래 자리에서 벗어나게 합니다. 그렇게 해서, 본의 아니게 그리고 속수무책으로, 평신도들은 셈어와 고전 연구를 하는 사람들의 손에 넘어갑니다."[43] 그리스도인들은 목자 없는 양처럼 방치되며 성직자들의 "박식한" 견해들에 사로잡힌다.

결론 카이퍼는, 마지막으로, 비그리스도인 학자들이 그들의 선택에 따라 성서학과 신학을 연구할 권리를 옹호한다.

---

41 같은 책, p. 678. 원문의 강조. 참고. Bavinck, *Reformed Dogmatics*, vol. 1, p. 461.
42 Kuyper, "Biblical Criticism of the Present Day", pp. 679, 682, 684.
43 같은 책, pp. 679, 682, 684.

> 그러나 내가 개탄하는 것은, 그리스도의 교회라는 영역에서, 그리고 신성한 신학의 성전 자체에서, 성경이 그리스도인 신학자라고 자처하는 이들에 의해 너무나 거칠게 다루어져서, 그 결과로 그들의 손에서 성경이 가차 없이 그리고 난폭하게 난도질을 당하고 여러 조각으로 뜯겨졌으며, 그 유기체가 철학 가설들에 따라 개편되었다는 점입니다.[44]

카이퍼는 당시의 성서 비평이 가진 철학적 토대들에 대해 예리하게 인식하면서, 윤리 신학자들에게 호소한다. "여러분의 신앙의 중심에 여전히 숨어 있는 순금에서 철학적 불순물을 녹여 내십시오. 두 가지의 서로를 배제하는 원리들을 가지고 절뚝거리는 것을 그만 두십시오."[45] 카이퍼의 요청을 자신들의 학자적 양심을 거스르라는 것으로 받아들일 젊은 학자들에게, 그는 그렇지 않다고 말한다. 오히려 그는 인간의 이성에 대한 과장된 인식을 거스르고 성령 안에서 풍성하게 될 것을 강력히 권고한다.

헤르만 바빙크(1854-1921)와 성경

앞에서 우리는 어떻게 카이퍼가 자신의 성경 읽기를 어린아이의 성경 읽기와 비교했는지를 보았다. 바빙크는 유사한 유비를 사용한다.

> 하나님의 말씀을 어린아이처럼 듣고 순종하는 일에는 굴욕적인 것도, 또한 어떤 방식으로든 한 사람의 자유를 손상하는 것도 없다. 하나님을 그분의 말씀에 근거해, 즉 그분의 권위에 근거해 믿는 것은 인간의 존엄성에 모순되는 것

---

[44] 같은 책, p. 686.
[45] 같은 책, pp. 687-688.

이 전혀 아니다. 어린아이가 아버지의 말에 무한한 신뢰를 가지고 의지한다고 해서 불명예가 되지 않는 것처럼 말이다. 따라서 기독교 신자들은 자라면서 점차 이 권위를 넘어서는 것이 아니라, 오히려 하나님을 그분의 말씀에 근거해 믿고 자신들의 지혜를 모두 버리는 것을 점진적으로 배운다. 이 땅에서 신자들은 결코 신앙과 권위의 관점을 넘어서지 않는다. 그들은 신앙 안에서 자라나는 만큼, 하나님의 말씀에 있는 그분의 권위에 더욱 굳건히 매달린다.[46]

카이퍼의 경우와 마찬가지로 이것은 성경에 대한 근본주의적 견해가 아니라, 확고한 영감 교리와 성서 비평의 도전에 대한 진지한 관여로 이어진다.

바빙크는 성경의 계시에서 말씀과 사실이 함께 간다는 점을 강조한다. 기독교적 계시는 **역사**이며 또 그래야 하는데, 이는 특히 성육신에서 명백히 나타난다. "인류의 삶에 완전히 들어갈 수 있기 위해 그리고 온전히 인류의 소유가 되기 위해, 계시는 성경의 형태($μορφη$)와 방식($σχημα$)을 취한다. 성경은 계시의 종의 형태다. 실제로, 계시의 중심 사실인 성육신이 성경으로 이어진다." 그러므로 성경은 그리스도의 성육신의 지속, "그리스도가 교회 안에 거하시는 방법, 하나님의 온전한 내주를 위한 준비"다.[47] 그리스도는 하나님의 최종적 말씀이지만, 이제 그리스도가 삶과 역사 전체로 들어오시는 것은 성경을 통해서다.

카이퍼와 마찬가지로, 그러나 좀 더 확장된 방식으로, 바빙크는 영감에 대한 유기적 견해를 옹호한다.[48] 그는 성경의 역사적·심리적 매개에 대한

---

[46] Bavinck, *Reformed Dogmatics*, vol. 1, p. 464.
[47] 같은 책, vol. 1, pp. 380-381.
[48] Dirk van Keulen, "The Internal Tension in Kuyper's Doctrine of Organic Inspiration of Scripture", in Cornelis van der Kooi and Jan de Bruijn, eds., *Kuyper Reconsidered: Aspects of His Life and Work* (Amsterdam: VU Uitgeverij, 1999), pp. 123-130는 카이퍼의 확실성 추구에서 비롯된 카이퍼의 영감론에서 긴장을 포착하는데, 나는 이 주장에 의해 설득되지 않았다.

인식이 현대성의 열매로서, 그 결과로 영감에 대한 기계적 견해가 유기적 견해에 바르게 자리를 내어 주었다고 지적한다. 유기적 견해는 기록으로서의 성경을 손상하는 것이 아니라, 오히려 성경이 그 진가를 더 온전히 발휘하도록 한다. 유기적 영감은 영감과 성경의 일차 저자로서의 하나님을 약화시키기 위해 사용되어 왔지만, "그러나 그리스도의 인간 본성이 아무리 약하고 초라할지라도 여전히 죄에서 자유로운 상태로 있었듯이, 성경도 '흠이나 얼룩이 없이 잉태되었다.' 즉 모든 부분에서 전적으로 인간적이지만, 또한 모든 부분에서 신적이다."[49]

이런 접근법에 대해 많은 반대가 있었는데, 대체로 역사 비평에서 나온 반대들이다. 바빙크의 지적에 따르면, 만약 성경이 하나님의 말씀이라면 반대를 일으키게 되어 있다.

> 물론 성경에 대한 모든 반대가 이런 [영적 적대감]의 측면에서 설명될 수 있는 것은 아니다. 그럼에도, 이번 세기에 성경이 접하는 공격들은 그것들 자체로만 고려되어서는 안 된다. 의심의 여지 없이 그것들은 이 시대의 지적 경향의 필수 요소다.…오늘날 오직 머리만 말하고 마음은 완전히 그것의 바깥에 있지는 않을 것이다.…죄와 오류의 연관성은 종종 의식적 삶의 표면 아래 깊은 곳에 자리하고 있다.…성경에 맞서는 싸움은, 무엇보다도, 인간 마음의 적대성을 드러낸다.[50]

카이퍼가 죽은 보수주의와 불신앙의 비평을 논박하는 것과 마찬가지로, 바빙크도 역사 비평뿐 아니라 죽은 정통주의를 문제로 본다.

바빙크는 신뢰와 겸손의 해석학을 호소한다. 그는 아우구스티누스의 삶

---

[49] Bavinck, *Reformed Dogmatics*, vol. 1, pp. 431, 435.
[50] 같은 책, vol. 1, p. 440.

에서 일어난 아름다운 사건을 언급한다. 한 수사학자가, 웅변의 최고 원칙이 무엇이냐는 질문에 첫째가 "전달", 둘째가 "전달", 그리고 셋째가 "전달"이라고 대답한 것이다! 아우구스티누스는 만약 기독교에서 가장 중요한 계율이 무엇이냐고 묻는다면 첫째가 겸손, 둘째가 겸손, 그리고 셋째가 겸손이라고 대답할 것이라고 반응한다! 바빙크는 또한 파스칼(Pascal)을 인용한다. "겸손하라, 권능 없는 이성이여! 침묵하라, 어리석은 본성이여!…하나님께 귀를 기울이라!" 이것은 우리가 성경에서 직면하는 난점들을 부정하는 것이 아니다. "성경에는 지적 난점들(cruces)이 있는데, 이는 무시될 수 없지만 또한 아마도 결코 풀리지 않을 것들이다."[51] 그러나 그런 도전들에 직면해서 우리가 무엇을 하는지가 중요하다. 바빙크는 신비와의 만남이 신학만 경험하는 일은 아니라고 지적한다. 다른 학문들도 유사한 도전에 직면한다.

성경의 목적에 대해, 즉 그것이 종교적-윤리적이라는 점을 명확히 하는 것이 필수적이다. 바빙크의 지적에 따르면, "역사 비평은 성경의 이 목적을 완전히 잊었다."[52] 성경은 특별한 학문들을 위한 설명서가 아니며, 또한 우리는 예수의 생애나 이스라엘의 역사를 성경으로부터 구성해 낼 수 없다. 더 나아가 성경은 우리가 수학, 천문학 등에서 하는 것과 같은 정확한 지식에 대한 요구를 만족시키지 않는다. 성경의 역사 기록은 고유한 특징을 갖지만, 이는 그것이 사실이 아니라거나 신뢰할 만하지 않다는 의미는 아니다.

비록 성경이 학문들을 위한 설명서는 아니지만, "바로 하나님을 아는 지식에 대한 책으로서, 성경은 다른 학문들에 대해서도 할 말이 많다. 그것은 우리의 길에 빛이요 우리의 발에 등인데, 학문 및 예술과 관련해서도 마찬가지다." 실제로, "성경의 권위는 전 인격과 모든 인류로 확대된다.…성경의 권위는, 신적인 것으로서, 절대적이다." 바빙크는 성경적 변증학에 대

---

[51] 같은 책, vol. 1, pp. 441, 442.
[52] 같은 책, vol. 1, p. 444.

한 놀라울 정도로 미묘한 차이가 있는 견해를 발전시키면서, 무엇보다도 "오직 기독교 세계관이 세상과 삶의 현실에 들어맞는 것이다"라는 점을 언급한다.⁵³

카이퍼의 후계자들과 성경

카이퍼도 바빙크도 성서학자가 아니었지만 그들의 작업은 모두 성경으로 가득 차 있었으며, 또한 카이퍼는 여러 권의 경건 서적을 썼다. 특히 바빙크는 견고한 성경 연구의 필요성을 인식했다. 매튜 헨리(Matthew Henry)의 『성경 주석』(Commentary on the Bible) 네덜란드어판에 대한 서문에서 바빙크는 이렇게 쓴다. "헨리의 이 주석이 모든 측면에서 오늘날의 필요를 채우리라고 기대하는 것은 지나칠 수 있다. 그러나 이 영역에서 우리는 여전히 극도로 보잘것없다.···우리가 얼마나 한탄하든지, 우리는 여전히 과거가 우리에게 제공해 주는 것으로 살아야 한다."⁵⁴

『간략한 해설』(Korte Verklaring) 주석 시리즈는 바빙크에 의해 밝혀진 공백을 채우는 데 중요한 공헌을 했으며, 알더스(G. Ch. Aalders, 1880-1961), 히스펜(W. H. Gispen, 1900-1986), 헤르만 리델보스(1909-2007) 등의 권위자들이 한 작업을 포함한다.⁵⁵ 『간략한 해설』 주석은 제목이 제안하듯이 "간략한" 것이 전혀 아니다. 예를 들어, 창세기에 대한 알더스의 주석은 세 권으로 되어 있으며, 당시의 성서 비평에 진지하게 관여한다. 암스테르담 자유

---

53 같은 책, vol. 1, pp. 445, 465, 515.
54 Matthew Henry, *Letterlijke en Practicale Verklaring van het N. T.*, with introduction by Herman Bavinck (Kampen: Kok, 1909), p. vii; Sidney Greidanus, *Sola Scriptura: Problems and Principles in Preaching Historical Texts* (Toronto: Wedge, 1970; repr., Wipf and Stock, 2001), p. 25에 인용됨. 『구속사적 설교의 원리』(SFC).
55 현재 영문판 번역이 진행 중이다.

대학교와 네덜란드의 개혁파 신학교들의 성서학자들은 주석뿐 아니라 성경 주제, 개론 등에 대한 탄탄한 저작들을 생산해 냈다. 예를 들어, 알더스의 『오경 개론』(*Introduction to the Pentateuch*)은 여전히 유용한 작업이다. 이런 작업들은 여전히 통찰의 보고로서, 우리 시대를 위하여 되찾고 회복하고 발전시켜야 한다.

카이퍼는 1920년에 죽었고, 그의 죽음 후 제1차 세계대전과 제2차 세계대전 사이의 기간에 개혁파 성경 해석학에서 의미 있는 새로운 발전이 있었는데, 즉 **구속사**(redemptive-historical) 학파의 등장이다. 이 운동은 카이퍼와 바빙크 및 다른 네덜란드 학자들 안에 그 뿌리들이 있지만 아주 중요한 측면들에서 새로웠는데, 이는 클라스 스킬더가 1930년대에 낸 『수난당하시는 그리스도』(*Christ in His Suffering*)[56]를 포함하는, 일련의 논문과 책들을 내놓으면서 시작된 운동이다. 이 운동은 하나님과 그리스도를 중심에 둔 성경 읽기 방식을 추구한다는 점에서 건설적이었으나, 또한 초기 바르트에게서 감지되는 무역사주의(ahistoricism)와 개혁파 교회들에 있는 "모범 설교"(exemplary preaching)의 지배에 대한 반작용으로 발전했다.[57]

다음 요소들이 구속사적 접근의 특징이다.

1. 구속사는 역사**이며**, 이 접근은 세속 역사와 구속 역사를 구분하는 것에 반대한다. 스킬더가 그의 『하늘이란 무엇인가?』(*What Is Heaven?*)에서 주장하는 바에 따르면, "하나님의 구속 사역은 '속된' 것과 분리된 다른 역사를 만들어 내지 않으며, 역사 안으로 들어와서 스스로 역사와 함께, 역사를 통해 실행된다. 그것은 역사를 이미 존재하는 역사

---

[56] Klaas Schilder, *Christus in zijn lijden*, ET *Christ in His Suffering*, 3 vols., trans. Henry Zylstra (Grand Rapids: Eerdmans, 1954). 『수난당하시는 그리스도』(크리스천르네상스).

[57] 모범 설교에 대해 Greidanus, *Sola Scriptura*, pp. 8-18를 보라. 네덜란드에서의 모범/구속사 논쟁에 대해 같은 책, pp. 22-120를 보라.

적 현실이 되게 한다."⁵⁸ 그리스도 안에서 하나님은 그분의 세상을 위한 목적을 회복하신다.

2. 구속사는 **통일체**(unity)다. 구속사적 접근의 지지자들은 하나님의 영원한 뜻을 상정하여, 하나님이 만물을 그분의 뜻에 따라 계획하셨으며 따라서 역사가 전개될 때 그리스도가 그 중심인 하나의 통일체로 전개된다고 본다. 따라서 1946년에 스킬더는 구속사를 "확정된 계획에 따라 시간 안에서 우리를 위한 하나님의 평화의 생각들을 하나님이 순차적으로 실현하신 것, 또한 성부·성자·성령이 상호 간의 협의로 자신들의 계획으로 확정하셨고, 시간 '전에' 결정하셨고, 시간 안에서 실행하신 것의 성취"라고 정의했다.⁵⁹

3. "하나님이 순차적으로 실현하신 것"은 구속사적 접근의 **점진적** 요소를 표현한다. "언제나 역사는 통일성과 진보를 동시에 의미한다."⁶⁰ 스킬더에 따르면, "이후의 모든 시대에는 어떤 새로운 것의 결정적 등장, 대기압의 불가피한 증가, 기온 상승, 베들레헴의 가까워짐이 있다."⁶¹ 하나님의 신비들은 모두 영원히 하나님께 알려져 있으나, 그것들의 내용은 인류에게 역사 안에서 순차적으로 계시된다.⁶² 하나님의 계시의 점진적 본질을 어느 정도까지 표현할 수 있는가에 대해 논란이 있었지만, 스킬더조차 "구속사의 모든 단계를 추적한다는 것은 언제나 신비를 직면한다는 것을 의미한다"고 썼다.⁶³ 따라서 강조는 성경에 중심이 되는 종말론에 더 있지, 하나님의 계시의 진전을 정확한

---

58 Klaas Schilder, *Wat is de Hemel?* (Kampen: Kok, 1935), p. 68.
59 Greidanus, *Sola Scriptura*, pp. 123-124n14에 인용됨. 저자의 번역.
60 B. Holwerda, "*...Begonnen Hebbende van Mozes...*" (Terneuzen: D. H. Littooij, 1953), p. 89.
61 Greidanus, *Sola Scriptura*, p. 124에 인용됨.
62 Schilder, *Wat is de Hemel*, p. 253.
63 Greidanus, *Sola Scriptura*, p. 129에 인용됨.

세부 사항까지 추적한다는 데 있지 않다.

4. 구속사적 해석학이 아주 철저히 **신학적**이라는 점이 명백해질 것이다. 주목할 만한 사실은, 구속사적 해석학이 어떻게 성경을 **설교**해야 하나님이 말씀하시는 것이 교회 안에서 온 창조 세계에 영향을 끼치는 구속적 권능으로 들릴 것인가에 대한 관심에서 나온다는 점이다. 의심의 여지 없이 구속사적 접근의 지지자들은 교회가 말씀을 수용한 것이 그 수용의 일차적 맥락이라고 단언했을 것이다. 성서학의 역할은 이 수용을 더욱 심화하는 것이다.

이 운동의 지도자인 홀베르다(B. Holwerda)[64]는 1940년에 이 구속사적 접근을 다음과 같이 요약했다.

> 성경이 담고 있는 것은 많은 역사가 아니라 **하나의** 역사다. 하나님의 지속적으로 전진하는 계시의 역사, 하나님의 항상 진보하는 구속 사역의 역사 하나뿐이다. 또한 성경에서 명명되는 다양한 사람들은 이 하나의 역사 안에서 저마다 독특한 자리를 부여받았으며, 이 역사에서 저마다 독특한 의미를 가진다. 그러므로 우리는 모든 설명을 그것들이 서로에 대해 갖는 관계 가운데, 그리고 그것들을 구속사의 중심인 예수 그리스도와의 일관성 가운데 이해하려고 노력해야 한다.[65]

발굴되어야 할 훌륭한 자원이 이 전통에 많이 있지만, 이 접근의 뛰어난 주창자들 가운데 한 사람은 헤르만 리델보스(1909-2007)로,[66] 그의 저서『하

---

[64] 참고. George Harinck, ed., *Holwerda herdacht: Bijdragen over leven en werk van Benne Holwerda (1909-1952)* (Barneveld: De Vuurbaak, 2005).
[65] Sidney Greidanus, *Sola Scriptura*, p. 41에 번역 및 인용됨.
[66] 리델보스 가문은 영국의 웬함(Wenham) 가문을 연상시킨다. 아버지 존 웬함(John Wenham)은『기초 신약성경 그리스어』(*Elements of New Testament Greek*)를 비롯한 여러 중요한 책들을

나님 나라』(*The Coming of the Kingdom*)와 『바울 신학』(*Paul*)은 여전히 고전이다. 그는 암스테르담 자유 대학교에서 산상설교 연구로 박사 학위를 받았으며 계속해서 경이로울 정도로 방대한 연구물을 만들어 냈는데, 그중 많은 것이 여전히 번역되지 않은 채로 남아 있다.

바울에 대한 새로운 접근은, 논란이 되는 칭의의 재맥락화와 더불어, 오늘날 신약학자들과 그리스도인들 사이에서 많은 관심을 받고 있다.[67] 이 맥락에서, 바울에 대한 리델보스의 저술을 읽는 것은 대단히 흥미로운 일이다. 예를 들어, 그는 바울 저작의 체계에 대해 이런 질문을 제기한다. "그곳으로 인도하는 온갖 종류의 문들이 있음은 명백하다. 그러나 그것들 중에서 어떤 것이 정문일까?" 종교개혁가들은 **칭의**(justification)에서 정문을 발견했고, 이후의 주석가들은 "**그리스도 안에 있음**"(being-in-Christ)에서 그것을 발견하여, 그 결과로 바울의 성령-신비주의(Spirit-mysticism)가 정문이 되었다. 후자의 영향은 바울의 가르침이 예수의 가르침과 갖는 일관성을 무너뜨리는 것이다. 리델보스가 신비적인 것을 법정적인 것에 반대되는 것으로 두는 것을 거부하면서 주장하는 바에 따르면, "'구속사적'이라는 용어…는 바울이 선포한 것의 일반적 특징에 대한 새롭고 더 넓은 전망을 표현한다."[68] 리델보스는 루터의 회심을 바울의 회심과 대조한다. 루터에게 회심은 구원의 서정(*ordo salutis*)에 대한 그의 이해의 전복을 수반한 반면, 바울에게 회심은 구원의 역사(*historia salutis*)를 수반했다.

썼고, 그의 세 아들은 각각 목사, 신약학자(David Wenham), 구약학자(Gordon Wenham)였다. 헤르만 리델보스의 아버지 얀(Jan)은 헤르만이 일했던 캄펜 신학교의 구약학 교수였고, 헤르만의 형제 니콜라스 헤르만 리델보스(Nicolaas Herman Ridderbos)는 암스테르담 자유 대학교의 구약학 교수였다.

67 이에 대한 소개를 다음에서 보라. Kent L. Yinger, *The New Perspective on Paul: An Introduction* (Eugene, OR: Cascade Books, 2011). 『바울에 관한 새 관점 개요』(감은사).

68 Herman Ridderbos, *When the Time Had Fully Come: Studies in New Testament Theology* (Grand Rapids: Eerdmans, 1957), pp. 44, 47. 『시간의 충만함이 도래했을 때』(제네바신학대학원대학교출판부).

하나님은 바울에게 다메섹으로 가는 길 위에서 계시하셨는데, 십자가에 달리셨고 바울에 의해 박해받는 나사렛 예수가 하나님에 의해 보냄을 받은 메시아라는 것이었다. 십자가에 달리시고 부활하신 구세주 안에서 하나님의 때의 위대한 전환점이 도래했다는 것은, 새롭고 압도하는 확실성이다.…그러므로 그의 선교와 사역의 본질은 구속의 역사에 의해 규정된다.…그는, 다른 사도들과 함께, 현재의 시간에 뚫고 들어온 새로운 시대를 자신의 증언으로 동반하며 설명할 사람이다.[69]

칭의는, 리델보스가 보기에, 이런 더 큰 구속사적 맥락에서 이해되어야 한다.

평가

카이퍼 전통은 오늘날 성경을 회복하기 위한 풍성한 자원을 갖고 있다. 현대 세계의 선명한 초점이 등장하는 상황에서, 카이퍼와 바빙크는 성경을 하나님의 무오한 말씀으로 굳게 붙드는 것이 중요함을 아주 명료하게 보았다. 오늘날의 너무나 많은 성경 연구와 달리, 그들은 **성경과 관련해서는** 신뢰의 해석학을, 문화적 사조 및 **우리 자신과 관련해서는**, 특히 현대주의와 관련해서는 의심의 해석학을 지지한다. 둘 다 올바르게 **영감에 대한 유기적 견해**를 지지하고, 바빙크는 이것을 상세하게 발전시킨다.

카이퍼와 바빙크는 모두 교회사의 특정한 시기에 갇혀 있다는 의미에서의 보수주의자들은 아니었다. 둘 다 개혁파 전통을 자신들의 시대에 맞게 갱신할 필요를 인식했다. 카이퍼의 "보수주의와 정통 신앙: 그릇된 보전과 진정한 보전"(*Conservatism and Orthodoxy: False and True Preservation*)은 이

---

[69] 같은 책, p. 48.

런 측면에서 필독 자료다.[70] 카이퍼의 지적에 따르면, 어떤 면에서 보수주의는 교회의 DNA 자체 안에 있다. "기독교는 새 창조를 지향하지만, 그것은 옛것으로부터의 새것이며, 이미 존재하는 타락한 옛 세계로부터 새롭게 빚어지는 것이다." 기독교는 단연코 혁명적이지 않다. "그것이 반대하는 혁명과 달리, [기독교는] 공허한 이념들이 아니라 실제 능력에 따라 산다. 허공에 성들을 그리지 않고, 갖고 있는 재료들을 가지고 **주어진 토대 위에** 견고한 집을 세운다." 그리고 성경과 성경의 그리스도는 이 토대에 철저히 중심이 된다. 기독교는 역사적 현상으로, 성경에 기록된 "**시간 속 영원의 계시**"이며, 따라서 교회가 그 값비싼 진주를 잃지 않으려면 보전이 필수적이다. "저는 전통을 결연하게 붙드는 것이 어떻게 종교와 비슷한지, 그리고 '부활에 의한 구원'이 어떻게 그리스도인의 주제가인지 지적한 바 있습니다."[71]

그러나 그릇된 보수주의는 전통을 고수하면서 살아 계신 그리스도를 놓아 버리고, 그렇게 해서 무력하게 된다. "여전히 우리의 소명은 우리가 그리스도 안에서 가진 것을, 그들의 시대가 아닌 **우리 자신의 시대에** 굳게 붙드는 것이며, 그러므로 오늘을 형성하는 것을 준비할 재료도 우리 자신의 시대에서 찾아야 한다."[72] 카이퍼에게 이것은, 무오한 성경의 굳건한 기반 위에서 그리스도인들이 **오늘** 하나님을 위하여 산다는 것이 의미하는 바를 실행해야 함을 의미한다.

결과적으로, 카이퍼와 바빙크 및 그들의 추종자들은 유럽 전역에서 성경 비평이 발전하고 승리하는 것을 진지하게 받아들였다. 그리고 그들은 그것을 단순히 무가치한 것으로 보지 않았다. 카이퍼는 스홀텐과 동의하지 않으면서도 대화를 계속 이어 갔으며, 바빙크는 자신의 교수들 가운데 하나인

---

70 Bratt, ed., *Abraham Kuyper: A Centennial Reader*, pp. 65-85.
71 같은 책, pp. 69, 70, 78.
72 같은 책 p. 82.

쿠에넨에게 매료되었다. 둘 다 성서 비평에서 배울 것이 많음을 인식했지만, 그럼에도 둘 다 성서 비평에 **인식론적 토대**를 넘겨줄 준비는 되어 있지 않았는데, 그것이 대체로 매우 반기독교적이었던 문화에서의 더 큰 변화들을 나타냈기 때문이다. 카이퍼와 바빙크의 천재성은 성서 비평의 배후에 있으면서 그것이 자라는 토양이 된 세계관들과 철학들을 꿰뚫어 보았다는 것과, 그 토양의 정신들을 시험해 볼 것을 주장한 데 있다.[73] 벨하우젠은 철학이 절대로 성서 비평에 선행하지 않았고 다만 뒤따라갔다고 주장했지만, 카이퍼와 바빙크는 전혀 그렇지 않고 있음을 올바르게 보았다. 성서학에서의 최근 발전들은, 특히 이른바 포스트모더니즘의 출현으로, 카이퍼와 바빙크가 옳았음을 보여 준다. 그럼에도 성서 비평이 어찌됐든 중립적이고 자율적이라는 견해가 굳건히 자리를 잡고 있다는 것은 놀라울 정도다.

비록 카이퍼와 바빙크는 모두 성서학자가 아니었지만, 둘 다 정통 신앙의 학자들이 역사 비평가들을, 그 기반이 되는 인식론은 서로 전혀 다를지라도 성경에 대한 엄밀한 연구의 측면에서 따라잡아야 한다고 보았다. 20세기 동안에 네덜란드의 카이퍼주의 학자들은 이런 면에서 중요한 진전을 보였고, 우리는 구속사적 해석학의 발전을 주목할 만한 것으로 확인했다. 구속사적 접근의 위험은 그리스도 안에 나타난 하나님의 계시에 있는 급진적으로 새로운 요소를 적절하게 설명하지 못한다는 것일 수 있으나, 그런 접근은 성경의 큰 이야기를 분별하고 예수가 아브라함의 자손이시며 온 창조 세계에 복을 주려는 하나님의 목적을 회복하기 위해 하나님이 세우신 분이라는 것을 보는 데 정말 도움이 된다(참고. 창 12:1-3; 마 1:1).[74]

---

73 참고. Harinck, "Twin Sisters."
74 구속사적 해석학, 성경 신학 운동, 게르할더스 보스(Geerhardus Vos)가 프린스턴에서 한 연구, 그리고 『하나님의 나라』(*The Kingdom of God*)를 쓴 존 브라이트(John Bright) 같은 학자들의 연구들 사이의 유사점들은 주목할 필요가 있다. 참고. George Harinck, "Gerhaardus Vos as Introducer of Kuyper in America", in Hans Krabbendam and Larry J. Wagenaar, eds., *The Dutch-American Experience: Essays in Honor of Robert P. Swieringa* (Amsterdam: VU,

20세기가 끝날 무렵에 주류 성서 비평이 네덜란드에서 대체로 승리를 거두었고, 오늘날까지 카이퍼와 그의 추종자들의 성서학 작업은 무시되거나 알려지지 않았다. 이것은 내가 보기에 실수다. 분명히 카이퍼 전통의 성서학은 이후의 발전들과 관련하여 업데이트와 개정이 필요하다. 카이퍼 자신이 이것을 강하게 긍정할 것이다. 그러나 이미 마련된 기본 구성 요소들은 유지하고 되찾고 새롭게 해야 한다.

예를 들어, 바빙크가 성경의 종교적-윤리적 초점에 주목하는 것은 예리한 통찰이며, 또한 우리가 성경을 하나님이 우리에게 하시는 말씀으로 듣도록 돕는 것을 제외한 모든 것을 하는 너무나 많은 성서 비평가들이 이 초점을 망각했다는 그의 지적도 마찬가지다. 유대인 성서학자인 존 레벤슨(Jon Levenson)은 그의 중요한 저작에서 다음과 같이 통찰력 있게 지적한다.

> 그러나 오늘날 히브리 성경의 역사 비평에 연루된 대부분의 그리스도인들은 자신들의 작업이 현저히 기독교적이라고 여겨지기를 더 이상 원하지 않는 것으로 보인다. 그들은 실제로 필수적인 언어학적·역사적·고고학적 연구를 하지만, 더 큰 건설적 쟁점들이나 그들의 작업들이 갖는 신학적 함의들에는 관심을 두지 않는다. 그들은 어디서나 그리스도인들이지만, 다만 강의실과 책상에서는 단지 어떤 편견도 없이 과거를 보고자 분투하는 정직한 역사가들일 뿐이다. 그러나 심지어 구약성경 신학의 세계에서도, 지난 20여 년에 걸쳐서 역사 비평 작업이 기독교적 선포의 요구들과 긴장 관계에 있다는 인식이 상당히 증가해 왔다.[75]

2000), pp. 242-262.
[75] Jon D. Levenson, *The Hebrew Bible, the Old Testament, and Historical Criticism: Jews and Christians in Biblical Studies* (Louisville: Westminster John Knox, 1993), p. 29.

이것의 함의들은 너무나 심각하다. 바빙크가 지적하듯이, "그러므로 성경의 넘어짐과 더불어, 계시의 모든 것이 넘어지며, 그리스도의 인격도 마찬가지다."[76]

바빙크가 **이원론**(dualism) — 성경이 오직 "신앙"의 문제들만 다룬다는 것 — 과 **성서주의**(biblicism) — 성경을 과학의 지침서로 여기는 것 — 를 모두 배격한 것은 옳다. 성경이 세상을 향하고 있는 것이 삶의 모든 것에 대해 지침이 된다고 그가 지적한 것은 옳다. 혹은, 레슬리 뉴비긴(Lesslie Newbegin)이 지적하듯이, 그리스도는 존재하는 모든 것의 실마리다.[77] 실마리는 삶의 모든 영역에서 추구되어야 하지만, 만약 사람이 그 실마리에서 출발하지 않는다면 자신의 길을 찾을 수 없다.

이 전통의 발전 측면에서, 시드니 그레이다누스(Sidney Greidanus)는 다양한 저작을 통해 성경 및 설교와 관련해 중요한 작업을 했다. 1970년대 이후로 성서학에서, 우리는 성경을 문학으로 (재)발견하는 문학적 전환을 목격했다. 문학적·내러티브적 접근의 가장 탁월한 통찰은 구속사적 해석학이 고려해야 할 중요한 통찰을 제공하며, 『성경은 드라마다』에서 마이클 고힌과 나는 이런 측면에서 그 전통을 업데이트하려 시도했다.[78] 아주 흥미롭게도, 앞에서 지적했듯이, 카이퍼가 자신이 성경을 어떻게 읽는지 이야기할 때 내러티브적·드라마적 접근에 의존한다. 하나님이, 성경을 통해, 그에게 온 세계의 참된 이야기를 말씀하신다고 말이다. 따라서 우리는 카이퍼 전통과 리처드 보컴(Richard Bauckham), 크리스토퍼 라이트(Chris Wright), 톰 라이트 같은 학자들의 작업 사이에 강한 상관관계가 있음을 발견한다. 특히

---

76 Bavinck, *Reformed Dogmatics*, vol. 1, p. 382.
77 Lesslie Newbigin, *The Gospel in a Pluralist Society* (Grand Rapids: Eerdmans, 1989), pp. 103-115. 『다원주의 사회에서의 복음』(IVP).
78 Craig G. Bartholomew and Michael Goheen, *The Drama of Scripture: Finding Our Place in the Biblical Story*, 2nd ed. (Grand Rapids: Baker Academic, 2014). 『성경은 드라마다』(IVP).

톰 라이트의, 성경을 여러 막으로 구성된 드라마로 보는 모델이 그렇다.

성경은 값비싼 진주가 숨겨진 밭이다. 우리는 성경을 토대로 삼지 않는 카이퍼 전통은 더 이상 참으로 카이퍼주의적이지 않다는 것을 이 장에서 보았다. 카이퍼 전통이 네덜란드와 북미에서 발전함에 따라, 성경을 하나님의 무오한 말씀으로 붙들기를 느슨히 하는 우려스러운 경향이 있어 왔다. 이것은 잘못이고, 결국 그 중심에서 공허하고 시대정신에 취약한 지적 전통으로 이어질 것이다. 영국의 복음주의에서도 1974년의 로잔 언약 후에 많은 복음주의자들이 철저히 카이퍼주의적 과업인 문화적 관여를 재발견했지만, 다시금 성경과 관련하여 소홀함의 징후들이 있어 왔고, 결과적으로 병든 문화적 조류에 굴복했다. 카이퍼는 우리를 다시 성경으로 부르고 세상으로 보내서, 철저하게 성경적이며 **또한** 철저하게 문화적으로 관여하는 존재가 되도록 한다.

4

세계관

성경은…그 자체로 실재의 해석, 구별되는 세계관의 형성자다.

헤르만 바빙크, 『개혁파 교의학』

기독교 신앙은 삶의 현실에 들어맞는 유일한 세계관이다.

헤르만 바빙크, 『개혁파 교의학』

남아공에서 아파르트헤이트 시대에 성장하면서, 나는 14살 무렵에 회심했다. 내가 회심했을 때 나는 나의 신앙이 세상을 하나의 전체로 이해하는 열쇠를 제공했음을 감지했다. 그러나 내가 회심하여 속하게 된 기독교는 활력 넘치고 살아 있긴 했지만, 거의 배타적으로 제도 교회와 전도에만 관심을 쏟는다는 점에서 **이원론적이었다**.[1] 카이퍼가 말했겠지만, 새로 태어난 그리스도인인 나에게 신앙 안에서 어머니인 교회는 특별한 방식으로 하나

---

1 철학에서 **이원론**이 다양한 방식으로 사용된다는 점에 주목하라. 이 장에서 나는 그것을 사용해, 카이퍼가 『칼뱅주의 강연』에서 하듯이, 세상을 성스러운 영역과 세속적 영역으로 분할하여 교회는 성스러운 영역에, 그리고 정치와 경제 같은 활동들은 세속적 영역에 두는 것을 가리킨다.

님과 세상을 해석해 주었다. 한 사람이 그리스도인이 될 때, 어머니(교회)의 목소리와 아버지(하나님)의 목소리를 구분하기란 거의 불가능하다. 나의 성장에서 가장 중요한 지점은 몇 년 후에 찾아왔는데, 청소년 담당 교역자로서 프랜시스 쉐퍼(Francis Schaeffer, 1912-1984)와 한스 로크마커(Hans Rookmaaker, 1922-1977)의 저작들을 다시 찾아보면서 기독교가 하나의 **세계관**이라는 것을 발견했을 때였다.² 나의 신앙을 하나의 세계관으로 명명할 수 있다는 사실에서 느꼈던 각성과 흥분이 아직도 생각난다. 유진 피터슨(Eugene Peterson)은 우리가 직관적으로만 알던 어떤 것을 명명할 수 있을 때 오는 통찰에 대해 말한다.³ 이것이 내가 **세계관**을 경험한 방식이다. 그것을 명명하는 것은 엄청난 일이었으며, 그것은 나로 하여금 복음이 포괄적이며 정치를 포함하는 하나님이 만드신 삶의 모든 것에 관련시키는 것을 볼 수 있도록 했는데, 이는 남아공의 평범한 복음주의자로서는 감히 건널 엄두를 낼 수 없었던 루비콘강이었다. 나는 하나의 **교회**의 견해를 제공하는 유형의 기독교에 갇혀 있었지만, 이제는 온 창조 세계가 **하나님의 영광의 극장**으로 내 앞에 열렸다. 나의 신앙은 여전히 진짜였으나, 가늠하기 어려울 정도로 내 앞의 전망이 열렸다.⁴

우리가 8장에서 보겠지만, 아마도 카이퍼의 가장 도움이 되지 않는 영향은 남아공의 인종 문제와 관련된다. 하지만 나에게는 카이퍼 전통과 기독교 세계관이 아파르트헤이트를 옹호하는 데 사용될 수 있다는 생각이 전혀

---

2   라브리(L'Abri)의 즐거운 이야기에 대해서는 다음을 보라. Edith Schaeffer, *The Tapestry: The Life and Times of Edith and Francis Schaeffer* (Waco, TX: Word, 1985). 로크마커는 암스테르담 자유 대학교의 예술사 학과 설립자였다.
3   Eugene Peterson, *Working the Angles: The Shape of Pastoral Integrity* (Grand Rapids: Eerdmans, 1987), p. 55n3. 『균형 있는 목회자』(좋은씨앗). 참고. Eugene Peterson, *Answering God: The Psalms as Tools for Prayer* (New York: HarperCollins, 1989), p. 10. 『하나님께 응답하는 기도』(IVP).
4   이것과 관련해 나의 소책자 *Church and Society* (Pinetown, South Africa: CESA, 1998)를 보라.

들지 않았다. 실제로는, 정반대였다. 기독교 세계관은 나에게 복음이 삶의 모든 측면에 비판적으로 영향을 끼칠 수 있고 또 그래야 한다는 것을, 남아공에 있는 아파르트헤이트라는 인종 차별주의가 거기에 포함된다는 것을 볼 수 있게 했다.

세계관은 오늘날 기독교적 사유에서 널리 사용되고 있지만, 앞으로 볼 것처럼, 비판할 점이 없는 것은 아니다. 나는 세계관을 쉐퍼와 로크마커를 통해 발견했다. 로크마커는 그것을 자신의 네덜란드 맥락을 통해, 따라서 카이퍼와 바빙크로부터 받아들였다.

제임스 오어, 아브라함 카이퍼, 그리고 세계관

오어, 카이퍼, 바빙크가 기독교 신앙의 포괄적 비전을 표현하기 위해 **세계관**이라는 용어에 손을 뻗었을 때, 그들은 이미 학계에서 잘 알려졌고 널리 사용된 용어를 선택한 것이었다.[5] 그러므로 우리는 이 용어의 몇몇 배경으로 시작할 것이다.

세계관이라는 용어의 기원들 및 용도[6] 세계관은 독일어 단어 '벨트안샤웅'(Weltanschauung)을 번역한 것이다. 이 단어는 독일 철학자 임마누엘 칸트(Immanuel Kant)에 의해, 1790년 저작 『판단력 비판』(*Kritik der Urteilskraft*)에서 만들어졌다. 칸트의 **관념론**에서는, 이성적 정신에 단 하나인 일련의

---

[5] 참고. Herman Bavinck, *Christelijke Wereldbeschouwing* (Kampenr: Kok, 1913). 『헤르만 바빙크의 기독교 세계관』(다함). 바빙크가 알브레히트 리츨의 신학과 씨름한 것이 아마도 그가 세계관을 받아들이는 데 중요한 역할을 했을 것이다. 참고. 2장의 각주 32.

[6] **세계관**이라는 용어의 역사는 여러 독일어 논문이 아주 자세히 보여 준다. 영어로 된 결정적 논의는 David Naugle, *Worldview: The History of a Concept* (Grand Rapids: Eerdmans, 2002)다. 『세계관 그 개념의 역사』(CUP). 참고. Michael W. Goheen and Craig G. Bartholomew, *Living at the Crossroads: An Introduction to Christian Worldview* (Grand Rapids: Baker Academic, 2008), 2장. 『세계관은 이야기다』(IVP).

결정적 범주들이 있는데, 이는 인간이 세계를 해석하고 바라보는 데 사용되는 것이다. 따라서, 비록 칸트는 우리가 세계를 그 자체로는—칸트가 '누메논'(noumenon)이라고 부른 것으로—알 수 없다고 믿었지만, 인간 지성의 구조는 "현상"(phenomenon)으로서의 세계를 단일하게 조망하는 것과 과학적 탐구를 목표로 삼는 것을 가능하게 한다. '벨트안샤웅'은 칸트 철학에 있는 하나의 개념으로 전개되지 않았으며, 프리드리히 빌헬름 요제프 폰 셸링(Friedrich Wilhelm Joseph von Schelling, 1775-1854)이 바로 우리에게 더 친숙한, 인간들이 자신을 둘러싼 세계를 이해하고 해석하는 방식이라는 의미를 그것에 부여한 사람이었다.[7]

계몽주의는 철학의 시작점을 **존재론**(ontology)—우리를 둘러싼 세계의 본질—에서 **인식론**(epistemology)—어떻게 **우리가** 무언가를 알게 되어 그 아는 과정의 결과들을 신뢰할 수 있는가—으로 옮겨 놓았다. 그리스도인의 관점에서 이것은 중대한 변화였다. 우리는 **마땅히** 존재론—이곳은 우리 성부의 세계이며, 우리는 그분의 형상으로 만들어진 피조물이다—에서 시작하여 인식론—그분의 피조물로서, 우리는 어떻게 이 세계에 대한 앎에 참으로 이를 수 있는가?—으로 넘어가야 한다. 그러나 계몽주의는, 그리고 특히 칸트는, 이 순서를 뒤집어서 하나님이 아니라 사람을 중심에 굳건하게 세웠다. 그렇게 해서 **세계관**은 불길한 시작을 갖는데, 이는 칸트와 다른 계몽주의 철학들에서 명백히 보듯이 인간의 자율성으로의 전환에 자리 잡은 것이다. 데이비드 노글(David Naugle)이 지적하듯이, "철학에서 칸트의 코페르니쿠스적 혁명은 세계의 인지적·도덕적 중심으로 이해와 의지의 자아를 강조함으

---

[7] Martin Heidegger, *The Basic Problems of Phenomenology* (Bloomington: Indiana University Press, 1982), p. 4는 셸링의 세계관 이해를 "존재들의 세계를 파악하고 해석하는 의식적 방식이며 또한 스스로 깨달은, 생산적 방식"으로 묘사한다. 『현상학의 근본문제들』(문예출판사).

로써, 세계관이라는 개념이 번성할 수 있는 개념적 공간을 창조한 것이다."[8]

그리고 확실히 세계관은 번성했다. 19세기 초에 **세계관**은 독일 신학자, 철학자, 시인의 어휘가 되었으며, 그들을 통해 다른 분야에 확산되었다. 19세기 동안에 세계관은 주된 이론적 개념으로 자리 잡았다. 그것은 독일로부터 유럽을 거쳐 영국과 미국으로 확산되었으며, 20세기가 시작될 때 명성이 절정에 이르렀는데, 당시에 수많은 책과 논문이 세계관을 제목에 사용했다.[9]

세계관이라는 개념에 역사가 더해졌을 때, 헤겔(G. W. F. Hegel)에게서 보듯이, 칸트의 생각과는 반대로, 다양한 세계관들이 있음이 명백해지기 시작했다. 그러므로 리처드 로티(Richard Rorty)가 "대안적 개념 체계라는 생각은 헤겔 이후에 우리 문화에서 아주 흔한 것이 되었다"라고 진술한 것은 옳다.[10] 조만간 이것은 **어떻게** 우리가 무엇이 올바른 세계관이라는 것을 아는지에 대한, 또는 심지어 알 수 **있는지 여부**에 대한 질문을 제기할 것이다. 역사와 세계관의 결합은 따라서 **상대주의**의 문제—우리는 모두 그저 다른 세계관들을 가지고 있을 뿐인가, 혹은 세계를 보는 하나의 올바른 방식이 있는가?—도 제기할 것이다.

오어와 카이퍼가 세계관을 사용하는 데 중요한 배경이 되는 것은 자유주의 신학자들, 특히 프리드리히 슐라이어마허(1768-1834)와 알브레히트 리츨(1822-1889)이 그것을 사용했다는 점이다.[11] 아일러트 헤름스(Eilert Herms)에 따르면,

---

8 Naugle, *Worldview*, p. 59.
9 같은 책, p. 62.
10 같은 책, p. 73.
11 이것은 Clifford Blake Anderson, "Jesus and the 'Christian Worldview': A Comparative Analysis of Abraham Kuyper and Karl Barth", *Cultural Encounters* 6, no. 1 (2006): pp. 61-80의 중요한 통찰인데, 그는 **세계관**이 처음에 자유주의 신학자들, 특히 알브레히트 리츨에 의해 처음 사용되었음을 지적한다.

개신교 신학 안에 있는 세계관의 문제 역사에서, 슐라이어마허와 리츨의 입장들은 실제적으로 거점과 전환점을 이룬다. 슐라이어마허는 세계관이라는 개념을 이론적으로 간결한 배경에서 사용한 최초의 신학자였다. 그리고 리츨은 그 개념을 신학적 이론 구축의 핵심적 도구로 격상시켰다.[12]

제임스 오어 기독교적 사유의 맥락에서 세계에 대한 정통 기독교의 시각을 표현하기 위해 "세계관"을 전유한 것은 스코틀랜드 신학자 제임스 오어(1844-1913)와 아브라함 카이퍼의 특별한 업적이다.[13] 즉 개혁파 개신교를 통해 세계관이 오늘날 기독교 신앙의 포괄적 형태를 설명하는 데 널리 사용되기에 이른 것이다.

오어와 카이퍼는 모두 서구를 지배하게 된 계몽주의 이후의 문화에 대한 응답으로 세계관이라는 개념에 손을 내밀었다. 오어의 커 강좌(Kerr Lectures)는 1893년에 『하나님과 세계에 대한 기독교적 견해』(The Christian View of God and the World)로 출간되었다. 오어는 독일 사상계에서 세계관을 사용하는 것과 그것으로 전체 실재에 대한 포괄적 견해를 설명하려고 하는 광범위한 시도를 익히 알고 있었다.[14] 그는 현대성의 세계관들에 단편적으로 대응하는 것은 불충분함을 깨달았다. 기독교 자체가 삶 전체에 대한 포괄적 시각임을 입증하는 것이 그 시대에 필요했다. "공격을 당하는 것은 바로

---

12 Eilert Herms, "»Weltanschauung« bei F. Schleiermacher und A. Ritschl", in *Theorie für die Praxis* (München: Chr. Kaiser Verlag, 1982), p. 123. Anderson, "Jesus and the 'Christian Worldview'", p. 67에 인용 및 번역됨.
13 Bratt, *Abraham Kuyper: Modern Calvinist, Christian Democrat*, p. 207는 그들이 각각 독자적으로 **세계관**을 이렇게 사용하기에 이른 것으로 보임을 지적한다. Anderson, "Jesus and the 'Christian Worldview'"는 이런 면에서 리츨이 오어와 카이퍼에게 영향을 끼쳤을 가능성을 탐구한다. 세계관과 관련하여 리츨의 영향에 대한 증거는 카이퍼보다는 헤르만 바빙크에게 더 강하게 나타난다. 참고. 2장 각주 32.
14 James Orr, *The Christian View of God and the World*, 2nd ed. (Edinburgh: Andrew Elliot, 1893), pp. 42-48, in appendix 2, "Idea of the 'Weltanschauung'"은 리츨과 다른 독일 저자들이 세계관을 사용한 것을 논의한다.

사물 일반에 대한 기독교적 견해이며, 그 공격에 대한 가장 효과적인 대응은 만물 전체에 대한 기독교적 견해를 설명하고 해명하는 것이다."[15]

오어에 따르면 기독교 세계관은 그리스도 중심적인 것으로서, 그리스도가 그러셨듯이 창조에 대한 구약성경의 견해를, 그리고 그와 함께 그리스도 자신 안에서 성취되는 구원사를 포용한다.[16] 따라서 그리스도에 대한 헌신은 하나님, 인류, 죄, 구속, 창조 세계와 역사에 있는 하나님의 목적, 인간의 운명에 대한 견해를 수반한다. 이것이 세계관을 형성한다.[17]

오어가 보기에 인간은 이론적 층위에서 세계관을 형성할 필요가 있는데, 인간이 삶을 전체로 이해하면서 통일성을 추구하기 때문이고, 또한 실질적으로 삶의 거대한, 실존적 질문들에 답하기 위해서다. 오어는 당시의 철학적, 이론적 세계관들과 달리 기독교가 신적 계시에 기초해 있고 구원을 목표로 한다는 차이점을 간과하지 않았다. 그러나 그는 종교들도 세계관들을 표현한다고 주장했으며, 또한 기독교 신앙에서 우리가 발견하는 세계에 대한 특별한 견해는 그 자체로 일관성과 통일성을 가진다고, 이는 이성적으로 변호할 수 있고 그 통전성에 성패가 달려있다고 역설했다.[18] 오어가 보기에 기독교 신앙의 그런 견해는 기독교 신앙과 대안적 현대 이론들 사이의 차이점을 뚜렷이 드러내고, 이로써 후자의 반초자연주의적 전제들의 실체가 폭로되게 할 것이다.

아브라함 카이퍼 카이퍼가 열정적으로 믿은 것은, 16세기 종교개혁가장 칼뱅에게서 기원한 개신교 사상 전통인 칼뱅주의가 전체 삶에 관련된다

---

15 같은 책, p. 4.
16 같은 책, p. 378는 그리스도에 대해 이렇게 말한다. "만약 인류에게 새 생명을 주기 위해서가 아니라면, 그리스도가 무엇을 위해 오셨겠는가? 그것은 안에서부터 바깥으로 작용하여 모든 인간관계, 모든 가정 및 사회생활, 모든 산업과 상업, 모든 예술과 문학, 모든 정부와 사람들 사이의 관계를—이 세상 나라들이 우리 주와 그리스도의 나라들이 될 때까지—변화시키도록 예정된 것이다."
17 같은 책, pp. 4, 5.
18 같은 책, pp. 17, 18.

는 점과, 칼뱅주의자들이 하나님의 주권적 법을 삶의 모든 것에 관련시키기 위해 부단히 노력해야 한다는 점이다. 카이퍼는 1898년에 프린스턴에서 행한 스톤 강좌(Stone Lectures)에서 이것을 세계관으로 표현했는데, 이것이 곧 『칼뱅주의 강연』으로 출간되었고 계속 증쇄되었다.[19] 카이퍼의 첫 번째 스톤 강좌 "삶의 체계로서의 칼뱅주의"(Calvinism as Life-System)는 카이퍼의 세계관 개념과 관련해 가장 중요한 자료다.

카이퍼는 세계관이라는 개념을 이전에도 느슨한 방식으로 사용했지만, 프린스턴의 스톤 강좌에서 비로소 그의 사상의 본체를 표현하기 위해 이 개념에 의지했다. 카이퍼는 영어로 된 『칼뱅주의 강연』 출간본을 위해 1장의 제목을 "역사 속 칼뱅주의"(Calvinism in History)에서 "삶의 체계로서의 칼뱅주의"로 바꾸었다. 이 장의 각주에서 카이퍼는 오어가 사용한 "세계에 대한 견해"(view of the world)라는 표현과 상호 작용하지만 그의 용법을 따르지 않기로 결정하는데, 왜냐하면 영어에서 그 표현이 주로 물리적 자연과 결부되기 때문이다. 독일어 '벨트안샤웅'에 정확하게 상응하는 단어가 영어에 없다는 점에 주목하면서, 카이퍼는 "삶의 체계"(life-system)와 "삶과 세계에 대한 견해"(life and world view)를 교차해서 사용하기로 선택한다.[20]

우리가 10장에서 신학과 관련해 보겠지만, 카이퍼는 탁월한 학자였으며 확실히 철저하고 정밀한 체계적 사유를 할 수 있었다. 그러나 공공 지식인으로서 그는 자신의 개념들에 대해 훨씬 덜 정밀했다. 예를 들어, 5장에서 우리는 그가 자신의 사회 철학에서 핵심 개념인 영역 주권에 대해 논리적으로 촘촘한 이론을 전혀 발전시키지 않았음을 보게 될 것이다. 세계관에 대한 그의 사용도 마찬가지다. 그는 『칼뱅주의 강연』에서 세계관을 상당히

---

[19] 이 강연들에 대한 자세한 연구는 다음을 보라. Peter S. Heslam, *Creating a Christian Worldview: Abraham Kuyper's Lectures on Calvinism* (Grand Rapids: Eerdmans, 1998).

[20] Kuyper, *Lectures on Calvinism*, p. 3, n1.

많이 사용하지만, 오어와 관련한 각주를 제외하면, 신중하게 그것을 정의하려는 시도조차 하지 않는다. 이 과업은, 앞으로 보겠지만, 그의 후대 학자들의 몫이 되었다.

카이퍼가 말하는 것은, 세계관의 기저에는 자유롭고 온전하게 표현되도록 허용된 통일시키는 영적 원리가 있다는 것이다. 그는 루터파가 여기에 해당하지 않는다고 생각하며, 따라서 루터파를 자신의 시대의 주요 세계관들 중 하나로 여기지 않는다.[21] 반면에 칼뱅주의는 하나의 세계관인데, 왜냐하면 특유의 신학과 교회 질서를 발전시켰고, 그런 다음에는 세계 질서를 해석할 수 있는 정치적·사회적 삶을 위한 형태를 발전시켰으며, 마지막으로 예술과 과학에 대한 특유의 접근법을 발전시켰기 때문이다. 카이퍼는 칼뱅주의와 더불어 이교주의, 이슬람, 로마 가톨릭을 자신의 시대의 네 가지의 주요 세계관들, "인간의 삶이라는 하나의 집합적 세계 안에 있는 네 가지의 전혀 다른 세계들"[22]로 밝힌다.

오어와 마찬가지로 카이퍼는 현대성이 하나의 세계관을 일으켰으며, 그것은 북미와 유럽 문화의 기저에 있는 기독교 전통에 깊이 반대된다고 주장한다. 『칼뱅주의 강연』에서 카이퍼는 **현대주의**(modernism)를 사용해 우리가 오늘날 현대성(modernity)이라고 부르는 것을 가리키는데, 이는 그가 당시에 떠오르던 자유주의 신학을 현대주의로 묘사한 것과 비교하면 더 포괄적 용법이다. 하지만 카이퍼에게 그 둘의 뿌리는 동일한 것이었다.

『칼뱅주의 강연』의 처음부터 그가 단언하는 바에 따르면, "현대주의의 폭풍은 이제 맹렬한 강도로 일어났습니다."[23] 흐룬 판 프린스터러를 따라 카이퍼는 프랑스 혁명에서—즉 1789년에—전환점에 도달했다고 주장한다.

---

[21] 같은 책, p. 9.
[22] 같은 책, p. 8.
[23] 같은 책, p. 2.

그는 그런 사건들에 진보의 요소들이 있다는 점과 하나님이 이런 측면에서 그것들을 사용하신다는 점을 결코 부정하지 않지만, **원리** 면에서 프랑스 혁명은 대단히 반기독교적이었으며 1789년 이후로 암처럼 퍼져서

> 두 가지 삶의 체계가 목숨을 건 싸움에서 서로 씨름하고 있습니다. 현대주의는 자연적 인간의 자료로부터 자신만의 세계를 세울 수밖에 없고, 자연의 자료로부터 인간 자신을 구성할 수밖에 없습니다. 반면에 경건하게 그리스도께 무릎을 꿇고 그분을 살아 계신 하나님의 아들이자 하나님 자신으로 예배하는 모든 이들은 "기독교적 유산"을 구하기 위해 힘을 쏟습니다. 이것이 유럽에서 벌어지고 있는 투쟁이며, 이것이 미국에서 벌어지고 있는 투쟁입니다.[24]

다시금 오어와 마찬가지로, 카이퍼는 단편적 변증을 일축했다. 삶과 사상의 토대들 자체의 성패가 달려 있고, 바로 이 세계관의 층위에서 싸움을 싸워야 한다.

> 지금 현대주의는 기독교에 맞섭니다. 그리고 이런 치명적 위협에 반대해서, 여러분 그리스도인들은 **여러분의 고유한 원리의 기초에 굳게 정초한, 동일한 명료성으로 정련되고 동등한 논리적 일관성으로 빛나는, 여러분의 고유한 삶과 세계에 대한 견해를 이 모든 것의 반대편에 배치함으로써만** 여러분의 성소를 성공적으로 지켜낼 수 있습니다.[25]

카이퍼가 보기에 이 도전에 대한 유일하게 적절한 기독교적 접근법은

---

24 같은 책, p. 3.
25 같은 책, p. 182. 원문의 강조.

칼뱅주의에서 발견할 수 있다. 그러나 카이퍼가 칼뱅주의의 네 가지 의미를 구분하면서도, 이 용어를 좁은 신앙고백적 해석보다는 훨씬 더 넓게 사용한다는 점을 기억하는 것이 중요하다.[26] 이런 점에서 카이퍼에게 칼뱅주의는 하나의 **세계관**이다.[27]

현대성은 하나의 통일체로 출현했고, 그 앞에서 "우리"가 취약한 이유는 동등하게 통일된 삶의 개념(life-conception)이 우리에게 없기 때문이다.[28] 삶에 대한 접근 방식이 통일된 삶의 개념 혹은 세계관으로서 자격을 갖추기 위해서는 어떤 조건들이 충족되어야 하는가? 카이퍼는 세 가지가 있다고 보았다. 특별한 원리로부터 인간의 기본적 관계들, 즉 (1) 하나님에 대한 우리의 관계, (2) 인간에 대한 우리의 관계, (3) 세상에 대한 우리의 관계에 대한 통찰을 얻어야 한다. 카이퍼에게 그 특별한 원리는 성경에 계시된 삼위일체 하나님의 주권이다.

하나님과의 관계. 세계관은 우리 삶의 뿌리로부터, 우리의 **마음**으로부터 나오며, 따라서 **반립**을 반영하고 또 그것에 의해 영향을 받는다. 이 반립은 카이퍼주의 사상에서 중요한 주제다. 여기서 카이퍼는 우리의 유한성과 하나님의 무한성 사이의 간극을 지칭하기 위해 이 용어를 사용한다. 카이퍼는 우리의 마음을 우리의 존재의 가장 깊은 부분을 지칭하기 위해 사용하는데,

---

26   네 가지 의미는 분파적 의미, 신앙고백적 의미, 교파적 칭호, 학문적 명칭이다. 카이퍼는 네 번째 의미로 사용한다. 참고. 같은 책, pp. 4-5.
27   참고. 같은 책, pp. 13-14에서 카이퍼가 칼뱅과 루터를 비교한 것을 보라. 카이퍼는 여기서 그가 칼뱅주의로 주장하는 것이 개신교 전체에는 해당되지 않는 것인지에 대한 질문을 다룬다. 카이퍼는 루터의 독보적 공헌과, 루터가 없었더라면 칼뱅도 있을 수 없었다는 점을 인정한다. 그러나 그들의 출발점은 달랐는데, 루터의 출발점은 칭의였던 반면, 칼뱅의 출발점은 하나님의 주권이라는 포괄적 원리였다. 같은 책, p. 14에 따르면, "루터파는 스스로를 교회적·신학적 성격에 배타적으로 한정한 반면, 칼뱅주의는 그 영향력을 교회 안팎에서 삶의 모든 부분에 새겼습니다. 그렇기 때문에 루터파는 어디서도 특정한 삶의 양식의 창조자로 불리지 않습니다."
28   같은 책, p. 10. 현대성이 세계관의 첫 번째 요구에 어떻게 대답하는지와 관련해서는 같은 책, pp. 14-15를 보라.

그곳에서 "우리의 삶의 광선들이 하나의 초점으로 수렴하며"²⁹ 거기서 우리는 일상생활에서 너무나 쉽사리 잃어버리는 조화를 회복한다.

카이퍼가 **반립**을 이렇게 사용하는 것은 그가 이 용어를 사용하는 두 번째 방식과 밀접하게 연관되는데, 즉 하나님 나라와 사탄의 나라 사이의 영적 전쟁을 지칭하는 것이다. 이 둘은 각각 창조 세계 전체에 대한 소유권을 주장한다. 알버트 월터스는 반립을 다음과 같이 정의한다.

> **반립**(ANTITHESIS)—도이어베르트가 (아브라함 카이퍼를 따라) 하나님 나라와 어둠의 나라 사이의 근본적인 영적 대립을 지칭하기 위해 특히 영적 의미로 사용함. 참고. 갈 5:17. 이것은 영역들(realms)이 아닌 체제들(regimes) 사이의 대립이므로, 철학과 학문적 작업 전체를 포함하는 인간의 삶과 문화 모든 분야에 영향을 끼치며, 또한 하나님께 나뉘지 않은 충성의 삶을 살고자 분투하는 모든 신자의 마음에 영향을 끼친다.³⁰

카이퍼에게, 그리고 카이퍼 전통에서, '호모 렐리기오시스'(*homo religiosis*)인 인간의 본성은 항상 우리의 마음이 살아 계신 하나님을 향해 혹은 어떤 우상을 향해 있다는 것이다. 우리의 세계관은 우리의 마음에서 나오기 때문에, 기독교 세계관은 스스로 계속해서 영원하신 분에게 자신을 여는 중생한 마음을 요청한다. 따라서 깊은 영성은 기독교 세계관의 필수 요소다. 카이퍼의 강조에 따르면, "기도에는 우리와 하나님의 일치뿐 아니라, 또한 우리의 인격적 삶의 일치가 있습니다."³¹ 카이퍼는 그런 통일된 마음에서

---

29 같은 책, p. 11.
30 Albert M. Wolters, "Glossary", in L. Kalsbeek, *Contours of a Christian Philosophy: An Introduction to Herman Dooyeweerd's Thought* (Amsterdam: Buijten and Schipperheijn, 1975), p. 347.
31 Kuyper, *Lectures on Calvinism*, p. 11.

솟아나는 운동들만 역사에서 지속될 수 있다고 주장한다.

카이퍼에 따르면, 칼뱅주의는 하나님을 창조 세계의 한 부분에 두지 않는다. 이슬람이 하듯이 하나님을 창조 세계로부터 분리하지 않으며, 가톨릭이 하듯이 하나님과의 교제를 중재하지도 않는다. 칼뱅주의에서 하나님은 자신의 성령으로 인간들과 직접적 교제에 들어가신다. "이것은 예정론에 대한 칼뱅주의적 고백의 가장 중요한 핵심이기도 합니다. 하나님과의 교제가 있지만, 영원으로부터 오는 그분의 평화의 의논(counsel of peace)에 완전히 일치하는 가운데서만 그렇습니다."[32] 이렇게 해서 칼뱅주의는 세계관의 첫 번째 요구를 채운다.

두 번째 강연에서 카이퍼는 칼뱅주의와 종교에 대한 자신의 논의에 있는 이 첫 번째 요구를 확대한다. 첫째, 그는 창조 세계가 **하나님을 위해** 존재한다고 주장한다. 물론 창조 세계는 인류를 위한 복을 산출하지만, 하나님이 창조 세계를 위해 존재하시는 것은 아니다. 창조 세계가 하나님을 위해 존재한다. 실제로 하나님은 온 창조 세계에 종교적 흔적을 두셨다. 비록 종교가 인류 안에서 가장 명확히 표현되지만 말이다. 칼뱅을 따라, 카이퍼는 하나님이 인류 안에 두신 "종교의 씨앗"(semen religionis)을 말한다.[33] 연상을 위한 은유로, 카이퍼는 하나님이 이것으로 하여금 인간 영혼의 하프 현들을 울리게 하신다고 말한다. 그러나 죄는 "종교의 씨앗"이 기능하는 데 깊이 영향을 끼쳤다. 종교와 관련해서는, "오직 하나님이 여기서 목표·출발점·도착점이고, 또한 물이 흘러나오는 원천이며, 동시에 그 물이 궁극적으로 돌아가는 대양입니다."[34] 올바르게 카이퍼는 마태복음 6:9-13에 있는 주기도문 같은 구절을 떠올린다. "[당신의] 이름이 거룩히 여김을 받으시오

---

32 같은 책, p. 12.
33 John Calvin, *Institute of the Christian Religion* (Philadelphia: Westminster, 1960), I.1.3.
34 Kuyper, *Lectures on Calvinism*, p. 36.

며…나라와 권세와 영광이 아버지께 영원히 있사옵나이다." 칼뱅주의에서는 하나님의 절대 주권에 대한 고백이 먼저이며, 따라서 기도는 종교적 삶의 가장 깊은 표현이다. 하나님과 신자의 관계는 직접적으로 작동하며, 유일한 중재자는 그리스도이신데, 그분의 중재 사역은 성령에 의해 확증된다. 이것이 참된 자유를 위해 필수적이다.

카이퍼에게 종교는 우리의 인격적 존재 전체를 포괄한다. 그는 종교가 지성의 영역에서 물러나 감정과 의지로 축소되어야 한다는 견해를 거부한다. 그는 그러한 강조의 기원을 칸트에게서 찾는데, 칸트는 "자신의 '너는…해야만 한다'(du sollst)를 통해…종교의 영역을 윤리적 삶에 한정했습니다." 종교를 이처럼 비논리적 또는 비합리적 영역에 한정하는 것은, 실제 삶의 열 중 아홉을 종교 바깥에 있는 것으로 보게 되는 성/속 이원론과 유사하다. 카이퍼가 특히 로마 가톨릭교회와 연결하는 이런 이원론과 달리, 인류는 제사장과 같은 방식으로 창조 세계 전체를 하나님께 성별해야 한다. "창조 세계의 제사장을 거룩하게 기름부음이 그의 수염까지, 그리고 그의 옷깃까지 흘러내려야 합니다."³⁵ 이것은 **절대로** 그의 이성을 배제할 수 없다.

> 자신의 하나님을 감정의 지하 세계를 위해, 그리고 그의 의지를 행사하는 외적 작업들에서는 소유하지만 내적 자아에는, 의식의 가장 중심에는, 사유에서는 소유하지 않는 것, 자연 연구를 위한 확고한 출발점과 실제 삶을 위한 자명한 근거를 가지고 있으나 창조주 자체에 대한 그의 사유에는 어떠한 확고한 토대도 없는 것—이 모든 것이 바로, 그 칼뱅주의자에게는, 영원한 로고스를 부정하는 것이었습니다.³⁶

---

35 같은 책, pp. 40, 41; 참고. p. 58.
36 같은 책, pp. 41-42.

카이퍼가 보기에, 하나님은 삶의 모든 것을 위한 법들과 규례를 세우셨으므로, 인류는 삶의 모든 것에서 순종으로 부름을 받았다(다음을 보라). "시편 기자와 함께, 그[칼뱅]는 하나님께 영광을 돌리도록 하늘과 땅에게, 모든 민족과 나라들에게 촉구합니다." 오직 이런 방식으로만, "모든 노동(labora)은 열렬하고 끊임없는 간구 가운데 있는 그 기도(ora)로 가득할 것입니다." "모든 불완전한 종교는 삶에 이원론의 쐐기를 박지만, 참된 칼뱅주의자는 절대로 '종교적 일원론'(religious monism)의 기준을 버리지 않습니다."[37]

참된 종교는 세상과 인류의 지금 상황을 비정상적인 것으로 드러낸다. 현재 상태의 인류는 정상이 아니다. 인간은 죄로 타락했으며, 칼뱅주의는 하나님의 거룩함과 죄에 대한 의식에, 따라서 중생과 계시의 필요성에 대한 의식에 뿌리를 내리고 있다. 죄가 성경을 필수적인 것으로 만든다. "인공의 빛이 우리를 위해 불붙여져야 합니다. 그리고 그런 빛을 하나님이 우리를 위해 그분의 거룩한 말씀에서 불붙이셨습니다. 성령의 증언을 통해 우리는 성경이 하나님의 말씀이라는 것을 압니다. 중생을 통해 하나님은 우리의 마음에서 죄가 꺼뜨린 등불을 다시 불붙이시며, 이제 성경에서 하나님은 "거듭난 자에게 사유의 세계, 힘의 세계, 충만하고 아름다운 삶의 세계를" 드러내시는데, "그것은 그의 일상 세계와 정반대에 서 있지만, 그의 마음에 싹튼 새로운 생명과는 경이로운 방식으로 일치하는 것으로 나타납니다."[38]

두 번째 강연 내에서 카이퍼는 교회에 대한 논의로 이동하는데, 이것은 이 책 7장의 주제다. 우리가 거기서 보게 되겠지만, 카이퍼는 활기찬 제도적 교회를 칼뱅주의 세계관에 절대적으로 필요한 것으로 보았다. 여기서는 제도적 교회가 반드시 필요함에 대한 그의 강조에 주목하는 것으로 충분하다.

---

[37] 같은 책, pp. 42, 43.
[38] 같은 책, p. 46.

수백 개의 양초가 하나의 촛대로부터 타오를 때만 비로소 그 은은한 촛불의 충만한 광채가 우리를 감동시킬 수 있듯이, 그와 동일한 방식으로 성도의 교제는 개별 신자들의 많은 조그만 빛들을 통일시켜서 그것들이 서로의 광채를 증가시킬 수 있도록 하며, 일곱 촛대 사이를 거니시는 그리스도는 그들의 광채의 불빛을 성례적으로 정화하여 훨씬 더 눈부신 열정으로 만드실 수 있습니다. 그러므로 교회의 목적은 우리에게 있지 않고 하나님 안에, 그분의 이름의 영광에 있습니다.[39]

서로에 대한 관계: 자유의 사회적 전통. 앞에서 우리는 카이퍼에게 칼뱅주의가 세계관인 하나의 이유는 그것이 정치적·사회적 삶을 위한 형식을 발전시켰기 때문이라고 밝혔다. 바로 이것이 카이퍼가 인류에 대한 우리의 관계로 언급하고자 하는 것이다. 카이퍼는 인간들 사이에 있는 엄청난 다양성을 인식한다. 그러나 하나님의 주권이라는 칼뱅주의의 기본 원리와 관련해서 카이퍼는 칼뱅주의에서 인간의 평등에 대한 독특한 강조를 포착하는데, 이는 사회와 정치에 대한 독특한 견해를 낳았다.

카이퍼는 칼뱅주의가, 우리의 삶 전체를 **하나님 앞에**(coram deo) 둠으로써, 모든 인간이 부유하든 가난하든, 뛰어나든 평범하든, 약하든 강하든 하나님 앞에서 동등하며 서로에 대해 주인인 체할 권리가 결코 없음을 확실히 한다는 점에 주목한다. 따라서 "우리는, 하나님이 한 사람에게 다른 사람에 대한 권위를 부여하셨거나 한 사람에게 다른 사람보다 더 많은 재능을 주셔서 더 많은 재능을 받은 사람이 더 적은 재능을 받은 사람을 섬기고 그를 통해 그의 하나님을 섬기게 하신 경우를 제외하고는, 사람들 사이에서 어떤 차이도 인정할 수 없습니다."[40] 결과적으로, 칼뱅주의는 모든 노골적

[39] 같은 책, pp. 54-55.
[40] 같은 책, p. 18.

노예 제도와 카스트 제도뿐 아니라, 은밀한 여성 착취와 가난한 자들에 대한 억압을 규탄한다.

그러므로 카이퍼가 보기에 칼뱅주의는 "자신의 표현을 삶에 대한 민주적 해석에서 찾는 것, 민족들의 자유를 선포하는 것, 정치적으로나 사회적으로나 모든 사람이 단순히 그가 사람이기 때문에 하나님의 형상을 닮은 피조물로 인식되고 존중받고 다루어질 때까지 멈추지 않는 것을 의무로 가"졌다.[41] 이 주제는 카이퍼의 세 번째 강연인 "칼뱅주의와 정치"에서 다시 자세히 다루어지는데, 거기서 그는 하나님의 주권이라는 칼뱅주의의 원리가 어떻게 해서 국가의 주권, 사회에서의 주권, 교회에서의 주권에 대한 칼뱅주의의 견해를 낳는지를 논의한다. 그 과정에서 카이퍼는 우리가 다음 장에서 살펴볼 영역 주권에 대한, 그리고 6장과 7장에서 다룰 교회와 공적 삶에 대한 자신의 이론을 개관한다.

세계 포괄성. 카이퍼가 보기에, 세 번째 요구와 관련하여, 이교주의는 세상을 너무 높이 격상시키는 반면, 이슬람은 세상을 업신여기고 감각적 낙원을 목표로 추구한다. 중세 시대에는, 로마의 영향 아래서, 교회가 세상에 **반대되는 것으로** 여겨졌는데, 교회를 세상 **위에** 두는 견해였다. 그 결과로 교회는 세상에 의해 부패해졌고, 삶의 자유로운 발전이 제한되었다. 칼뱅주의는 이 모델을 철저히 재구성해서, 교회의 통제를 철회함으로써, 하나님 아래 있는 삶의 모든 것이 드러나도록 했다. 창세기 1장의 문화 명령이, 그리고 그것과 함께 소명의 교리가 재발견되어, 하나님이 삶의 모든 영역에서 섬김을 받으시게 된다. "교회에서 하나님을 찬미하고 세상에서 그분을 섬기는 것이 활기를 불어넣는 자극이 되었으며, 교회에서는 세상의 유혹과 죄에 저항하기 위해 힘이 모아져야 했습니다." 칼뱅주의의 두드러진 특징으

---

[41] 같은 책, p. 18.

로 남은 것은 그것이 신자를 **하나님 앞에** 위치시켰다는 점이며, 또한 단지 교회 안에서만 아니라 또한 그의 개인적·가정적·직업적·사회적·정치적 삶에서 그렇게 했다는 점이다.[42]

카이퍼는 칼뱅주의 세계관을 다음과 같이 요약한다.

> 하나님에 대한 우리의 관계는 인간이, 사제나 교회와 관계없이, 영원하신 분과 나누는 직접적 교제입니다. 사람과 사람의 관계는 각 개인의 인간적 가치를 인정하는 것인데, 이는 그가 하나님의 형상을 따라 창조되었다는 점 덕분이며, 또한 따라서 하나님과 그분의 위정자 앞에서 모든 사람의 동등함을 인정하는 것입니다. 세상에 대한 우리의 관계는 온 세상에서 저주는 은혜에 의해 억제된다는 점, 세상의 삶은 그 독립성 가운데 존중되어야 한다는 점, 그리고 우리가 모든 영역에서 하나님이 자연과 인간의 삶에 숨겨 놓으신 보화들을 발견하고 그 가능성들을 발전시켜야 한다는 점을 인정하는 것입니다.[43]

세계관과 이성. 카이퍼가 보기에, 현대주의와 기독교 사이의 갈등 혹은 반립은 삶의 **모든** 문화적·사회적 차원들에서 모습을 드러낸다. 하지만 그는 이 갈등이 독일 사람들이 '비센샤프트'(Wissenschaft)라고 부르는 것에서 특히 매서운데, 보통 "과학"(science)으로 번역되지만 더 넓게는 현대의 대학을 구성하는 학문 분과들의 이론화하는 혹은 학문적인 작업을 가리킨다. 다른 저작들에서 카이퍼는 두 종류의 과학이 있다고 주장하는데, 하나는 그리스도께 회심하는 것에 기초해 이론화하는 이들에게서 나오는 것이며, 다른 하나는 그렇게 하지 않는 이들에게서 나오는 것이다. 그는 "두 종류의 **사람들**이 있다는 것은 필연적으로 두 종류의 인간의 **삶**과 삶에 대한 **의식**이

---

[42] 같은 책, pp. 21, 57.
[43] 같은 책, p. 22.

라는, 그리고 두 종류의 학문이라는 사실을 야기한다"고 단언한다.[44]

우리는 이것을 11장에서 더 자세히 탐구할 것이다. 카이퍼가 여기서 두 종류의 학문을 구별하는 것이 지나친 단순화일 수 있지만, 세계관적 사유에 대한 카이퍼의 결정적 공헌은 **이성의 자율성**을 명백히 거부했다는 점이다. 여기서 그는, 기독교 세계관에 대한 20세기의 주요 지지자들인 칼 헨리(Carl F. H. Henry)와 프랜시스 쉐퍼뿐 아니라, 오어와도 의견을 달리한다.[45] 헨리와 쉐퍼는 기독교 세계관을 촉진시키기 위해 막대한 역할을 했으며, 그들의 현저한 공헌은 마땅히 인정받아야 한다. 그러나, 개혁파 전통의 측면에서, 그들은 제대로 작동하는 중립적 이성이 세계에 대한 기독교적 관점을 지지할 것이라는 견해의 편에 선다. 달리 말해, 그들은 비그리스도인들과 공유하는 인식론적 토대를 인정한다. 카이퍼는 이것을 받아들이지 않을 것이며, 한 사람의 인식론은 그 자체로 그의 세계관의 전개라고 주장한다. 이런 점에서 카이퍼는 오늘날의 가톨릭 철학자 알래스데어 매킨타이어(Alasdair MacIntyre)와 더 연결되어 있는 접근 방식을 취하는데, 매킨타이어는 합리

---

[44] Kuyper, *Principles of Sacred Theology*, p. 154.
[45] 참고, Carl F. H. Henry, *God, Revelation and Authority*, vol. 5, *God Who Stands and Stays*, part 1 (Waco, TX: Word, 1982), 20장, "Man's Mind and God's Mind." 헨리는 "마음의 이성적 구조의 타당성은…, 오히려, 마음이 우리로 하여금 한계 안에서 실재를 하나님이 보전하시고 아시는 대로 알 수 있게 한다는 사실에 있다"(p. 387)고 주장한다.
쉐퍼가 이성주의자인지 여부에 대해 약간의 논란이 있다. 참고, Bryan A. Follis, *Truth with Love: The Apologetics of Francis Schaeffer* (Wheaton, IL: Crossway, 2006), 3장, "Rationality and Spirituality." 쉐퍼는 그의 주된 관심사인 변증에서 세계관의 개념을 사용하지만, 그것에 대해 체계적으로 글을 쓴 적은 없다. 내가 쉐퍼의 변증에 호의적이긴 하지만, 나는 최고의 변증은 분명히 표현되었으며 성육신한 기독교 세계관이라고 주장하고자 한다. 여기서 또한 흥미로운 점은 카이퍼와 벤저민 워필드(Benjamin B. Warfield)의 관계다. George Marsden, "The Collapse of American Evangelical Academia", in Alvin Plantinga and Nicholas Wolterstorff, eds., *Faith and Rationality* (Notre Dame: University of Notre Dame Press, 1983), pp. 219-264, 247는 "증거주의 전통[워필드]과 카이퍼 전통이 미국의 사상과 이성에 가장 큰 영향을 끼친 두 가지다"라고 말한다. 카이퍼와 워필드의 관계에 대해서는 다음을 보라. Heslam, *Creating a Christian Worldview*, pp. 12-14, 126-132, 186-190, 251-256; Owen Anderson, *Reason and Worldviews: Warfield, Kuyper, Van Til and Plantinga on the Clarity of General Revelation and the Function of Apologetics* (Lanham, MD: University Press of America, 2008).

성이 불가피하게 **전승된** 것이라고, 즉 그것은 항상 특정한 전통이나 이야기의, 또는 우리가 세계관이라 부르는 것의 맥락에서만 기능한다고 주장한다.[46] 앨빈 플랜팅가와 니콜라스 월터스토프는 이론화에서 기독교적 출발점의 정당성을 주장함으로써 이런 카이퍼 전통을 발전시켰다.[47] 우리는 플랜팅가와 월터스토프의 작업에 대해서는 10장에서 논의할 것이다.

세계관에 대한 오늘날 기독교의 전유

최근 수십 년간 세계관으로서의 기독교 신앙이라는 개념은 널리 인기를 얻었는데, 특히 복음주의 진영에서 그랬다. 프랜시스와 이디스 쉐퍼(Francis and Edith Schaeffer)는 스위스 라브리(L'Abri)에 기반을 두고 여러 세대의 학생들에게 그러한 접근을 소개하는 데 중요한 역할을 했으며, 더 최근에는 존 스토트, 알버트 월터스와 마이클 고힌, 척 콜슨(Chuck Colson)과 낸시 피어시(Nancy Pearcey), 브라이언 왈쉬(Brian Walsh)와 리처드 미들턴(Richard Middleton)을 비롯한 많은 이들이 세계관적 사유의 확산에 기여해 왔다.[48]

---

[46] 참고. Alasdair MacIntyre, *Whose Justice? Which Rationality?* (Notre Dame, IN: University of Notre Dame Press, 1988). 또한 현대성의 출현 당시에 기독교 사상가들이 저지른 주된 오류는 비그리스도인들에게 인식론적 기반을 양보하는 것이었다는 버클리의 견해에도 주목하라. "그 기반을 확실히 하려는 노력 가운데, 종교는 자신도 모르게 스스로의 소외를 낳았다." M. J. Buckley, *At the Origins of Modern Atheism* (New Haven, CT: Yale University Press, 1987), p. 359.

[47] 예를 들어 다음을 보라. James F. Sennet, ed., *The Analytic Theist: An Alvin Plantinga Reader* (Grand Rapids: Eerdmans, 1998); Nicholas Wolterstorff, *Reason Within the Bounds of Religion* (Grand Rapids: Eerdmans, 1976), 『종교의 한계 내에서의 이성』(성광문화사). 월터스토프와 플랜팅가가 주도하는 이른바 개혁파 인식론에 대한 소개를 다음에서 보라. Dewey J. Hoitenga, *Faith and Reason from Plato to Plantinga: An Introduction to Reformed Epistemology* (New York: SUNY Press, 1991).

[48] Charles Colson and Nancy Pearcey, *How Now Shall We Live* (Wheaton, IL: Tyndale, 1999), 『그리스도인, 이제 어떻게 살 것인가?』(요단출판사); Nancy Pearcey, *Total Truth: Liberating Christianity from Its Cultural Captivity* (Wheaton, IL: Crossway, 2004), 『완전한 진리』(복있는사람). Brian J. Walsh and J. Richard Middleton, *The Transforming Vision: Shaping a Christian Worldview* (Downers Grove, IL: InterVarsity Press, 1984, 2009)는 아

우리는 세계관에 대한 이 많은 작업들을 여기서 살펴볼 수는 없지만, 수년간 지칠 줄 모르고 기독교 세계관을 옹호해 온 제임스 사이어(James Sire)의 작업들에 주목하는 것으로 충분하다. 사이어의 초기 작업들 중 하나인 『어떻게 천천히 읽을 것인가』(How to Read Slowly: Reading for Comprehension)는 큰 기쁨을 주는 책이다.[49] 그는 다양한 장르의 문헌을 읽는 방법을 탐구하며, 무엇을 읽어야 할지 알 수 있는 방법과 동시대의 사유에 뒤떨어지지 않는 방법에 대한 창의적 숙고들을 포함시킨다. 천천히 읽는 것은 문헌에 담긴 세계관을 읽는 것을 수반한다.

세계관에 대해 가장 잘 알려진 사이어의 작품은 『기독교 세계관과 현대사상』(The Universe Next Door)으로, 이 책은 현재 5판이 나왔고 20개 언어로 번역되었다.[50] 사이어의 책 원제는 "인간의 삶이라는 하나의 집합적 세계 안에 있는 네 개의 전혀 다른 세계들"이라는 카이퍼의 묘사를 떠올리게 한다. 그것은 우리의 다원주의적 문화에서 우리를 둘러싼 세계관들의 다양성을 상기시키는데, 즉 우리의 이웃은 세계를 아주 다른 방식으로 바라볼 것이며 따라서 "다른 우주에" 산다는 것이다.

사이어에게 세계관이란 "우리가—의식적으로 혹은 무의식적으로—자신이 살아가는 세계에 대해 갖는 일련의 가정들"이다.[51] 중요한 통찰은 세계관이 **의식적이지** 않을 수 있다는 점이다. 그것은 마치 안경과도 같아서, 우리는 안경을 통해 세계를 보면서도 안경 자체는 거의 보지 않는다. 따라서 세계에 대한 한 사람의 관점이 그의 세계관을 통해 매개된다는 사실을

주 큰 영향을 끼쳐 왔다. 『그리스도인의 비전』(IVP).

[49] James Sire, *How to Read Slowly: Reading for Comprehension* (Downers Grove, IL: InterVarsity Press, 1978). 『어떻게 천천히 읽을 것인가』(이레서원).

[50] James Sire, *The Universe Next Door*, 4th ed. (Downers Grove, IL: InterVarsity Press, 2004). 『기독교 세계관과 현대사상』(IVP).

[51] James Sire, *The Universe Next Door*, 3th ed. (Downers Grove, IL: InterVarsity Press, 1997), p. 16.

의식할 때까지, 우리는 세계를 매개되지 않은, 객관적인, 중립적인 방식으로 본다고 생각하기 쉽다.

『기독교 세계관과 현대사상』 최신판에서 사이어는 일곱 가지의 주요 세계관들을 밝힌다. 즉 기독교 유신론(Christian theism), 유신론에서 인격적 하나님을 포기할 때 남는 이신론(deism), 하나님에 대한 믿음은 포기하지만 인간의 자율성에 대한 신뢰는 유지하는 자연주의(naturalism), 인간의 이성에 대한 신뢰가 무너졌을 때 자연주의에서 나오는 허무주의(nihilism), 진선미에 대한 자신의 고유한 개념을 실재로 만들고자 하는 개인의 힘을 통해 허무주의를 넘어서려는 시도인 실존주의(existentialism), 뉴에이지 사상이 자아에 대한 실존주의자들의 감각과 결합되는 동양의 범신론적 일신론(Eastern pantheistic monism), 그리고 마지막으로, 우리가 실재하는 그대로의 실재를 알 수 있음을 부정하지만 그런 지식이 없이도 특히 우리의 언어 사용을 통해 감당해 낼 수 있다고 믿는 포스트모더니즘이다. "실용적 지식이 우리가 가질 수 있는 전부이며 우리에게 필요한 전부다."[52]

사이어가 보기에, 그리스도인이 제공할 수 있는 섬김은 사람들이 자신의 세계관을 의식할 수 있도록 돕는 것이다. 사이어는 무의식을 의식으로 이끌어 낼 수 있는 일련의 진단적 질문들을 개발했다.[53]

- 최고의 실재는 무엇인가?
- 우리를 둘러싼 세계의 본질은 무엇인가?
- 인간으로 존재한다는 것은 무엇을 의미하는가?
- 죽으면 어떤 일이 일어나는가?
- 어떤 것에 대해서든 앎이 가능한 이유는 무엇인가?

---

[52] James Sire, *Naming the Elephant: Worldview as a Concept* (Downers Grove, IL: InterVarsity Press, 2004), p. 12. 『코끼리 이름 짓기』(IVP).

[53] Sire, *Universe Next Door*, 4th ed., p. 20.

- 무엇이 옳고 그른지에 대해 우리는 어떻게 말하는가?
- 역사란 무엇에 대한 것인가?

『코끼리 이름 짓기』(Naming the Elephants)에서 사이어는 세계관에 대한 그리스도인들의 최근 생각을 검토한다. 그는 자신이 이전에 세계관을 정의한 것에 대한 불만족을 표현하고, 최근의 연구와 숙고에 비추어 다음과 같이 재정의한다.

> 세계관이란 헌신이고, 마음의 근본적 지향인데, 이는 이야기로 혹은 실재의 기초적 구성에 대해 우리가 (의식적으로 혹은 잠재의식적으로, 일관되게 혹은 비일관되게) 견지하는 일련의 전제들(참이거나, 부분적으로 참이거나, 전부 거짓일 수 있는 가정들)로 표현될 수 있으며, 우리가 살며 기동하며 존재하는 토대를 제공한다.[54]

사이어의 개정된 정의에는 몇 가지 주목할 만한 발전들이 있다.

첫째, 결단과 마음에 대한 그의 강조는 카이퍼의 견해를 상기시키는데, 즉 세계관이 일차적으로 지적이거나 명제적이지 않다는 것, 그것이 근본적으로 마음의 문제, 영적 지향의 문제, 종교의 문제라는 것이다. 카이퍼와 마찬가지로, 사이어는 우리 존재의 중심에서 모든 사람이 종교적으로 지향되어 있어서, 참 하나님 아니면 우상을 향해 있다는 견해를 받아들인다. "내가 판단하기에는, 이 세계에 살아 있다는 것만으로도, 모든 사람이 종교적으로 헌신하고 그 헌신으로 살아간다."[55]

둘째, 사이어는 우리가 종종 세계관을 장엄한 이야기나 거대 내러티브로 접한다는 것을 깨달았다. 그가 내리는 정의는 이것이 세계관들에서 항

---

[54] Sire, *Naming*, p. 122., 그리고 *Universe Next Door*, 4th ed., pp. 16-19.
[55] Sire, *Naming*, p. 124.

상 사실인지 여부에 대해서는 여지를 두지만, 그가 이야기를 재발견한 것은 특히 기독교 세계관과 관련해 중요하다. 우리가 3장에서 본 것처럼, 성경에 대한 그런 접근은 카이퍼가 자신의 성경 읽기 방식을 묘사한 것에 내포되어 있지만, 카이퍼도 바빙크도 세계관들의 이야기적 속성에 주의를 기울이지 않았다.

셋째, 사이어는 처음으로 세계관의 구현된 속성을 강조했다. 세계관은 무의식적일 수 있으나, 우리가 사는 방식에서 드러날 것이다.

주로 개혁파 개신교인들과 제임스 사이어 같은 복음주의자들을 통해서 세계관이 복음의 포괄적 전망을 표현하도록 전유되었지만, 그런 생각이 다른 기독교 전통들에 없는 것은 결코 아니다. 로마 가톨릭 진영에서 세계관을 사용하는 것은 특히 이탈리아 출생의 독일 사제이자 신학자 로마노 구아르디니(Romano Guardini)와 연결되며,[56] 정교회에는 알렉산더 슈메만(Alexander Schmemann)이 있다.[57] 슈메만은 세계에 대한 정교회적 견해의 설명을 예전과 성례에 기초시킨다. 그는 자신의 세계관을 먹는 것의 은유를 중심으로 발전시킨다. 아담과 하와는 금지된 열매를 먹음으로써 죄를 지었고, 또한 성만찬의 핵심은 물론 우리가 그리스도를 먹고 마시는 것이다. 슈메만은 세계를 성례전적으로 이해한다.

세계는, 코스모스로서의 전체성에서든 또는 시간과 역사로서의 삶과 생성에

---

[56] 참고. Romano Guardini, *Christliche Weltanschauung und menschliche Existenz* (Regensburg: Pustet, 1990). 구아르디니는 베를린 대학교에서 종교 철학과 기독교 **세계관** 교수직을 맡았으며, 제2차 세계대전 후에는 튀빙겐 대학교에서, 그리고 마지막에는 뮌헨 대학교에서 가르쳤다. 참고. Heinz R. Kuehn, "Introduction", in Romano Guardini, *The Essential Guardini: An Anthology of the Writings of Romano Guardini* (Chicago: Liturgy Training Publications, 1997), pp. 1-12.

[57] Alexander Schmemann, *For the Life of the World*, 2nd ed. (Crestwood, NY: St. Vladimir's Seminary Press, 1973). 『세상에 생명을 주는 예배』(복있는사람).

서든, 하나님의 계시와 임재와 능력의 수단, 하나님의 현현이다. 달리 말해, 세계는 자신의 존재에 대한 합리적으로 받아들일 만한 이유로서의 하나님의 개념을 상정할 뿐 아니라, 또한 하나님에 대해 참으로 말하고 그 자체로 하나님을 아는 것과 하나님과 교제하는 것 모두의 필수적 수단이며, 그렇게 되는 것이 세계의 참된 본질이며 궁극적 운명이다.[58]

카이퍼와 마찬가지로, 슈메만은 인간을 **제사장들**로 생각하도록 우리에게 요청하는데, 즉 감사와 예배 가운데 하나님을 송축하고 세계를 성만찬으로 채움으로써 삶을 하나님과의 교제로 변화시키는 사람들이다. 타락은 삶에 대한 이런 성례전적, 제사장적 관점의 상실과 관련되지만, 구속은 그것의 회복과 관련된다. 그리스도 안에서 "인간에 의해 상실되었던 참된 삶이 회복되었는데, 새 창조로서의 구속이 의미하는 바가 '그리스도 안에서 삶이—그 전체성 가운데 있는 삶이—인간에게 되돌려졌고, 성례와 교제로서 다시 주어져서, 성만찬이 되었다'는 것이기 때문이다.…구속에서 세상은 하나님의 창조 세계로 회복되고 인간들은 자신의 제사장적 소명을 되찾는다."[59] 이 토대로부터 슈메만은 그리스도인들에게 하나님의 선한 창조로서의 실재를 증언하고 삶의 모든 측면을 변화시키는 일에 열심을 내라고 권고한다.

세계관에 대한 비판들

세계관이 널리 사용됨에도 불구하고, 세계관에 대한 비판들이 없는 것은 아니다. 이런 방식으로 세계관을 전유하는 것에 반대하는 주요 비판들의 일부

---

[58] 같은 책, p. 120.
[59] Naugle, *Worldview*, p. 52.

는 다음과 같다.

1. 세계관은 복음을 지성화한다 현대성의 우상은 자율적 인간 이성이었다. 경험이 아닌 과학적 이성이 이 세계에 대한 진리에 이르는 왕도로 간주되었다. 현대성의 도전에 맞서기 위해, 그리스도인들로서는 그리스도 안에 있는 자신들의 희망에 대해 적절한—그리고 이 맥락에서는 **합리적인**—해명을 주는 것이 필수적이었다. 해리 블레마이어스(Harry Blamires)가 자신의 유명한 책『기독교적 지성』(*The Christian Mind*)에서 오어, 카이퍼, 헨리, 쉐퍼와 비슷하게 깨달은 것은, 그리스도인들이 기독교적 지성을 절실히 필요로 한다는 점이다. 복음을 지적으로 신뢰할 수 있음을 입증하는 것이 중요했고, 기독교 세계관의 발전은 이것을 증명하는 중요한 방식이었다. 그러나 여전한 위험은, 복음을 지적 틀로 축소시키고 성경 이야기와 그리스도와의 살아 있는 관계성에 있는 기독교 세계관의 뿌리들을 깎아내림으로써 현대성을 반영하는 것이다. 내가 아는 한, 이 위험에 대해 20세기 가톨릭 수사 토머스 머튼(Thomas Merton)보다 더 분명히 경고한 사람은 없다. 머튼이 보기에,

> 명상을 통해 우주의 질서를 탐구하고 나를 이 질서 안에 놓는 것으로는 부족하다. 명상은 하나의 '벨트안샤웅'(우주와 삶에 대한 철학적 견해)을 지배하는 것 이상이다.…그런 명상은 기독교의 가장 깊은 진리들과의 단절일 수 있다. 그것은 몇 개의 합리적 공식들, 설명들을 배우는 것으로 이루어진다.…우리는 그 두려움의 중심에서 무방비 상태로 있으면서, 설명도 이론도 내려놓고 우리의 아무것도 아님 가운데 하나님 앞에 홀로 서야 한다. 그분의 은혜, 그분의 자비, 신앙의 빛이라는 선물을 절실히 필요로 하는 가운데, 그분의 섭리적 돌보심을 전적으로 의존하면서 말이다.[60]

---

[60] Thomas Merton, *Contemplative Prayer* (London: DLT, 1969), p. 85.

정교회 전통 내에서, 유사하게 슈메만은 세계관이 예전과 예배에 뿌리를 내리고 있어야 한다고 주장한다. 또한 앞에서 우리는 카이퍼가 어떻게 세계관을 마음 및 기도와 연결시키는지를 보았다. 이원론적 세계관으로 양육된 그리스도인들은 세계관으로서의 신앙의 발견을 올바르게도 두 번째 회심과 유사하게 경험했다. 하지만 이는 때때로, 참된 기독교 세계관의 원천인 깊은 영성에서 분리된, 지적으로 신뢰할 수 있는 **체계**로서의 복음에 집중하는 것으로 이끈다.[61] 그 결과는 하나의 이원론—성/속—이 다른 이원론—마음/지성—으로 대체되는 것이다.

그리스도인답게 생각하는 것—"이해를 추구하는 신앙"—은 기독교 세계관에서 필수적 부분이지만, 그것은 단지 부분일 뿐 전체는 결코 아니다. 만약 그것이 전체로부터 단절된다면, 은혜와 겸손을 결여한 왜곡된, 지성화된 기독교로 이끈다. 내 의견으로는, 세계관에 대한 너무나 많은 복음주의적 작업이 지적 측면에서는 강력하나 영성의 측면에서는 연약한 경향을 보여 왔다.[62] 따라서 세계관이 학자적이고 메마르고 무미건조하게 될 위험성이 실제로 있지만, 분명히 이는 성경의 드라마로부터 나오는 세계관의 왜곡이다.

복음을 지성화하는 것의 위험이라는 현재의 주제 아래서, 또한 우리는 복음을 명료하게 표현하기 위해 세계관을 전유하는 그리스도인들에 대한 칼 바르트의 가차없는 반감을 고려해야 할 것이다.[63] 바르트는 20세기의 가장 위대한 개혁파 신학자이고, 따라서 그가 그토록 강력하게 기독교 세계관의 발전에 반대한다는 점은 우려할 만한 일이다.

---

61   여기서 쇠렌 키르케고르는 도움이 되는 해결책인데, 그가 진리의 개인적 전유를 강조하며, 내가 보기에는 다소 지나치게, 체계에 대해 경계하기 때문이다.
62   그러나 다음을 보라. Mark Noll, *The Scandal of the Evangelical Mind* (Grand Rapids: Eerdmans, 1994). 『복음주의 지성의 스캔들』(IVP).
63   참고. Barth, *Church Dogmatics* III/1, pp. 343-344; III/3, pp. 55-56; IV/3.1.

창조의 교리를 논의하면서, 바르트는 기독교의 창조 신학이 절대로 세계관이 될 수 없는 여섯 가지 이유를 나열한다.[64] 주목해야 할 중요한 지점은, 그것들이 모두 세계관에 대한 바르트의 정의에 기초한다는 것이다. 그는 기독교의 창조 교리가 신적 계시에 기초해 있다고 올바르게 주장하지만, 계속해서 주장하는 바에 따르면, 신학이

> 오로지 신적 계시와 관련되는 반면…후자[세계-관]는, 비신학적 사유로서, 독립된 이성으로 파악할 수 있는 우주에 대한 이해만 고려한다.…신학은 창조가 예수 그리스도 안에 있는 하나님의 사역이기 때문에 은택으로서의 창조를 인정하고 고백해야 하는 반면, 본질적으로 철학은 이것을 할 수 없다.[65]

만약 세계관이 오직 이성만으로 획득한 창조 세계에 대한 통찰들을 고려할 수 있을 뿐이라면, 복음과 세계관은 정말 양립할 수 없다는 점에서 바르트가 명백히 옳다. 그러나 기독교 세계관의 전체 핵심은 바로 이성에만 의존하지 **않는다**는 것이며, 다만 하나님이 자신을 그리스도 안에서 우리에게 계시하신 것을 온전히 고려하고 기독교 세계관의 출발점으로 삼는다는 것이다.

화해의 교리에서 바르트는 세계관들을 예수로부터 벗어나려는 시도로 본다. 살아 계신 주·왕·선지자이신 분과 관련해서라면, "이 예수 그리스도는 세계관의 목적들에는 아무런 가치가 없다." 바르트는 이 맥락에서 세계관의 다섯 가지 특징들을 나열한다.[66]

1. 인간은 세계관들을 통해 거리를 두고 세계의 전체성을 조망하려 한다.
2. 한 세계관을 통해 본 세계는 그 자체로 닫혀 있는 세계다.

---

64 참고. 같은 책 III/1, pp. 343-344.
65 같은 책 III/1, p. 343.
66 같은 책 IV/3.1, pp. 255-257.

3. 세계관들은 일반적 상태들, 관계들, 결과들을 다룬다.

4. 세계관들은 인간이 자신이 보는 것으로부터 구성하는 교리들이다.

5. 세계관들은 인간이 스스로를 파악하려는 시도다.

세계관을 사용하는 것에 대한 바르트의 부정적 반응은 자유주의 신학에 대한 그의 반발로부터 발전했다.[67] 바르트는 자신의 반발을 통해 예수와의 만남의 사건적 측면(the event-aspect)과 그리스도인의 삶의 경험적 측면(the lived aspect)을 보전하고자 한다. 둘 다 그리스도인의 신앙의 필수적 요소들이며, 이 책에서 강조되는 요소들이다. 그러나 이런 점들은 모두 앞에서 바르트가 정의한 세계관과 관련되며, 일단 그의 정의를 거부한다면 세계관을 발전시키는 것에서 문제를 보기 어렵다. 바르트의 비판은 세계관을 한 **원리**에 기초시켜야 한다는 카이퍼의 주장과 연결될 수 있지만, 우리가 앞에서 본 바와 같이, 기독교 세계관에 대한 최근의 옹호자들은 세계관을 살아 있는 신앙과 성경의 내러티브 형태에 기초시킨다.

2. 세계관은 복음을 보편화한다[68] 복음을 표현하기 위해 세계관을 사용하는 것에 대한 이런 비판은 세계관을 철학과 결부시키는 바르트 안에서 이미 나타나는데, 그것은 "순수한 생성"(pure becoming)에 대한 분석을 수반하며 그 결과로 복음을 그릇되게 보편화함으로써 복음의 특수성을 전복하는 것이다. 하지만 우리는 이런 비판이 훨씬 더 온전히 표현된 것을 루돌프 불트만(Rudolph Bultmann, 1884-1976)의 변증법적 신학에서 본다.[69]

세계관에 대한 불트만의 확고한 반대를 이해하기 위해서는, 신앙과 하나님에 대한 그의 견해를 이해할 필요가 있다. 불트만에게 "신앙은 하나의

---

67 참고. 앤더슨의 아주 유익한 논문 "Jesus and the 'Christian Worldview.'"
68 세계관에 대한 이런 도전을 나에게 일깨워 준 것은 데이비드 콩던이다.
69 불트만의 사유는 복잡한데, 여기서 나는 David W. Congdon, *The Mission of Demythologizing: Rudoph Bultmann's Dialectical Theology* (Minneapolis: Fortress, 2015), 특히 pp. 374-407의 명쾌한 해설에 의존한다.

세계관이 아니다. 하나님이라는 개념이 세계에 대한 설명[Welterklärung]을 위한 하나의 원리로 적용되는, 그리고 그 안에서 인간 실존의 의미가 일반적 세계 이해[Weltverständnis]로부터 발전하는 세계관이 아닌 것이다."[70] 대신에 신앙은 하나님 앞에 있는 인간의 실존적 입장이다. 하나님은, 불트만에 따르면, 종말론적이고 초월적이고 전적 타자로서, 새로운 상황들로 항상 나아가신다. 그분의 본성은 객관화될 수 없으며 이론적 분석과 지식을 위해 결코 이용될 수 없다.[71] 불트만이 보기에, 세계관의 중심을 차지하는 것은 하나님에 대한 바로 그런 이론적 분석이다. 그것은 하나님에 대한 담론의 역사성과 특수성을 저버리며, 그리하여 종말론적 하나님과의 관계를 저버린다. 보편화가 세계관에 아주 핵심적이다. "세계에 대한 포괄적 이해가 동시에 삶에 대한 포괄적 철학을 제시한다. 이런 의미에서 '벨트안샤웅'은 존재에 대한 이론 혹은 학문으로서 보편적 타당성을 갖는다고 주장한다."[72]

불트만의 논증에서 많은 부분은 그가 신학을 생각하는 방식에 달려 있다.[73] 불트만은 신학의 대상이 하나님이라는 것에 대해 정통 신학자들과 의견을 함께하지만, 그는 정통 신학이 세계관에 구현된 신앙을 보편화하려고 모색하는 가운데 케리그마와 이론을 혼동하여 그 결과로 초월적인, 타자이신 하나님을 우리 자신의 안위를 위한 원리로 바꾼다고 주장한다. "세계관들은 인간의 구체적 역사성을 부정하고 언제 어디서나 동일한 사실을 묘사하려고 시도한다." 대조적으로, 참된 신앙은 우리를 뒤흔들고 자유롭게 하여 역사의 우발성들에 관여하게 한다.[74] 불트만은 결국 역설로서의 신학이

---

70 Bultmann; 같은 책, p. 393에 인용됨.
71 객관화에 대해서는 다음을 보라. David Congdon, *Rudolph Bultmann: A Companion to His Theology*, Cascade Companion (Eugene, OR: Cascade Books, 2015), 3장.
72 Congdon, *Mission*, p. 389.
73 참고. Rudolph Bultmann, *What Is Theology?*, trans. Roy A. Harrisville, Fortress Texts in Modern Theology (Minneapolis: Fortress, 1997).
74 Congdon, *Mission*, pp. 391, 392.

라는 견해에 이른다. 한편으로, 우리는 신앙을 객관화하는 방식으로 말해야 한다. 다른 한편으로, 동시에 그런 발언은 객관화의 지양(Aufhebung)에서만 의미를 갖는다.

콩딘은 불트만의 세계관 비판에서 자연과 은혜의 관계에 대한 견해가 중요하다고 지적한다.[75] 내가 보기에 불트만의 신학은 루터파 세계관인 역설 관계에 있는 그리스도와 문화의 예로, 그 역설적 강조가 상당히 두드러진 것이다. 카이퍼 전통 내에서는, 누구보다도, 신학자 헤릿 코르넬리스 베르카우어(Gerrit C. Berkouwer)가 불트만과 직접 논쟁을 펼쳤다. 그의 『일반계시』(General Revelation)에서, 베르카우어는 감추어졌던 것이 이제 알려졌다는 데 계시의 핵심이 있다고 주장한다. 그러므로 "하나님의 말씀과 하나님의 행위, '앎'과 '일의 발생' 사이에 **대립**을 구축하는 것은 불가능하다. 불트만의 것과 같은 관점과 관련해, 우리는 '성경 신학'의 결과가 말씀-계시와 행위-계시 사이의 **분리**로 회귀하는 것이 아닌지 의심스럽다."[76] 앨빈 플랜팅가의 용어로 말하자면, 신앙에는 지성적(noetic) 측면과 정서적(affective) 측면이 있으며, 이 둘은 함께 유지되어야 한다.

불트만이 세계관과 관련해 매우 옳았던 점은, 세계관이 신앙을 보편화하려고 한다는 것을, 혹은 더 정확하게는, 신앙 안에 주어진 보편적 함의들을 파악하려고 애쓴다는 것을 본 것이다. 그러나 바르트와 불트만이 모두 그런 보편화를 철학과 동일시하는 반면, 확실히 오늘날의 카이퍼주의자들에게 세계관은 **전이론적**(pretheoretical) 속성을 가진다. 비록 대다수는 그것이 하나의 철학으로 발전하거나 철학적 통찰을 위해 이용될 수 있다고 여기지만 말이다. 불트만과 바르트는 그런 기획에 있는 잠재적 위험에 대해 경고한다는 점에서 가치가 있지만, 신앙과 마음 및 하나님을 향한 실존적

---

[75] 같은 책, p. 379.
[76] Gerrit C. Berkouwer, *General Revelation* (Grand Rapids: Eerdmans, 1955), p. 100.

개방성이 기독교 세계관에 핵심적인 것으로 주장되는 한, 나는 그들의 반대가 설득력이 있다고 보지 않는다.

3. 세계관은 복음을 상대화한다 대체로 포스트모더니즘은 프랜시스 쉐퍼가 **참된 진리**(true Truth)라 부른 것에 대한 추구를 그저 획득할 수 없는 것으로 여겨 포기했다. 따라서 포스트모더니즘은 강하게 반실재론적인 경향이 있다. 이런 유형의 포스트모더니즘은 절망하기보다는 오히려 쾌활한 허무주의와 맥을 같이하면서 우리의 한계를 찬양하는 경향이 있다. 그런 견해들의 진정한 통찰은 그것들이 우리 모두가 역사적으로 위치해 있다는 것을, 우리 모두가 벗을 수 없는 특정한 렌즈를 통해 세계를 본다는 것을, 그리고 이 렌즈는 우리가 세계를 보고 해석하는 방식에 언제나 영향을 끼친다는 것을 인식한다는 점이다. 위험은 상대주의로 전락하는 것이 불가피하다는 점이다.

상대주의는 다원주의적 맥락에서 실제로 유혹이지만, 우리는 그것에 저항할 수 있고 또 저항해야 한다. 그리스도는 하나님의 계시이며, 뉴비긴이 표현하는 대로, 존재하는 모든 것에 대한 실마리이다. 이것은 다른 세계관들이 고유하고 심오한 통찰을 가지고 있음을 부정하는 것이 아니며, 따라서 우리는 다른 관점들과 비판적 대화를 해야 하지만, 그리스도가 길이요 진리요 생명임을 주장해야 한다. 성경의 이야기는 다른 이야기들과 나란히 존재하는 하나의 이야기에 불과한 것이 아니라, 세상에 대한 참된 이야기다. 톰 라이트가 말하듯이, "원칙적으로 기독교의 핵심은 그것이 제공하는 이야기가 온 세상의 이야기라는 점이다. 그것은 공적 진리다."[77] 제임스 사이어는 이 생각을 다음과 같이 분명히 표현한다.

---

77 N. T. Wright, *The New Testament and the People of God* (Minneapolis: Fortress, 1992), pp. 41-42.

전통적인 그리스도인들은 객관적 진리라는 개념을 포기하려고 하지 않을 것이다. 내 존재의 모든 것이 세계관을 절실히 요구한다고 말할 때, 그 세계관은 단지 나 자신의 이야기, 나 자신의 일련의 명제들, 나 자신의 삶에 대한 해석이 아니라 오히려 보편적으로, 객관적으로 참인 세계관, 진정한 실재가 거기 계신 하나님인 세계관, 인간이 참으로 그분의 형상을 따라 만들어졌으며 "사물이 실제로 존재하는 그대로의 방식"을 어느 정도라도 알 수 있는 세계관이라고 말할 때, 나는 내가 단지 나 자신을 위해서만 말한다고 생각하지 않는다.[78]

그러므로, 상대주의의 위험이 있지만, 반드시 그렇게 될 필요는 없다. 물론 기독교 세계관에 대한 **우리의** 표현이 홀로 하나님의 무오한 말씀인 성경과 동일시되어서는 안 된다. 하지만 우리는 성경 이야기가 세상에 대한 참된 이야기라는 것과, 우리의 세계관이 그 이야기를 모방하는 한 세상에 대한 참된 이야기를 구현하리라는 것을 긍정해야 한다.

4. 세계관은 성경에서 단절되어 시대정신들에 취약해진다 세계관이 가져오는 틀은 강력해서, 성경에 있는 뿌리들로부터 느슨해져 자유롭게 움직이는 독립체가 될 수 있다. 그럴 때 그것은 성경 이야기가 아닌 다른 이야기들에 흡수되는 데 취약해진다. 성경의 드라마에서 나오는 세계관은 우리를 성경 이야기에서 멀어지게 하는 것이 아니라 오히려 그 이야기 속으로 끊임없이 다시, 더 깊이 이끌어야 한다. 성경은 하나님의 말씀이고, 따라서 기독교 세계관은 성경에서 나와야 하며, 성경에서 나오는 것으로 여겨져야 하고, 또한 성경으로 돌아가야 한다.[79]

**5. 세계관은 사회를 변화로 이끌기보다는, 중산층 기독교를 옹호하고 건

---

[78] Sire, *Naming*, pp. 118, 119.
[79] 그렇기 때문에 2장 끝에 있는 덧붙이는 말이 중요하다.

강하지 않은 메시아적 행동주의로 이끈다   기독교 세계관이 가진 진짜 위험은, **우리가** 하나님 나라를 시작되게 할 것이라고 생각하기 시작하면서 이 세계를 변화시키기 위해 미친 듯이 분주해지는 것이다.[80] 이 점에서, 세계관이 거짓된 안위의 추구라는 불트만의 비판은 사실처럼 들린다. 그릇되게 우리는 현대성의 핵심인 진보의 비전을 전유하면서, 만약 **우리가** 충분히 열심히 노력한다면 우리 세대에 하나님 나라가 시작되도록 할 수 있을 것이라고 생각한다. 세계관의 지성적 측면 때문에, 그런 행동주의는 너무나 흔히 우리 문화의 주류, 중산층 요소들을 향해 있다. 세계관적 그리스도인들은 우리의 문화를 변화시키기 위하여 그 내부에서 일할 것을 주장하지만, 소금이 그 소금됨을 잃어버리는 오염의 위험은 실재한다.

마음과 영성이 기독교 세계관에 중심이 되는 것으로 유지된다면, 기독교 세계관에 내재적이지 않은 이런 문제들은 건강한 세계관의 필수 요소로서 자기비판적이게 되도록 요청한다.

그러므로 내가 보기에는, 우리가 세계관 개념의 그늘진 면을 의식하는 한, 세계관은 하나님 나라에서 구현되는 포괄적이고 일치된 비전을 표현할 수 있는 용어로서 여전히 풍성하고 유용하다.

세계관: 무엇이고 왜 중요한가

기독교 세계관을 정의한다는 것   기독교 세계관에 대한 문헌에는 정의들이 넘쳐난다. 『세계관은 이야기다』에서 마이클 고힌과 나는 카이퍼 전통 안에서 작업하면서 세계관을 다음과 같이 정의한다. "세계관이란 공유된 큰 이

---

[80]   참고. 예를 들어, 우리 문화에 있는 행동주의의 문제에 대한 예리한 분석과 관련해 다음을 보라. R. A. Swenson, *Margin* (Colorado Springs: NavPress, 1992). 『여유』(부글북스).

야기 속에 배어 있는 기본적 믿음들을 명료화한 것으로, 그 믿음들은 신앙의 헌신에 뿌리를 두고 있으며 우리의 개인적·공동체적 삶 전체에 형태를 부여하고 방향을 제시한다."[81]

이 정의와 관련하여 몇 가지를 주의해야 한다. 첫째, 인간은 피조물이기에—따라서 창조주가 아니기에—우리는 항상 어떤 방식으로든 세계를 지향할 것이며, 유일한 질문은 어떤 방식인지에 있다. 나는 피조물로서의 인간 존재에 근본적인, 세계를 향한 기본적인 지향이라는 이 감각을 명명하기에 **세계관**이라는 단어가 유용하다고 본다.[82]

둘째, 우리는 인간 피조물이기 때문에, 가장 깊은 층위에서 세계관은 우리의 마음과 신앙적 헌신으로부터 나온다. 우리 존재의 종교적 중심인 마음은 살아 계신 하나님 아니면 우상을 향해 있으며, 우리가 그 안에서 살아가는 큰 이야기 또는 메타내러티브는 우리 마음의 이런 지향에서 흘러나온다. 세계관들은 가장 깊은 층위에서 신앙에 근거하고 있는데, 신앙의 대상은 살아 계신 하나님일 수 있고, 인간의 능력일 수 있고, 하나님의 창조 세계의 어떤 측면일 수 있고, 아니면 인간이 만들어 내는 수많은 우상들 중 어느 하나일 수 있다.

셋째, 창조 세계는 시간적이고 따라서 역사적이기 때문에, 그리고 인간은 역사 안에 박혀 있으므로, 언제나 세계관은 세계에 대한 이런저런 큰 이야기나 메타내러티브로 표현될 것이다. 하나님은 유한한 피조물인 우리가 우리 삶에 목적과 방향을 제시하고 우리 세계를 설명해 주는 더 큰 이야기의 일부가 됨으로써 삶의 의미를 발견하도록 의도하셨다. 그러므로 기독교의 이야기를 거부하는 사람은 그냥 큰 이야기 없이 살아가는 것이 아니라,

---

[81] Goheen and Bartholomew, *Living at the Crossroads*, p. 23.
[82] 이런 측면에서, 이상하게 들릴지라도, 세계관에 대한 우리의 견해도 그 자체로 **우리의 세계관에** 의존할 것이다.

다른 큰 이야기를 찾아서 그것에 따라 살 것이라는 점을 기억하는 것이 중요하다. 큰 이야기는 없다고 보는 포스트모던의 견해조차 그 자체로 터무니없이 큰 이야기다!

넷째, 우리 세계가 타락했고 망가졌으므로, 우리가 세계관들을 진지하게 다룰 때 세계관들의 수가 많고 서로 경쟁하고 있음을 직면하게 된다. 현대성에서 계속 반복해서 세계관들은 자신들의 중립적 객관성을 주장하고 세계관들인 자신들의 지위를 부정하려 들지만, 명백하게 드러난 바와 같이, 모든 세계관은 저마다 "편견들"(prejudices) 혹은, 가다머의 의미로 선판단들(prejudgments)을 가지며, 또한 딜타이(Dilthey)가 지적하듯이 그것들의 토대들은 합리적으로 증명된 주장들보다는 신앙에 의존한다.[83] 세계관들은 쉽사리, 혹은 결코, 화해될 수 없다. 일반 계시 때문에 세계관들은 모두 모든 사람에게 공통되는 세계 이해를 추구하기에 무수히 많은 방식으로 서로 공통점이 있겠지만, 불가피하게 그것들은 저마다의 관점에서 세계의 이야기를 들려주는 것을 목적으로 삼으며 따라서 서로 충돌할 수밖에 없다.

이런 맥락에서 우리가 반드시 저항해야 하는 것은 상대주의인데, 마치 세계관이 단순히 개인적 취향의 문제인 듯 여기는 것이다. 기독교 세계관은 오직 성경이 온 세상에 대한 참된 이야기를 말한다는 사실에 대한 깊은 헌신을 계속 유지해야 한다.

다섯째, 우리는 공동체적 피조물이기 때문에, 이런 큰 이야기들은 불가피하게 우리 가운데 공유된다. 바로 이것이 종종 개인들이 그것들을 무의식적으로 붙들고 있는 하나의 이유다. 로이 클라우저(Roy Clouser)의 지적에 따르면, "그러나 종교적 신념들의 엄청난 영향은 일상적으로 보기에는

---

[83] Hans-Georg Gadamer, *Truth and Method* (London: Bloomsbury, 2013), 『진리와 방법』(문학동네); Wilhelm Dilthey, *Selected Writings*, ed. and trans. H. P. Rickman (Cambridge: Cambridge University Press, 1976), p. 141.

대체로 숨겨져 있다. 그 영향이 삶의 나머지 부분에 대해 갖는 관계는 지표면의 거대한 지질학적 판들이 대륙 및 대양에 대해 갖는 관계와 같다."[84] 그리스도인으로서 우리는 우리가 "하나이고 거룩하고 보편적이고 사도적인 교회"의 부분이라는 것, 즉 세대들을 거쳐 미래로 이어지는 하나님의 백성의 부분이라는 것을 의식한다. 모든 그리스도인과 함께 우리는 성경의 기본적인 이야기를 공유한다. 우리는 그 이야기의 진리에 헌신한 공동체의 일부로 살아간다. 그러므로 카이퍼가 스톤 강좌의 2강 "칼뱅주의와 종교"(Calvinism and Religion)에 교회에 대한 논의를 포함시키는 것은 전적으로 옳다.

여섯째, 그런 큰 이야기들 모두에는 세계에 대한 근본적인 신념들, 즉 궁극적인 의미를 묻는 다음과 같은 질문들에 대한 대답이 들어 있다. 즉 삶이란 무엇인가? 우리는 누구인가? 어떤 종류의 세계에 우리는 살고 있는가? 이 세계에서 무엇이 잘못되었는가? 어떻게 그것을 고칠 수 있는가?[85] 그런 질문들에 대한 대답은 무엇보다도 철학적인 개념들이 아니다. 그것들은 신념들로서, 종종 의식적으로 표현되지 않으면서 우리가 공유하는 특정한 "큰 이야기" 안에 들어 있고, 그 이야기에서 나오는 세계에 대한 통일된

---

[84] Roy Clouser, *The Myth of Religious Neutrality: An Essay on the Hidden Role of Religious Beliefs in Theories* (Notre Dame, IN: University of Notre Dame Press, 1991), p. 1. 『종교적 중립성의 신화』(아바서원).

[85] 리처드 미들턴과 브라이언 왈쉬는 도움이 되는 네 가지의 세계관 질문들을 다음과 같이 표현한다. 나는 어디에 있는가? 나는 누구인가? 무엇이 잘못되었는가? 해결책은 무엇인가?(*Transforming Vision*, p. 35). N. T. 라이트는 세계관적 신념들의 공동체적 공유를 시사하기 위해 단수형 "나"를 복수형 "우리"로 바꿀 것을 제안했다. 또한 그는 다섯 번째 질문 "지금은 어느 때인가?"를 추가해서, 세계관이 그 안에서 우리의 자리를 찾으려는 내러티브라는 것을 나타내도록 제안했다[*Jesus and the Victory of God* (London: SPCK, 1996), p. 443n1; 또한 pp. 467-472]. J. H. 바빙크의 지적에 따르면, 인간은 "세계 안에서 그가 차지하는 자리 때문에, 같은 질문들에 항상 그리고 어디서나 대답해야 한다. 그는 자신의 존재 자체가 수반하는 기본적인 문제들과 씨름해야 한다"[*The Church Between Temple and Mosque* (Grand Rapids: Eerdmans, 1961), p. 31, 『선교적 변증학』(성광문화사)]. 그는 모든 세계 종교들에서 발견되는 다섯 가지 매력적인 핵심들의 측면에서 그 질문들을 표현하면서 "나와 우주", "나와 종교적 규범", "나와 내 존재의 수수께끼", "나와 구원", "나와 최고의 권력"을 말한다.

비전의 일부가 됨으로써 일관성을 획득한다. 우리가 그런 기초가 되는 신념들과 그 영향들을 점점 더 의식하게 될 수 있는 방법은 (1) 우리가 세상에 대한 참된 이야기라고 받아들이는 큰 이야기를 명료하게 표현하는 것, (2) 그 이야기의 근본적 신념들을 부각시키고 명료하게 표현하는 것, (3) 그 신념들을 명료하게 표현하고 설명하는 것이다. 세계관은 그런 신념들과 그것들의 서로 관련되어 있음에 대한 분석이다.

세계관은 철학과 구별되는데, 왜냐하면 세계관은 **전이론적**이기 때문이다. 전이론적이라는 말로 우리가 의미하는 것은 그것이 전통적인 철학에서 발견되는 논리적, 체계적 이론이 아니라는 점이다. 신념은 의견이나 감정과 구별되는데, 왜냐하면 그것이 인지적인 주장을 하기 때문이다. 또한 신념은 단순한 의견이나 추측이 아니라는 의미에서 헌신된 것이다. 세계관을 구성하는 신념들은 또한 기초적인데, 왜냐하면 그것들이 궁극적인 의미의 문제들, 즉 삶은 대체 무엇인가, 죽으면 무슨 일이 일어나는가, 악의 문제 등을 다루기 때문이다. 그러나 이런 기초적인 신념들은 철학적 개념이 **아니라** 성경의 드라마에 굳건히 박혀 있는 개념이며, 그것들이 일관성 있는 방식으로 잘 들어맞는다는 의미에서 하나의 틀을 형성한다.

이런 측면에서 세계관은 사도신경이 기독교 신앙의 핵심 요소들에 대한 간명하고 함축적인 진술인 것과 유사하지만, 신앙의 핵심 요소들이 잘 들어맞는 방식을 표현하려고 한다는 점에서 훨씬 더 광범위하다. 내가 보기에 기독교 세계관이란, 전이론적 층위에서—즉 철학의 이론적 엄밀성은 없이—성경 이야기를 구성하는 주요 요소들 또는 신념들을 정리해서 그것들이 일관성 있는 틀 안에서 어떻게 서로 들어맞는지를 보여 주는 것이다. 물론 이 신념들은 신학적·철학적 범주들에서는 이론적 층위에서 분석될 수 있다. 그러나 기독교 세계관의 핵심은, 성경 이야기가 평범한 그리스도인들에 의해 정리되고 활용될 수 있는 신념들의 틀을 구현하고 암시한다는 것이다. 성경 이야기에 내재하는 기본적인 신념들의 틀은 학자들만을 위한 것이 아니라, 물론 그들도 포함하지만, 하나님의 백성 모두를 위한 것이다.

일곱째, 따라서 세계관은 성경에서 추출된 것으로서 **절대로** 성경을 대체할 수 없다. 세계관은 명백하게 성경 드라마로부터 나올 때만 기독교적이며, 단지 성경으로부터 나올 뿐만 아니라, 좋은 조직신학이 그렇듯이, 우리를 계속해서 다시 성경으로 깊이 돌아가도록 이끌 때만 가치가 있다.[86] 사실 우리는 성경 자체를 항상 우리의 세계관이라는 렌즈를 통하여 읽는데, 우리의 세계관이 성경에 의해 형성될수록 우리는 성경에 침잠하는 것이 우리를 더욱 새롭게 한다는 것을 알게 될 것이다.

여덟째, 우리는 인격적·실존적 층위에서 우리의 세계관을 이해하고 적용해야 하는데, 이는 쇠렌 키르케고르가 강조한 핵심이다. 하나님의 형상으로 존재하는 인간에게, 세계관 안에서 사는 것은 피할 수 없다. 그러나 키르케고르의 강조가 유익한 지점은, 기독교 세계관의 대략을 탐구하는 것이 그리스도인들로 하여금 그리스도와의 인격적 관계성을 중심으로 한 기독교 특유의 세계관을 적극적으로 받아들이도록 돕는다는 점에 있다. 또한 키르케고르가 우리에게 상기시키듯, 이것은 빨리 끝낼 수 있는 간단한 과업이 아니라, 값비싼 결과들을 감당해야 하는 평생에 걸친 씨름이다.

왜 세계관이 중요한가 만약 인간이라는 사실이 우리가 모두 세계관을 가지고 있다는 의미라면, 그리스도인으로서 우리는 **마땅히** 기독교 세계관을 가져야 한다는 결론이 도출된다. 어떻게 누군가가 주기도문으로 기도하면서, 예를 들어, 다른 식으로 생각할 수 있겠는가? 이것은 의무이지만, 기막히게 좋은 의무다. 복음은 우리의 눈을 열어 하나님의 선한 세계, 그러나 타락했고 구속 가운데 있는 세계, 그리스도가 위하여 죽으신 세계를 보게

---

[86] Calvin, *Institutes*, I.3-5에서 드러나는 『기독교강요』의 목적이 그런 것처럼 말이다.

한다. 어떻게 우리가 그리스도를 따르면서 그리스도가 보시는 대로 세상을 보는 법을 배우지 않을 수 있는가? 그분의 영광은 우리가 세계를 어떻게 보고 그 안에서 살아가느냐에 달려 있으며, 인류의 안녕도 그렇다. 우리가 하나님께, 우리 이웃에게, 우리 자신에게, 그분의 세계에 대해 가지는 의무는 성경이 우리 안경의 렌즈를 연마하게 하여, 그것들이 하나님의 장엄하심과 그분의 창조 세계에 있는 그분의 계시로 환히 빛나도록 하는 것이다.

이미 우리는 어떻게 오어와 카이퍼가 그들의 문화적 상황들이 제기하는 강력한 도전들에 응답하기 위해 복음을 세계관으로 명료하게 표현하도록 내몰렸는지를 보았다. 다른 말로 하면, 그들을 이 방향으로 자극한 것은 **선교적 동기**였다. 즉 복음으로 그들의 문화에 관여하기 위해, 그리고 그리스도에 대한 신뢰할 만한 증언을 위해, 그들은 복음이 당시의 강력한 세계관들에 대안이 되는 세계관을 구현한다는 것을 입증해야 했다. 성경 이야기와 그들의 문화 이야기의 교차로에서 살아가는 상황이 그런 움직임을 필수적인 것으로 만들었다. 브래트는 카이퍼에 대해 정확히 지적한다.

> 그러나 1890년대에 이르러, 유럽 상류 문화의 절실한 위기의식이 이전보다 더 많은 사상가들로 하여금 그 위기의 두 가지 요소들, 즉 문화적 권위의 문제와 문화적 일관성의 문제에 대한 해결책으로서 [세계관의] 개념을 품게 만들었다. 그런 사안들이 지속적으로 카이퍼의 지성적 의제 정점에 있었기 때문에 "세계관"은 그가 칼뱅주의를 문화적 담론의 선두에 두는 방법을 제공했으며, 동시에 그를 따르는 이들로 하여금 그들이 그 대화에서 우위에 있다고 스스로 주장하는 사람들 못지않게 정당한 목소리를 가지고 있음을 보게 했다.[87]

---

[87] Bratt, *Abraham Kuyper: Modern Calvinist, Christian Democrat*, p. 205.

그리고 그것은 교회의 역사 전체에 걸쳐 항상 그랬다. 초기 교부들이 세계관을 사용했다는 것이 아니라, 그들 역시도 그들이 처한 그리스-로마 맥락에서 그리스도를 증언하고자 한다면, 기본적인 기독교의 신념들을 명료하게 표현하고 그것들이 어떻게 하나의 신뢰할 만한 체계로서 서로 들어맞는지를 보여 주어야 했다는 것이다. 실제로 이것은 교부들의 가장 위대한 성취들 중 하나다. "초기 기독교 사상은 성경적이며, 교부 시대의 영속적인 업적들 중 하나는 언어와 영감 면에서 성경적인 사유의 방식을 구축했다는 것으로, 그것이 교회와 서구 문명에 성경 전체에 대한 통일되고 일관성 있는 해석을 제공했다."[88]

핵심은 역사 전체에 걸쳐 그리스도인들이 성경 메시지의 일관성을 비신자들에게 설명하고 그것을 논리적이고 일관된 방식으로 자기 시대의 문화에 연관시키는 것을 선교적 명령으로 여겼다는 점이다. 증거 구절을 제시하는 것은 이런 측면에서 부적절할 뿐이다. 필요한 것은 어떻게 성경 드라마의 주요 믿음들이 서로 들어맞는지를, 그리고 어떻게 우리가 그것들에 기초해서 당대의 문화에 대한 기독교적 이해와 비판을 발전시킬 것인지를 감지하는 것이다.

변증—동시대의 세계관들에 지적으로 관여하고 그럼으로써 그리스도를 신뢰성 있게 증언하는 것—과 문화적 관여는 성경의 위대한 이야기를 넘어서는 복음의 논리에 대한 설명을 **요청한다**. 실천적 층위는 **물론**이고 학문적 층위에서, 삶과 문화에 대한 진지한 기독교적 관여—곧 선교—는 기독교 세계관을 발전시킬 것을 요청한다. 우리는 우리의 세계관들**로부터** 살아가고 생각하기에, 우리의 질문은 세계관을 가지고 있는지 여부가 아니라, 어떤 세계관으로부터 우리가 생각하고 살고 일하는지에 대한 것이어야 한

---

[88] Robert L. Wilken, *The Spirit of Early Christian Thought* (New Haven, CT: Yale University Press, 2003), pp. xvii-xviii.

다. 기독교 세계관을 의식적으로 발전시키고 그 안에서 살아가는 데 실패한다면, 우리는 우리 시대의 이념적 세계관들에 사로잡혀 있을 수밖에 없다. 만약 우리가 우리의 후기-현대에서 요구하는 진정성과 깊이를 가지고 주 그리스도를 증언하는 일에 진지하다면, 성경 드라마에 뿌리를 내린 기독교 세계관을 발전시키고 적용하는 것이 최우선 순위가 될 것이다. 간단히 말해, 선교가 그것을 요구한다.

20세기의 가장 위대한 선교학자들 중 하나로 인정받는 데이비드 보쉬는 그의 사후에 출간된 『미래를 믿으며: 서구 문화의 선교학을 향하여』에서 우리의 포스트모던 서구 문화에 주의를 기울인다. 마지막 장에서, 결론을 맺기에 앞서, 보쉬는 질문한다. "우리가 서구의 '탈기독교적' 대중과 소통해야 한다는 것은 무엇인가?" 그는 이렇게 답한다. "내가 보기에 그것은 타당성 구조들이, 혹은 더 정확히 말하면 **세계관들**이 사람들의 삶에서 하는 역할을 우리가 드러내야 한다는 것이다."[89]

결론

카이퍼는 서구 역사의 중요한 시점에 세계관이라는 개념에 손을 뻗었으며, 비범한 다재다능함으로 그것을 작동시켰다. 너무나 카이퍼답게 그는 수많은 과업들에서 그랬듯이 여기에 몰입했으나, 더 자세히 숙고하기 위해 멈추는 일은 결코 없었다. 카이퍼 이후로 세계관에 대한 풍성한 사유의 자원이 발전해 왔고, 이제 그리스도인들이 이용할 수 있다. 이것은 우리가 전유하고 더 발전시켜야 할 카이퍼 전통의 한 지점이다. 사나운 다원주의의 시대

---

[89] David Bosch, *Believing in the Future: Toward a Missiology of Western Culture* (Valley Forge, PA: Trinity Press International, 1995), p. 48, 강조 추가.

에, 그것은 "중대한 기독교적 포괄성[과 일관성]에 대한 위임"을 제안한다.[90]

예를 들어, 내가 다른 곳에서 주장한 바와 같이, 세계관에 대한, 특히 기독교 세계관에 대한 발전된 견해는 아마도 우리 시대의 가장 긴급한 사안인 이슬람과 관계를 맺는 데 유용한 자원을 제공한다.[91] 이슬람은 현대성의 특징인 종교의 사유화에 가장 저항한 종교다. 이런 점에서, 온건한 무슬림들은 자본주의의 소비자 지상주의에서 표류하는 서구적 삶의 벌거벗은 공론장을 폭로하는 일과 관련해 그리스도인들과 함께 싸울 수 있다. 동시에 세계관은 우리가 동시대 문화의 다원주의에, 그리고 상이한 세계관들이 결실을 맺을 수 있는 진정한 공간을 민주주의가 창출할 필요성에 주의를 기울이게 한다. 여기서 세계관은 대다수 이슬람 국가들에게 다른 종교와 전통을 존중하도록 도전하는데, 이는 그들이 무슬림이 다수가 아닌 나라에서 자신들의 종교도 존중받을 것을 기대할 수 있다는 뜻이기도 하다. 우리가 전망하는 미래에서 우리에게 필요한 것은 그리스도인들이 성경적인 기독교 세계관으로 온전히 준비되어, 기독교 세계관이 우리 서구 문화에 가하는 비판을 충분히 인식하고, 다른 세계관들과의 대화에 열려 있도록 하는 것이다.[92] 바로 여기에 세계의 안녕과 하나님의 영광의 성패가 달려 있다.

---

[90] Bratt, *Abraham Kuyper: Modern Calvinist, Christian Democrat*, p. 208.
[91] 참고. 11장, 그리고 Craig Bartholomew, "The Challenge of Islam in Africa", *Journal of Interdisciplinary Studies* 6 (1994): pp. 129-146. 카이퍼는 실제로 이슬람에 대해 깊이 숙고한 바 있으며, 렉스햄 출판사의 Abraham Kuyper's Collected Works in Public Theology 중 한 권은 이슬람에 대한 카이퍼의 사유에 할애될 것이다. 또한 다음을 보라. John Bolt, "Herman Bavinck and Islam", *The Bavinck Review* 2 (2011): pp. 171-173.
[92] 참고. Philip Jenkins, *The Next Christendom: The Coming of Global Christianity*, 3rd ed. (Oxford: Oxford University Press, 2011).

5

영역 주권
카이퍼의 사회 철학

문화적 관여는 사회 철학을 **요구한다**. 물론 신자가 직관적으로, 자신이 속한 문화에 대단히 변혁적인 방식으로 관여하는 것은 충분히 가능하다. 예를 들어, 나는 나의 영웅들 중 한 사람인 테레사 수녀가 발전된 사회 철학을 가졌으리라고 생각하지 않지만, 그래도 그녀의 영향은 이루 헤아릴 수 없었다. 그럼에도 불구하고, 그리스도인들이 자신의 상황에 영향을 끼치지 못하는 이유들 중 하나는 그들에게 자신의 상황을 이해하는 틀이 없다는 것이고, 따라서 그들이 아무리 일관성 있는 윤리적 견해들을 가지고 있더라도, 그들은 복음이 어떻게 그들의 문화 전체에 영향을 줄 수 있고 또 주어야 하는지를 미묘한 차이가 있게 이해할 능력이 없다. 우리의 다원주의적 문화들에서 그런 사회 철학의 필요성은 증가했다. 만약 문화적으로나 사회적으로 관여하지 않았더라면 카이퍼는 아무것도 아니었다. 카이퍼의 꿈들에 중심이 되는 것은 암스테르담 자유 대학교의 설립이었고, 적절하게도 그 개교식에서 그는 자신의 사회 철학인 영역 주권을 다루었다(1880년 10월 20일).

영역 주권을 선행한 것들

카이퍼는 그의 영역 주권 이론을 새로 만들어 내지 않았다. 그는 칼뱅의 작업과 자신보다 앞선 이들의 작업, 그리고 특히 그의 가까운 친구이자 멘토인 하윌라우머 흐룬 판 프린스터러(1801-1876)의 작업 위에 자신의 이론을 세웠다. 영역 주권의 발전에 대한 연구에서, 얀 뎅어링크(Jan Dengerink)는 그 이론이 독일의 법학자 프리드리히 율리우스 슈탈(Friedrich Julius Stahl, 1802-1861), 흐룬 판 프린스터러, 카이퍼를 거쳐 헤르만 도이어베르트의 철학으로 이어지면서 발전하는 것을 추적한다.[1] 이 목록에 독일의 법학자이자 칼뱅주의 정치 철학자 요한네스 알투지우스(Johannes Althusius, 대략 1563-1638)가 추가되어야 한다.[2]

카이퍼의 영역 주권이라는 개념의 압도적인 배경은 계몽주의로부터 전개된 국가와 사회의 재구성이다.[3] 흐룬 판 프린스터러와 카이퍼가 보기에, "이성"의 빛으로 사회 전체를 근본적으로 재구성하는 이 **혁명**의 정신은 프랑스 혁명과 그에 따라 프랑스에서 나타난 것에서 가장 명백하게 구현되었다.[4] 그들은 이 동일한 정신이 유럽 전역에 걸쳐 작용하는 것을 보았으며,

---

1 Jan D. Dengerink, *Critisch-Historisch Onderzoek Naar de Sociologische Ontwikkeling van het Beginsel der "Sovereinteit in Eigen Kring" in de 19e en 20e Eeuw* (Kampen: Kok, 1948).
2 참고. James W. Skillen, "The Development of Calvinistic Political Theory in the Netherlands, with Special Reference to the Thought of Herman Dooyeweerd" (PhD diss, Duke University, 1993), pp. 191-217.
3 이 배경에 대한 포괄적인 검토를 위해 Skillen, "Development", pp. 22-179를 보라.
4 참고. Harry Van Dyke, *Groen van Prinsterer's Lectures on Unbelief and Revolution* (Jordan Station, ON: Wedge, 1989). 이 탁월한 작품은 흐룬 판 프린스터러의 *Lectures* 번역본을 담고 있다. 흐룬 판 프린스터러와 카이퍼를 포함하여, 네덜란드의 정치 이론과 실천의 발전에 대한 상세한 분석을 위해서는 다음을 보라. John W. Sap, *Paving the Way for the Revolution: Cal-*

그것을 깊이 반기독교적이고 대단히 위험한 것으로 파악했다. 그들의 도전은 대안적이고 현대적인 기독교 사회 철학을 발전시키는 것이었고, 이것은 영역 주권의 교리에서 절정에 이르렀다.

장 칼뱅 우리는 이미 칼뱅에게서 국가, 교회, 개인에 대한 **유기적** 견해를 발견한다.[5] 칼뱅의 사상에 중심이 되는 것은, 흐룬 판 프린스터러와 카이퍼의 사상에 그렇듯이, 하나님의 주권이다. 칼뱅의 접근은 어떻게 인류 전체가 하나님의 주권 아래서 그 목적을 성취할 수 있을지 묻는 것이었다. 하나님은 그분의 세상을 위한 계획의 일부로 영적 권위와 현세적 권위를 주셨다.[6] 교회와 정부는 긴밀한 조화 가운데 공존해야 하는데, 교회의 지배 아래서 연합되어서가 아니라, 하나님 아래서 동등한 권위의 기관들로서 그렇게 한다. 하나가 다른 하나를 지배하는 것은 폭군적인 것이다. 스킬렌(Skillen)의 지적에 따르면,

> 우리는 여기서 칼뱅의 확신을 더욱 확장시키는 것을 보는데, 즉 인간 삶의 다른 영역들이 하나님 아래서 권위와 자유라는 그것들 자체의 내적 질서를 가진다는 점에 대한 확신이다. 시민 개인은 그의 가정을 책임지는 가장일 수 있고, 그의 상점의 소유주일 수 있고, 또한 교회의 장로일 수 있지만, 그가 어떤 정치적 직위를 갖고 있지 않다면 시민법과 관료를 향한 그의 책임은 단순히 복종하는 것이다. 다른 사람은 교회에서 혹은 사업에서 아무런 권위가 없을 수 있지만, 만약 그가 정치적 직위를 갖고 있다면, 그가 하나님 앞에서 갖

---

    vinism and the Struggle for a Democratic Constitutional State, VU Studies on Protestant History 6 (Amsterdam: Vrije Universiteit, 2001). 또한 다음을 보라. James Eglinton and George Harinck, eds., *Neo-Calvinism and the French Revolution* (London: Bloomsbury, 2014).

5 칼뱅에 대해서는 Skillen, "Development", pp. 180-191를 보라.
6 John Calvin, *Institutes of the Christian Religion* (Philadelphia: Westminster, 1960), IV. 6, pp. 1102-1118.

는 책임은 정의를 유지함으로써 왕과 시민들 모두에게 봉사하는 것이다. 그런 사람은, 그의 직위 때문에, 범법자를 적발해야 할 뿐 아니라 또한 다른 시민 당국들과 함께 불의에 저항할 준비가 되어 있어야 하는데, 심지어 그 불의가 왕에게서 비롯된 것일지라도 그렇다.[7]

스킬렌은 흐룬 판 프린스터러와 카이퍼가 의지하는 칼뱅의 정치사상에 있는 여덟 가지 특징을 다음과 같이 밝힌다.[8]
1. 하나님의 주권
2. 인간과 국가의 삶 위에 있는 하나님의 권위
3. 하나님 아래서 삶의 각 영역이 갖는 상대적인 자유
4. 죄에도 불구하고 인류를 보전하기 위해 있는 국가의 신적 기원
5. 시민 사회의 구성에서 통치자와 국민의 상호 의무
6. 시민을 위한 반혁명적 복종의 정신
7. 실정 시민법의 필요성
8. 하나님의 일반 은혜로부터 흘러나오는 정의로운 정부의 가능성

이 요소들 모두가 영역 주권의 발전에 깊은 영향을 끼쳤다.

요한네스 알투지우스[9] 알투지우스의 『정치학』(*Politica*)은 군주제의 한계를 정하려는 16세기에 있었던 노력의 절정을 대표한다. 성경과 기독교 자료 및 고전 자료에 의지하면서, 알투지우스는 "국가와 사회에 대한

---

7 Skillen, "Development", p. 189.
8 같은 책, pp. 190-191. 스킬렌의 요점들은 당연하게도 카이퍼와 도이어베르트를 향해 있다. 그가 지적하는 세 번째 특징이 칼뱅에게서 유래했다는 것이 나에게는 덜 명백해 보인다. 칼뱅과 정치에 대해서는 다음을 보라. Dolf Britz, "Politics and Social Life", in *The Calvin Handbook*, ed. Herman J. Selderhuis (Grand Rapids: Eerdmans, 2009), pp. 437-448. 『칼빈 핸드북』(부흥과개혁사).
9 알투지우스의 정치 이론이 가진 맥락, 내용, 현대적 관련성에 대해서는 다음을 보라. Thomas O. Hueglin, *Early Modern Concepts for a Late Modern World: Althusius on Communalism and Federalism* (Waterloo, ON: Wilfred Laurier University Press, 1999).

포괄적인 언약 이론"을 발전시켰다.¹⁰ "『정치학』은", 알투지우스가 보기에, "사람들 사이에 사회적 삶을 확립하고 함양하고 보전하기 위한 목적으로 사람들을 연관시키는(consociandi) 기술이다. 그러므로 그것은 '공생학'(symbiotics)이라고 불린다."¹¹ 알투지우스는 공생(symbiosis)의 개념을 인간이 포괄적으로 함께 살아가는 방식으로서 탐구한 후에 가족, 사적 기관들, 교회, 정부 기관들에 대해 논의한다. 우리는 단지 동료 시민일 뿐만 아니라 이 공생의 동역자들인데, 왜냐하면 인간은 본성적으로 사회적 피조물로서, 사랑하고 섬기도록 하나님에 의해 창조되었기 때문이다. 다양한 조직들은 각각 거룩한 소명을 갖는다. 그것들은 그들의 참여로 완성되어야 할 삶의 공동체들이다.

공생 공동체라는 알투지우스의 개념이 특히 영역 주권과 관련된다. 2장과 3장에서 그는 가정에 대해 논의한다. 가정은 **자연적** 조직인 반면, 국가는 **시민적** 조직이다. 4장에서 그는 "협의회"(collegium)에 대한 논의로 옮겨 가는데, 그것은 제빵사들, 재단사들, 건축업자들, 상인들, 철학자들 등을 포함하는 것으로서, 각각의 조직은 별개의 규범을 갖는다. 그는 "각 조직의 본질과 필요에 따른" 규범을 언급한다.¹² 도이어베르트의 주장에 따르면, "이 발언은 사회적 관계들 가운데 있는 내적 영역-주권이라는 원리에 대한 최초의 현대적 표현으로 간주될 수 있다."¹³ 5장부터 8장까지 그는 마을, 도시, 지방 같은 공적 조직들로 옮겨 간다. 그는 공적 시민성이 앞선 영역들을 없

---

10   John Witte Jr., *God's Joust, God's Justice: Law and Religion in Western Tradition* (Grand Rapids: Eerdmans, 2006), p. 350. 참고. Heinrich Janssen, *Die Bibel als Grundlage der politischen Theorie des Johannes Althusius* (Frankfurt: Peter Lang, 1992).
11   Johannes Althusius, *Politica*, abridged, ed. and trans. with introduction by Frederick S. Carney (Indianapolis: Liberty Fund, 1995), p. 17, http://oll.libertyfund.org/titles/althusius-politica. 여기서 알투지우스는 인용문의 첫 부분에서 아리스토텔레스를 인용한다.
12   Althusius, *Politica*, p. 22.
13   Herman Dooyeweerd, *A New Critique of Theoretical Thought*, 4 vols. (Jordan Station, ON: Paideia, 1984), vol. 3, p. 623.

애지 않고 강화한다고 주장한다. 교회와 국가의 가장 높은 층위에서 어느 쪽도 다른 쪽을 지배하지 않으며, 둘 다 전인을 요구한다. 알투지우스의 사상에 있는 유일한 일원론은 하나님의 영광과 이웃의 안녕이다. 모든 주권은 하나님께로 거슬러 올라간다.[14]

프리드리히 율리우스 슈탈 유대교에서 엄격하게 양육을 받은 슈탈은 김나지움 입학 허가를 받았고, 열일곱 살에 루터파 교회에서 세례를 받은 후에 끝까지 이 교회의 신앙에 깊이 헌신했다. 1840년에 그는 베를린의 교회법 및 교회 정치 교수로 임명되었다. 슈탈은 프리드리히 빌헬름 요제프 폰 셸링(1755-1854)[15]의 영향을 받았으며, 셸링의 격려에 힘입어 1827년에 자신의 대작인 『역사적 시각에서 본 법철학』(*Die Philosophie des Rechts nach geschichtlicher Ansicht*)의 집필을 시작했다. 그것과 함께 『기독교 세계관에 기초한 법과 국가의 교리』(*The Doctrine of Law and State on the Basis of the Christian World-View*)는 슈탈의 대작 『법철학』(*The Philosophy of Law*)[16]을 구성한다.

슈탈은 법학과 정치학을 기독교 계시에 기초시켰고, 합리주의를 배격했으며, 국가 교회는 철저하게 신앙고백적이어야 한다는 입장을 고수했다. 흐룬 판 프린스터러가 『불신앙과 혁명』(*Unbelief and Revolution*)을 강연할 당시에는 슈탈에 대해 단지 어렴풋하게 알고 있었지만, 얼마 지나지 않아 슈탈의 연구를 발견한 것이 비슷한 생각에 대한 주의를 환기시켰고, 특히 칼

---

14 카이퍼가 알투지우스에게 호소하지 않는 이유를 우리는 정확히 알 수 없다. 참고. Bratt, *Abraham Kuyper: Modern Calvinist, Christian Democrat*, p. 134.
15 이런 측면에서 프리드리히 셸링의 가장 중요한 연구는 다음의 책이다. F. W. J. Schelling, *System of Transcendental Idealism* (1800), trans. Peter Heath (Charlottesville: University of Virginia Press, 1978). 『초월적 관념론 체계』(이제이북스).
16 Friedrich Julius Stahl, *The Philosophy of Law*, trans. Ruben Alvarado (Aalten, Netherlands: Wordbridge, 2007).

루트비히 폰 할러(Karl Ludwig von Haller, 1768-1854)[17]의 반혁명적 이론에 대한 평가에서 그랬다. 폰 할러는 스위스의 법학자였는데, 처음에는 당시의 혁명적 이론들을 받아들였으나, 나중에 마음을 바꾸어 반혁명주의자가 되었고 가톨릭 교회에 귀의했다. 오토 플랜즈(Otto Pflanze)는 할러의 사회 철학을 다음과 같이 묘사한다.

할러는 자연적이며 따라서 하나님이 제정하신 인간의 조건이 불평등과 의존이라고, 강자가 약자 위에 있는 것이라고 주장했다. 사회의 축소판은 가정이었다. 아버지가 아내와 자녀들을 다스리듯이, 주인이 그의 종들을 다스리고, 지주가 그의 소작농들을 다스리고, 교사가 그의 학생들을 다스리고, 지도자가 그의 추종자들을 다스리고, 군주가 그의 국민을 다스린다. 전체 사회 구조는 힘보다는 서로의 의무와 봉사에 기초한 의존적인 관계들로 얽였다. 오직 군주만 독립적인, 하나님께만 예속된 존재였다. 그가 다스린 국가는 계약 관계들의 피라미드에서 그야말로 최상위에 있었으며, 공법이 아니라 사법의 사안이었다.[18]

슈탈의 작업에는 흐룬 판 프린스터러 및 카이퍼와 공명하는 여러 강조들이 있는데, 이는 다음과 같다.[19]

1. 인간을 창조 질서에 예속시킴

---

17 폰 할러는 스위스의 귀족이었고 베른 최고의회의 일원이었다. 그의 주요 저작은 『국가학의 회복』(*Restauration der Staatswissenschaft*)으로, 1816년부터 1834년까지 여섯 권으로 출간되었다. 폰 할러의 국가 이론에 대해서는 Skillen, "Development", pp. 219-220를 보라. 흐룬 판 프린스터러는 처음에 할러의 군주제적 견해에 공감했으나, 나중에는 슈탈의 견해에 더 공감하게 되었다. 참고. Sap, *Paving the Way*, pp. 295-305.
18 Otto Pflanze, *Bismarck and the Development of Germany: The Period of Unification 1815-1871* (Princeton, NJ: Princeton University Press, 1968), p. 30.
19 참고. Dengerink, "Critisch-Historisch", pp. 13-68.

2. 재림에서 절정에 이르는 하나님의 계획의 외적 작용으로서의 역사
3. 혁명에 대한 그의 반대
4. 특히, 폰 할러와 대조적으로,[20] 국가 절대주의(state absolutism)에 대한 슈탈의 반대. 창조 세계는 하나님께 응답하며, 또한 그는 국가의 긍정적인 역할을 인정하면서도 국가가 불의와 관련이 없는 한 다른 공동체의 영역들에, 즉 교회, 가정, 아마도 사업, 실제로 문화 산업의 영역들에 간섭할 수 없다고 주장한다.

흐룬 판 프린스터러 하윌라우머 흐룬 판 프린스터러는 출생과 신분에서 귀족이었다. 그는 1827년부터 1833년까지 사이에 점차 신앙에 이르렀는데, 대체로 궁정 설교자였던 메를 도비네(Merle d'Aubigné)의 사역을 포함하는 네덜란드 갱신 운동(1820-1850)의 영향을 통해서였다.[21] 이 갱신 운동은 그리스도에 대한 인격적 신앙을 강조했을 뿐 아니라 또한 사회적·정치적 사안들에 대한 관심을 발전시켰는데, 이는 전도와 사회정치적 관여의 중요성을 모두 주장함으로써 복음주의자들 사이에서 중요한 진전을 이룬 1974년의 로잔 회의와 언약(Lausanne Congress and Covenant)을 100년 이상 앞선 것이었다. 갱신 운동의 일부 구성원들은 노예제도의 종식을 돕는 노예제도 폐지 협회(Abolition Society)를 조직했다. 흐룬 판 프린스터러 자신이 가난한 사람들의 가정을 개인적으로 방문했고, 그런 접촉은 그와 그의 친구들이 가난한 사람들의 삶의 조건을 향상시키고 학교를 개선하기 위한 일을 결단하도록 힘을 주었다. 교회 개혁과 학교 개혁은 흐룬 판 프린스터러의 의제에서 주요 사안들이었다. 기독교가 공립 학교에서 더 약화되고 무시되면서 흐룬 판 프린스터러는 개신교 학교를 위한 공간을 만들어 내고자 노력했는데, 이것은 카이퍼가 비범한 열정으로 지속한 사안이었다.

---

[20] 흐룬 판 프린스터러가 슈탈과 관련해서 논의하는 것을 그의 *Lectures*의 lecture VI 끝에서 보라.
[21] 참고. Van Dyke, *Groen*, pp. 39-52.

프랑스 혁명은 당시에 여전히 유럽 사람들의 지성에서 중심을 차지하고 있었다. 『불신앙과 혁명』에서 흐룬 판 프린스터러가 주장한 바에 따르면, 그 시대의 가장 깊은 갈등이 성경에서 발견된 진리와 인간보다 더 높은 권위를 인정하지 않은 혁명 사이에 있었다. "강연에서 흐룬은 독특하고 심오한 해석을 발전시켰다. 그가 주장한 사실은 그의 시대의 질병의 뿌리가 되는 원인이 **불신앙**이라는 것이었다. 즉 먼저 하나의 체계로 정교하게 만들어졌고 그런 다음에 대규모의 사회적 실험으로 적용된 불신앙이었다."[22] 과거를 무시하면서 인간들은 그들 자신의 철학으로부터 새로운 세계 질서를 만들어 냈다. 그의 진단을 통해 흐룬 판 프린스터러는 대부분의 네덜란드 칼뱅주의가 처한 전쟁터를 재정의했고 이는 카이퍼의 영향력 아래서 반혁명당의 등장으로 이어졌는데, 그가 네덜란드에 끼친 영향은 오늘날까지도 계속되고 있다. 흐룬 판 프린스터러는 새로운 사회 철학을 만들어 내지 않으면서 반립의 원리들 수준에서 전선을 그었지만, 바로 그런 기폭제로서 그의 중요성이 과소평가되어서는 안 된다. 사실 신앙이나 종교가 진지하게 받아들여지는 것이 여전히 어려운 우리 시대의 서구에서, 바로 그런 종류의 기폭제가 우리에게 필요하다. 신앙은, 흐룬 판 프린스터러가 우리에게 상기시켜 주듯이, 정말 중요하며 삶의 모든 부분에서 그렇다.

좋은 칼뱅주의자로서 흐룬 판 프린스터러에게 하나님은 주권적이시며, 모든 권위가 그분으로부터 오며 그분에게 복종해야 한다. 그는 군주제 지지자로 남아 있었고, 교회와 국가의 분리에 대한 반대를 주장했다.[23] 그는 국가에 반대되는 별개의 영역들을 강조하지 않았다. 그는 더 낮은 영역들에 있는 어느 정도의 자율성을 옹호했지만, 사회를 국가라는 중심 기관을 둘러

---

[22] 같은 책, p. 3.
[23] 이런 측면에서 흐룬 판 프린스터러의 발전에 대해서는 다음을 보라. Sap, *Paving the Way*, pp. 295-305.

싼 계층 구조로 보았다. 교육 개혁을 위한 투쟁에서 그는 부모의 권리를 강조하고 학교에 대한 통제를 탈중앙화하고자 시도하면서, 중앙 정부와 대조되는 지방과 지역 공동체들의 통제를 주장했다. 그러나 그는 가정생활과 교육의 비정치적 성격을 인식하지는 못했다.

흐룬 판 프린스터러는 도덕적 세계 질서에 대해 강한 의식을 가졌지만[24] 슈탈에게서 역사주의(historicism)를 흡수했고, 스킬렌이 지적하듯이, "흐룬은 모든 지상의 권위가 하나님의 계시된 의지에 순응해야 한다고 주장했지만, 사회의 다른 사적 영역과 공적 영역이 그것들의 규정된 질서를 하나님의 창조적 의지에 빚지고 있다고는 전혀 생각하지 못했다. 사회의 실제 구조는, 흐룬에 따르면, 역사적 전개의 결과다."[25] 하지만 흐룬 판 프린스터러가 제안하는 바는, 교회와 국가가 모두 하나님 아래 있는 두 영역들이라는 것이다.

카이퍼 전통에서의 영역 주권

우리가 11장에서 보겠지만, 네덜란드의 학교 및 교육 개혁은 카이퍼의 가장 초기 행동주의(activism) 영역들 중 하나였으며 또한 계속되는 것이었다. 그는 정부의 지금 지원을 받는 "비공립" 학교를 위해서 싸웠는데, 결국 반혁명당이 이 싸움에서 승리했다. 그가 마음에 품었던 프로젝트는 개혁파 기독교 대학을 설립하는 것이었고, 바로 암스테르담 자유 대학교의 개교식에서 카이퍼는 영역 주권에 대한 자신의 유명한 연설을 했다.

카이퍼는 이 새로운 대학이 그리스도를 위한 책무에서 세워졌으며 그

---

[24] Van Dyke, *Groen*, p. 232.
[25] Skillen, "Development", pp. 221-222.

중요성은 국민과 국가를 위한 것임을 주장했다. 그는 청중에게 다음과 같이 말했다. "그렇다면 여러분은 우리가 시작하는 이 학교가 어떻게 네덜란드의 정원에 어울리고, 왜 그 창끝에 달린 자유의 모자를 흔들고, 왜 개혁파 종교의 책을 그렇게 골똘히 들여다보는지를 제가 여러분에게 말해 줄 것을 기대할 것입니다"[26]

이 일에 그는 착수한다. 흐룬 판 프린스터러와 마찬가지로, 카이퍼는 그 시대의 위기가 궁극적으로 신앙의 위기라고 주장하면서 모든 주권의 담지자이신 예수께 초점을 맞춘다. "그 유대인의 왕은 모든 민족들이 아멘으로 화답해야 하는 구원하는 진리이거나, 그렇지 않으면 모든 사람이 반대해야 하는 제일의 거짓말입니다"[27]

카이퍼는 주권이란 무엇인지에 대한 질문을 제기하고, 그것은 권위로서 그 뜻에 저항하는 모든 것을 부수고 보복할 수 있는 권리를 갖는다고, 따라서 본래의 절대적인 권위가 하나님의 위엄에 있어야 한다고 대답한다. 삼위일체 하나님이 유일한 주권자시다. 카이퍼에게 하나님의 주권에 대한 믿음은 결정론(determinism)으로 이어지지 않으며 오히려 진정한 인간의 자유를 위한 기초인데, 이와 유사하게 아우구스티누스도 주장했다.[28] 그러나 하나님은 자신의 권위를 인간들에게 위임하시는 방식으로 창조하셨기 때문에, 우리는 하나님의 권위가 항상 인간의 직무로 행사되는 것을 목격한다. 그러나 어떻게 그렇게 되는가? 하나님은 자신의 권위를 한 사람에게 위임하시는가, 혹은 제한된 영역에 위임하시는가?

흐룬 판 프린스터러와 마찬가지로, 카이퍼는 모든 것이 계시에 대한 그 사람의 견해에 달려 있다고 주장한다. 한편으로 국가의 권력은 절대적이고

---

26 Bratt, ed., *Abraham Kuyper: A Centennial Reader*, p. 464.
27 같은 책, p. 464.
28 참고. Kuyper, *Lectures on Calvinism*.

무제한적인 것으로 여겨진다. 카이퍼는 이런 측면에서 카이사르를, 그리고 헤겔의 "내재적인 신"(immanent God)으로서의 국가 체계를 언급한다.[29] 다른 한편으로, 기독교적 관점에서 볼 때 메시아가 홀로 절대적인 주권을 가지시며, 이것이 모든 것을 바꾼다.

인간의 삶은 많은 영역으로 구성된 무한히 복잡한 유기체다.

> 이 거대한 기계의 부분들을 자체의 차축에서 용수철로 구동되는 "톱니바퀴들"로, 또는 각각 자신의 정신으로 활기를 띠는 "영역들"로 부릅시다. 삶에 하늘의 별자리만큼이나 많은 영역이 있고 각각의 둘레는 이른바 사도적 명령인 '헤카스토스 엔 토 이디오 타그마티'[hekastos en toi idioi tagmati, "각각 자기 차례대로", 고전 15:23]로 표현되는 독특한 원리의 중심으로부터 고정된 반경에 그려졌다는 것을 우리가 인식하는 한, 명칭이나 이미지는 중요하지 않습니다. 우리가 "도덕 세계", "과학 세계", "비즈니스 세계", "예술 세계"를 말하는 것과 마찬가지로, 더 적절하게 우리는 각각 그 자체의 분야를 가지는 도덕성, 가정, 사회적 삶의 "영역"을 말할 수 있습니다. 그리고 각각이 자체의 범위를 구성하기 때문에, 각각은 그 경계 안에서 고유한 주권자를 가집니다.[30]

하나님은, 이런 견해에서, 삶을 각각 고유한 주권을 가지는 별개의 영역들로 나누심으로써 인간들 가운데 있는 절대적 권위에 도전하신다. 자연의 범주에서는 거역될 수 없는 고정된 법칙이 적용된다. 그러나 또한 인간 삶의 다른 영역들을 위한 창조의 법칙이 있는데, 이 법칙은 거역될 수 있는 것으로, 다만 무시무시한 결과가 있을 뿐이다. 영역들은 서로 관여한다. 톱니바

---

29 Bratt, ed., *Abraham Kuyper: A Centennial Reader*, p. 466.
30 같은 책, p. 467.

퀴는 회전하고, 서로 상호 작용을 하고, 그리하여 풍성한, 다양한 형태를 가진 인간 삶의 다양성이 나타나며, 이는 알투지우스의 공생과 유사하다.

이런 사회 생태학에는 항상 위험이 있는데, 하나의 영역이 이웃 영역을 부당하게 침해할 수 있는 것이다. 따라서 국가가 필요하다. 국가의 특별한 권위는 **공적 정의**(public justice)로, 그것에 의해 국가는 영역들 사이에서 상호 관계를 규정하고, 그렇게 해서 국가는 일종의 영역들의 영역이 된다. 국가 위에 있는 지상의 권력은 없으므로, 만약 국가가 영역들에 대한 과도한 개입 없이 자신의 역할을 하도록 억제되기 위해서는, 삶의 영역들의 활력이 결정적으로 중요하다. 카이퍼는 하나님이 지상에서 그분의 정의를 중재하도록 국가를 세우셨음을 분명히 한다. 그러나 국가는 다른 영역들의 과업에 개입할 수 없고 또 그래서도 안 된다. 그러나 한 영역이 다른 영역의 경계를 침범할 때, 거기에 개입하고 다른 영역들의 경계를 지키는 것이 국가의 임무다.[31]

카이퍼는 주권에 대한 믿음(beliefs)이 **믿음**일 뿐이라고 주장한다. 주권에 대한 한 사람의 견해는 단지 이론들이 아니라 삶의 신념에서 나오는 것이다. 예수를 메시아로 고백하는 것과 그런 고백이 해로운 망상이라는 견해 사이에는 큰 격차—카이퍼가 반립이라고 부르는 것—가 존재한다. 이것들은 정반대의 고백들이며, 권력과 주권에 대한 반대되는 견해들로 이어진다.

영역 주권이 스스로를 국가 주권에 대항하여 방어하는 것, 이것이 메시아의 주권이 선포되기 훨씬 이전으로 거슬러 올라가는 세계 역사의 흐름이다. 왜냐하면, 비록 베들레헴에서 나신 왕의 후손이 자신의 방패로 영역 주권을 보호하시지만, 그분이 그것을 만들어 내지는 않으셨기 때문이다. 그것은 오래

---

[31] Abraham Kuyper, *Christianity and the Class Struggle*, trans. Dirk Jellema (Grand Rapids: Piet Hein, 1950), pp. 57-64; Skillen, "Development", pp. 225-273.

전부터 존재했다. 창조의 질서에, 인간 삶의 구조에 있었으며, 국가 주권이 나타나기 전에 거기에 있었다.[32]

만약 국가로부터의 개입이 영역들의 삶에 하나의 도전이라면, 다른 도전은 영역들 안에 있는 질병이다. "**죄**가 각각의 영역 안에서 자유를 위협하는데, 그것은 **국가 권력**이 경계에서 하는 것만큼이나 강력하다."[33] 따라서 카이퍼가 보기에 영역들에는 구조적 차원이 있으며—영역들의 가능성은 창조 세계에 장착되어 있다—그것들이 건강하게 작동하는 방향적 요소가 있다. 그것들의 역기능의 주범은, 카이퍼에 따르면, 시민이다.

역사는 영역들의 억압으로 고통을 당한다. 그러나

그때 나사렛 예수는, **신앙**의 초자연적인 능력을 통하여, 다시금 획일성의 강철 고리 안에 자유로운 주권이 있는 자유로운 영역을 창조하셨습니다. 그분의 마음 안에 계신 하나님과 함께, 하나님과 하나이신, 그 자신이 하나님이신 분이 카이사르에 맞서시고, 철문을 부수시고, 신앙의 주권을 모든 영역 주권이 의존하는 가장 깊은 말뚝으로 삼으셨습니다. 바리새인도 제자도 그분의 외침 "다 이루었다"가, 선택된 자들의 구원을 넘어, 또한 '소테리아 투 코스무'(*soteria tou kosmou*, 우주의 구원), 세계의 해방, 자유의 세상을 수반한다는 것을 이해하지 못했습니다. 그러나 예수께서 그것을 알아차리셨습니다. 따라서 그분의 십자가 위에 '바실리우스'(*Basileus*, 왕)라는 표지가 있었던 것입니다. 그분은 주권자로 등장하셨습니다.…그때 그 영광스러운 삶이, 고귀함으로 왕관을 쓰시고, 길드들과 자유로운 공동체들의 더욱 더 풍성한 유기체 안에서 영역 주권이 내포하는 모든 에너지와 영광을 드러내면서, 시작되

---

[32] Bratt, ed., *Abraham Kuyper: A Centennial Reader*, p. 469.
[33] 같은 책, p. 473.

었습니다.[34]

왕정주의의 흐름에 이어 혁명이 나타났는데, 이 혁명은 자유를 향한 납득할 만한 갈증으로부터, 그러나 또한 메시아에 대한 증오로부터 태어난 것이다. 하지만 네덜란드에서는, 카이퍼에 따르면, 1815-1870년의 갱신 운동을 통해 메시아가 그 시대를 구원하셨다. 갱신 운동으로부터 카이퍼를 수장으로 한 반혁명당이 출현했고, 영역 주권을 위한 투쟁이 전면적으로 이루어졌다. 특히 교육의 영역, 즉 학교를 위한 투쟁이 있었다. "왜냐하면 거기서 양심, 가정, 교육, 영적 모임의 주권이 모두 동등하게 위협을 받았기 때문입니다."[35]

이제 암스테르담 자유 대학교의 설립일이 도래했다. "이렇게 물에 띄우는 배는 분명히 작고 항해에 적합하지 않지만, 왕이신 예수의 주권 아래서 허가되었으며 모든 지식의 항구에 '영역 주권'의 깃발을 보여 줄 것으로 기대됩니다!"[36]

신앙/불신앙과 사회   흐룬 판 프린스터러와 카이퍼의 심오한 통찰 하나는, 문화와 사회를 형성하는 방식에 대한 다른 견해들의 가장 깊은 층위에 신앙 혹은 불신앙이 있다는 것이다. 하나님이 주권적으로 여겨지든지, 아니면 통상적으로 국가나 국민 같은 다른 것이 주권적으로 여겨지고, 이것은 우리의 사회 철학을 형성하는 데 중요한 영향을 끼친다. 물론 이것을 조금이라도 상세히 보려면 우리는 오늘날 우리의 세계를 형성하는 사회에 대한 견해들을 깊이 파고들어야 한다.[37] 그러나 기본적인 층위에서 분명한 것은,

---

34 같은 책, pp. 469-470.
35 같은 책, p. 472.
36 같은 책.
37 참고. Bob Goudzwaard and Craig G. Bartholomew, *Beyond the Modern Age: An Archaeology of Contemporary Culture* (Downers Grove, IL: IVP Academic, 2017).

만약 우리가 하나님을 최종적인 권위로 본다면, 이것이 우리가 사회를 발전시키는 방식을 대단히 변화시키리라는 점이다. 흐룬 판 프린스터러와 카이퍼는 명백하고 정확하게 그것이 의미하는 바를 보았는데, 예를 들어, 우리가 국가를 절대화해서는 결코 안 된다는 점이다.

유대인 사회학자 필립 리프(Philip Rieff)는 문화를 만드는 것(culture-making)이 신성한 체계(sacred order)를 사회적인 체계(social order)로 바꾸는 것을 항상 수반한다는 점을 통찰력 있게 지적한다.[38] 그가 올바르게 지적하는 바에 따르면, 한 사회의 건강은 "수직적 권위"(vertical in authority)를 갖는지에 의존한다고 주장하는데, 이것을 그는 농담조로 '비아'(via)로 축약해서 말한다. 리프의 주장은, 그 사회가 확고하게 "아니요"를 말하는 어떤 **위반**(transgression)의 의식이 없이는 건강한 문화가 있을 수 없다는 것이다.

우려스럽게도 리프는 우리가 "제3의 시대"에 있다고 주장하는데, 역사상 최초로 '비아'가 없이 사회를 구성하려고 시도하는 시대다. 그러므로 놀랍지 않게도, 그는 신성한 체계/사회적인 체계에 대한 자신의 3부작 첫 번째 책에 『죽음의 작업들 사이에서의 나의 삶』(*My Life Among the Deathworks*)이라는 제목을 붙인다("deathwork"는 기존의 문화/문명의 성스러운 상징들을 사용해서 그것의 필수적인 요소들을 전면 부정하고 폐기하고자 시도하는 예술 작업들을 가리키는 리프의 용어다 – 옮긴이). 요점은, 한 문화가 수직적 권위에 대한 감각을 상실할 때, "마귀들"의 무리가 '비아'가 남긴 공백을 채우기 위해 몰려드는 극심한 위기에 빠진다는 것이다.

이것은 우리가 기독교 국가를 다시 만들어야 한다고 주장하는 것이 절대로 아니다. 오히려 이것이 주장하는 바는, **어떻게 신앙이 문화를 만드는 것에 영향을 끼치는지**를 우리가 심사숙고해야 하며, 또한 정의롭고 공정한

---

[38] 참고. 같은 책에서 리프와 그의 연구에 대한 논의를 보라.

문화에서 **어떻게 다양한 신앙들이 공존할 수 있는지**, 그리고 그런 것으로서 번영할 수 있는지 심사숙고해야 한다는 것이다.

우발성 영역 주권의 핵심에는 창조 세계가 그저 창조 세계라는, 따라서 절대로 **자기 충족적**일 수 없고 그 존재와 의미와 번영을 위해서 전적으로 창조주에게 의존적이라는 인식이 있다. 신학적인 언어로 그것은 **우발적이다**[contingent, 창조주가 필연적인 존재(Necessary Being)인 것과 대조되는 의미에서 피조물이 우발적인 존재라는 것이다—옮긴이]. 이것이, 내가 보기에, 전도서의 주된 통찰이다. 궁극적으로 의미는 창조 세계 내에서 발견될 수 없고, 오직 하나님 안에서만 발견된다. "너의 창조주를 기억하라…."

이것을 그토록 분명히 간파한 것이 흐룬 판 프린스터러와 카이퍼의 천재성이다. 인간의 권위는 모두 **위임된** 권위로서, 모두 하나님 아래 있으며 하나님에 대해 책임을 진다. 고대 근동에서는 왕이나 파라오가 최종적인 권위를 갖는다고 여겨지는 것이, 흔히 신적인 권위와 동일시되는 것이 보통이었다. 고대 근동의 일부 지역들에서는 오직 왕이 신/신들의 형상으로 여겨졌다. 창세기 1장은 이것을 인정하지 않고 형상의 개념을 민주화해서 모든 인간이 그 형상의 담지자이며, 그 결과로 모든 인간이 (위임된) 권위를 함께 가져서 창조 세계에 대해 청지기 직분을 수행하고 발전시켜 하나님의 영광에 이르도록 한다.

바로 이런 종류의 통찰이 영역 주권을 지지한다. 권위는 공적 정의를 위해서는 정부에, 가정생활을 위해서는 부모에게, 교회를 위해서는 교회 지도자들에게, 이런 식으로 위임된다. 서로 다른 그리스도인들이 이것을 서로 다른 방식으로 발전시키지만, 기본적인 원리는 분명히 옳다.

다른 영역들의 역할에 대한 묘사 영역 주권은 우리가 문화의 다른 분야들을 구별하고 질문할 수 있게 하는데, 그 질문들은 다음과 같다. 즉 교육이란 무엇인가? 스포츠란 무엇인가? 사업이란 무엇인가? 교회의 삶은 무엇으로 구성되어야 하는가? 이것들은 아주 중요한 질문들이며, 만약 우리가 이것들을 질문하지 못한다면 우리는 단지 우리 문화의 모범들을 모방하게 될 것이다. 사업을 예로 들어 보자. 사업을 하는 사람들은, 이론적으로는 아닐지 모르나 실천적으로는, 사업을 가능한 한 더 많은 돈을 벌기 위한 수단으로 여긴다. 따라서 사업의 목표는 부유함이 되고, 당신은 팔리는 것이라면 무엇이든 팔아서 가능한 한 많은 돈을 벌고자 한다. 이것에 대해서는 뒤에서 더 논의하겠지만, 여기서 우리는 이것이 사업에 대한 비성경적이고 지극히 파괴적인 견해로서, 사업의 영역을 잘못 이용하는 것이라는 점을 언급해야 한다. 사업은 서비스를 제공하여 사회의 물자가 공유되고 공동체의 필요가 채워지기 위해 있다. 물론 그 과정에서 사업은 이윤을 창출하여 계속 서비스를 제공할 수 있어야 하지만, 이윤이 기업 전체를 지배하고 다른 영역들을 식민지로 만들기 시작할 때 아름다운 봉사의 장을 왜곡하는 것이다.

교육이 놀라운 것이고 엄청난 선물이라는 점을, 카이퍼는 암스테르담 자유 대학교의 개교식 연설에서 강조한다. 그러나 정확히 교육이란 무엇인가? 내가 보기에 교육은 일차적으로 **마음의 형성**(the formation of mind)을 수반하고, 그 결과로 아이들과 학생들이 그들의 문화 가운데 시민으로서 온전한 역할을 하도록 정신적으로 준비된다. 인간은 마음보다 훨씬 더 큰 존재이지만, 마음은 강력한 도구다. 생각들은 지속성이 있으며 역사 속으로 뛰어들어 역사를 만드는 습성이 있다. 마음이 형성된다는 **사실**이 지극히 중요하며, 마찬가지로 중요한 것은 그것이 **어떻게** 형성되는지다. 홈스쿨링을 예로 들어 보자. 특히 많은 그리스도인이 공교육을 경계하게 되면서 많은 사람이 홈스쿨링에 의존하게 되었다. 최상의 경우에는 이것이 아주 좋은 것이지만, 그것은 **홈스쿨링**이어야 한다. 성경구절을 암기하고 성경공부를 하는 것은 모두 훌륭한 활동이지만, 불충분하다. 스쿨링은 반드시, 그러니까, **스쿨링**을 수반해야 하는데, 즉 수학·문학·과학·역사 등이다. 마음의 형성은 절대로 중립적이지 않으며, 우리는 이것에 대해 뒤에서, 마음이 형성되는 **방법**과 관련해서 더 논의할 것이다.

상호 작용—공생과 '엔캅시스'(enkapsis)　언급해야 할 중요한 점은, 영역들이 서로에 대하여 지속적으로 상호 작용하고 있기 때문에, **공생**이 그들의 관계를 묘사하기에 좋은 단어라는 것이다.[39] 카이퍼 전통에서 이를 위해 사용하게 된 단어는 '엔캅시스'인데, 이는 "사물, 식물, 동물, 사회적 구조들 사이에 존재할 수 있는 구조적 얽힘"[40]을 가리킨다. 사회적 구조들이 어떻게 서로에 대해 관련되는지 묻는 질문에 대한 응답으로 조나단 채플린(Jonathan Chaplin)은 이렇게 대답한다. "그것들은 **영역 주권**의 측면에서 서로에 대해 관련되는데, 그것은 '각각의 구조가 그 자체의 영향권 안에서 갖는 내적 주권'이지만, 서로에 대한 엔캅시스적 얽힘으로 균형을 이룬다."[41] 따라서 어떤 아버지가 학교 교장으로 일할 때 그는 아버지이길 중단하지 않지만, 교장으로서의 그의 "직무"는 그가 일하는 학교에서 그의 삶을 지배한다. 실상은 이것보다 더 복잡할 수 있다. 가정에서 남편은 가족의 머리로서의 역할을 맡겠지만, 직장에서는 경찰관으로서 자신의 서장인 아내 아래서 일할 수 있을 것이다.[42]

더 나아가, 영역들 사이의 경계는 결코 절대적이지 않다. 예를 들어, 카이퍼는 교육의 영역이 교회로부터 갖는 독립성을 강조하기 위해 대단히 길

---

[39] 참고. R. D. Henderson, *Illuminating Law: The Construction of Herman Dooyeweerd's Philosophy 1918-1928* (Amsterdam: Buijten and Schipperheij, 1994), pp. 164-181에서 영역들 사이의 일관성에 대한 논의를 보라.

[40] Albert M. Wolters, "Glossary", in L. Kalsbeek, *Contours of a Christian Philosophy: An Introduction to Herman Dooyeweerd's Thought* (Amsterdam: Buijten and Schipperheijn, 1975), pp. 347-348.

[41] Jonathan Chaplin, *Herman Dooyeweerd: Christian Philosopher of State and Civil Society* (Notre Dame, IN: University of Notre Dame Press, 2011), p. 316, 그리고 5-7장을 보라.

[42] 가족의 머리됨이라는 개념이 논란의 여지가 있음을 나는 인식하지만, 어떤 점에서 이는 서신서에서 분명히 가르치고 있는 것으로 보인다. 내 견해로는, 그리스도의 경우와 같이 이것이 **섬기는**(servant) 머리됨이라는 점이 강조되어야 한다.

게 다루고, 여기에 타당성이 있지만, 그것은 카이퍼가 자신의 개교식 연설에서 제안하는 것처럼 간단한 일이 결코 아니다. 기독 개혁 교회(Christian Reformed Church)가 돌레안치에 동참했을 때, 이제 그들에게 목회자를 위한 훈련기관이 둘이 되었다. 즉 교회의 통제를 받는 캄펜 신학교와, 교회의 아무런 통제를 받지 않는 암스테르담 자유 대학교의 신학부다. 카이퍼와 바빙크는 이 둘을 통합하기를 간절히 바랐지만, 어떤 기관의 통제를 받게 할 것인가? 내가 보기에 교단이 자신의 신학교를 통제하지 못하게 하는 것은 납득하기 어렵지만, 분명히 신학교는 교육과 목회자 양성을 위한 것이다. 따라서 그것은 교회의 영역과 교육의 영역을 가로질러 운용된다! 바빙크는 이 사안을 해결하기 위해 열심히 노력했지만, 이 측면에서 그의 무력함은 그가 캄펜을 떠나 자유 대학교로 간 하나의 이유였다.

교회 당국이 암스테르담 자유 대학교 같은 기독교 대학을 통제하지 않아야 한다는 말이 정말 옳은 것처럼 보이기는 하지만, 기독교 대학에서 교회의 신앙고백들이 하는 역할에 대해서는 논란의 여지로 남아 있다. 신앙고백으로서 사도신경과 니케아신경 같은 신조는 그 범위에서 보편적이므로, 그리스도인이 주일에는 이것을 고백하면서 월요일부터 금요일까지는 그런 신앙고백의 권위에 대해 아무런 의식도 없이 자신의 학문적 작업을 하는 데 전적으로 자유롭다고 느끼는 상황은 가능하지 않다.[43] 여기서 영역 주권의 위험은, 만약 이런 방향으로 밀어붙인다면, **이원론**이다. 실재에 대한 하나의 관점이 사람의 교회적 삶을 지배하고, 다른 관점이 학문 기관을 지배하는 것이다. 만약 이런 종류의 이원론이 힘을 얻지 못하게 하려면, 영역들 사이의 밀접한 협력이 있어야 한다는 것은 분명하다. 실제로 자유 대학교가 설립된 지 100년이 넘은 지금, 그 대학이 명백히 포스트모던 대학이고 대체

---

[43] 참고. Marcel E. Verburg, *Herman Dooyeweerd: The Life and Work of a Christian Philosopher*, trans. Harry Van Dyke (Grand Rapids: Paideia, 2009), pp. 348-354.

로 세속적인 가운데 그 설립 의도를 지키고자 하는 남은 자들이 소수인 상황은 아이러니다.

헤르만 도이어베르트는 통전적인 기독교 철학을 발전시키기 위해 카이퍼 전통이 필요하다고 보았다.[44] 도이어베르트의 사회 철학은 카이퍼의 영역 주권 교리에 크게 의존했지만, 그 과정에서 영역 주권은 훨씬 더 복잡한 개념이 된다. 도이어베르트가 이룬 카이퍼의 영역 주권 철학에서의 주된 발전은 사회적 **분화**(differentiation)에 대한 그의 이론인데, 그에 따르면 원시적인, 미분화된 문화가 다양한 영역들로 분화하는 것은 규범적이다.[45]

독립적인 기독교 기관들 카이퍼가 우리에게 원했던 점은 사회의 다른 영역들을 인식하는 것뿐만 아니라, 다른 세계관들이 이런 영역들에서 삶을 **다르게** 형성하리라는 것을 강력하게 의식하는 것이었다. 스포츠를 예로 들어 보자. 스포츠는 하나님으로부터의 놀라운, 즐거움을 주는 선물이지만, 오늘날 우리는 특정한 스포츠에서 젊은 남녀 선수들이 적당하다고 판단되는 선을 훨씬 넘어서는 믿을 수 없는 급여를 받는 상황에 있다. 그들은 우리 시대의 록스타들이 되었다. 이것과 함께 경쟁의 정신이 함께 가서, 어느 유명한 선수는 "이기는 것은 중요한 것이 아니라 유일한 것이다!"라고 말하기에 이르렀다. 그 결과는 우리가 재능 있는 사이클 선수 랜스 암스트롱(Lance Armstrong)에게서 목격한 종류의 비극인데, 즉 **어떤 대가를 치르더라도** 이기겠다는 목적에서 스포츠가 금지 약물로 넘쳐나는 일이 거듭 반복되는 것이다. 우상숭배가 여기에 들어왔고, 그것은 스포츠와 오락이라는 선한 영역이 **잘못된 방향으로 간 것**을 보여 준다.

그러므로 영역들과 관련해서, 우리는 창조에 근거한 그것들의 구조와 잘못된 방향으로 갈 가능성에 대해 예민할 필요가 있다. 성관계는 좋은 것

---

44 참고. 9장.
45 참고. Chaplin, *Herman Dooyeweerd*, pp. 71-85.

이고 하나님으로부터 온 선물이지만, 그것은 철저히 잘못된 방향으로 갈 수 있고 또 그렇게 하고 있다. 그리스도인의 책임은 이 영역들에 관여하되, 그것들이 더욱 건강해지고 바르게 방향을 잡아서 최고의 의미에서 번성할 수 있게 할 수 있는 방식으로 그렇게 하는 것이다.

카이퍼는 이것을 아주 분명하게 깨달았으며, 그와 그의 동료들은 교육, 정치, 방송, 청소년 단체 등 삶의 모든 영역에서 대안적인 기독교 기관들의 가능성을 위해 싸웠다.[46] 대체적으로 나는 그가 옳았다고 생각한다. 기독교 지성이 번성하기 위해서는, 예를 들어, 그것이 성숙하게 발전할 수 있는 공간이 주어져야 하며, 이는 독립된 기독교 교육 기관들을 요구한다. 그러나 여기서 주의할 것이 있다. 주류로부터 물러나는 것이 종종 필요하지만, **오직 그리고 항상** 더 강력하고 더 건설적으로 재관여하기 위해서만 그렇게 해야 한다. 교회는 그 제도적 의미와 유기적 의미에서 철저히 **선교적이며**, **선교**는 그리스도인들이 자신의 문화에 지속적으로 관여하지 않고 물러날 때는 효과적이지 못했다.

영역 주권의 함의들

영역 주권과 고등 교육   카이퍼는 『우리의 정치 강령』(*Our Program*)에서 정부와 삶의 다른 분야에 영역 주권이 함의하는 바를 구체화한다.[47] 암스테르담 자유 대학교의 개교식 연설에서 그는 고등 교육에 초점을 맞추는데, 우

---

[46] 바로 여기서 바르트와 카이퍼가 다른 길로 간다. 참고. Clifford Blake Anderson, "Jesus and the 'Christian Worldview': A Comparative Analysis of Abraham Kuyper and Karl Barth", *Cultural Encounters* 6, no. 1 (2006): pp. 61-80, 특히 pp. 74-80.

[47] Abraham Kuyper, *Our Program: A Christian Political Manifesto*, trans. Harry Van Dyke, Collected Works in Public Theology (Bellingham, WA: Lexham, 2015). 『아브라함 카이퍼의 정치 강령』(새물결플러스).

리도 역시 여기서 그렇게 할 것이다.

카이퍼에게 학문적 작업은 "성화된 지적 능력"에 의해 특징지어지며, 학문은 자유를 옹호하는 데 앞장선다. 학문적 작업은, 그의 언급에 따르면, "그 본래의 모습으로는 빛의 천사로 하나님이 우리에게 보내신 것입니다." 따라서 인간의 지혜는 하나님으로부터의 선물이고, 인간의 생각은 역사와 그것의 발전에 강력한 영향을 끼쳐 왔다. 그러므로 그리스도인은 극도의 진지함으로 지적 생활을 대해야 한다.[48]

카이퍼는 학문이 그 고유한 영역에서 주권적이어야 하며, 국가나 교회의 보호를 받도록 퇴보하는 것이 허용되어서는 안 된다고 강조한다. 그가 보기에 학문이 발전함에 따라 고유한 삶의 영역을 형성하는데, 거기서는 진리가 주권적이다. 이것에 대한 어떤 침해도 죄가 될 것이다. 이런 측면에서 카이퍼는 학문의 자유를 희생하기보다는 차라리 회당을 떠난 바뤼흐 스피노자(Baruch Spinoza)를 지지하며, 스스로의 결론을 철저히 따르지 않고 종교개혁에 동참하기를 거부한 데시데리위스 에라스뮈스를 폄하한다. "그러므로 우리는 그리스도의 교회에 의해 학문에 강요되는 어떤 것도 결연히 거부해야 합니다."[49] 국가는 총괄 계획자이지만, 학문적 자유를 침해해서는 안 된다. 카이퍼는 이스라엘의 선지자들과 예루살렘의 지혜 학교를 그런 자유에 대한 성경의 예로 언급한다.

어떤 그리스도인들은 세속 대학에 그리스도인이 맡는 학과장직을 둘 것을 제안했지만, 카이퍼는 다음과 같이 대답했다. "아닙니다. 우리가 필요로 하는 것은…기독교적 뿌리로부터 자라나는 학문의 나무입니다. 가위를 손에 들고 남의 정원을 어슬렁거리는 역할로 우리가 만족하고자 하는 것은 기독교의 품위를 내던지는 것입니다." 우리에게 필요한 지식은 지혜를 낳아서,

---

[48] Bratt, ed., *Abraham Kuyper: A Centennial Reader*, pp. 475, 476.
[49] 같은 책, p. 477.

유일하게 지혜로우신 하나님을 경배하는 것에서 절정에 이르는 지식이다.⁵⁰

카이퍼는 그의 개교식 연설 세 번째 부분에서 영역 주권이 특징적으로 개혁파적이라고, 그 강조가 하나님의 주권에 있다고 주장한다. 성경과 관련해 그가 언급하는 것은 다윗의 즉위를 위한 헤브론의 종족법, 아합의 독재에 대한 엘리야의 저항, 예루살렘의 치안 규정에 대한 제자들의 거부, 예수의 잊을 수 없는 말씀인 "가이사의 것은 가이사에게, 하나님의 것은 하나님께"다. 그는 영역 주권의 원리를 장로교 체계에서, 그리고 연방 정부 형태로 기운 개혁파 국가들의 정부에서 발견한다.

카이퍼에게는, 우리가 우리 자신의 원리가 아닌 다른 원리로부터 나오는 학문과 중립성의 언약을 맺어서는 안 된다고 주장하는 것이 개혁파적이다.⁵¹ 그는 자신의 반대자들이 이것을 자기기만으로 여길 것을 인식하지만, 개의치 않는다.

> 그가 지식에서 우리보다 열등하다는 것이 아닙니다. 그는 아마 우리보다 우월할 수 있습니다. 그러나 우리에게 그리스도 안에서 사실로 확립된 것을 그가 사실로 간주하지 않기 때문입니다.…성경 안에서 객관적으로 무오하고, 성령에 의해 우리에게 주관적으로 제공된 하나님의 말씀에 대한 신앙—여기에 경계선이 있습니다. 다른 이들의 지식이 지적 확실성에 근거하고, 우리의 지식은 단지 신앙에 근거한다는 것이 아닙니다. 왜냐하면 모든 지식이, 어떤 종류의 것이든 신앙에서 나오기 때문입니다.…믿지 않는 사람이란 존재하지 않습니다.⁵²

---

50 같은 책, pp. 479, 476.
51 같은 책, p. 481.
52 같은 책, pp. 485-486.

학문에서는 출발점과 방향이 분명해야 한다. 카이퍼가 보기에, 사람이 모든 신앙고백과 체계를 철저히 사유하고 그런 다음에 비로소 무엇이 최상의 것인지를 결정해야 한다고 생각하는 것은 터무니없다.[53]

결론적으로, 카이퍼는 개혁파적 관점이 의학과에, 로스쿨에, 자연 과학 연구에 만드는 차이점을 탐구한다. 그는 다음과 같이 묻는다. "셈족 언어의 연구는 내가 이스라엘을 절대적 계시의 민족으로 간주하는지, 아니면 그저 경건에서 특별한 재능을 가진 민족으로 간주하는지에 따라 차이가 있지 않습니까?" 그가 한 가장 유명한 말들 가운데 하나가 이 개교식 연설에 나오지만, 그 말의 시작 부분은 일반적으로 거의 언급되지 않는다. "오, 우리 정신세계의 단 한 조각도 나머지로부터 완전히 분리되지 않아야 하며, 또한 우리 인간 존재의 전체 영역 가운데 단 한 치도 **모든 것** 위에 주권자이신 그리스도께서 '내 것이다!'라고 외치시지 않는 부분은 없습니다!"[54] 따라서 그리스도의 명예와 그분의 백성의 안녕의 성패가 암스테르담 자유 대학교 같은 기관들의 설립에 달려 있는 것이다.

정치: 절대화와 자유론 사이에 있는 국가   20세기에 우리는, 특히 국가 사회주의와 공산주의의 공포 가운데, 하나님이 거부되고 국가가 절대적 권위를 취할 때 무슨 일이 일어나는지를 보았다. 그 결과는 대다수가 역사상 가장 잔혹한 세기로 여기는 것이었다.

영역 주권이 통찰력이 있는 것은, 악을 억제하고 공적 정의를 확립하기 위한 하나님의 선물로서 정부의 중요성을 인식한다는 점이다. 따라서, 본질적으로 카이퍼 전통은 정부에 대해 긍정적이며 그리스도인들이 국가를 존중하고 모범적인 시민들이 되도록 장려하는 데 많은 기여를 했다. 그러나 그것은 국가에 대한 어떤 방식의 절대화도 명백히 거부하는데, 왜냐하면 그

---

[53]   같은 책, p. 486.
[54]   같은 책, p. 488.

렇게 하는 것은 카이사르에게 무릎을 꿇는 것이기 때문이다. 국가는 독특하지만 제한된 역할을 갖는다. 국가는 영역들의 영역인데, 다른 영역들의 자유를 보장하고 영역들이 서로를 부당하게 침해하지 않도록 보장하기 위해 존재한다는 의미에서 그렇다.

이런 측면에서 영역 주권은 로마서 13장에서 바울이 정부에 대해 갖고 있는 견해와 맥을 같이 한다. 정부는 악을 처벌하고 선을 보상하기 위해 존재하며, 그런 존재로서 하나님에 의해 제정되었다. 그러나 바울이 분명히 하는 것은, 정부가 하나님의 "종"이며 따라서 절대로 하나님 자신의 권위를 취할 수 없다는 점이다. 정부의 권위는 항상 위임된 권위이며, 하나님에 의해 제거될 수 있고 또 종종 그렇게 된다.

이런 접근에 내재하는 것이 시민 불복종의 가능성이다. 흐룬 판 프린스터러와 카이퍼는 이해할 만하게도 혁명에 대해 경계했는데, 혁명이 폭력적으로 전복하고 처음부터 다시 세우려고 하기 때문이다. 그러나 그들은 마찬가지로 시민적 저항의 필요성과, 또한 정부가 불의하게 행할 때 정부에 반대하기 위해 모든 적법한 수단을 사용할 필요성을 인식하고 있었다. 두 사람이 모두 원했던 것은 시민들과 특히 그리스도인들이 그들의 사회에서 분명한 관심을 갖고 정부에 책임을 묻는, 적극적이고 생기 넘치는 시민 문화였다. 카이퍼는 영역들이 최대한의 능력으로 기능하며 사회에서 적극적인 역할을 하기를 바랐다.

교회 영역 주권은 모든 그리스도인이 확정적 권리를 가지고 있는 영역, 즉 제도적 교회를 기술하는 데 특히 도움이 된다. 예배를 위해 모인 교회(제도적 교회)와 하나님의 백성 전체의 삶을 구분하는 것이 필수적이다. 제도적 교회는 철학적으로 **신앙**에 의해 체계로서 자격이 주어지며, 좁은 의미에서 예배와 관련된 모든 것, 즉 말씀, 신앙, 기도, 성례에 대한 것이다. 제도적 교회는 신앙 안에서 우리의 어머니로 거기 있으면서, 예수 그리스도 안에서 우리에게 오신 살아 계신 하나님에 대한 우리의 신뢰와 의존을 지속적으로 양육한다. 교회는 여러 가지 활동에 관여할 수 있으나, 예배 및 말씀과 성례를 통한 제자들의 형성이 항상 교회의 삶에 중심이어야 한다.

나는 과거에 청소년 목회자로 일한 적이 있다. 청소년 사역에서 우리는 어떻게 교회를 위해 활기 넘치는 청소년 프로그램을 계획하고 발전시킬지의 문제를 항상 마주한다. 유혹은 가능한 한 많은 청소년을 끌어모으기 위해 청소년 **사역**을 오락으로 바꾸는 것이다. 그 과정에서 사역자는 청소년 문화를 흉내 내려고 시도하고, 종종 청소년들과 그 청소년 사역을 물질적으로 지원하는 교회 사이에 벽을 세운다! 청소년 사역이 지루해야 한다는 것이 아니고, 또한 청소년의 필요와 관계가 없어야 한다는 것도 아니지만, 그것은 항상 제도적 교회의 사역 일부로 남아 있어야 한다. 따라서 예배와 제자도가 그 핵심에 있어야 하는 것이다. 나는 초기에 출석 인원의 변동이 심할 것이라는 점을 알았고, 그래서 내 생각에 삶에서 성령이 일하시는 것으로 분별한 열두 명으로 이루어진 그룹을 선택했다. 그러고 나서 나는 이 그룹을 강력하게 제자들로 만들었는데, 오늘날까지도 나는 그 열두 명의 대부분이 어디에 있으며 무엇을 하고 있는지 알고 있다. 어떤 저자가 표현하듯이, 청소년 사역에서 우리는 염소들을 즐겁게 하는 데 너무나 많은 시간을 쓰고 양을 먹이는 일에는 실패하는 것을 경계해야 한다!

활동 카이퍼와 그의 동료 칼뱅주의자들은 매우 부지런했다. 그들은 관여되어 있었다! 우리는 하나님 나라를 개시할 수 없지만, 하나님이 그분의 세계에서 하시는 일에 함께 참여할 수 있다. 영역 주권에 따르면, 어떤 한 영역도 다른 영역보다 우월하지 않다. 모든 영역은 자신의 방식으로 독특하다. 따라서 제도적 교회가 가정보다 우월하지 않지만, 그 독특한 역할의 측면에서 필수적이다. 사람은 교회 없이 가정을 가질 수 있지만, 가정과 교회가 번성하기 위해서는 서로를 필요로 한다. 또한 가정과 교회가 곧바로 발견하게 될 것은, 만약 정부가 제대로 기능하지 않으면 자신들이 고통을 겪고 악영향을 받는다는 점이다. 그리고 다른 경우도 마찬가지다.

이 비전에 중심이 되는 것은, 우리가 모두 그리스도인으로서 하나님의 풀타임 종이라는 점이다. 유진 피터슨이 표현하듯이, "모든 그리스도인이 성직에 임명된 것이다."[55] 우리 모두는 우리 삶의 모든 측면에서 풀타임으로 하나님을 섬기도록 부름을 받았다. 어떤 이는 교사로, 어떤 이는 정치가로, 어떤 이는 부모로, 어떤 이는 학생으로, 어떤 이는 목회자로, 어떤 이는 간호사 등으로 말이다. 물론 이런 역할들은 각각 다르고 또한 각각 중요하다. 우리는 목회자와 선교사의 중요성을 무시하는 것도, **오직** 그것들만 풀타임 봉사라고 생각하는 것도 피해야 한다. 목회자는 그의 시간을 전적으로 바쳐서 양떼들이 위대한 목자께 계속해서 집중하도록 하는 일에 쓰도록, 양들에 의해 임명된다. 목회자의 역할들 가운데 하나는 양들에게 그들이 삶의 매일, 매시간 하나님을 섬긴다는 점을 계속해서 상기시키는 것이다.

사실 생각해 보면, 우리는 **이미** 우리 사회의 많은 영역에 연루되어 있다. 영역 주권은 우리로 하여금 의식적이지만 **개인주의적**이지는 않게 연루되도록, **우리 성읍의 평안을 추구하도록**, 즉 우리의 관여가 이루어지는 주된 영역들의 번영을 추구하도록 도와서, 이 영역들이 모든 시민의 유익을 위해 번성하도록 해야 한다. 이는 우리가 지도자적 재능을 가지고 있는 영역에서 그 재능을 발전시키는 것을, 그리고 그것을 단지 제도적 교회에서만 아니라 삶의 모든 영역에서 수행하는 것을 의미한다.

세계화의 경제학 영역 주권이 또한 통찰력이 있는 것은, 하나의 영역이 다른 영역들을 지배하는 것을 경계하도록 우리에게 경고한다는 점이다. 흐룬 판 프린스터러와 카이퍼는 특히 **국가**가 다른 영역들에 대한 국가의 통

---

[55] Eugene Peterson, *Leap over a Wall: Earthly Spirituality for Everyday Christians* (New York: HarperCollins, 1997), p. 32. 『다윗: 현실에 뿌리박은 영성』(IVP).

제를 절대화하는 것의 위험을 의식했다. 우리 시대에 이것은 많은 나라에서 여전히 위험으로 남아 있다. 하지만 서구에서, 실제로 전 세계적으로, 엄청난 위험은 **경제 영역**이 다른 영역들을 통제하는 것이다. 사실 세계화의 전개와 함께 개별의 민족-국가를 생각하기란 점점 더 어려운 일이 되어 가고 있는데, 이 민족-국가는 현대성에 아주 핵심적인 것이었다. 전 세계적 소비자 자본주의 아래서 경제는 스스로의 생명을 갖게 되었고, 급속도로 기업들은 어떤 특정한 국가에 대한 의무가 없는 유동적인, 국제적인 독립체가 되어 가고 있다. 이 과정에서 우리는 모든 영역에 대한 경제적 영역의 유래 없는 지배를 목도하고 있다. 삶의 영역에서 이윤을 창출하고자 하는 누군가에 의해 상품이 되지 않은 영역은 거의 없다. 인터넷 덕분에 성적인 것과 포르노물은 너무나 중요한 국제적 산업이 되어서, 그것들을 규제하고자 하는 정치적 의지는 거의 찾아볼 수 없어졌다. 먹이 사슬은 하나의 상품이 되었고, 동물의 안녕이나 인간의 건강에 대한 적절한 고려는 없다. 유진 피터슨은 그의 탁월한 저서 『균형 있는 목회자』(Working the Angles)에서, 어떻게 목회자들이 교회를 떠남으로써가 아니라 교회를 사업체로 바꿈으로써 작당하여 자신들의 소명을 유기하고 있는지를 지적한다. 세계화에는 의심의 여지 없이 유익이 있지만, 전 세계적 소비자 지상주의는 "자유 무역"의 주문을 부르짖는 가운데 너무나 많은 사람을 빈곤에 시달리게 만드는, 북반구-남반구의 경제적 아파르트헤이트를 만들어 내고 있다. 조지프 스티글리츠(Joseph Stiglitz)는 자유 무역이 작동하지 않은 것이 아니라, 사실은 한 번도 제대로 시도된 적이 없었음을 예리하게 지적한다.[56] 주택은 집이라기보다는 자산이나 소비재가 되었으며, 웬델 베리가 도발적으로 지적하듯이, 판매용

---

[56] Joseph E. Stiglitz, *Making Globalization Work* (New York: Norton, 2006), p. 62. 『인간의 얼굴을 한 세계화』(21세기북스).

주택은 집이 아니다.⁵⁷

르네 지라르(René Girard)는 인간의 삶과 문화에서 욕망의 핵심적 역할을 지적했다.⁵⁸ 지라르는 성경이 욕망의 기제를 드러내고 십계명에서 그것을 제한하는 것, 그리고 특히 복음서에서 그릇된 욕망을 극복하는 것에서 보여 주는 성경의 독특성에 주목한다. 그러나 소비자 문화는 욕망에 대한 어떤 제한도 추구하지 않으며, 오히려 더 큰 소비를 장려하기 위해 욕망의 불길에 부채질을 한다.⁵⁹ 우리는 이 상태가 모든 면에서 지속 가능하지 않음을 알면서도, 2008년에 미국 경제가 거의 바닥을 쳤을 때도 미국인들은 외출해서 쇼핑을 하고 소비를 하도록 장려되었다. 그들은 절약하고 허리띠를 조이도록 장려된 것이 아니라, 소비자 경제를 재점화하도록 장려되었다. 지라르는 한 인터뷰에서 오늘날 우리 세계에 작용하고 있는 욕망의 회오리에 대해 말한다.⁶⁰ 위험은 틀림없이 명백하다. 억제되지 않은 소비자 지상주의는 경쟁과 폭력과 갈등의 원인이다. 우리에게 긴급히 필요한 것은 경제를, 그리고 어떻게 그것이 삶의 모든 영역과의 관계에서 잘 들어맞는지를 다시 생각하는 것이다. 밥 하웃즈바르트(Bob Goudzwaard)와 해리 더 랑게(Harry de Lange)가 주장하듯이, 우리는 『빈곤과 풍요를 넘어서』(*Beyond Poverty and Affluence*), 자원을 공정하고 정의롭게 분배하는 "배려의 경제"(economy of care)를 향해 나아가야 한다.⁶¹

이슬람 이미 여러 해 전에 "아프리카에서 일어나는 이슬람의 도

---

57 Wendell Berry, *The Mad Farmer Poems* (Berkeley, CA: Counterpoint, 2008), p. 19.
58 지라르에 대한 논의를 Goudzwaard and Bartholomew, *Beyond the Modern Age*에서 보라.
59 참고. Craig G. Bartholomew and Thorsten Moritz, eds., *Christ and Consumerism: A Critical Analysis of the Spirit of the Age* (Carlisle, UK: Paternoster, 2000).
60 참고. "Insights with René Girard", YouTube video, December 9, 2009, www.youtube.com/watch?v=BNkSBy5wWDk.
61 참고. Bob Goudzwaard and Harry de Lange, *Beyond Poverty and Affluence: Toward an Economy of Care*. 이 책은 여러 판본이 있다.

전"(The Challenge of Islam in Africa)이라는 제목의 글에서, 나는 이슬람과 기독교의 관계와 서구에서 이슬람의 역할과 관련해 카이퍼 전통이 대단히 큰 도움이 될 수 있을 것이라고 제안했다.[62] 내가 그 글을 쓴 이후로 9·11이 터졌고, 이 문제는 날이 갈수록 더 긴박해졌다. 내가 그때 제안했고 지금도 계속해서 주장하는 것은, 특히 온건한 이슬람이 서구에서 종교의 사유화에 맞서는 데 기독교와 동지, 함께 싸우는 세력이 될 수 있다는 점이다. 이슬람은 이런 측면에서 서구식의 현대성에 저항하는 데 다른 어떤 종교보다도 더 기개를 보여 왔다. 물론 우리는 서구 국가들이 기독교 국가들이 아니라는 사실을 깨닫고 무슬림들과의 대화에서 그것을 아주 확실히 해야 한다. 점차 서구 국가들은 너무나 흔히 반기독교적인 세속적 엘리트에 의해 통치되고 있다.

마찬가지로 영역 주권은 무슬림이 우세한 국가들로 하여금, 그 국가들에 있는 소수 그룹이 무슬림이 서구 국가들에서 누리는 것과 동일한 자유를 누릴 수 있게 노력하도록 도전하는 데 사용될 수 있다. 너무나 많은 무슬림 국가에서 그리스도인들에게 기본적인 권리가 거부되고 있는 가운데, 폭력적인 무슬림들이 서구에 대한 공격을 계획하는 데 서구의 자유를 이용하도록 허용하는 것은 말도 안 된다. 정부는 모든 시민을 위한 공적 정의를 보장하기 위해 존재하는 것이고, 따라서 무슬림 국가들이 이런 측면에서 동조하거나 그 대가를 치르도록 정치적 압력, 통상 금지 등을 통해 압력이 가해질 필요가 있다.

그리스도인들이 오늘날 전 세계에서 가장 핍박받는 종교인이라는 사실에 대해서는 상세하게 조사된 증거가 넘쳐난다.[63] 뛰어난 가톨릭 언론인 존

---

62   Craig G. Bartholomew, "The Challenge of Islam in Africa", *Journal of Interdisciplinary Studies* 6, no. 1/2 (1994): pp. 129-146.
63   참고. 예를 들어, Brian J. Grim and Roger Finke, *The Price of Freedom Denied: Religious Persecution and Conflict in the Twenty-First Century* (Cambridge: Cambridge University

앨런(John Allen)은 『그리스도인들에 대한 전 세계적 전쟁』(*The Global War on Christians*)에서 오늘날 그리스도인으로 살기에 가장 위험한 25개국을 열거한 후, 그 25개국 중에서 18개국이 무슬림이 다수인 국가들이라는 점을 지적한다.[64] 유사하게 브라이언 그림(Brian Grim)과 로저 핑커(Roger Finke)가 지적하는 바에 따르면, "종교적 박해는 무슬림이 다수인 나라들에서 더욱 널리 퍼져 있을 뿐만 아니라, 더욱 심각한 수준으로 일어난다."[65] 이것은 전적으로 용납될 수 없고, 서구의 지도자들이 그런 박해에 반대하는 운동을 펼치지 않고 있는 것은 추문이다. 9·11의 비극은 서구로 하여금 종교가 공적 세력이라는 사실을 인정하게 만들었지만, 여전히 우리의 세속적 지도자들은 기독교는 차치하고 종교를 진지하게 받아들이는 것을 지독히 어렵게 느낀다. 이것은 바뀌어야 하고, 아마도 변화는 서구에서 밑바닥부터, 다양한 사회적 영역들에서 그리스도인들 및 이 싸움을 함께 싸우는 사람들이 상황을 바꾸기 위해 다양한 방식으로 압력을 행사하면서 나타나야 할 것이다. 신성 모독 금지법이 서구에서는 이슬람에 대한 무비판적인 태도를 강제하도록 이용되고 있는 반면, 그리스도인들은 무슬림이 다수인 너무나 많은 국가에서 핍박과 박해를 받고 있다.[66]

영역 주권이 여기서 분명히 도움이 된다. 만약 어떤 종교나 나라가 그들의 구성원들로 하여금 다른 나라에서 모임을 갖고 자신들의 신앙을 행사할 수 있는 자유를 가지기를 원한다면, 정의는 그들이 자신들의 안방에서 역시 소수 집단들이나 종교들에게 동일한 호의를 보일 것을 요구한다. 사회적 구조들과 사회적 다원주의에 대한 교리를 가진 카이퍼 전통은, 종교들로 하여

Press, 2011); Paul Marshall and Nina Shea, *Silenced: How Apostasy and Blasphemy Codes Are Choking Freedom Worldwide* (Oxford: Oxford University Press, 2011).
64 John L. Allen, *The Global War on Christians: Dispatches from the Front Lines of Anti-Christian Persecution* (New York: Image, 2013), p. 41.
65 같은 책, p. 169.
66 참고, Marshall and Shea, *Silenced*.

금 삶의 모든 부분에서 온전히 열매를 맺을 수 있게 하면서 동시에 동일한 자유를 세속적 인문주의자들을 비롯한 다른 그룹들에 부여하는 모델을 제시한다. 그것은 하나의 종교적 그룹이 다른 그룹에 대해 강제적으로 지배하는 것에 저항한다. 만약 이런 지배가 샤리아 율법을 지지하는 이들이 추구하는 것이라면 그들은 그것을 명백히 해야 하며, 또한 동시에 훨씬 더 높은 수준의 종교적 자유가 주어지는 다른 문화들의 자유와 맞교환할 수 있을 것이라고 기대해서는 안 된다.

영역 주권과 아파르트헤이트

이 책의 서론에서 내가 지적한 바와 같이, 카이퍼 전통이 남아공에서 논란의 여지가 있는 것은 그것이 아파르트헤이트를 옹호하기 위해 사용되었기 때문이다. 카이퍼 자신이 부분적으로는 이에 대해 책임이 있다. 마르틴 보센브룩(Martin Bossenbroek)은 네덜란드 사람의 시각에서 영국계와 보어인들 사이의 전쟁에 대한 이야기를 전하는 첫 번째 책을 썼다.[67] 1881년에 마주바 힐(Majuba Hill)에서 있었던 트랜스발(Transvaal)의 보어인들에 의한 영국의 첫 패배 전에, 보어인들은 네덜란드에서 좋은 평판을 얻지 못했다. 보센브룩에 따르면, 보어인들은

> 흑인들을 기독교로 회심시키려 시도한 선교사들의 노력을 의도적으로 좌절시켰다. 따라서 선교회들은 보어인들에 대해 주로 비판적이었고 여론을 그들에 반대하게 만들었는데, 처음에는 영국에서, 그리고 나중에는 나머지 유

---

[67] Martin Bossenbroek, *The Boer War*, trans. Yvette Rosenberg (Auckland Park, South Africa: Jacana, 2015).

럽에서 그렇게 했다. 유죄를 입증하는 가장 강력한 증거는 1869년에 성직자 피에르 위에(Pierre Huet)에 의해 네덜란드에서 폭로되었다. 위에는 12년 동안 선교사였고, 보어인들에 의한 약탈, 살인, 그리고 다른 잔혹한 행위들에 대해 상세히 글을 썼다.[68]

영국의 첫 패배는 모든 것을 바꾸었고, 카이퍼는 영국의 제국주의에 반대해 보어인들의 권리를 옹호한 이들 가운데 한 사람이었다. 영국의 오만함과 제국주의에 대한 그의 비판은 타당하지만, 참담하게도, 보어인들을 옹호하는 와중에 그는 그들이 "열등한" 흑인 아프리카 사람들과 어울리기를 거부하는 것을 미덕으로 인정했다.[69]

보어인들은 감상적이지 않으며 실천적인 재능을 지닌 사람들이다. 그들은 호텐토트족과 반투족이 열등한 인종이라는 것을, 그리고 그들을 그들의 가정에서, 사회에서, 정치에서 백인들과 동등한 토대에 두는 것이 그야말로 어리석은 짓이라는 것을 알았다. 더 나아가 그들은 다른 인종과의 **사통**(liaisons)의 위험성을 알았으며, 자신의 아들들을 이 재앙으로부터 구하기 위해, 깜둥이(Kaffir, 아프리카 흑인을 멸시하는 말-옮긴이) 여인과 육체적 성교를 하는 것이 근친상간을 범하는 것과 진배없다는 생각을 주입시켰다. 그러나 다른 한편으로, 그들은 자신의 노예들을 좋은 자녀로 대우했다. 그들은 노예들이 일하는 습관을 익히도록 했고 태도를 온화하게 만들어서, 남아공에서 보

---

[68] 같은 책, p. 2.
[69] 네덜란드 제국주의에 대해 카이퍼가 더 진전된 깨달음으로 접근하는 것을 다음에서 보라. George Harinck, "Abraham Kuyper, South Africa, and Apartheid", in Steve Bishop and John H. Kok, eds., *On Kuyper: A Collection of Reading on the Life, Work, and Legacy of Abraham Kuyper* (Sioux Center, IA: Dordt College Press, 2013), pp. 419-422.

어인 가장만큼 원주민들을 다루는 데 능숙한 사람을 찾을 수 없을 것이다.[70]

더 나아가 카이퍼는 '스바르트 허파르'(swart gevaar: 검은 위험)를 분명히 표현했는데, 이는 제2차 세계대전 이후에 아프리카너 민족주의자들(Afrikaner Nationlists)을 승리로 이끈 구호였다. "흑인들이 남아프리카에서 불안의 원인이 될 수 있는 정도까지 증가하고 있다."[71] 이것은 카이퍼가 자신의 『칼뱅주의 강연』에서 미국의 인종 간 결합을 찬양한 것과 대조를 이루며, 비록 그의 견해들이 시대를 반영할지라도, 카이퍼의 사상에서—최악이 아니라면—낮은 지점을 반영한다.[72] 그런 평가들은 잘못이었고 남아공의 미래 측면에서 전혀 도움이 되지 않았지만, 이는 물론 카이퍼가 인식할 수 없었던 것이다.

그러나 그것들은 카이퍼 당시의 남아공—그리고 미국—측면에서도 전혀 도움이 되지 않았다.[73] 1903년에 미국에서 듀 보이스(W. E. B. Du Bois)는 그의 글들 가운데 가장 유명한 경구를 썼다. "20세기의 문제는 피부색으로 그어지는 경계의 문제다."[74] 카이퍼가 그의 인종차별적인 언급을 쓰고 있던 바로 그때, 아프리카 민족 회의의 창립 의장 존 두베(John L. Dube, 1871-

---

[70] Abraham Kuyper, *The South-African Crisis*, 4th ed., trans. A. E. Fletcher (London: Stop the War Committee, 1900), pp. 24-25.
[71] 같은 책, p. 26.
[72] 이 대조는 이것이 제안하는 것처럼 선명하지는 않은데, 왜냐하면 카이퍼가 노아의 아들들 중 셈의 자손과 야벳의 자손의 혼혈에 대해서 언급하면서도, 흑인종이 기원한 것으로 여겨지는 함의 자손과의 혼혈에 대해서는 언급하지 않기 때문이다. 그러나 그의 첫 번째 강연 서두에서 카이퍼는 칼뱅주의가 모든 위계(hierarchy)뿐 아니라 여성과 가난한 사람들을 노예로 만드는 것에 반대한다는 점을 명백히 한다.
[73] 헤르만 바빙크는 그의 접근에서 훨씬 더 도움이 되는데, 그는 *Reformed Dogmatics*, vol. 2, p. 525에서 이렇게 말한다, "인종들과 민족들의 존재는 사실이지만, 그럼에도 불구하고 그들의 경계에 대한 확정은 지난한 것이어서 엄청난 논쟁을 야기한다."
[74] W. E. B. Du Bois, *The Souls of Black Folks*, ed. David W. Blight and Robert Gooding-Williams, Bedford Series in History and Culture (Boston and New York: Bedford Books, 1997), p. 34. 『흑인의 영혼』(유페이퍼).

1946)같이 떠오르는 흑인 그리스도인 남아공 지도자들이 미국을 방문해서 서구식의 문명 한가운데서 그들 자신과 민족의 자리를 찾기 위해 분투하고 있었다.[75] 두베는 선교사들의 교육이 낳은 성과였으며, 많은 남아공 선교사들이 한 일과 증언은 카이퍼의 동시대인들 일부가 남아공의 인종 문제에 대해 가졌던 아주 다른 견해들과 마찬가지로 진지하게 받아들여져야 한다. 카이퍼와 나탈의 주교 존 콜렌소(Bishop John Colenso of Natal, 1814-1883)처럼 그렇게 많은 면에서 서로 다른 인물들을 상상하기란 힘들다.[76] 하지만 콜렌소는 남아공의 흑인들에 대해 훨씬 더 기독교적 태도를 드러냈다. 예를 들어, 윈 리스(Wyn Rees)는 그가 편집한『콜렌소: 나탈로부터의 편지들』(Colenso: Letters from Natal)에서 다음과 같이 지적한다.

이 주교는 지나치게 낙관적이었지만, 그는 항상 나탈의 줄루족을 여왕의 백성으로, 그리고 여왕 폐하의 백인 백성들과 잠재적으로 동등한 권리를 가진 것으로 여겼다. 바로 이런 이유로, 그리고 인도주의적인 이유 때문에, 그는 랭갈리발렐레(Langalibalele) 사건에 개입했다. 인기 있던 부주지사가 소환되었고, 셰프스톤(Shepstone) 원주민 행정 체계가 그 기초부터 흔들리고 개혁되었으며, 식민지 헌장이 수정되었고, 당국에 대한 정착민들의 요구가 견제되었다. 주교에게 닥친 일을 말하자면, 그는 나탈에서 가장 미움받는 사람이 되었다.[77]

---

[75] Heather Hughes, *First President: A Life of John L. Dubbe, Founding President of the ANC* (Auckland Park, South Africa: Jacana, 2011); Martin Plaut, *Promise and Despair: The First Struggle for a Non-Racial South Africa* (Auckland Park, South Africa: Jacana, 2016); André Odendaal, *The Founders: The Origins of the ANC and the Struggle for Democracy in South Africa* (Auckland Park, South Africa: Jacana, 2012).
[76] 카이퍼는 *South-African Crisis*, p. 22에서 콜렌소를 언급한다.
[77] Wyn Rees, ed., *Colenso: Letters from Natal* (Pietermaritzburg, South Africa: Shuter and Shooter, 1958), p. 259. 랭갈리발렐레와 그 반란에 대해서는 pp. 258-289를 보라.

19세기와 20세기에 남아공에서 모든 남아공 사람을 위한 정의를 요구하는 목소리는 특히 남아공의 자유주의 전통(liberal tradition)에서 나왔는데, 그 대다수는 그리스도인들이었다(여기서 자유주의는 신학적 자유주의가 아닌, 정치적 자유주의를 의미한다–편집자).[78] 앨런 페이튼(1903-1988)이 그런 목소리들 가운데 하나였다. 자신의 『아프리카를 위한 희망』(Hope for Africa)에서 그는 다음과 같이 예리하게 지적한다.

> 하나님께 대한 순종과 사람에 대한 순종 사이에서 살면서 기독교 자유주의자들에게 선택은 단순해야 하지만, 그렇다고 해서 더 쉽게 내려질 수 있는 것은 아니다. 그리고 우리는 남아공의 많은 백인 그리스도인이 시간이 지나고 정부가 더 강력해짐에 따라 취하는 입장을 냉철하게 마주해야 하는데, 그것은 아파르트헤이트와 대계명(the great commandments)이 만족스럽게 조화될 수 있으며 만약 그리스도가 여기 계셨더라면 아파르트헤이트를 승인하셨으리라는 입장이다. 그러므로 그들은 불의에 반대하여 싸우거나 저항하기를 그만두는데, 왜냐하면 그들은 그런 것이 존재한다는 것을 감히 인정할 엄두를 내지 않기 때문이다. 더 나아가 그들은 인권의 지지자들을 체제 전복적이고 공산주의적인 것으로 일축하거나, 또는 만약 그들이 그렇게까지 하고 싶지 않다면, 비현실적이고 비실제적인 것으로 무시하는 것이 더 쉽게 된다.[79]

페이튼은 앞선 기독교 자유주의자 호프마이어(J. H. Hofmeyr, 1894-1948)의 전기를 썼다. 호프마이어를 형성한 기독교적 체험은 케이프에서 사역하

---

[78] 네덜란드 전통에서는 J. H. 바빙크를 계승한 Johannes Verkuyl, *Break Down the Walls: A Christian Cry for Racial Justice*, trans. Lewis B. Smedes (Grand Rapids: Eermans, 1973)가 신학적 관점에서 아파르트헤이트를 통렬히 비판한 것으로 두드러진다.

[79] Alan Paton, *Hope for South Africa* (London: Pall Mall Press, 1958), pp. 64-65.

도록 파송된 스펄전의 한 제자가 목회하던 침례교회에서 일어났다. 페이튼의 언급에 따르면, "만약 그가 기독교 국가 교육[Christian National Education, 남아프리카 전쟁(South African War, 1899-1902)에서 승전한 대영 제국이 도입한 영국식 교육에 대항하여 남아공의 칼뱅주의 백인 교회들에 의해 제안된, 아파르트헤이트 시대까지 이어진 교육 이론—옮긴이]으로 알려진 것을 경험했더라면, 그는 배타성과 기독교가 양립 불가능하다고 느끼지 않았을 것이다. 그러나 그는 자신의 종교를 인종 문제에 별 관심을 기울이지 않는 교회에서 배웠다."[80]

이제는 아파르트헤이트의 역사에 대한 좋은 책들이 많이 있다.[81] 아프리카너[남아공에서 네덜란드계 백인의 언어인 아프리칸스(Afrikaans)를 제1언어로 사용하는 사람—옮긴이] 사회에서도 아파르트헤이트에 대항해서 외친 예언자적 목소리는 항상 있었고, 그 목소리들 가운데 하나는 헤르만 바빙크의 지도로 박사 학위를 취득한 케우트(B. B. Keet)다.[82] 1948년에 권력을 잡은 후 아프리카너 민족주의자들은 자신들의 민족주의적·배타주의적 이데올로기에 영합하는 기독교 유형을 체계적으로 법제화했다. 페이튼은 원주민법(Native Bill)과 관련해 남아공에서 1936년에 벌어진 논쟁에서 있었던 일화를 이야기한다. 헤르초흐(J. B. M. Hertzog, 1866-1942)는 백인의 남아공이 가진 두 가지 커다란 두려움이 흑인들의 지배와 혼혈—두 가지 두려움은 모두 카이퍼에 의해 앞서 제기된 것이다—이라는 견해에 대해 상세하게 설명하면서, 자신의 견해가 기독교적 원리들에, 특히 한 나라의 자기 보전의 원리에 굳건히 기초해 있다고 주장했다. 페이튼은 이렇게 평가한다.

---

80 Alan Paton, *Hofmeyr* (Oxford: Oxford University Press, 1964), p. 87.
81 참고. 예를 들어, David Welsh, *The Rise and the Fall of Apartheid* (Johannesburg and Cape Town: Jonathan Ball, 2009).
82 참고. 예를 들어, B. B. Keet, *Whither South Africa?*, trans. N. J. Marquard (Stellenbosch and Grahamstown, South Africa: University Publishers and Booksellers, 1956). 이 책은 아파르트헤이트에 대한 정곡을 찌르는 신학적 비판으로, 원래 아프리칸스로 쓴 것이다. 케우트와 바빙크의 관계를 알려준 조지 하링크(George Harinck)에게 감사한다.

그런 다음에 헤르초흐는 기독교 이단들 가운데 가장 그럴듯한 것 하나를 표현했다. 그는 한 나라의 자기 보전의 원리가 있다고 말했다.…"그것은 신성한 원리로, 다른 어떤 원리와 마찬가지로 기독교적 원리이며, 동등하게 높은 위치를 차지한다. 나는 그 원리를 더 높이 두는데, 그것은 인류 자체와 기독교 자체가 언제나 자신을 지킬 수 있는 자기 보전의, 자기방어의 유일한 원리다."

따라서 헤르초흐는 선 자체보다 선의 수호를 더 높이 두었으며, 기독교를 그 생존의 최후 수단으로 권력의 사용에 의존하는, 파벌 싸움을 하는 세력들 가운데 하나로 만들었다.[83]

아파르트헤이트의 사악함과 비극은 논란의 여지가 없다. 우리의 목적을 위한 핵심 질문은, 카이퍼의 사상이 아파르트헤이트를 옹호하기 위해 정당하게 사용될 수 있는지 여부다. 더 클레르크(W. A. de Klerk)는 그의 책 『아프리카의 청교도들: 아프리카너 국가의 이야기』(*The Puritans in Africa: A Story of Afrikanerdom*)에서 그 대답이 간단하다고 생각한다. "어떻게 카이퍼의 '개별 사회 영역들에서의 주권'이, 도이어베르트와 다른 이들에 의해 '삶의 체계'로 완전히 확장되어, 혁명적 아프리카너들의 세속적 신앙에 대한 가장 강력한 신칼뱅주의적 근거들로 사용될 수 있었는지를 이해하는 것은 비교적 간단한 일이다."[84] 내 견해로는, 이것은 더 클레르크의 제안처럼 명백한 것이 전혀 아니다.[85] 개혁주의 철학(Reformational philosophy)을 실제로 남아공의 헨드릭 스토커(Hendrik G. Stoker, 1899-1993) 같은 개혁주의 철학

---

[83] Paton, *Hofmeyr*, p. 224.
[84] W. A. de Klerk, *The Puritans in Africa: A Story of Afrikanerdom* (Middlesex, UK: Penguine, 1975), p. 258.
[85] 미묘한 차이가 있는 견해를 Harinck, "Abraham Kuyper, South Africa, and Apartheid"에서 보라.

자들이 아파르트헤이트를 옹호하기 위해 이용했지만, 영역 주권과 아파르트헤이트 사이에 직접적인 연관성은 없다. 카이퍼는 국가들이 하나님에 의해 창조되었다고 정말 믿었고 그런 다양성을 칭송했지만, 그가 사회 영역들에서 추구한 방향적 다원주의(directional pluralism)는 종교적인 것이지 인종적인 것이 결코 아니다.[86] 사실 우리가 세계관과 관련한 카이퍼에 대한 논의에서 본 것은, 그가 인간의 평등을 칼뱅주의의 정치적인 산물로 이해한다는 점이다. 국가가 모든 시민에게 공적 정의를 제공하기 위해 존재한다는 시각은 아파르트헤이트의 영향 아래서 다수가 경험했던 종류의 억압에 전적으로 역행하는 것이다. 카이퍼가 흑인 아프리카인들의 문제와 관련해 그토록 일관성이 없었다는 것은 카이퍼의 사상에서 비극이고 흠이다.

평가

지금까지의 내용에서 내가 영역 주권을 사회의 형태를 탐구하는 데 유용한 도구로 간주한다는 사실이 명백히 드러난다. 하지만 그것은 더 많은 발전과 사유를 요구한다. 특히, 영역 주권과 '엔캅시스'의 문제는 영역 **주권**에 대해 이루어졌던 것만큼이나 철저히 사유되어야 한다. 다시금 생각하게 되는 것은 공생의 이미지다. 여기서는 이후의 작업이 필요함을 입증하기 위해, 영역 주권의 몇몇 측면들의 문제를 제기하는 것으로 충분할 것이다.

카이퍼는, 우리가 그의 개교식 연설에서 본 바와 같이, 교육 영역의 주권과 관련해 단호하다. 그러나 그는 교육을 일차적으로 부모의 책임으로 여겼으며, 부모가 그들의 자녀가 받는 교육 유형에 대한 선택권을 갖기를 원

---

[86] 참고. Gerrit Schutte, *A Family Feud: Afrikaner Nationalism and Dutch Neo-Calvinism* (Amsterdam: Rozenberg, 2010), pp. 88-100.

했다. 여기서 우리는 가정과 학교 사이의 공생을 목격한다. 부모는 그들의 자녀 교육을 학교에 위임하지만, 그것에 대한 책임을 여전히 가진다. 따라서 가정과 학교 사이의 관계는 언뜻 보기에 영역 주권이 시사하는 것보다 훨씬 더 복잡하고, 우리는 학교를 운영하는 위원회에서 부모들이 더욱 형성적인 역할을 할 것으로 기대한다.

고등 교육과 관련해, 앞에서 우리는 교회와 학문 기관의 관계에 대한 질문을 논의했다. 카이퍼주의자들은 영역 주권 때문에 "교회 학교"를 꺼리는 경향이 있지만, 다시 한 번 우리가 보는 것은 그 관계가 단순히 제도적 교회의 영향력을 학교와 대학에서 막는 것보다 훨씬 더 미묘한 차이가 있는 관계라는 점이다. 교회는 진정으로 개혁파적으로 또는 기독교적으로 유지되는 개혁파 대학 혹은 기독교 대학에 대한 관심을 **반드시** 가져야 한다. 이것은 목회자들이 학교나 대학을 운영해야 한다고 주장하는 것이 아니라, 만약 그 학교나 대학의 신앙고백적 입장을 유지하려면, 위원회에 대표자를 두는 것과 정기적으로 대화하고 보고를 받는 것이 필수적이라는 것이다. 그 관계는, 엄격한 경계가 있는 관계라기보다는, 공생적이어야 한다.

분명히 해야 할 또 다른 문제는 영역의 정확한 본질과 영역들의 수다. 얼마나 많은 영역이 존재하는가? 세계관과 관련해 그렇듯이 이 측면에 대한 카이퍼의 표현은 느슨하고, 때로는 끝없는 숫자를 언급하는 반면 다른 때는 교회, 가정, 학교, 대학, 정치, 경제 같은 영역들에 초점을 맞춘다. 도이어베르트의 분화 개념이 여기서 도움이 되지만, 우리는 너무나 흔히 무비판적으로 "발전"을 지지하는 현대적 진보에 반대되는, 건강하고 규범적인 발전의 기준을 발전시킬 필요가 있다.[87]

---

[87] 매킨타이어의 미묘한 차이가 있는 비판을 그의 "Dooyeweerd's Philsophy of History", in C. T. McIntire, ed., *The Legacy of Herman Dooyeweerd: Reflections on Critical Philosphy in the Christian Tradition* (Lanham, MD: University Press of America, 1985), pp. 81-117에서 보라.

결론: 물어야 할 질문들

우리는 사회 철학의 중요성에 주목하면서 이 장을 시작했다. 대학교수로서 내 목표는 학생들이 자신들의 질문을 하도록, 그리고 그 과정 가운데 어떤 주제나 문제를 드러낼 수 있는 질문을 하기를 배우도록 늘 격려하는 것이다. 실제로 내 책장에는 대학과 관련된 책 『질문을 사랑하라!』(*Love the Question!*)가 있다. 그것에 대해 생각하는 사람은 자신이 항상 사회에 대한 어떤 견해를 갖고 작업한다는 것을 깨닫게 되지만, 안타깝게도 너무나 많은 그리스도인 가운데서 이런 견해는 충분히 발전하지 않아서 대체로 무의식적으로 작동한다. 예를 들어, "교회와 사회"라는 기본적인 틀을 갖고 작업하고 그 결과로 기껏해야 '어떻게 교회는 사회와 관계를 맺는가?' 같은 질문을 제기하는 것에 그치기 너무나 쉽다. 이것은 중요한 질문이지만, 더 깊은 질문에 이르게는 하지 못한다. 우리는 더 깊은 질문들, 즉 '교회란 무엇인가?', '사회란 무엇이며, 무엇이 그것을 구성하는가?' 같은 것을 파고들어야 한다. 우리는 6장에서 교회를 다루겠지만, 지금 중요한 것은, 예를 들어, 우리가 그런 질문들을 제기할 때 우리가 제도적 교회를 말하고 있는 것인지 혹은 하나님의 백성 전체의 삶을 말하고 있는 것인지 여부를 해결하는 것이다.

영역 주권은 우리로 하여금 사회와 문화적 관여에 미묘한 차이를 갖고 접근하게 하며, 그 결과로 이 분야에서 그리스도인이 문화에 관여하는 것을 집요하게 괴롭히는 실수 같은 것들을 피하게 한다. 예를 들어, 오늘날 뜨거운 쟁점은 동성 결혼이다. 동성애 관계와 결혼에 대한 기독교적 접근은 무엇인가? 이 사안에 대해서는, 내가 그러하듯이, 동성 결혼이 성경에 의해 배제되며 이성 간의 결혼이 규범이라는 점을 성경이 명백히 한다고 상정하자.[88]

---

[88] 참고. George Hobson, *The Episcopal Church, Homosexuality, and the Context of Technology* (Eugene, OR: Pickwick, 2013).

만약 그렇다면, 분명히 교회 안에서 이것이 명백해야 하고 옹호되어야 한다. 그러나 이것은 이 사안을 다루기 **시작하는** 것일 뿐이다. 내 관점에서 볼 때 그리스도인들이 동성애 행태를 권장하거나 고취해서는 안 되지만, 그렇다면 동성애자들의 인권에 대해서는 어떻게 할 것인가? 이것은 전적으로 다른 사안이다. 오늘날 교회는 민족들 가운데 흩어져 있기 때문에, 그리스도인들이 살아가는 사회는 이스라엘 같은 신정 체제가 더 이상 아니다. 우리는 다양한 세계관들이 서로 경합하는 다원적인 문화들 속에서 살고 있다. 그런 맥락에서 정의는 어떤 모습이어야 할까? 또한 국가는 모든 집단의 자유를 보호하기 위해 어떻게 법을 제정해야 할까? 이것은 의심의 여지 없이 복잡하지만, 우리는 영역 주권이 어떻게 도움이 될 수 있는지 볼 수 있다. 동성애 관계를 인정하지 않고서도, 내가 그러하듯이, 우리는 동성애 시민들의 **시민적** 권리를 인정하고 보호하고자 할 수 있다. 이슬람에 대해서도 마찬가지다. 나는 누구에게도 무슬림이 되라고 권장하지 않을 것이지만, 무슬림들이 우리 문화 안에서 자신들의 신앙을 영위할 수 있는 자유를 옹호할 것이다.

또 다른 사례는 자녀의 교육이다. 교육은 누구의 책임인가? 부모의 책임인가, 혹은 국가의 책임인가? 우리는 너무나 빨리 그것이 국가의 책임이라고 상정하고, 그런 다음에 왜 우리 자녀가 공립 학교와 대학에서 그렇게 쉽게 신앙을 잃는지 의아해한다. 카이퍼는 그것이 부모의 책임이며 부모가 **그들을 위해** 이 책임의 전부는 아니더라도 큰 부분을 수행하도록 학교를 선택할 수 있(어야 한)다고 주장할 것이다. 따라서 부모는 자녀가 무엇을 그리고 어떻게 배우는지 알아야 할 책임이 있고, 또한 그들의 교육에서 하나님의 말씀이 진지하게 받아들여지도록 확실히 할 책임이 있다.

6

교회

> 신앙고백적 중심을 위한 생사가 걸린 투쟁이 모든 개신교 교단에서 벌어지고 있다. 이 신앙고백적 중심은 보수주의자들의 조작이 아니라, 성경과 사도적 전통과의 연속성 가운데 있는 복음주의적 가톨릭 신앙일 뿐이다.
>
> 칼 브라텐, 『어머니로서의 교회: 교회론과 교회일치주의』
> (Mother Church: Ecclesiology and Ecumenism)

그리스도에 대한 크고 성경적인 견해는 교회에 대한 큰 견해를 낳을 것이다. 너무 자주, 우리의 고백에도 불구하고, 교회의 실천은 그리스도에 대한 왜소하고 축소된 견해를 드러낸다. 이것이 내가 마이클 그리피스(Michael Griffiths)의 책들 가운데 두 권의 제목, 즉 『기억 상실증에 걸린 교회』(*Cinderella with Amnesia: A Practical Discussion of the Relevance of the Church*)와 『잠자는 숲속의 공주를 흔들어 깨우기: 교회를 그 사명에 대해 각성시키다』(*Shaking the Sleeping Beauty: Arousing the Church to Its Mission*)를 좋아하는 이유다.[1]

---

1 Michael Griffiths, *Cinderella with Amnesia: A Practical Discussion of the Relevance of the Church* (Leicester, UK: Inter-Varsity Press, 1975), 『기억 상실증에 걸린 교회』(IVP);

우리의 서구 세계에서 교회는 너무 자주 그 에너지와 생명이 절실하게 필요할 때 깊은 잠에 빠져 있는 잠자는 거인 같다. 카이퍼가 교회로 존재하는 것이 무엇을 의미하는지를 두고 씨름하는 것은 그것이 오늘날 갖는 관련성에서 주목할 만하고, 분명히 잠자는 거인을 깨우는 외침이다.[2]

그의 회심에서부터 삶의 마지막까지 교회는 계속해서 카이퍼에게 주된 관심사였다. 우리가 1장에서 본 것처럼, 하나님은 샬럿 영의 소설 『레드클리프의 상속자』를 사용하셔서 카이퍼를 회개로 이끄셨다. 영은 존 키블 신부의 교구에 살았는데, 그는 퓨지 및 뉴먼과 더불어 성공회-가톨릭 운동의 창시자들 세 사람 가운데 하나였다. 그들은 자신들의 비전을 퍼뜨리기 위해 대단히 영향력 있던 『시대를 위한 소책자』(Tracts for the Times)를 시리즈로 출간했고, 영은 이 모범을 신학이 아닌 소설에서 따랐다. 성공회-가톨릭 운동에 중심이 되었던 것은 참된 교회의 문제였는데, 이 문제는 결국 뉴먼을 로마 가톨릭교회로 옮기게 할 것이었다.[3]

그의 「확신컨대」에서 카이퍼는 『레드클리프의 상속자』가 기 드 모빌의 장례식을 묘사한 것이 자신을 얼마나 감동시켰는지를 언급한다.[4] 카이퍼는 다음과 같이 견해를 밝힌다.

그것이 내가 원했던 것이다. 그런 교회를 나는 본 적도 없고 알지도 못했다. 아, "어린 시절부터 우리의 발걸음을 인도하는 어머니"인 교회를 갖는다는

Griffiths, *Shaking the Sleeping Beauty: Arousing the Church to Its Mission* (Leicester, UK: Inter-Varsity Press, 1980).

2 G. C. Berkouwer, *The Church, Studies in Dogmatics* (Grand Rapids: Eerdmans, 1976), pp. 334-338는 그것이 얼마나 자주 세상과 잘 조화를 이루는 반면 교회와는 조화를 이루지 못하는지에 대한 카이퍼의 숙고와 관련해 아주 흥미로운 논의를 담고 있다. 『개혁주의 교회론』(CLC).

3 『시대를 위한 소책자』의 정독이 이것을 명백히 입증한다. 참고. Geoffrey Rowell, *The Vision Glorious: Themes and Personalities of the Catholic Revival in Anglicanism* (Oxford: Clarendon, 2003).

4 참고. 1장.

것!…그리고 그렇게 해서 교회 생활에 대한 나의 이상이 이 짧은 말 가운데 내게로 왔다. 내가 이 기쁨을 주는 책을 다시 뒤적였을 때, 교회의 돌봄을 의식하게 되었다. 어떻게 기가 우리가 상실한 것처럼 보이는 것에 의해, 즉 성례의 고귀한 의미에 의해, 개인 예배와 공적 예배의 규정된 형식에 의해, 깊은 인상을 주는 예전과 복된 "기도서", 즉 그가 자신의 죽음 직전에 필립에게 물려준 것에 의해 감동을 받았는지를 내가 깨달았을 때, 규정된 예전에 대한 깊은 사랑과 성화에 대한 높은 평가와 전례서에 대한 감사가 그 순간에 내 안에 영원히 뿌리를 내리게 되었다. 그때부터 나는 계속해서 내 온 영혼을 다해 성화된 교회를 갈망했는데, 그곳은 내 영혼과 내가 사랑하는 이들의 영혼이 모든 혼란으로부터 떨어져서 더없는 회복을 그 굳건하고 지속적이며 권위 있는 인도 아래서 누리는 곳이다.[5]

암스테르담에 소재한 교회의 취임식 예배에서, 카이퍼는 우리의 어머니인 교회라는 주제를 다시 다룬다. "'교회는 어머니입니다.' 칼뱅의 아름다운 표현을 사용하자면, '그 자궁이 우리를 담을 뿐만 아니라, 그 젖가슴이 우리에게 젖을 먹일 뿐만 아니라, 또한 그 부드러운 돌봄이 우리를 신앙의 목표로 이끕니다.…하나님이 아버지인 이들에게, 또한 교회는 어머니가 되어야 하며, 교회의 어머니 같은 돌봄 없이는 그 누구도 성숙하지 못합니다.' 교회는 우리의 어머니입니다!"[6]

---

5   Bratt, ed., *Abraham Kuyper: A Centennial Reader*, pp. 54-55. 카이퍼는 그의 책 *Our Worship*에서는 영국 국교회주의(Anglicanism)에 대해 더 비판적이다.
6   Abraham Kuyper. *Rooted and Grounded: The Church as Organism and Institution* (Grand Rapids: Christian's Library Press, 2013), p. 15. 참고. Herman Dooyeweerd, *A New Critique of Theoretical Thought*, 4 vols. (Jordan Station, ON: Paideia, 1984), vol. 3, p. 535.

우리의 어머니인 교회

카이퍼가 교회를 우리의 어머니로 보는 것은 주목할 만하다. 사실 그가 사용하는 언어의 기원은 루터와 칼뱅을 넘어서, 훨씬 전으로 거슬러 올라간다.[7] 어머니로서의 교회에 대한 은유는, 갈라디아서 4:26-"오직 위에 있는 예루살렘은 자유자니 곧 우리 어머니라"-에서 볼 수 있기는 하지만, 2세기에는 거의 사용되지 않았고 3세기에 이르러 특히 카르타고의 키프리아누스(200-258)에 의해 두드러지게 사용되었다. 테르툴리아누스(대략 155-대략 240)는 교회를 우리의 어머니로 불렀으며, 키프리아누스가 남긴 유명한 말에 따르면, "만약 당신이 교회를 당신의 어머니로 가지고 있지 않다면, 당신은 하나님을 당신의 아버지로 가질 수 없다."[8] 어머니인 교회의 이미지는 아우구스티누스에 의해 더 온전히 발전했다. 예를 들어, 시편 89편에 대한 그의 주해 마지막에서 그가 권면하는 바에 따르면, "우리 주 하나님을 사랑합시다. 그분의 교회를 사랑합시다. 그분을 아버지로, 그녀를 어머니로 말입니다.…그러므로 사랑하는 그대들이여, 한 마음으로 아버지이신 하나님을, 그리고 어머니인 교회를 붙드십시오."[9] 또 다른 곳에서 아우구스티누스는 이렇게 적는다. "어머니인 교회의 자궁을 보십시오. 그녀가 그대를 낳기

---

[7] 루터가 그의 *Large Catechism*, in *The Book of Concord*, ed. and trans. Theodore G. Tappert (Philadelphia: Fortress Press, 1959), p. 416에서 말하는 바에 따르면, 성령은 "세상에서 독특한 공동체를 가지신다. 그것은 하나님의 말씀을 통해 모든 그리스도인들을 낳고 품는 어머니다." 『마르틴 루터 대교리문답』(복있는사람).

[8] Tertullian, *Against Marcion* 5.4; Cyrpian, "The Unity of the Catholic Church", 6, in S. L. Greenslade, ed., *Early Latin Theology: Selections from Tertullian Cyprian, Ambrose, and Jerome*, Library of Christian Classics (Louisville: Westminster John Knox, 1956), pp. 127-128. 박해의 무게를 견디지 못하고 신앙을 버린 그리스도인들의 결과를 다루는 맥락에서 키프리아누스가 한 말이다. 『초기 라틴 신학』(두란노아카데미).

[9] Augustine, *Expositions on the Psalms*, trans. J. E. Tweed, in *Nicene and Post-Nicene Fathers*, First Series, vol. 8. ed. Philip Schaff (Buffalo, NY: Christian Literature Publishing, 1888), Psalm 89, paragraph 41. Revised and edited for New Advent by Kevin Knight, www.newadvent.org/fathers/1801089.htm.

위해, 그리고 그대를 신앙의 빛에 이르게 하기 위해, 얼마나 신음하고 산통을 겪고 있는지를 보십시오."[10] 요한1서에 대한 그의 설교에서 아우구스티누스는 묻는다.

> 자라난다는 것은 무엇입니까? 숙달에 의해 앞으로 나아가는 것입니다. 감소한다는 것은 무엇입니까? 결핍에 의해 퇴보하는 것입니다. 자신이 태어난 것을 아는 사람이라면 누구나 그가 유아라는 사실을 듣게 하십시오. 그가 그의 어머니의 젖가슴에 간절히 매달리게 하면, 빠른 속도로 자라날 것입니다. **이제 그의 어머니는 교회이고, 그녀의 두 젖가슴은 신성한 성경의 두 증언들입니다.** 따라서 그로 하여금 영적인 진리의 징표로 우리의 영원한 구원을 위해 때에 맞게 이루어진 모든 것의 젖을 빨아먹도록 하고, 양육되고 강해지면서 그가 단단한 고기를, 즉 "태초에 말씀이 계시니라. 이 말씀이 하나님과 함께 계셨으니, 이 말씀은 곧 하나님이시니라"라는 것을 먹는 데 이르도록 하십시오. 우리의 젖은 겸손 가운데 계신 그리스도이십니다. 우리의 고기는 성부와 동등하신, 동일한 그리스도이십니다. 젖으로 그분이 그대를 양육하시며, 이로써 그대에게 빵을 먹일 수 있도록 하십시오. 마음으로 영적으로 그리스도를 만진다는 것은 그분이 성부와 동등하신 분이라는 것을 아는 것이기 때문입니다.[11]

그러므로 카이퍼가 영의 소설에서 받은 교회에 대한 비전은 찬란한 내력을 갖고 있다. 하지만 "어머니인 교회"에 대한 이 믿음은 종교개혁 이후 현

---

10 Henri de Lubac, *The Christian Faith: An Essay on the Structure of the Apostle's Creed* (London: Geoffrey Chapman, 1986), p. 201에 인용됨.
11 Augustine, "Ten Homilies on the First Epistle of John", in P. Schaff, ed., *St. Augustine: Homilies on the Gospel of John, Homilies on the First Epistle of John, Soliloquies*, trans. H. Browne and J. H. Myers (New York: Christian Literature Company, 1888), p. 476. 강조 추가.

대 개신교주의로 이행하는 과정에서, 개인에 대한 강조의 증가와 함께 좌초되었다. "강조점은 종교적인 인격에, 주관적인 체험과 개별 영혼의 느낌에 놓였다. 교회에 대해서는 여지가 별로 남겨지지 않았는데, 그 신조와 신앙고백에 대해서도, 교회의 예전적 삶과 교회 직분에 대해서도 마찬가지였다."[12]

그러므로 다시 한번 우리는 카이퍼의 관심이 얼마나 현재와 관련이 있는지를 보게 된다. 루터파 신학자 칼 브라텐은, 카이퍼와 마찬가지로, 교회의 자리를 되찾는 것에 관심을 기울였다. 그는 자신의 중요한 책 『어머니로서의 교회』의 서문에서 다음과 같이 쓴다. "나는 개신교도들이…어머니로서의 교회라는 개념과 그에 대한 경험을 재발견해야 한다…는 확신 가운데 쓴다.…그것은 우리의 삶이 그녀의 자궁으로부터 태어났음을 의미한다. 그것은 우리의 정체성이 그리스도의 신부의 자손임을 의미한다. 그것은 우리가 그녀의 손으로부터 받는 음식과 음료, 즉 우리 주 예수 그리스도의 몸과 피 자체가 자양분임을 의미한다."[13]

현대 개신교주의의 개인주의와는 별개로, 브라텐은 카이퍼가 그의 맥락에서 공유했던 우려를 특히 중시한다. 교회들은 독특한 기독교적 믿음을 희석하는 것으로, 시대정신에 순응하는 것으로, 평신도들 가운데 성경에 대한 문맹이 있고 성직자와 신학자들 가운데 성경에 대한 신실함이 부족한 것으로 특징지어진다. "이단과 배교에 대한 넘치는 관용은 기독교라는 유기체에 심장 마비를 일으킨다.…길을 잃은 교회들을 연합시키는 것은 맹인이 맹인을 인도하는 것과 같을 것이다."[14]

카이퍼는 브라텐이 다음과 같이 교회를 정의하는 것에 마음을 다해 "아

---

12 Carl E. Braaten, *Mother Church: Ecclesiology and Ecumenism* (Minneapolis: Fortress, 1998), p. 3. 참고. Gordon J. Spykman, *Reformational Theology: A New Paradigm for Doing Dogmatics* (Grand Rapids: Eerdmans, 1992), pp. 433-435.
13 Braaten, *Mother Church*, p. 2.
14 같은 책, p. 4.

멘"으로 화답했을 것이다. "교회는 이 세계에 몸으로 임재하시는 그리스도로서, 하나님 나라에서 있을 세계의 미래를 예시한다." 우리가 뒤에서 보게 되겠지만, 카이퍼와 마찬가지로, 브라텐은 죽은 정통주의와 거짓된 자유주의 사이에서 길을 찾는 것에 깊은 관심을 기울인다. "제도적 층위는 하나님의 성령이 그리스도가 머리이신 한 몸을 세우기 위해 하고 계시는 것의 징표이며 종이 되어야 한다. 그렇지 않다면 조직된 제도 교회는 하르낙(Harnack)이 '빈 병의 향기'라고 지칭한 죽어가는 텅 빈 껍데기가 될 수 있으며, 더 심각하게는, 적그리스도와 연합하여 하나님 나라의 원수가 될 수 있다."¹⁵ 카이퍼와 **달리**, 브라텐은 교회일치주의 운동에 새로운 생명을 불어넣는 것에 깊은 관심을 가지는데, 그 운동은 대체로 카이퍼 사후에 태동했지만, 그가 경계했을 것들 가운데 하나다. 브라텐의 관심은, 그럼에도 불구하고, 건강한 기독교적 일치를 촉진하는 데 카이퍼의 교회론이 갖는 능력에 우리가 비판적으로 질문할 수 있게 할 것인데, 이것을 우리가 다음에서 보게 될 것이다.

카이퍼와 교회

카이퍼의 신학 대부분은 그의 교회론에서, "교회에 대한 자신의 이상을 통해 생각하고 그것을 이루고자 그가 분투한 것에서" 기인한다.…¹⁶

하지만 교회론은 카이퍼에게 그 자체로 중심이 되는 중요성을 가졌다. 그것은 하나님의 주권과 사회의 형성이라는 쌍둥이 같은 그의 열정들이 교차하는 지점을 표시했다.¹⁷

---

15 같은 책, pp. 7, 9.
16 Bratt, *Abraham Kuyper: Modern Calvinist, Christian Democrat*, p. 172.
17 같은 책, p. 173.

제임스 브래트는 교회에 대한 카이퍼의 신학이 발전한 것을 세 단계로 밝힌다.[18] 카이퍼는 레이던의 대학원에서 공부할 때부터 암스테르담에서 목회할 때까지 교회의 신학을 발전시켰는데, 내적인 영성에 대한 강조로부터 칼뱅주의의 고정된 양식들에 대한 주장으로 옮겨 갔다. 1875년부터 돌레안치에 이르기까지 그는 교회론보다 구원론을 강조했고, 특히 교회법에 초점을 맞추었다. 세 번째 단계에서 그는 칼뱅주의에, 그리고 교회보다는 문화에 집중했다. 신학자로서 카이퍼는 교회로 시작해서 문화로 끝맺었는데, 칼뱅주의는 둘을 연결하는 접착제였다. 우리가 잊어서는 안 될 것은 카이퍼의 교회론이 그의 더 폭넓은 신학 안에 자리하고 있다는 사실인데, 그 신학은 강력하게 삼위일체적이며 하나님 중심적이었고, 그리스도의 구속에 초점을 맞추었고, 개인적이고 우주적인 갱신 혹은 '팔링게네시스'를 강조했고, 그리스도의 왕 되심을 찬양했다.

칼뱅과 라스키 1장에서 우리는 카이퍼가 라스키와 칼뱅의 교회관을 비교한 논문으로 상을 받았다는 것을 언급했다. 얀 라스키(1499-1560)는 폴란드의 종교개혁자로서 엠덴[Emden, 네덜란드와 독일 사이에 있는 북쪽 국경 지역인 동 프리슬란트(east Frisia)]에서 목회했고, 그런 다음에 대주교 토머스 크랜머(Thomas Cranmer)의 초청으로 런던에 있는 네덜란드 난민들의 교회에서 목

---

18 같은 책, pp. 172-173. 카이퍼는 조직신학을 집필한 적이 없지만, 그의 *Dictaten Dogmatiek van Dr. A. Kuyper*, IV (Grand Rapids: J. B. Hulst, 1912)의 "교회론"(Locus de Ecclesias)도 고려되어야 한다. 카이퍼와 교회에 대한 2차 문헌과 관련해서는 다음을 보라. P. A. Van Leeuwen, *Het Kerkbegrip in de Theologie van Abraham Kuyper* (Franeker, Netherlands: T. Wever, 1946); Henry Zwaanstra, "Abraham Kuyper's Conception of the Church", *Calvin Theological Journal* 9 (1974): pp. 149-181; John H. Wood, *Going Dutch in the Modern Age: Abraham Kuyper's Struggle for a Free Church in the Nineteenth-Century Netherlands* (New York: Oxford University Press, 2013); Michael Wagenman, "A Critical Analysis of the Power of the Church in the Ecclesiology of Abraham Kuyper" (PhD diss., University of Bristol, 2014). G. C. 베르카우어는 그의 *Dogmatics*에서 반복적으로 카이퍼를 다루며, 따라서 그의 *The Church*를 참고하는 것이 유용하다. 나는 필요한 부분에서 후자를 각주로 언급할 것이다.

회했다. 이 논문은 카이퍼가 회심 전에 이미 교회에 대한 질문의 중요성을 인식했고 교회의 현재 상태에 너무나 깊이 실망했음을 보여 준다. 그는 기독교 신학자가 교회의 참된 개념을 지금보다 훨씬 더 잘 탐구하려는, 그런 다음에 그것을 자신의 삶에 구현하려는 열망에 의해 움직여야 한다고 주장한다. 카이퍼는 나중에 베이스트에서 칼뱅주의로 회심한 때보다 이 논문에서 칼뱅에 대해 훨씬 더 비판적이다. 그러나 그가 칼뱅을 재발견한 후에도, 계속해서 그는 칼뱅과 라스키에 대한 그의 논문에서 볼 수 있는 주제들에 의존한다.

그의 논문에서 카이퍼는 교회에 대한 신학의 역사에 주의를 기울이고, 마침내 슐라이어마허가 교회에 대한 가장 참된 개념을 공표해서 교회의 힘을 그리스도인들이 그리스도 안에서 서로 연합하고 밀접하게 단결하는 것에서 보여 주었다고 주장한다.[19] 카이퍼는 교회에 대한 신약성경의 견해를 확인하려고 애쓰며, 그것이 하나님의 자녀의 영적 형제됨이라고 언급한다. 그는 어떤 외적 형태도 폄하하면서, 진리와 덕의 추구로 특징지어지는 우호적인 유대로서의 교회를 특히 중시한다.

카이퍼는 칼뱅과 라스키가 모두 교회와 국가 사이를 밀접하게 연결하려는 것에서 결함을 본다. 그러나 전체적으로 그는 라스키가 칼뱅보다 교회의 본질에 훨씬 근접했다고 본다. 카이퍼에게는 라스키가 복음의 의도에 훨씬 더 가까웠는데, 라스키는 교회 교리의 합의에 주의를 덜 기울이고 복음으로 돌아가서, 그리스도에 대한 전수된 교리보다 그리스도 자신을 사람들에게 선포하기 때문이다. 라스키는 교회가 하나가 되는 것이 모든 교리에서의 일치 때문이 아니라, 성령으로 충만하고 그리스도에 대한 사랑으로 불타올라

---

[19] 참고. Friedrich Schleiermacher, *On Religion: Speeches to Its Cultured Despisers*, 2nd ed., trans. Richard Crout, Cambridge Texts in the History of Philosophy (Cambridge: Cambridge University Press, 1988, 1996), 『종교론』(대한기독교서회); *The Christian Faith* (London: T&T Clark, 1999), 『기독교신앙』(한길사).

서, 거룩한 방식으로 서로 사랑하기 때문이라고 보았다.

베이스트 1863년 8월 9일에 카이퍼는, 자신의 아버지에 의해, 공식적으로 베이스트 네덜란드 국교회의 목사로 취임했다. 이 무렵에 그는 이미 회심했으며, 베이스트에서 이루어진 초기 설교에서 카이퍼는 다음과 같은 특징으로 교회에 대한 견해를 명료하게 표현했다.[20]

1. 교회는 신실한 신자들의 자유로운 공동체이고,
2. 그리스도에 대한 충성을 통해 자발적으로 모였고,
3. 마음에서 일어난 성령의 역사에 의해 되살아났고,
4. 세상에서 의의 행위를 하고,
5. 그리하여 하나님 나라의 씨앗을 뿌리는데,
6. 즉 예수의 구별되는 가르침이다.

여기서 우리는 그가 상을 받은 논문에서 주장한 견해와의 연속성을 본다. 예를 들어, 카이퍼가 전유한 자유롭고 자발적인 공동체로서의 교회에 대한 이상은 슐라이어마허-그리고 라스키-로부터 온 것이다.[21] 교회에 대한 이런 비유에서 외적 형태들은 부차적이었다.

위트레흐트 바로 그의 베이스트 시기에 카이퍼는 칼뱅주의로의 회심을 경험했다. 카이퍼가 베이스트에 머무른 시간은 짧았으며, 1867년 11월 10일에 그는 위트레흐트 돔교회(Domkerk)의 목사로 취임했다. 그가 칼뱅주의를 재발견한 것은 교회의 신앙고백과 양식들에 대한 고수를 강조하는 것으로, 그리하여 교회의 외적 형태에 관심을 기울이는 것으로 이어졌다. 이것은 입장의 변화를 나타내지만, 국가 교회의 상태와 개혁 및 정화의 긴급한 필요성에 대한 그의 우려에서는 연속성이 보인다. 베이스트에 있을 때도 카이퍼는 국가 교회의 강력한 비판자였다.

---

20 Bratt, *Abraham Kuyper: Modern Calvinist, Christian Democrat*, p. 173.
21 같은 책, p. 174.

1870년 7월 31일에 한 위트레흐트 고별 설교, "보수주의와 정통 신앙: 그릇된 보전과 진정한 보전"과 암스테르담에서 한 처음 두 설교에서 카이퍼는 교회와 관련한 질문에 완전하고 결정적인 대답을 시도하는데, 그 대답은 현대적인 동시에 정통적인, 신앙고백적인 동시에 참여적인, 민주적이면서 명백히 국교제 폐지적인 것이었다. 브래트가 말하는 것처럼, "칼뱅이 아 라스코와 결합하게 된 것이다."[22] 고별 설교에서 카이퍼는 요한계시록 3:11의 두 번째 부분, "네가 가진 것을 굳게 잡아"를 본문으로 택했다.

　이 고별 설교에서 그는 자신이 위트레흐트에서 전한 첫 번째 설교, "하나님의 성육신: 교회의 생명 원리"(The Incarnation of God: The Life-Principle of the Church)를 상기시키면서 다음과 같이 언급한다. "여러분 가운데 몇몇이 기억하는 것처럼, 그 설교는 교회의 문제에 대한 것이었습니다. 나는 그것이, 내 견해로는, 이 시대의 주된 문제라고 말했습니다." 그는 그것을 그 시대의 커다란 요청으로 재확인한다. "교회라는 이름에 합당한 교회의 부재는 교회의 재건에 대한 요구가 증가하게 했습니다."[23] 그는 그의 회중에게 자유로운 교회의 거듭난 능력을 상상할 것을 요청한다. 이 측면에서 그가 주장하는 바에 따르면, 종교개혁은 교회와 국가의 유대를 끊는 것에서 충분히 나아가지 못했으며, 그 결과로 개혁파 교회는 자신의 생명이 얼어붙는 것을 보게 되었다.

　카이퍼는 네덜란드 문화에서 교회의 영향력에 대한 새로운 인식이 있다고 주장한다. "이제 양쪽에 있는 사람들이 모두 교회가 학교, 사회, 그리고 국민의 삶에 대한 투쟁에서 감당할 수 있는 결정적인 힘을 더 이상 부인하지 않습니다. 이제 사람들은 교회의 문제가 다름 아닌 기독교 자체의 문제

---

[22] 같은 책, p. 56.
[23] Bratt, ed., *Abraham Kuyper: A Centennial Reader*, p. 67.

라는 사실을 더 기꺼이 믿을 수 있습니다."[24] 하지만 그런 것을 인정하는 시기는 또한 교회에 위험의 시기이기도 하다. "네가 가진 것을 굳게 잡아"라는 그리스도의 권고에 귀를 기울일 필요가 있다.

"네가 가진 것을 굳게 잡아"는 죽은 보수주의로의 부름이 아니다. 3장에서 우리는 카이퍼가 그릇된 보수주의를 얼마나 능력이 없는 것으로 여겼는지를 보았다. 카이퍼는 도발적으로 이것을 "죄"라고 부르면서, 그릇된 보수주의가 죄로 병든 삶을 그대로 유지하려 시도한다고 주장한다. "어떻게…기독교 신앙이 보수주의에 대한 맹렬한 비판을 그만둘 수 있습니까?…그것이 생명의 시내를 둑으로 막고, 현상 유지를 맹세하고, 아픈 사람들을 구하는 데 필요한 수술을 거부하려 하는데도 말입니다."[25]

이 질병은 세 가지 형태로 드러난다. 첫째는 옛것을 상기시키려는, 최초의 상태로 되돌리려는 욕망이고, 둘째는 개혁과 유산의 남겨진 것만 간직하려는 욕망이고, 셋째는 원수가 우리에게 남겨 놓은 것만 보전하려는 욕망이다. 카이퍼는 이것들 가운데 어느 것도 받아들일 수 없다. "그러나 만약 여러분의 경계가 불확실하게, 모호하게, 심지어 안 보이게 되었다면, 여러분의 칼을 뽑기를 두려워하는 마음은 곧 여러분의 손을 칼자루에서 떼게 할 것입니다." 그 결과로 "그리스도의 교회는 생명이 풍성한 밭이 아니라 마른 뼈의 골짜기가 될 것입니다."[26]

그릇된 보수주의와 대조해서 카이퍼는 건강한 보수주의를 옹호한다. "참된 보수주의는 지금 있는 것을 그것이 그리스도 안에서 될 것, 즉 죽은 자 가운데서 부활할 것이라는 측면에서 보전하고자 합니다." 기독교의 정신은 어떤 대가를 치르더라도 유지되어야 한다. "여러분이 그리스도 안에

---

[24] 같은 책, p. 69.
[25] 같은 책, p. 71.
[26] 같은 책, p. 77.

서 가지고 있는 생명, 그 독특함 가운데 있는, 선명하게 기술된 원리 가운데 있는, 영원한 충만함 가운데 있는 생명—그 생명을 갖고 붙드는 것이 우리의 거룩한 소명입니다.…왜냐하면 오직 그런 기독교만 그 안에 세계를 거듭나게 할 수 있는 생명의 싹을 갖기 때문이며, 여러분은 그 생명을 세상에 전하도록 부름을 받은 사람들입니다."[27] 그러나 이 정신이 교회로 구현되는 형태는 시간과 함께 발달해야 하며, 새로운 형태를 찾는 것은 교회의 책임이다.[28]

교회에 대한 카이퍼의 견해는 하나님의 백성이 그들의 문화에서 형성적 역할을 할 것을 바라는 그의 열망과 분리할 수 없는데, 이것은 현대성에 대한 굴복만큼이나 그릇된 보수주의에 의해 방해를 받은 소명이다. 그리스도인의 삶은 본질적으로 개인적이며 또한 사회적이다. 다소 흔치 않은 은유를 사용해서 카이퍼가 주장하는 바에 따르면, "기독교적 정신은…여러분의 생명의 시내의 모든 물방울에 스며들어야 하는 부식성 액체(caustic fluid)입니다."[29] 그는 다음과 같이 주장한다.

> 그리스도는 우리가 이중적인 삶을 사는 것을 용인하지 않으십니다. 우리의 삶은 그것이 표현되는 어느 곳에서나 하나의 원리에 의해 통제되는 하나가 되어야 합니다. 삶은 그 모든 풍성한 영향들에서 하나의 높고 거룩한 성전을 형성해서 그곳에서 영원한 것의 향기가 솟아나오며, 자신의 영혼의 제단에서 섬기기를 원하나 삶의 성전 제단에서는 섬기고자 하지 않는 사람은 누구라도 자신이나 타인들에 의해 성별된 제사장일 수는 있으나, 그리스도에 의해 성별된 제사장은 분명히 아닙니다.[30]

---

[27] 같은 책, pp. 80, 81.
[28] 참고. Bratt, *Abraham Kuyper: Modern Calvinist, Christian Democrat*, p. 57.
[29] Bratt, ed., *Abraham Kuyper: A Centennial Reader*, p. 82.
[30] 같은 책, pp. 82-83.

암스테르담 암스테르담은 카이퍼의 마지막 목회지가 될 것이었다. 그곳에서 그의 개념적 틀은 성숙에 이르렀다. 브래트는 암스테르담에서 그가 처음 행한 세 편의 설교에 주목한다. 이 설교들과 함께 그의 개념적 틀은 실질적으로 완성되어서 제일의 분석을 구성하는데, 이는 세계관으로 발전하는 원리인 제일의 반립이다. 그리고 그리스도의 성육신으로부터 나오는 교회는 제도와 유기체라는 이중의 성격을 특징으로 해서, 삶의 모든 영역으로 퍼진다.[31]

현대주의 카이퍼가 위트레흐트에서 한 고별 설교에서 그릇된 보수주의를 비판한 것은 다음 해에 암스테르담에서 한 연설 "현대주의: 기독교의 영토에 있는 파타 모르가나"로 균형이 잡혔다. 카이퍼는 현대주의를 교회와 신학에서의 현상으로, 그러나 또한 항상 시대정신과 연결된 것으로 다룬다. 그가 시작하면서 하는 주장은, 현대주의가 인간적인 갈등을 훨씬 넘어서는 것이라는 점이다. 즉 커튼을 걷으면, 우리는 그것이 영적인 층위에서 벌어지고 있는 갈등임을 보게 될 것이다. "정말로 문제가 되는 세력들의 갈등은 여기서가 아니라 저 위에서, 우리 위에서 일어나고 있습니다. 여기 아래에서 이루어지는 우리의 투쟁 가운데서 우리는 그 거대한 충돌의 여진들을 경험할 뿐입니다."[32] 이 갈등의 심각함은 프랑스 혁명을 지금 벌어지고 있는 전투의 서곡에 지나지 않는 것으로 보게 만들 정도로 대단하다.

그런 맥락에서 카이퍼는 저항을 의무로 본다. "여러분은 자신의 시대를 벗어날 수 없고 그것을 있는 그대로 받아들여야 하며, 시대는 우리가 신앙이 흔들리는 것을 받아들이거나 아니면 싸움을 벌이거나 하나를 선택하도록 요구합니다. 이 선택 앞에서, 헌신된 사람은 주저하지 않습니다."[33] 카

---

31 Bratt, *Abraham Kuyper: Modern Calvinist, Christian Democrat*, pp. 58-59.
32 Bratt, ed., *Abraham Kuyper: A Centennial Reader*, p. 88.
33 같은 책, pp. 89-90.

이퍼는 우리가 적을 과소평가해서는 안 된다고 올바르게 지적한다. 실제로 카이퍼가 현대주의를 제대로 인식한 것이 그가 현대주의에 반대할 수 있는 기반을 제공했다.

카이퍼는 현대주의에 대한 자신의 비판을 분명히 보여 주기 위해 **파타 모르가나**의 은유를 사용한다. 이것은 낯설기는 하지만 강력한 은유로, 이탈리아 농부들의 전설에서 온 것이다. 파타 모르가나는 요정 모르가나를 의미하는데, 모르가나가 레조(Reggio)의 지평선에 멋진 환상을 그려 넣은 것으로 믿어진다.[34] 이 환상은 정오에 나타났으며, 신기루와 유사한 모습이었지만, 카이퍼는 그것을 신기루와 구분하기 위해 애를 쓴다. 정오의 기이한 환상이 처음에는 기둥으로, 다음에는 주랑으로, 다음에는 장대한 궁전으로, 마을로, 다음에는 무성한 목초지로, 다음에는 보병과 기병으로 나타날 것이었다. 그것은 기막히게 아름다운 환상으로, 굴절이라는 고정된 법칙에 기초했는데, 실재를 반영하는 것이었기 때문이다.

그러나 그것은 나타난 다음에 곧 사라진 환상이었다. "따라서 모르가나 현상은 기막히게 아름다웠습니다. 그것은 나타나야 했습니다. 그러나 모든 현실이 결여되어 있습니다! 이것이 내가 현대주의를 기독교의 영토에 있는 파타 모르가나로 부르는 이유입니다."[35] 카이퍼는 이토록 흥미로운 관찰을 사용해서 현대주의의 세 가지 주요 특징을 명료하게 표현한다.

첫째, 현대주의는 아름답다. 교회 안에서 처녀 같은 현대주의는 스스로 오래된 성경의 드레스를 입고, 주일학교 기독교에 지친 최고의 지성을 매혹했다. 그것은 비극적 슬픔을 가졌으며, 뼛속까지 인간적이었다.

---

[34] *The Stanford Dictionary of Anglicised Words and Phrases*는 파타 모르가나를 "메시나 해협에서 종종 볼 수 있는 특이한 신기루로, 지역에서는 요정 모르가나의 덕분으로 여겨진다"라고 정의한다[by C. A. M. Fennell (Cambridge: Cambridge University Press, 1892], p. 388, online at http://archive.org/stream/stanforddictiona00fennuoft#page/388/mode/2up]. 레조 칼라브리아(Reggio Calabria)는 이 해협의 동편에 위치한 북이탈리아의 도시다.

[35] Bratt, ed., *Abraham Kuyper: A Centennial Reader*, p. 91.

둘째, 아주 흥미롭게도, 카이퍼는 현대주의가 출현해야 했다고, 그것이 거의 동시에 유럽 전역에서 그 사도들을 불러낸 것이 전혀 실수가 아니라고 주장한다. 그것은 이단으로, 카이퍼에 따르면, "기독교의 빛이 그 시대의 영적인 분위기에 필연적으로 굴절된 것에 불과합니다." 모든 시대에 하나의 이단은 이상적인 온상을 찾아내는데, 현대주의는 다른 이단들과 마찬가지로 특정한 맥락의 정신에 부합해서 그와 같은 특성을 드러낸다.[36] 카이퍼는 주요 이단들이 항상 지식이 다시 부각될 때 나타난다고 주장하며, 그런 측면에서 그는 4세기, 9세기, 16세기를 강조한다. 19세기는 그 사실이 딱 들어맞는 또 다른 사례다. 지식의 빛이 다시 부각되었기에 그것을 반향하는 이단이 부각되기 마련이었고, 현대주의가 발생할 수밖에 없었던 것은 그 빛을 굴절할 수 있는 기독교 교회가 우리 시대에 있기 때문이다.

카이퍼는 그 시대가 현실주의의 시대라고 주장하는데, 이 현실주의는 철학의 파산, 혁명의 무기력, 자연 연구의 확대, 교회의 비몽사몽에 대한 반작용이다. 그는 이 현실주의에 있는 강점과 약점을 분별한다. 부정적으로는 물질주의의 치명적인 구렁이 어렴풋이 보이는데, 가장 힘 있는 자들의 권리를 향한 경향을 동반해서, 특히 공산주의의 꿈과 폭력에 대한 의존으로 나타났다.

긍정적으로는 현대주의가 이것에 반응하려 노력했으며, 신앙을 옹호하려 시도했다. 그러나 그것의 전략은 시대정신과 신앙 사이를 중재하려 노력하는 것이었고, 이것을 우리는 오늘날 신학에서 상관관계(correlation)라고 부를 것이다.[37] "만약 사람들이 성경의 현실주의로 이끌렸더라면 그 노력은 얼마나 크게 보상을 받았겠습니까?" 카이퍼는 프란츠 폰 바더(1764-1841)의

---

[36] 같은 책, p. 98.
[37] 참고. David Tracy, *Blessed Rage for Order: The New Pluralism in Theology* (Chicago: University of Chicago Press, 1975, 1996), pp. 79-81.

진술, 즉 "육체성은 하나님의 길의 목적이다"에 호소한다.[38] 바더는 뮌헨 가톨릭 대학교의 신비주의-낭만주의 신학자였다. 카이퍼는 바더를 그릇된 영성주의와 그릇된 이원론으로부터 신앙을 방어할 수 있는 신학자로 보았다.[39]

그러나 현대주의는 우리 시대의 위엄 앞에 무릎을 꿇고 그것의 정신과 타협하기를 모색했다. 카이퍼는 현대주의자들이 신성한 것과 속된 것을 나누는 경계를, 처벌 없이는 절대로 건널 수 없는 경계를 지웠다고 주장한다.[40] 그가 지적하는 바에 따르면, 현대주의자들은 "프로테스탄트"(Protestants)라는 명칭을 자신들의 것으로 주장하기를 좋아하지만, 반대로 마치 우리가 여전히 에덴에 있는 것처럼 행동하면서 인간의 권위를 출발점으로 삼았다.

셋째이자 마지막으로, 카이퍼의 주장에 따르면, 파타 모르가나와 마찬가지로 현대주의는 현실성을 결여한다. 그는 낭만주의 시인 뷔르거(Bürger)를 인용한다.

> 만세! 죽은 자들의 재빠른 질주여,
>
> 그러나 여보게, 그것은 그대를 두려움으로 채우지 않는가![41]

---

38 Bratt, ed., *Abraham Kuyper: A Centennial Reader*, p. 102.
39 최근에 폰 바더에 대한, 그리고 폰 바더와 카이퍼의 관계에 대한 관심이 새로워졌다. 참고. Leo Mietus, *Gunning en Kuyper in 1878: A. Kuypers Polemiek tegen het Leven van Jesus van J. H. Gunning Jr.*, Brochurereeks 28 (Velp, Netherlands: Bond van Vrije Evangelische Gemeenten in Nederland, 2009); Peter Koslowski, ed., *Die Philosophie, Theologie und Gnosis Franz von Baaders: Spekulatives Denken zwischen Aufklärung, Restauration und Romantik* (Vienna: Passagen Verlag, 1993); Peter Koslowski, *Philosophien der Offenbarung, Antiker Gnoticizmus, Franz von Baader, Schelling* (Vienna: Ferdinand Schöningh, 2001); J. G. Friesen, *Neo-Calvinism and Christian Theosophy: Franz von Baader, Abraham Kuyper, Herman Dooyeweerd* (Calgary: Aevum Books, 2015); Friesen, "The Mystical Dooyeweerd Once Again: Kuyper's Use of Franz von Baader", *Ars Disputandi* 3 (2003), www.tandfonline.com/doi/abs/10.1080/15665399.2003.10819803.
40 Bratt, ed., *Abraham Kuyper: A Centennial Reader*, p. 104.
41 같은 책, p. 104.

현대주의는 모든 생명에게 거처를 제공할 것으로 여겨지는 아름다운 성전을 세웠지만, 그것은 현실성을 결여한다. 현대주의의 하나님은 추상적 개념이며, 영원히 아름다운 사랑이라는 욕망의 투사다. 신학의 진짜 시금석은 하나님이 말씀하신다는 것에 대한 긍정인 반면, 현대주의는 햄릿의 유령처럼 말하지 않는 신을 따른다. 기도는 그저 영혼을 쏟아 내는 것으로 여겨지며, 하나님은 사람이 탄원하고 기도에 응답하는 존재가 아니다. 현대주의자들은 신적 통치를 부인하고 창조 세계가 그 아래에서 고투하는 저주를 진지하게 받아들이지 않는다. 그들의 도덕성에는 실제적인 죄에 대한 지식이 없다. 그들은 이상에 대한 추구를 말하지만, 카이퍼가 지적하듯이, 우리가 이상을 뒤쫓는 것이 아니라 이상이 우리를 뒤쫓는다. "베들레헴의 요람과 골고다 뒤의 열린 무덤만이 이상이 알려질 수 있는 거룩한 현실들입니다."[42]

카이퍼는 현대주의가 신학적으로 결핍이 있다고 본다. 현대주의는 역사적인 감각이 있지만, 나사렛 예수를 우리에게 현대 신학자의 모습으로 제시한다.[43] 현대주의의 문제는 그것의 결함 있는 렌즈이고, 그런데도 그것 때문에 현대주의는 스스로를 객관적이라고 믿는다. 현대주의는 스스로 아주 포괄적이라고 주장하지만, 사실은 완강히 교조적이다.

브래트가 각주에서 예리하게 지적하듯이, 현대주의에 대한 카이퍼의 묘사는 리처드 니버의 유명한 언급을 예기하는데, 즉 자유주의자들은 "진노 없는 하나님이 죄 없는 사람들을 십자가 없는 그리스도의 사역을 통해 심판 없이 하나님 나라로 이끄셨다"[44]라고 믿었다는 것이다. 교회와 관련해 말하자면, 현대주의자들에게는 자유로운 질문을 특징으로 하는 모든 본질적 속성이 결여되어 있는데, 그것은 종교개혁의 정신과 동일하다고 말해지

---

42 같은 책, p. 113.
43 같은 책, p. 114.
44 같은 책, p. 116n35. 이 인용의 출처는 다음과 같다. H. Richard Niebuhr, *The Kingdom of God in America* (Chicago: Harper & Row, 1937), p. 193.

는 것이다. 카이퍼는 이렇게 결론을 내린다.

> 우리가 어느 곳에 다림줄을 던질지라도, 현실성의 바닥은 우리 밑으로 가라앉습니다. 진짜 하나님이 없고, 진짜 기도가 없고, 진짜 신적 통치가 없고, 인간 삶의 현실이 위협받고, 진짜 죄가 없고, 진짜 이상이 없고, 진정한 역사가 없고, 참된 비평이 없고, 철저한 검토를 견뎌낼 수 있는 교리가 없고, 진짜 교회도 없습니다. 우리는 이 모든 것들의 이름과 그림자를 발견하지만, 그것들은 진짜 존재에 뿌리를 내리고 있지 않습니다.[45]

그럼에도 카이퍼는 현대주의가 복이기도 했다고 주장한다. 그것은 정통 신앙을 구했는데, 썩게 만드는 뿌리를 잘라내는 것이 나무를 구한다는 점에서만 그랬다는 것이다.

유기체와 제도 그의 『칼뱅주의 강연』에서 카이퍼가 칼뱅주의와 관련해 말하는 바에 따르면, 그것의 동기는 교회에서 하나님을 받들고 그분의 세계에서 그분을 섬기는 것이다. "그러나 칼뱅주의의 특성으로 남은 것은 신자를 그의 교회에서만 아니라 그의 개인적·가정적·사회적·정치적 삶에서도 하나님 앞에 둔다는 것입니다."[46] 카이퍼에게 도전은 이것을 어떻게 교회론적으로 명료하게 표현하느냐 하는 것이었다. 어떻게 제도로서의 교회를 사회에서 하나님의 백성 전체의 삶에 관련시킬 것인가? 이 도전에 그가 응답한 하나의 방식은, 우리가 5장에서 보았듯이, 영역 주권에 대한 그의 이론이었다. 제도적 교회는 사회에서 독립된 **영역**이었으며, 이것은 하나님의 설계에 의한 것이었다. 그러나 독립된 영역으로서의 제도적 교회가 어떻게 삶의 다른 영역들 모두와 관련되는가? 이것을 명료하게 표현하기 위해 카이

---

[45] Bratt, ed., *Abraham Kuyper: A Centennial Reader*, p. 118.
[46] Kuyper, *Lectures on Calvinism*, pp. 20-21, 57.

퍼는 어떤 이들이 그의 가장 날카로운 통찰들 가운데 하나로 여기는 것을 제시했는데, 그럼에도 세계관 및 영역 주권과 마찬가지로 그것을 체계적 정밀함으로 명료하게 표현하지는 않았다.[47] 카이퍼의 해결책은 그리스도의 몸으로서의 교회가 제도이며 또한 유기체라고 주장하는 것이다. 카이퍼는 이 문제를 그의 암스테르담 취임 설교에서 다루었는데, 그 제목은 『뿌리가 박히고 터가 굳어져서』(*Rooted and Grounded*)였다.

서문에서 카이퍼는 정통 신앙이 싸워서 얻으려고 한 것이 삶의 원리인지 혹은 몇몇 부수적인 결과인지에 대한 질문을 제기한다.[48] 그는 우리가 참된 원리를 정통 신앙에서 발견하지만, 정통 신앙을 가진 사람들이 이 원리에 의하여 살지 않는 한 그들은 무능하다고 주장한다. 비보수주의자들은 공적 삶을 형성하는 데 영향력이 있지만, 이 영향력은 참된 원리에 뿌리가 박히고 터가 굳어져 있지 않기 때문에 소멸한다.[49]

이 시대의 가장 큰 필요는, 카이퍼에 따르면, 유기체**이자** 제도인 교회이며, 이 두 가지 특성은 자유 교회에서 함께 붙들고 있는 것이다. 『뿌리가 박히고 터가 굳어져서』라는 제목은 에베소서 3:17에서 가져온 것이다. 여기서 본문을 그 맥락 전체로 인용할 가치가 있다.

14이러므로 내가 하늘과 땅에 있는 각 족속에게 15이름을 주신 아버지 앞에 무릎을 꿇고 비노니, 16그의 영광의 풍성함을 따라 그의 성령으로 말미암아 너희 속사람을 능력으로 강건하게 하시오며, 17믿음으로 말미암아 그리스도께서 너희 마음에 계시게 하시옵고, 너희가 **사랑 가운데서 뿌리가 박히고 터가 굳어져서** 18능히 모든 성도와 함께 지식에 넘치는 그리스도의 사랑을 알

---

47 참고. Spykman, *Reformational Theology*, pp. 429-480.
48 Kuyper, *Rooted and Grounded*, p. xxiii.
49 같은 책, p. xxv.

고, ¹⁹그 너비와 길이와 높이와 깊이가 어떠함을 깨달아, 하나님의 모든 충만하신 것으로 너희에게 충만하게 하시기를 구하노라.

²⁰우리 가운데서 역사하시는 능력대로 우리가 구하거나 생각하는 모든 것에 더 넘치도록 능히 하실 이에게, ²¹교회 안에서와 그리스도 예수 안에서 영광이 대대로 영원무궁하기를 원하노라! 아멘. (엡 3:14-21)

에베소서 3:17은 그리스어로 다음과 같다. '카토이케사이 톤 크리스톤 디아 테스 피스테오스 엔 타이스 카르디아이스 휘몬, 엔 아가페 에리조메노이 카이 테데메리오메노이'(κατοικῆσαι τὸν Χριστὸν διὰ τῆς πίστεως ἐν ταῖς καρδίαις ὑμῶν, ἐν ἀγάπῃ ἐρριζωμένοι καὶ τεθεμελιωμένοι). 동사 '데메리오오'(θεμελιόω)는 "기초를 놓다"를 의미할 수 있고, '리조오마이'(ῥιζόομαι)는 "뿌리박히다"를 의미할 수 있어서, 그 은유들을 발전시킨 것이 카이퍼 자신일지라도 카이퍼의 주해는 성경 본문과 연결된다. 카이퍼는 뿌리가 박히는 것을 **유기체적** 은유로, 기초가 놓이는 것을 세우는 것의 은유로, 즉 **제도적** 은유로 이해한다. 카이퍼는 신약성경에 있는 다른 유기체적 은유들을, 특히 하나님의 백성의 삶에 해당하는 몸의 은유를 언급한다. **터가 굳어져서는** 카이퍼에게 인간의 손에 의해 교회가 세워지는 것을 떠올리게 한다. 그 둘을 함께 붙들어야 한다. "씨를 뿌리고 심는 사람에 의해, 생명의 성장이라는 은유가 제도의 은유로 넘쳐흐릅니다. 산 돌에 의해, 건물의 은유는 유기체의 은유로 흘러들어 갑니다."⁵⁰

교회의 유기체적 본성은 하나님이 창조하신 방식에 들어맞는다. 창조 세계는 하나님에 의해 빚어졌지만, 인간은 창조 세계에 숨겨져 있는 힘들을 발전시키도록 부름을 받았다. 그러나 죄가 없었더라면, 교회는 필요하지 않

---

50 같은 책, p. 5.

았을 것이다. "만약 죄가 오지 않았더라면, 에덴이 경작되었을 것이고, 창조 세계가 점차 완전하게 되었을 것이고, 마침내 하늘의 생명과 결합해서 영원한 영광으로 변화하기에 이르렀을 것이다."[51] 그리스도 안에 존재하는 생명은 은혜의 기적이며, 죄의 영향을 받은 자연에서 발생하지 않는다. 카이퍼는 오늘날 이중의 시내가 창조 세계를 통해 흐른다고 주장하는데, 하나는 옛 생명이고 다른 하나는 하나님의 거룩한 산에서 내려오는 새로운 시내다. 그 새로운 생명은 새로운 제도에서의 새로운 형식을 필요로 하며, 그것이 바로 교회다.

> 교회는 유기체인데, 그 안에 독특한 생명을 품고 있고 의식적으로 그 생명의 독립성을 옛 생명에 대항해서 옹호하기 때문이다. 교회는 유기체인데, 자신의 규칙에 따라 살고 자신의 중요한 법을 따라야 하기 때문이다. 마지막으로, 교회는 유기체인데, 이후에 교회로부터 펼쳐질 것이 교회의 씨앗 안에 이미 온전히 공급되어 있기 때문이다.[52]

제도로서의 교회는 그 유기체를 먹이고 팽창시키기 위해 제정된 수단이다. 카이퍼는 신자들에게 자양분을 공급하기 위한 소명을 받은, 우리의 어머니로서의 교회의 이미지를 언급한다. "양육한다는 것이 특히 의미하는 바는 지금까지 획득한 보화를 자녀에게 가져다주고, 모든 사람을 이미 닦인 길을 따라 인도하는 것이다. 양육의 핵심은, 목적을 갖고 선택된 확정된 규약에 따라, 전체 맥락을 지배하는 확고한 원리에 따라, 유기체적 생명을 온전히 해방하고 먹이고 가지치기하는 것이다."[53]

---

[51] 같은 책, p. 9; 참고. pp. 19-20.
[52] 같은 책, p. 11.
[53] 같은 책, pp. 15, 16.

오순절에 성령이 교회를 창조하셨지만 그 후로 불가피하게 제도가 출현했는데, 말씀과 성례는 인간의 의식과 참여를 요구하기 때문이다. 오직 제도적 교회 영역을 통해서만 우리는 성령의 생명으로 양육될 수 있다. 실제로, 우리 존재의 영적 중심인 마음의 생명은 제도적 교회의 양육하는 환경이라는 맥락에서만 깨어날 수 있다.[54]

『뿌리가 박히고 터가 굳어져서』에서 카이퍼는 제도적 교회와 삶의 다른 영역들 사이의 가장 밀접한 관계를 명료하게 표현한다.

> 그런 이유로 우리는 그 자체로 철저히 형성된 제도적 기관을 가지고 있는데, 그것은 개인에게 형성적으로, 가정에 구조적으로, 사회에 지시적으로 작용하며, 기독교 학교를 자신의 접근로로 선택합니다. 그런 제도적 기관은 그 고유한 생명의 뿌리들로부터 독특한 학문과 예술을 창조하고, 영원한 진리를 더 정확하게 표현하고 또한 거룩하신 분을 더 순전히 예배하기 위해 그 신앙고백 가운데 분투합니다.[55]

카이퍼는 가시적 교회를 하나님 나라와 구분한다. 그는 가시적 교회를 건축 공사장의 비계에 비유하는데, 그것은 건물이 완공되는 날 제거되고 하나님 나라의 영광스러운 성전이 드러날 것이다.

만약 제도적 교회의 역할이 신자들을 양육하는 것이라면, 교회는 신자들로 이루어진다는 결론이 도출된다. 카이퍼의 주장은, 이런 측면에서 교회는 교회답기 위해 개혁되어야 한다는 것이다.

---

[54] 같은 책, pp. 16-17.
[55] 같은 책, p. 17.

교회가 아니라 이 세상의 시장이 우리가 상을 받기 위해 씨름해야 하는 경기장이고, 월계관을 받기 위해 경합을 벌이는 경주로입니다. 전쟁터 자체가 전혀 아닌 교회는 오히려 주님의 군대 막사 같아서, 군사들이 전투에 앞서 자신들을 강하게 만드는 곳이며, 전투 후에 부상을 치료받는 곳이며, "말씀의 검에 의해 포로가 된 자들"이 주님의 식탁에서 양식을 공급받는 곳입니다.[56]

그러므로, 놀랍지 않게도, 카이퍼는 교회가 교회답기 위해 교회의 자유를 요구한다. "우리는 반드시 **재건하거나 재배치해야** 합니다." 교회는 국가로부터 자유로워야 하고, 돈의 지배로부터 자유로워야 하고, 목회자 직분의 지나친 통제로부터 자유로워야 한다. "직분을 맡고 있는 사람은 교회의 제사장직에 근거를 두어야 합니다. 그런 내밀한 관계를 떠나면, 그 직분은 군림하는 것이 됩니다."[57]

카이퍼는 『뿌리가 박히고 터가 굳어져서』를 다음과 같은 개혁파 교회에 대한 요청으로 결론을 내리는데, 즉 "하나님이 그의 주권자이시고, 영원한 선택이 그의 생명의 심장에 흐르는 피이고, 제거될 수 없는 토대인 하나님의 말씀 위에 두 발로 서는" 교회다. 그러나 개혁파 교회에 대한 그의 비전은 지역적 독립성, 즉 "회중 스스로의 통치와 스스로의 방향 설정"이 옹호되는 형태의 것이다. 그는 교회와 자발적인 결사들 사이의 밀접한 관계를 예상한다. 개혁파 교회는 발전에 대해 개방되어 있어야 하며 사회적 쟁점을 무시할 수 없는데, 즉 문란함과 인구 과잉, 노동과 빈곤 같은 것들이다. 교회는 가난한 사람들의 권리를 지지하도록 부름을 받았다. "억압을 당하는 것은 무엇이든 교회의 지원을 받도록 합시다. 가난한 사람들이 교회를 피난처로 발견하도록 하고, 교회가 다시금 부유한 사람들과 가난한 사람들 모두

---

[56] 같은 책, p. 22.
[57] 같은 책, pp. 25, 29.

에게 평화의 천사가 되어 우리를 이 시대의 학대와 유토피아에서 이끌어내어 하나님의 말씀의 율례로 돌아가도록 인도하게 합시다."[58]

1875년에 카이퍼는 영국 브라이턴에서 열린 성결 집회에 참석했다. 그는 그 운동의 생명력과 활력에 깊은 인상을 받았지만, 지도자의 간통 사실이 폭로되자 경악했다. 그 후에 얼마 지나지 않아서, 카이퍼는 첫 번째 신경 쇠약을 겪었다. 특히 이것은 그가 성령론에 대해 고심하게 했으며, 이는 1880년대에 그의 주요 프로젝트가 되었고 그 결과물이 그의 잘 알려진 책 『성령의 사역』(The Work of the Holy Spirit)이다. 일 년이 더 지난 후에 돌아왔을 때, 그는 암스테르담 교회의 목사로 머물러 있기보다는 정치에 입문하기로 선택했다.

돌레안치

지금까지 이루어진 우리의 논의를 통해 분명히 알 수 있는 것은, 카이퍼가 순수하고 자유로운 교회를 촉진하는 일에 아주 깊이 동기 부여가 되었다는 점이다. 새로운 교단을 위한 움직임은 1882년에 시작되었다. 카이퍼는 정통 신앙의 대의를 강화하는 데 암스테르담 교회 협의회에서 장로인 자신의 지위를 이용했으며, 이 때 시작한 강의 시리즈는 1883년에 『교회 개혁에 대한 논문들』(Tractates on the Reformation of the Churches)로 출간되었다. 카이퍼의 주장은, 우리가 이미 본 것처럼, 교회의 본질이 지역 회중 안에 온전히 존재하며, 시노드(synod) 혹은 교단 같은 더 광범위한 협회는 전적으로 자발적이라는 것이다. 시노드와 노회는 교회를 구성하지 않는다. 실제로, 시노드의 기구를 벗어남으로써만 신실한 자들이 성령의 능력에 대해 다시 개

---

[58] 같은 책, pp. 31, 33.

방될 수 있다.

답답한 문제가 암스테르담 자유 대학교의 신학부 졸업생들에게 일어났는데, 국가 교회가 이들의 목회 자격을 승인하지 않으려 한 것이었다. 18년 동안 목회자가 없었던 쿠트비이크(Kootwijk) 마을에는 자유 대학교의 첫 졸업생인 J. H. 후츠거스(Hootzagers)를 청빙할 것이 권고되었다. 쿠트비이크는 그를 청빙했으나, 노회가 그것을 인증하기를 거부했다. 다수의 목회자들이 모여서 그를 조사한 후에 청빙이 승인되었다. 새로 (1886년 2월 7일에) 임명된 후츠거스는 공식적으로 면직되었으나, 항의가 확산되었다.

암스테르담에서는 정통주의자들이 우세했으며, 몇몇 장로들에게 세 명의 남아 있는 현대주의 목회자들을 면밀히 감시하는 일이 위임되었다. 이 장로들의 권고에 의해, 협의회는 그들의 지도로 문답을 배운 젊은이들의 교회 회원 자격을 받아들이기를 거부했다. 현대주의자들은 성공적으로 지역 시노드에 항소했고, 총회는 그 결정을 확인했다. 그런 과정에서 교회 재산에 대한 논란이 일어났다. 1885년 12월에 암스테르담 교회 협의회의 회원들 80명(75퍼센트)이 부칙의 개정을 승인해서, 면직이나 분열이 일어날 경우에 교회 재산이 신앙고백에 충실한 이들에게 주어지도록 했다. 그들은 노회에 의해 정직을 당했고, 1886년 하반기에 그 정직이 지역 시노드에 의해, 그리고 이후에 총회에 의해 확인되었다. 정직이 지역 시노드에 의해 확인된 그 달에, 카이퍼는 "너희 중에는 그렇지 않아야 하나니"(It Shall Not Be So Among You)[59]라는 제목으로 설교했다. 그것은 감동적인 설교로, 국가 교회의 위계질서에 대한 분명한 고발과 카이퍼를 따르는 이들이 분개해서 죄를 범하지 말 것에 대한 호소를 넘나드는 것이었다. 그는 그런 위험들을 인식하면서 자신의 동료 그리스도인들에게 말한다. "만약 우리가 우리를 핍박

---

[59] Bratt, ed., *Abraham Kuyper: A Centennial Reader*, pp. 125-140.

하는 이들보다 더 그리스도를 닮았다는 소리를 들을 수 없다면, 맹렬한 바람이 우리의 위계질서를 통해 불어와 우리의 열정을 연기로 날려 버릴 것입니다."[60] 카이퍼는 다음과 같은 사실을 놀라울 정도로 분명히 한다.

> 그리스도의 교회에 있는 모든 권세는 그 기원을 영원히 그리스도 안에서 찾아야 합니다. 오직 그분만 우리의 왕이십니다. 오직 그분에게만 하늘과 땅의 모든 권세가 주어졌습니다. 그리고 태양이 더 큰 빛으로 낮을 주관하도록 하늘 위에 놓였듯이, 의의 아들은 땅에서 전투하는 교회에서 주 되심을 나타내시기 위해 위로부터 빛을 비추십니다. 그분은 임마누엘이시고, 그분 외에 다른 이가 없습니다. 그분은 이스라엘의 통치자이시지만, 많은 사람의 속전으로 자신의 생명을 주기 위해 짓밟힘을 당하신 후에 비로소 그렇습니다.[61]

1887년 1월에 카이퍼는 전국 교회 회의를 소집했고, 실질적으로 이는 새로운 교단인 네덜란드 개혁 교회(Nederduitsch Gereformeerde Kerk, 돌레안치)의 시작이었다. 어떤 면에서 이것은 카이퍼에게 최고의 시간은 아닌 것으로 드러났다. 1887년 말에 이르러 돌레안치는 1,350개의 국가 교회 중에서 단지 150개에 그쳤다. 순수한 교회에 대한 카이퍼의 관심은 존경할 만한 것이었지만, 위계질서와 관료 체제에 대한 그의 두려움이 그가 교회의 통치와 관련한 중요한 질문들에 아무런 대답도 내놓지 못하게 만들었다. 그는 시노드를, 적어도 19세기의 이단적 시노드를 경멸했지만, 도르트레흐트 시노드(Synod of Dordt)의 결정들이 구속력을 갖기를 원했다. 이 분열은 교회 문제에서 카이퍼의 지지자들도 나누었는데, 그들 가운데 다수가 국가 교회에 남았다. 1892년에 돌레안치는 기독 개혁 교회(Christelijke Gereformeerde Kerk)와 통

---

60 같은 책, p. 139.
61 같은 책, p. 131.

합하여 네덜란드 개혁 교회(Gereformeerde Kerken in Nederland)가 되었다.

예전

카이퍼가 목회지를 떠난 후의 여정은 그를 삶의 많은 분야로 이끌었지만, 그는 교회에 대한 자신의 열정을 결코 버리지 않았다. 예를 들어, 그가 암스테르담의 목사관을 떠난 지 대략 25년이 된 1874년에 그는 「더 헤라우트」(*De Heraut*)에서 예전 개혁의 문제를 다시 다루었는데, 이 기사 시리즈는 결국 1911년에 『우리의 예배』(*Our Worship*)[62]로 출간되었다. 비록 『우리의 예배』가 20세기의 예전 부흥에 선행했고 카이퍼가 다루는 문제들 일부는 이제 시대에 뒤떨어지지만, 이 책에는 놀랄 정도로 풍부한 내용이 여전히 있다.

만약 누군가가 많은 사회 영역들 가운데 있는 하나의 영역인 제도적 교회가 갖는 독특하고 없어서는 안 될 역할에 대한 증거가 필요하다면, 『우리의 예배』에서 그것을 찾을 수 있다. 성경은 **예배**를 신자들의 회합(assembly of believers, 요 4:24)을 가리키기 위해, 그리고 또한 그리스도가 우리를 위해 행하신 것에 대한 응답으로 드리는 하나님의 백성의 삶 전체(롬 12:1)를 가리키기 위해 사용한다. 둘 다 **예배**에 대한 좋은 용례이지만, 카이퍼가 거듭해서 사용하는 **신자들의 회합**이 대단히 중요하다는 점이 흐려져서는 절대로 안 된다.[63] 카이퍼는 예배 참여가 신자에게 없어서는 안 되는 것임을 아주 분명히 한다. "살아 계신 하나님의 회중에게 하나님과의 이 만남은 가정, 가족, 기관, 사회가 그런 것처럼 그저 권장할 만하고 바람직하고 거룩하게

---

[62] 영역판, Abraham Kuyper, *Our Worship*, ed. Harry Boonstra (Grand Rapids: Eerdmans, 2009).
[63] 눈에 띄는 평가를 John Bolt, "All of Life Worship? Abraham Kuyper and the Neo-Kuyperians", in Kuyper, *Our Worship*, pp. 321-329에서 보라.

하는 것에 그치지 않고, 가장 절대적인 의미에서 **없어서는 안 되며** 또한 **필수적이다.**"[64]

물론 카이퍼는 삶의 모든 것을 하나님 앞에서 그리고 하나님을 위해 살아야 함을 강조한다.

> 예배를 드리는 것이 오로지 교회에 가는 것으로만 이루어지는 것은 물론 아니다. 오히려 그것은 우리의 모든 생각과 말과 행함에서, 우리의 전체 삶의 하나인, 원대한, 고귀한 행동이어야 한다. 우리는 항상 하나님의 제사장들이며, 그분의 거룩한 목적들을 섬기도록 부름을 받았다. 당신의 가정에서 당신은 아침 일찍부터 저녁 늦게까지 하나님을 섬겨야 하며, 그렇게 해서 끊임없이 하나님에 대한 섬김을 실행해야 하며, 당신과 당신의 가족 구성원들은 하나님의 말씀을 중심으로 모여서 하나님을 찬양하고 경배하는 데 참여해야 한다. 같은 방식으로, 회중의 모든 구성원은 각각 자신의 소명에 따라 하나님을 섬겨야 한다.[65]

그러나, 카이퍼가 말하는 바에 따르면, 우리가 하나님을 섬기는 것은 그 회합이 하나님을 높이고 찬양하며 그분에게 기도하기 위한 명백한 목적으로 함께 모일 때만 온전히 표현된다. 그는 **매개되지 않은**(unmediated) 예배와 **매개된**(mediated) 예배를 구분한다. 우리의 일상생활은 매개된 예배가 되어야 하는 반면, 우리가 매개되지 않은 예배를 위해 모이는 것은 우리의 일상생활을 멈추고 다함께 의도적으로 하나님께 집중하기 위해서다.[66]

이 회합은 하나님의 백성이 하나님을 만나도록 정해진 장소다. "우리는

64　Kuyper, *Our Worship*, p. 14.
65　같은 책, p. 18.
66　같은 책.

이것을 분명히 이해해야 한다. 하나님은 살아 계시다. 그리고 우리는 이 살아 계신 하나님을 대하는 것이다." 그리스도가 이 회합의 중심이다. "그러므로 회중 예배의 결정적인 요소가 드러나는데, 즉 **그리스도**다. 회중은 그분 안에서 오직 하나로 모인다."[67] 세상과 우리의 일상생활은 너무나 쉽게 우리의 주의를 하나님을 따르는 것으로부터 돌리므로 우리는 균형추, 중지, 다시 초점을 맞추는 공간이 필요하며, 이것이 바로 예배에 의해 제공된다. 존 볼트는 이것을 잘 표현한다. "그리스도인의 예배를 일상생활에서 하나님을 섬기는 것과 구별하는 것은, 하나님이 불러내셔서 모인 사람들의 예전이다. 예전에서 그들은 이야기된 하나님과의 교제를 실천하는데, 이는 그들이 세상의 반대되는 이야기들과 맺는 관계 및 관여를 느슨하게 한다."[68]

예배는 하나님이 우리에게 말씀하시는 맥락이고, 이 일은 설교와 말씀을 읽는 것을 통해 이루어진다.

말씀을 읽는 동안에 머리에 쓴 것을 벗는 관습은 그런 깨달음에서 비롯된 것이다. 그리고 한 번 이 사실이 분명히 인지되면, 성경을 읽는 것에 부여된 높은 의의를 모두가 즉시 느낄 것이다. 왜냐하면 말씀을 통해 그리고 그 말씀 안에서 인간의 첨가, 설명, 적용 없이 이야기하는 분이 바로 하나님 자신이시기 때문이다.…모여 있는 하나님의 백성 한가운데서 지금 하나님이 그 말씀을 자신의 말씀으로 전달하신다.[69]

카이퍼는 설교의 본질에 대해서도 역시 통찰력을 보인다. 설교는 강연이 **아니라** 하나님의 말씀의 선포다. 그것은 가르침 이상의 것이다. 설교자는 청

---

67 같은 책, pp. 126, 17.
68 Bolt, "All of Life Worship?", p. 326.
69 Kuyper, *Our Worship*, pp. 162-163.

중을 위해 공연하는 것이 아니라, 주의 대사로서 그 자리에 있다. "그는 회중에게 하나님으로부터 온 어떤 것을, 그분의 이름으로 준다."⁷⁰

그러므로 카이퍼가 보기에 우리의 매개된 예배와 매개되지 않은 예배 사이에는 필수적인 관계가 있다. 예배의 마무리에 대해 언급하면서 카이퍼가 지적하는 바에 따르면, 회중은 "집으로 가면서 그들을 기도의 집에서 만나시는 하나님을 뒤로 하고 떠나는 것처럼 느껴서는 안 된다. 그와 반대로, 예배는 회중이 하나님을 더 가깝게 느끼도록 해야 하며, 그들이 세상에서 자신들의 삶을 살면서도 마찬가지다."⁷¹ 실제로 카이퍼는 청중이 마지막 찬송을 드리는 동안에 서 있어야 한다고 제안하는데, 이는 그들이 이제 세상으로 나갈 준비가 되었음을 나타내기 위해서다!

카이퍼의 『우리의 예배』는 다루는 주제의 범위에서 포괄적이고, 많은 지점에서 놀랄 정도로 현대적이다. 올바르게 그는 한 사람이 모든 것을 하는 목회를 비판하고, 예배의 체험적 측면을 놀라운 방식으로 강조하고, 교회력을 사용하는 것에 어느 정도 개방적이고, 예전을 통전적으로 이해하고, 또한 건물이 회합에 본질적이지 않음을 올바르게 인정하면서도 교회 건축의 미학에 상당한 관심을 쏟는다.⁷² 그는 성전이 지금 하늘에 있으므로 우리의 교회 건물을 앞마당으로 생각할 것을 유쾌하게 제안하면서, 교회 건축이 제도적 교회의 목적에 부합해야 한다고 바르게 주장한다.⁷³ 그의 주장은

---

70 같은 책, p. 189.
71 같은 책, p. 210.
72 같은 책, pp. 103, 115, 180. 참고. Craig G. Bartholomew, "The Church and the World: The Power of Identity", in *Signposts of God's Liberating Kingdom: Perspectives for the Twenty-First Century* (Potchefstroom, South Africa: IRS, Potchefstroom University for CHE, 1998), vol. 1, pp. 21-30.
73 Kuyper, *Our Worship*, p. 66. 나는 해리 반 다이크에게 감사하는데, 그는 도르트레흐트에 있는 팔각형으로 된 교회가 예배와 교회 건축에 대한 카이퍼의 제안을 따르려는 노력이었음을 지적해 주었다. 참고. Protestantse Wijkgemeente Wihelminakerk-Petruskapel te Dordrecht, www.dewilhelminakerk.nl (2016년 8월 16일 접속).

이렇다. "건물도 무엇인가를 전달해야 한다. 그 전체에 어떤 살아 있는 것이 있어야 한다. 그것은 말이 없어서는 안 되며, 잘 받아들이는 영혼에게 말해야 한다.…그리고 우리는 그런 건물이 그 안에 들어가서 자리를 잡았을 때만 아니라, 멀리서 접근해 갈 때도 고결한 언어를 말하기를 갈망한다."[74]

선교

진정한 의미에서 카이퍼의 전체 세계관과 신학은 강력하게 선교에 관한 것이다. 우리는 8장에서 카이퍼 전통과 선교에 주의를 기울일 것이다. 여기서 언급되어야 할 것은, 선교에 대한 카이퍼의 성숙한 숙고가 그의 1890년 연설에 담겨 있다는 점이다. 그는 선교를 주로 전도로 다루며,[75] 우리가 8장에서 보게 될 것처럼, 선교에 대한 카이퍼의 견해와 관련한 중요한, 성숙한 연구를 헤르만 바빙크의 조카인 J. H. 바빙크의 연구에서 살펴보아야 한다. 하지만 카이퍼의 1890년 강연은 면밀한 주의를 기울일 가치가 있는 측면이 있다.

카이퍼는 **선교에 대한 삼위일체적 견해**를 명료하게 표현한다. "피조물을 통해 행해지는 모든 선교 활동은 유일한 제1의 선교, 즉 성부를 통한 성자의 선교에 대한 윤곽, 반영, 또는 도구일 뿐입니다." 카이퍼가 분명히 하는 바에 따르면, "그리스도가 **바로** 선교사이십니다. 그분이 자신의 선교를 행하십니다."[76] 유사하게, 그의 『성령의 사역』에서, 카이퍼는 생각을 환기시

---

[74] 같은 책, p. 66.
[75] 그러나 Bratt, *Abraham Kuyper: Modern Calvinist, Christian Democrat*, p. 58에 보면, 카이퍼는 복음주의 진영이 그 초점에서 너무나 좁다고 비판한다.
[76] "Lecture by Prof. Dr. A. Kuyper Concerning 'Missions', Mission Congress in Amsterdam, 28-30 January, 1890", point 2. https://www.alloflliferedeemed.co.uk/Kuyper/AK-Missions.pdf, 2022년 6월 13일 접속—편집자. 또한 다음을 보라. P. N. Holtrop, ed., *ZGKN100 Een bundle opstellen over de Zending van de Gereformeerde Kerken in Nederland ter gele-*

키며 지적한다. "성자의 보화를 나누어주는 것은 성자가 아니라, 성령이시다." 더 나아가, 카이퍼는 창조 세계에서 이루어지는 성령의 사역에 대해, 이것을 구속 및 재창조에서 성령의 역할과 연결하는 것에 대해 아주 능숙했다. 그는 중생을 성령의 주된 사역으로 보는 견해를 거부하고, "성령은 창조와 재창조에서 모든 생명과 살리는 일의 전능한 일꾼으로 계신다"라고 단언하면서, 자연과 은혜에서 성령의 사역의 통일성을 함께 붙들고자 한다.[77]

우리가 8장에서 보게 될 것처럼, 선교를 무엇보다도 하나님의 선교로 재발견한 것이 20세기에 선교학에서 대변혁을 일으켰다. 여러 세기에 걸쳐 선교와 삼위일체 하나님 사이의 필수적인 연결고리가 시야에서 사라진 다음에 일어난 일이었다. 데이비드 보쉬는 예리하게 논평한다. "불행하게도 선교의 원래 의미와 현대적 의미 사이의 관계가 오랫동안 인식되지 못했다. **아브라함 카이퍼는 이것을 분명히 지적한 최초의 신학자들 가운데 하나였다.**"[78] 카이퍼는 이 통찰을 발전시키지 않으며, 우리가 언급한 바와 같이, 선교를 전도에 국한시킨다. 이 통찰을 더욱 온전히 풀어내는 일은 20세기 후반의 선교학자들 몫이 되었지만, 이 문제에 주목하게 한 카이퍼의 천재성은 언급되어야만 한다.[79]

영성

카이퍼와 바빙크는 모두 가톨릭 신비주의를 경계했지만 둘 다 그리스도에

---

genheid van de honderjarige herdenking van de Synode van Middelburg 1896 (Kampen: WZOK, 1996).
77 Abraham Kuyper, *The Work of the Holy Spirit*, trans. Henri de Vries (Grand Rapids: Eerdmans, 1900), pp. 211, 247. 『성령의 사역』(성지출판사).
78 David Bosch, *Witness to the World: The Christian Mission in Theological Perspective* (London: Marshall, Morgan and Scott, 1980), p. 240, 강조 추가. 『세계를 향한 증거』(두란노).
79 같은 책, pp. 239-248.

대한 살아 있는 신앙의 필수적인 중요성을 강조했는데, 그것은 무엇보다도 신자들의 모임에서, 그리고 또한 개인과 가정의 헌신에서 양육되는 것이었다. 우리는 12장에서 영성의 문제를 다시 다룰 것이다. 여기서 언급되어야 할 것은, 카이퍼의 많은 묵상과 신앙적 숙고에 대한 책들의 대부분이 여전히 대체로 아직 손대지 않은 유산으로 남아 있다는 점이다.[80] 이와 관련한 카이퍼의 관심은 그의 첫 번째 묵상집인 『하나님께 가까이』(*To Be Near unto God*)에서 분명히 표현된다.

따라서 여러 해 동안 당신은 하나님에 대한 일반적인 사랑은 가졌으나 결코 하나님을 알지 못했을 수 있다. 하나님을 아는 이런 지식은 그분에 대한 사랑이 인격적 성격을 갖기 시작할 때, 삶의 길에서 처음으로 당신이 그분을 만났을 때, 주님이 당신 곁에 계시는 인격적 임재가 되셨을 때, 하나님과 당신이 의식적이고 활력 있고 인격적이고 특수한 관계에 들어섰을 때, 즉 그분이 당신의 아버지가 되시고 당신은 그분의 자녀가 될 때 비로소 생긴다.[81]

카이퍼는, 우리가 1장에서 본 바와 같이, 회심의 필요성을, 즉 하나님과의 인격적 관계에 들어가는 것의 필요성을 인식했다. 그는 개혁파 전통에 있었던 황량한 지성주의의 무미건조함의 문제를 잘 알고 있었다.

지성주의는, 말하자면, 아름다운 형태를 가진, 그 모서리는 섬세하게 다듬어

---

[80] 참고. George Harinck, "'Met de telephoon onzen God oproepen,' Kuypers meditaties uit 1905 en 1906", in *Godsvrucht in geschiedenis. Bundel ter gelegenheid van het afscheid van prof. dr. F. Van der Pol als hoogleraar een de Theologische Universiteit Kampen*, ed. Erik A. de Boer and Harm J. Boiten (Heerenveen, 2015), pp. 454-465.
[81] Abraham Kuyper, *To Be Near unto God*, trans. John H. de Vries, Kindle ed. (Vancouver: Regent, 2005), locs. 91-94. 『하나님께 가까이』(CH북스).

진, 눈부시게 투명한 얼음 결정을 만들어 낸다. 그러나 그 얼음 아래에 있는 생수의 시내는 너무나 쉽게 말라 버린다.…이것은 필연이 아니다. 교부들이 우리에게 모범이 되었다. 그들에게서 우리는 강력한 논증의 재능을 발견하지만, 그것은 항상 열정의 신비주의가 배어 있다.…자신이 살아 계신 하나님과의 인격적 교제 가운데 있음을 느끼고 감지하고 아는 사람만, 자신의 영적 체험을 계속해서 하나님의 말씀으로 시험하는 사람만 안전하다.[82]

여기서 카이퍼의 요점은 매우 중요하다. 그가 자신의 사유에서 열어 놓는 전망은 눈부시지만, 그 자신이 발견했듯이, 도전과 위험으로 가득하다. 깊은 영성이 없을 때, 카이퍼 전통은 그 자체로 왜곡되거나 붕괴하지 않고는 지속될 수 없다. 우리가 12장에서 보게 될 것과 같이, 세상으로의 여정은 그리스도를 향한 늘 더 깊은 여정으로부터 발전해야 한다.

헤르만 바빙크

바빙크는 암스테르담 자유 대학교로 가기 전에 『개혁파 교의학』을 썼다. 그는 『개혁파 교의학』 4권의 2부에서 교회론을 다룬다. 바빙크의 작업은 교회와 관련해 카이퍼와 일치하면서도 훨씬 더 체계적이다.

바빙크에게 "**교회는 그리스도를 믿는 참된 신자들이 모인 모임이며 항상 그렇게 존재한다.**" 카이퍼와 마찬가지로, 그는 교회가 살아 있는 유기체이며 제도적 기관임을 강조한다. 바빙크는, 조직신학자에게 어울리게, 유기체와 제도적 기관의 관계에 대한 설명에서 카이퍼보다 더욱 명료하다. 유기체와 제도적 기관은 바빙크에게 모두 **가시적** 교회의 부분들이다. 유기체는

---

[82] 같은 책, locs. 58-68.

어떻게 "심지어 이 모든 것[교회 직분들과 사역들]이 우리 마음의 휘장에서 제거되었을 때도 교회가 여전히 가시적인지를" 나타낸다. "왜냐하면 모든 신자는 자신의 신앙을 삶의 모든 영역에서 증언하고 행하며, 또한 모든 신자는 다함께 그들의 신앙과 삶으로 자신들을 세상으로부터 구별하기 때문이다." 바빙크는 교회의 가시성을 성육신에 기초시킨다.[83] "비가시적" 교회는 가시적 교회 배후에 비가시적인 영적 차원이 있음을 우리에게 상기시킨다.

카이퍼와 마찬가지로, 바빙크도 우리가 하나님의 백성인 교회를 하나님 나라와 혼동해서는 안 된다는 점을 분명히 한다. 하나님 나라의 유익은 하나님의 백성의 선교를 위해 지상에 있는 하나님의 백성에게 주어진다. 오직 참된 교회만 실제로 하나의 표지를 갖는데, 즉 하나님의 말씀의 표지다. "그리스도와의 교제는 사도들의 말씀과의 교제와 묶여 있다." 현실 세계에서 교회는 그늘진 면을 가지고 있으며, 분열과 배교로 얼룩져 있다. 그러나, 카이퍼가 그렇듯이, 바빙크도 우리에게 모든 다양성을 거부하지 말 것을 격려하는데, 왜냐하면 이것이 하나님의 창조 세계를 특징짓기 때문이다. 실제로, 종교개혁 후에, "단일성은 영원히 다양성으로 대체되었다."[84]

카이퍼처럼, 바빙크는 우리의 어머니인 교회의 이미지를 사용한다.[85] 교회의 속성은 통일성, 거룩성, 보편성, 사도성이다. 바빙크가 교회를 국가와 비교하면서 주장하는 바에 따르면, "교회와 국가는 서로 구분되지만, 교회는 또한 자신의 영적 은사를 온 인류의 유익을 위해, 그리고 인간 삶의 모든 측면을 위해 분배한다. 이것이 기독교의 참된 보편성이다."[86] 복음이 좋은 소식인 것은 개인을 위해서만 아니라 인류 전체를 위해서다. 즉 가정을 위

---

[83] Bavinck, *Reformed Dogmatics*, vol. 4, pp. 274, 403-407, 285.
[84] 같은 책, vol. 4, pp. 291, 297-298, 332.
[85] 같은 책, vol. 4, pp. 326, 331, 332.
[86] 같은 책, vol. 4, p. 390.

해서, 사회를 위해서, 국가를 위해서, 예술과 학계를 위해서, 우주를 위해서, 탄식하는 모든 창조 세계를 위해서다.[87]

교회의 통치와 관련해 바빙크가 강조하는 것은, 카이퍼와 마찬가지로, 그리스도가 교회의 왕이시라는 점이다. 만약 카이퍼가 신자들의 제사장직으로서의 교회를 강조한다면, 바빙크는 선지자로서의 교회의 이미지를 사용하면서 그 안에서 모든 그리스도인이 그리스도를 고백하기 위해 부름을 받았음을 말한다. 이는 목회자의 특정한 직분을 손상시키지 않는다. 카이퍼처럼 바빙크는 지역 교회를 교회의 참된 현현으로 강조하지만, 그는 시노드에 카이퍼가 하는 것보다 더 많은 시간을 할애한다.[88]

평가

어머니인 교회의 갱신   서구에서 우리는 가벼운 기독교와 가벼운 교회의 시대에 살고 있다. 기독교는 지금 세계에서 가장 핍박받는 종교이지만, 서구에서는 이 현상과 관련해 정부가 행동을 취하게 하기는커녕, 이 현상을 전면에 내세우기도 어렵다. 급진 이슬람이 서구와—말 그대로—충돌했을 때, 많은 언론인은 어떻게 종교를 문화적 현상으로 진지하게 받아들일지에 대해 그야말로 준비되어 있지 않았다. 물론 그들은 기독교를 알고 있었지만, 그들이 접한 기독교는 대체로 현대성의 특징인 종교의 사유화에 굴복한 것이었으며, 따라서 중요한 사회적 관심사가 전혀 아니었다.

수 년 전에, 우리가 이 장의 도입부에서 언급한 것처럼, 마이클 그리피

---

[87] Herman Bavinck, "The Catholicity of Christianity and the Church", trans. John Bolt, *Calvin Theological Journal* 27 (1992): pp. 220-251. 이 논문은 반드시 읽어야 한다! 『교회의 분열에 맞서』(도서출판100). 참고. Bavinck, *Reformed Dogmatics*, vol. 4, p. 437.
[88] 같은 책, vol. 4, pp. 372-377, 418, 433.

스는 교회를 잠자는 거인으로 말했는데, 이는 카이퍼가 그의 시대에 교회를 비몽사몽에 빠진 것으로 비판한 것과 유사하다. 카이퍼의 시대에 그랬던 것처럼, 교회의 문제는 아마도 **오늘날 우리의 문제**일 것이다. 한편으로 우리에게는, 이 장을 시작할 때 인용한 브라텐에 따르면, 문화에 굴복하려고 기를 쓰는 주류 교회들이 있다. 어니스트 겔너(Ernest Gellner)는 기독교와 이슬람을 현대성에 대한 저항의 측면에서 대조하면서, 애석하지만 사실인 논평을 한다. "기독교 교리는 그 자체의 신학자들에 의해 멋대로 삭제되고 고쳐졌으며, 깊은 문자적 확신은 그리 눈에 띄지 않는다."[89] 다른 한편으로, 모든 곳에서 정통 교회들이 나타나는 것을 우리가 보지만, 너무나 흔히 제도적 기관과 유기체로서의 교회가 무엇을 의미하는지에 대한 미묘한 차이를 감지하지 못해서, 결국 그것들도—비록 보수적인 것이기는 하지만—문화의 반영에 그치고 만다.

이런 맥락에서 카이퍼와 바빙크가 폭탄처럼 폭발한다. 올바르게 그들은 겔너가 말하는 검열에 반대하지만, 또한 그들은 종교의 사유화에도 단호히 저항한다. 하나의 주된 랜드마크였던 1974년의 로잔 언약 이후로 복음주의자들이 점점 더 문화적으로 순응함에 따라, 너무나 빈번하게 그들은 자신들이 붙들고 있던 교리와 교회를 놓쳤다. 카이퍼와 바빙크는 그렇지 않았다. 둘 다에게 제도적 교회는 사회 안에 있는 하나의 영역으로서, 그리고 우리가 그리스도 안에 계신 하나님을 만나고 그분의 말씀을 듣는 장소로서, 없어서는 안 될 것이다. 또한 비록 그들이 근본주의자는 아니었지만, 성경의 무오성과 관련해서는 양보하지 않을 것이었다. 둘 다에게 그리스도는 그분의 교회의 왕이시며, 그분의 말씀에 의해 그리고 그 말씀을 통해 교회를 다스리신다. 둘 다 설교의 직분과 실천을 높였다. 둘 다 전도를 교회의 삶에

---

[89] Ernest Gellner, *Postmodernism, Reason and Religion* (London: Routledge, 1992), p. 6.

중심이 되는 것으로 보았다. 우리는 지역 회중을 "복음의 해석자"로 묘사한 레슬리 뉴비긴을 떠올리게 된다.[90] 카이퍼와 바빙크처럼, 뉴비긴은 지역 회중의 중요성과 적실성에 열정적으로 헌신했다.

동시에 그들은 유기체와 제도적 기관으로서의 교회를 대가답게 자세히 설명함으로써, 삶의 모든 것에 영향을 끼친다는 의미에서 참으로 보편적인 교회의 비전을 분명히 표현했다. 카이퍼도 바빙크도 선교를 교회의 속성으로 밝히지 않지만, 바빙크가 보편성을 언급하는 것과 바빙크와 카이퍼가 모두 교회를 유기체로 보는 것에 그것이 내포되어 있다. 그리고 선교에 대한 그런 포괄적인 견해는 확실히 전도에만 국한되지 않는다. 삶 전체가 시야에 있으며, 하나님의 백성은 삶의 모든 부분에서 하나님의 왕 되심을 표현하도록 부름을 받았다.

어머니로서의 제도적 교회에 대한 은유는 지역 교회의 중요성과 가능성을 환기시킨다. 어머니가 출생, 성장, 양육, 성숙에 이르는 데 없어서는 안 되는 것처럼, 교회도 그렇다. 카이퍼는 그리스도에 대해 큰 견해를 가지고 있으며, 또한 그는 교회에 대한 큰 견해를 환기시킨다. 하지만 어머니의 이미지는 또한 역기능적 교회의 위험들을 우리에게 상기시킨다. 대체로 어머니가 가정에서 주로 돌봄을 주는 사람인 경향이 있으며, 예를 들어, 요즘 나르시시즘같이 다양하고 깊은 심리적 문제들이 건강하지 않은 어머니-자녀 관계로 거슬러 올라간다. 너무나 많은 교회가 오늘날 자신의 어머니 됨을 역기능적 방식으로 행사하고 있다. 명백한 예를 들자면, 이원론적이고 성/속의 이분법을 구현하는 교회들은 세상의 소금과 빛이 되는 예수의 제자들을 결코 낳지 못할 것이다.

가장 좋은 상태에서 제도적 교회는 세대들을 걸쳐 실제로 건강한 어머

---

[90] Lesslie Newbigin, *The Gospel in a Pluralist Society* (Grand Rapids: Eerdmans, 1989).

니로 존재해 왔다. J. R. R. 톨킨(Tolkien)의 『반지의 제왕』(Lord of the Rings)은 1997년에 워터스톤스가 실시한 대규모의 여론조사에서 "세기의 책"(Book of the Century)으로 선정되었다. 이 책의 전 세계 판매는 1억 5천 부와 2억 부 사이에 달하는 것으로 추정된다! 톨킨의 아버지는 그가 아직 어렸을 때, 그의 어머니 메이블(Mabel)과 두 자녀가 영국으로 돌아갔을 때 남아공 블룸폰테인에서 죽었다. 그의 사랑하는 어머니는 그가 열두 살 때 세상을 떠났다.

> 톨킨의 전기 작가인 험프리 카펜터(Humphrey Carpenter)의 주장에 따르면, 메이블의 죽음 후에 교회가 톨킨의 새로운 어머니가 되었다. 카펜터는 상실된 부모의 자리를 교회가 메웠다는 일반적인 심리학적 의미에서 이것을 말하지만, 이는 또한 더욱 깊은 의미에서 사실이다.…그의 삶 전체에 걸쳐 톨킨은 이 두 번째 어머니로부터 위로, 용기, 예술적 영감을 얻을 것인데, 이 어머니는 메이블과 달리 결코 죽지 않을 것이다("내가 이 반석 위에 내 교회를 세우리니 음부의 권세가 이기지 못하리라").[91]

만약 이것이 사실이 아니었더라면 세상과 교회가 무엇을 잃었을지 상상해 보라. 우리 모두는 건강한 어머니인 교회가 필요하며, 그리스도인들이 하나님이 그들에게 의도하신 존재가 되기 위해 그들을 양육하고 형성하는 교회 생활의 갱신보다 그리스도에 대한 주장을 더 진전시킬 수 있는 것은 거의 없을 것이다.

일치된 교회? 우리가 브라텐과 카이퍼를 비교하는 가운데 지적했듯

---

[91] Philip Zaleski and Carol Zaleski, *The Fellowship: The Literary Lives of the Inklings: J. R. R. Tolkien, C. S. Lewis, Owen Barfield, Charles Williams* (New York: Farrar, Straus and Giroux, 2015), p. 21.

이, 중요한 질문은 카이퍼의 교회론이 교회 일치의 필요에 적절히 대응하는지 여부다. 카이퍼는 교회 일치의 필요를 인식하고 있었지만 교회의 다형성(pluriformity)을 찬미했으며, 또한 돌레안치 결성과 함께 네덜란드 그리스도인들 사이의 분열에 대해 스스로 책임이 있었다. 베르카우어는 우리가 다형성에 대한 카이퍼의 관심을 상대주의나 주관주의와 동일시해서는 안 된다고 지적하는데, 이는 로마 가톨릭인 벤스도르프(Th. F. Bensdorp)가 1909년에 카이퍼에 반대해 제기한 잘못된 비판이었다. 카이퍼는 오늘날까지 지속되는 진짜 문제와 씨름하고 있었다. 베르카우어의 지적에 따르면, 카이퍼와 로마 가톨릭 신학자 칼 라너(Karl Rahner)는 모두 진리를 하나로 보며, 그들은 그 하나의 진리에 대한 제한된, 따라서 다양한 이해들과 관련해 서로 연결되어 있다. "사안의 성격상 엄청난 문제들이 여기 있는데, 라너의 경우에는 교회의 무오한 신앙고백이라는 옛 전통과 관련되고, 카이퍼의 경우에는 신앙고백들의 다형성과 관련된다."[92]

베르카우어는 다형성의 도전에 대해 아주 민감하지만, 내가 보기에는 옳게도 그는 그것을 카이퍼와 다른 방향으로 가져간다.

> 그토록 엄청나게 다양한 주관성이 불가피하게 (많은 구체적 교회라는 의미에서) 교회의 다형성으로 이어져야 하는가? 이 질문에 부정적으로 대답해야 한다는 확신을 가지고, 우리는 카이퍼가 역사에서 도출한 것과 다른 결론이 주관성의 변이들과 새로운 현대적 정보의 다원적 동화에서 얻어질 수 있음을 지적하고자 한다. 다원성이 그 어느 때보다 더 가시적이게 되는 바로 그때, 일치와 교제로의 부름이 더 큰 힘을 얻는다![93]

---

[92] Berkouwer, *Church*, pp. 60-61.
[93] 같은 책, p. 62.

카이퍼가 보기에 교회 일치를 위한 시도들은 실패하고 가엾게 여겨질 수밖에 없는 운명이다. 일치는 오직 종말에 성취될 것이다. 베르카우어는 이 견해를 너무 쉽게 패배주의에 굴복하는 것으로, 문제가 있는 교회 분열에 대해 손을 씻고 종말이 위로하도록 하는 것으로 여기면서 거부한다. 베르카우어의 주장에 따르면, 종말은 그런 패배주의에 저항하면서 우리에게 일치의 도전과 씨름하도록 명령한다.[94]

역설적이게도, 믿는 그리스도인들의 일치를 우선순위로 만드는 것은 바로 문화적 관여에 대한 카이퍼의 비전이다. 도전들은 특히 오늘날 너무나 커서, 특정한 사안들에 대해 다양한 세계관을 가진 동지들과의 협력은 말할 것도 없고, 그리스도인들의 협력이 필수적이다. 이것이, 예를 들어, "복음주의자-가톨릭 연대"(Evangelicals and Catholics Together)를 그렇게나 중요한 기획으로 만드는 것이다. 실천적으로 카이퍼는 이런 측면에서 다소 모순된다. 그는 프로테스탄트와 가톨릭이 정치적으로 함께 일할 필요성을 인식한 점에서 혁명적이었지만, 교회론적으로는 일종의 회중주의에 대한 지지에 근접한다.

내가 보기에 교회일치성(ecumenicity)은 진지하게 받아들여져야 하는데, 레슬리 뉴비긴과 칼 브라텐 같은 신학자들에 의해 제안된 유형의 것이라고 해도 마찬가지이며, 또한 그것이 이 장의 시작 부분에서 인용된 브라텐의 진술을 진지하게 받아들이는 것이다. 브라텐의 "복음주의적 가톨릭주의"는 매력적이고, 뉴비긴이 복음을 중심으로 한 교회일치주의(ecumenism)를 유사하게 옹호하는 것도 그렇다. 브라텐처럼, 뉴비긴은 많은 주류 교단들 내에서 "세상의 주이며 구원자이신 예수 그리스도의 독특성, 충분성, 최종성과 관련된 질문"에 대한 굳건한 헌신이 소멸했음을 절실히 인식하고 있다.

---

[94] 같은 책, pp. 35-36.

그 결과는 서구 기독교의 자유주의 진영에서 우리에게 내장이 제거된 "복음"이 남겨졌다는 것인데, 그것은 주로 우리 문화의 좌파 진영과 동맹을 맺으며 "예수를 주로 고백하는 것의 긍정적 함의뿐만 아니라 부정적 함의를 직면하는 것"이 구조적으로 불가능하다.[95] 복음주의 세계 내에서 우리는 너무나 흔히 예수에 대한 헌신을 주로 개인적 구주에 대한 것으로 가져서, 위기에 처한 세상에 할 중요한 말이 거의 없게 된다.

중요하지만 간과된 그의 책에서 뉴비긴은 이렇게 지적한다.

기독교와 다른 종교들을 포괄하는 일치에 대한 제안은 (공개적으로 혹은 암암리에) 그리스도 안에 나타난 하나님의 계시 외에 어떤 다른 실재에 대한 믿음에 의존한다. 교회일치주의 운동이 우리에게 주는 서로 듣기를 배우는 경험은 분명히 기독교 사회의 범위를 넘어서도 유효하다. 만약 타종교인들이 예수 그리스도를 구세주로 이해하려면, 그리고 만약 우리가 하나님이 예수 안에서 제시하신 하나님의 다양한 지혜를 배우려면, 실제로 우리는 타종교인들과 진정한 대화를 나누기를 배워야 한다. 그러나 교회일치주의 운동은 계속해서 철저히 선교적인데, 왜냐하면 그것은 아무 종류의 일치를 위한 운동이 아니라, 십자가 위에 계신 예수 그리스도를 들어 올리심을 통한, 그리고 그분의 성령의 계속되는 사역을 통한 하나님의 창조로서의 일치를 위한 것이기 때문이다.[96]

기독교의 정통과 이단을 가르는 단층선은 이제 모든 주류 교단 속으로 이어지고 있어서, 새로운 범교단적 교회일치주의가 요구된다. 카이퍼 전통

---

[95] Lesslie Newbigin, *Trinitarian Doctrine for Today's World* (Eugene, OR: Wipf and Stock, 1988), pp. 17-18.
[96] 같은 책, pp. 18-19.

이 점점 세계화됨에 따라, 만약 그것이 바로 그런 교회일치주의를 촉진할 수 있다면 아주 멋진 일일 것이다. 그렇게 하기 위해서 필요한 일은 아디아포라에 반대되는 신앙의 중심 진리들에 면밀한 주의를 기울이며 분별하고, 그리스도인들을 창조 세계를 아우르는 비전이 있는 하나님 나라의 복음을 중심으로 모으고, 지리적이며 교회적인 특수성 가운데 일치를 가능하게 하는 것이다.[97]

---

[97] 참고. Berkouwer, *Church*, pp. 280-289.

7

정치, 가난한 사람들, 다원주의

> 거듭난 사람은 새로운 활력이 정치 영역을 포함하는 그의 감정과
> 생각 전체를 관통한 사람이다.…질문은 후보자의 마음이 기독교에
> 호의적인지가 아니라, 그가 정치에서도 그리스도를 출발점으로 삼고
> 공개적으로 그의 이름을 위해 말할 것인지다!
>
> 아브라함 카이퍼, 「더 스탄다르트」(De Standaard)[1]

> 하나님이 말씀하셨다.
>
> 그분의 뜻의 계시를 우리는 하나님의 말씀 안에서 갖고 있다.
> 이 토대 위에서 우리는 원리들이 충돌할 때마다 하나님의 말씀의 선언들이
> 순종으로 받아들여질 것을 요구한다. 인간의
> 추론이나 분별은 하나님의 말씀이 불분명한 곳에서만 결정적이다.

---

[1] McKendree R. Langley, "Emancipation and Apologetics: The Formation of Abraham Kuyper's Anti-Revolutionary Party in the Netherlands, 1872-1880" (PhD diss., Westminster Theological Seminary, Philadelphia, 1995), p. 99에 인용 및 번역됨.

모든 사람이 동의하는 바는, 인간의 통찰이 하나님의 선언들에 굴복해야 한다는 것이다. 불일치가 시작되는 이유는, 우리의 상대가 하나님 자신이 말씀하셨음을 믿지 않는 반면에 우리는 하나님이 말씀하셨다고 고백하기 때문이다. 복음 대 혁명! 이 확신은 적절한 유형의 신앙을 일깨우기 위해 우리가 선포할 수 있는 것이어야 한다. 우리는 이 권리를 요구할 뿐인데, 이 권리가 거부되고 있다.

아브라함 카이퍼, 「더 스탄다르트」, 1873년 6월 7일자[2]

이사야 60장은 주목할 만한 구절로서, 시온의 미래를 생생한 이미지로 일깨운다.[3] 그것은 정치적·상업적 이미지로 가득하다(60:9에 나오는 "다시스의 배들"을 보라). 이사야 60:11은 시온의 성문들이 항상 열려 있을 때를 그리는데, "이는 사람들이 네게로 이방 나라들의 재물을 가져오며 그들의 왕들을 포로로 이끌어 옴이라."[4] 이사야 60:16은 하나님의 백성이 "이방 나라들의 젖을 빨며 뭇 왕의 젖을 빨" 날을 말한다. 이 구절에는 왠지 정치가 하나님의 통치에 이질적이라는 암시가 전혀 없다.[5] 대신에 이 새로운 성읍은 정치

---

[2] McKendree R. Langley, *The Practice of Political Spirituality: Episodes from the Public Career of Abraham Kuyper, 1879-1918* (Jordan Station, ON: Paideia Press, 1984), p. 12에 인용 및 번역됨.

[3] 참고. Richard Mouw, *When the Kings Come Marching In: Isaiah and the New Jerusalem* (Grand Rapids: Eerdmans, 1983)은 이사야 60장에 대한 유쾌한 숙고를 보여 준다. 『왕들이 입성하는 날』(SFC).

[4] 왕들을 포로로 이끌어 오는 것에 대해서는 약간의 논쟁이 있다. Brevard S. Childs, *Isaiah*, Old Testament Library (Louisville: Westminster John Knox, 2000), p. 497는 왕들이 억지로 끌려오는 것으로 볼 필요가 없다고 지적한다.

[5] Alan Storkey, "The Bible's Politics", in *Witness to the World*, ed., David Peterson (Carlisle, UK: Paternoster, 1999), p. 65의 주장에 따르면, "성경 본문은 조세, 법률, 종족 갈등, 민족 국가, 정의, 형사 정책, 노동 분쟁, 전쟁, 평화, 조약, 특정한 정부 또는 행정, 파당, 정치적 논평, 실패, 제국, 국제 무역, 대중적 호소와 결정, 국가의 쇠락과 분열, 개혁, 정치 지도자, 봉기, 점령 등으로 가득하다. 이것은 바로 오늘날 정치가 의미하는 것이 담고 있는 내용이다. 신약의 교회와 오늘날의 교회의 유사성보다 성경의 정치와 오늘날의 정치의 유사성이 훨씬 더 크다. 왜냐하면 신약은 교단들, 예전 형태들, 사제직, 교회일치주의 혹은 다른 현대적 사안들을 다루지 않기 때문이지만, 그럼에도 주석가들은 그들이 본문의 현대적 의의를 보는 것으로 움직이는 것에서 아무런 문제를 느

를 위한 적절한 장소를 제공하는 것으로 보이는데, 특히 하나님의 백성이 뭇 왕의 젖을 빤다는 모성적 이미지를 통해서 그렇다! 카이퍼는, 우리가 본 것처럼, 신실한 자들에게 참된 어머니가 되는 교회를 갈망했다. 리처드 마우는 이사야 60:16과 관련해 이렇게 말한다. "정치는 생명을 주기 위한 힘이 될 것이다. 어머니 같은 왕들은 하나님의 백성을 먹일 것이다."[6]

교회를 신앙에서 우리의 어머니로 여기는 것과 정부를 모성적 측면에서 생각하는 것은 별개로, 후자가 훨씬 더 어려운 일이다. 이에 대한 하나의 이유는 개신교 전통에서 정부가 일반적으로 타락 이후의 제도로, 즉 악을 억제하고 어느 정도의 사회적 정의를 확보하기 위한 하나님의 일반 은혜의 일부로 생각되기 때문이다.[7] 개인적으로, 부분적으로는 이사야 60장 같은 구절들에 근거해서, 나는 토마스주의의 견해에 의해 더 설득된다. 즉 정부가 잠재적으로 창조와 함께 주어져서, 심지어 타락 후에도 훨씬 더 긍정적 역할을 갖는다는 것이다.

어느 쪽이든, 정치는 오늘날 사회들에서 대단히 중요한 요소이며, 우리가 그것을 무시하는 것은 위험을 무릅쓰는 짓이다. 수 세기에 걸친 높은 수준의 소비와 외부로부터의 전쟁 없는 안락한 생활을 누리는 우리의 안락한 서구는—비록 테러리스트들의 공격에 의해 변화하고 있기는 하지만—때로 정치가 얼마나 중요한지 깨닫기 어렵다. 하지만 만약 우리가 르완다의 인종 청소 시기에 매시간 오백여 구의 시체가 강물에 휩쓸려 내려가는 것을 보고 있었더라면, 또는 21세기 초반에 남수단에 살았더라면, 건강한 정치가 얼마나 중요한지 인식하는 것은 어려운 일이 아닐 것이다.

카이퍼는 그런 실수를 하지 않았다. 이 장의 도입부에 제시된 인용문이

끼지 못한다. 그러나 성경 본문이 완전히 단도직입적으로 정치적일지라도, 해석은 이루어지지 않는다."
6 Mouw, *When the Kings Come Marching In*, p. 36.
7 카이퍼의 견해; Kuyper, *Lectures on Calvinism*, p. 67.

시사하는 바와 같이, 카이퍼는 만약 하나님이 말씀하셨다면 그것이 정치와 관련해 이 세상에서 중대한 영향을 끼친다고 믿었다. 카이퍼는 왕정이 대체되고 다양한 계몽주의 이후의 정부 모델들이 이론화되고 제도화된 정치적으로 격동의 시기를 살았으며, 또한 그는, 비록 탈기독교 사회의 방식이고 모든 주된 종교적 혹은 신앙고백적 비전들에 진정한 자유를 허용한 방식으로나마, 정치에서 기독교적 사고와 실천의 필요를 보았다. 카이퍼는 **기독교적 정치 행동**에 관심을 집중했고 상당한 에너지를 쏟았지만, 항상 그가 이것을 대안적 비전들이 공론장에서 경합했던 다원주의 맥락에서 상상했음을 간과해서는 안 될 것이다.

물론 하나님이 정치와 관련이 있음을 아는 것과 그것이 이론과 실천에서 무엇을 의미하는지를 이해하는 것은 별개다. 카이퍼는 정치 이론가가 아니었지만, 정치에 관한 한 그는 분명히 유기적 지식인(organic intellectual)이었다.[8] 카이퍼는 목사였을 때도 정치에 깊이 연루되어 있었지만, 1877년의 실패에서 돌아온 후 이제 거의 40세가 되었을 때, 그는 많은 유명한 교회들의 청빙을 거절하고 언론과 반혁명 운동의 조직에 집중했다. 3년 내에 그는 자유 대학교를 공동 설립했고, 정당(반혁명당)을 창당했고, 기독교 학교들의 전국 네트워크의 발전을 도모했다.[9]

---

[8] Langly, *Practice*의 지적에 따르면, 카이퍼는 국가에 대한 정치 **이론**을 발전시키지 않았다. 영역 주권 및 교회와 마찬가지로 이것은 사실일 수 있으나, 카이퍼의 *Dictaten Domatiek* 5권의 "Locus De Magistratu"는 너무나 자주 무시된다.

[9] 지적해야 할 중요한 것은, Harry Van Dyke, "Abraham Kuyper: Heir of an Anti-Revolutionary Tradition", in Steve Bishop and John H. Kok, eds., *On Kuyper: A Collection of Readings on the Life, Work and Legacy of Abraham Kuyper* (Sioux Center, IA: Dordt College Press, 2013), pp. 7-26가 지적하는 것처럼, 카이퍼는 이것을 스스로 또는 처음부터 새롭게 성취하지 않았다는 점이다. "카이퍼는 거의 백 년이 된 전통에 침잠했다. 그는 많은 다른 사람들이 심은 곳에서 거두었다. 그는 이미 준비된 사람들을 동원했고, 이미 윤곽이 잡힌 세계관과 행동 계획을 정교하게 만들었고, 이미 있는 움직임을 촉진했다.···그의 역사적 맥락을 배경으로만, 우리는 아브라함 카이퍼가 실제로 얼마나 독특했는지를 평가할 수 있다"(p. 26). 참고. Langley, "Emancipation and Apologetics", pp. 1-80.

정당 창당

카이퍼는 결연히 정당을 발전시키고자 했는데, 이것을 그는 "긴급한 **신앙고백적 필요**"라고 주장했다.[10] 전환점은 1877년 6월 선거에서 왔다. 이 선거에서 자유주의자들은 의회 하원의 60퍼센트인 다수 의석을 확보했으며, 그로 인해 자신들의 자유주의적 의제를 추구할 수 있는 위치에 섰다. 신속하게 카이퍼는 18개 조항으로 된 정당 강령을 개발하고 유포했는데, 이것을 그는 당원들이 지지할 승인된 정강으로 1878년 초에 「더 스탄다르트」에 발표했다. 카이퍼는 정당에 요구되는 것들을 다섯 가지로 밝힌다.

1. 정당은 공통의 정강에 의해 정의되어야 한다.
2. 정당은 가능한 한 많은 지방에 있는 조직된 지부들로 구성되어야 한다.
3. 지부들의 대표들은 의회 후보를 지명하기 위해 전당 대회로 모인다.
4. 지지된 후보들과 의회의 현직 의원들은 정강에 매인다.
5. 중앙 위원회는 당의 운영을 조정한다.

우리에게는 이것들이 너무 뻔한 것으로 보일 수 있지만, 카이퍼의 맥락에서 그런 조직은 새로웠다.[11] 이때까지 네덜란드 정치는 엘리트들의 전유물이었던 반면, 카이퍼는 "힘없는 사람들"의 에너지를 활용하기를 원했다. 산업화는 유럽 전역에서 노동자들의 불만과 운동을 낳았지만, 일반적으로는 조직적 지도력이 없었다. 그리고 바로 이것을 카이퍼가 제공하고자 했다.

만약 카이퍼의 조직화가 기폭제를 필요로 했다면, 이는 자유주의자들이 네덜란드 학교를 현대화하기 위한 법안을 제출하는 데 성공함으로써 이루어졌는데, 그 법안은 무엇보다도 종교적 학교들에 대한 국가 지원을 금지하

---

10   Bratt, *Abraham Kuyper: Modern Calvinist, Christian Democrat*, p. 113에 인용됨.
11   같은 책, p. 114.

는 것이었다. "이를 위해 그들[자유주의자들]은 이전의 자유주의가 가졌던 조용한 세속주의의 시끄러운, 교조적 형태를 내놓았다. 그들의 주장에 따르면 종교는, 특히 어린 자녀들 가운데 행해지는 종교 교육은 무지, 미신, 퇴보를 낳았다. 그것은 개인과 국가의 온전한 발전을 저해했다." 요한네스 카페인 판 데 코펠로(Johannes Kappeyne van de Coppello)의 학교 법안은 야당을 자극했고, 전국에 지역 위원회들이 우후죽순처럼 생겨났다. 한여름에 여러 주에 걸쳐 탄원서에 서명을 확보하려는 노력은 개신교와 가톨릭 가운데서 놀라운 결과를 낳았으며,[12] 비록 국왕이 법안에 서명해서 발효시켰으나, 교육은 반혁명당의 "기폭제와 심장"이 되었고, 카이퍼는 이제 자신의 정보 기반을 갖게 되었다. 반대하는 비난에도 불구하고, 카이퍼의 정치 강령은 한 가지 사안의 문제가 아니었다. 그것은 교육이 양심(즉 종교)과 가정에 종속되게 함으로써 양심의 자유를 나라의 문화에 중심이 되게 만들었고, 가정을 자만에 찬 국가에 대항하는 첫 번째 방어벽으로 삼았다. 카이퍼는, 유럽과 미국에서 다양한 신념을 가진 많은 다른 이들과 함께, 미래가 교육의 문제를 중심으로 돌아갈 것으로 여겼다.[13]

1879년 1월에 전국적인 성경 있는 학교 연합(Union for the School with the Bible)이 위트레흐트에 설립되었으며, 4월에는 반혁명당의 대의원 총회가 개최되어 정강, 중앙 위원회, 정당 구조를 비준하고 카이퍼를 당 대표로 선출했다. 8월에 암스테르담 자유 대학교의 설립이 발표되었고, 이 학교는 1880년 10월 20일에 소박하게 문을 열었다. 학부 팸플릿과 학습 지침은 곧 교회 토론 그룹을 위한 정규 자료가 되었고, 한여름에 열리는 학교 연합 회원들의 연례 회의는 일종의 휴가 캠프의 분위기를 이루었다. 암스테르담 자유 대학교는 전적으로 사적으로 기금이 조달되었으며, 카이퍼는 평범하고

---

[12] 조지 하링크의 개인적 서신에 따르면, 그때까지 최대 규모의 탄원서였다.
[13] 같은 책, pp. 115, 116, 117.

교육받지 못한 사람들이 학교 운영에 한 공헌들을 칭송하면서 묻는다. "이 것은 학문을 삶에 연결하는 문제를 위한 실용적 해결이 아닙니까? 민중의 돈으로 지원을 받는 학자들은 민중에 더욱 가까이 자라면서 메마르고 추상 적인 모든 것에 더욱 반대해야 하지 않겠습니까?"[14]

카이퍼는 언론과 자유 대학교를 그의 사역의 중심축으로 삼아, 그를 따르는 이들 사이에 정치적인, 교양 있는 시민 문화를 발전시키는 일을 탁월하게 해냈다. "대학이 자연과 사회를 가로질러 하나님의 생각을 추적할 때, 정당은 '주의 규례'가 대중의 동의에 따라 이 땅의 법으로 수용되도록 노력할 것이다."[15] 카이퍼가 원했던 것은 단지 대중 운동이 아니라 학식 있는 운동이었기 때문에, 1878년 3월에 그는 「더 스탄다르트」에 정당 강령에 대한 연재를 시작했다. 연재가 완료되었을 때 73개의 글이 『우리의 정치 강령』으로 출간되었는데, 이는 "두 권으로 된, 1,300쪽에 달하는, 응용 칼뱅주의 정치 철학을 다루는 공개 대학 강좌로서, 충성스러운 당원들이 가까이 하도록 의도되었다."[16] 브래트는 이 측면에서 카이퍼가 "두터운 사회학"을 구축했다고 지적한다. 즉 마을 제빵사가 지역 교회 협의회의 회원, 반혁명당 지역 협의회의 실무자가 될 수 있을 것이다. 그의 형제는 기독교 학교 이사회의 구성원이 될 수 있고, 그의 아내는 성경과 선교회의 자원봉사자가 될 수 있을 것이다.[17]

카이퍼의 정치적 작품에 아주 핵심이 되는 것은 영역 주권에 대한 그의 교리로, 이는 우리가 5장에서 살핀 바 있다. 『우리의 정치 강령』 끝에서 카이퍼는 반혁명당의 정강을 인도하는 세 가지 실질적 원리들을 기술

---

14 같은 책, p. 124에 인용됨.
15 같은 책, p. 125.
16 같은 책, p. 114. 반드시 언급해야 할 것은, 1880년 이후의 판본에서 부록의 많은 부분이 생략된 채로 출간되어 약 500쪽에 이르는 책으로 축소되었다는 점이다. 『우리의 정치 강령』이 된 기사 시리즈의 분석과 관련해 Langly, "Emancipation and Apologetics"를 보라.
17 Bratt, *Abraham Kuyper: Modern Calvinist, Christian Democrat*, pp. 126-127.

한다.[18]

1. 주권이 사회 각 영역에 있다.

2. 국가는 총합이 아닌 유기체다.

3. 지성 및 영성 형성과 교육을 위해 필요한 것은 강압이 아닌 자유다.

『우리의 정치 강령』의 설명은, 영역 주권에 따르면 권위를 행사할 수 있는 권리는 주권자 하나님에 의해서만 위임된다는 것이다. 그런 견해와 반대되는 것으로 카이퍼는 국민 주권과 국가 주권을 설정한다.[19] 앞의 세 가지 요점과 관련해서 카이퍼는 아주 흥미롭지만 설득력은 별로 없게 다음과 같이 말한다. "누군가가 영역 주권이 유기적 관점과 분리될 수 없다고, 그리고 이것은 결국 마음과 영혼의 자유로운 작동을 전제한다고 이의를 제기한다면, 우리는 이 세 가지 선의 교차가 우리의 개요의 삼위일체적 성격을 무효로 만든다기보다는, 오히려 그것을 오해의 여지가 없는 특징으로 확증하는 것이 아닌지 물어볼 수 있을 것이다."[20]

『우리의 정치 강령』

카이퍼는 교양 있는 능동적 시민들의 필요성을 인식했는데, 그들의 관여가 영역들에 활기를 불어넣고 건강하게 유지할 것이었다.[21] 이런 맥락에서『우리의 정치 강령』은 비범한 작품이다. 그것은 반혁명당의 정치 강령을 선명

---

18 Abraham Kuyper, *Our Program: A Christian Political Manifesto*, trans. Harry Van Dyke, Collected Works in Public Theology (Bellingham, WA: Lexham, 2015), p. 380.
19 참고. Kuyper, *Lectures on Calvinism*, pp. 69-70, 72. 이 주제와 관련해 5장을 보라. 카이퍼가 보기에, 현대 사회는 국가나 국민의 뜻을 절대화하는 위험에 처해 있다.
20 Kuyper, *Our Program*, p. 381. Langley, "Emancipation and Apologetics", p. 73의 주장에 따르면, "그의 사유에 있는 유기적 요소는 그 기원을 칼뱅에게 찾을 수 있지, 상대주의적인 낭만주의적 유기체설이 아니다." 참고. 같은 책, pp. 21-23, 그리고 앞의 5장.
21 같은 책, p. 82는 이런 "공적 문제에 대한 개혁파의 통합적 태도"를 "정치적 영성"이라 부른다. 참고. 같은 책.

하고 포괄적으로 제시하고 체계적 해설의 기준을 제공해서, 카이퍼의 경쟁자들이 그에 부응하도록 만들었다. 정치 강령은 다음의 제목이 있는 21개 조항으로 구성된다.

- 우리의 운동
- 권위
- 하나님의 규례
- 정부: 세속적 국가는 없다
- "하나님의 은혜로"

- 정부의 형태
- 우리의 헌법[22]
- 대중의 영향
- 예산안 거부
- 분권[23]
- 우리의 의회와 협의회들

- 교육[24]
- 사법 제도[25]
- 공공질서
- 공중 보건

---

22 이 조항 및 이어지는 조항에 대해서는 같은 책, pp. 150-152를 보라.
23 이 조항 및 어떻게 반혁명당과 카이퍼가 선거 개혁을 위해 일했는지에 대해서는 같은 책, pp. 132-135를 보라.
24 이 조항 및 어떻게 반혁명당과 카이퍼가 그것을 실천으로 옮겼는지에 대해서는 같은 책, pp. 114-132를 보라.
25 이 조항 및 이어지는 두 조항들에 대해서는 같은 책, pp. 147-149를 보라.

- 재정[26]
- 국방[27]
- 해외 영토[28]
- 사회적 질문[29]
- 교회와 국가[30]
- 정당 정책

앞에 제시된 구분처럼, 『우리의 정치 강령』에는 세 가지 군이 있다. 일반적으로 말하자면, 첫 번째는 정부에 대한 하나님의 법(규례)을 다루고, 두 번째는 네덜란드 정부의 구조를 다루고, 세 번째는 신적 규례를 실천으로 옮기려는 시도인 국가 정책을 다룬다. 혹은 이 정당에서 흔하게 된 표현을 사용하자면, 첫 번째 군은 주된 혹은 제일 원리들을 다루고, 다음의 두 가지 군은 응용 원리들을 다룬다.[31] 이해할 만하게 카이퍼가 주장하는 바에 따르면, "다른 정당들은, 거의, 의석을 위해 운동을 벌인다. 우리는 우리의 **원리**들을 위해 운동을 벌인다."[32]

---

[26] 이 조항 및 카이퍼가 국가 재정, 세금, 경제 정책의 사안들에 접근한 것에 대해서는 같은 책, pp. 143-145를 보라.
[27] 참고. 같은 책, pp. 145-147.
[28] 이 조항 및 반혁명당의 식민주의에 대한 접근에 대해서는 같은 책, pp. 138-143를 보라. 같은 책, p. 140의 지적에 따르면, "이 18번째 조항은 카이퍼의 전체 식민주의 개혁에 대한 의제가 아주 간결하게 담겨 있다. 국가나 사기업에 의한 경제적 착취의 관행은 식민지에 대한 윤리적 후견 정책으로 대체되어야 한다."
[29] 이 조항 및 어떻게 반혁명당과 카이퍼가 그것에 접근했는지에 대해서는 같은 책, pp. 135-138를 보라.
[30] 20번째 조항 및 21번째 조항에 대해서는 같은 책, pp. 152-160를 보라. 성경의 기준과 다원주의적 민주주의의 상대적 성격 사이의 관계에 대한 카이퍼의 가장 분명한 논의는 그가 1874년에 "오류는 처벌될 수 있는가?"(Is Error Punishable?)라는 제목으로 쓴 일련의 글에서 볼 수 있다. 참고. 같은 책, pp. 153-157.
[31] 참고. 같은 책, pp. 85-112.
[32] Abraham Kuyper, in *De Standaard*, June 6, 1873, 원문의 강조. Langley, "Emancipation and Apologetics", p. 99에 인용 및 번역됨. 3번째 조항에서 "원리들"이 강조되는 것에 주목하라.

카이퍼는 때때로 독재가 퇴출되어야 함을 인정하지만, 흐룬 판 프린스터러를 따라, "혁명"에 강력히 반대한다.[33] "우리의 믿음을 살피고 우리의 개인적 삶을 조사하고 과거로부터 듣고 난 후에 우리가 주장하는 바는, 유럽의 병폐를 위한 치료는 '슬픔의 사람'(Man of Sorrows)의 보호 아래에 있는 것 외에는 없다는 것이다." 카이퍼에게 이것은 역사가 무시될 수 없음을 의미한다. 대신에 우리는 물려받은 역사적 유산을 가지고 건설적으로 일해야 한다. 그리고 카이퍼가 보기에 반혁명당이 물려받은 유산은 아주 긍정적인 것이다. 이 정당은 한때 유럽 전역에서 존경을 받던 정치 강령을 물려받았고, 또한 만약 그 유산이 현재를 위해 발전된다면 미래를 위한 위대한 약속을 갖는다. 그러나 그리스도인들의 정치 관여는 기독교 국가 혹은 국교회의 회복을 목적으로 해서는 안 된다. "그리고, 논란을 영원히 잠재우기 위해 말하자면, 개혁파 국가 교회의 재건이라는 생각에 우리 자신이 그 누구보다도 강력하게 반대한다. 반대로, 우리는 국가가 스스로 '구원하는 신앙'을 증진하지 않는다는 원칙을 가장 엄격하게 적용할 것을 요구한다."[34]

첫 번째 군에서 카이퍼는 정부에 대한 견해를 영역 주권의 비전 내에서 분명히 설명한다. 하나님이 최고의 주권자이시며, 따라서 **정치적** 주권은 따로 떨어진 사례가 아니라 사슬의 한 연결고리로서, 창조 세계 전체가 하나님의 규례에 의해 일관성을 갖고 존재하게 한다. 비록 민족 국가가 현대의 산물이지만, 카이퍼는 그것을 자연적인 것으로 단언한다. "게다가, 나라의 정치 권력이 다른 주권적 권위가 멈추고 자신의 권위가 시작되는 경계를 법에 의해 정의할 때, 이는 어떤 방식으로도 하나님의 주권을 제한하지 않

---

33 참고. Timothy Sherratt, "Rehabilitating the State in America: Abraham Kuyper's Overlooked Contribution", in Bishop and Kok, *On Kuyper*, pp. 383-403, 391. 신칼뱅주의자들 가운데서 이루어진 저항의 문제에 대한 논쟁을 다음에서 보라. John W. Sap, *Paving the Way for the Revolution: Calvinism and the Struggle for a Democratic Constitutional State*, VU Studies on Protestant History 6 (Amsterdam: VU, 2001), pp. 289-354.

34 Kuyper, *Our Program*, pp. 4, 9.

고 단지 정치 권력의 본질적 한계를 보여 준다."³⁵

카이퍼는 성경이, 그리고 창조 세계와 역사에 대한 연구가 바로 정부가 정당한 법을 분별하는 수단이라고 주장한다. 정의의 문제에 관한 한, 사람들은 참되고 살아 계신 하나님을 선택하거나 반대되는 것을 선택해야 한다. 오직 하나님이 어떤 것이 정당한지 부당한지 결정할 권리를 가지신다. 카이퍼는 하나님의 율법을 철저히 포괄적인 것으로 본다.

> 만약 우리가 이것들을 "하나님의 규례"라고 부른다면, 토양과 기후에 대한 규례, 나라의 산물과 자원에 대한 규례, 다스릴 권세가 우리에게 부여된 동물들에 대한 규례가 있다는 결론이 된다. 그러나 또한 하나님의 규례는 인간의 삶에 대해, 몸과 마음에 대해, 우리 인간의 능력을 발전시키는 것에 대해, 혈연과 친족 관계에 대해, 상업과 산업에 대해, 나라로서 우리의 소명과 운명에 대해 있다. 간단하게 말해서, 모든 것에 대한 주님의 뜻과 명령과 규례가 있어서, 사람들이 그에 대해 두 가지의 견해를 가질 수 있다. 하나님의 거룩한 존재로부터 흘러나오는 확고한 원리들에 따르면, 하나는 칭찬받을 만하고, 다른 하나는 용납할 수 없다.³⁶

대단히 중요한 질문은, 물론, 우리가 하나님의 법을 아는 방법에 대한 인식론적 질문이다. 사회적 질문들은 자연적 질문들보다 훨씬 더 복잡하고, 또한 부가적인 죄의 영향이 있다. 죄는 성경을 우리가 정치적 삶에 대한 하나님의 규범을 추구하는 데 없어서는 안 될 것으로 만든다. "우리는 좁은 의미에서의 '하나님의 말씀'에 접근할 수 있는데, 그것은 그런 영원한 원리들을 상당히 밝혀 주고 상당한 정도로 인간 삶을 위한 하나님의 규례를 드

---

35 같은 책, p. 22.
36 같은 책, p. 31.

러낸다."[37]

이런 측면에서 카이퍼는 다섯 가지 명제를 분명히 밝힌다.
1. 지상에서 정당한 법으로 통할 모든 법은 정의의 시험을 통과해야 한다.
2. 오직 하나님만 무엇이 정당한지 결정하시는데, 그분의 본성에 따라 그렇게 하신다.
3. 인간의 삶에 관한 한, 이런 하나님의 규례에 대한 순수한 지식과 확고함은 죄의 결과로 상실되었다.
4. 자연 신학과 자연적 도덕성은, 그것이 아무리 많이 인정되어야 할지라도, 영원한 원리들을 아는 데 이르기에는 불충분하다.
5. 하나님의 말씀의 특별하고 초자연적인 계시가 이 원리들을 중요하게 밝혀 주는데, 여기에는 시민적 삶에 관련성 있는 원리들이 포함된다. 따라서 우리의 소명은, 또한 정치 영역에서도, 그 말씀에 계시된 영원한 원리들을 고백하는 것이다.

이렇게 말하긴 했어도, 카이퍼는 성서주의를 피하기 위해 주의를 기울였다. 성경은 바로 사용할 수 있게 준비된 법조문 보관소가 아니다. 대신에 성경은, 여러 세기에 걸친, 삶과 관련한 하나님의 계시의 영감된 기록이다. "성경은 하나님의 규례―즉 그분의 영원하고 변함 없는 원리들―를 담고 있지만, 대부분은 마치 금광의 금괴처럼 혼합된 형태로 있다."[38] 카이퍼는 쥘 미슐레(Jules Michelet, 1798-1874)의 교육에 대한 책 『우리의 아들들』[Nos fils (1869)]을 언급하는데, 거기서 계몽주의의 열렬한 지지자인 미슐레는, 우리가 인정하든 인정하지 않든, 죄가 삶에 있는 거대한 분열을 나타낸다고 말한다. 미슐레에 따르면, "우리는 우리가 위하여 싸우고 있는 신앙의 온전한 의미를 검토하고 간파해야 한다.…원죄라는 것은 존재하지 않는다. 모든

---

37 같은 책, p. 32.
38 같은 책, p. 34.

아이는 흠 없이 태어나며 사전에 아담의 죄에 의해 특징지어지지 않는다."[39] 물론 카이퍼는 정확히 그 반대를 믿었고, 여기서 우리는 죄와 그에 따른 반립에 대한 그의 강조를 본다. 성경은 세상을 제대로 볼 수 있는 렌즈를 제공하며, 또한 카이퍼는 정치가 현실에서 어떻게 작동하는가에 대한 연구에서 우리가 많은 것을 배워야 한다는 사실에 주의를 기울인다. 카이퍼는 법학자들과 정치 철학자들이 하는 대단한 역할에 주목하는데, 그들은 우리가 발전시키는 정치 원리들에 있는 하나님의 율법의 표지를 분별하도록 우리를 돕는다. 따라서 카이퍼의 계획에서 암스테르담 자유 대학교가 대단히 중요한 것이다.

기독교가 정부의 의식에 영향을 끼치는 방식에 대한 카이퍼의 견해는 흥미롭다. 그는 직접적 영향과 간접적 영향을 구분한다. 직접적 영향은 정부 구성원이 성경을 묵상하고 이것을 그들의 소명들에서 실행하는 것을 통해서다. 간접적으로, 영향은 그 나라에서 하나님의 백성의 삶을 통해 감지된다. 그는 교회가 정부에 있는 교회 구성원들에게 특별한 관심을 쏟아야 하며, 정치인들을 돕기 위해 신학적 연구를 육성해야 하고, 시민 사회를 그리스도인들에게 아무런 상관없는 것으로 보는 어떤 견해도 물리쳐야 한다고 주장한다.

언론인으로서, 놀랍지 않게도, 카이퍼는 좋든 나쁘든 정부의 의식에 영향을 끼치는 언론의 역할을 인식하고 있다. 그는 건강한 기독교 언론이 번성할 환경을 꿈꾼다.

그러나 만약 일간 신문들이 다시 한 번 스스로를 하나님의 말씀에 기반하게 해서, 정치 영역을 위한 하나님의 말씀의 원리들을 다시 권고하고 왕과 나라

---

[39] Jules Michelet, *The People*, trans. C. Cocks (London: Longman, Brown, Green and Longmans, 1846). 『미슐레의 민중』(교유서가).

가 하나님의 규례를 향한 자신들의 의무를 상기하게 한다면—그럴 때 점점 더 정부에서 일하는 사람들의 양심이 처음에는 충격과 자극을 받을 것이고, 오래지 않아 도전을 받을 것이고, 하나님의 규례가 그들의 숙고 가운데 영향력을 얻게 될 것이다.[40]

또한 카이퍼는 간략하게 세계 여론의 영향을 언급하는데, 이는 그가 보기에 너무나 흔히 간과되는 것이다. 특히 네덜란드처럼 작은 나라에서는, 유럽의 거대한 중심지들에서 나타나는 추세가 여론에 엄청난 영향을 끼친다. 카이퍼는 이런 측면에서 지역 고유의 기여가 적은 것과 또한 세계 여론이 종종 반기독교적이라는 사실에 한탄한다. 그는 언젠가 기독교 사상이 세계 여론의 중심들에 영향을 끼치기 시작하기를 꿈꾼다.

카이퍼의 사상에서 전형적으로 그렇듯이, 그는 국가가 역동적인 도덕적 유기체로서, 창조 세계를 위한 하나님의 법들에 대한 응답으로 나온다고 주장한다. 그런 것으로서 국가는 살아 있는 전체의 부분, 많은 영역 가운데 한 영역이다. 이 살아 있는 전체에서 국가의 역할은, 시민들이 자신의 잠재적 능력을 자유롭게 그리고 최대한으로 활용할 수 있는 사회적 삶을 촉진하는 것이다. 카이퍼는 네덜란드를 "기독교 국가"(Christian nation)로 묘사하면서 아슬아슬한 줄타기를 한다. 네덜란드는 "하나님 없이 있지 않다"는 점에서 기독교적이고, 그런 것으로서 다음의 의무가 있다.

- 행정과 입법에서 국민에 대한 복음의 자유로운 영향을 방해하는 어떤 것도 제거해야 한다.
- 국민의 영성 형성을 직접적으로 간섭하는 어떤 것도 하지 않아야 하는데, 이 측면에서 전적으로 권한이 없기 때문이다.

---

[40] Kuyper, *Our Program*, pp. 39-40.

- 모든 교단과 종교 공동체들을, 그리고 더 나아가 모든 시민을, 영원한 것에 대한 그들의 견해와 상관없이, 평등하게 대해야 한다.
- 사람들의 양심이 존중의 추정을 결여하지 않는 한, 그 양심에 대해서 국가의 권력에 한계가 있음을 인정해야 한다.[41]

카이퍼에게 아주 분명한 것은, 정부가 얼마나 많이 복음에 공감하는지와 상관없이, 절대로 정부는 자신의 권력을 복음에 반대하는 사람들에 반대해 사용해서는 안 된다는 점이다. 만약 어떤 유대인이 예수를 메시아로 보는 기독교적 견해에 대해, 어떤 무슬림이 성경에 대해, 어떤 과학적 자연주의자가 창조의 교리에 대해, 혹은 어떤 실증주의자가 신앙에 대해 이의를 제기할지라도—그들은 모두 그렇게 하는 데 자유로워야 한다. 심지어 무신론자들의 권리도—카이퍼의 맥락에서는 극소수다—보호를 받아야 한다.

카이퍼는 성경이 하나의 정부 형태를 다른 정부 형태에 우선하는 것으로 규정하지 않음을 인정하지만, 그와 반혁명당은 네덜란드에서 발전해 온 입헌 군주제를 지지한다. 자연스럽게 당과 카이퍼는 합법적인 수단을 통해 입헌 군주제를 개혁하는 데 관심을 기울인다. 예를 들어, 카이퍼는 새로운 선거 제도와 선거구 확대를 주장하는데, 이 목표를 그는 성취했다. 그는 상원의 지역적 대표를 기능적 대표(사업, 노동, 대학 등)로 대체하기를 원했지만, 이 목표는 결코 성취되지 않았다. 놀랍지 않게도, 교육은 『우리의 정치 강령』에서 두드러진 특징이다. 카이퍼는 교육의 영역에서 모든 시민에게 동등한 권리를 제공할 것을 정부에 호소한다.

『우리의 정치 강령』이 구현하는 비전은 과감하고 용기 있고 맥락에 맞고 탁월하다. 이 맥락에서 중요한 것은, 카이퍼가 단순히 정치 이론가에 불과하지 않았음을 기억하는 것이다. 물론 그는 정치 이론가였지만, 또한 적

---

41 같은 책, p. 57.

극적인 정치가이자 실천가였다. 앞에서 우리는 이 운동이 진행됨에 따라 카이퍼가 반혁명당을 위해 제시한 정치 강령에 집중했다. 그러나 사람들은 이것이 실제로 어떤 모습이었는지 궁금할 것이다. 예상할 수 있는 대로, 그것은 많은 고비 가운데 엉망이었다.[42] 잊어서는 안 될 것은, 더 브라인(de Bruijn)이 지적하는 것처럼, "반혁명당은 네덜란드에서 최초의 현대적 정당이었을 뿐만 아니라, 그것의 명확한 기독교적 토대로 인해 기존의 자유주의 및 보수주의 진영과 구분되었다는 것이다. 반혁명당의 창당은 네덜란드 사회에 분화(pillarization)의 도래를 알렸는데,[43] 이는 신앙고백적 당 및 조직과 비신앙고백적 당 및 조직 사이의 '반립'에 근거했다."[44]

카이퍼의 정치 관여는 풍성한 문헌을 낳았는데, 적어도 영어권에서는, 아직도 충분히 발굴되지 않은 채로 있다. 존 스토트는 "윤리적 변증"의 필요성을 말했으며, 맥켄드리 랭글리(McKendree Langley)는 카이퍼를 공적 변증가로 묘사한다. 이는 적절한 묘사다. 신학적으로는 카이퍼가 현대주의의 맹공에 직면한 단편적 변증에 대해 극히 비판적이었지만, 그는 윤리적 변증의 필요성을 인식했고 또한 그것의 대가였다. 이에 대한 주된 증거는 그의 언론 활동에 있다. 카이퍼와 그의 동료들은 「더 스탄다르트」를 수단으로 삼아 시대의 사안들에 관여하되, 이것을 공개적으로, 특히 반혁명당의 당원들을 위해 그렇게 했다.

그리고 물론 우리가 잊지 말아야 할 것은, 반혁명당 당원들이 의회에 대표로 선출되어 반혁명당의 의원 총회가 그곳에서 발전해서, 결국 당시의 정

---

[42] 그 역사에 대해서는 Bratt, *Abraham Kuyper: Modern Calvinist, Christian Democrat*를 보라.
[43] **분화**는 우리가 뒤에서 신앙고백적 다원주의(confessional pluralism)로 묘사하는 것과 동의어다.
[44] Jan de Bruijn, *Abraham Kuyper: A Pictorial Biography*, trans. Dagmare Houniet (Grand Rapids: Eerdmans, 2008, 2014), p. 91. 이런 측면에서 바르트가 카이퍼와 근본적으로 다른 점에 대해서는 다음을 보라. Clifford Blake Anderson, "Jesus and the 'Christian Worldview': A Comparative Analysis of Abraham Kuyper and Karl Barth", *Cultural Encounters* 6, no. 1 (2006): pp. 61-80.

부가 되었다는 점이다.⁴⁵ 내 책장에는 네 권으로 된 카이퍼의 『의회 연설』 (*Parlementaire Redevoeringen*)이 있다.⁴⁶ 이것들은 아주 흥미로운 읽을거리를 제공하며, 다루는 주제들의 범위는 놀랄 만하다. 포함된 주제들은 남아프리카의 전쟁, 동인도의 상황, 계시와 이성, "주일 문제", 내각의 태생과 위상과 성격, 마르크스주의의 불의, 무신론주의로 향하는 사회 민주주의적 흐름, 학교 건립, 교사 연금, 노동 조건, 병원, 결핵과의 싸움, 지방세 등이다. 그 범위만 주목할 만한 것이 아니라, 그 연설들 전체에서 기독교 사상이 공개적으로 배치된 방식도 그렇다.

카이퍼의 정치 실천은 또한 그를 교회일치주의적 협력으로 나아가게 했다. 오늘날 우리는 가톨릭과 개혁파의 협력을 거의 문제로 여기지 않지만, 카이퍼 시대에는 전혀 상황이 그렇지 않았다. 브래트는 다음과 같이 지적한다.

가장 놀라운 것은 아주 오랜 종교적 적대감의 초월이었다. 카이퍼는 칼뱅파 지도자들과 가톨릭 지도자들 사이의 만남을 주선하는 데 도움을 주었는데, 이는 총선의 2차 투표 단계에서 서로 상대방의 후보를 지지하는 우호적 방안을 구축했다. 교황을 맹렬히 비난하고 개신교 국가로서의 네덜란드를 지지한 지 300년이 지난 후, 카이퍼의 칼뱅주의자들은 이제 기독교적 네덜란드를 복원하기 위해 로마 가톨릭과 함께했다.⁴⁷

---

45 Langley, "Emancipation and Apologetics", pp. 161-248는 Thorbecke III (1871-1872, 자유), De Vries (1872-1874, 자유), Heemskerk II (1874-1877, 보수), Kappeyne van de Coppello (1877-1879, 자유), Van Lyden van Sandenburg (1879-1883, 혼합)의 다섯 내각 시기에 있었던 반혁명당의 야당적 접근 방식에 대해 고찰한다.
46 Abraham Kuyper, *Parlementaire Redevoeringen* (Amsterdam: Van Holkema and Warendorf, 1908-1912).
47 Bratt, *Abraham Kuyper: Modern Calvinist, Christian Democrat*, p. 217.

그 영향은 즉각적이었다. 1888년의 확대된 선거구는 하원에 53:47로 종교적 다수를 가져왔고, 남작 아네아스 맥케이(Baron Aeneas MacKay)의 지도력 아래서 최초의 신앙고백적 내각이 취임했다.

사회적 질문과 가난한 사람들

사회 문제는 카이퍼의 시대에 핵심적이고 논쟁적인 사안이었으며, 카이퍼는 노동자와 고용주 사이에서 더 만족스런 관계를 만들어 내기 위해 도입되어야 할 변화에 세심한 주의를 기울였다.[48] 카이퍼는 산업화의 모호한 영향에 주목한다. "철로 된 기계의 마법 같은 작동은 불행하게도 자본가가 자신의 고용인들을 육체로 된 기계에 불과한 것으로, 즉 고장 나거나 마모되면 퇴출시키거나 폐기할 수 있는 것으로 여기게 했다."[49] 그는 관련된 다양한 요인들에, 특히 이전에는 노동자와 고용주를 묶어 주었던 긍정적 관계가 느슨해지고 이제는 비인격적 계약으로 축소된 것에 주의를 기울인다. 칼뱅은 사업에서 얼굴과 얼굴을 맞대는 것의 필요성을 강조한 반면, 애덤 스미스(Adam Smith)는 생산자와 구매자가 만나지 말아야 한다고 주장했는데, 바로 이런 비인격적 차원이 카이퍼가 비판하는 것이었다.[50] 올바르게도 카이퍼는 가난한 사람들에게 관심을 가졌지만, 또한 그는 다양한 종류의 빈곤을 알고 있었고, 거기에는 상근직을 찾아서 생계비를 마련할 수 없는 건강한 노동자도 포함된다.[51]

---

[48] 참고. Jan L. van Zanden and Arthur van Riel, *The Strictures of Inheritance: The Dutch Economy in the Nineteenth Century*, trans. Ian Cressie (Princeton, NJ: Princeton University Press, 2004).
[49] Kuyper, *Our Program*, p. 333.
[50] Adam Smith, *The Wealth of the Nations* (Oxford: Oxford University Press, 1993). 『국부론』 (올재클래식스).
[51] 참고. Herman Bavinck, *Essays on Religion, Science, and Society*, ed. John Bolt, trans.

카이퍼는 이런 측면에서 구약성경에 있는 이스라엘의 율법을 언급한다.[52] 그는 고리대금업, 담보 대출, 채권자, 일용직 노동자, 이삭줍기, 양도된 토지의 반환, 십일조, 희년 등에 대한 이스라엘의 법을 언급한다. 이런 것들은 강자를 억제하고 약자를 보호하는 데 기여한 사회적 기관들의 체계를 보장하기 위해 하나님에 의해 주어졌다. "부자와 가난한 사람들 사이의 끔찍한 간극은 절대 뿌리를 내려서는 안 된다."[53] 따라서 사회는 상업과 노동에 대한 법들을 필요로 하며, 카이퍼는 자신이 이전에 노동 법규를 요구했던 것을 반복하는데, 여기에 포함될 수 있는 영역들은 임금 계약, 노동 시간, 휴식 시간, 휴가, 그리고 질병으로 인한 계약 유예, 부상을 당한 노동자들, 작업 공간 안전, 현장 교육, 임금 계약 위반, 일로 인한 상해, 동료 노동자에 대한 강압의 사용, 고용주들에 대항한 음모, 협동조합, 노동 단체의 정치적 권리 등이다.[54]

카이퍼가 아주 분명히 하는 것은, 『우리의 정치 강령』이 칼뱅주의의 유토피아를 위한 비전이 아니라, 나라 전체의 번영을 의도하는 반혁명주의자들에게서 나온 개요라는 점이다. 놀랍게도, 결론에서 그는 이것이 삼위일체적 비전이라고 주장하고, 야웨를 경외함이 지혜의 시작이라는 잠언 인용으로 마무리한다![55] 이것이 중요하고 강력하기는 하지만, 1895년에 책으로 출간된 글모음인 카이퍼의 "그리스도와 빈민"(Christ and the Needy)의 폭발적

Harry Boonstra and Gerrit Sheeres (Grand Rapids: Baker Academic, 2008), 7장. 바빙크는 "그분[예수]이 전하기 위해 오신 복음은 가난한 사람들을 위한 복음이다"라고 말한다(p. 117).

52 참고. "Christ and the Needy", *Journal of Markets & Morality* 14, no. 2 (Fall 2011): p. 656에 있는 그의 언급을 보라. "한 사람이 자신의 소유를 완전히 처분할 수 있다는 생각은 이스라엘에 알려지지 않았다. 모든 소유는 단지 상대적 권리만 부여했다."
53 Kuyper, *Our Program*, p. 333.
54 전체 목록을 같은 책, p. 349에서 보라.
55 이에 대해 찬성하는 헤르만 바빙크의 논평을 다음에서 보라. Herman Bavinck, "The Pros and Cons of a Dogmatic System", trans. Nelson D. Kloosterman, *The Bavinck Review* 5 (2014): p. 92.

힘은 누구도 예상하지 못한 것이었다.[56] 이 작품은 성서학자로서 카이퍼의 깊이를, 그리고 성경이 당대의 사회적 이슈들에 대해 아무것도 섞이지 않은 힘으로 말하게 하려는 그의 의지를 드러낸다.[57]

카이퍼는 예수의 사역에 있었던 강력한 사회적 차원이 그토록 무시되어 온 이유를 묻는다. 그가 올바르게 지적하는 바에 따르면, 설교자들은 "영적인 것에" 갇혀서 온전한 그리스도를 선포하는 데 실패하는데, 그분의 복음은 사회적 삶에 영향을 끼치고자 하는 그분의 의도와 열망을 명백히 드러내는 것이다. 카이퍼의 분석에서 비범한 부분은 예수가 부자와 가난한 자들에 대해 하신 말씀의 사회적 맥락에 대한 연구다. 그런 강조는 당시의 성경 연구에서 상대적으로 새로운 것이다. 그가 자신의 분석을 마무리하면서 주장하는 바에 따르면, 예수가 자신의 공생애 사역을 하신 사회적 조건은 "호의적이지 않았지만, 오늘날의 조건과 비교할 때는 훨씬 더 호의적이었습니다."[58] 따라서 이 영역에 대한 예수의 가르침의 급진성은 줄어드는 것이 아니라 강화된다!

올바르게도 카이퍼는 예수의 사회적 지위를 대체로 하위 계층에 속하는 것으로 본다. 이것은 널리 알려졌지만, 그것이 사회 문제와 관련해 갖는 의미를 추적하는 일은 너무나 흔히 이루어지지 않고 있다. 카이퍼는 복음서의 가르침에 면밀한 주의를 기울이며, 그의 연구는 이 영역에 관한 가장 탁월한 최근의 몇몇 연구와 어깨를 나란히 한다. 그는 굶주림이 첫 번째 유혹이라는 사실에 주목한다. 그런 다음에, 나사렛의 회당에서 예수는 이사야 61:1을 펼쳐 읽으셨는데, 즉 그리스도가 가난한 자들에게 복음을 전하기 위해 기름 부음을 받았음을 말하는 부분이다. 그리고 곧, 산상수훈에서,

---

[56] 참고. Abraham Kuyper, *The Problem of Poverty* (Sioux Center, IA: Dordt College Press, 2011). 이것은 카이퍼가 1891년에 제1회 기독교 사회 대회(First Christian Social Congress)에서 행한 연설의 번역이다. 『기독교와 사회문제』(생명의말씀사).

[57] 이 장 도입부의 두 번째 인용문을 주목하라.

[58] Kuyper, "Christ and the Needy", pp. 680, 657.

팔복 가운데 첫 번째는 가난한 자들의 복을 말한다. 예수가 자신이 메시아라는 것에 대한 증거를 세례 요한에게 제시하실 때, 그분은 그에게 "복음이 가난한 자들에게 전파되었다"는 사실에 대해 주의를 환기시키신다. 카이퍼의 주장에 따르면, 예수는 그분의 공적 사역에서 스스로 원하셔서, 그리고 그분의 소명 때문에 먼저 가난한 이들에게 향하시며, 그들 가운데서 그분은 자신의 나라를 위한 주요 주체들을 찾으신다.

카이퍼는 핵심 복음서 본문들에 대한 칼뱅과 고데(Godet)의 주해를 고찰하고, 이 본문들이 예수의 사회적 가르침을 영적으로 해석하는 근거로 사용될 수 없다고 결론을 내린다. 그는 외친다. "만약 이 점에 관한 예수의 설교가 또한 우리의 설교라면, 그리고 그분의 나라의 근본 원리들이 지나친 영적 해석에 의해 우리 사회로부터 잘려 나가고 소외되지 않는다면, 기독교 국가에서 얼마나 다른 상황이 나타나겠습니까!" 카이퍼가 보기에, 맘몬에 관한 예수의 가르침은 그분의 비전에 지엽적이지 않고, 오히려 그분의 설교의 기조를 정하고 지배한다. 예수는 맘몬이 하나님을 섬기지 않고 스스로를 권력으로 주장하기 시작하는 순간에 즉시 그것에 맞서신다.[59] 카이퍼는 자신의 주변에서 목격한 부에 대한 집착을 개탄한다.

모든 것이 돈에 의해 재단됩니다. 부유한 사람이라면 누구든지 칭송을 받고 존경을 받는 인사가 됩니다. 바로 이것이 예수가 원하지 않으시는 것입니다. 그분은 정확히 그것에 반대하십니다. 그분은 돈을 목적으로 하고 추구하는 세상이나 사람들은 그 과정에서 스스로를 영적으로 타락시킨다고 선포하십니다. 막대한 재산을 쌓기 위해 온갖 재물을 축적하는 것을, 금융 거물을 작은 규모로 모방하는 것을, 그분은 저주받은 것으로 여기십니다.[60]

---

[59] 같은 책, pp. 665-666.
[60] 같은 책, p. 666.

카이퍼는 우리에게 기본적 대비를 하고자 하는 정당한 욕구가 있음을 인정하지만, 우리가 우리의 필요를 너무나 크게 만들 때 적에게 굴복한 것이라고 주장한다. 존 스토트는 서구 그리스도인들이 더 단순한 생활 방식을 받아들일 것을 호소했으며, 카이퍼는 동일한 요청을 예수의 가르침에서 발견한다. 우리는 우리의 욕망을, 특히 물질적인 것과 관련해 제어함으로써 우리 자신을 자유롭게 해야 한다. "이것이 예수의 기본적 사상으로, 따라서 그것은 우리 세기의 경향에, 즉 끊임없이 우리의 소득을 증가시키고 우리 주위를 사치품으로 둘러서 우리의 마음에 대한 황금의 능력과 영향을 강화시키는 것에 정반대로 맞섭니다."[61]

카이퍼는 소유와 관련해서 질투를 품는 것을 거부한다. 예수는 사랑이 삶의 이 영역을 다스리기를 원하신다. 그런 사랑은 최대한 합리적으로 불평등을 해소해야 한다. 카이퍼가 한 사람이 다른 사람의 겉옷을 요구하는 것과 같은 본문에 주의를 기울이면서 관찰하는 바에 따르면, 실제로 우리의 상황은 항상 두 사람이 나란히 있고, 한 사람은 그 위에서 잘 수 있는 두 개의 침대가 있고, 입을 수 있는 두 벌의 겉옷이 있고, 2인분의 음식이 있는 반면, 다른 사람은 잘 수 있는 침대가 없고, 자신의 헐벗음을 가릴 수 있는 겉옷이 없고, 먹을 음식이 없다. "이것이 하늘을 향해 울부짖습니다."[62]

카이퍼는 현실주의자이고, 새 하늘과 새 땅의 이쪽에서 불평등이 항상 우리에게 있을 것을 안다. 우리가 추구해야 하는 것은 어느 정도의 평등으로, 의식주 같은 기본적 욕구가 모든 사람에게 충족되는 것이다. 카이퍼는 이런 측면에서 가난한 사람들의 권리라는 표현을 언급한다. "이것은, 그리스도 때문에, 가난한 사람들이 더 많이 소유한 사람들에 대해 갖는 권리입니다. 더 많이 소유했으나 이 문제에서 부족한 사람들은 긍휼하지 않을 뿐

---

[61] 같은 책, p. 668.
[62] 같은 책, p. 671.

만 아니라 불의를 범하는 것이고, 그 불의로 인해 그들은 영원한 고통 가운데 영원한 심판의 형벌을 받을 것입니다."[63] 카이퍼는 예수의 사회적 관심을 하나님 나라의 복음과 분리하는 것을 거부한다.

학자들이 누가복음에 관해 지적해 왔듯이, 예수는 부유한 사람들 및 가난한 사람들과 어울리신다. 부유한 사람들도 예수의 사랑과 관심을 받는다. 카이퍼는 이런 측면에서 예수께서 부유한 삭개오의 집을 방문하신 일을 살펴본다. 삭개오는 자신의 재산 가운데 절반을 가난한 사람들에게 주었는데, 카이퍼의 지적에 따르면, 그럼에도 이 행동에 대해 예수로부터 어떤 특별한 칭찬도 받지 못한다. 카이퍼는 이렇게 주장한다.

> 우리는 그리스도인들 가운데 있는 유명 인사들을 존경합니다. 우리가 하나님께 감사하는 것은, 심지어 사회적으로 높은 위치에 있는 그런 사람들 가운데서도 하나님이 어느 정도를 불에서 건지셨다는 것입니다. 우리는 그들이 우리에게 가져다줄 수 있는 복을 소중히 여깁니다. 따라서 바로 이런 이유 때문에, 그들이 또한 사회 영역에서도 예수의 발자취를 따르도록 설득하려는 목소리가 억눌려서는 안 됩니다. 심지어 사회적 불안 한가운데서도 그들은 자신들의 구주께 명예가 될 수 있는데, 다만 그들이 자신들의 손을, 예수처럼, 많은 무리에게 내밀고 온전한 마음으로 "이들이 내 어머니요 내 형제요 내 자매라"라고 말하고, 그렇게 해서 스스로 탐욕과 불평등을 멀리할 때만 그렇습니다.[64]

명백하게 카이퍼는 예수의 사회적 관심을 반혁명당의 중심으로 삼는다. 1918년에 "다음은 무엇인가?"(What's Next?)라는 제목으로 당의 의원들

---

63 같은 책, p. 672.
64 같은 책, pp. 682-683.

모임에서 행한 연설에서 주장한 바에 따르면, 이런 상황에 대한 응답으로, 교육 문제를 다룬 후에 다음 사안은 노동 계층과 관련한 관심사다.[65] "그리스도와 빈민"에서 그는 소리 높여 분명히 맘몬에 대적해서 말해야 한다고, "이 땅의 힘없는 백성의 편을 선택해야" 한다고 느꼈음을 고백한다.[66]

세속화와 다원주의

정치와 사회에 관한 카이퍼의 사상에는 살펴볼 것이 너무나 많다. 자신의 중요한 연구에서 존 볼트는 카이퍼가 오늘날 미국을 위해 공공신학자, 정치신학자로서 갖는 잠재적 중요성을 탐구했다.[67] 볼트는 카이퍼를 "시인"으로 분류하며, 카이퍼와 미국 및 공공신학에 관한 다른 주요 사상가들 사이의 아주 흥미로운 비교를 살피는데, 예컨대 알렉시 드 토크빌(Alexis de Tocqueville), 존 액턴 경(Lord John Acton), 조나단 에드워즈(Jonathan Edwards), 월터 라우셴부시(Walter Rauschenbusch), 교황 레오 13세다.[68] 월터스토프와 마찬가지로, 볼트는 카이퍼와 해방 신학 사이의 비판적 대화를 시작한다.[69] 볼트의 주장에 따르면, "카이퍼의 수사는 어떤 측면에서 형식적으로 해방 신학과 유사하지만, 그의 사회 형이상학은 상당히 다르다."[70]

다행히도 카이퍼의 정치사상은 다수의 학자들에 의해 발전되었는데, 독자들에게 권고되는 저자들은 짐 스킬렌, 리처드 마우, 폴 마샬(Paul Mar-

---

65 1918년 5월 2일, 위트레흐트.
66 Kuyper, "Christ and the Needy", p. 682.
67 또한 다음을 보라. Sherratt, "Rehabilitating the State in America."
68 John Bolt, *A Free Church, A Holy Nation: Abraham Kuyper's Public Theology* (Grand Rapids: Eerdmans, 2001).
69 Nicholas Wolterstorff, *Until Justice and Peace Embrace* (Grand Rapids: Eerdmans, 1983), pp. 42-68. 『정의와 평화가 입맞출 때까지』(IVP).
70 Bolt, *Free Church*, pp. 310-312.

shall), 조나단 채플린, 그리고 다른 많은 이들이다. 예를 들어, 짐 스킬렌은 영향력 있는 기관인 워싱턴 D. C.의 공적 정의 센터(Center for Public Justice)를 설립하고 이끌었을 뿐만 아니라, 그의 경력을 통해 카이퍼 전통의 정치에 관한 중요한 저술들 전집을 만들어 냈으며, 계속해서 이 영역에서 글을 쓰고 일하고 있다.[71]

여기서는 이 사상가들 대부분이 기독교 철학에 대한 도이어베르트의 작업을 뒤이어 카이퍼의 정치사상을 발전시켰다고만 지적해 두자. 그 과정에서 카이퍼 사상의 두 가지 핵심 요소가 다듬어지고 지속적으로 부각되었는데, 즉 구조적·신앙고백적 다원주의다.[72] 구조적 다원주의는 카이퍼의 영역주권 교리를 가리키는 최근의 명칭으로, 즉 한 사회가 다양한 영역들로 확장해 발전하면서 각각 하나님께 직접적으로 책임을 지도록 하는 것이 규범적이라는 것이다.[73]

신앙고백적 혹은 방향적 다원주의는 더 나아가, 각각의 사회적 체계 혹은 영역이 다른 방식들로 인도될 여지가 있다고 주장한다. 그 발상은, 진정으로 자유로운 사회에서는 각각의 주된 종교적 혹은 신앙고백적 비전이 삶의 각 영역에서 열매를 맺을 자유를 가져야 한다는 것이다.[74] 우리가 다음에서 보게 되겠지만, 이 사회 철학은 우리가 오늘날 맞이하는 가장 큰 도전들 가운데 일부를 위한 주요 자원을 제공한다. 카이퍼의 탁월함 가운데 일부는

---

[71] 스킬렌의 공적 정의 센터는 미국에서 'Charitable Choice' 복지개혁에 중요한 역할을 담당했다. 참고. James W. Skillen, "*E Pluribus Unum* and Faith-Based Welfare Reform: A Kuyperian Moment for the Church in God's World", in Bishop and Kok, *On Kuyper*, pp. 405-418.

[72] 예를 들어, Rockne McCarthy et al., *Society, State and School: A Case for Structural and Confessional Pluralism* (Grand Rapids: Eerdmans, 1981)을 보라.

[73] 헤르만 도이어베르트는 이것을 분화 혹은—네덜란드어로부터 문자적으로 옮겨 보자면—"해제"(unlocking) 과정으로 언급한다.

[74] 특히 뛰어난 저서인 Richard J. Mouw and Sander Griffioen, *Pluralisms and Horizons: An Essay in Christian Public Philosophy* (Grand Rapids: Eerdmans, 1993)를 보라. 『다원주의들과 지평들』(IVP).

자신의 개혁과 전통을 그가 살고 있었던 변화하는 맥락에 관련시킬 수 있는 그의 능력이었다. 그의 작업은 마치 복음의 그물을 우리의 문화 위에 던져 놓고 그것이 어디에 들러붙는지를 보는 것과 같은데, 바로 이것이 카이퍼가 아주 능숙했던 유형의 전술이다.[75] 우리는 이제 이것을 더욱 분명하게 볼 수 있으며, 특히 현재의 세속주의와 종교에 대한 논의들을 통해 그렇다.

『현대성의 여러 제단들』(The Many Altars of Modernity)에서 피터 버거(Peter Berger)가 설명하는 바에 따르면, 세속화 이론은 현대성이 필연적으로 종교의 쇠락으로 이어진다는 생각을 고취시키는 것으로서, 최근까지도 종교학에 패러다임을 제공해 왔다. 그러나 그것은 경험적 증거의 무게를 더 이상 견뎌 낼 수 없다. 따라서 우리는 종교적 다원주의의 현실, 즉 같은 사회 안에 다른 세계관들과 가치 체계들이 있다는 사실을 고려하는 새로운 패러다임을 필요로 한다.[76]

피터 버거가 지적했듯이, 전 세계적으로 우리는 종교의 부활과 탈세속화의 시간 한가운데 살고 있다.[77] 이 부활은 학자들이 세속주의를 다시 검토하게 만들었다.[78]

우리의 목적을 위해 특히 통찰력 있는 책은 호세 카사노바(José Casanova)의 『현대 세계에서의 공적 종교들』(Public Religions in the Modern World)이다.[79] 카사노바는 세속화가 복잡하다고 주장한다. 즉 일반적으로 단일한 이론으로 통하는 세속화는 사실은 세 가지의 다른 명제들로 구성되어 있다는

---

[75] 나는 이 은유와 관련해 카렌 하딩(Karen Harding)의 도움을 받았다.
[76] Peter Berger, *The Many Altars of Modernity: Towards a Paradigm for Religion in a Pluralist Age* (Berlin: de Gruyter, 2014).
[77] Peter Berger, ed., *The Desecularization of the World: Resurgent Religion and World Politics* (Grand Rapids: Eerdmans, 1999). 『세속화냐? 탈세속화냐?』(대한기독교서회).
[78] 저자들이 많이 있는데, 찰스 테일러(Charles Taylor) 등을 보라.
[79] José Casanova, *Public Religions in the Modern World* (Chicago: University of Chicago Press, 1994).

것이다. 그 세 가지는 다음과 같다.[80]

1. 세속적 영역들이 종교적 기관들과 규범들로부터 분화하는 것으로서의 세속화
2. 종교적 믿음과 실천의 쇠락으로서의 세속화
3. 종교를 사유화된 영역으로 주변화하는 것으로서의 세속화

카사노바는 첫 번째 명제가 세속화 이론의 참된 통찰로 남아 있다고 주장한다. 그는 이것을 "구조적 경향"이라고 부르며, 이 분화가 현대적 구조들의 두드러진 특징들 가운데 하나라고 주장한다. 국가와 경제는 과학, 교육, 법, 예술 등의 다른 문화적·제도적 사회 영역들과 마찬가지로 각각의 고유한 제도적 자율과 기능적 역동들을 발전시킨다. 종교는, 카사노바가 보기에, 스스로 부득이하게 구조적 분화라는 이 현대적 원리를 받아들이고 자신만의 분화된, 자율적인 영역을 발전시킨다.[81]

카사노바가 보기에, 종교들이 현대적 분화에 저항할수록 장기적으로는 쇠락할 가능성이 더 높아진다. 그러나 그가 분명히 하는 것은 분화와 함께 작동하는 유형의 종교들이 있으며, 이것들은 반현대적이지 않다는 점이다. 그런 종교들은 공적 삶을 진지하게 받아들이며, 종교의 사유화—앞의 세 번째 명제—를 거부하면서도 분화를 수용한다. 그런 종교들은, 카사노바에 따르면, 반현대적이지 않고 오히려

> 현대성이라는 특정한 형태의 제도화에 대한 내재적인 규범적 비판으로, 현대성의 근본적 가치들과 원리들, 즉 개인의 자유와 분화된 구조들의 타당성에 대한 수용을 전제한다. 달리 말해, 그것들은 특정한 형태의 현대성을 현대

---

[80] 같은 책, p. 8.
[81] 같은 책, p. 212.

의 종교적 관점에서 내재적으로 비판하는 것이다.[82]

카사노바는 우리의 새로운 상황에서 번성할 수 있는 종교의 세 가지 요건을 추론한다. 즉 교리 또는 전통에 의해 공적, 공동체적 정체성을 갖는 종교들만 공적 역할을 맡고 사유화의 압력에 저항하려 할 것이다. 세속화에 의해 약화되고 그 결과로 쇠락한 종교들이 생존할 수 있는 가능성은 높지 않다. 세계화 한가운데서 종교들은, 그것들이 실제로 현존하고 전 세계적으로 연결됨으로써 보편적인 범사회적 종교로서의 정체성이 강화될 때, 공적 역할을 맡게 될 것이다.

카사노바는 공적으로 관여된 교회들의 다양한 사례를 탐구하면서, "바로 이런 세계화, 민족 자립, 세속적 관여, 자발적 국교 폐지의 조합이 지향을 국가에서 사회로 바꾸고 교회가 민주화 과정에서 핵심적 역할을 할 수 있도록 이끌었다"라고 주장한다.[83] 그는 이런 공적 관여를 탈사유화로 묘사하며, 그런 세 가지 유형을 밝힌다. 우리의 목적을 위해서는 그가 제시하는 세 번째 유형이 가장 중요하다. 이 유형과 관련해 그는 지적한다.

사적 도덕 영역에 공공성을 가져옴으로써, 그리고 공적 영역에 사적 도덕성의 사안들을 가져옴으로써, 종교들은 현대 사회가 자신의 고유한 규범적 토대들을 반성적으로 그리고 집단적으로 재구성하는 작업에 직면하게 한다. 그렇게 함으로써, 종교는 전통의 생활 세계와 고유한 규범적 전통들의 실용적 합리화 과정에서 도움을 준다.[84]

---

[82] 같은 책, p. 222.
[83] 같은 책, p. 225.
[84] 같은 책, p. 229.

카사노바가 보기에 우리는 종교들이 세속적 영역들에 도전하며 자신들의 이데올로기를 부각시키고 있는, 또한 아주 흥미롭게도, 종교가 종종 인간의 계몽을 지원하는 상황에 처해 있다.

그 과정에서 카사노바는 공론장에 대한 매우 흥미로운 설명을 발전시킨다. 즉 공론장의 규범들은 전제될 수 없으며 시민적 담론과 상호 작용의 결과로 여겨져야 한다.

카이퍼와의 유사성은 놀라울 정도다. 카사노바가 우리로 하여금 볼 수 있도록 돕는 것은, 현대성의 구조적 분화를 수용하면서도 종교의 사유화에 필사적으로 저항하는 카이퍼의 천재성이다.[85] 그 과정에서 카이퍼는 공론장을 다른 견해들이 상호 작용하는 장소가 되게 만들었는데, 이것을 우리는 카이퍼가 네덜란드 의회에서 행한 연설 및 응답과 질문에서 거듭해서 본다.

결론

정치에 대한 카이퍼의 접근과 관여가 내게 주는 희망은, 정부가 모든 시민의 번영을 촉진하리라는 것이다. 나는 활력이 넘치는 시민 사회가 사회와 정부에 중요하다는 것에 대한 그의 강조를 유익하고 또한 도전이 되는 것으로 본다. 카이퍼의 구조적·방향적 다원주의와 카사노바의 종교와 세속화 이론 사이의 연결은, 카이퍼가 기독교적 관점으로부터 정치에 대한 현대적 접근을 추구하는 것에서 얼마나 지각이 있었는지를 보여 준다. "가난한 자들에 대한 우선적 선택"(preferential option for the poor)으로 불리게 될 것에 대한 카이퍼의 강조는 참으로 놀랄 만하며, 그것은 프란치스코 교황과 버니

---

[85] 참고. Jeanne H. Schindler, ed., *Christianity and Civil Society: Catholic and Neo-Calvinist Perspectives* (Lanham, MD: Lexington, 2008).

샌더스(Bernie Sanders)가 2016년 미국 대선 경선 기간에 보인 관심사와 공명한다.

그러나 당시의 사회적 이슈들에 대한 카이퍼의 사상에 관한 한, 우리는 카이퍼주의자들이 이 요청을 듣는 데 실패했다고 느낄 수밖에 없다. 예언자적으로 카이퍼는 산업화에 뒤이어 출현하는 소비자 지상주의를 보았고, 이런 측면에서 그는 칼 마르크스와 더불어 반드시 고려되어야 할 것이다. 현재 우리는 전 세계적 소비자 지상주의의 쓰나미 한가운데 살고 있어서, 북반구와 남반구 사이에는 아파르트헤이트 같은 경제적 차이가 있다. 그리고 대부분의 서구 그리스도인들은 이 상황에 대해 상당히 만족하는 것처럼 보인다. 우리의 상황에서 카이퍼의 "그리스도와 빈민"을 읽는 것은 마치 선지자 아모스가 돌아와 우리의 교회들에서 설교하는 것처럼 느껴진다. 나는 그가 대단히 환영받을 것이라고는 생각하지 않는다. 그러나 그는 분명히 필요한 존재다.[86]

종종 나는 학생들에게 카이퍼 전통이 과연 테레사 수녀 같은 사람을 낳을 수 있을 것인지 묻는다. 내 생각에는, 우리가 카이퍼의 "교회와 빈민"을 마음으로 받아들일 때만 가능한 일이다. 물론 빈곤의 문제가 갖는 다양한 면에는 많은 다른 대응이 요구되지만, 만약 우리가 예수를 따르는 이들이라면—그리고 참된 카이퍼주의자라면—그 모든 것은 어떤 형태로든 "가난한 자들에 대한 우선적 선택"을 수반할 것이다. 자유 시장이라는 이데올로기는 그야말로 통하지 않을 것이다. 실제로, 네덜란드의 경제학자 밥 하웃즈바르트는 남아공 노스웨스트 대학교의 스토커 강연(Stoker Lecture)에서, 국민 국가의 경계가 계속해서 모호해지고 있는 오늘날 영역 주권이 여전히 적실성이 있을지에 대해 큰 의문을 표시했다. 지속적으로 적실성을 가질 수

---

[86] 참고. Gertrude Himmelfarb, *The Roads to Modernity: The British, French, and American Enlightenments* (New York: Vintage, 2004), pp. 116-130에서는 웨슬리와 감리교를 다룬다.

있는 하나의 영역으로 그가 밝히는 것은 경제다. 우리의 소비자 세계에서 경제 영역은 그 경계를 넘쳐흘러서, 다른 모든 영역을 탈선시키고 통제하려 위협하고 있다. 하웃즈바르트와 드 랑게의 다른 저작 제목을 언급하자면, 우리는 『빈곤과 풍요를 넘어서: 배려의 경제를 향하여』 나아가야 할 절실한 필요에 처해 있다.[87]

---

[87] Bob Goudzwaard and Harry de Lange, *Beyond Poverty and Affluence: Toward an Economy of Care*, trans. Mark R. Vander Vennen (Grand Rapids: Eerdmans, 1994). 절대적으로 꼭 읽어야 할 책이다.

8

선교

그는 승리의 고함을 외쳤다. "다 이루었다!" 그리고
그것은 마치 그가 "모든 것이 시작되었다"고 말한 것 같았다.
니코스 카잔자키스, 『최후의 유혹』(*The Last Temptation*)

성경은 항상 우주의 모든 것을 예수 그리스도를 통한
하나님의 구원 행위에 포함시킨다.
J. H. 바빙크, 『선교적 변증학』

오직 하나님 나라의 관점에서만 우리는 정말로 교회를
하나님이 창조하신 것으로 볼 수 있으며,
그 교회의 구성원으로서 하나님 나라를 섬길 수 있도록 자유를 얻는다.
D. T. 나일스(Niles), 『땅 위에』(*Upon the Earth*)

모든 계시는 부르심이고 선교다.
마르틴 부버, 『나와 너』(*I and Thou*)

이사야 61:1에서 야웨의 종은 "보냄을 받는 것"에 대해 말한다. 예수는 이사야의 이 구절을 누가복음 4:16-21에 나오는 나사렛 선언에서 자신에게 적용하신다. 요한복음 20:21에서 예수는 "아버지께서 나를 보내신 것같이 나도 너희를 보내노라"고 말씀하신다. 선교-보냄을 받는 것-는 하나님의 백성의 핵심적 특징이며, 카이퍼와 카이퍼 전통에 구현된 것과 같은 선교에 대한 포괄적 견해를 발견하는 일은 드물고도 놀라운 일이다.

레슬리 뉴비긴은 **선교적 차원**과 **선교적 의도** 사이에 중요한 구분을 하는데, 이는 우리가 선교의 측면에서 카이퍼를 생각할 때 유용하다.[1] 이것은 "교회의 전체 삶의 차원으로서의 선교와 어떤 활동들의 일차적 의도로서의 선교 사이"를 구분한다. "교회가 바로 선교이기 때문에 교회가 하는 모든 일에 선교적 차원이 있다. 그러나 교회가 하는 모든 일에 선교적 의도가 있는 것은 아니다."[2]

전체로서의 교회의 삶, 즉 함께 모인 공동체이자 세상에 흩어진 백성으로서의 교회가 성령이 세상에서 그분의 임무(mission)를 수행하시는 주요 수단이기 때문에, 모든 교회의 삶이 하나의 측면에서 증인으로 혹은 선교적으로 특징지어질 수 있다. 그러나 모든 활동이 사람들을 초대해서 회개하고 그리스도를 믿게 하는 것을 목적으로 하지는 않는다. 그리스도인의 삶의 모든 것이 선교적 **차원**을 갖지만, 그 모두가 선교적 **의도**로 특징지어지는 것은 아니다.

카이퍼는 **선교**를 이런 방식으로 사용하지 않았지만, 그럼에도 그는 다른 많은 사람과 달리 교회의 삶의 선교적 차원을 인식했고, 그러면서도 단 한순간도 교회의 선교적 의도를 무시하지 않았다. 실제로, 넓게 말하자면

1　Michael W. Goheen, *Introducing Christian Mission Today: Scripture, History and Issues* (Downers Grove, IL: IVP Academic, 2014), pp. 82-83. 『21세기 선교학 개론』(CLC).

2　Lesslie Newbigin, *One Body, One Gospel, One World: The Christian Mission Today* (London: International Missionary Council, 1958), pp. 43-44.

카이퍼의 신학과 세계관이 철저히 **선교적**이었음을 우리는 이미 보았다. 우리가 6장에서 주목한 것처럼, 카이퍼가 **선교**라는 주제를 다룰 때 그는 선교를 주로 전도로, 특히 유대인과 무슬림과 이교도에 대한 전도로 생각했다.[3] 뉴비긴의 구분을 사용해서, 우리는 여기서 그가 **선교적 의도**에 초점을 맞추었다고 말할 수 있다. 그의 중요한 통찰은 그런 선교적 활동을 위한 책임을 맡는 지역 회중의 역할과, 이런 제한된 의미에서 제도적 교회의 연장으로서 선교의 역할을 본 것이다.[4]

그러나, 선교 그 자체에 관한 한, 헤르만 바빙크의 조카인 요한 헤르만 바빙크(1895-1964)가 카이퍼주의 사상의 개척자였다. 폴 뷔셔(Paul Visser)의 지적에 따르면, "요한 헤르만 바빙크는 네덜란드 신칼뱅주의 전통에 있었던 최고의 20세기 선교학자였다. 그는 그 전통의 특징적 강점들을 새로운 영역들과 새로운 시대로 확장시켰으며, 그것을 너무나 설득력 있게 해서 그의 사상이 다른 신학 학파들에서도, 그리고 비신학 분과들에서도 반향을 일으켰다."[5]

---

[3] 카이퍼의 "Lecture by Prof. Dr. A. Kuyper Concerning 'Missions', Mission Congress in Amsterdam, 28-30 January, 1890"(근간; https://www.alloflliferedeemed.co.uk/Kuyper/AK-Missions. pdf, 2022년 6월 13일 접속—편집자)에는 유익한 통찰이 담겨 있다. 예컨대, 그는 선교가 하나님의 주권으로부터 나온다고 강조하며, 그리스도가 **바로** 선교사이시고 그분이 자신의 중보 사역을 타락 직후에 시작하셨지만 성육신과 함께 그 진가가 발휘되었고, 성경이 선교의 중심이 되며, 세례를 받은 자들에게 설교하는 것이 선교의 한 부분이라는 것 등이다. 매우 흥미롭게도, 카이퍼는 명제 3에서 천사들의 선교를 다룬다. 선교가 그들의 존재를 구성하며, 그들은 구원을 상속받을 자들을 섬기기 위해 보냄을 받는다. 참고. Abraham Kuyper, *De Engelen Gods* (Kampen: Kok, 1923).

[4] 명제 20을 Kuyper, "Lecture by Prof. Dr. A. Kuyper Concerning 'Missions'"에서 볼 수 있다. 참고. 이와 관련해 레슬리 뉴비긴이 그의 *The Gospel in a Pluralist Society* (Grand Rapids: Eerdmans, 1989)에서 지역 회중을 복음의 해석자로 본 것과 비교해 보라.

[5] Paul Visser in John Bolt, ed., *The J. H. Bavinck Reader* (Grand Rapids: Eerdmans, 2013), p. 1.

20세기와 선교

J. H. 바빙크는 20세기에 살았지만, 강력한 선교적 반성을 한 사람들 가운데 하나였으며 그의 유산은 계속해서 오늘날 선교학을 형성하고 있다.[6] 1910년에 에든버러에서 세계 선교 대회가 학생 운동의 표어 "이 세대 안에 세계의 복음화를"(the evangelisation of the world in this generation)의 영향력 아래서 개최되었다. 에든버러는 교회일치주의 운동의 상징적 시작점으로 간주된다. 에든버러에서, 개신교 선교 협의회들 사이의 제도화된 협력을 향한 첫걸음들이 내디뎌졌다. 하지만 1,400명의 참가자들 가운데 17명만 남반구(Global South)에서 왔다.[7] 에든버러는 학술지 「국제 선교 평론」(International Review of Mission)을, 그리고 1921년의 국제 선교 협의회(International Missionary Council)의 초석을 다진 위원회를 낳았다. 바빙크의 생애 동안에 국제 선교 협의회는 일련의 국제 선교 대회들을 조직했는데, 즉 1928년에 예루살렘, 1938년에 인도 탐바람, 1947년에 캐나다 휘트비, 1952년에 독일 빌링겐, 1958-1959년에 가나 아키모타, 1963년에 멕시코시티에서 열린 선교 대회들이다.

에든버러에서 선교가 대체로 여전히 서구 문명과 연관되어 있었던 반면, 1928년에 예루살렘에 이르러서는 분위기가 바뀌었다. 제1차 세계대전은, "기독교" 국가들에 의해 벌어진 것으로서, 서구 문명이 복음을 구현하

---

6   20세기의 선교 역사를 잘 다룬 책들이 여러 권 있다. 내가 도움을 받은 간략한 설명을 위해 "History", World Council of Churches website, www.oikoumene.org/en/what-we-do/cwme/history (2016년 8월 27일 접속)를 보라. 또한, 예를 들어, Timothy Yates, *Christian Mission in the Twentieth Century* (Cambridge: Cambridge University Press, 1994)를 보라.
7   에든버러의 문서들은 Michigan Library Digital Collections, http://quod.lib.umich.edu에서 온라인으로 이용이 가능하다. 100주년을 맞이해 이루어진 평가에 대해서는 다음을 보라. David A. Kerr and Kenneth R. Ross, eds., *Edinburgh 2010: Mission Then and Now* (Oxford: Regnum, 2009).

는 것으로 본 견해를 뒤집었다. 1917년의 공산주의 혁명은 한 세대 안에 온 세계를 복음화하겠다는 모든 꿈을 깨우는 현실주의를 처방했다. 두 가지의 주요 질문이 예루살렘에서 제기되었지만, 의견 일치는 없었다. 즉 복음과 다른 종교들 사이의 관계, 그리고 그리스도인의 사회적·정치적 관여의 역할에 대한 질문이었다.

1938년에 탐바람에서, 제2차 세계대전 바로 직전에, 논의들이 선교에서 지역 교회의 중요성을 중심으로 이루어졌는데, 이는 카이퍼와 뉴비긴의 사상에서 주요 강조점이었다. "더 젊은" 교회들의 대표가 다수가 되었다. 탐바람은 다른 종교들과 관련해서 복음의 궁극적 진리를 옹호했으나, 선교의 실천에서 그것들에게 경청하고 대화해야 할 필요성을 강조했다.[8]

1947년에 캐나다 휘트비에서 개최된 국제 선교 협의회는 제2차 세계대전 이후의 변화된 상황을 되돌아보았다. 휘트비의 구호는 "순종하는 동반자 관계"(Partnership in Obedience)였는데, 대표들은 "기독교"와 "비기독교" 국가들이라는 용어를 버림으로써, 선교학에서 새로운 방향으로 나아갈 수 있는 길을 열었다.

1952년에 독일 빌링겐에서, 공산주의 혁명이 중국에서의 전통적 선교 사역을 종결시킨 후, 대표들은 선교가 하나님의 고유한 활동에 의존한다는 것을 재발견했다. 선교는 삼위일체 하나님의 행위로 재발견되었다. 하나님의 선교 개념은 특히 풍성한 것으로 드러났다. 선교에서 교회가 중심이 된다는 것에 대한 강조는 하나님의 행위라는 더 큰 틀 내에서 다시 맥락화되었고, 그렇게 해서 세계 사건들에 더 선명한 초점을 맞추었다. 이토록 중요한 선교의 재맥락화는 뉴비긴이 차원과 의도를 구분하는 것으로 이어졌는데, 이는 선교의 포괄적 범위를 수용하면서도 잃어버린 바 된 자들에게 도

---

[8] 참고. J. H. Bavinck, *The Church Between Temple and Mosque* (Grand Rapids: Eerdmans, 1961), pp. 117-118.

달하는 것에 대한 강조를 유지하는 방법이었다.

1958년에 국제 선교 협의회는 가나 아크라 근처의 아키모타에서 모였고, 여기서 세계 교회 협의회(World Council of Churches)와 결합하자는 제안이 숙고되었다. 이 제안은 받아들여졌다. 1961년에 교회와 선교의 "통합", 즉 국제 선교 협의회와 세계 교회 협의회의 통합이 뉴델리에서 가동되었다. 국제 선교 협의회는 세계 교회 협의회의 세계 선교 및 전도 위원회(Commision on World Mission and Evangelism)와 연계되었다. 그 이후로 세계 선교 대회들은 정교회 교회들을 포함하는 더 많은 교단들의 관여와 로마 가톨릭 교회의 참관인들로 인해 더 진정으로 "교회일치주의적"이게 되었다.

1963년에 첫 번째 세계 선교 및 전도 위원회가 멕시코시티에서 "6대륙에서의 선교"(Mission in Six Continents)라는 주제로 모였다. 빌링겐의 유산을 좇아 이 대회는 하나님이 이미 활동하시는 세상에서의 증언에 초점을 맞추었는데, 이 세상에서 하나님은 교회들을 하나님의 선교에 참여하도록 초청하신다. 이 시기에 세속화에 대한 긍정적 접근이 이루어졌고, 또한 기독교 신앙과 행동이 비종교적 방식들로 설명되었다.

이 대회는 바빙크의 사후에도 계속되었다. "오늘날의 구원"(Salvation Today), "주님의 나라가 임하소서"(Your Kingdom Come), "주님의 뜻이 이루어지이다"(Your Will Be Done)가 각각 방콕(1972/73), 멜버른(1980), 샌안토니오(1989)에서 개최된 세계 선교 및 전도 위원회 대회들의 주제였다. 방콕에서는 교회의 선교에서 영적 요소와 사회 정치적 요소가 하는 역할을 모두 살폈다. 멜버른에서는 해방 신학의 영향이 체감되었고, 선교에서 가난한 사람들의 문제가 전면에 대두되었다. 샌안토니오는 기독교와 타종교들 사이의 관계에 대한 탐구로 주목받았다. 이 대회는 우리가 예수 그리스도 안에 있는 구원 외에 다른 구원의 길을 가리킬 수 없다는 것과, 동시에 우리가 하나님의 구원하시는 능력을 제한할 수 없다는 것을 긴장 가운데 유지하고자 시도했다. 브라질 살바도르 다 바이아(Salvador da Bahia)에서의 1996년 대회는 복음과 문화들에 초점을 맞추면서, 문화적 다양성의 풍요로움과 모호성을 긍정했다. 2005년에 세계 선교 및 전도 위원회는 아테네에서 "성령이여 오셔서, 치유하고 화해시키소서"(Come Holy Spirit, Heal and Reconcile)라는 주제를 중심으로 모였다. 2010년에는 100주년 기념 대회가 "오늘 그리스도를 증언하라"(Witnessing to Christ Today)라는 주제로 에든버러에서 열렸고, 이 대회에 세계 선교 및 전도 위원회가 전적으로 관여했다.[9]

J. H. 바빙크는 1964년에 세상을 떠났는데, 첫 번째 세계 선교 및 전도 위원회가 멕시코시티에서 모인 다음 해였다. 그의 작업도, 카이퍼 전통에 대한 우리의 평가도, 20세기를 가로질러 오늘날까지 지속되고 있는 선교에 대한 이 풍성한 논의를 떠나서는 이해될 수 없다. 20세기 후반부는 레슬리 뉴비긴(1909-1998)과 데이비드 보쉬(1929-1992) 같은 탁월한 인물들을 낳았고, 마이클 고힌 같은 오늘날의 카이퍼주의 선교학자들은 카이퍼 전통이 뉴비긴 및 보쉬의 사상과 풍성한 대화를 나누도록 이끌었다.[10] J. H. 바빙크의 작업을 다루기 전에, 우리는 먼저 카이퍼와 선교에 주의를 기울일 것이다.

카이퍼와 선교학

그리스도의 교회는 선교로 부름을 받았으며, 만약 교회가 이 의무의 성취를 지연시킨다면 순종이 모자란 것이다.[11]

---

9   참고. Kirsteen Kim and Andrew Anderson, eds., *Edinburgh 2010: Mission Today and Tomorrow*, Regnum Edinburgh 2010 Series (Oxford: Regnum, 2011).
10 참고. Michael W. Goheen, *"As the Father Has Sent Me, I Am Sending You": J. E. Lesslie Newbigin's Missional Ecclesiology* (Zoetermeer, Netherlands: Boekencentrum, 2000); *A Light to the Nations: The Missional Church and the Biblical Story* (Grand Rapids: Baker Academic, 2011), 『열방에 빛을』(복있는사람) 등.
11 Abraham Kuyper, *Encyclopaedie der heilige Godgeleerdheid*, 3 vols. (Kampen: Kok,

카이퍼가 "선교 강연"을 했을 때, J. H. 바빙크는 아직 태어나지도 않았다. G. 푸칭거와 N. 스켑스(Scheps)는 그들의 『알려지지 않은 카이퍼에 관한 대화』(Gesprek over de onbekende Kuyper)에서 카이퍼를 어떻게 생각해야 할지를 논의한다. 스켑스는 카이퍼가 19세기와 20세기의 연결을 보여 준다고 주장한다.[12] 그에 비해 바빙크는 명백히 20세기의 인물로, 선교에 대한 모든 주요 논의들 한가운데 살았다.

그럼에도 불구하고, 분명히 카이퍼는 선교의 측면에서 주목할 가치가 있다. 어느 곳에서도 그는 선교를 상세히 다루지 않지만, 『신성한 신학 백과사전』(Encyclopedia of Sacred Theology) 3권에서 그는 신학 백과사전의 한 부분으로 선교를 다룬다. 나의 견해로는, 신학 백과사전의 형태와 개관의 측면에서 생각해 보는 것은 정당하고 유용하다.[13] 바빙크는 어떤 부분들에서는 카이퍼와 달랐으며 혼자 힘으로 개혁파 선교학을 발전시켰다. 그러나 후자의 측면에서 그의 작업은 카이퍼가 이 영역에서 성경적·기초적·체계적 작업을 요청했던 것에 대한 응답으로 여겨질 수 있고 또한 반드시 그래야 한다.

카이퍼는 신학 백과사전에서 네 개의 주요 영역을 구분하는데, 즉 성경

1909), p. 522.

12 G. Puchinger and N. Scheps, *Gesprek over de onbekende Kuyper* (Kampen: Kok, 1971), p. 10. [카이퍼의 "선교 강연"에 대해서는 앞의 각주 3을 보라—편집자.]

13 오늘날에는, 대조적으로, 신학의 "백과사전"이란 흔히 신학 사전을 가리킨다. Kuyper, *Principles of Sacred Theology*, 4장은 신학 백과사전의 세 가지 과업을 밝힌다. 그것은 신학의 과학적 특성을 확립해야 하고, 신학과 다른 과학들 사이의 관계를 설명해야 하고, 신학의 다른 하위 분과들과 그것들의 상호 관계를 설명해야 한다. 카이퍼는 현대 유럽 전통의 맥락에서 저술하고, 무엇보다도 특히 J. F. Räbiger, *Theologik oder Encyklopädie der Theologie* (Leipzig: Fues Verlag, 1880)를 언급하며, 또한 빈번하게 슐라이어마허와 씨름한다. 참고. Friedrich Schleiermacher, *Brief Outline of the Study of Theology*, trans. William Farrer (Edinburgh: T&T Clark, 1850). Schleiermacher, *Brief Outline*, 1부는 철학적 신학을 다루며, 그는 카이퍼와 현저하게 다른 접근법을 전개한다. 참고. 이 책의 9장 및 10장을 보라. 카이퍼와 비슷한 시기의 비교할 만한 작업으로는 다음을 보라. Alfred Cave, *An Introduction to Theology: Its Principles, its Branches, Its Results, and Its Literature* (Edinburgh: T&T Clark, 1896).

적·교회적·교의적·봉사론적(diaconological, 실천적 신학) 영역들이다.[14] **봉사론적**이란 표현은 신약성경의 용어 '디아코니아'(διακονία)에서 취한 것인데, 카이퍼는 이 용어가 신약성경에서 "구별된 기능이 없는 직무"에 사용된다고 지적한다. 봉사 분과는 "어떻게 하나님의 말씀의 작용이, 그분의 규례에 종속되어, 유지되어야 하는가"를 다룬다.[15]

카이퍼는 그런 봉사론적 그룹을 그의 백과사전 3권에서 논의한다.[16] 그는 이 그룹을 다음과 같이 나눈다.

1. 교훈(가르침) 분과
   a. 설교학
   b. 문답
   c. 예전학
   d. 증가학(prosthetics)
2. 장로 분과
   a. 사이버네틱스(cybernetics: 소통)
   b. 포에메닉스(poemenics: 목회신학)
3. 집사 분과
4. 평신도 분과(제도-평신도 및 유기체-평신도)

카이퍼는 우리가 선교학으로 부르는 것을 **증가학**이라는 용어로 부를 것을 주장한다.[17] 그것은 교회 밖에 머물러 있는 비세례자들에 대한 연구를 다

---

14 Kuyper, *Principles of Sacred Theology*, p. 631. 독자들은 내가 카이퍼의 거추장스러운 용어를 업데이트했음에 주목해야 한다. 카이퍼가 실천신학을 과학으로서의 신학에 자리를 배정한 것에 큰 의미가 있다. 그는 그것을 "봉사론"(diaconology)으로 부르며, 이런 점에서 W. D. Jonker, *Leve de Kerk* (1969) 및 C. Trimp, *De volmacht tot bediening der verzoening* (1970)으로 이어진다.
15 같은 책, p. 630, 원문의 강조.
16 Abraham Kuyper, *Encyclopaedie der heilige Godgeleerdheid*, 3 vols. (Kampen: Kok, 1909).
17 카이퍼는 증가학을 다음의 하위 분야로 나누는데, 즉 선교의 일반 이론, 유대인·무슬림·불교도

룬다. 그는 증가학을 사도행전 2:41, 47; 5:14; 11:24에 나오는 '프로스티데미'(προστίθημι)로부터 가져오는데, 이 구절들에서 그것은 "더하다"라는 의미를 가진다.

카이퍼의 단어 선택은 성경적이고자 하는 시도에서 경탄스럽지만, 분명히 그런 명칭들은 오늘날 효과가 있지 않을 것이다. 카이퍼는 **증가학**이 선교를 개별 영혼의 구원으로 생각하는 위험을 피한다고 주장한다. 선교는, 대조적으로, 그리스도의 몸의 확장이며 교회의 책임이다.[18] 증가학은 여전히 그리스도 밖에 머물러 있는 사람들을 전도하는 성경적이고 가장 유익한 방식을 연구한다. 증가학의 일은 오순절에 시작되었다. 먼저, 하나의 분과로서, 증가학은 하나님의 말씀에 구속되고 또한 우리가 그 안에서 발견하는 원리들에 구속된다. 그러나 성경은 그저 선교 방법들을 비판하기 위해서만 사용하면 안 된다. 오히려 우리는 선교에 대한 건축 이론을 성경으로부터 세워야 한다. 다른 종교에 대한 상세한 지식, 설득 및 죄의 깨달음을 다루는 학문인 **반증론**(elenctics)에 대한 지식은 물론이고, 민족학적·역사적·심리학적 연구가 요구될 것이다.[19] 카이퍼가 분명히 하는 것은, 만약 선교의 빛이 점화되려면 선교라는 주제가 더 온전히 그리고 근본적으로, 즉 지금까지 이루어졌던 것보다 훨씬 더 성경적이고 체계적으로 이해될 필요가 있으리라는 점이다.[20] 카이퍼는 우리가 **맥락화**라고 부르는 것이 연구되어야 할 필요성을 인식한다. 간단히 말해, 카이퍼의 견해에 따르면, 선교학

등 가운데서 이루어지는 선교의 특별 이론들, 선교의 역사다.
[18] 같은 책, vol. 3, p. 519.
[19] J. H. Bavinck, *An Introduction to the Science of Missions*, trans. David H. Freeman (Phillipsburg, NJ: Presbyterian and Reformed, 1960), pp. 221-223. 『선교학 개론』(성광문화사). 카이퍼는 반증론을 교의학 내에 위치시키지만, Bavinck는 p. 232에서, 그것을 선교학 내에 위치시킨다. 개혁파 신학의 역사에서는 다음을 보라. Francis Turretin, *Institutes of Elenctic Theology*, trans. George M. Giver, 3 vols. (Phillipsburg, NJ: P&R, 1997). 『변증신학강요』(부흥과개혁사).
[20] Kuyper, *Encyclopaedie*, vol. 3, p. 523.

에 대한 철저한 연구가 대단히 필요하다.²¹

바빙크는 **증가학**을 선교학의 명칭으로 사용하는 것에 반대하는 주장을 하는데, 왜냐하면 카이퍼가 인용하는 구절들에서 '프로스티데미'가 전적으로 하나님의 일이기 때문이다. 또한 바빙크는 선교학을 교훈적 그룹 안에 두는 것이 너무나 제한하는 것이라고 바르게 지적한다. 다른 어떤 곳보다도 선교사의 직분에서 직분들의 통일성이 더 분명히 나타난다. "선교는 물론 하나님의 말씀의 사역과 관련되지만, 선교 현장에서 그 말씀은 구제 사역 및 교회에 대한 통치와의 내적 연결 가운데 작동한다."²² 따라서 바빙크는 "독립적인" 선교학의 개념을 지지한다.

바빙크의 이력과 저작

J. H. 바빙크의 이력은 뚜렷이 구별되는 시기들로 나뉠 수 있다.²³ 처음에 그가 심리학에 가진 관심은 종교 심리학에 집중하는 것으로 이어졌다. 그의 박사 논문은 인간 삶의 정서적, 감각적 차원이 어느 정도까지 앎의 과정에 영향을 끼치는지를 다루었다. 그 논문에서 그는 사례 연구인 중세 신비주의자 하인리히 폰 주조(Heinrich von Suso, 1295/1297-1366)의 종교적 삶에 초점을 맞추었다. 그의 연구에서 바빙크는 인간의 앎이 자율적인 것이 아니라 실재에 대한 우리의 직관적 포착의 연장이라고 주장했다. 이후에 그가 자

---

21 같은 책, vol. 3, p. 524는 Warneck, Buss, Plath, Petri, Büttner를 참고해야 할 중요한 자료들로 언급한다.
22 Bavinck, *Introduction*, p. xx.
23 영어로 된 J. H. 바빙크에 대한 최고의 저작은 다음과 같다. Paul Visser, *Heart for the Gospel, Heart for the World: The Life and Thought of a Reformed Pioneer Missiologist Johan Herman Bavinck (1895-1964)*, trans. Jerry Gort (Eugene, OR: Wipf and Stock, 2003). 『복음을 향한 열정, 세계를 향한 열정』(나눔과섬김). 또한 Bolt, *J. H. Bavinck Reader*에 실린 뷔셔의 포괄적인 소개 글을 보라.

바(Java) 선교사로 임명된 것(1929년)은 선교학에 대한 관심을 일깨웠다. 그가 아시아 신비주의에 매료된 것과 욕야카르타 신학교(Theological School in Jogjakarta)의 강사로 보낸 시간(1934-1938)은 신학적 사안들에 더 분명히 주의를 기울이게 했다. 1938년에 캄펜 신학교에서 선교를 가르치도록 임용되기 전에, 바빙크는 인도네시아 선교 사역에서 두 번의 임기를 섬겼는데, 거기서 그는 네덜란드의 위대한 선교학자 헨드릭 크래머(Hendrik Kraemer, 1888-1965)와 긴밀히 교류했다. 그가 네덜란드로 돌아온 후 캄펜 신학교와 암스테르담 자유 대학교의 선교학 교수로서(1939년), 그리고 자유 대학교의 실천신학 교수로서(1954년) 가르칠 때 이 모든 주제가 그의 연구에 응집되었다. 복음을 맥락에 맞게 제시하려는 바빙크의 연구는 1934년에 그의 책 『그리스도와 동양의 신비주의』(Chritus en de mystiek van het Oosten) 출간에서 정점에 이르렀다. 요한네스 페르쿠일(Johannes Verkuyl)은 이것을 바빙크의 가장 중요한 연구로 간주한다.[24]

따라서 바빙크는 중요한 20세기 선교 대회들의 일부를 경험하고 참여했을 뿐 아니라 선교를 실행했는데, 이는 물론 카이퍼에게는 가능하지 않은 것이었다. 바빙크의 작업은 다른 중요한 개신교 및 가톨릭 선교학자들의 작업에 대한 친숙함을 입증한다.[25] 바빙크의 작업은 대체로 20세기의 전반기

---

[24] Johannes Verkuyl, *Contemporary Missiology: An Introduction*, trans. Dale Cooper (Grand Rapids: Eerdmans, 1978), p. 39. 『현대 선교신학 개론』(CLC). 이 책에서 바빙크가 쓴 몇 장은 Bolt, *J. H. Bavinck Reader*에서 영어로 번역되었다.

[25] 네덜란드인 Johannes C. Hoekendijk(1912-1975), Albert C. Kruyt(1869-1949), Barend M. Schuurman(1889-1945), 독일인 Gustaf Warneck(1834-1910), Walter Freytag(1899-1959), Bruno Gutmann(1876-1966), Karl Hartenstein(1894-1952), Walter Holsten(1908-1982), Christian Keysser(1875-1957), Julius Richter(1862-1940), Joseph Schmidlin(1876-1944), Johannes Thauren(1892-1954), 영국인 William Carey(1761-1834), Roland Allen(1868-1947), G. E. Phillips, Stephen Neill(1900-1984), M. A. C. Warren(1904-1977), 네덜란드계 미국인 Harry R. Boer(1913-1999), 인도인 Vengal Chakkarai(1880-1958), 일본인 Toyohiko Kagawa(1888-1960). 참고. Paul Visser in Bolt, *J. H. Bavinck Reader*, pp. 38-39. 이 모든 흥미로운 인물들에 관해 Gerald Anderson, ed., *Biographical Dictionary of Christian Missions* (Grand Rapids: Eerdmans, 1999)를 보라. 또한 Gerald Anderson et al., eds., *Mis-*

에 이루어졌으며, 따라서 그는 레슬리 뉴비긴(1909-1998) 및 데이비드 보쉬(1929-1992) 같은 이후의 20세기 선교학자들을 상대하지는 않았다.

바빙크는 교회가 본래 교회일치를 지향하는(ecumenical) 것이라고 믿었고, 따라서 그가 속했던 교단인 네덜란드 개혁 교회가 1946년에 네덜란드 선교 협의회(Dutch Missionary Council)에 참여하고 국제 선교 협의회와 제휴 관계를 맺었을 때 이를 지지했다. 1947년에 네덜란드 개혁 교회는 미시간주 그랜드래피즈에서 개최된 개혁파 에큐메니컬 시노드(Reformed Ecumenical Synod)의 첫 번째 모임에 참여했다. 바빙크는 개혁파 신학이 선교에 대해 갖는 함의를 연구하기 위한 국제 위원회를 창설하자는 제안을 적극적으로 지지했다. 1949년에 암스테르담에서 개최된 개혁파 에큐메니컬 시노드의 두 번째 총회는 국제 개혁파 선교 협의회(International Reformed Missionary Council)를 출범시켰다.

네덜란드 개혁 교회는 세계 교회 협의회가 1948년에 시작되었을 때부터 의구심을 품었던 반면, 바빙크는—영국의 위대한 목회자이자 신학자인 존 스토트처럼—세계 교회 협의회와 대화를 지속하는 것이 가치가 있다고 보았다. 바빙크는 1964년에 세상을 떠났는데, 이는 1974년에 로잔에서 개최된 중요한 복음주의 대회보다 10년 앞선 시기였다. 이 대회에서 존 스토트는 주요 신학자로 떠올랐으며, 선교가 전도로 축소될 수 없다고 주장하면서 빌리 그래함(Billy Graham)에 맞섰다.[26] 로잔 대회 직후에 출간된 스토트의 『선교란 무엇인가』(Christian Mission in the Modern World)는 여전히 고전

---

sion Legacies: Biographical Studies of Leaders of the Modern Missionary Movement (Maryknoll, NY: Orbis, 1994); Verkuyl, *Contemporary Missiology*, pp. 26-88를 보라. 칼 바르트와의 만남에서 하르텐슈타인은 하나님의 선교를 "하나님의 계시의 빼앗을 수 없는 징후"로 발전시킨 최초의 인물인데, 이 강조는 바빙크의 선교학에 핵심적인 것이 되었다. Anderson, *Biographical Dictionary of Christian Missions*, p. 282.

26 Timothy Dudley-Smith, *John Stott: A Global Ministry* (Leicester, UK: Inter-Varsity Press, 2001), pp. 220-224.

이고, 이는 바빙크가 그때까지 살아 있었더라면 로잔에서 어떤 역할을 했을지 궁금하게 만들 따름이다. 로잔은 선교에 대한 접근에서 복음주의자들에게 분수령이 되는 대회였고, 마닐라 대회와 케이프타운 대회로 이어졌다. 스토트는 그의 『선교란 무엇인가』에서 바빙크의 사상에 긍정적으로, 그리고 비판적으로 관여한다.[27]

제2차 세계대전 이후에 바빙크는 더 넓은 범위에서 활동했다. 1947년에 그는 캘빈 칼리지와 신학교에서 강연하기 위해 미국으로 여행했다. 1952년, 1953년, 1963년에 바빙크는 남아공의 포체프스트룸 신학교(Potchesfstroom Theological Seminary)에서 선교학을 강의했다.

바빙크의 가장 중요한 선교학 연구들은 그의 통찰이 점진적으로 심화되었음을 보여 주는데, 특히 기독교 신앙과 타종교의 관계 측면에서 그렇다. 제2차 세계대전 초기에 그는 『그리스도의 소식과 비기독교 종교들』(*De Boodschap van Christus en de niet-christelijke religies*)을 출간했는데, 이 책에서 그는 헨드릭 크래머가—탐바람 대회를 위해 쓴—『기독교 선교와 타종교』(*The Christian Message in a Non-Christian World*, CLC)에서 주장하는 것을 요약하면서, 크래머의 기독교 신앙에 대한 견해 및 그의 "성경적 현실주의" 개념에 긍정적으로 그러나 비판적으로 관여하는 보충 주석을 달았다. 『이와 같이 말씀이』(*Alzoo wies het Woord*)에서 바빙크는 선교적 소명에 대한 바울의 방법론을 숙고한다.[28] 제2차 세계대전 이후에 바빙크는 『위기 가운데 있는 세상에서의 선교』(*Zending in een wereld in nood*)를 출간했는데, 이는 교회 구성원들을 위한 선교 원리의 소개다. 바빙크가 1947년에 캘빈 신학교에서 행한 강연은 선교적 변증에 대한 숙고인 『기독교 선교와 세계 문

---

27 John Stott, *Christian Mission in the Modern World* (Downers Grove, IL: InterVarsity Press, 2008), pp. 42-43, 105-107. 『선교란 무엇인가』(IVP).
28 사도행전 19:20, "이와 같이 주의 말씀이 힘이 있어 흥왕하여"에 대한 은유다.

화』(The Impact of Christianity on the Non-Christian World)로 출간되었다. 서문에서 클라렌스 보우마(Clarence Bouma)는 다음과 같이 적는다. "비록 이 연구의 범위는 그 정신과 내용만큼 폭넓지는 않지만, 그럼에도 헨드릭 크래머의 『기독교 선교와 타종교』와 함께 분류되어야 한다."²⁹

『종교 의식과 기독교 신앙』(Religieus besef en Christelijk geloof)에서 바빙크는 크래머의 생각들을 자세히 설명하지만, 그것들을 자신의 접근법에 따라 발전시킨다. 로마서 1장과 관련해서 바빙크는 일반 계시, 그리스도 안에 있는 하나님의 자기 계시, 종교 의식의 기원과 실체라는 쟁점들을 탐구한다. 『선교학 개론』(Inleidung in de zendingswetenschap)은 네덜란드에서 출간된 선교학에 대한 최초의 표준 개혁파 연구로서, 교재로 사용되었다. 이 책은 1960년에 영어로 번역되었다.³⁰ 마지막으로, 『선교적 변증학』은 바빙크가 시카고에서 행한 강의들을 사후에 출간한 것인데, 여기서 그는 기독교 신앙과 관련되는 종교 의식의 내용을 다룬다.

선교에 대한 바빙크의 견해

바빙크는 선교에 대한 학문이 신학의 필수적인 부분이라고 주장했다. 이 점에서 그는 구스타프 바르넥(Gustav Warneck, 1834-1910)의 영향을 받았는데, 바르넥은 독일의 선교학자로서 "모든 의미에서 선교학을 포괄적인 신학 분과로 확립한 최초의 인물로 인정되어야 한다."³¹ 바르넥의 『대학에서의 선

29　J. H. Bavinck, The Impact of Christianity on the Non-Christian World (Grand Rapids: Eerdmans, 1948). 『기독교 선교와 세계 문화』(성광문화사).
30　J. H. Bavinck, An Introduction to the Science of Missions, trans. David H. Freeman (Phillipsburg, NJ: P&R, 1960).
31　David Bosch, "Missiology", in I. H. Eybers, A. König, and J. A. Stoop, eds., Introduction to Theology, 3rd ed. (Pretoria, South Africa: NGKB, 1982), p. 263. 바르넥이 바빙크에 끼친 영향과 관련해 Visser, Heart for the Gospel을 보라.

교 연구』(*Das Studium der Mission auf der Universität*)는 1877년에 출간되었으며 선교학이 학문적으로 인정을 받아야 한다고 주장했는데, 왜냐하면 현대 세계에서 선교가 가진 중요성 때문이기도 하고, 또한 "선교의 개념이 그리스도 안에 있는 구원하는 계시의 필수적인 부분"이기 때문이기도 하다. "[선교]는 복음의 너무나 근본적인 개념이기 때문에, 복음이 그 가장 내밀한 본질로 받아들여질 때마다 선교의 개념이 필연적으로 부각된다."[32]

바빙크는 선교의 **신학**(theology)이라는 용어보다는 **학문**(science)이라는 용어를 선호했는데, 왜냐하면 그는 지식과 신앙을 서로 대립하는 것으로 두기를 원하지 않았기 때문이다.[33] 바빙크의 관점에서, 하나님에 대한 지식은 가능한 최고 수준의 객관성을 담고 있다. 또한 선교의 **학문**은 선교의 모든 측면이 초점이 되는 것을 가능하게 한다.

평생에 걸쳐 그는 선교에 대한 네 가지의 정의를 발전시켰다. 내 견해로는, 다음이 가장 상세하며 최고의 정의다.[34]

선교는 온 세계에 걸친 교회의 활동으로, 가장 깊은 본질에서는 그리스도 자신의 활동이다. 이것을 통해 교회는 열방을 불러 그들의 다양성 가운데 예수 그리스도를 믿고 순종하도록 요청하고, [교회의] 봉사와 사역의 징표를 통해 어떻게 그리스도의 구원이 삶의 모든 것을 포괄하는지 그들에게 보여 주고, 동시에 하나님이 만유의 주로서 만유 안에 계실 하나님 나라의 완성을 기대하도록 그들을 가르친다.[35]

---

[32] Gustav Warneck, *Das Studium der Mission auf der Universität* (Gütersloh: C. Bertelsmann, 1877), p. 11. Bavinck, *Introduction*, p. xviii에 인용됨.
[33] 독자들은 네덜란드어 wetenschap가 독일어 Wissenschaft와 동일한 함의를 가지며 학문 혹은 학문적 분석이라는 더 넓은 의미를 가진다는 점에 유의해야 하는데, 이는 영어에서 science가 보통 갖지 않는 것이다.
[34] Visser, *Heart for the Gospel*, pp. 216-217.
[35] Bavinck, "Zendingsbegrip en zendingswerkelijkheid", pp. 7-8. 참고. Visser, *Heart for the*

바빙크가 이전(1941년)에 선교를 정의한 것은 복음의 선포와 개인적 회심에 초점을 맞추었다. 그러나 바빙크가 발전시킨 것의 핵심은 신약성경의 주요 주제인 하나님 나라에 대한 관심의 증가였는데, 앞의 정의에서 확연히 드러나는 것처럼, 1947년에 이르러 분명히 그는 선교에 대한 자신의 견해에 삶의 모든 영역에서 하나님을 섬긴다는 카이퍼주의 개념을 통합했다.[36] 바빙크는 이렇게 주장한다.

우리 시대에 우리는 여전히 하나님 나라의 개념과 씨름한다. 오랫동안 그리스도인들은 기독교 신앙이 사람의 가장 내밀한 존재와 관련되고 구원에 이르는 길이라는 사실을 지나치게 강조해 오면서, 신앙이 사람을 하나님 나라의 관점에 둔다는 사실에는 충분한 주의를 기울이지 않았다.…예수 그리스도 안에 있는 새 생명의 능력의 어떤 것이 사회적·경제적 삶, 상업과 산업, 학문과 예술을 관통해야 한다. 우리는 개인적 또는 사회적 삶의 그 어떤 분야도 자기 뜻대로 하게 두어서는 안 된다. 하나님은 우리가 지금 당장 이 세상의 모든 것을 하나의 머리이신 그리스도 아래 모으기를 원하신다.[37]

카이퍼주의 학자들 가운데, 바빙크는 **샬롬**이라는 성경적 개념에 매료되었다는 점에서 니콜라스 월터스토프의 창의적 연구를 예기한다.[38] 물론 그

Gospel, p. 216.
[36] 바빙크의 사상에서 하나님 나라의 중심성에 대해서는 다음을 보라. Bavinck, *Church Between Temple and Mosque*, pp. 131-137. 예를 들어, 바빙크는 p. 147에서 예수의 기적들에 대해 깊은 통찰력으로 지적한다. "이 기적들에 의해 예수는 온 우주가 구속될 것을, 그리고 모든 시대에 걸쳐 사람의 삶을 위협했던 저주가 물러날 것을 분명히 하고자 하셨다.…이 모든 기적은 그분 안에서 하나님 나라가 가까이 이르렀다는 징표였다. 새로운 시대가 밝았는데, 사람을 위해서만 아니라 온 우주를 위해서 새로운 시대다."
[37] 같은 책, p. 148.
[38] 같은 책, p. 149. 참고. Nicholas Wolterstorff, *Until Justice and Peace Embrace* (Grand Rapids: Eerdmans, 1983).

는 힘에 의한 기독교화에 대한 어떤 생각도 거부하며, 복음과 우리의 문화들 사이의 씨름이 다양성과 다형성을 전제한다는 것을 카이퍼와 함께 강조한다. 우리는 "자신의 문화를 다른 민족들에게 강요"해서는 안 되며, 특정한 국민의 "문화에 중심이 되는 것과의 살아 있는 관계" 가운데 있는 그리스도의 통치에 형태를 부여하려고 노력해야 한다.[39]

성경과 선교 바빙크는 성경이 하나님의 완전한 계시를 담고 있다는 생각을 자신의 출발점으로 삼는데, 그 계시는 모든 시대와 모든 민족에 유효한 것이다.[40] 사실 바빙크의 연구에서, 특히 그의 좀 더 원숙한 연구에서 매력적인 특징들 가운데 하나는, 그가 항상 선교에 대한 자신의 견해를 성경으로부터 발전시키고 성경의 전체 내러티브를 고려한다는 점이다. 로마서 1:18-23에 대한 바빙크의 해석은 일반 계시에 대해 바르트와 근본적으로 불일치하도록 이끌었으나, 바빙크는 헨드릭 크래머를 통해 바르트의 영향을 긍정적으로 **받았다**. 크래머가 바빙크에게, 하나님의 말씀을 신학적 숙고의 유일한 출발점으로 삼아야 한다는 바르트의 주장을 소개했기 때문이다.

바빙크가 개혁파 선교사 신학자인 헨드릭 크래머를 알게 된 것은 그들이 학생일 때였다. 하지만 인도네시아의 솔로(Solo)에서, 1930년과 1934년 사이에, 크래머가 바빙크에게 자바 문헌의 신비와 신비주의를 처음 접하게 했다. 바빙크가 1934년에 출간한 『그리스도와 동양의 신비주의』는 적어도 부분적으로는 크래머의 멘토링의 산물이었다. 이후의 단계에서 크래머는 바빙크의 종교 신학에 결정적인 영향을 끼쳤다. 크래머의 『기독교 선교와 타종교』는 탐바람(1938년)의 국제 선교 협의회를 위해 쓴 것으로, 바빙크

---

[39] J. H. Bavinck, "Zendingsbegrip en Zendingswerkelijkheid", *De Heerban* 2 (1949): pp. 4-6. Bolt, *J. H. Bavinck Reader*, p. 92에 인용됨.

[40] Paul Visser in *J. H. Bavinck Reader*, p. 121. 참고. Bavinck, *Church Between Temple and Mosque*, pp. 129-137에 있는 "The Bible Is Different"라는 놀라운 제목의 장을 보라. 바빙크는 그의 *Introduction*, p. 239에서 다음과 같이 지적한다. "따라서 종교 철학은 하나님의 말씀을 들음으로써 시작해야 한다."

로 하여금 타종교에 대한 그의 견해를 심리학적 접근으로부터 강력한 신학적 접근으로 바꾸게 만들었다. 그에 비해, 크래머는 로마서 1:18-23에 대한 바빙크의 해석에 있는 심리학적 통찰들을 높이 평가했다.[41]

올바르게도, 바빙크는 선교에 **창조**의 교리가 얼마나 기초가 되는지를 지적한다.[42] 창조는 하나님 앞에서 어떤 민족도 다른 민족보다 우월하거나 탁월하지 않다는 것을, 하나님이 마땅히 그분의 것인 만물에 대해 주권적이시라는 것을 의미한다.[43] **언약**은 또한 선교를 위해서도 필수적인데, 왜냐하면 그것은 야웨와 이스라엘 사이의 자연적 유대를 거부하기 때문이다. 선교는 오직 그런 틀 안에서만 가능하다. "만약 야웨가 이스라엘의 하나님이신 것이 그분이 이스라엘과 언약을 맺으셨기 때문이라면, 언젠가 다른 민족들도 그 언약에 포함될 것이라고 상상할 수 있을 것이다." 성경적으로, 선교를 위한 동기는 야웨의 영광이다. "이스라엘은 일차적으로 동정에 의해 마음이 흔들려 열방에 대해 그렇게 깊은 관심을 보이는 것이 아니라, 그보다 훨씬 더, 오직 야웨만 주님이시며 참된 하나님이시라는 사실이 온 세상에 분명해지기를 바라는 내적 갈망에 의해 그렇게 하는 것이다."[44] 바빙크는 시편 47:1과 99:1 같은 본문을 다른 민족들이 결코 듣지 못했을 가능성이 크다는 점을 지적한다. 대신에, 이 본문들은 이스라엘에게 그들이 온 세계 앞에서 살고 있음을 상기시키는 데 기여했다.

---

41 참고. Bavinck, *Church Between Temple and Mosque*, pp. 117-127. 로마서 1장에 대한 바빙크의 논의는 상당히 읽을 가치가 있다. 그는 p. 120에서, "인간의 마음에 있는 안테나는, 비록 그것이 모든 면을 둘러싸고 있을지라도, 더 이상 하나님의 말씀의 파장을 수신할 수 없다"라고 주장한다. 바빙크는 억누름, 바꿈, 내버려둠과 관련해서, 로마서 1:18-25의 심리학적 통찰들에 날카롭게 주의를 기울인다.
42 Bavinck, *Introduction*, p. 12.
43 창조 질서와 하나님 나라에 대한 바빙크의 견해와 관련해서는 Bavinck, *Church Between Temple and Mosque*, pp. 153-164, "The Law of the Kingdom"을 보라. 이 경탄할 만한 장에서 그는 올리버 오도노반의 『부활과 도덕적 질서』라는 개념을 예기하는데, 즉 부활이 창조를 다시 긍정한다는 것이다.
44 Bavinck, *Introduction*, pp. 14, 16.

선지자들의 시대에 이스라엘은 자신들이 당시의 떠오르는 초강대국들에 대처해야 하는 상황에 휘말려 있음을 점차 깨달았다. 이스라엘은 선택에 직면했다. 당시의 세상에 흡수되거나, 아니면 "그것에 의해 열방이 이스라엘의 하나님의 구원의 빛으로 이끌리는 살아 있는 능력"이 되는 것이다.[45] 포로됨의 심판이라는 그늘이 이스라엘을 뒤덮음에 따라, 메시아의 모습이 선지자들의 설교에서 더 분명히 나타난다.

구약성경에서의 선교와 관련해, 바빙크는 우리가 구약성경 안에서 선교의 가능성을 정말로 말할 수는 없다고 바르게 지적한다. 하지만 바빙크가 보기에, 이 비전은 자석처럼 이끌려 이스라엘의 하나님을 향해 여정을 떠나는 더 영광스러운 열방에 대한 것이다. 이런 측면에서 구약성경에서의 선교는 **구심적으로** 조망되는 반면, 신약성경에서는 훨씬 더 **원심적이게** 된다. 구약성경에서 선교의 도래는 종말론적으로 간주되는데, 그것은 철저히 포괄적인 것으로서, 삶을 그 총체성 가운데 포용한다. 참으로, 온 창조 세계가 거기에 참여할 것이다.[46]

포로됨과 그 결과로 출현한 유대인 디아스포라 및 구약성경의 70인역 번역은 섭리적인 것이어서, 오순절 이후 교회의 선교에 기초를 놓았다.[47] 앞에서 언급한 것처럼, 바빙크의 연구에서 하나님 나라는 가장 중요한 위치에 놓였다. 복음서가 전개됨에 따라, 미래가 제자들과 무리들이 기대하는 대로 되지 않으리라는 것이 분명해졌다. "바로 그때 중간 시기가 전면에 등장하며, 또한 그와 함께 선교가 등장한다. 선교와 중간기는 분리할 수 없다."[48] 바빙크가 선교를 다가오는 하나님 나라의 **이미**와 **아직 사이** 사이에 있는

---

45 같은 책, p. 19.
46 같은 책, pp. 22, 23.
47 참고. Craig G. Bartholomew, *Introducing Biblical Hermeneutics: A Comprehensive Framework for Hearing God in Scripture* (Grand Rapids: Baker Academic, 2015), pp. 163-164.
48 Bavinck, *Introduction*, p. 34.

시기의 특징으로 파악한 것은 파급력이 큰 통찰이며 선교학에 토대가 되었다.[49] 바빙크의 지적에 따르면, "복음은 왕의 위임이 갖는 영광의 어떤 것을 담고 있다. 따라서 그것은 온 세상에 대한 그리스도의 왕권을 선포하는 소환으로 끝을 맺어야 한다."[50]

하나님은 교회에 화해의 사역을 위임하셨다(고후 5:18-19).

우리는 이 땅에서 저 땅으로 가면서 온 세상에 향해 나아간다. 우리는 찾고 선포하는데, 그러는 동안에 우리를 통해 자신의 화해의 일을 완성하시는 분은 바로 하나님이시다. 왜냐하면 자신의 화해의 일에서 하나님은 단지 개인들에게만 관심을 기울이시는 것이 아니라 또한 "세상"에 관심을 기울이시고, 세상을 향하시는 가운데 하나님이 우리를 함께 데려가신다. 선교 사역은 그렇게 해서 신적 활동에 확고히 뿌리박고 있다.[51]

바빙크에게는, 바울에게 고린도후서 5장에서 그런 것과 마찬가지로, **화해**는 **구원**과 동의어이다. 따라서 구원은, 화해와 마찬가지로, 모든 것을 포괄하는 것이다. "그리스도께서 자신을 사랑하는 이들에게 주시는 은혜로운 구원 밖에 놓여 있는 것은 아무것도 없다."[52] 바빙크는 구원이 개인적 차원과 우주적 차원을 포괄한다는 것을 분명히 하며, 구원이라는 단어가 인간 삶의 모든 측면에 영향을 끼친다고 주장한다.[53]

신학과 선교   선교는 본질적으로 **하나님의 일**이다. 바빙크는 『선교학

---

49 그런 견해에 대한 비판적인 응답에 대해서는, John G. Flett, *The Witness of God: The Trinity, Missio Dei, Karl Barth, and the Nature of Christian Community* (Grand Rapids: Eerdmans, 2010), 특히 2장을 보라.
50 Bavinck, *Introduction*, p. 34.
51 같은 책, p. 43.
52 같은 책, p. 55.
53 Bavinck, *Church Between Temple and Mosque*, p. 182.

개론』에서 성경 자료를 검토한 후 다음과 같이 선언했다. "만약 우리가 선교의 정의를 내려야 한다면, 충분히 다음과 같이 선언할 수 있을 것이다. 즉 선교는 예수 그리스도의 위대한 일로, 그분의 중보자로서의 완성된 사역 이후에, 선교를 통해 모든 민족을 자신의 구원으로 이끄시면서 자신이 그들을 위해 성취하신 은사에 참여하도록 하신다."[54]

하나님의 선교와 관련해서, 바빙크는 1952년에 빌링겐에서 진술된 것을 온 마음으로 받아들였는데, 즉 삼위일체 하나님이 "선교사 하나님"(a missionary God)이라는 것이다. "우리를 위한 그분의 깊은 사랑으로부터, 성부는 만물을 자신과 화해시키기 위해 자신의 사랑하는 성자를 보내셨고, 그렇게 해서 우리와 모든 사람이, 성령을 통해, 하나님의 본성 자체인 그 완전한 사랑으로 성자 안에서 성부와 하나가 되도록 하셨다."[55] 이미 1896년에 미델뷔르흐(Middelburg)에서 열린 네덜란드 개혁 교회 시노드에서, 바빙크가 관찰하듯이, 삼위일체 교리의 근본적인 중요성이 전면에 부각되었다.[56]

빌링겐 이후에, J. C. 호켄다이크(Hoekendijk)의 영향 아래 있는 선교 신학에서, 교회는 "사도직의 기능"(function of the apostolate)으로 여겨지기에 이르렀고, 교회의 선교(missio ecclesiae)는 교회 개척과의 관련성보다는 하나님 나라의 도래와의 관련성 가운데 정의되었다. 많은 선교학자가 교회의 선교 개념을 하나님 나라의 이미와 아직 아니라는 종말론적인 틀 안에서 풀어내기 시작했다. 의미심장하게도, 이 시기 이후로 바빙크의 선교학은 이 강조의 흔적들이 역력히 드러난다. 그는 "하나님 나라"라는 문구를 훨씬 더 빈번하게 사용하며(빌링겐 직후에 출간된 『선교학 개론』에서, 심지어 그는 이 문구를 선교에 대한 그의 정의에 포함시켰다), 또한 그가 긍정적으로 언급하는 바에 따르

---

[54] Bavinck, *Introduction*, pp. 57-58.
[55] Bolt, *J. H. Bavinck Reader*, p. 170. 여기서 바빙크가 카이퍼의 파급력 있는 통찰을, 즉 선교를 삼위일체 교리에 기초시키는 것을 따르고 있음에 주목하라.
[56] Bavinck, *Introduction*, p. 65.

면, "선교에 대한 최근의 사유에서는 종말론적인 순간에 아주 중요한 위치가 부여되고 있다."[57] 그러나 바빙크는 예배와 양육이 동등하게 핵심 과업이라고 주장하면서, 교회의 주된 목적을 사도직과의 관련성 가운데 정의하는 것을 반대했다.[58]

유사하게 바빙크는 교회일치주의 운동에서 나온 교회의 선교 개념을 환영했는데, 이 견해는 선교가 교회의 본질에 속한다는 것이다. 하나님은 교회에 화해의 사역을 위임하셨으며, 그것이 선교의 핵심이다. 그는 선교가 위임된 것이 특히 **지역 교회**이지 성직자들만이 아니라는 생각을 긍정한다. "따라서 선교의 개념은 평범한 교회 회원들이, 개인적으로 혹은 협회나 다른 기관들을 수단으로 해서, 그리스도의 명령에 대한 순종 가운데 행할 수 있는 여지를 많이 남겨두도록 발전될 수 있다."[59]

말씀의 선포는 예언자적 증언으로서, 자비의 일들(works of mercy)이라는 제사장적 증언이 따라야 한다. 선교는 선교사를 파송하는 것을 훨씬 넘어서는 일이다. 선교사로 존재한다는 것은 우리의 소명과 우리가 관여된 모든 것에서 그리스도를 대변하는 것을 수반한다. 따라서 선교에는 가장 다양한 활동들을 위한 자리가 있다. "그러나 일치가 성취되어야 하는데, 그 수단은 하나님이 우리의 다양한 활동에 의해 그분의 구원을 드러내시며 헤아릴 수 없는 신적 사역에 우리를 그분의 도구로 포함시키신다는 것을 아는 것이다." 그러므로 선교적 활동은 삶의 모든 측면에서 일어난다.[60]

크래머와 대화하면서, 바빙크는 선교가 교회의 특징인지 여부를 묻는다. 크래머가 적는 바에 따르면, "교회의 **존재 이유**(raison d'être)는 세상의

---

[57] Bolt, *J. H. Bavinck Reader*, p. 40에 인용됨.
[58] 이는 아주 중요한 통찰이다. 참고. Craig G. Bartholomew, "Theological Interpretation and a Missional Hermeneutic", in Michael W. Goheen, ed., *Reading the Bible Missionally*, The Gospel and Our Culture Series (Grand Rapids: Eerdmans, 2016), pp. 68-85.
[59] Bavinck, *Introduction*, p. 61.
[60] 같은 책, pp. 67, 68.

필요를 충족시키고 부응하는 데 있다."⁶¹ 바빙크는 세 가지 활동을 교회에 본질적인 것으로 파악한다.

1. 교회는 하나님을 찬양하기 위해 존재한다. 이는 교회의 **송영적** 임무이며, 크래머의 견해와 대조적으로, 교회는 세상의 필요를 충족시키기 위해서가 아니라, 하나님과 그분의 영광을 위해 존재한다.
2. 교회는 하나님의 말씀의 영광을 세대에서 세대로 전달하기 위해 존재한다.
3. 또한 교회는 세상의 필요를 충족시키기 위해 존재한다.

크래머와의 차이에도 불구하고, 바빙크는 선교가 교회의 본질에 속한다는 것에 동의한다.

선교의 목적과 관련해서 바빙크는 선교가 세 가지 목적을 가진다는 히스베르투스 푸치우스(Gisbertus Voetius, 1589-1676)의 견해와 함께하는데, 즉 이교도의 회심, 교회의 설립, 하나님의 은혜의 나타남이다. 그러나 그가 주장하는 바에 따르면, 이 세 가지 목적은 하나님 나라의 도래와 성장이라는 하나님의 단일한 목적이 가진 세 가지 측면이다. 하나님 나라는 무엇보다도 하나님의 영광에 대한 것이며, 온 땅에 걸친 교회의 성장을 포함하고, 죄인들의 회심에서 구체화된다. "이것들은 세 가지의 분리된 목적들이 아닌 하나의 위대하고 높은 최종 목적으로, 세 가지 복을 통해 우리에게 드러나는데, 그중에서 하나님을 영화롭게 하는 것이 의심의 여지 없이 첫 번째이고, 교회 설립이 두 번째이며, 이교도의 회심이 세 번째다."⁶² 앞에서 지적했듯이, 바빙크는 선교를 성경적 종말론과 하나님 나라의 맥락에 위치시킨다. 선교 활동은 세상을 향한 하나님의 목적, 그분의 영원한 나라를 지향한다.⁶³

---

61 같은 책, p. 68에 인용됨.
62 같은 책, pp. 155-156.
63 참고. Johan A. Heyns, *The Church* (Pretoria, South Africa: N. G. Kerkboekhandel, 1980)가 유사한 교회론적 접근을 보여 준다.

중간기의 선교는 "우리가 세계 역사라고 부르는 무서운 드라마의 모든 거칠고 삐걱거리는 음표가 지극히 높으신 분의 나라의 고양된 교향곡으로 마침내 끝나게 될" 날을 기대한다.[64]

『선교학 개론』에서 다루는 한 가지 중요한 논의는 열방을 향한 선교와 "종족"(the tribe) 사이의 관계에 대한 것이다. 탄자니아의 독일 선교사 브루노 구트만(Bruno Gutmann, 1876-1966)은 종족이 창조 질서에 주어진 것이라고 주장한다.[65] 바빙크는 이 측면에서 극도로 신중하면서, 종족의 중요성, 즉 인류가 공동체 안에 존재하는 것의 중요성을 지적하면서도, 종족을 인간 삶의 규범으로 삼는 것을 거부한다. 그러나 참으로 카이퍼주의의 방식으로 바빙크는 다음과 같이 주장한다.

> 비록 교회는 민족이나 종족과 완전히 다른 공동체이지만, 여전히 사회에 대한 중요한 책임에서 결코 자유롭지 않다. 교회의 전체적인 태도에 의해, 자신의 울타리 안에서 행하는 것에 의해, 교회는 전반적인 사회 질서에 헤아릴 수 없는 영향을 끼친다. 그리고 적절한 때에 교회는 전체적인 사회의 삶을 왜곡하는 특정한 민족적 죄에 반대해서 강력한 증언을 해야 할 것이다.[66]

5장에서 지적한 바와 같이, 카이퍼의 사상이 가진 힘을 약화시키는 측면은 남부 아프리카에 있는 비유럽 민족들에 대한 그의 견해였다. 바빙크는

---

64 Bavinck, *Introduction*, pp. 155, 156.
65 같은 책, p. 161. 구트만에 대한 간략한 소개와 더 많은 자료를 위해 다음을 보라. Hans-Werner Gensichen, "Gutmann, Bruno", in *Biographical Dictionary of Christian Missions*, ed. Gerald H. Anderson (New York: Macmillan Reference USA, 1998), pp. 271-272. https://www.bu.edu/missiology/missionary-biography/g-h/gutmann-bruno-1876-1966에서 온라인으로 볼 수 있다. 또한 다음을 보라. Flett, *Witness of God*, 3장, 그리고 David W. Congdon, *The Mission of Demythologizing: Rudolf Bultmann's Dialectical Theology* (Minneapolis: Fortress, 2015), pp. 297-302.
66 Bavinck, *Introduction*, pp. 168-179.

남아공의 포체프스트룸 신학교를 여러 차례 방문했으며, 그가 여기서 보이는 경계심은 부분적으로는 남아공에서 "종족"을 절대화하는 것에 의해 영향을 받은 것으로 의심된다.⁶⁷

선교와 종교적 체험 바빙크는 적응(accommodation)의 문제를 복음 및 문화와 관련해서 논의한다. 그는 적응이나 순응(adaptation)보다는 "소유"(possession)를 말하는 것을 선호한다. 그리스도 밖에서, 관행과 관습은 우상을 섬기는 것으로 인도된다. 소유라는 말로 바빙크가 의미하는 바는, "그리스도는 한 민족의 삶을 돌보시며, 왜곡되고 타락한 것들을 새롭게 하시고 다시 세우신다. 그분은 각각의 사물, 각각의 말, 각각의 관습을 새로운 의미로 채우시고 새로운 방향을 제시하신다"⁶⁸는 것이다.

이는 우리를 타종교, 종교적 체험, 일반 계시, 반증론 같은 곤란한 사안들로 이끈다.⁶⁹ 바빙크가 올바르게 지적하는 바에 따르면, 진지한 선교학이라면 반드시 종교 신학의 발전에 관여해야 하는데, 타종교에 대한 교회의 평가와 관계가 교회의 선교적 과업에서 아주 중요하기 때문이다. 바빙크가 카이퍼와 동의하지 않는 점은, 카이퍼가 유대인과 무슬림 가운데서 행해지는 선교가 자연 신학(*theologia naturalis*)과 연결되어야 한다고 주장할 때다.⁷⁰ 바빙크가 보기에, "사람의 이성적 삶은 그의 본능적 열정, 즉 그의 감정적·의지적 삶과 너무나 긴밀히 연결되어 있어서, 합리적 논증이 진정한

---

67 참고. Erica Meijers, "The End of the Colonial Mindset: Apartheid as Challenge for the Protestant Churches in the Netherlands", in *Globalisierung der Kirchen: Der Ökumenische Rat der Kirchen und die Entdeckung der Dritten Welt in den 1960er und 1970er Jahren*, ed. Katharina Kunter and Annegreth Schilling (Göttingen: Vandenhoeck und Ruprecht, 2014), pp. 313-334.
68 Bavinck, *Introduction*, p. 179.
69 독자들은 이 부분이 바빙크가 **반증론**이라고 부르는 것의 많은 부분을 다룬다는 점에 주목해야 한다. 참고. *Introduction*, pp. 219-272.
70 참고. Abraham Kuyper, "The Natural Knowledge of God", trans. and annotated Harry Van Dyke, *The Bavinck Review* 6 (2015): pp. 73-112.

변화를 가져올 수 없다."[71]

이것은 일반 계시의 문제와 밀접히 관련된다. 바빙크는 신학 역사의 대부분에 걸쳐 일반 계시에 부여된 의미를 거부했지만, 로마서 1장이 어떤 형태의 일반 계시를 가르친다고 올바르게 본다. 그가 보기에 그것은 이성에 의해 발견된 신적 진리의 폭로가 **아니**였고, 다만 인간의 삶에 영향을 끼치는 하나님을 인간 지향적으로 표현한 것이다.

만약 우리가 "일반 계시"라는 표현을 사용하고자 한다면, 우리는 사람이 그것으로부터 하나님의 존재를 논리적으로 결론지을 수 있다는 의미로 사용해서는 안 된다. 이것은 **아마도** 가능할지 모르지만, 제1원인으로서의 하나님에 대한 철학적 언급으로 이끌 뿐이다.…성경이 일반 계시에 대해 말할 때…그것은 집단적으로 그리고 개인적으로 있는 사람들에 대한 하나님의 관심이다. 하나님의 신성과 영원하신 능력은 명백하다. 그것은 사람을 압도한다. 그것은 저 멀리 있다고 사람이 생각하는 순간에 갑자기 덮친다. 그것은 서서히 사람에게 영향을 끼친다. 사람이 그것으로부터 도망가려고 최선을 다하지만, 그것은 그를 떠나보내지 않는다.[72]

바빙크는 오랫동안 칼뱅의 견해를 따랐는데, 이는 하나님의 음성이 창조 세계에 울려 퍼진다는 생각과 하나님의 계속되는 섭리와 통치에 기초한 것이다. 그러나 그의 유작인 『선교적 변증학』에서, 바빙크는 이것을 일반 계시를 위한 기독론적 토대로 더욱 발전시킨다.

---

[71] Bavinck, *Introduction*, p. 228.
[72] Bavinck, *Church Between Temple and Mosque*, p. 124.

이제 그리스도는 그[인간]에게 새로운 형태로 나타나신다. 그분은, 물론, 이 사람의 찾음 가운데 이미 계셨다. 그리고 그분이 증인 없이 떠나지 않으셨기 때문에, 그리스도는 그를 얻기 위해 씨름하고 계셨다. 비록 그 사람은 그 사실을 몰랐을지라도 말이다.…복음 선포에서 그리스도는 사람에게 다시 나타나시지만, 훨씬 더 구체적이고 들릴 수 있는 형태로 그렇게 하신다. 그분은 사람을 그의 오랜, 처참한 꿈에서 깨우신다.[73]

비신자들이 하나님을 찾는지 여부에 대한 질문과 관련해서, 바빙크는 자신의 견해를 1941년에 이르러 바꾸었다.

이전에 나는 때때로 "도망 가운데 찾음"(Suchen im Fliehen, 하나님으로부터 도망가는 동시에 하나님을 찾음)이라는 개념을 언급했다. 이제 나는 이 문제를 달리 표현하고자 한다. 아무도, 단 한 명도, 스스로 하나님을 찾지 않는다(롬 1:11). 만약 어떤 곳에서 어떤 종류의 찾음이 있다면, 그것은 깊이 침몰한 인류를 포기하지 않고 붙드시는 신적 목적과 인도 때문에 존재한다.[74]

종교적 체험과 그리스도 안에 있는 하나님의 계시 사이의 관계는 바빙크의 선교 신학과 이력 전체를 지배하는 주제다. 바빙크의 종교 이해는 두 단계에 걸쳐 발달했다. 처음에 그는 종교 심리학에서 시작했는데, 그런 다음에는 신학적으로 뒷받침하려 했다. 이후에 그는 자신의 접근법을 뒤집었다. 성경적-신학적 탐구가 최우선으로 고려되었고, 그 입장으로부터 그는 종교성에 수반되는 심리 작용을 풀어냈다. 이 변화는 크래머의 『기독교 선

---

73 같은 책, p. 127.
74 Bolt, *J. H. Bavinck Reader*, pp. 51-52에 인용됨. 참고, Bavinck, *Introduction*, pp. 62-65.

교와 타종교』에 대한 그의 숙고에서 비롯되었는데, 이 책은 다음과 같은 단 하나의 진술로 정리될 수 있다. 즉 그리스도 안에 있는 하나님의 계시는 모든 종교적인 열망의 성취가 아니고, 오히려 이런 시도들에 대한 하나님의 심판을 나타내면서 근본적인 회심을 촉진시킨다.[75]

바빙크는 종교들을 분류하려는 시도들에 의해 설득되지 않으며, 단지 간접적으로만 검토될 수 있는 "보편적 종교 의식"(universal religious consciousness)을 말하기를 선호한다.[76] 바빙크는 종교 의식의 기원이 첫째로 인간적인 것이 아니라 신적인 것이라고 말한다. 그러나, 인간적인 측면에서, 바빙크는 종교적 삶에서 역할을 하는 몇 가지 요인들을 지적한다. 첫째, 그는 **원형적 말씀의 계시**(proto-word revelation)를 말하는데, 즉 하나님의 원래 계시로서 타락 이전에 발생했으며 여전히 인간의 기억에 남아 있는 것이다. 둘째, 그는 특별 계시가 다른 종교들로 흘러들었을 가능성을 지적하는데, 즉 "비기독교적 종교들이 전적으로 특별 계시의 영역 밖에서 활짝 꽃을 피운 종교들이 아니라, 몇몇 경우에 어느 정도 범위의 유입이 가능했을 것으로 여겨져야 함을 시사하는…흥미로운 자료"다.[77] 바빙크는 이 가능성이 현대에 존재한다고 생각했다. 셋째, 바빙크는 모든 비기독교적 종교에서 악령이 한 역할에 주의를 기울일 것을 요구한다.

바빙크는 "그 안에서 인류의 종교적 사유가 움직여야 하는 일종의 틀"을 구별했다. "모든 종류의 사상이 구체화되는 데 중심을 이루는 어떤 교차점들이 있는 것으로 보이는데,…인류의 종교적 사유가 거부할 수 없이 이끌리는 이른바 자력점(magnetic points) 같은 것이다."[78] 그는 이 자력점 혹은

---

[75] 참고. Tim S. Perry, *Radical Difference: A Defence of Hendrik Kraemer's Theology of Religions* (Waterloo, ON: Wilfred Laurier University Press, 2001).
[76] Bavinck, *Church Between Temple and Mosque*, p. 29; 참고. pp. 25-29.
[77] Bolt, *J. H. Bavinck Reader*, p. 56에 인용됨.
[78] J. H. Bavinck, *Religieus Besef en Christelijk Geloof* (Kampen: Kok, 1949), p. 103.

근본적 질문을 다음과 같이 밝힌다.[79]

1. 전체에, 우주에 속해 있다는 의식: **나와 우주의 관계**
2. 초월적 규범들에 대한 의식: **나와 규범의 관계**
3. 왠지 우리의 존재가 통제되고 있다는 의식: **나와 내 존재의 수수께끼의 관계**
4. 구속의 필요에 대한 의식: **나와 구원의 관계**
5. 우월한 권력에 우리가 관련되어 있음에 대한 의식: **나와 최고 권력의 관계**

바빙크는 이 다섯 개의 요점 혹은 질문이 가진 긴밀한 상호 연관성을 지적한다. 그것들은, 본질에서, 하나다.

그러나 설령 그 대답이 부분적이거나 불명확할지라도, 모든 질문이 사람에게 모든 것을 포괄하는 하나의 질문을 강요한다는 사실은 여전하다. "나는 누구인가? 왜소하고 죽을 수밖에 없는 사람, 내가 맞닥뜨리고 내 삶이 가장 내밀하게 관련되어 있는 이 모든 강력한 실재의 한가운데 있는, 나는 누구인가?" 이런 아주 단순한 질문이 종교가 제기하는 모든 문제를 간단히 드러낸다.[80]

따라서 바빙크의 견해는 바르트와 카이퍼 사이의 어딘가에 위치시킬 수 있다. 그가 분명히 하는 바에 따르면, 우리는 비기독교적 종교와 기독교 신앙 사이에 다리를 세우기 위해 철학적 논증을 절대 사용할 수 없는데, 왜냐하면 이런 시도는 회심을 불필요하게 만들고 따라서 회개 요청을 넘치는 것으로 만들기 때문이다. 그가 보기에, 이는 초대 교회 변증가들이 저지른

---

[79] Bavinck, *Church Between Temple and Mosque*, pp. 32-34. 3-7장은 이런 특징들 각각을 차례대로 논의한다.
[80] 같은 책, p. 113.

오류다. 만약 그들이 우리가 요한복음에서 발견하는 로고스의 개념을, 비록 변형되었을지라도, 그렇게나 애타게 붙들지 않고 오히려 요한복음을 더 엄밀하게 연구했더라면, 그들은 요한복음에서 가장 강력한 강조가 진리에 이르는 모든 것의 종교적인 본질에 놓였음을 발견했을 것이다.[81]

바르트와 달리, 바빙크는 자신의 자력점에서 선교에 연결되는 지점을 보았다. 이것은 바빙크가 선교사의 인격과 관련해서 카이퍼를 긍정적으로 인용하는 것에서 표면화된다.

> 당신이, 한 인간으로서, 어떤 사람을 한 인간으로서 만나자마자, 그가 이교도이든 무슬림이든, 당신은 그와 함께 공통의 출발점을 가진다. 그것은 첫째로 당신과 그가 함께 저지른 죄이고, 또한 둘째로, 그리스도에게서 오는 빛이 어둠을 뚫고 들어갈 때, 죄인이 하나님의 자비에 의해 붙잡힐 때, 은혜가 당신을 구원하고 그것만이 그를 구원할 수 있다. 그렇게 해서, 한편으로 이교도들과의 공통의 유대라는 느낌이, 즉 인간 공통의 마음이 나타나며, 그 마음에는 동일한 신 의식(*sensus divinitatis*)이 있다. 그 마음은 동일한 죄에 의해 괴로워한다. 당신은 본성적으로 그 사람만큼이나 이교도적이며, 유일한 차이는 당신에게 주어진 은혜인데, 그것을 그도 공유할 수 있다.[82]

따라서 바빙크는 일반 계시에 대한 미묘한 차이가 있는 견해를 긍정한다. 하지만 그는 인간이 살아 계신 하나님을 찾지 않는다고 주장한다. 통찰력 있는 방식으로 바빙크는 로마서 1:18-25에 있는 억압과 교환의 심리에 대해 자세히 설명한다. "우리는 자연적 인간이 억압하거나 교환하는 데 항

---

[81] Bavinck, *Introduction*, pp. 229, 226. 참고. Bavinck, *Church Between Temple and Mosque*, pp. 26-27.
[82] Kuyper, *Encyclopedie*, vol. 3, p. 449. Bavinck, *Introduction*, pp. 229-230.

상 분주하다고 말할 수 있다. 그러나 인간은 항상 같은 정도로 그 일에 성공하는가? 그것은 하나님이 그에게 다가오시는 힘에 달려 있다.…이는 종교의 역사에 단계적 차이들이 있다는 것을 보여 준다."[83]

바빙크는 세계의 어떤 지역들에서 교회가 스스로를 성전과 모스크 사이에서 발견한다는 것을 지적한다. 이 맥락에서 교회가 마주하는 첫 번째 반응은 교회의 메시지에 대한 격렬한 반대다. "오늘날 교회가 견고하게 뿌리를 내린 나라들에서도 걱정스러운 위기를 직면하지 않는가?" 두 번째 반응은 모든 종교가 동등하다는, 종교 혼합주의(syncretism)의 도전이다. 바빙크가 보기에는 종교 혼합주의가 노골적인 반대보다 더 위험할 수 있는데, 왜냐하면 예수에 대한 종교 혼합주의적 수용은 복음 선포를 무력하게 만들 수 있기 때문이다. "그것은 마치 느리게 작용하는 독약처럼, 교회의 힘을 빨아먹을 것이다. 그러나 교회가 무엇을 만나든지, 타종교와 정직하게 그리고 위엄을 갖추고 말할 의무가 있다는 것은 분명하다."[84]

바빙크가 보기에, 우리는 어떻게든 모든 종교에서 살아 계신 하나님의 조용한 사역을 발견한다. 그러나 로마서 1장이 우리에게 상기시키듯이, 이것은 억압 및 대체와 얽혀 있다. 교회가 이것을 고백하는 이유는, 교회가 스스로 이 고백의 심판을 받기 때문이다. 역사적으로 교회 자신이 하나님의 계시를 억압하고 대체한 죄가 있었으며, 교회의 책임은 훨씬 더 크다! 사실, 오직 교회가 그런 겸손을 특징으로 할 때만 타종교에 대해 증인이 될 수 있다.[85]

선교의 역사 바빙크는 우리가 선교를 어떻게 정의하는가에 기초해서 선교의 시대 구분을 발전시키는 탐구에서 통찰력이 있다. 고힌은 오늘날 선교에서 역사적 관점의 중요성을 지적하면서, 그것이 우리가 **선교**를 어떻게

---

83 Bavinck, *Church Between Temple and Mosque*, pp. 125-126.
84 같은 책, pp. 198, 199.
85 같은 책, p. 200.

정의하는가에 크게 의존한다고 말한다. 선교를 "선교들"(missions)로 정의하는 것은 선교의 역사를 지리적으로 확장하는 모델로 이끈다.[86] 고힌은 그런 접근법의 타당성을 인정하지만, 우리가 단지 선교들만 아니라 선교의 역사에 주의를 기울이는 폭넓은 관점의 렌즈를 필요로 한다고 주장한다. 고힌은 앤드루 월스(Andrew Walls)과 새뮤얼 에스코바르(Samuel Escobar)가 복음의 문화적 전파에 초점을 맞추는 것을, 데이비드 보쉬와 브랜트 마이어(Brant Myer)가 역사를 통해 다른 선교 패러다임들에 초점을 맞추는 것을 논의하는 것으로 이동하기 전에, 바빙크의 접근을 이 방향을 가리키는 지침으로 언급한다. 바빙크는 교회가 선교를 수행하는 데 사용한 원리들에 근거해서 선교의 역사에서 다섯 시기를 구분한다.

1. 초대 교회의 시기
2. 기독교가 국가 종교가 된 시기
3. 경건주의가 북유럽 대부분을 지배한 시기
4. 19세기, 이른바 선교의 세기
5. 20세기, 제1차 세계대전으로 시작되는 시기

그는 이 시기들을 다음과 같이 묘사한다. "첫 번째는 **자발적인 확장의 시기**다. 두 번째는 **기독교 제국과 그것의 확장**의 시기다. 세 번째는 **축소된 전선으로 후퇴**한 시기다. 네 번째는 **새롭고 전체주의적인**(totalitarian) **비전을 모색**하던 시기다. 다섯 번째는 **상호 책임의 감정 가운데 있는 옛 교회들과 새로운 교회들의 동반자 관계**의 시기다."[87]

---

[86] Goheen, *Introducing Christian Mission Today*, 3장. 고힌은 스티븐 닐(Stephen Neill)과 케네스 라투레트(Kenneth S. Latourette)를 예로 든다.
[87] Bavinck, *Introduction*, p. 305. "전체주의적인"으로 바빙크가 의미하는 것은 "포괄적인", "전체적인"이다.

J. H. 바빙크의 지속되는 유산

실제로 1896년부터, 바르넥이 할레 대학교(University of Halle)의 선교학 명예 교수가 되었을 때, 선교가 신학부들에서 확고한 자리를 확보했다.[88] 1896년 이후로 점점 더 많은 신학부가 선교학 교수를 임용했지만, 1950년 대 이후로는 대다수가 선교학 교수직을 폐지하거나 다른 종류의 교수직으로 바꾸었다. 보쉬의 지적에 따르면, "이런 경향은 특히 세계 교회 협의회와 연계된 교회들과 연관된 기관들에서 두드러지게 나타난다."[89] 이는 바빙크 사후의 이어지는 시기에, 세계 교회 협의회 안에서 선교에 대한 정통 신앙의 견해 같은 것을 고수하는 데 있었던 점증하는 문제들을 반영한다. 보쉬는 복음주의자들 가운데서는 그 반대 경향이 참이지만, 대부분의 복음주의 선교 활동이 상당히 최근에 출현했음을 우리가 상기할 필요가 있다고 지적한다.

선교와 선교학은 교회와 신학의 아주 중요한 부분이고, 우리가 필요한 것은 20세기 선교학과 대화를 해 오면서 깊이 배운 정통 신앙의 선교학이다. 이것을 우리가 바빙크 안에서 발견하는데, 바로 이 점이 그의 작업이 오늘날까지 그토록 거의 알려져 있지 않다는 것을 기이하고 용납할 수 없게 만든다. 바빙크의 작업에 대한 관심을 부활시키기 위하여 각고의 노력을 다한 것은 존 볼트와 폴 뷔셔의 크나큰 공적이다. 바빙크는 하비 콘(Harvie Conn) 같은 신학자들에게 영향을 끼쳤고, 그를 통해서 팀 켈러(Tim Keller) 같은 목사들에게 영향을 끼쳤다. 그러나 바빙크의 작업에 마땅히 있어야 할 수용 및 발전은 없었다. 1974년에 로잔에서 비로소 복음주의자들이 함께 씨름한 사안들은 바빙크가 이미 수년 전에, 그리고 종종 훨씬 더 심오하게 다

---

[88] Bosch, "Missiology", pp. 263-264.
[89] 같은 책, p. 264.

룬 사안들이었다. 바빙크의 작업 가운데 다시 새로운 관심이 필요한 것은 무엇인가? 너무나 많이 있지만, 여기서는 내가 주된 요소들로 보는 것들을 강조해 보고자 한다.

선교는 교회의 본질에 속한다 바빙크가 올바르게 인식한 것은, 교회가 철저히 선교적이라는 점이다. 우리는 이 장의 도입부에 니코스 카잔차키스의 통찰력 있는 진술을 인용했다. "그는 승리의 고함을 외쳤다. '**다 이루었다!**' 그리고 그것은 마치 그가 '모든 것이 시작되었다'고 말한 것 같았다." 교회는 하나님 나라의 도래와 그 절정 사이에 있는 중간기 현상이며, 이것이 **바로** 선교의 시기다. 예수께서 보냄을 받으셨듯이, 마찬가지로 그분의 백성도 보냄을 받으며, 그렇게 해서 **사도적** 교회는 단지 성경에 기초한 교회일 뿐만 아니라 또한 **선교적** 백성이다. 동시에 바빙크는 교회를 선교로 축소하는 것을 올바르게 반대하며, 교회의 송영적(예전적) 과업과 양육하는 과업에 주목한다.

의심할 여지 없이, 교회 병행 단체들에게는 그들의 자리가 있지만, 카이퍼와 바빙크는 선교가 지역 교회의 주된 책임이라는 점에 올바르게 주목한다. 물론 교회들이 서로 협력해서 일해야 하지만, 뉴비긴이 우리에게 가르치듯이, 지역 교회는 복음의 해석자로서, 세상 앞에서 복음을 설명하고 구현한다.

하나님의 선교에 대한 강조는 풍성하다. 하나님이 **바로** 선교사(the missionary)이시며, 기껏해야 교회는 그분이 자신의 창조 세계를 구속하시는 위대한 사역에 동행할 수 있다. 그러므로 선교는 우리의 "메시아적" 행동주의가 될 수 없으며, 하나님이 그분의 성령에 의해 온 창조 세계에 걸쳐 그리스도의 향기를 퍼뜨리시는 사역에 대한 우리의 분별하는, 의지하는 동반자 역할이어야 한다.

복음주의자들은 20세기에 선교의 다른 요소들을 어떻게 관련시켜야 하는지 알고자 씨름했다. 로잔은 이 논의를 전도와 사회정치적 관여 사이의 관계 측면에서 진행했다. 내 견해로는 이것은 잘못된 이분법의 문제를 유발하는데, 전도는 언제나 말씀과 행동에 의한 것이기 때문이다. 말로 그리스도를 말하는 것과 그분에게 철저히 순종하는 것은 절대로 서로 대립되는 것일 수 없다. 바빙크는 건강한 견해에 훨씬 더 근접하는데, 이것은 우리가 하나님 나라에 대해 포괄적으로 증언하는 하나님의 백성으로 묘사할 수 있는 것이다.

성경적인 선교 카이퍼와 바빙크는 모두 선교가 성경이라는 토대로부터 세워져야 할 필요성을 인식한다. 내가 보기에는 바빙크가 더 일관성이 있지만, 둘 다 엄격한 선교학의 필요성을 보았으며, 그의 작업에서 바빙크는 이런 측면에서 카이퍼의 요청을 이행하는 데 큰 공헌을 했다. 바빙크는 성경을 선교를 위한 권위 **자체**로 받아들이는 것에서 모범적이다. 그는 다양한 다른 학문 분야에 의존하지만, 언제나 성경으로 돌아간다. 사실, 칼 바르트 및 올리버 오도노반과 마찬가지로, 그의 개념적 틀이 확립됨에 따라 그는 계속해서 성경으로 돌아온다.

일단 바빙크가 그곳에 이르렀을 때 선교를 성경 이야기의 맥락에, 특히 예수의 사역에서 핵심 주제인 하나님 나라에 위치시키는 데 얼마나 일관성이 있는지는 주목할 만하다. 이것은 대단히 중요한데, 선교를 성경의 종말론과 줄거리 안에 위치시킴으로써, 그 역동성과 포괄성을 가능하게 하기 때문이다.

하나님 나라에 대한 그의 포괄적인 견해와 더불어, 바빙크는 그리스도 안에 있는 구원의 배타성을, 그리고 개인적 회심이 대단히 중요함을 결코 망각하지 않는다. 바빙크는 배타주의자였으나, 그것은 뉴비긴의 것과 유사하게 미묘한 차이에 주의를 기울이는, 사려 깊은 배타주의였다. 그는 타종교를 최대한 정중히 대했고 이해하기 위해 노력하면서 여러 해를 보냈는데,

이는 뉴비긴이 한 것과 마찬가지다.⁹⁰

서구의 짐 뉴비긴은 "오늘의 구원"이라는 주제로 열린 방콕 회의에서 인도네시아의 장군 시마토우퐁(Simatoupong) 옆에 앉았던 이야기를 말한다. 뉴비긴은 그가 다음과 같이 중얼거리는 것을 들었다. "물론 첫 번째 질문은, 서구를 회심시킬 수 있는가 하는 것이지."⁹¹ 뉴비긴은 자신의 "은퇴" 시기를 영국에서 보내면서, 서구 교회를 잠에서 깨우고 특히 무슬림 세계의 여러 지역들에서 부상하는 위험들에 대해 경고하기 위해 그의 가장 왕성한 작업을 진행했다.

바빙크는 종교와 문화 사이의 관계에 대해 예리하게 인식하고 있었으며, 따라서 그는 서구 그리스도인들이 자신들이 속해 있는 문화를 직시할 필요성에 대해 유려하게 기술한다.

지금 우리가 솔직히 인정해야 할 것은, 우리의 현대 문명이 비록 와해된 것으로 보일지라도 인간, 세계 안에서 인간이 차지하는 위치, 그리고 하나님을 향해 인간이 지는 책임에 대한 어떤 전제에 기초하고 있다는 점과, 또한 이것이 어떤 확고한 세계관을, 그리고 공동체 안에서 개인이 하는 기능에 대한, 인간의 위대함과 비참함에 대한 관점을 내포한다는 점이다.…현대 문화도 역시 종교적인 현상이다.⁹²

글로벌한 세계에서 종교가 차지하는 중요성에 대해 필립 젠킨스만큼,

---

90 타종교에 대한 바빙크의 견해에 공감하면서도 비판적으로 접근한 것을 다음에서 보라. H. L. Richard, "The Missiological Vision of J. H. Bavinck: Religion, Reticence, and Contextual Theology", *International Journal of Frontier Mission* 31, no. 2 (2014): pp. 75-84.
91 참고. Lesslie Newbigin, "Can the West Be Converted?", *Princeton Seminary Bulletin* 6, no. 1 (1985): pp. 25-37.
92 Bavinck, *Church Between Temple and Mosque*, pp. 22-23.

그것도 9·11 이전에, 큰소리로 외친 학자는 드물다. 그는 고전이 된 그의 저서 『신의 미래』 3판에서 이렇게 지적한다.

> 그들의 엄청난 부유함에도 불구하고, 북미와 유럽의 많은 교회는 남반구에 대한 관심을 자신들이 이전에 가졌던 것보다 훨씬 덜 가지고 있다.…이유가 무엇이든, **선교에 대한 서구의 관여는 그것이 가장 절실하게 필요한 시점에 급격하게 감소했는데**, 그리스도인의 수가 급증하고 있는 절정의 시기에 그렇게 됐다.[93]

종교와 정치를 위해, 그리고 아마도 지구의 생존을 위해, 젠킨스에 따르면, 이것은 변화되어야 한다. 서구 그리스도인들은 다시 부상하고 있는 남반구의 기독교와 친숙해져야 한다. 서구의 근시안적 시각은 종종 기독교의 경이로운 성장에 주목하는 것조차 막는데, 이는 그리스도인들이 오늘날 지구에서, 특히 세계의 비서구 지역들에서 압도적으로, 가장 핍박받는 종교인들이라는 사실에 대해서도 마찬가지다.[94]

다시 부상하고 있는 기독교가 직면하고 있는 주요 도전들은 무엇인가? 많은 것이 있는데, 중요한 것들 가운데 일부는 다음과 같다.

1. 빈곤: "남반구 그리스도인들의 대다수는 실제로 (그리스도인들 전체에서 점차 증가하는) 가난한 사람들, 굶주린 사람들, 핍박받는 사람들, 심지어 비인간화된 사람들이다."[95]
2. 핍박: 점점 더 많은 문헌은 그리스도인들에 대한 유례없는 핍박이 특

---

[93] Philip Jenkins, *The Next Christendom: The Coming of Global Christianity*, 3rd ed. (Oxford: Oxford University Press, 2011), pp. 267-268.
[94] 많은 최근의 책들 중에서, 예를 들어, Klaus Wivel, *The Last Supper: The Plight of Christians in Arab Lands*, trans. Mark Kline (New York: New Vessel, 2016)을 보라.
[95] Jenkins, *Next Christendom*, p. 272.

히 무슬림이 다수인 나라들에서 일어나고 있음을 확고히 증언한다. 젠킨스의 지적에 따르면, "기독교는 가난하고 핍박받는 사람들 가운데서 놀랍게 번성하고 있는 반면, 부유하고 안전한 삶을 누리는 사람들 가운데서는 쇠락하고 있다."[96]

3. 이슬람과의 관계: 이슬람과 기독교가 모두 빠른 속도로 성장하고 있으며, 둘 사이의 관계는 위태롭다.
4. 사회적 관여: 젠킨스는 남반구의 그리스도인들이 흔히 그들의 맥락에 정치적으로 그리고 사회적으로 깊이 관여하고 있음을 지적한다.[97]
5. 성경: 젠킨스는 남반구의 그리스도인들이, 북반구의 그리스도인들과 비교할 때, 얼마나 실존적으로 그리고 철저히 다르게 성경을 읽는지를 지적한다.

떠오르는 전 세계적 교회는 그 미래를 결정하면서 큰 지혜를 요구할 것이다. 지혜의 선교와 선교의 지혜가 필요할 것이다. 파산한 서구 신학들은 서구에서 받아들여지기 위해 시도하는 가운데 자신들의 신학에서 기독교 신앙의 핵심 교리들을 빼버려서, 거의 도움이 되지 않을 것이다. 복음주의 신학들도 마찬가지일 것인데, 그것들은 사회적·문화적 발전을 위한 규범들에 대한 포괄적인 비전이나 통찰을 갖고 있지 않다. 서구 그리스도인들도 마찬가지일 것인데, 그들은 실제적 빈곤이라는 고갈에 대해, 또는 매일 마주하는 타종교의 신앙이 주는 도전에 대해 아무 생각이 없다. 간단히 말해서, 우리는 선교적 교회—그리고 많은 선교학자—가 필요할 것이다. 즉 바빙크의 것과 같은 비전을 가지고, 바빙크의 것과 같은 작업을 부활시키고 업데이트해서, 오늘과 내일의 도전을 위해 발전시키는 것이다.

---

[96] 같은 책, p. 275.
[97] 같은 책, pp. 171-200.

카이퍼 전통과 오늘날의 선교학

그런 작업은 오늘날 어떤 모습일까? 이것은 큰 주제이며, 나는 여기서 단지 암시하는 언급을 할 수 있을 뿐이다. 그것은 분명히, 바빙크가 그의 시대에 그랬듯이, 최근의 가장 좋은 선교학에 관여해야 할 것이다. 바빙크 이후로 선교에 대한 엄청난 양의 문헌이 출현했으며, 우리의 문화적 맥락들은 세계화 및 그것이 주는 도전들과 함께 현저히 변화했다. 우리는 우리 곁에 데이비드 보쉬와 레슬리 뉴비긴 같은 주요 선교학자들을 갖는 특권을 누렸다. 바빙크의 카이퍼 전통은 그들의 풍성한 작업과 어떤 관련이 있을까? 앞에서 나는 바빙크와 오늘날의 선교학 사이에 있는 연결점을 가리키면서, 그의 작업이 참여와 더 나은 발전을 위한 풍성한 접점을 제공한다는 것을 입증했다. 나의 동료인 마이클 고힌은 자신의 평생에 걸친 작업의 상당한 부분을 카이퍼 전통과 오늘날의 선교학 사이의 연결점을 탐구하는 데 바쳤으며, 여기에 있는 결론적 숙고는 내가 그와 대화한 것에 많은 빚을 지고 있다.

카이퍼와 바빙크는 모두 선교를 위한 성경적 토대와 선교의 원천인 삼위일체 하나님을 올바르게 강조한다. 카이퍼 전통 내에서 성경에 대한 구속사적 접근은, 그리고 창조를 성경 안에서 토대가 되는 것으로 인식하고 구속을 회복된 창조로 이해하는 것은, 예수의 사역의 주요 주제인 하나님 나라를 부각시키는 것과 더불어, 선교에 대한 포괄적인 견해를 위한 풍성한 기초를 제공한다. 구속사적 해석은 성경에 대한 최근의 내러티브적 접근들 가운데 최상의 것과 공명하며, 이는 뉴비긴의 강조와 잘 연결되는데, 즉 성경이 우리가 그 안에서 거주해야 하는 이야기로서, 세계에 대한 "보편적인 진리"를 말하고, 대안적인 큰 이야기들과 충돌한다는 것이다.[98]

---

[98] 우리가 공저한 *The Drama of Scripture*에서, 고힌과 나는 구속사적 접근을 성경에 대한 내러티브적, 문학적 읽기와 관련해서 업데이트하고자 시도했다.

이 모든 것이 바빙크 안에 있지만, 너무나 흔히 네덜란드와 북미에서 카이퍼를 따르는 이들은 성경을 전체로 볼 때 갖는 선교적 함의들을 파악하는 데 실패했다. 이야기들의 충돌은 어떤 맥락에서나 맥락화를 결정적으로 만들어서, 사람이 어떤 문화든지 동시에 긍정하고 또한 비판하게 한다. 고힌은 이 맥락에서 헨드릭 크래머가 맥락화를 "전복적 성취"라는 풍성한 개념으로 본 것을 강조하는데, 이는 바빙크의 "소유"(*possessio*) 개념과 거의 동일하다.[99]

데이비드 보쉬의 파급력이 큰 공헌은 그가 성경에 면밀한 주의를 기울인 것이었으며, 오늘날 이것은 선교적 해석학이라는 지시어 아래서 모든 종류의 방식으로 전개되고 있다.[100] 성경과 선교에 대한 주요 작업은 여전히 이루어지지 않았으며, 특히 신학적 해석학과 선교적 해석학의 관계에 대해서 그렇다. 최근의 논문에서 나는 이 관계를 파악하려 시도했는데, 이 점에서 J. H. 바빙크와 데이비드 보쉬가 통찰력이 있다는 것을 깨달았다.[101]

뉴비긴과 마찬가지로, 비록 해외에 훨씬 더 짧은 기간을 있었으나, 바빙크는 아시아에서의 선교 사역 후에 서구에서 선교를 가르치는 일로 돌아갔다. 그 유사성은 강력한데, 왜냐하면 그들은 모두 서구의 종교적 본성과 그것이 나타내는 선교적 도전을 깨닫게 되었기 때문이다. 예를 들어, 뉴비긴은 서구가 우리 시대의 주요 선교지라고 주장했다는 점에서 대단히 중요했는데, 이 통찰은 이미 바빙크에게서 발견되지만 뉴비긴이 한 것처럼 전 지구적으로 발전시키지는 못했다. 그러나 뉴비긴의 작업은, 고힌이 생각하기에, 창조의 교리에 확고히 근거시키는 것을 결여하는데, 이는 카이퍼 전통에 그토록 핵심적인 것이었다. 더 나아가 지적해야 할 것은, 서구가 아시아

---

99 참고. Perry, *Radical Difference*, pp. 63-68; Bavinck, *Introduction*, pp. 155-190.
100 참고. Goheen, *Reading the Bible Missionally*.
101 Bartholomew, "Theological Interpretation and Missional Reading of Scripture."

의 문화 및 종교와 더 깊이 관여하도록 압박을 받고 있는 우리의 변화하는 시대 속에서, 바빙크와 뉴비긴이 아시아의 종교들과 깊이 관여한 것은 그들의 유산에서 아주 중요한 사실로 드러나리라는 점이다.[102]

결론

칼 브라텐은 기독교 선교에 대한 자신의 신학 책에 『타오르는 중심』(The Flaming Center)이라는, 주의를 환기시키는 제목을 붙였다. 그의 주장에 따르면, "기독교 메시지의 타오르는 중심은 예수다. 즉 하나님의 그리스도, 인류의 구세주, 역사의 주인이신 분이다."[103] 모든 의미에서 선교는 이 중심의 주변을 돌며, 이 장에서 우리는 오늘날 교회가 이 타오르는 중심의 명예와 영광을 증진시키려 시도하는 데 카이퍼 전통이 아주 중요한 자원을 제공한다고 주장했다. 긍정적으로, 카이퍼 전통은 그리스도인들이, 특히 복음주의자들이 죄와 (개인) 구원에 지나치게 배타적으로 초점을 맞추는 서구 선교의 만연한 개인주의를 극복할 수 있도록 돕는다. 카이퍼 전통은 교회가 선교적 차원을 교회의 삶에 전적으로 중심이 되는 것으로 재발견할 수 있도록 돕는 자원들을 제공한다.

바빙크의 본보기를 따라, 카이퍼주의의 통찰들은 교회일치주의적 대화에서 다듬어지고 발전해야 한다. 예를 들어, 카이퍼 전통이 도움을 필요로

---

[102] 9·11이 일어나기 오래 전에, 뉴비긴은 이슬람이 서구에 제기했던 점증하는 도전을 절실히 인식했다. 참고. Lesslie Newbigin, Lamin Sanneh, and Jenny Taylor, *Faith and Power: Christianity and Islam in "Secular" Britain* (Eugene, OR: Wipf and Stock, 1998, 2005). 카이퍼 자신이 이슬람에 대해 글을 썼으며, 렉스햄 출판사의 아브라함 카이퍼 공공신학 전집의 한 권이 이슬람에 대한 것이다. Abraham Kuyper, *On Islam*, trans. Jan van Vliet, Abraham Kuyper Collected Works in Public Theology (Bellingham, WA: Lexham Press, 2015).

[103] Carl E. Braaten, *The Flaming Center: A Theology of the Christian Mission* (Philadelphia: Fortress, 1977), p. 2.

하는 부분의 측면에서, 고힌은 **전통을 훨씬 더 잘 소통할** 필요성을 강조하는데, 즉 자신의 보물을 다른 견해들과의 대화 가운데 이용할 수 있게 하는 것이다. 특히 북미에서 카이퍼 전통은 여전히 대체로 민족적인 것으로 머물렀으며, 이는 이민자들 가운데서는 이해될 만한 것이었던 반면, 그것이 갖는 위험성은 기독교의 특징적 요소들인 기도, 전도, 지역의 선교적 회중의 중요성, 교차 문화적 선교들, 잃어버린 바 된 자들을 향해 나아가고자 하는 열정 등의 상실이다. 카이퍼주의자들이 경건주의 전통과 이 전통이 이런 요소들을 강조하는 것에 귀를 기울일 때, 카이퍼 전통은 교정되고 풍성해질 수 있다.

사실, 카이퍼 전통의 본거지인 북미 개혁파 교회들에 있는 위험은, 그들이 북미 문화에 적응하면서, 현재의 삶과 생각을 위해 카이퍼 전통이 제공하는 비범한 자원을 잊는다는 것이다. 따라서 중요한 것은 카이퍼 전통의 통찰들을 네덜란드 문화와 구분하고, 그렇게 해서 카이퍼 전통이 자신의 성경적 뿌리들을 잃지 않으면서 북미와 전 세계적 맥락에서 선교적으로 성숙할 수 있도록 하는 것이다.

9

철학

오늘날 철학은 카이퍼 전통의 업적이 잘 알려져 있는 분야로서, 앨빈 플랜팅가, 니콜라스 월터스토프, 스티븐 에반스(C. Stephen Evans) 같은 권위자들이 모두 카이퍼 전통의 영향을 깊이 받았다. 그러나 철학은 카이퍼가 면밀하게 주의를 기울인 분야는 아니었다.[1] 그는 당시의 철학과 그 중요성을 잘 알고 있었지만, 스스로는 기독교 철학의 기획에 참여하지 않았다. 그럼에도 불구하고, 특히 그의 『신성한 신학 백과사전』에서, 카이퍼는 **신학**의 백과사전 형태와 그 특징을 과학으로 정의하면서 "과학"의 본질을 다룬다. 그 과정에서 그는 우리가 오늘날 철학으로 부르게 될 것의 많은 부분에 관심을 쏟으며, 그의 작업의 바로 이 부분에 이제 우리가 관심을 기울이고자 한다.

---

1 카이퍼 자신의 언급에 따르면, 그는 기독교 철학의 토대에 아주 조금 기여했다. 참고. George Puchinger, *Is de gereformeerde wereld veranderd?* (Delft, Netherlands: Meinema, 1966), p. 202. 카이퍼는 그의 *Encyclopaedie* 2권에서 신학과 철학의 관계를 논의하며, *Encyclopaedie der heilige Godgeleerdheid* (Kampen: Kok, 1909), pp. 569-577에서 종교 철학을 다룬다.

아브라함 카이퍼

기억해야 할 중요한 것은, 카이퍼가 **과학**(science)이라는 단어를 사용할 때 그는 그것을 독일어에서 '비센샤프트'(Wissenschaft)라고 부르는 것의 동의어로 사용한다는 점이다. 오늘날 영어에서 우리가 과학이라는 단어를 사용할 때 우리는 쉽사리 **자연** 과학을 떠올리지만, 카이퍼에게 과학은 모든 학문 분과를 포괄한다. 카이퍼는 신학에 대한 그의 거대한 기획을 통해 과학의 문제에 접근한다. 과학으로서 신학은 일반 과학의 일부이지만, 문제는 과학의 일반 개념이 논란의 여지가 있고 따라서 명확하지 않다는 점이다. 이것은 카이퍼로 하여금 과학의 본질과 그 주요 분과들에 대한 탐구를 하게 만들었는데, 이는 중요한 철학적 작업이다. 스트라우스(Strauss)는 철학을 학문 분과들 가운데 최고의 학문 분과로 지칭하며, 바로 여기에 카이퍼가 주의를 집중한다.[2]

카이퍼는 **과학**을 다음과 같이 정의한다. "**과학은 인간 정신에 있는 필연적이고 항상 지속되는 충동으로 우리에게 나타난다. 즉 인간 정신 안에서 우주를, 그 요소들에 대해 유연하게 숙고하려는 충동이며, 그 관계들에 대해 논리적으로 충분히 생각하려는 충동이다. 인간 정신이 대상에 대한 유기적 관련성 때문에 이것을 할 수 있다는 이해를 항상 가지고 말이다.**"[3]

카이퍼는 지식과 이해의 관계를 파악하려고 애쓰면서, 사람이 자신이 이해하는 것이 존재하는 실재에 상응함을 인식한다는 점에서 지식이 이해 이상의 것이라고 주장한다. 현대성에서는 앎의 과정에서 주체와 객체의 관계가 널리 주목을 받았고, 카이퍼는 이 문제에 주의를 기울인다. 주체는 인간의 의식에 있으며, 객체는 모든 존재하는 사물에 있다. 지식은 단

---

2   D. F. M. Strauss, *Philosophy: Discipline of the Disciplines* (Grand Rapids: Paideia, 2009).
3   Kuyper, *Principles of Sacred Theology*, p. 83, 저자의 강조.

지 개별 독립체들에 대한 것이 아니라, 사물들의 상호 연관성에 대한 것이다. 카이퍼는 주체와 객체 사이에 유기적 관계가 있으며 또한 반드시 있어야 한다고 주장한다. "따라서 모든 과학을 위해 주체와 객체 사이에는 삼중의 유기적 관계가 필연적이다. 그 객체와 우리의 **본성** 사이에, 그 객체와 우리의 **의식** 사이에, 그 객체와 우리의 **사유 세계** 사이에 유기적 관계가 반드시 있어야 한다." 참된 지식이 발견되기 위해서는, 우리의 의식이 세계에 의해 신호로 보내지는 것을 포착하기에 적합하게 되어야 한다. "그러므로, 우리의 인간 의식에 대상에 대한 수용성이 있어서 우리의 의식이 그것을 그 본성과 형식에 따라 포착할 수 있게 하지 않는 한, 지각이나 통찰은 불가능하다."⁴

카이퍼는 인간을 대우주의 축소판인 소우주로, 따라서 대우주를 참으로 알기에 적합하다고 본다. 그는 자연적 객체와 영적 객체를 구분하는데, 후자는 종교적·윤리적·지성적·미학적 대상이다. 그가 올바르게 지적하는 바에 따르면, 우리의 의식 혹은 자아는 사유 이상의 것이다. 그러나 사유는 우리의 의식이 작동하는 하나의 형태일 뿐이다. 지식과 과학의 측면에서, 우리의 지식의 대상은 사유를 통해 파악된다.

우리의 세계는 단지 사물들로 구성되지 않고, 또한 관계들의 세계이기도 하다. "관계들 자체는 전적으로 비물질적이고, 따라서 형태가 없을 뿐만 아니라, 또한 그 자체 안에 개체성을 결여한다. 이런 이유 때문에, 그것들은 우리의 사유에 의해서만 포착될 수 있으며, 우리의 모든 생각은 이 관계들에 대한 지식으로 구성되어 있다." 카이퍼가 보기에 생각은 능동적인 힘을

---

4   같은 책, pp. 67-68, 71. 이것이 앨빈 플랜팅가가 그의 *Warranted Christian Belief*에서 제시하는 보증의 인식론과 유사하다는 점에 주목하라. 이것은 또한 자연주의적 진화에 대한 플랜팅가의 반박에 핵심이 되는데, 왜냐하면 세계에 대한 참된 지식을 제공하기 위해 우리의 인식 능력이 진화했어야 할 이유가 전혀 없기 때문이다. 유사하게 도이어베르트는 우주의 본성에 들어맞는 인간에 대한 견해를 발전시킨다. 모든 독립체가 그렇듯이, 인간은 15가지의 양상(modal aspects) 모두에서 기능한다.

전달하는데, 왜냐하면 이 관계들을 위한 설정이 우리의 의식 안에 존재하기 때문이다. 사유의 세계의 논리적 배아는 우리의 생각에 박혀 있다. "그러나 우리의 생각하는 의식과 관계들의 세계의 이런 일치가 강조되어야 하는 것은, 이 관계들을 생각해 내신, 그래서 그분의 사유의 산물이 온 우주를 다스리도록 하실 수 있는 본래적 주체 없이는 이 관계들이 존재할 수 없기 때문이다." 물론 그 본래적 주체는 하나님이며, 앎은 하나님을 따라 하나님의 사유를 생각하는 과정이다. 사실, 바로 이 의식이 과학을 구동하지만, "우주가 오직 논리적으로 존재한다는 의미에서는 아니다."[5]

지식은 지각과 이해를 수반한다. 우리가 더 복잡한 개체들을 탐구함에 따라, 이런 측면들은 깊이 뒤얽혀 있다.[6] 그러나 주체는 객체를 만들어 내지 않고, 그 반대도 역시 마찬가지다. 이 둘을 묶어 주는 힘은 둘의 외부에 있다. 우리가, 성경과 함께, 인간이 하나님의 형상으로 만들어졌다는 것을 깨닫기까지, 우리는 주체와 객체 사이의 관련성을 설명할 수 없다.

언어 철학은 우리 시대에 주요 주제가 되어서, 철학자들이 20세기에 언어학적 전환을 말할 정도다. 카이퍼는 앎의 과정에서 언어가 하는 역할을 다룬다. 언어를 통해 우리는 표상을 간직하고 수집한다. 더 나아가, 우리는 언어를 통해 우리의 의식의 내용을 우리의 소유로 만든다.

과학에 대한 카이퍼의 견해의 골자는 죄의 영향이다. 죄를 제외한다면, 우리의 인간 의식은 전체 우주로 점점 더 깊이 들어가서, "우주가 우리 앞에서 펼쳐져 있는 책이 되었을 것이다." 과학의 보편성과 필연성은 우리의 주관성과 충돌하지 않았을 것이다. 지식에서의 다형성은 조화를 이루는 것이었을 것이다. 그러나 죄는 과학의 실천에 깊이 영향을 끼쳤다. "참으로 과학에 대한 전체 해석이, 지금 우리에게 나타나는 우주에 적용되어, 그리고

---

5 같은 책, pp. 76, 77, 78. 참고. Bavinck, *The Philosophy of Revelation*, pp. 59, 79.
6 여기서 도이어베르트의 '엔캅시스' 개념과의 유사성에 주목하라.

지금 존재하는 그대로의 주관적인 '인간'에 의해 연구되어, 과학의 객체 안에 혹은 주체 안에 있는 죄로 인해 방해가 일어났는지 여부에 대한 질문에 의해 절대적인 의미에서 지배된다."[7]

카이퍼는 이런 측면에서 자연 과학과 "정신" 과학의 차이들에 주의를 기울인다. 죄의 영향은 후자에서 더 크지만, 자연 과학에서도 사람이 관계들을 다룰 때 앎의 주관적 측면이 개입하고 중요한 역할을 한다. 카이퍼는 계량될 수 있고 계수될 수 있고 측량될 수 있는 모든 물질적인 것이 보편적으로 필수적인 확실성에 종속되며, 절대적으로 객관적인 성격을 갖는다고 지적한다. 그러나, 사람이 경험적 정보를 더 폭넓은 사고와 일치시키는 방향으로 나아감에 따라, 주관적 차원이 개입한다. 앎의 주관적 차원은 사람의 출발점에 의해 크게 영향을 받는다. "이것은 좁은 의미에서의 철학에 의해 가장 강력하게 실증되는데, 이는 바로 그것이, 우주 자체는 아니더라도, 적어도 우리가 받아들인 이미지를 논리적으로 해석하고자 하기 때문에, 강력하게 주관적인 성격을 항상 가진다."[8]

따라서 죄는 과학에서 진지하게 다루어져야 한다. "그러나 필연적으로 우리는 이 어려운 실재를 받아들여야 하며, 자신을 속이려 하지 않는 모든 지식 이론에서 죄의 사실이 이후로는 더욱 진지하게 고려되어야 한다." 카이퍼는 죄가 그 치명적 영향들을 **과학에도** 끼치며 의지에 한정되지 않는다는 점에 대해 단호하다. 그는 죄가 과학에 영향을 끼치는 여덟 가지 방식을 개관하며, 특히 삶의 영역에서 우리가 발전시킨 주도적인 사상이 우리의 의식의 내용 전체에, 우리의 세계관에 강력한 지배력을 행사한다는 점이 우리의 가장 큰 관심사라고 지적한다. "모든 사람이 자기 자신의 교구를 위해 설

---

7   Kuyper, *Principles of Sacred Theology*, pp. 90, 92.
8   같은 책, pp. 103-104.

교한다!"⁹

에베소서 4:17-18을 언급하면서, 카이퍼는 이해의 어두워짐이라는 주제를 발전시킨다. 그의 주장에 따르면, 논리의 체계가 죄에 의해 손상되지 않았으며 죄에 **사랑**이 맞서고, 사랑이 참된 지식을 위해 필수적이다.

그러나, 전체적으로 볼 때, 우주를 대상으로 마주하면서, 우리의 정신은 단절되어 있다고 느낀다. 대상은 외부에 존재하며, 대상 안으로 들어가서 이해하기를 배울 수 있게 하는 사랑의 끈이 결여되어 있다. 죄의 이 치명적인 영향은, 자연히 그것의 더 깊은 근거를 우리와 대상 사이에 있는 삶의 조화가 교란되었다는 사실에서 찾아야 한다. 한때 유기적으로 존재했던 것이 결과적으로 이제 서로에 대해 이질적으로 존재하며, 우리의 지식의 대상으로부터의 이 **소외**가 그것에 대한 우리의 지식에 이르는 길에서 가장 큰 장애물이다.¹⁰

카이퍼가 보기에 죄의 영향은 철학에서 명백히 나타난다. "동시에 그것으로부터 나오는 결론은, 전체로서의 우주에 대한 지식이, 혹은, 만약 그렇게 부르기 원한다면, 제한적인 의미에서의 철학이, 죄에 의해 야기된 이 장애물에 걸려 마찬가지로 좌초하도록 되어 있다는 것이다." 모든 것의 기원과 종말, 대상을 지배하는 범주들, 절대자와 비존재의 본질에 대한 질문들 같은 근본적인 질문들에 대한 대답은 우리에게 전체 우주를 우리에게 종속시킬 것을 요청하지만, 그렇게 하기 위해서는 전체를 볼 수 있도록 우리가 서 있을 자리(δῶς μοι πᾶ στῶ)를 가져야 하는데, "이는 죄가 당신을 당신의 의식과 함께 우주에 국한시키는 한 전적으로 불가능하다." 카

9 　같은 책, pp. 106-107, 110.
10　같은 책, p. 111.

이퍼가 지적하듯이, "이런 상황에서, **진리**를 위한 이 분투에 거룩한 관심의 성패가 달려 있다."[11]

카이퍼는 우리의 인식론에서 참과 거짓이 하는 역할을 논의하며, 과학이 참과 거짓 사이의 질문을 결정할 수 없다고 지적한다. 그는 지혜를 탐구하면서 지혜의 통합하는 차원에 주목한다. "'지혜'의 가장 중요한 특징은 그것이 담론적 사고의 결과물이 **아니라**는 점이다." 사실, "**어리석음**에 대한 이런 반립적 개념만이 **지혜**의 정확한 개념을 충분히 설명한다."[12]

카이퍼는 신앙이 보편적인 인간 기능이라고 주장하는데, 그것을 그는 "영혼(ψυχη)의 기능으로, 담론적 입증의 도움 없이, 직접적이고 즉각적으로 확실성을 획득하게 한다"고 정의한다. 이 보편적 의미에서 신앙은 "자아(ego)의 자의식을 위해, 공리적 출발점을 확보하기 위해, 그리고 일반적 결론의 형성을 위해 필수적이다."[13]

두 종류의 과학 두 종류의 과학에 대한 카이퍼의 가르침은 그가 그것을 전개하는 데 사용하는 미묘한 차이를 이해하지 못하는 한 기이하게 들린다. 그는 진리는 하나라는 점을 결코 부인하지 않으며, 또한 형식적으로 신자와 비신자가 존재하는 것을 이해하기 위해 동일한 유형의 체계적인 시도들에 관여한다는 점도 부인하지 않는다. 그가 주장하는 바에 따르면, "논리는 둘이 아니라 하나만 존재한다." 그는 자연 과학과 정신 과학에 신자와 비신자의 차이들이 **아무런** 영향을 끼치지 않는 넓은 탐구 영역이 있음을 인정한다. 두 가지 유형의 과학 모두에서 "공통의 영역이 나타난다."[14]

그렇다면 그는 두 종류의 과학을 어떻게 구분하는가? 그의 대답은 반립

---

11   같은 책, pp. 113, 115.
12   같은 책, pp. 119, 121.
13   같은 책, pp. 129, 139. 참고. Bavinck, *The Philosophy of Revelation*, p. 58에 나오는 폰 하르트만(von Hartmann)의 인용.
14   Kuyper, *Principles of Sacred Theology*, pp. 159, 157, 158.

에 있는데, 여기서 신앙과 불신앙의 차이는 상대적인 차이가 아니라 절대적인 차이다. 그 차이는 인간 의식의 내부가 아니라 외부에 있다. '팔링게네시스'(*palingenesis*, 중생)는 인간을 그 심연에서, 그리고 세계에 대한 지향에서 변화시킨다. 그리고 "이 사실이 과학에 대한 우리의 견해에 절대적으로 지배적인 영향을 끼치기 때문에, 만약 우리가 그것을 묵과한다면 스스로 눈을 가리는 죄가 될 것이다. 이 '중생'은 인간성을 둘로 나누고, 인간 의식의 통일성을 철회한다."[15] 신자와 비신자는

> 다른 관점에서 우주를 대면하며, 다른 충동들에 의해 앞으로 나아간다. 또한 두 종류의 **사람들**이 있다는 사실은 필연적으로 두 종류의 인간 **삶**, 그리고 두 종류의 **과학**이 있다는 사실을 야기한다. 그런 이유로 과학의 단일성 개념은, 그 절대적인 의미에서 받아들여질 때, 팔링게네시스의 사실에 대한 부인을 내포하고, 따라서 원리적으로 기독교의 거부로 이어진다.[16]

본질적인 차이는, 카이퍼가 보기에, 인간 의식에 영향을 끼치는 세계에 있는 것이 아니라, 신자와 비신자가 세계에 관여하는 근본적으로 다른 출발점들에 있다. 이것의 영향이 가시적으로 되기 위해서는 발전과 시간이 요구된다. 우리는 모든 믿는 학자가 즉각 동의할 것으로 기대해서는 안 된다.[17]

기독교적 학문이 비판을 받는 이유는 그것이 계시에 묶여 있고, 그 자유가 교회의 승인에 의해 제한되고, 그 결과들이 사전에 결정되기 때문이다. 카이퍼가 보기에, 계시가 가져온 새로운 통찰들은 환영을 받아야 한다! 제도적 교회와 관련해, 카이퍼는 영역 주권과 학문이 고유한 영역에서 갖는

---

15 같은 책, p. 152.
16 같은 책, p. 154.
17 같은 책, p. 178.

자유에 호소한다. 세 번째 비판과 관련해, 카이퍼는 결론에 대한 의식이 신자와 비신자에게 공통적이라고 주장한다. 모든 과학은 증명되지 않은 추정들을 가지고 작업한다.

과학의 구분 카이퍼의 중요한 통찰은, 과학의 구분이 실제 삶과 탐구에 이끌리는 인간의 내적 성향에서 나온다는 것이다. 그는 이것을 아이의 장난기 넘치는 호기심과 비교한다. "삶의 필요는 이 장난기 넘치는 탐구에 더 고상한 진지함을 더하고, 그 규칙과 연속성에 의해 과학적 과제에 전달된다." 그러나 "이것은 과학의 실행이, 그리고 그것과 관련해서 대학 생활이 전적으로 실천적 교육을 목적으로 해야 한다고 주장하는 것이 결코 아니다. 반대로, 과학 그 자체를 추구하는 것은 절대로 포기되어서는 안 될 이상이다."[18] 하지만 이 이상에는 실제 삶을 통해 이를 수 있다. 아주 흥미롭게도, 그는 몸 안에서(의학), 영혼 안에서(신학), 사회 안에서(법학) 이루어지는 악에 대항한 싸움이 어떻게 의학, 신학, 법학이라는 세 가지 위대한 학문 분과로 이어졌는지를 언급한다. 카이퍼는 과학들의 역사적 기원과 그 위에 우리가 세우는 역사적 발전에 대해 잘 알고 있다.

그는 대학에서 다섯 가지 학과를 인정하는 전통을 따르는데, 즉 문헌학(언어학, 역사학, 철학), 의학, 법학, 자연 철학, 신학이다. 철학의 측면에서, 카이퍼는 두 가지 과업을 밝힌다. 첫째는 의식적 삶의 본성과 법칙을 탐구하는 것이며, 둘째는 어떻게 "세계-상"(World-Image, 세계관)이 발전했으며 어떻게 현재 그것이 나타나는가를 탐구하는 것이다.

---

[18] 같은 책, pp. 184, 188. 참고. Bavinck, *The Philosophy of Revelation*, p. 81.

평가

비록 카이퍼가 과학과 대학에 대한 논의에서 자신이 철학을 하고 있다고 말하지는 않지만, 사실 그것이 그가 하는 일이다. 그리고 내가 보기에 그는 그것을 탁월하게 잘했으며, 다음과 같은 옳은 질문을 많이 제기한다.

- 과학이란 무엇인가?
- 탐구하고자 하는 충동은 어디서 나오는가?
- 과학은 역사를 통해 어떻게 발전해 왔는가?
- 우리는 주체-객체 관계를 어떻게 해석하는가?
- 관계들은 지식에서 어떤 역할을 하는가?
- 자연 과학과 "정신" 과학은 어떻게 다른가?
- 언어는 어떻게 지식을 구성하는가?
- 죄는 앎에 어떻게 영향을 끼치는가?
- 사랑이 앎에 왜, 그리고 얼마나 중요한가?
- 과학 백과사전은 어떤 모습인가?

카이퍼는 그의 시대에 이런 종류의 질문들을 제기한 유일한 사람이 아니었으나, 그럼에도 그의 엄격함, 범위, 그리고 기독교적 통찰은 주목할 만하다.[19] 이 질문들은 **철학**이 다루는 근본적인 쟁점들이다. 찰스 테일러는 어떤 학문 분과에서도 우리가 마침내 정말로 기초적인 질문에 이르기까지 점점 더 깊이 파고들 수 있다고 지적하는데, 바로 그것이 철학이다. 카이퍼의 천재성은, 만약 그가 신학을 과학으로 다루고자 한다면 근본적인 쟁점들을 먼저 정리해야 한다는 것을 깨달았고, 놀랍게도 그 작업에 즉시 뛰어들었다는

---

[19] 참고. Thomas A. Howard, *Religion and the Rise of Historicism: W. M. L. de Wette, Jacob Burckhardt, and the Theological Origins of Nineteenth-Century Historical Consciousness* (Cambridge: Cambridge University Press, 2006).

점에 있다. 이 장의 뒷부분에서 우리는 카이퍼의 숙고에 담겨 있고 이후의 카이퍼주의 철학에서 발전한 중요한 통찰들을 탐구할 것이다. 카이퍼는 은연중에 기독교 철학을 실행했지만, 헤르만 바빙크는 명시적으로 계시 철학의 필요성을 인식했다.

헤르만 바빙크 : 『계시 철학』

카이퍼와 바빙크는 모두 프린스턴 스톤 강좌에서 강연했다. 바빙크가 1908-1909학년도에 한 강연의 제목은 『계시 철학』이었다.[20] 바빙크가 올바르게 지적하는 바에 따르면, 어떤 이들이 쉽게 하는 것처럼, 종교개혁을 혁명으로 축소해서, 칸트를 개신교 철학자 **그 자체**로 간주하는 것은 잘못이다. 종교개혁은 하나님의 말씀, 즉 그분의 기록된 계시의 재발견인 반면, 혁명의 정신은, 그리고 칸트의 정신은, 인간의 자율에 대한 재발견이다. 바빙크가 지적하듯이, 만약 하나님이 존재하지 않으신다면, 종교는 착각이다.

그러나, 계시의 기초 위에 세워져서, 신학은 영광스러운 과업을 떠안는다. 즉 하나님의 계시에 대한, 그리고 그분과 관련한 우리의 지식에 대한 과학을 펼치는 과업이다. 그것은 주석 작업에 의해 계시의 내용을 알아내려고 추구할 때, 이렇게 알아낸 내용을 사유의 통일성으로 환원하려고 노력할 때, 이 진리를 공격적으로 혹은 방어적으로 주장하려고 애쓰거나 사람들의 양심에 권하려고 애쓸 때, 이 과업에 참여한다. 그러나 이 분야들과 나란히 **계시 철학**을

---

20 바빙크가 그의 스톤 강좌를 했던 맥락과 관련해서는 다음을 보라. James D. Bratt, "The Context of Herman Bavinck's Stone Lectures: Culture and Politics in 1908", *The Bavinck Review* 1 (2010): pp. 4-24. 참고. George Harinck, "Why Was Bavinck in Need of a Philosophy of Revelation?", in *The Kuyper Center Review*, ed. James Bowlin (Grand Rapids: Eerdmans, 2011), vol. 2, pp. 27-42.

위한 공간이 있는데, 이는 계시의 개념을 그 형식과 내용에서 추적하면서 그것을 우리의 다른 모든 지식 및 삶과 상호 연관시킨다.[21]

바빙크의 스톤 강좌는 계시 철학의 이 주제에 전념한다. 그는 신학이 항상 그와 같은 철학의 필요성을 감지했다고 지적한다. 철학은 실제 세계를 진지하게 받아들여야 한다. 합리주의 철학에서 이것을 무시한 것은 사변적인 추상의 폭력으로 이어졌다. 계시 철학은 동일한 실수를 해서는 안 된다.

바빙크의 지적에 따르면, 기독교는 이성과 충돌하지 않으나 이성을 초월하는 내용을 갖고 있다. 계시는 하나님의 신비를 드러내고, 다른 방법으로는 가능하지 않은 통찰을 우리에게 제공한다. 계시 철학은 이 계시를 출발점으로 삼아야 한다. "다음 단계에서 이 계시 철학은 계시에서 발견하는 지혜를 전체 세계에 의해 제공되는 지혜와 상호 연관시키고자 한다."[22] 바빙크는 다음과 같이 주장한다.

계시는 그 중심이 그리스도의 인격에 있으면서도, 그것의 주변부는 창조 세계의 가장 끝까지 확장된다. 그것은 자연과 역사에서 고립되어 있지 않고, 대양에 있는 섬과 같지 않으며, 물 위에 있는 한 방울의 기름 같지도 않다. 인류 전체와, 가정 및 사회와, 과학 및 예술과 내밀하게 연결되어 있다.[23]

세계는 계시에 의지한다. 사실, 창조와 구속의 토대는 동일하다. "육체가 되신 로고스는 모든 것을 창조하신 분과 동일하시다. 죽은 자들 가운데서 처음 나신 분은 또한 모든 피조물 중에서 처음 나신 분이다." 일반 계시는 특

---

21 Bavinck, *The Philosophy of Revelation*, p. 24.
22 같은 책, p. 26.
23 같은 책, p. 27.

별 계시로 이어지며, 특별 계시는 일반 계시를 다시 가리킨다."[24]

카이퍼처럼, 바빙크는 당대 철학의 상태를 의식하고 있었으며, 그것에 대한 새로워진 관심에 의해 고무되었다. 그는 "현대주의의 기운이 모든 곳에 감돌고 있다"고 지적하면서 철학에 있는 두 가지 핵심적인 특징을 파악한다. 즉 자율성의 수용, 그리고 종교 혹은 세계관에 대한 탐구다. "철학은 종교의 역할을 하기를 원하며, 모든 신학에 대한 경멸적인 태도로부터 그 기저에서 스스로가 하나님을 추구한다고 선언하는 것으로 방향을 틀었다." 철학은 종종 새로운 것이라고 자처하지만, "철학에 있는 새로운 길들은 모두 고대 그리스의 사상가들이 걸었던 길들이다."[25] J. H. 바빙크처럼, 헤르만 바빙크는 우리가 철학적으로 사유할 수 있는 방향들이 제한되어 있음을 지적한다. 모든 세계관은 하나님, 인류, 세계의 세 축을 중심으로 돌기 때문에 오직 세 가지 유형의 세계관만 있을 수 있는데, 즉 유신론적 세계관, 인본주의적 세계관, 자연주의적 세계관이다.

관념주의의 진정한 통찰은 마음이 지식의 기초이며 원리라는 것이다. 반면에 그것의 실수는 행위를 내용과 혼동하는 것이다. 자아는 차갑고 생명 없는 점이 아니라, "내용에서 풍성하며, 생명과 능력과 활동으로 가득하다." 마음의 본질이 그런 것이기 때문에, 그 뿌리에는 피조물에 걸맞는 **의존**(dependence)의 의식이 있다. 하나님의 창조 덕분에, 모두가 그분을 믿는다. 무신론은 단지 이후의 단계에서, 철학적 숙고를 기초로 발전했다. 오직 계시만 "하나님"에 대한 예배를 설명할 수 있으며, 그것이 인류를 특징짓는다. "자의식에서 하나님이 우리에게 사람, 세계, 하나님 자신을 알게 하신

---

[24] 같은 책, pp. 27, 28. 참고. Rob A. Nijhoff, *De logosfilosofie van Jan Woltjer (1849-1917): Logos en wijsbegeerte aan de vroege Vrije Universiteit* (Amsterdam: Buitjen & Schipperheijn, 2014).

[25] Bavinck, *The Philosophy of Revelation*, pp. 31, 32. 에반 러너(H. Evan Runner)는, 볼렌호븐과 마찬가지로, 이 통찰을 그의 강연에서 발전시켰다.

다. 따라서 이 계시는 최고의 중요성을 가지는데, 단지 종교를 위해서만 아니라, 또한 철학을 위해, 특히 인식론을 위해 그렇다."[26]

바빙크는 계시가 철학을 포함하는 삶의 모든 것에 함의를 가진다는 점에 대해 단호하다.[27] 신앙과 이성 사이의 이원론은 지속 불가능한데, 왜냐하면 인간은 자신을 반으로 나눌 수 없기 때문이다. "사상가와 철학자는, 일반 시민과 일용 노동자와 마찬가지로, 자신의 작업에서 하나님을 섬기고 영광을 돌려야 한다."[28] 철학은 통일성을 추구하지만, 그것은 차이와 다양성을 보호하는 참된 통일성으로, 세계가 하나님이 펼치시는 계획의 측면에서 이해될 때만 발견될 수 있다.

카이퍼와 마찬가지로, 바빙크의 작업은 풍성하고 통찰력이 있다. 그러나 그는 세계관을 철학과 동일시하며, 그의 작업은 기독교 철학의 개관보다는 세계관 연구의 수준에 머물러 있다. 이것이 헤르만 도이어베르트와 디르크 볼렌호븐이 암스테르담 자유 대학교에서 떠안은 과업이었다.

카이퍼 전통에서의 철학

카이퍼와 바빙크는 철학에 대한 그들의 시도를 통해 대륙 철학 전통에 관여했다. 그들은 모두 신학자로 훈련을 받았으나, 당시의 계몽주의 이후의 철학들이 제기하는 도전을 의식하고 있었다. 사실 바빙크가 그의 스톤 강좌에서 계시 **철학**을 주제로 삼았다는 것은 주목할 만하고, 이는 이 영역에서

---

[26] 같은 책, pp. 63, 79.
[27] 암스테르담 자유 대학교에서 바빙크는 또한 윤리학을 가르쳤는데, 그의 *Reformed Ethics*는 현재 영어로 번역되었다. Herman Bavinck, *Reformed Ethics*, 2 vols. (Grand Rapids: Baker Academic, 2019-2021). 『개혁파 윤리학』(부흥과개혁사). 참고. Dirk van Keulen, "Herman Bavinck's Reformed Ethics: Some Remarks About Unpublished Manuscripts in the Libraries of Amsterdam and Kampen", *The Bavinck Review* 1 (2010): pp. 25-56.
[28] Bavinck, *The Philosophy of Revelation*, p. 84.

의 작업에 대한 분명한 인식을 보여 준다. 행해야 할 중요한 작업이 기독교 철학에 남아 있었다.

카이퍼 전통은 그 이후에 예외적으로 다채로운 방식으로 철학적 발전을 보여 왔다. 의심의 여지 없이 카이퍼는 그것이 다양한 방식으로 발전해 온 것에 대해 전혀 놀라지 않았을 것이다. 그의 표현으로 말하자면, 그 발전은 "다형적"(multiform)이다. 오늘날의 철학에는 두 가지의 주요 전통이 있는데, 즉 대륙 철학과 분석 철학이다. 앨빈 플랜팅가와 니콜라스 월터스토프는 오늘날 가장 탁월한 기독교 철학자들에 속한다. 둘 다 그 뿌리를 카이퍼 전통에 두고 있지만, 그들은 그것을 **분석적** 전통에서 발전시켰다. 그들 및 그들의 동료들의 수고로부터 발전한 활기차고 영향력 있는 이 전통은 일반적으로 개혁파 인식론(Reformed epistemology)으로 알려져 있다. 그러나 이것은 신칼뱅주의 전통에서 있었던 최소한 두 가지의 철학적 발전들 가운데 하나에 불과하다. 덜 알려진 것은 이전의 것으로, 헤르만 도이어베르트 (1894-1977)와 그의 매형 디르크 볼렌호븐(1892-1978)에 의해, 특히 도이어베르트의 『이론적 사유의 신비판』(*A New Critique of Theoretical Thought*)에서 전개되었다. 플랜팅가는 다음과 같이 지적한다.

> 우리의 [20]세기의 전반부 동안에 있었던 기독교 철학에서의 주된 긍정적인 발전은, 현재 우리가 100번째 생일을 기념하는 인물의 작업임에 틀림없다. 도이어베르트의 작업은 포괄적이었고, 통찰력 있었고, 심오했고, 담대했고, 또한 아주 영향력 있었다.…도이어베르트가 성취한 것의 엄청난 규모를 단순히 주목해 보자. 그것이 아브라함 카이퍼까지 거슬러 올라가는, 사실은 보나벤투라, 아우구스티누스, 테르툴리아누스까지 거슬러 올라가는 맥락 가운데 이루어진 것이라는 점을 기억하면서 말이다.[29]

도이어베르트와 볼렌호븐의 계통에 있는 철학은 일반적으로 개혁주의 철학(Reformational philosophy)으로 알려져 있다.

도이어베르트와 볼렌호븐 : 개혁주의 철학

카이퍼의 영향은 헤르만 도이어베르트의 삶에 철저히 스며들었다.[30] 도이어베르트는 카이퍼주의의 본거지인 암스테르담에서 자랐고, 카이퍼주의 고전 고등학교를 다녔고, 암스테르담 자유 대학교에서 공부했고(1917년 박사학위 취득), 헤이그의 카이퍼 연구소 소장으로 여러 해 동안 일했고, 그런 다음에 교수로서 자유 대학교로 돌아갔다. 도이어베르트의 철학적 작업은 카이퍼의 작업이라는 토대 없이는 상상조차 할 수 없는 것이다.

물론 카이퍼의 통찰들은, 우리가 세계관에 대한 장에서 주목했듯이, 개인적으로 전유되어야 한다. 도이어베르트는 자신의 깨달음을 이런 측면에서 다음과 같이 묘사한다.

> 원래 나는 먼저 신칸트주의 철학에 의해, 나중에는 후설(Husserl)의 현상학에 의해 강한 영향을 받았다. 내 사유의 큰 전환점은 사유 자체의 종교적 근원에 대한 발견으로 특징지어졌는데, 그것에 의해 내 자신의 시도를 포함하는 모든 시도의 실패에 새로운 빛이 비추어져서, 인간 이성의 자기 충족성에 뿌리를 두는 철학과 기독교 신앙 사이에 내적 종합이 일어났다.…기독교적 관점에서 볼 때, 철학의 자기 충족성을 주장하는 철학적 사유의 전체적인 태

---

29 James F. Sennett, ed., *The Analytic Theist: An Alvin Plantinga Reader* (Grand Rapids: Eerdmans, 1998), p. 329.
30 참고. Marcel E. Verburg, *Herman Dooyeweerd: The Life and Work of a Christian Philosopher*, trans. Herbert D. Morton and Harry Van Dyke (Jordan Station, ON: Paideia, 2009).

도는 받아들여질 수 없음이 드러나는데, 왜냐하면 그것은 인간의 사유를 그리스도 예수 안에 있는 신적 계시로부터 물러나게 하기 때문이다.[31]

이 통찰은 카이퍼 안에 내포되어 있지만, 도이어베르트의 법이념(de wets-idee) 철학의 분명한 토대가 되었다. 카이퍼처럼, 도이어베르트는 이 통찰의 기원을 칼뱅에게서 찾고, 따라서 온전한 기독교 철학은 장 칼뱅의 전통에 서만, 칼뱅의 종교적 출발점과 함께 발전할 수 있다고 주장한다.[32] 사실, 도이어베르트의 철학에 중심이 되는 것은 인간에 대한 그의 견해다. 특히 구약성경의 지혜 문헌에서 우리는 마음이 인간의 중심이라는 개념을 발견하며, 이 강조는 도이어베르트의 전환점과 밀접하게 연관되어 있다. 도이어베르트에게 마음은 인간의 종교적 중심이고, 항상 종교적으로 지향되어 있어서, 참된 하나님 혹은 우상을 향한다. 마음과 그것의 종교적 방향은, 이론적 사고와 철학을 **포함하는** 인간 전체에 영향을 끼친다.

이 간략한 소개에도 도이어베르트가 카이퍼에게 얼마나 깊이 의지했는지가 명백히 나타난다. 월터스는 "헤르만 도이어베르트의 지적 환경"(The Intellectual Milieu of Herman Dooyeweerd)을 검토하면서, 도이어베르트가 카이퍼에게 빚을 지고 있는 여러 방식들에 관심을 갖게 한다.

첫째, 정곡을 찌르는 카이퍼주의 통찰이 있는데, 2장의 주제였던, 은혜가 자연을 회복시킨다는 것이다. 이는 도이어베르트의 근본 동인(ground motives) 이론에 중심이 되는 것이며, 도이어베르트가 모든 철학적 사유와 또한 참으로 모든 문화적 발전의 종교적 차원에 이르기 위해 사용한 것이다. 도이어베르트는 서구의 문화적·정신적 발전 기저에서 깊은 원동력을

---

[31] Herman Dooyeweerd, *A New Critique of Theoretical Thought*, 4 vols. (Jordan Station, ON: Paideia, 1984), vol. 1, p. v.
[32] 같은 책, vol. 1, pp. 515-518.

발견할 수 있다고 주장하고, 이런 것들을 그는 근본 동인이라고 부른다.

> 모든 종교에서 우리는 그런 힘을 갖고 있는 근본 동인을 지목할 수 있다. 그것은 인간 사회에서 영적 원동력으로 작용하는 힘이다. 그것은 절대적으로 중심인 추진력인데, 왜냐하면, 삶의 종교적 중심으로부터, 시간적 표현들을 지배하고 모든 존재의 실제 혹은 추정된 기원을 가리키기 때문이다. 가장 심오한 의미에서, 그것은 한 사회의 삶에 대한 견해와 세계관 전체를 결정한다. 그것은 특정한 시기의 문화, 과학, 사회 체계에 지울 수 없는 특징을 새긴다. 이것은 주도하는 문화적 힘이 사회의 역사적 발전에 분명한 방향을 제시하는 것으로 식별될 수 있는 한 적용된다. 만약 더 이상 그렇지 않게 되면, 그 사회의 문화의 기초들에서 진짜 위기가 발생한다. 그런 위기는 영적 뿌리의 상실을 항상 수반한다.[33]

근본 동인은 공동체적이며, 개인이 그것을 의식하고 있지 않을 때조차 개인의 삶을 지배할 수 있다.[34] 도이어베르트는 서구 철학/문화의 역사에서 네 가지의 주요 근본 동인을 밝힌다. 중요하게 주의해야 할 것은, 새로운 근본 동인의 출현이 기존의 것들을 대체하지 않는다는 점이다. 기존의 것들은 새로운 것과 계속해서 긴장 가운데 있다.

1. 형상-질료 근본 동인 도이어베르트는 이것을 그리스와 로마 사상의 기초적인 근본 동인으로 파악한다. 도이어베르트의 분석에 핵심이 되는 것은, 창조 세계의 한 양상이 일단 절대화되면 그것이 반대 극이 출현하게 작

---

[33] Herman Dooyeweerd, *Roots of Western Culture: Pagan, Secular, and Christian Options*, trans. John Kraay (Toronto: Wedge, 1979), pp. 8-9. 『서양 문화의 뿌리』(CH북스).
[34] 같은 책, p. 9. 제임스 사이어는 사람들이 세계관을 무의식적으로 지니고 있을 수 있다는 점을 지적한다. 참고. 4장.

용해서, 그 둘은 해소할 수 없는 변증법적 긴장 가운데 있으면서 사유가 극들 사이에서 긴장을 멈추도록 시도하면서 진동한다는 점이다. 도이어베르트가 보기에, 그리스 사상가들은 질료와 형상 사이에서 왔다 갔다 한다. 소피스트들은 질료를 선택하고, 아리스토텔레스는 그 둘 사이의 조화를 선택하는 식으로 말이다.

2. 자연-은혜 근본 동인 이 근본 동인은 중세의 절정기와 후기에 지배적이었고, 따라서 우리가 뒤에서 논의할 창조-타락-구속이라는 기독교적 근본 동인을 따른다. 도이어베르트가 이 근본 동인이 작용하는 최고의 사례로 제시하는 것은 토마스 아퀴나스의 스콜라 사상이다. 아퀴나스는 아리스토텔레스를 전유해서 자연에 대한 그리스의 이원론적 이해를 수용했으며, 이를 복음(은혜)과 종합하려 시도했다. 도이어베르트가 보기에 그 결과는 갈등하는 근본 동인들의 지속 불가능한 종합으로, 불가피하게 문제로 이어질 것이었다. 르네상스와 계몽주의에서 자연이 은혜와 단절되었고, 상층부의 은혜는 점점 더 주변화되어 결국 전적으로 거부되었다.

3. 자연-자유 근본 동인 현대 과학의 성과는 부인할 수 없고, 이는 자연적, 과학적 법칙에 의해 지배되는 세계에 대한 기계론적 견해를 확증하는 것으로 보였다. 그러나 이것은 인류를 자유로운 존재로 보는 모든 견해에 문제를 일으켰고, 따라서 자연에 대한 강조는 자유라는 극을 요청한다. 예를 들어, 우리는 콩트가 옹호한 과학과 낭만주의자들이 옹호한 자유를 발견한다. 도이어베르트는 이 근본 동인을 인본주의로 지칭한다. 이는 로마 가톨릭과 개신교를 거의 3세기 동안 수세에 몰리게 만들었다.

4. 창조-타락-구속 이 근본 동인은 역사적으로는 두 번째로 오지만, 다른 세 가지 근본 동인의 변증법적 긴장을 벗어나는 참된 근본 동인이다. 도이어베르트는 이 근본 동인이 **신학적** 숙고에서 나오는 것이 아니라는 점에 대해 단호하다. 그것은 오로지 신자들의 마음에 있는 성령의 역사로부터 나

온다. 내가 보기에, 개혁주의 철학은 복음이 구원을 가져오는 하나님의 능력이라는 것을(롬 1:16), 그리고 오직 그것만이 마음을 살아 계신, 참된 하나님에게 다시 향하도록 할 능력이 있다는 것을 올바르게 강조한다. 그런 변화의 결과로 나타나는 신앙에는 암묵적으로 창조-타락-구속의 개념들이 있을 것이지만, 도이어베르트의 철학에서 발견되는 이 근본 동인에 대한 숙고의 유형은 실제로 숙고와 분석을, 적어도 세계관적 유형으로, 수반한다. 많은 것이 우리가 신학을 정의하는 방식에 달려 있지만, 그것은 그리 쉽게 생략될 수 있는 것이 아니다. 창조-타락-구속은 그 자체가 성경 이야기로부터 추출한 것이며, 그러한 것으로서 하나님, 그리스도 안에 있는 하나님의 사역, 성령의 사역에 대한 견해를 포함한다.

주목해야 할 중요한 점은, 성경적 근본 동인에 대한 도이어베르트의 이해는 자연과 은혜의 관계에 대한 카이퍼주의의 견해로부터 깊이 끌어낸 것이라는 점이다. 월터스가 올바르게 말하는 것처럼, "창조, 타락, 구속에 대한 이 핵심 이해가 도이어베르트의 철학과 그가 자신의 생애를 바친 지적 기획 전체에 열쇠가 된다고 말하는 것은 전혀 지나치지 않다."[35]

둘째, 창조의 법칙과 창조의 다양성에 대한 카이퍼의 강조가 있다. 카이퍼는 피조물 전체를 위한 하나님의 규례들과 창조 세계에 내재된 놀라운 다양성을 칭송한다. 사회의 측면에서, 우리는 5장에서 영역 주권이라는 카이퍼의 풍성한 개념을 탐구했다. 흐룬 판 프린스터러와 비교해 볼 때, 카이퍼는 영역 주권을 창조에 기초시켰는데, 이는 도이어베르트의 철학에 중심이 되는 통찰이다. 월터스의 주장에 따르면, "도이어베르트가 카이퍼의 영역 주권 원리를 위한 더 일반적인 존재론적 기초를 제공하려는 시도로 자

---

35 Albert M. Wolters, "The Intellectual Milieu of Herman Dooyeweerd", in Carl T. McIntire, ed., *The Legacy of Herman Dooyeweerd: Reflections on Critical Philosophy in the Christian Tradition* (Lanham, MD: University Press of America, 1985), pp. 1-19, 인용은 p. 5.

신의 체계적인 철학을 정교하게 기술하기 시작했다고 말하는 것은 지나친 것이 아니다."[36] 도이어베르트는 영역 주권을 존재론적 환원 불가능성(ontological irreducibility)에 대한 일반 이론으로 확장했다.

셋째, 역사에서 창조 세계의 잠재력이 전개되는 것에 대한 카이퍼의 강조가 있다.[37] 도이어베르트는 이것을 분화 과정에 대한 그의 개념에서 발전시키는데, 캘빈 시어벨드(Calvin Seerveld)는 이 개념이 그의 가장 예리한 통찰이라고 묘사한다.[38] 원시 사회들은 상대적으로 미분화되었다. 그곳에는 학교, 정부 등의 구별된 영역들이 없다. 그런 미분화 상태가 나쁜 것은 전혀 아니지만, 도이어베르트의 주장에 따르면, 사회로서는 시간이 지남에 따라 다양한 영역으로 분화되는 것이 규범적이다. 따라서 학교와 대학으로서는 발전하는 것이, 그리고 부모로서는 자녀 교육의 핵심을 그런 기관들에 넘겨주는 것이 규범적이다. 정부로서는 사회에서 구별된 영역이 되는 것이, 또한 제도적 교회로서는 형식이 있는 예배가 드려지는 곳으로 발전하는 것이 규범적이다.

넷째, 반립이라는 카이퍼의 개념이 있는데, 그에 따르면 인간사 가운데서 광범위한 영적 전투가 일어나고 있다. 이것이 도이어베르트의 철학에 핵심이 되는데, 예리한 통찰력으로 그는 반립이 삶의 모든 다른 영역뿐만 아니라 이론적 사유에서도 일어난다고 보았다. 따라서 온전한 기독교 철학이 필요하다.

그리고 이렇게 우리는 계속 이어갈 수 있을 것이다. 월터스의 결론은 이렇다. "사실, 도이어베르트 철학의 전체 기반, 흔히 명시적으로 논의되지 않

---

[36] 같은 책, p. 7.
[37] 참고. Kuyper, *Lectures on Calvinism*, pp. 22-28. 발전에 대한 카이퍼의 시각은 21세기 독자의 귀에는 종종 거슬리지만, 그 원리는 명백히 옳다.
[38] Calvin Seerveld, "Dooyeweerd's Idea of 'Historical Development': Christian Respect for Cultural Diversity", *Westminster Theological Journal* 58, no. 1 (1996): pp. 41-61.

는 작업 가정들은 흔히 신칼뱅주의의 세계관으로 받아들여지는 것에서 직접적으로 유래한다."[39]

도이어베르트가 살던 시대를 고려하면, 그의 견해의 급진성과 그것을 수용할 청중을 얻기 어려웠으리라는 점을 상상하기는 어렵지 않다. 오늘날, 이른바 포스트모더니즘의 발흥과 종교의 전 세계적 부흥으로, 철학적 의제들에 종교를 두는 것이 훨씬 더 쉽다. 도이어베르트는 매우 다른 맥락에서 살았고, 따라서 그는 체계적인 기독교 철학의 전개를 진행하기 전에, 모든 이론적인 사유가 돌이킬 수 없게 종교에 뿌리를 두고 있음을 입증함으로써 먼저 땅을 정리해야 했다. 그는 그런 작업을 그의 초월적 비판(transcendental critique)이라는 이름으로 수행했다. 도이어베르트는 **초월적**이라는 용어를 칸트에게서 가져오며, 이는 **사유를 가능하게 만드는 조건들**이라는 함의를 갖는다. 도이어베르트는 이것을 다음과 같이 표현한다. "이것을 우리는…**유일하게 이론적 사유를 가능하게 하는, 이 사유 자체의 내재적 구조에 의해 요청되는, 보편적으로 타당한 조건들**에 대한…비판적 탐구로 이해한다."[40] 사유가 기능하기 위한 조건들에 대한 검토를 통해, 도이어베르트는 모든 사유가 종교에 뿌리를 두고 있다는 것을, 즉 인식 주체의 중심 자아에 있다는 것을 입증하려고 노력한다. 그러므로 놀랍지 않게도, 그는 초월적 비판을 자신의 철학으로 가는 "입구"라고 종종 언급했다. 그러나 도이어베르트가 보기에는, 평범하고 일상적인 사유와 대학의 학문 분과들을 특징짓는 논리적이고 이론적인 사유 사이에는 중요한 차이가 있다. 따라서 그는 앞에서 인용한 것에서 "이론적 사유"를 강조한다. 그러므로 **전이론적인** 것으로서의 세계관과 **이론적인** 것으로서의 철학 사이에 중요한 차이가 나타나는데, 이 차이는 우리가 카이퍼와 바빙크 안에서는 발견하지 못하는 것이다.

---

[39] Wolters, "Intellectual Milieu", p. 10.
[40] Dooyeweerd, *New Critique*, vol. 1, p. 37.

나는 여기서 도이어베르트의 철학에 대한 개관을 확장하거나, 그와 볼렌호븐의 풍성한 작업 사이에 있는 유사점과 차이점을 탐구할 수는 없다.[41] 도이어베르트가 온전한 기독교 철학을 세우는 작업에서 신칸트주의와 현상학에 깊이 의지하고 있다는 점을 지적하는 것으로 충분할 것이다. 월터스가 지적하듯이, "도이어베르트의 사유의 기저에 있는 세계관은 신칼뱅주의의 비전과 본질적으로 연속성을 갖는 반면, 그 비전의 철학적 상술은 기본적으로 독일 철학-주로 신칸트주의, 이차적으로 현상학-에서 가져온 개념적 도구들로 구성되었다." 월터스의 판단에 따르면, "도이어베르트와 그의 유산의 의의는 신칸트주의와 현상학에 의존하는 체계적인 범주들보다는, 세계관적 요소가 그의 철학에 끼친 영향에서 더 나타난다."[42]

지적해야 할 중요한 점은, 도이어베르트와 볼렌호븐이 기독교 철학을 세우는 일을 대륙 철학의 전통 안에서 작업했다는 것이다. 도이어베르트에게 큰 영향을 끼친 것은 신칸트주의, 마르틴 하이데거(Martin Heidegger), 에드문트 후설이었고, 또한 비록 그의 철학이 논리와 관련해 확고한 위치를 갖지만, 개혁파 인식론에서 가지는 중요성에는 이르지 못한다.[43] 르네 판 바우든베르흐(René van Woudenberg)가 관찰하는 바에 따르면,

> 분석적 인식론 배후에 있는 철학 전통은, 넓게 말하자면, 영미 경험주의와 합리주의다.…그러나 도이어베르트 배후에 있는 철학 전통은 독일의 초월적 관념론이며, 그 전통의 우뚝 솟은 인물들인 칸트, 신칸트주의자들…그리고 후설이었다. 이 전통들 사이의 차이는 엄청나다. 스타일에서 차이가 있고, 실제

---

41 도이어베르트와 볼렌호븐의 철학에 대한 개요에 대해서는 다음을 보라. Craig G. Bartholomew and Michael W. Goheen, *Christian Philosophy: A Systematic and Narrative Introduction* (Grand Rapids: Baker Academic, 2013), 15장. 『그리스도인을 위한 서양 철학 이야기』(IVP).
42 Wolters, "Intellectual Milieu", p. 16.
43 같은 책, pp. 1-19.

로 철학을 하는 것에서 철학의 역사에 부여되는 역할에 차이가 있으며, 철학의 방법들에 차이가 있고, 철학적 문제들이 기술되는 개념성에 차이가 있다.[44]

우리는 카이퍼주의 철학의 두 번째 주요 분야인 개혁파 인식론을 다룰 때 이것을 염두에 둘 필요가 있다. 개혁주의 철학에 대한 우리의 간략한 탐구를 마치기 위해, 카이퍼주의 철학의 이 전통이 매우 다양한 분야의 다양한 학자들에 의해 발전되었다는 점에 주목해야 한다. 예를 들어,

- 언어 및 은유의 철학(M. Elaine Botha)
- 종교 철학(Roy Couser)
- 정치 철학(Jim Skillen, David Koyzis, Paul Marshall, Jonathan Chaplin)
- 미학(Hans Rookmaaker, Calvin Seerveld)
- 경제학(Bob Goudzwaard, Alan Storkey)
- 신학(Gordon Spykman)
- 윤리학(Andre Troost)
- 역사(Meyer Smit)

등이다. 추가적인 발전을 위한 풍성한 자원들이 여기에 있다.

개혁파 인식론

1980년에 「타임」(Time)은 다음과 같이 보도했다.

불과 20년 전에는 아무도 예측하지 못했을 사유와 논의의 조용한 혁명 가운

---

[44] René van Woudenberg, "Two Very Different Analyses of Knowledge", in John H. Kok, ed., *Ways of Knowing in Concert* (Sioux Center, IA: Dordt College Press, 2005), pp. 101-123, 인용은 p. 103.

데, 신이 복귀하고 있다. 아주 흥미롭게도, 이것은 신학자들이나 일반 신자들 가운데서가 아니라…오히려 학문적 철학자들로 구성된 날카롭고 지적인 집단에서 일어나는 일이다. 전능자를 생산적인 담론으로부터 축출하기로 오래전에 합의한 그곳에서 말이다.⁴⁵

「타임」은 캘빈 칼리지의 철학 교수인 앨빈 플랜팅가를 이 혁명의 지도자로 밝히면서, 그를 "하나님과 관련해 세계를 이끄는 개신교 철학자"로 묘사했다. 플랜팅가와 월터스토프 및 다른 이들이 발전시킨 앎에 대한 접근은 개혁파 인식론으로 알려져 있다. 플랜팅가와 월터스토프가 편집한 『신앙과 합리성』(*Faith and Rationality*)은 이 기획에 대한 최초의 포괄적인 설명을 담고 있다.

월터스토프는 학문에서 작동하는 다양한 인식론들을 살피는 작업인 메타 인식론(metaepistemology)의 출현이 가져오는 유익을 지적한다. 그는 이것을 다음과 같이 설명한다. "철학자들은 단순히 뛰어들어서 인식론적 이론들을 발전시키기보다는, 물러서서 그런 이론들을 세울 때 그들이 이용할 수 있는 구조적 선택지들에 대해 진지하게 숙고했다."⁴⁶

그런 숙고들의 결과는 의미심장하다. 하나의 이론, 즉 고전적 토대주의(classical foundationalism)가 오랫동안 지배적이었다. 고전적 토대주의는 "신앙, 지식, 정당화된 믿음, 합리성, 그리고 관련된 주제들의 하나의 그림 혹은 그것들을 바라보는 총체적인 방식이다. 이 그림은 서구 사상에서 엄청나게 인기가 있어 왔는데, 중요한 반대 여론에도 불구하고 나는 그것이 여전히

---

45 "Modernizing the Case for God", *Time*, April 7, 1980.
46 참고. Nicholas Wolterstorff, "Introduction", in Plantinga and Wolterstorff, eds., *Faith and Rationality: Reason and Belief in God* (Notre Dame, IN: University of Notre Dame Press, 1983), pp. 1-15.

이 주제들에 대한 사유의 지배적인 방식이라고 본다."[47]

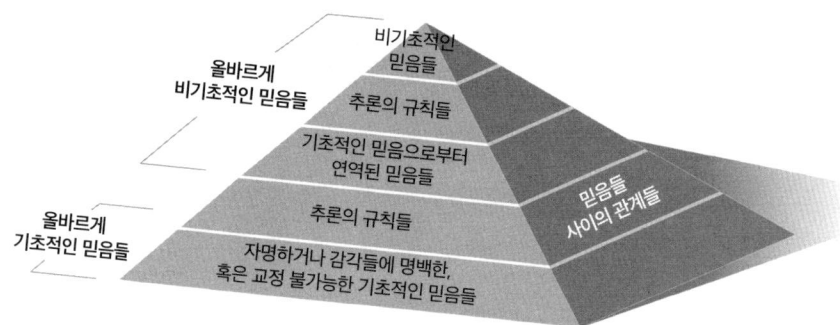

그림 2. 고전적 토대주의

토대주의를 고전적 토대주의와 구별하는 것이 중요하다. 고전적 토대주의는 토대주의의 한 변종이다. 둘 다 지식의 획득을 집을 짓는 것과 유사한 것으로 보며, 이론의 집을 세울 수 있는 견고한 토대의 필요성을 강조한다. 토대주의는 중세 절정기 이후로 지배적인 인식론이었다.

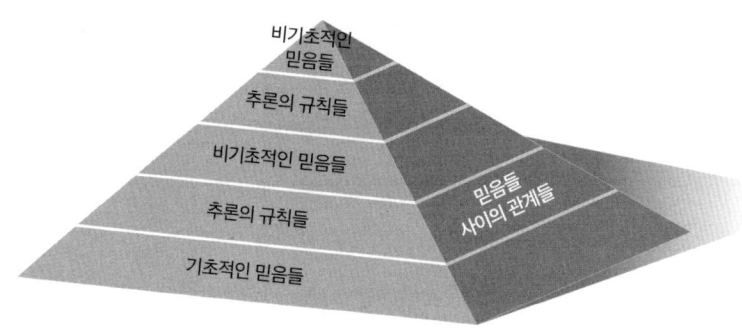

그림 3. 토대주의

47　Plantinga in Sennett, ed., *Analytic Theist*, p. 129. 다음의 도해들은 Kelly James Clark, *Return to Reason: A Critique of Enlightenment Evidentialism, and a Defense of Reason and Belief in God* (Grand Rapids: Eerdmans, 1990), pp. 134, 137에 있는 것을 모델로 삼았다. 『이성에로의 복귀』(여수룬).

토대주의가 보기에 지식이라는 집의 토대는 일련의 기초적인 믿음들을 담고 있어서, 사람이 다른 믿음들의 지지 **없는** 믿음 가운데 정당화된다는 것이다. 즉 그런 믿음들은 올바르게 기초적이다. 만약 그 토대가 견고하면, 적절한 방법들(추론의 규칙들)을 사용함으로써, 그 위에 상층부의 믿음을 세울 수 있다. 합리적인 승인은, 추론의 규칙들에 의해 믿음의 보증이 더 낮은 단계들에서 더 위의 단계들로 옮겨짐에 따라, 위로 움직인다. 결정적인 질문은 **어떤 믿음들**이 올바르게 기초적인가, 즉 어떤 믿음들이 적법하게 토대를 점유할 수 있는가 하는 것이다.

고전적 토대주의는 우리의 기초적인 믿음들이 두 종류라고 주장한다는 점에서 토대주의적이다.

1. 토대적인 것들은 합리적으로 간주되기 위해 논증이나 증거를 요청하지 않는다. 이런 의미에서 그것들은 **기초적**이다.

2. 토대적이지는 않으나, 토대적인 다른 믿음들에 기초해 믿어지는 것들.

기초적인 믿음들은 증거를 요청하지 않는 반면, 비기초적인 믿음들은 요청한다. 고전적 토대주의가 토대주의를 발전시키는 곳은, 어떤 믿음들이 올바르게 기초적인 것인지를 명시하는 곳이다. 고전적 토대주의자들에 따르면, 다음의 것들이 **기초적인 믿음들**이다.

1. 자명한 믿음들, 즉 그것들을 단지 이해함으로써 참으로 여겨지는 믿음들이다. 2+1=3이 자명한 믿음의 예다. 우리는 그것이 참이라는 것을 알기 위해서 단지 이해하기만 하면 된다.

2. 교정 불가능한 믿음들, 즉 그것을 견지하는 데 실수할 수 없는 믿음들이다.

3. 어떤 고전적 토대주의들은 감각 경험에 기초해 형성된 믿음들이 기초적이라고 간주해 왔다.

고전적 토대주의는 기독교 학문을 위해서는 아주 나쁜 소식이 되어 왔다. 예를 들어, W. K. 클리포드(Clifford)가 진술하는 바에 따르면, "누구라도 불충분한 증거에 의지해서 무엇이라도 믿는 것은 언제나, 어디서나 잘못이다." 만약 그가 천국에 갔을 때 기독교가 참이라는 것을 발견하게 된다면 무엇이라고 말할 것이냐는 질문에 대해, 버트런드 러셀(Bertrand Russell)은 대답했다. "나는 '증거가 충분하지 않았어요, 하나님. 증거가 충분하지 않았어요!'라고 말할 것입니다."[48] 이것은, 클리포드와 러셀이 증거로 간주될 수 있는 것과 그럴 수 없는 것을 아주 좁은 방식으로 정의하는 고전적 토대주의의 틀 안에서 작업하고 있다는 점을 깨닫기 전까지는 설득력이 있다. 고전적 토대주의가 보기에 하나님에 대한 믿음을 올바르게 기초적인 것으로 받아들이는 것은 불합리하며, 따라서 누군가가 하나님을 믿는 것은 그분의 존재가 올바르게 기초적인 토대적 믿음들로부터 추론될 수 있을 때만 정당화될 수 있을 것이다.

이것이 하나님을 믿는 믿음에 제기하는 도전은 **증거주의**(evidentialism)로 알려져 있다. 즉 하나님을 믿는 믿음은 적절한 "증거"에 기초해서만 보증된다는 것이다. 몇몇 복음주의자들은 기독교 신앙이 그런 도전에 직면해 있음을 입증하려고 노력해 왔다. 그런 예들로는 노만 가이슬러(Norman Geisler), 헨리 모리스(Henry Morris), R. C. 스프라울(Sproul), 존 거스너(John Gerstner)가 있다. 켈리 제임스 클락(Kelly James Clark)은 이런 접근을 평가하면서, 그 실패를 제시하면서 다음과 같이 지적한다. "복음주의적 증거주의의 실패는 계몽주의적 증거주의에 대한 무비판적인 헌신이다.…그들은…고전적 자연 신학과 그 계몽주의적 증거주의의 가정에 헌신하는 가운데 현대 사상에 지나치게 몰두해 있다.…그들은 그들 자신의 기준에 미치지 못했다."[49]

---

[48] Plantinga in Sennett, *Analytical Theist*, p. 104.
[49] Clark, *Return to Reason*, pp. 46-53.

사실, "이 특정한 선택지[고전적 토대주의]의 구조를 명확히 본 대부분의 철학자들은 그것을 거부했다. 면밀한 검토 후에 그들은 고전적 토대주의가 옹호될 수 없음을 발견했다."[50] 플랜팅가와 월터스토프는 고전적 토대주의에 대한 비판과 그 종언에 주된 역할을 했다. 그러나 만약 이것이 신뢰할 만한 지식의 획득을 예상할 수 있는 방법으로서 잘못된 것이라면, 무엇이 옳은 방법인가? 플랜팅가와 월터스토프 모두, 그리고 윌리엄 올스턴(William Alston) 같은 다른 기독교 철학자들은 인식론의 건설적인 대안 모델들을 발전시켰다.

1976년에, 예를 들어, 월터스토프는 『종교의 한계 내에서의 이성』(Reason Within the Bounds of Religion)을 출간했으며, 이는 칸트의 『이성의 한계 내에서의 종교』(Religion Within the Limits of Reason)를 근본적으로 뒤집은 것이다. 초기 교부 테르툴리아누스는 "예루살렘이 아테네와 무슨 관련이 있는가?"라는 도발적인 질문을 제기했는데, 내포된 대답은 "전혀 없다!"는 것이다.[51] 이 측면에서 테르툴리아누스를 따를 오늘날의 그리스도인 학자들은 거의 없겠지만, 그가 질문을 표현하는 방식은 여전히 영향력이 있다. 월터스토프는 다음과 같이 지적한다. "의심의 여지 없이 사람은 단순히 두 개의 다른 공동체에서 살 수 있는데, 아테네에서는 아테네 사람들이 사는 방식대로 살고 예루살렘에서는 예루살렘 사람들이 사는 방식대로 사는 것이다. 그러나 만약 학자이자 그리스도인인 어떤 사람이 삶에서 일관성을 원한다면…'이 두 가지 공동체들에서 나의 신분은 어떻게 서로 들어맞는가?'를 묻지 않을 수 없을 것이다."[52]

『종교의 한계 내에서의 이성』에서 월터스토프는 학문의 실천과 관련해

---

50 같은 책, p. 4.
51 Tertullian, *Prescription Against Heretics*, p. 7.
52 Wolterstorff, *Faith and Rationality*, p. 21.

그리스도인의 헌신이 하는 역할을 다룬다. 개혁파 인식론의 핵심에 있는 카이퍼주의의 통찰은, 사람이 하나님을 믿는 믿음을 그의 학문에서 올바르게 기초적인 것으로 간주할 때 그가 철저히 합리적일 수 있다는 것이다. 플랜팅가가 아마도 가장 잘 알려진 것은 이 통찰을 인식론에 대한 그의 세 권으로 된 저술에서, 특히 세 번째 책 『보증된 기독교 믿음』(*Warranted Christian Belief*)에서 발전시켰다는 점이다.[53] 도이어베르트와 마찬가지로, 플랜팅가와 월터스토프는 카이퍼의 본보기를 따르면서 지식의 철학적 토대들을 다루었고, 기독교적 관점을 위한 정지 작업을 탁월하게 해냈으며, 그런 다음에는 이것을 예술, 과학과 진화, 교육, 예전, 정의, 성경 해석 등 같은 다양한 영역에서 발전시켰다.

다시 카이퍼에게로

월터스는 그가 쓴 "헤르만 도이어베르트의 지적 환경"이라는 장을 다음과 같이 올바르게 지적하면서 시작한다. "국제적인 위상을 가진 대부분의 철학자들보다도 더, 헤르만 도이어베르트의 사상은 그의 고국 밖에서는 설명을 필요로 하는데, 그가 자신의 철학을 전개한 지적 환경에 대한 널리 퍼진 무지 때문이다."[54] 다양한 이유로, 네덜란드 밖의 개혁주의 철학에 친숙한 사람들조차도 흔히 카이퍼와 바빙크에 대해 거의 알지 못한다. 이것은, 내가 보기에는, 중대한 실수다. 만약, 내가 생각하는 것처럼, 월터스가 "도이어베르트의 철학적 중요성은 학문에 대한 기독교적 개혁이라는 카이퍼의 계획을 수행하는 것에서 그가 거둔 성공과 정확히 비례한다"고 지적한 것

---

[53] Alvin Plantinga, *Warranted Christian Belief* (New York: Oxford University Press, 2000).
[54] Wolters, "Intellectual Milieu", p. 1. 그러나 M. Verburg가 쓴 전기를 보라.

이 옳다면,[55] 카이퍼주의의―그리고 성경적인―토대들은 근본적인 중요성을 가지며 정기적으로 다시 살펴야 한다.

월터스 자신이 이 토대들을 그의 고전적인 책 『창조 타락 구속』(*Creation Regained: Biblical Basics for A Reformational Worldview*)에서 펼쳤다. 월터스는 이 책을 개혁주의 철학 입문서로 저술했는데, 책 제목의 모든 부분이 다 의미심장하다(이어지는 설명은 원서의 제목과 부제를 다룬다―편집자). "회복된 창조"는 자연과 은혜의 관계에 대한, 특히 헤르만 바빙크에 의해 명료하게 표현된 카이퍼주의의 견해를 상기시킨다. "세계관"은 자명하고, "개혁주의적"은 독자로 하여금 이 책이 개혁주의 철학 전통을 지향하고 있다는 것에 주의하게 한다. "성경적 기초"가 중요한데, 왜냐하면 이 문구는 카이퍼와 바빙크에게 성경이 삶의 모든 것에 대해 규범적이라는 것을, 그리고 성경에 있는 기독교적 학문의 토대들이 최고의 진지함으로 받아들여져야 한다는 것을 상기시키는 역할을 하기 때문이다. 성서주의나 이원론 모두 그렇게 하지 않겠지만, 적절한 방식으로 이루어진다면, 철학을 포함하는 삶의 모든 것에 대한 성경의 권위가 진지하게 받아들여져야 한다. 이 영역에서 이루어져야 할 중요한 연구가 아직도 남아 있다.

상당한 정도로 도이어베르트와 볼렌호븐은 카이퍼주의의 기풍과 토대들을 **취했지만**, 그들을 따르는 사람들 가운데 일부와 관련해서는 같은 것을 말할 수 없다. 북미에서 개혁주의 철학은 독자적인 생명을 가지는 경향이 있었으며, 그러는 가운데 카이퍼주의의 토대들을 흐리게 만들었다. 한편으로 우리는 카이퍼나 바빙크를 절대화해서는 결코 안 될 것이고, 그들의 작업을 성경에 비추어 계속해서 개혁해야 하겠지만, 중요한 것은 그런 개혁이 의식적으로 이루어져서, 행해진 움직임들에서 어떤 것에 성패가 달려 있

---

55 같은 책, p. 17.

는지 우리가 알 수 있도록 하는 것이다.

그 체계에서 개혁파 인식론은 개혁주의 철학과 아주 다른데, 이는 대륙 철학이 분석 철학에 대해 그런 것과 마찬가지다. 그러나 최근 수십 년 동안에 우리는 분석 철학과 대륙 철학 사이의 화해 같은 것을 목격해 왔으며, 이제 개혁파 인식론과 개혁주의 철학의 성과를 되돌아보면서 그 둘 사이에 있는 중요한 합의의 영역들을 보는 것이 가능하다는 점을 지적하는 것이 중요하다.

플랜팅가와 월터스토프가 캘빈 칼리지에서 철학을 전공했을 당시에, 해리 젤레마(W. Harry Jellema)와 헨리 스톱(Henry Stob)의 더 분석적인 방식과 에반 러너의 명시적인 개혁주의 철학 사이에 악감정이 있었다. 세월이 흐름에 따라 갈등은 약해졌고, 개혁파 인식론은 국제 철학 무대에서 주역으로 떠올랐다. 우리는 어떻게 두 흐름이 모두 깊이 카이퍼주의적인지 알 수 있으며, 또한 둘 다 오늘날 기독교 철학의 실천을 위해 제공할 중요한 통찰들이 있다. 세월이 흐르는 것이 주는 유익은, 이제 우리가 두 흐름 사이의 차이들뿐만 아니라 중첩되는 주요 영역들도 더욱 분명히 볼 수 있다는 점이다.

개혁주의 철학과 개혁파 인식론이 중시했던 **결정적인 카이퍼주의 통찰**은, 철학을 위한 기독교적 출발점의 정당함—사실은 의무—이다. 카이퍼, 도이어베르트, 볼렌호븐과 함께, 플랜팅가와 월터스토프는 실질적으로 종교적 중립성의 신화와 싸움을 벌였다.[56] 선교적으로, 이것은 현대성과 포스트모더니즘이 제기했던 당시의 도전의 정곡을 찌르면서도, 그것들이 주는 통찰들을 단 한순간도 무시하지 않는다. 개혁파 철학의 두 유형들 모두 자신의 방식으로 이 성경적 통찰을 회복했고, 성경 이야기와 기독교 세계관의

---

[56] 다음의 중요한 책을 보라. Roy Clouser, *The Myth of Religious Neutrality: An Essay on the Hidden Role of Religious Beliefs in Theories*, 2nd ed. (Notre Dame, IN: University of Notre Dame Press, 2005). 『종교적 중립성의 신화』(아바서원).

맥락에서 기독교 철학을 계속해서 하기 위한 기초를 놓았다.

내가 선호하는 것은 더 많은 개혁주의 대륙 철학이지만, 개혁파 인식론이 자신이 가진 메시지를 소통하는 데 훨씬 더 효과적이었다는 점에는 의심의 여지가 없다. 마이클 고힌과 내가 공저한 『그리스도인을 위한 서양 철학 이야기』에서 우리가 주장한 바에 따르면, 기독교 철학은 본질적으로 선교적이며, 이 측면에서 개혁파 인식론이 개혁주의 철학보다 더 기민해서, 주류 철학과 중요한 대화를 하면서 철학의 인식론적 토대들에 주의를 기울였다.

카이퍼와 바빙크를 읽으면서, 나는 그들의 철학 작업에 아직 발굴되지 않은 자원이 여전히 남아 있다고 계속 생각하게 된다. 학문의 본질과 학문 분과의 형태에 대해 카이퍼가 제기하는 질문들은 그가 그것들을 처음 제기한 때만큼이나 오늘날에도 여전히 유의미하다. 몇몇 동료들과 내가 생각하기에, 대부분의 기독교 단과 대학과 종합 대학에서 **통합**의 기획은 잘 작동하지 않았고, 따라서 학문 분과들은 여전히 분리되어 파편화된 채로 남아 있다. 카이퍼의 작업은 이 사안들을 재점검할 수 있는 풍성한 접점을 제공한다.

나는, 예를 들어, 학문에서 사랑이 하는 역할에 대한 카이퍼의 예리한 통찰을 발전시킨 어떤 카이퍼주의 학자도 알지 못한다.[57] 카이퍼가 말하는 바에 따르면, 죄에 대항해서 사랑이 있으며, 또한 그것이 학문을 위해 필수적이다. 나는 『공동 기도: 평범한 급진주의자들을 위한 예전』(*Common Prayer: A Liturgy for Ordinary Radicals*)의 예전적 후렴구를 떠올린다. "주여, 우리를 경탄에 잠기게 하소서. 그리고 우리를 일으키시어 당신을 찬양하게

---

[57] 그러나 다음의 책을 보라. James K. A. Smith, *You Are What You Love: The Spiritual Power of Habit* (Grand Rapids: Brazos, 2016). 『습관이 영성이다』(비아토르).

하소서."⁵⁸ 하나님에 대한 사랑과 그분의 창조성에 대한 경이는 기독교 학문에 토대가 되며, 또한 카이퍼 전통은 기독교 영성이 기독교 학문에 필수적인 요소라는 사실을 우리에게 상기시키면서 이 강조점을 회복하고 발전시키는 것이 좋을 것이다.

카이퍼와 함께, 그를 따르는 사람들 가운데 많은 사람이 분리된 기독교 기관의 필요성을, 즉 기독교 학문과 기독교 철학이 번창할 수 있는 공간이 필요함을 인식했다. 나는 이 열망과 필요성을 긍정하지만, 다만 그런 물러남이 사랑으로 더욱 힘차게 문화에 다시 관여하기 위해 이루어질 경우에만 그렇다. 우리의 세속적인 대학들 내에서 지식은 지독하게 파편화되었고, 애석하게도 그것은 기독교 대학들에서도 그리 다르지 않다. 신학과 대화하는 가운데 제1철학(존재론, 인식론, 인간론)과 제2철학(…의 철학)을 연구하는 생동력 있는 기독교 철학을 회복하는 일은 오늘날의 서구 문화와 그 너머를 위해 중요한 공헌이 될 것이다.

카이퍼의 중요한 통찰들 가운데 하나는 학문과 이론이 실천적 삶으로부터, 즉 내가 "살아 낸 경험"(lived experience)이라고 부르고 싶은 것으로부터 발전한다는 것이다. 동일한 통찰이, 비록 다른 단어로 표현되었지만, 도이어베르트에게서 발견되는데, 즉 "순진 경험"(naive experience)에 대한 그의 언급이다. 월터스토프는 그의 『종교의 한계 내에서의 이성』에서 기독교 학문이 실천을 지향해야 하는 범위에 대한 중요한 논의를 시작한다. 이 쟁점이 전개되어야 할 곳은, 내가 보기에는, 이론과 살아 낸 경험 사이의 관계와 관련해서다.⁵⁹ 이론은 살아 낸 경험으로부터 나올 뿐 아니라, 이론의 타당성에 대한 시험은 그것이 살아 낸 경험으로 환원될 때 어떤 작용을 하는

---

58 Shane Claiborne, Jonathan Wilson-Hartgrove, and Enuma Okoro, *Common Prayer: A Liturgy for Ordinary Radicals* (Grand Rapids: Zondervan, 2010), p. 458.
59 참고. Craig G. Bartholomew, *Where Mortals Dwell: A Christian View of Place for Today* (Grand Rapids: Baker Academic, 2011).

가 하는 것이다. 좋은 학문은 살아 낸 경험을 더 깊게 해야 하고, 현대성에서 그토록 흔히 일어났던 것처럼, 진리에 이르는 대안적인 왕도가 되어서는 안 된다.

카이퍼의 철학적 작업은 주로 과학으로서의 **신학**을 위한 토대들과 관련해서 이루어졌다. 10장에서 우리는 카이퍼와 신학을 어느 정도 상세히 검토할 것이다. 지금 지적해야 할 것은, 개혁주의 전통도 개혁과 인식론의 전통도 신학에서 주요 연구를 산출해 내지 못했다는 점이다. 실제로 도이어베르트는 어떤 반신학적인 경향을 드러내는데, 그것은 실수다. 더 나아가 개혁주의 사상가들 가운데는 철학과 신학의 관계에 대해 아주 다양한 견해들이 있는데, 너무나 흔히 개혁과 신학이 무시되거나, 혹은 단순히 많은 특수한 학문들 가운데 하나 정도로 다루어지는 것이다. 카이퍼는 신학의 독특한 측면들에 세심한 주의를 기울이며, 이 분야에 대한 그의 연구는 다시 탐구하는 것을 정당화한다.

기독교 철학의 시도에 많은 것의 성패가 달려 있다. 내가 남아공의 카이퍼주의자들로부터, 특히 일레인 보타(Elaine Botha)에게서 배운 것은, 만약 내가 기독교 학문을 하고자 한다면 기독교 철학에 토대를 두어야 한다는 점이었다. 그것이 나를 캐나다를 향한 여정으로 이끌었고, 마침내 리디머 대학에서 에반 러너 철학 석좌 교수를 맡게 되었다. 학자로서 나의 삶에서 매일, 나는 기독교 철학으로부터 얻은 통찰들에 대해 계속 감사한다. 리처드 커니(Richard Kearney)와의 인터뷰에서, 자크 데리다(Jacques Derrida)는 철학의 토대적인 역할을 올바르게 밝힌다.

당신이 언급하는 다른 학문 분과들 모두에 철학이 있습니다. 자신은 철학이 아닌 어떤 것을 공부하려 한다고 말하는 것은 자신을 속이는 일입니다. 예를 들어, 정치 경제학에 철학적 담론이 작동하고 있음을 보여 주는 것은 어려운 일이 아닙니다. 그리고 수학과 다른 과학들에 대해서도 마찬가지입니다. 철학은, 로고스 중심주의(logocentrism)로서, 모든 과학 분과에 존재하며, 따라서 철학을 특성화된 학문 분과로 바꾸는 것이 정당화될 수 있는 유일한 근거는 모든 담론에 있는 철학적인 함의를 명시적이고 주제적으로 표현해야 할 필요성입니다. 철학 교육이 제공하는 주된 기능은 사람들이 "의식할" 수 있게, 그들이 말하는 것이 정확히 무엇인지에 대해, 그들이 수학, 물리학, 정치경제학 등을 할 때 그들이 어떤 종류의 담론에 관여하고 있는지에 대해 의식할 수 있게 하는 것입니다. 어떤 교육 혹은 지식을 전달하는 체계도 때때로 철학적으로 자문하지 않고는, 즉 자신이 함의하는 전제들을 인정하지 않고는 그 일관성을 유지할 수 없습니다. 그리고 이것은 심지어 암묵적인 정치적 이해관계 혹은 전통적 가치들에 대한 질문도 포함할 것입니다.[60]

그리스도인 학자들로서 우리는 우리의 학문 분과에 작동하고 있는 철학적 토대들에 대해 무지한 채로 즐겁게 우리의 길을 가거나, 아니면 그 토대들을 탐구하고 가능한 한 최선을 다해 그것들을 그리스도께 복종하게 한다. 그렇게 하는 가운데 내 직감은, 우리가 카이퍼 전통을 필요로 할 것이라는 점이다. 카이퍼를 다시 한 번 인용하자면, "이런 상황에서, **진리를 위한 이 분투에 거룩한 관심의 성패가 달려 있다.**"[61]

---

[60] Richard Kearney, "Jacques Derrida", in Kearney, *Dialogues with Contemporary Thinkers. The Phenomenological Heritage* (Manchester, UK: Manchester University Press, 1984), pp. 105-126, 인용은 pp. 114-115. 『현대 사상가들과의 대화』(한나래).
[61] Kuyper, *Principles of Sacred Theology*, p. 115.

10

신학

> 기독교 교리는 거대한 집으로서 거기에는 토대, 벽돌, 대들보, 지붕, 창문이 있다. 많은 문이 있어서 정면, 후면, 측면으로 들어갈 수 있으며, 집에 있는 모든 방을 향해 있다. 이 기독교 신학의 집으로 들어가는 중앙 출입구 위에는 "삶이 종교다"라는 암호가 적혀 있다. "환영" 매트가 펼쳐져 있다. 들어오라!
>
> 고든 스파이크만, 『신앙의 핵심』(Christian Faith in Focus)

> 삼위일체는 **교회를 위한** 신학의 토대가 되는 원리다.
>
> 칼 브라텐, 『어머니로서의 교회: 교회론과 교회일치주의』

학문적으로, 카이퍼는 무엇보다도 신학자였다. 그러나 그가 삶의 그토록 많은 영역에 관여했기 때문에, 그가 공적으로 한 일이 그가 신학자로서 한 일보다 훨씬 더 많은 관심을 받아 왔다. 최근 몇 년 동안에 카이퍼 전통은 철학과 정치학에서 발전해 왔지만, 신학에서는 훨씬 덜 그랬다.[1] 이것은 실수다. 카이퍼, 바빙크, 베르카우어의 신학은, 주요 인물 셋만 언급하자면, 예외

적으로 풍성하며 오늘날을 위해 되찾고 갱신할 필요가 있다.²

몇 가지 요인이 이런 방치의 원인이 되었다. 첫째, 암스테르담 자유 대학교에서 있었던 신학의 자유화다. 해리 쿠테르트(Harry M. Kuitert)의 논란이 많은 작업은, 예를 들어, 카이퍼와 바빙크, 그리고 그의 스승 베르카우어의 작업과 상당히 거리가 있다.³ 그의 책『예수: 기독교의 유산』(*Jesus: The Legacy of Christianity*)에서, 예를 들어, 쿠테르트는 "예수는 하나님에 대한 유대교의 견해를 지지했으며, 따라서 그는 결코 자신을 지상에 있는 하나님으로 보지 않았다. 그는 두 번째 하나님이 아니고, 또한 성 삼위일체의 두 번째 인격도 아니다"라고 주장하면서, 삼위일체 교리에 대한 유니테리언의 입장을 수용했다.⁴

헨드리쿠스 베르코프(1914-1995)는, 자유 대학교가 아닌 레이던 대학교의 교수로서, 개혁파 전통에서 영향력 있는 네덜란드 신학자였다.⁵ 그의 작업은 항상 자극을 주고 통찰이 가득하며, 확실히 쿠테르트보다는 더욱 정통 신앙이다. 그러나 그는 복음과 현대 사상의 관계라는 렌즈를 통해 신학을

1   유일하게 영어로 된 최근의 카이퍼 신학 연구는 다음의 탁월한 책이다. Gordon Spykman, *Reformational Theology: A New Paradigm for Doing Dogmatics* (Grand Rapids: Eerdmans, 1992).『개혁주의 신학』(CLC). 크레이그 바르톨로뮤의 편집으로 IVP Academic과 함께 카이퍼주의 교의학이 준비되고 있다.
2   언급해야 할 여러 인물이 있다. 클라스 스킬더(1890-1952)를 주목해야 한다. 참조. Richard J. Mouw, "Klaas Schilder as Public Theologian", *Calvin Theological Journal* 38 (2003): pp. 281-298; George Harinck, ed., *Alles of nites: Opstellen over K. Schilder* (Barneveld: De Vuurbaak, 2003).
3   참조. Hendrikus Berkhof, *Two Hundred Years of Theology: Report of a Personal Journey*, trans. John Vriend (Grand Rapids: Eerdmans, 1989), pp. 208-228. 베르코프의 지적에 따르면, "하나님과 함께 시작하지 않는 사람은 절대로 그분에게 도달하지 못할 것이라는 바르트의 통찰은 쿠테르트에 의해 확증되는 것으로 보이는데, 긍정적으로는 그의 노골적인 단언에 의해, 부정적으로는 그의 대안적인 방법의 실패에 의해 그렇다"(p. 223). 쿠테르트는 암스테르담 자유 대학교에서 윤리학과 교의학 은퇴 교수다.
4   Harry M. Kuitert, *Jesus: The Legacy of Christianity*, trans. John Bowden (London: SCM Press, 1999). 참조. 예를 들어, p. 275, "그[예수]는 두 번째 하나님이 아니고, 성 삼위일체의 두 번째 인격으로서 동정녀 마리아로부터 육체를 취한 것도 아니다."
5   참조. E. P. Meijering, *Hendrikus Berkhof (1914-1995): Een Theologische Biografie* (Kampen: Kok, 1997).

살핀 그의 책 『200년의 신학』(*Two Hundred Years of Theology*)에서, 신앙고백적 신학을 대체로 제쳐 놓고 초점을 계속해서 자유주의 신학에 맞춘다. 그의 주장에 따르면, "자유주의 신학자들은 그들의 자유주의 덕분에, 성경의 주어진 내용 혹은 전통의 보고를 주해하는 것을 더욱 목적으로 삼았던 그들의 정통주의 동료들보다는, 나를 사로잡는 주제를 가지고 더 많이 작업해 왔다."[6]

베르코프는 카이퍼와 바빙크를 모두 스콜라주의로 분류한다. 그의 주장에 따르면, 바빙크는 하나님과의 만남으로서의 신앙보다는 성경 원리들에 대한 복종을 선택했으며, 철학적으로 신토마스주의를 받아들였다. 베르코프는 다음과 같이 주장한다.

> 따라서 바빙크는 자신이 원했던 것보다 더 강하게 17세기의 개혁파 스콜라주의의 유산에 의한 부담을 계속 떠안고 있었고, 현대 정신과의 지속되는 대결에서 꼭 필요했던 지적 도구들을 포기했다. 그러므로 20세기의 첫 삼사십 년 동안에 개혁파 신학이 바빙크의 전통적인 스콜라주의 요소들로 물러난 것은 놀라운 일이 아니다. 이 경향은 카이퍼의 영향력에 의해 더욱 촉진되었는데, 그는 그의 교의학에서는 바빙크보다도 훨씬 더 옛 스콜라주의에 가까웠다. 제2차 세계대전이 지난 후에 비로소, 바빙크의 두 번째 후계자인 헤릿 코르넬리스 베르카우어는 의식적으로 바빙크 사상의 본래적인 반스콜라주의 노선들로 돌아가지만, 1960년대에 역사적 연구는 다시금 그가 "윤리 신학"과 갖는 수많은 (망각된) 연결들을 드러냈다.[7]

헨드리쿠스 베르코프와 함께, 카이퍼와 바빙크의 작업을 **스콜라주의**로

6　Berkhof, *Two Hundred Years*, p. xiv.
7　같은 책, p. 114.

분류하는 경향이 있어 왔다. 이런 분류는 너무나 자주 우리로 하여금 그들을 무시하면서 그들의 신학 작업을 면밀히 탐구하지 않고, 더 "창의적인" 영역들로 옮겨 가게 만든다. 우리는 신학에 대한 카이퍼의 견해를, 더 적게 바빙크와 베르카우어의 견해를 탐구하면서 이 비판을 평가할 것이다. 여기서는 현대주의와 건설적이고 비판적으로 관련을 맺는 카이퍼(와 바빙크)의 영웅적인 시도가 언급되어야 할 것이고, 내가 보기에는, 현대 사상과 신학에 대한 책에서 자유주의가 주목을 받아 마땅하다고 주장할 수 있다는 것이 놀라울 따름이다![8]

둘째, 자유 대학교에서는 신학자들과 철학자들 사이에 상당한 갈등이 있었으며, 도이어베르트의 작업은 그 대학의 일부 신학자들 사이에서 논란이었다.[9] 그의 철학에서 신학은 특별한 과학들 가운데 하나가 되고, 따라서 신학의 토대들이 (도이어베르트의) 기독교 철학에 의존한다. 셋째, 계속되는 교회 갈등들이 엄청난 시간과 에너지를 빨아들였고, 건설적인 신학을 위한 시간을 거의 남겨 두지 않았다. 그리고 넷째, 두 번의 세계대전이 유럽에 끼친 엄청난 영향이 있었다.

이 장에서 우리는 카이퍼에 주로 집중하고, 그런 다음에 바빙크와 베르카우어를 고려할 것이다. 바빙크와 카이퍼는 모두 신학 서론을 썼지만, 베르카우어는, 바르트와 마찬가지로, 그렇게 하지 않았다. 결론에서 우리는 오늘날을 위한 카이퍼주의 **신학** 전통을 되찾고, 갱신하고, 발전시키기 위해 해야 할 일을 평가할 것이다.

---

8   베르카우어의 작업은 헨드리쿠스 베르코프의 작업과 확연히 다르다. 그는 항상 카이퍼 및 바빙크와 관련을 맺는다. 다음의 책을 베르코프의 *Two Hundred Years*와 유용하게 비교할 수 있다. G. C. Berkouwer, *A Half Century of Theology*, trans. Lewis B. Smedes (Grand Rapids: Eerdmans, 1977).
9   참고. Marcel E. Verburg, *Herman Dooyeweerd: The Life and Work of a Christian Philosopher*, trans. Herbert D. Morton and Harry Van Dyke (Jordan Station, ON: Paideia, 2009), pp. 229-259.

카이퍼와 신학

신학 백과사전의 형태를 탐구하는 데 쏟은 카이퍼의 관심이 항상 나에게 주는 인상은, 그것이 예리하게 통찰력 있어서—실제로 흥미진진해서—어떻게 신학과 그것의 하위 분과들이 생태계를, 혹은 이 장의 시작에 있는 인용에서 스파이크만이 언급하는, 일종의 집을 형성하는지를 사람이 볼 수 있다는 것이다. 카이퍼는, 만약 우리가 신학을 하나의 과학으로 말하고자 한다면(이것이 그가 하는 일인데), 과학이 정말 무엇인지를 먼저 다루어야 한다는 점을 인식했다. 철학을 다루는 9장에서, 우리는 과학 혹은 학문에 대한 카이퍼의 견해를 탐구했다. 그것은 신학을 과학으로 보는 그의 견해에 피할 수 없는 배경이 된다.

신학이라는 과학의 필요성 카이퍼는 어떻게 과학들이 우리의 살아 낸, 역사적 경험으로부터 나오는지를 자주 지적한다. 살아 낸 경험은 내적이고 외적인, 즉 개인적이고 사회적인 실존에 대해, 인간의 삶에 대해, 그리고 자연의 생명에 대해 우리에게 경고한다. 그는 우리와 하나님의 관계에 대한 과학의 필요성도 있지 않은지 묻는다. 그의 대답은 그렇다는 것이지만, 우리는 신학을 정의하는 방식에 면밀히 주의를 기울일 필요가 있다. 카이퍼는 신학을 종교에 대한 과학으로 이해하는 것을 거부한다. "반면에, 신학이 종교적 감정, 주관적 종교, 경건의 현상 등을 그 대상으로 삼는다는 생각에 의해 얻어질 것은 아무것도 없으며, 이런 이유 때문에 그것은 신학이 아니라 종교 과학으로 여겨져야 한다."[10]

종교적 감정은 매우 중요하지만, 그것은 인간의 정신적 삶에 속하며 따라서 신학의 연구 대상일 수 없을 것이다. 카이퍼는 인간에 대한 삼분법적

---

10 Kuyper, *Principles of Sacred Theology*, p. 213. 참고. Bavinck, *Reformed Dogmatics*, vol. 1, pp. 50-54.

견해를 거부하고 이분법을 긍정한다. "그러나 반립은 **몸**과 **영혼** 사이에 있어야 하고, 그 영혼 안에서 정신적인 것과 영적인 것의 구분이 시도되어야 한다."[11] 인간의 인격과 관련해서, 신학은 특히 인간의 영적인 부분에 관심을 가진다.

특정한 과학으로서의 신학 카이퍼는 모든 과학이 기독교적 관점에서 혹은 기독교 세계관으로부터 연구되어야 한다는 점을 결코 부인하지 않는다. 그는 '팔링게네시스'에 대해 말하면서, 그것이 "우리의 전체 인격을, 그리고 우리와 관련한 삶의 모든 것을 지배하는 보편적인 개념이다. 더 나아가, '팔링게네시스'는 당신의 종교적 삶에만 영향을 끼치는 것이 아니라, 당신의 윤리적·미학적·지적 삶에 동등하게 영향을 끼친다"라고 한다.[12] 그러나 카이퍼는 신학과 다른 과학들 사이의 차이에 예리하게 주의를 기울인다.[13] 다른 과학들에서는 사유하는 주체가 대상 위에 있지만, 이것이 하나님과 관련해서는 결코 사실일 수 없다. "사유하는 인간이 **주체**로서, **대상**인 하나님 맞은편에 서 있는 것으로 여기는 것은 논리적 모순이다."[14]

카이퍼가 보기에 신학의 대상은 하나님에 대한 지식이며, 이와 관련해서 자연 신학은 거의 중요하지 않다.[15] '팔링게네시스'가 신학에 끼친 영향에 대한 그의 논의에서, 카이퍼는 다음과 같이 지적한다. "이것은 모든 학문 분과에 적용되지만, 그 학문 분과가 탐구하고자 하는 대상의 부분이 더 높

---

11 Kuyper, *Principles of Sacred Theology*, p. 214. 개혁주의 철학은 인간의 인격에 대한 훨씬 통합된, 통전적인 견해를 주장해 왔다. 더 넓은 영역들에서 인간론에 대한 질문이 계속해서 널리 논의되고 있다. 개혁파 전통 내에 있는 다음의 중요한 책을 보라. John Cooper, *Body, Soul, and Life Everlasting: Biblical Anthropology and the Monism-Dualism Debate*, 2nd ed. (Grand Rapids: Eerdmans, 2000).
12 Kuyper, *Principles of Sacred Theology*, p. 225.
13 참고. Bavinck, *Reformed Dogmatics*, vol. 1, p. 40.
14 Kuyper, *Principles of Sacred Theology*, p. 214.
15 참고. Bavinck, *Reformed Dogmatics*, vol. 1, p. 38, "교의학은 하나님에 대한 지식의 과학적 체계이며, 오직 그러한 것으로서만 존재할 수 있다."

은 위상을 가질수록 그에 비례해서 더 중요해진다."[16] 따라서 우리는 중생이 신학에 주된 영향을 끼칠 것으로 예상할 수 있으며, 이것은, 카이퍼로서는, 마치 타락이 결코 일어나지 않았던 것처럼 진행하는 자연 신학의 어떤 가능성도 배제한다.

그러나 이 모든 문제가 전혀 다른 양상을 취하게 되는 것은, '팔링게네시스'가 출발점으로 취하졌을 때다. 그럴 때, 하나님이 존재하는지 여부에 대한 질문은 더 이상 문제가 아니다. 하나님에 대한 지식은 획득 가능하다는 것이 확실하다. 그리고 이 '팔링게네시스'에 상응하는 계시에는 **유일무이한 대상**(objectum sui generis)이 스스로 나타나며, 이는 다른 어떤 학문 분과들에 종속될 수 없다. 이것은 인간의 마음을 압박해서 아주 진지한 과학적 탐구에 임하게 하는데, 이는 실제적인 삶에 가장 중요하다.[17]

카이퍼는 학문 분과들 사이의 상호 관계와 그것들이 서로 차용해야 할 필요가 자주 있음을 잘 인식하고 있다. 그러나 그는 오직 신학만 '팔링게네시스'를 연구하며, 이런 점에서 다른 분과들이 신학의 통찰들에 의지해야 한다고 생각한다.

카이퍼는 하나님에 대한 지식을 두 가지로 구분하는데, 하나는 그가 **원형적 지식**(archetypal knowledge)으로 언급하는바 하나님의 자신에 대한 지식이고, 다른 하나는 그가 **모형적 지식**(ectypal knowledge)으로 언급하는바 하나님에 의해 인류에게 계시된 하나님에 대한 지식이다. 신학은 하나님에 대한 계시된, 모형적 지식을 그 대상으로 삼는다. 오직 하나님만 자신에 대해 아시며, 사람들과 마찬가지로, 그러나 훨씬 더 광범위한 정도로, 그분이

---

16 Kuyper, *Principles of Sacred Theology*, p. 220.
17 같은 책, p. 223. 참고. Bavinck, *Reformed Dogmatics*, vol. 1, pp. 37-38.

자신을 우리에게 계시하지 않으시면 우리는 그분을 알 희망이 전혀 없다. 또한 그분은 인간이 알 수 있는 형식으로 자신을 계시하셔야 하고, 따라서 여기에 원형적 지식과 모형적 지식의 차이가 있다. 우리는 하나님을 그분의 본질로 알 수는 없지만, 그분이 자신을 우리에게 계시하시기 때문에 우리가 그분을 참으로 알 수 있다. 신학은, 다른 과학들과 달리, 창조된 사물을 다루는 것이 아니라, 우리의 마음을 창조주와 구속주이신 하나님에 대해, 만물의 기원과 궁극적인 목적에 대해 밝히며, 따라서 신학적 지식이 우리에게 다른 과학들과 비교해서 다른 방식으로 다가와야 한다는 결론에 이른다. 신학은 인간의 지식이지만, 그것은 **하나님에 대한** 인간적 지식이다. "신학의 관념은 다름 아닌 **하나님에 대한 지식**일 수밖에 없고, 신학에 의해 추진되는 모든 활동은 궁극적으로 **하나님에 대한 지식**에 열중해야 한다."[18]

그러나 어떻게 우리는 하나님에 대해 배워야 하는가? 이 질문은 우리가 신학의 의존적인 성격을 의식하게 한다. 그것은 하나님의 선하신 기뻐하심에 전적으로 의존한다.

> 이것은 자신의 하나님을 대하는 신학자라는 절대적인 의미에서 참이다. 그는 하나님을 탐구**할 수 없다**. 분석할 수 있는 것은 아무것도 없다. 결론들을 이끌어 낼 어떤 현상도 없다. 그 놀라우신 하나님이 말씀하고자 하실 때만, 그는 들을 수 있다. 그러므로 신학자는 하나님의 기뻐하심에 절대적으로 **의존**하는데, 그분 자신에 대한 지식을 나누시거나 혹은 나누지 않으시거나 마찬가지다.[19]

신학자는 자신이 탐구하는 "대상"의 위가 아니라 아래에 선다. "우리 스스

---

18 Kuyper, *Principles of Sacred Theology*, p. 242.
19 같은 책, p. 251.

로는…절대로 주님의 성소에 들어가서 그것을 조사하고 그것과 관련한 지식을 모을 수 없다. 하지만 휘장의 이쪽 편에 서서, 하나님 자신이 이 성소로부터, 이 휘장의 뒤편으로부터 소통하고자 하시는 것을 기다리는 것은 우리의 마땅한 임무다."[20] 카이퍼는 존재의 유비(analogia entis)의 신학을 거부한다. 하나님이 자신을 계시하셨을 때 비로소, 우리는 도처에서 그분의 표지를 본다.

격렬한 논쟁이 20세기에 칼 바르트와 에밀 브루너(Emil Brunner) 사이에서 벌어졌는데, 바로 복음이 창조 세계 내에서 접촉점을 발견하는지 여부에 대한 것이었다.[21] 카이퍼는 이 점에서 브루너의 편에 가세한다. "모형은 원형의 인상을 받아들일 수 있는 재료가 있지 않다면 생길 수 없다."[22] 카이퍼는 자신의 『거룩한 신학의 원리』 곳곳에서 창조의 맥락에, 특별 계시가 창조를 전제한다는 점에 주의를 기울이며, 또한 모형적 계시와 관련해서 그는 **하나님의 형상**이 하나님의 자기 계시를 위한 적절한 그릇을 제공한다고 바르게 지적한다.

카이퍼의 중요하고 풍성한 통찰은, 하나님이, 창조 세계에서 분명히 드러나듯이, 일차적으로 인간을 위해서가 아니라 하나님 자신을 위해, 하나님 자신을 계시하신다는 것이다.[23] "조금만 생각해 보면 우리는 계시가 단지 창조에 기초해 있는 것이 아니라, 모든 피조물이 계시라는 것을 쉽게 알 수 있다." "창조는 오직 그분 자신을 영화롭게 하기 위한 하나님의 주권적

---

20 같은 책, p. 252.
21 브루너의 "Naure and Grace"와 그에 대한 바르트의 응답 "No"는 모두 1934년에 나왔다. 이것들은 함께 *Natural Theology*, trans. Peter Fraenkel (Eugene, OR: Wipf and Stock, 1946, 2002)로 출간되었다. 『자연신학』(대한기독교서회).
22 Kuyper, *Principles of Sacred Theology*, p. 257.
23 참고. Bavinck, *Reformed Dogmatics*, p. 1: "마지막으로, 특별 계시의 목적과 목표는 하나님 자신의 삼위일체적 영광, 즉 자신을 기뻐하시는 것이다."

인 행위 이외의 다른 것으로는 이해될 수 없고 그럴 여지도 없다."[24]

계시는 피조물이 이 계시를 하나님에 대한 주관적인 지식으로 옮길 수 있다고 상정한다. "따라서, 그것들 자체를 지성주의에 내어주는 일 없이, 항상 성경은 이 **하나님에 대한** 지식을 전면에 내세운다."[25] 순교자 유스티누스 및 많은 다른 신학자들처럼, 카이퍼는 하나님이 세상을 창조하는 데 사용하신 로고스와 관련해 인간 안에 있는 로고스를 중시한다. 인간의 로고스에 의해 우리가 계시를 전유하는 것이다.[26] 환기시키면서 카이퍼가 주장하는 바에 따르면, "만약 우주가 계시의 극장이라면, 이 극장에서 사람은 배우이며 또한 관객이다."[27] 그 사람은 하나님의 계시에 아무것도 더하지 않지만, 그는 "하나님이 자신을 계시하시는 데 사용하시는 가장 풍성한 도구다."[28]

신앙을 위한 인간의 능력은 타락에 의해 상실되지 않고 잘못 인도되었다. 따라서 중생과 신앙은 인간 존재에 이질적인 것이 아니라, 하나님이 우리에게 의도하신 존재로 회복시키는 것이다. 결코 신앙은 지성주의적인 것으로 축소되어서는 안 된다. "오직 당신의 하나님과 당신이 함께 만나서 어울리고 동행할 때만, 종교는 당신의 마음 안에 **사는** 것이다."[29] 신학은 하나님과의 살아 있는 관계로부터 나온다.

특별 계시는 죄를 고려해야 한다. 이 점에서 카이퍼는 계시에 대한 그의 반개인주의적 견해에서 대단히 매력적이다.[30] 계시는 모든 인류와 온 창

---

24 Kuyper, *Principles of Sacred Theology*, pp. 259-260.
25 같은 책, p. 263.
26 참고. Bavinck, *Reformed Dogmatics*, vol. 1, p. 208, "인간의 지성은 또한 특정한 사건들로부터 일반적이고 보편적인 판단들을 추론할 수 있는 능력을 가지고 있다.…이에 대한 신학적 설명은, 우리 외부의 실재와 우리 내부의 사유 법칙을 창조하신 분이 동일한 로고스라는 확신이다."
27 Kuyper, *Principles of Sacred Theology*, p. 264.
28 같은 책.
29 같은 책, p. 268. 참고. Bavinck, *Reformed Dogmatics*, vol. 1, pp. 235-236, "성경적 종교는 무엇보다도 마음의 문제다.…참된 종교는 하나님과의 관계에서 전인격을 아우른다."
30 그리고 하나님의 형상에 대한 그의-그리고 헤르만 바빙크의-견해에서도 마찬가지다. 이 지점은 Anthony Bradley, *Black Scholars in White Space: New Vistas in African American*

조 세계를 위한 것으로, 홀로 있는 개인만을 위한 것이 아니다. 따라서 그것은 사회적이며 역사적인 측면을 갖는다. 타락 이전에 하나님이 인간에게 직접적으로 나타나실 수 있었던 반면, 이제 그분의 자기 현현은, 특히 성육신에서 현저하게 나타났듯이, 외부 세계에서 시작해야 한다. 원래 계시가 내적으로, 인류의 일반적인 소유로 발전하도록 시작된 반면, 이제 그것은 다시 내적으로 되기 위해, 외적으로 시작된다. "계시는 전체로서의 **인류**에게 나아간다. 인류는 **역사적으로** 전개되기 때문에, 이 계시도 **역사적인** 특징을 가진다. 이 인류는 행동의 중추를 가지면서 유기적으로 존재하기 때문에, 이 계시도 그것의 행동의 중추를 가지면서 **유기적**이어야 한다."[31]

회복된 인류의 본질적인 자아는 그리스도다. 그분은 우리의 선지자이시고 또 그런 존재이실 수 있는데, 그분이 로고스이시고 인간의 로고스가 그분을 로고스 **자체**로 그리기 때문이다. 이것은 그리스도 사건을 사유로 축소하려는 것이 아니라, 그리스도가 하나님을 존재 가운데 **그리고** 사유 가운데 계시하신다는 점을 주장하려는 것이다. 그리스도는 자신의 몸의 머리이시며, 하나님에 대한 지식은 그분으로부터 개별 신자들에게 전해진다.

그러나 카이퍼는 성경을 명제적 신학과 동일시하는 실수를 **결코** 범하지 않는다. 동시대의 언어로 우리는 그가 성경에 있는, 그리고 신학이라는 과학에 있는 **발화 행위**(speech acts)의 상이한 유형들에 주의를 기울인다고 말할 것이다. "그리스도는 주장하지 않으시고 **선포하신다**. 그분은 입증하지 않으시고 **보여 주시며 설명하신다**. 그분은 분석하지 않으시고, 황홀하게 만드는 상징으로 진리를 **드러내신다**." 신약성경의 사도적 계시는 과학적 신학이 아니다. "그러나 그들의 저작에서, 이른바 과학적 신학의 논리적 활동

Studies from the Christian Academy (Eugene, OR: Pickwick, 2015), pp. 136-137에 의해 유익하게 전유된다.
31 Kuyper, *Principles of Sacred Theology*, pp. 282-283.

이 모든 시대에 걸쳐 따라야 하는 경계가 제시된다."³²

또한 카이퍼가 분명히 하는 점은, 성경이 성도의 교제를 향한 하나님의 계시이며 따라서 신학이 개인의 추구에 불과할 수 없다는 것이다. 또한 그가 아주 분명히 하는 바에 따르면, 성경을 통해 하시는 하나님의 말씀을 우리가 듣기 위해 성령의 동행하시는, 조명하시는 사역이 필요함을 성경이 말한다. 성령은 계시의 내용을 교회에 해석해 주신다. 환기시키면서 카이퍼는 성령을 교회의 박사(*Doctor ecclesiae*)로 묘사한다.

과학으로서의 신학 카이퍼는 신학을 위한 규범적 원리가 성경이라는 점을 분명히 한다. "내용적 원리는 **죄인을 향한 하나님의 자기 계시**다. 이 원리로부터 성경에 있는 자료가 나왔으며, 이것으로부터 신학이 세워져야 한다." 성경은 정해진 시기 동안, 그리고 주어진 전체로서 나타났다. 신학이라는 개념은 하나님이 우리에게 계시하신 지식에 담겨 있지만, 그분이 우리에게 신학 교과서를 주신 적은 없다. "그러므로 성경은 법률서나 교리문답이 아니라, **인간 삶**의 한 부분에 대한, 그 인간 삶에 있는 **신적 과정**에 대한 기록이다." 하나님은 자신을 우리에게 가려진 형태로, 모든 시대에 적실성이 있는 형태로 계시하셨다. "주 하나님은 그분의 전체 교회를 위해 하나의 식탁을, 모두를 위해 하나의 유기적으로 연결된 계시를 주셨고, 스스로 반복하지도 않고 계속되지도 않는, 모두를 위해 계획된 이 하나의 계시로부터 와서 우리를 위해 성경에 담겨 있다."³³

카이퍼가 받아쓰기 영감 이론을 전적으로 배격하면서 지적하는 바에 따르면, 하이델베르크 교리문답(Heidelberg Catechism)은 성경에 대한 어떤 이론도 요청하지 않으며 단지 우리가 믿을 것을 요구한다. 그는 성경과 관련해 전화기의 유비를 사용한다. 즉 하나님은 초월적이시지만, 성경에서 그분

---

32   같은 책, pp. 287, 289.
33   같은 책, p. 360.

은 마치 그분이 당신 바로 옆에 서 계신 것처럼 말씀하신다!³⁴ 성경과 우리의 의식 사이의 관계는 비매개적이다. 하나님의 행동은 정경으로서의 성경의 완결과 함께 그치지 않는다. 오히려, 바로 여기서 위대한 선교 사역이 시작된다!

도이어베르트가 신학을 특별한 과학으로 분류하고 신중하게—그리고 대체로 통찰력 있게—이론(과학)과 순진한 (살아 낸) 경험을 구분하는 반면, 내가 보기에 올바르게 카이퍼는 하나님의 계시의 내용을 표현하는 것에 다른 층위가 있음을 의식하는데, 즉 성경 안에 있는 기본적인 신앙고백적 진술들로부터 시작해서 신조들, 신앙고백, 조직신학 자체로 이어지는 것이다. 지혜가 그리스도 안에 주어져 있지만, 이것은 신학에 특징이 되는 이해와 다르다. 신학은 "과학으로서 하나님에 대한 계시된 지식을 탐구의 대상으로 삼으며, 그것을 '이해'로 끌어올린다." 신학은 하나님에 대한 계시된 지식으로의 과학적 통찰을 제공한다. "그리고 **과학**이 요청되는 것은, 이렇게 계시된, 하나님에 대한 지식을 우리 인간의 사유에 도입하기 위해서다."³⁵ 신학은 살아 있는 신앙을 지성화해서는 안 되며, 또한 신앙에 확실성을 더하지도 않는다.³⁶ 그러나 신학의 체계적인 숙고는 교회에 큰 유익이 된다.

그러므로 교회는 그것에 의해 유익을 얻기를 주저하지 않았다. 그리고 교회가 가진 모든 진주가 영적 삶의 깊은 곳에서 모은 것이기 때문에 교회의 신앙고백에 있는 어떤 진주도 그런 신학에 빚지지 않은 것이 없지만, 신학의 빛

---

34 같은 책, pp. 363-364.
35 같은 책, pp. 295-296, 299, 327.
36 참고. Bavinck, *Reformed Dogmatics*, vol. 1, p. 60, "계시에서 주어진 하나님에 대한 지식은 추상적이고 비인격적인 것이 아니라, 살아 있고 인격적인 신앙의 지식이다"; 같은 책, p. 562: "신앙의 확실성은 지식의 확실성만큼이나 견고하다. 비록 더 강렬하고, 흔들리지 않고, 지워질 수 없는 것이긴 하지만 말이다." 참고. Kuyper, *Principles of Sacred Theology*, p. 601, "신앙의 확실성은 하나님의 말씀에 의존하며, 신학적 과학을 필요로 하지 않는다."

이 교회의 영적 수고에 빛을 비추지 않았더라면 교회가 이 진주들을 교회의 신앙고백에서 그토록 아름답게 하나로 엮어낼 수 없었으리라는 점도 동일하게 확실하다.[37]

신학은 신학적이어야 한다. "그것은 철저히 **신학적**이어야 하고, 그렇게 해서 그 서사의 처음부터 마지막까지 하나님 자신이 바로 **주인공**이시다."[38] 또한 만약 하나님이 진정한 주인공이시라면, 신학은 보편적(universal)이라는 의미에서 공교회적(catholic)이어야 한다. 카이퍼의 지적에 따르면, 정경이 확고히 자리를 잡은 후에, "그때 이 특별한 원리에 의해 사는 보편적인 집단이 모든 나라 가운데서 나타났다. 즉 일반적인 인간의 특징을 가진 신앙고백자들의 집단이었다."[39]

성경 매우 흥미롭게도, 카이퍼는 계시로서의 성경이 온 인류를 위해 기록되었다고 단호히 말한다. 하나님의 특별 계시가 **기록**되는 것이 필수적이었는데, 왜냐하면 기록은 그 고정성과 순수성을 통해 하나님의 말씀을 영속화하고 퍼뜨리기 때문이다. 기록은 지역성의 한계를 뛰어넘는다는 점에서 **공교회적**이다. "신적 계시는 생명으로 부름을 받은 이들에게 직접적으로 닿기 위해 기록의 형태를 취해야 했고, 그것은 오직 **인쇄된** 기록에 의해서만 그것이 가진 능력의 충만한 사명을 시작할 수 있었다."[40]

나는 성경을 그리스도 사건에서 절정에 이르는, 이스라엘과 함께하신

---

[37] 같은 책, p. 329, 참고. Bavinck, *Reformed Dogmatics*, vol. 1, p. 602, "신학은 이 신앙-지식을 심화하고 확대하지만, 분리할 수 없게 그것에 계속 연결되어 있다.…신앙은 신학을 세속화로부터 지키고, 신학은 신앙을 분리주의로부터 지킨다."

[38] Kuyper, *Principles of Sacred Theology*, p. 331. 참고. Bavinck, *Reformed Dogmatics*, vol. 1, p. 61, "신학은 하나님에 대한 것이고, 그분을 영화롭게 하는 송영적인 어조를 반영해야 한다."

[39] Kuyper, *Principles of Sacred Theology*, p. 391. 참고. 성경에 대한 개인주의적인 해석을 카이퍼가 거부하는 것과 관련해서 p. 393를 보라.

[40] 같은 책, pp. 408, 412. 참고. Bavinck, *Reformed Dogmatics*, vol. 1, p. 354, "신적 계시는 인류의 삶에 온전히 들어가기 위해, 기록된 언어라는 종의 형태를 취했다."

하나님의 일의 보증으로 생각하기를 좋아하는데, 또한 카이퍼가 비슷하게 생각한다. "계시는 단지 지성적으로가 아니라 삶 자체에서 나타났다. 따라서 극적으로, 오직 이 드라마의 마지막에 이르러 비로소 완료될 수 있었던 영감은 **그 자체로**, 이 드라마에 필연적이었던 시간의 경과에 연결되었다."[41]

성경의 권위와 영감 측면에서, 카이퍼는 성경에서 서술되는 계시와 영감의 다른 방식들에 대해 길게 논의했다.[42] 그는 구약성경의 권위를 그리스도가 그것을 보시는 견해에 근거해서 세운다. 즉 그 당시 유대교의 두 가지 위대한 상징이었던 성전과 성경 중에서, 예수는 성전은 버리시고 성경은 유지하셨다는 것이다![43] 그는 신약성경을 사도적인 목격자 증언에 고정시킨다. 그는 성경이 그 전체로서 권위를 가지며 영감된 것이라는 사실을 많이 강조하는데, 이는 오늘날 우리가 "전체 성경으로"(tota Scriptura)라고 부르는 것이다.

카이퍼는 성경의 다양성에 주의를 기울이지만, 올바르게 성경의 통일성을 우선시한다. "하나님을 믿는 사람은 그분의 신적 사유를 하나님의 **말씀**, 즉 하나의 일관성 있는 발화로만 표현할 수 있음을 믿는다." 성경에 대한 그의 견해는 놀라울 정도로 그리스도 중심적이다. "그리스도가 전체 성경이시고, 성경은 그리스도의 존재 **자체**(TÓ esse)를 우리의 의식에 전달한다."[44]

---

41 Kuyper, *Principles of Sacred Theology*, p. 419. 참고. Bavinck, *Reformed Dogmatics*, vol. 1, p. 324, "우리를 향한 하나님의 자기 계시는 단편적으로 오지 않는다. 그것은 유기적인 전체이며, 창조로부터 완성에 이르는 위대한 내러티브다.…이 계시는 역사적이며 여러 세기에 걸쳐 진전해서, 예수 그리스도 안에서 절정에 이른다. 이 역사로부터 우리가 발견하는 점은, 계시는 전적으로 인간 지성을 향하지 않았다는 것이다. 그리스도 안에서, 하나님 자신이 구원하는 능력 가운데 우리에게 오신다. 동시에 우리는 그와 정반대의 오류를 범해서, 계시가 진리와 교리를 전달한다는 것을 부정해서는 안 된다."
42 참고. 같은 책, vol. 1, pp. 387-448. Dirk van Keulen, *Bijbel en dogmatiek: Schriftbeschouwing en schriftgebruik in het dogmatisch werk van A. Kuyper, H. Bavinck en G. C. Berkouwer* (Kampen: Kok, 2003)를 보라.
43 Kuyper, *Principles of Sacred Theology*, p. 441.
44 같은 책, pp. 476, 477.

이 통일성을 향해 신앙이 손을 뻗는다. 개념의 이 통일성으로부터 신적 권위가 흘러나오고, 하나님의 자녀가 그것에 사로잡힌다. 어떻게 이 통일성이 그 놀라운 책에 숨어 있는지는 신비로 남아 있으면서 어떤 해명도 거부한다. 당신이 그 앞에 설 때 비로소, 감정가의 신앙의 눈으로 당신이 색조와 선의 다양성을 바라볼 때, 완전한 이미지가 입체적으로 당신에게 나타난다. 그럴 때 당신은 그것을 본다. 그럴 때 당신은 그것을 더 이상 **안** 볼 수 없다. 당신의 영혼의 눈이 그것을 포착한 것이다. 그 모든 영광 가운데, 그것이 당신에게 말을 건다.[45]

카이퍼는 성경의 1차 저자와 2차 저자를 구분하며, 또한 우리가 성경의 다양성을 연구해야 하지만 항상 통일성으로 돌아간다고 그는 말한다. 영감의 본질 측면에서, 카이퍼는 어떤 기계적인 것도 피하면서도 하나님이 인간이라는 도구를 통해 성경을 만드는 것을 감독하신다는 견해를 주장한다. "영감은 하나님의 영과 인간의 영 사이의 반립에 근거하며, 하나님의 영이 자신을 위해 봉사하도록 인간의 영을 징집하시고 배치하시고 그분의 의식적인 혹은 무의식적인 기관으로 사용하신다는 것을 시사한다."[46]

신학의 해석학 비록 카이퍼가 **해석학**(hermeneutics)이라는 단어를 사용하지는 않지만—현대 해석학의 아버지인 한스-게오르크 가다머는 카이퍼가 자신의 『백과사전』을 출간했을 때 아홉 살 밖에 되지 않았다!—교리의 해석학이란 것이 있음을 의식한다.[47] 그는 성경이 암호가 아니라는 것을 아주 분명히 하면서도, 또한 성경이 우리가 명제들이라고 부를 수 있는 확고

---

45 같은 책, p. 478.
46 같은 책, p. 506. 참고. Bavinck, *Reformed Dogmatics*, vol. 1, p. 44, "하나님의 사유들은 결코 서로 대립될 수 없으며, 따라서 필연적으로 유기적 통일성을 이룬다."
47 참고. Anthony C. Thiselton, *The Hermeneutics of Doctrine* (Grand Rapids: Eerdmans, 2007).『기독교 교리와 해석학』(새물결플러스).

하고 결정적인 일련의 표현들을 길게 담고 있기는 하지만, 증거 본문에 집착하는 어떤 유형의 스콜라주의도 "성경을 기괴하게 표현하는 것"으로서 강하게 거부한다.[48] 실제로, "우리에게 부여된 과업은 훨씬 더 어렵고 복잡하며, 용어 색인을 이용한 기계적인 인용으로 이루어지는 것이 전혀 아니다. 성경이 담고 있는 것을 제시하는 일은 엄청난 노력을 요구한다."[49]

신학의 측면에서 성경은 신학적인 체계화를 위해 미리 준비된, 이미 구워서 잘라 놓은 빵을 단순히 우리에게 제공하는 것이 아니다. 심지어 카이퍼는 우리가 성경을 저자의 의도로 축소할 수 없다고 지적한다. 그는 우리가 성경에서 만나게 되는 다양한 장르의 본문과 언어에 주의를 기울이는데, 그것들은 모두 **해석**되어야 한다. 실제로, "이 목적을 실현하기 위해 우리의 사유하는 의식이 이 금광으로 내려가서 보물들을 파내고, 그런 다음에 그렇게 획득한 보물을 완전히 소화해야 한다. 그리고 그것을 우리 의식의 다른 내용과 분리된 것으로 남겨두지 말고, 다른 모든 것과 하나의 전체를 이루도록 체계화해야 한다."[50]

신학자의 과업은 삼중적이다. 즉 성경의 내용을 밝히고, 소화하고, 재현하는 것이다.[51] 카이퍼는 이 과정에 있는 어려움과 위험을 잘 알고 있다. 그는 두 번째인 소화 단계에 대해 이렇게 지적한다. "이것은 더욱 극도로 어려운 작업인데, 왜냐하면 너무나 성급하게 수행된 분석은 너무나 쉽게 신비적인 요소를 파괴하며 합리주의로 이어지는 반면, 그 종합은 **우리의** 생각으

---

[48] Kuyper, *Principles of Sacred Theology*, p. 565. 참고. 찰스 하지(Charles Hodge)의 접근에 대한 바빙크의 비판과 관련해, Bavinck, *Reformed Dogmatics*, vol. 1, p. 60를 보라.
[49] Kuyper, *Principles of Sacred Theology*, p. 567.
[50] 같은 책, pp. 568, 567.
[51] 참고. Bavinck, *Reformed Dogmatics*, vol. 1, p. 41에서 바빙크가 분명히 하는 바에 따르면, "그렇다면 하나님에 대한 그 지식은 또한 그분의 계시 안에서 객관적으로 우리 앞에 펼쳐지고, 신앙 안에서 우리에 의해 흡수되고 충분히 사유될 수 있다."

로 들어올 수 있어야 하기 때문이다."⁵² 우리는 우리의 의식에서 하나님의 계시에 따르면 참이 아닌 모든 것을 몰아내고, 남아 있는 것을 하나님의 계시와 함께 엮어서, 우리의 세계관의 통일성이 고스란히 남도록 해야 한다.

카이퍼는 신학의 거룩한 소명을 의식하지만, 결코 그것을 성경을 전유하는 왕도로 만들지는 않는다. 성경은 우리에게 밀알을 제공하며, 따라서 우리는 밭에서 황금빛 이삭을 볼 때까지 쉬면 안 된다. 그러나 "이것은 마음의 경건에 의해 영적으로, 신앙의 행위에 의해 실천적으로, 찬송 가운데 심미적으로, 권고 가운데 교훈적으로 행해질 수 있지만, 또한 과학적인 주해와 서술에 의해 행해져야 한다."⁵³

신학은 **전통**을 진지하게 받아들인다.⁵⁴ 카이퍼는 사도들의 시대로 직접 돌아가려는 비역사적인 유형의 접근을 배격한다. 오히려, 신학은 여러 세기에 걸친 작업이다. 카이퍼는 이 지점에서 신학에 대한 그의 견해를 다른 하위 분과들로 확대하기 시작한다. 예를 들어, 교회사가 신학의 필수적인 부분인 이유는 다음과 같다. "성경은 완성 후에 어떤 신성한 암굴에 숨겨져서 신학자가 읽고 그 내용을 과학적으로 표현할 때까지 기다리지 않았다. 오히려 그것은 읽기와 낭독에 의해, 가르침과 설교에 의해, 변증과 논쟁적인 글을 통해 세상에 전해졌다."⁵⁵

철학을 다루는 9장에서, 우리는 카이퍼가 어떻게 신학을 다양한 하위 분과들로 나누게 되는지로 시작했다. 영역 주권을 다루는 5장에서, 우리는 신

52　Kuyper, *Principles of Sacred Theology*, p. 569. 참고. Bavinck, *Reformed Dogmatics*, vol. 1, p. 45.
53　Kuyper, *Principles of Sacred Theology*, p. 570.
54　참고. Bavinck, *Reformed Dogmatics*, vol. 1, p. 451, "책의 종교들에게, 해석적 지침으로서 전통에 대한 요구는 필수적이다.…급진적인 그룹들은 모든 개입하는 전통을 의도적으로 제쳐 놓으며, 원시적인 방식으로, 성경의 문자적인 의미로만 돌아가고자 해서, 그들이 새로운 시대에 적응하지 않는 한 스스로를 소멸할 운명으로 몰고 간다."
55　Kuyper, *Principles of Sacred Theology*, p. 572.

학교가 학문 영역의 일부인지 혹은 교회 영역의 일부인지 여부와 관련해서 캄펜 신학교와 암스테르담 자유 대학교 사이의 긴장들을 언급했다.[56] 카이퍼는 교회 신학교의 중요한 위상을 인식하지만, 또한 적절한 학문적 자유가 있는 종합 대학교의 신학을 강하게 옹호한다.[57] 그러나 제도적 교회에 의해 양육되는 중요한 영성을 희생하는 것은 결코 아니다. "그러나 우리가 이 지적인 발전을 아무리 강력하게 강조할지라도, 영적인 발전이 지침이 되지 않는다면, 필연적으로 지성주의로 타락해서 차갑고 메마르고 헛되게 된다."[58]

신학과 철학 전통에 대한 알래스데어 매킨타이어의 풍성한 연구를 예기하는 방식으로, 카이퍼는 신학에서 논리의 중요한 위상을 인식하지만, 이것은 신학에서—그리고 철학에서—한 사람의 세계관 내에서 작동한다.[59] 카이퍼가 보기에, 좁은 의미에서의 **철학**은 인간의 정신적인 삶에, 그리고 우주가 하나로 결합되는 방식에 초점을 맞추며, 그런 것으로서 신학을 보완한다. "철학은…모든 다른 과학에 의해 밝혀진 인간의 지식을 하나의 체계적인 건물로 세우고, 이 건물이 어떻게 하나의 기초로부터 나오는지를 입증하도록 부름을 받았다.…그리스도인은 철학이 덜 필요하다고 말하는 것은 단

---

[56] 헤르만 바빙크 및 캄펜 신학교와 자유 대학교 사이의 긴장들에 대해서는 Ron Gleason, *Herman Bavinck: Pastor, Churchman, Statesman, and Theologian* (Phillipsburg, NJ: P&R, 2010), 5, 7, 10장을 보라. 『헤르만 바빙크 평전』(부흥과개혁사). 영역 주권 및 교육과 관련한 바빙크와 카이퍼의 차이에 대해서는 다음을 보라. Timothy S. Price, "Abraham Kuyper and Herman Bavinck on the Subject of Education as Seen in Two Public Addresses", *The Bavinck Review* 2 (2011): pp. 59-70.

[57] 참고. Bavinck, *Reformed Dogmatics*, vol. 1, pp. 601-602. 여기서 바빙크는 신학이 제도로서의 교회보다는 유기체로서의 교회의 열매라는 것을 지적한다. 교회와 신학들은 서로에 대한 연대 가운데 있어야 한다.

[58] Kuyper, *Principles of Sacred Theology*, p. 583. 참고. Bavinck, *Reformed Dogmatics*, vol. 1, p. 60, "가장 잘 준비된 신학자는 그리스도의 교회와 온전한 신앙의 교제를 나누는 가운데 살면서 과업을 수행한다." 참고. Abraham Kuyper, *Band aan het woord. Antwoord op de vraag: Hoe is eene universiteit aan het woord van God te binden?* (Amsterdam: Höveker & Wormser, 1899).

[59] Alasdair MacIntyre, *Whose Justice? Which Rationality?* (Notre Dame, IN: University of Notre Dame Press, 1980).

지 영적 태만과 이해의 결핍을 드러낼 뿐이다."⁶⁰

기독교 철학은 유신론적 출발점이 확고한 것으로서, **중생의 범주 내에** 있는 해석의 포괄적인 통일성으로 이끌 수 있다. "그리스도인 철학자는 자신의 영혼을 알고…또한 중생 밖에 서 있는 철학자들과 달리, 윤리적 삶을 조망한다. 그러므로 반립은 신학이 기독교 윤리를 제시하고 철학이 중립의 윤리를 제시한다는 사실에 있지 않다."⁶¹ 카이퍼가 통찰력 있게 지적하는 점은, 신학이 제공하는 것이 **기독교 윤리**가 아니라 **신학적 윤리**라는 것이다.

카이퍼, 바빙크, 그리고 베르카우어

앞의 논의로부터 분명하게 될 것은, 카이퍼가 제공하는 신학 서론이 얼마나 풍성한지다. 헤르만 바빙크도 그의 방대한 교의학의 제1권으로 서론을 썼으며, 나는 카이퍼와 동일한 주제를 바빙크가 다루는 부분이 그의 서론에서 어디에 있는지와 그 인용을 앞의 각주들에 포함시켰다.⁶² 바빙크가 카이퍼보다 더 체계적이지만, 그들 사이의 일치는 주목할 만하다. 바빙크와 카이퍼 사이의 유사점들은 신학에 대한 바빙크의 정의에서 분명하게 드러날 것이다.

그러나 계시의 기초 위에 세워진 신학은 영광스러운 과업—하나님의 계시에 대한, 그리고 그분과 관련한 우리의 지식에 대한 과학을 펼치는 과업—을 맡는다. 주해를 통해 계시의 내용을 알아내고자 할 때, 이렇게 알아낸 내용을

---

60 Kuyper, *Principles of Sacred Theology*, p. 614.
61 같은 책, p. 613.
62 Bavinck, *Reformed Dogmatics*, 1. 참고. Herman Bavinck, "The Pros and Cons of a Dogmatic System", trans. Nelson D. Kloosterman, *The Bavinck Review* 5 (2014): pp. 90-103.

사유의 통일성으로 환원하고자 노력할 때, 공격적으로 혹은 방어적으로 그 진리를 주장하거나 그것을 인간의 양심에 권하고자 분투할 때, 신학은 이 과업에 참여한다. 그러나 이 모든 지점과 나란히, **계시 철학**을 위한 여지도 있다. 즉 그 형식과 내용 모두에서 계시의 개념을 추적하고, 그것을 우리의 지식과 삶의 나머지와 연관시킬 것이다.[63]

신학의 상이한 주제들에 대한 카이퍼의 강의 노트는 『교의학 강의록』(*Dictaten Dogmatiek*)으로 출간되었다. 그러나 특정한 교리에 대한 그의 주요 연구는 『성령의 사역』이다. 이것은 면밀한 주의가 필요한 예리한 작업이다. 다른 이들이 카이퍼의 성령론에 대해 글을 썼기 때문에, 나는 여기서 그것을 더 탐구하지 않고 다만 독자들에게 그것을 읽도록 권하겠다.[64] 하이델베르크 교리문답에 대해 카이퍼가 여러 권으로 쓴 주석(*E Voto*)도 주목해야 할 것이다.

1884년에, 개혁파 목회자 컨퍼런스에서 다니엘 샹테피 드 라 소세의 신학에 대해 한 강연에서, 바빙크는 기독교적인 것과 문화의 종합보다는 "분리"를 지향하는 카이퍼의 접근에 동조하면서 다음과 같이 희망을 드러내며 결론을 맺는다. "그렇게 해서 우리 조국의 교회와 신학을 위해 아름다운 날이 올 수 있기를!"[65] 카이퍼와 바빙크 이후에, 카이퍼 전통의 주요 네덜란드 신학자는 헤릿 코르넬리스 베르카우어(1903-1996)인데, 그의 "교의학 연

---

63 Bavinck, *The Philosophy of Revelation*, p. 24. 참고. Bavinck, *Reformed Dogmatics*, vol. 1, p. 26, 그리고 이어지는 논의를 보라.
64 참고. 예를 들어, Vincent E. Bacote, *The Spirit in Public Theology: Appropriating the Legacy of Abraham Kuyper* (Grand Rapids: Baker Academic, 2005), 『아브라함 카이퍼의 공공신학과 성령』(SFC); W. H. Velema, *De leer van de Heilige Geest bij Abraham Kuyper* (The Hague: Van Keulen, 1957).
65 Berkhof, *Two Hundred Years*, p. 111에 인용됨. "분리"(isolation)는 흐룬 판 프린스터러가 다 코스타에게서 가져온 용어다.

구"(Studies in Dogmatics) 시리즈는 영어권에서 잘 알려져 있다. 베르카우어는 20권으로 된 그의 "교의학"에서 지속적으로 카이퍼 및 바빙크와 관련을 맺는다. 영어로 된 것들 중에서는 고든 스파이크만의 탁월한 연구가 언급되어야 하는데, 즉 그의 『개혁주의 신학』(Reformational Theology: A New Paradigm for Doing Dogmatics)이다.[66] 뒤에서 언급되겠지만, 나는 신학에 대한 그의 정의에 동의하지 않는다. 하지만 적어도 과학과 신학에 대한 그의 이론 측면에서 그의 연구는, 비록 도이어베르트의 양상으로 그렇기는 하지만, 풍성하고 깊이 카이퍼주의적이다.[67]

카이퍼 전통에, 그리고 특히 신학에 20세기가 갖는 중요성을 염두에 두어야 한다.[68] 카이퍼는 제1차 세계대전 직후에 죽음을 맞았다. 당시에 자유주의 신학과 역사 비평은 그 영향력을 확대했고, 칼 바르트의 신학이 관심을 끌기 시작했다. 우리는 이 장의 도입부에서, 헨드리쿠스 베르코프가 지난 100년 동안의 복음과 현대 문화를 다루면서 신앙고백적 신학을 어떻게 한편으로 제쳐 두었는지를 지적했다. 하지만 베르카우어는 바르트를 자신의 주요 대화 상대로 극히 진지하게 받아들인다.[69] 짧은 시간 차이를 두고 연속해서 벌어진 두 차례의 세계대전을 경험한 것은 유럽을 영원히 바꾸었으며, 신학에 새롭고 예기치 못한 도전들을 가져왔다.[70] 성서학과 신학은 독일에 의해 주도되는 경향이 있었고, 이것은 네덜란드 신학에도 반영되

---

66 Spykman, Reformational Theology는 베르카우어(pp. 51-52), 베르코프(pp. 52-55), 쿠테르트 (pp. 55-58)에 대한 간략한 평가를 담고 있다.
67 네덜란드어로 된 연구로는 코르넬리스 판 더 코이(Cornelis van der Kooi)와 빌럼 오웨넬 (Willem Ouweneel) 같은 신학자들의 것이 언급되어야 하는데, 둘 다 최근에 주요 신학들을 출간했다.
68 개관을 위해서는 다음을 보라. Heinz Zahrnt, The Question of God: Protestant Theology in the Twentieth Century, trans. R. A. Wilson (London: Collins, 1969).
69 참고. Gerrit C. Berkouwer, The Triumph of Grace in the Theology of Karl Barth, trans. Harry R. Boer (Grand Rapids: Eerdmans, 1956); Half Century of Theology, pp. 39-74.
70 참고. Gerrit C. Berkouwer, "World War and Theology", an address at the Free University of Amsterdam in October 1945.

었다. 당시의 위대한 신학자들로는 칼 바르트, 에밀 브루너, 디트리히 본회퍼(Dietrich Bonhoeffer), 헬무트 틸리케(Helmut Thielicke), 볼프하르트 판넨베르크(Wolfhart Pannenberg), 위르겐 몰트만(Jürgen Moltman)이 있었고, 성서학은 불가피하게 어떤 식으로든 독일의 역사 비평에 응답했다. 이런 배경에서 베르카우어의 작업은 네덜란드의 맥락에서 두드러지며, 그의 『신학의 반세기』(*A Half Century of Theology*)에서 베르카우어는 카이퍼와 바빙크 이후의 발전들과 교회들이 마주하고 있었던 도전들을 되돌아본다.

바빙크의 후임자는 발렌틴 헤프(Valentine Hepp)로, 그는 신학의 지적 신뢰성을 유지하기 위해 변증학을 새롭게 강조하려고 했다. 헤프는 바르트에 의해 가려졌는데, 그는 자연 신학에 대한, 그리고 변증학에 대한 경계 측면에서 카이퍼나 바빙크보다 더 급진적이었다. 우리는 베르카우어 같은 젊은 신학생에게 암스테르담 자유 대학교에서의 시간이 혼란스러운 것이었다는 인상을 받는다. 베르카우어는 다음의 분야들을 20세기의 전반부 무렵에 논란과 우려를 불러일으킨 시발점으로 밝힌다.

1. 성경, 그리고 특히 역사 비평의 도전[71]
2. 현대 세계에서 신앙이 하는 역할, 특히 신앙과 이성의 관계[72]
3. 종말론에 대한 새로운 강조
4. 삼위일체와 기독론이라는 근본적인 교리들에 대한 불확실성[73]
5. 개혁파 진영 안에 있었던, 하나님의 선택의 중심적 위치에 대한 불확실성과 의심[74]

선택에 대한 논쟁은 개혁파 진영 내의 논쟁이었지만, 다른 도전들은 세

---

71 참고. Gerrit C. Berkouwer, *Het probleem der Schriftkritiek* (Kampen: Kok, 1938); *Half Century of Theology*, pp. 107-143.
72 Berkouwer, *Half Century of Theology*, pp. 179-264.
73 같은 책, pp. 215-264.
74 같은 책, pp. 75-106.

계 문제들이 네덜란드 신학을 얼마나 짓눌렀는지를 시사한다. 그런 격동의 시대 한가운데서 그렇지 않기란 거의 불가능했을 것이며, 베르카우어는 이 모든 쟁점의 기저에 "살아 계신 하나님에 대한 질문, 우리의 세계 안에 있는 그분의 계시의 실재"라는 근본적인 쟁점이 있다고 지적한다.[75] 고든 스파이크만의 관찰에 따르면, "서구 기독교는 현대 세속주의의 해일에 의해 말 그대로 집어삼켜졌고", 이 물결은 20세기가 전개됨에 따라 더욱 거세졌다.[76] 20세기에 현대성은 유래 없는 힘을 드러냈는데, 그 힘은 잔혹한 세기 동안에 거듭해서 의문이 제기된 것으로, 그 세기의 끝에 이르러서 어떤 이들은 현대성이 죽음에 근접했다고 생각하기에 이르렀다. 확실히 그 이데올로기(들)의 대부분이 혹독한 도전을 받았고, 이제 누군가가 20세기 신학을 되돌아보면 더 긴 안목으로 보면서 현대 사상의 "과학주의"에 의해 위협을 받는다거나 수세에 몰린다는 느낌을 덜 갖는다.

이 장의 나머지 부분에서 우리는 카이퍼와 바빙크의 신학에 대한 접근 방법을 다시 논의하되, 그것이 우리 시대에 다시 새롭게 될 수 있고 또한 그래야 하는지 여부를 질문하기 위한 목적으로 그렇게 할 것이다.

평가

첫째, 그리고 카이퍼와 바빙크를 변호하면서 말하자면, 그들을 "스콜라적"인 것으로 여기고 단순히 무시하기가 너무나 쉽다. 하지만 바빙크는, 예를 들어, 의식적으로 17세기와 18세기 신학의 스콜라주의로부터 거리를 둔다.[77] 그는, 카이퍼와 마찬가지로, 성경에 신학을 위한 자료가 이미 준비되어

---

75 같은 책, pp. 76-77.
76 Spykman, *Reformational Theology*, pp. 3-4.
77 참고. Bavinck, *Reformed Dogmatics*, vol. 1, pp. 180-183.

있어서 그것들을 그저 순서대로 모으고 체계적으로 정리하기만 하면 된다는 어떤 의견도 거부한다.

카이퍼와 바빙크는 모두 순전히 지적인 것이 되는 신학화된 신앙을 경계하지만, 성경에서 우리에게 주어진 신앙의 내용에 대한 학문적인 분석으로서 신학이 오늘을 위해 하는 중요한, 그러나 제한적인, 역할을 안다. 여기서 도이어베르트는 견해를 달리한다. 그는 성경을 "**말씀-계시의 시간적 현현**"(temporal manifestation of the Word-revelation)이라고 부른다.[78] "시간적"이라는 말로 그가 의미하는 것은 시간 안에서, 역사 안에서 일어나는 현현이다. 오직 신앙에 의해서만, 우리는 성경을 하나님의 말씀으로 경험한다. 도이어베르트에게 성경의 통일성이라는 원리는 창조·타락·구속의 중심 주제다. 그러나 놀랍게도 도이어베르트에게, "이 주제는 신학적 사유의 이론적 대상이 될 수 없는데, 왜냐하면, 적어도 만약 신학이 참으로 성경적이려면, 바로 그것이 그런 사유의 출발점이기 때문이다."[79] 도이어베르트에게 신학은 결코 말씀-계시를 직접적으로 숙고할 수 없으며, 오직 인간 경험이라는 신앙 양식이나 측면을 숙고할 수 있을 뿐이다.[80] 따라서 그의 지적에 따르면, "교의 신학은 의심의 여지 없이 창조·타락·구속에 대한 이론적 숙고에 관여하는데, 그것들의 계시가 우리의 시간적 경험이라는 신앙의 측면과 연관되고 기독교적 믿음의 조항들이라는 내용을 형성하는 한 그렇다." 다시 한 번 그는 지적한다. "타락 이전과 이후의 하나님의 형상의 중요성, 창조와 죄의 관계, 특별 은혜가 일반 은혜에 대해 갖는 관계, 예수 그리스도 안에

---

[78] Herman Dooyeweerd, *In the Twilight of Western Thought: Studies in the Pretended Autonomy of Philosophical Thought* (Lewiston, NY: Edwin Mellen, 1999), p. 99.
[79] 같은 책, pp. 99-100.
[80] Spykman, *Reformational Theology*, p. 97는 이와 유사하게, "신학은 공동체의 신앙 생활과 신앙고백적 표현들을 심층적으로 탐구한다"라고 말한다. 그러나 스파이크만이 실제 그의 풍성한 작업에서 하는 것을 우리가 보면, 카이퍼와 바빙크가 그렇듯이, 그는 항상 성경을 규범으로 삼고 지속적으로 그것에 근거해 숙고한다.

있는 두 본성의 연합의 관계 등과 같은 모든 신학적 문제들은 우리 사유의 논리적 측면과 신앙적 측면을 이론적으로 대립시킬 때만 일어날 수 있다."[81]

도이어베르트의 특이한 견해는 그의 철학 전체의 형태와, 특히 그의 인식론과 연결된다. 인식론적으로 그는 자신의 **대상**(Gegenstand) 이론을 발전시켰는데, 이로써 과학은 논리적 양상을 인간 경험의 다른 15가지 양상 가운데 하나와 대립시키는 것으로 생각된다.[82] 이것은 그의 추종자들 가운데 다수가 동의하지 않는 그의 철학의 일부로, 내가 보기에 그것은 단순히 여러 세기에 걸쳐 신학자들이 한 작업, 즉 살아 있는 신앙으로부터 하나님의 말씀을 체계적으로 숙고하는 것을 나타내지 않는다. 도이어베르트 자신이 또한 그의 철학에서 **신학적** 통찰들을 상정하는데, 삼위일체 같은 전제들은 확실히 그의 철학이 신학적 지식을 담고 있음을 보여 준다. 마지막으로, 인간 삶의 신앙 측면을 신학의 초점으로 만드는 것이 나에게는 슐라이어마허의 신학에 대한 접근, 즉 종교적 경험을 신학의 초점으로 만드는 것과 너무나 비슷하게 들린다.[83]

따라서 신학의 제한되었지만 중요한 과업에 대한 카이퍼와 바빙크의 설명은 정확하며, 실제로, 아주 통찰력 있는 것으로 보인다. 도이어베르트는 그들의 접근법을 스콜라주의적인 것으로 보겠지만, 이것은 불공정한 비판이다. 더 나아가, 바빙크 자신이 스스로 주의 깊게 "개신교 스콜라주의"로부터 거리를 두기는 하지만, 최근에 리처드 멀러(Richard Muller)는 종교개혁

---

[81] Dooyeweerd, *Twilight*, pp. 100, 101.
[82] 도이어베르트의 철학에 대한 개관을 다음에서 보라. Craig G. Bartholomew and Michael W. Goheen, *Christian Philosophy: A Systematic and Narrative Introduction* (Grand Rapids: Baker Academic, 2013). 『그리스도인을 위한 서양 철학 이야기』(IVP).
[83] Theodore Vial, *Schleiermacher: A Guide for the Perplexed*, Guides for the Perplexed (London: Bloomsbury, 2013), p. 83의 지적에 따르면, 슐라이어마허에게 "종교는 본질적으로 무한자에 대한 경험이다. 그리스도인들에게, 종교는 기독교 공동체에서 발견되는 구속의 경험이다. 이것이 슐라이어마허에게 핵심적인 것이다. 신학은 가능한 한 적절한 언어로 이 경험을 표현하려는 하나의 시도다."

이후의 신학을 되찾고 재평가하는 엄청난 작업을 했는데, 그의 연구에 비추어 볼 때 바빙크의 작업이 스콜라적인 것으로 단순히 묵살될 수 없음이 분명해졌다.

헨드리쿠스 베르코프의 주장과 대조적으로, 카이퍼와 바빙크는 하나님과의 만남 대신에 성경에 대한 지적 견해를 선택하지 **않았다**.[84] 이 장의 첫 번째 부분에 있는 우리의 논의에서 분명히 알 수 있겠지만, 그들은 하나님과의 만남과 하나님에 대한 인지적 지식 사이를 이간하는 것을 단호하게 거부하면서, 둘 사이의 양자택일은 전적으로 부적합하고 성경이 우리에게 주어진 것은 무엇보다도 우리를 하나님과의 관계로 이끌기 위함이라고 주장했다.

분명히 카이퍼를 나무랄 수 있는 것은, 하나님과 인간 모두 안에 있는 로고스에 대한 그의 신학 때문일 것이다. 만약 미묘한 차이를 두지 않는다면 이것은 합리주의적 경향을 갖지만, 나는 카이퍼가 그것을 이런 식으로 사용한다고 생각하지 않으며, 바빙크의 『개혁파 교의학』에서 우리는 그것이 더욱 미묘한 차이를 두고 사용되는 것을 발견한다. 헬무트 틸리케가 도움이 되는 방식으로 논평하는 바에 따르면, "그리스도가 로고스 개념의 측면에서 정의될 수 있지만, 또한 그분 자신이 그 개념의 내용을 결정하신다."[85]

카이퍼와 바빙크를 변호하는 것은 이 정도로 충분하다. 그렇다면 신학이라는 신성한 부르심에 있는 어떤 핵심 요소들로부터 우리가 배울 수 있

---

[84] 포도원을 망치는 작은 여우들을 언급하는 아가서 2:15을 따라 제목을 지은 그의 *Drie Kleine Vossen* (Kampen: Kok, 1901)에서, 카이퍼는 그리스도인의 삶과 관련해서 지성주의, 신비주의, 과도한 활동을 그런 여우들로 밝힌다. 그의 지적에 따르면, "우리 안에 있는 세 가지 층위가 조화롭게 작동해야 하는데, 이 세 가지 차원의 상징을 머리, 마음, 손이 제시한다. 머리는 이해하는 일을, 마음은 신비주의를 느끼는 일을, 손은 그리스도인의 행동을 상징한다"(p. 1).

[85] *Reformed Dogmatics*, vol. 1, pp. 586-587; Helmut Thielicke, *The Evangelical Faith*, vol. 2, *The Doctrine of God and of Christ*, trans. Geoffrey W. Bromiley (Grand Rapids: Eerdmans, 1977), p. 103.

는가?

첫째, 둘 다 자신들의 신학을 세우면서 가진 분명한 확신은 **하나님이 말씀하셨다**는 것과 그 일을 그리스도 안에서, 그리고 하나님의 무오한 말씀인 성경 안에서 하셨다는 것이다. 물론 이것은 모든 것을 변화시키며 신학의 실천에 아주 근본적이다. 바빙크가 너무나 많은 신학에 대해 지적하듯이, "교의학의 약점은, 바로 이 학문 분과에 이처럼 '하나님이 말씀하셨다'는 것에 대한 믿음이 거의 없다는 사실에 있다."[86] 카이퍼와 바빙크는 이 실재를 전제하며 찬양하고, 이로써 그들의 신학이 근본적으로 그리고 아름답게 건설적이도록 한다. 또한 그들은 모두 성경과 온전히 관련을 맺으면서 신학을 하는데, 이는 오늘날의 신학에서 너무나 드물게 된 실천이다. 바르트와 오도노반 같은 신학자들은 그들의 신학적 틀이 강력해짐에 따라 주해를 덜 하는 것이 아니라 오히려 더 많이 한다는 점에서, 안타깝게도, 예외다! 카이퍼, 바빙크, 베르카우어도 마찬가지다. 물론, 카이퍼와 바빙크 이후로 많은 영역에서 성서학은 진전을 보였다. 실제로 그들은 성서학이 그렇게 되어야 할 필요성을 인식했다. 암스테르담 자유 대학교와 캄펜 신학교에 있었던 그들의 동시대인들과 추종자들 가운데 일부는 풍성한 성경 연구를 했는데, 이것도 회복될 필요가 있다. 그러나, 스파이크만이 인정하듯이, 오늘날 신학자들이 의지해야 할 이 시대의 성서 신학과 주해 분야의 풍성한 작업이 있으며, 우리는 신학자들과 성서학자들 사이의 창조적인 관계가 절실히 필요하다. 실제로 우리는 어느 정도는 그런 일이 우리 시대의 신학적인 해석의 부활 가운데 일어나는 것을 보고 있다.[87]

둘째, 그들은 모두, 그러나 카이퍼가 더 자세히, 신학을 여러 학문 분과

---

[86] 참고. Bavinck, *Reformed Dogmatics*, vol. 1, p. 46.
[87] 참고. Craig G. Bartholomew and Heath A. Thomas, eds., *A Manifesto for Theological Interpretation* (Grand Rapids: Baker Academic, 2016).

가운데 하나로 보는데, 그 모든 학문 분과는 기독교 세계관으로부터 운용하도록 부름을 받았다. 각 과학은 그 고유한 방식으로 독특하며, 그들은 성경에 담긴 하나님에 대한 지식에 초점을 맞춘 신학의 독특성을 분명히 표현한다. 둘 다 이 접근법을 조심스럽게 미묘한 차이를 가지고 나타내며, 신학을 높여서 신앙 위에 혹은 다른 학문 분과 위에 군림하도록 하지 않는다.

셋째, 그리고 이것이 개혁파 전통과 관련한 위대한 것들 가운데 하나인데, 그들은 주권적인 하나님이 신학의 "주인공"이어야 한다고 주장한다. 만물이 주에게서 나오고 주로 말미암고 주에게로 돌아간다! 바빙크가 지적하는 것처럼,

> 교의학은 어떻게 자기 안에서 모든 것이 충분하신 하나님이, 그럼에도 불구하고 그분의 창조 세계 안에서 자신을 영화롭게 하시는지를 보여 준다. 심지어 그것이 죄에 의해 분열되어 있을지라도, 다시 그리스도 안에서 하나로 통일된다(엡 1:10). 그것은 우리를 위해 하나님을 묘사하는데, 언제나 하나님을, 처음부터 끝까지 그렇게 한다. 자신의 존재 가운데 계신 하나님, 자신의 창조 가운데 계신 하나님, 죄를 대적하시는 하나님, 그리스도 안에 계신 하나님, 성령을 통해 모든 저항을 무너뜨리시고 온 창조 세계를 자신이 작정하신 목적으로 돌아가도록, 즉 그분의 이름의 영광이 되도록 인도하시는 하나님이다. 그러므로 교의학은 지루하고 무미건조한 과학이 아니다. 그것은 신정론이고, 하나님의 모든 덕과 완전하심에 대한 송영이며, 경배와 감사의 찬송, "지극히 높은 곳에서는 하나님께 영광"(눅 2:14)이다.[88]

그들의 신학은 하나님 중심적이고 그리스도 중심적이며, 따라서 삼위일체

---

[88] Bavinck, *Reformed Dogmatics*, vol. 1, p. 112.

적이다. 내가 옥스퍼드 대학교를 다닐 때 한 강사는 삼위일체 주일에 옥스퍼드의 신학자들과 교목들이 무엇을 말하려고 하는지 들으려고 옥스퍼드에 있는 다른 칼리지들의 채플에 참석할 것이라고 언급했다. 전반적으로, 그들은 삼위일체를 무시했다. 그러나 이것은 베르카우어가 『신학의 반세기』에서 언급하는 현대성을 대표했다. 20세기의 후반부에 우리는 삼위일체 신학의 놀라운 번영이 바르트의 신학으로부터 전개되고 위르겐 몰트만, 콜린 건턴(Colin Gunton), 존 지지울러스(John Zizioulas) 등의 주요 신학자들에 의해 분명히 표현된 것을 목격했는데, 여기에 바빙크가 삼위일체 교리를 신학에 절대적으로 중심이 되는 것으로 격상시킨 것이 완벽하게 어울린다. 이런 방식으로, 그리고 그토록 많은 다른 방식으로, 한 세기가 지난 후에 카이퍼와 바빙크의 시대가 왔다는 것은 일리가 있다!

넷째, 20세기에 현대성이 느슨해지기 시작하고 급진적인 세속주의가 대단히 강력해짐에 따라, 특히 포스트모더니즘에서, 신앙고백적 신학이 일종의 복귀를 했고, 그렇게 해서 카이퍼와 바빙크는 베르카우어가 기술하는 반세기 동안에 그들이 마땅히 그랬어야 하는 것보다 훨씬 더 관련성 있고 동시대적으로 보인다. 그러나, 둘 다 우리에게 상기시키겠지만, 우리는 스스로를 시대의 유행에 의해 좌우되도록 해서는 안 된다. 물론 우리는 시대의 유행에 관여할 필요가 있지만, 그것들이 궁극적으로 우리의 의제를 정할 수는 없다.

다섯째, 우리가 카이퍼에게서 주목했던 것처럼, 동일한 것이 바빙크에 대해서도 말해질 수 있는데, 즉 그는 신학의 해석학에 있는 핵심 요소들을 밝히는 것에서 자신의 시대를 훨씬 앞섰다. 내가 보기에, 카이퍼는 옳은 질문들을 던지고 그 질문들을 그토록 철저히 추적하는 일에서 그야말로 천재다. 이것은 이른바 스콜라주의와 전혀 다르며, 우리 시대에 신학을 다시 새롭게 할 수 있는 비옥한 토양을 제공한다.

여섯째, 카이퍼와 바빙크는 모두 온 창조 세계를 염두에 둔 신학을 했다. 그들의 신학은 본질적으로 공공신학이며, 이 점에서 다시 한 번 그들은 세상을 위한 신학을 발전시켜야 하는 우리 시대의 필요를 예기한다. 그들은 이것을 주목할 만하게 잘 해냈고, 그토록 많은 당시의 신학과 달리, 그들은 기독교적 증언이 모든 학문 분과에서 동등하게 엄격한 기독교적 학문성을 요청한다는 점을 잘 인식했다.

일곱째, 카이퍼와 바빙크는 모두 성경에 있는 다양성을 인식했으며, 성서 비평의 도전과 씨름했다. 실제로, 중대한 사안들에 대해 그들이 표현하는 견해들은 일반적으로 근본주의와 거리가 있으며 오늘날 최고의 복음주의 연구와 잘 어울린다. 그러나 그들은 성서 비평의 파편화하는 영향력에 결코 굴복하지 않았고, 성서 비평이 출현했을 때 영향을 준 기저의 철학들을 항상 의식했다. 둘 다 성경의 통일성에 우선권을 부여했으며, 우리도 그렇게 해야 한다!

여덟째, 렉스햄 출판사의 브래넌 엘리스가 나에게 언급한 대로, 만약 카이퍼와 바빙크가 영어로 저술했더라면 그들의 작업은 지금까지 그랬던 것보다 훨씬 더 영향력이 있었을 것이다. 다행히도 이제 우리에게는 영어로 이용할 수 있는 그들의 주요 작업들이 가까이 있어서, 우리를 초청하는 놀라운 잔치에 참여해 마음껏 먹을 수 있다. 이것은 카이퍼 혹은 바빙크를 절대시하는 것이 아니다. "항상 개혁되어야 한다"(*semper reformanda*)는 개혁파 원리를 그들이 먼저 우리에게 상기시킬 것이다. 하지만 우리는 작업 때 도구가 되는 견고하고 철저하고 창조적인 것을 가져야 하는데, 바로 그들이 우리에게 그것을 방대하게 제공해 주었다.

카이퍼와 바빙크의 작업을 세세하게 흠잡는 것은 너무나 쉬운 일이다. 그런 세밀한 작업이 필수적이지만, 우리는 특히 오늘날 나무와 숲을 구분할 필요가 있다. 그리고 그 숲은 아주 인상적이며, 우리를 초청해서 그곳에 거주하고 더욱 발전시키도록 한다. 바빙크가 상상한 신학을 위한 아름다운 날은 앞으로 밝아올 것이다. 우리가 바빙크와 카이퍼의 풍성한 작업을 가지고 무엇을 하느냐에 많은 것이 달려 있다.

11

교육

교육은 "특권을 얻는 수단"이 되어야 하는가, 아니면 사람들을 섬기고자 하는 신성한 의무인 수도원 서약 같은 것인가?

E. F. 슈마허(Schumacher), 『작은 것이 아름답다』(Small Is Beautiful)

2003년에 제럴드 그래프(Gerald Graff)는 『학계의 무지: 학교 교육은 어떻게 정신의 삶을 흐리게 하는가』(Clueless in Academe: How Schooling Obscures the Life of the Mind)를 출간했다. 그래프는 어떻게 그가 1950년대에 낭만주의 문학과 개론적 사회학을 이어서 수강했는지를 묘사한다. 그는 어울리지 않는 패러다임들 사이에서 이리저리 흔들렸지만, 그가 지적하는 바에 따르면, "내 경험과 관련해 놀라웠던 것은…**인지 부조화**가 실제로는 거의 일어나지 않았다는 점이다. 문학과 사회학 강의의 관점들이 결코 함께 비교되거나 대조되지 않았기 때문에, 그것들은 분리된 정신적인 격실들에 머물렀고, 상이한 관점들에 내가 노출되는 것을 불완전하고 완성되지 않은 상태로 내버려두었다."[1]

---

[1] Gerald Graff, *Clueless in Academe: How Schooling Obscures the Life of the Mind* (New Haven, CT: Yale University Press, 2003), p. 65.

"혼합된 메시지를 주는 교육 과정"이라는 장에서, 그래프는 "배구공으로서의 학생", "모순과 구획화", "이해할 수 없는 중복" 같은 제목들을 가진 단락들을 기술한다. 해결책의 일부로, 그리고 지적인 공동체와 지성인들을 발전시키고자 하는 희망에서, 그래프는 다음과 같이 주장한다. "분명히, 학생들에게 **학문적인 지성의 세계에 대한 더 연결된 견해**를 제공하는 것이 중요한데, 즉 **그들로 하여금 그 세계에 일관성을 부여하고 그것을 더 넓은 세계와 관련시키는 대화를 인식하고 시작하게 할 수 있는 견해다.**"[2]

카이퍼는 이런 배구 같은 유형의 교육을 철저하게 거부한다. 그의 주장에 따르면, "그렇다면 이제, 교육학적으로 말하면, 월요일 강의에서 진리로 권장되었던 것을 화요일 강의에서 거짓말이라고 하는 교육은 형성 교육의 원초적인 요구를 조롱하는 것이다."[3]

아주 흥미롭게도 이미 1950년대에 그래프는 오늘날 우리가 포스트모더니즘과 결부시키는, 대학에서의 파편화 현상을 경험했다. 분명히 문제는 더 좋아지지 않고 악화되었다. 가톨릭 철학자이자 윤리학자인 알래스데어 매킨타이어는 오늘날의 윤리적 상황을 조각들이 흩어져 있는 것에 비유한다. 윤리학자들은 이 조각들을 연결시키려 노력하지만, 그들은 그것들이 박혀 있는 전통들에 대한 이해가 전혀 없다.[4] 비슷하게, 올리버 오도노반은 우리 시대의 윤리를 묘사하면서, 도처에서 빙산을 볼 수 있으나 무엇이 그것들을 하나로 묶고 있는지에 대해 우리가 전혀 알지 못하는 것에 비유한다.[5] 이 맥락에서는 학생들에게 학문적인 지성의 세계에 대한 더 연결된 견해를 어떻게 제공할 것인지에 대한 질문이 실제로 정곡을 찌르는 것이 된다.

2   Graff, *Clueless in Academe*, p. 77, 강조 추가.
3   Abraham Kuyper, *Scholarship: Two Convocation Addresses on University Life*, trans. Harry Van Dyke (Grand Rapids: Christian's Library Press, 2014), p. 43.
4   Alasdair MacIntyre, *After Virtue* (Notre Dame, IN: University of Notre Dame Press, 1980).『덕의 상실』(문예출판사).
5   Oliver O'Donovan, *The Ways of Judgment* (Grand Rapids: Eerdmans, 2005), pp. xi, xiii.

교육의 위기는 오늘날 널리 인정되고 있다.[6] 이와 관련해 내가 좋아하는 저자들 가운데 두 사람은 모두 그리스도인이 아닌데, 바로 닐 포스트먼(Neil Postman)과 로버트 캐럴(Robert Carroll)이다. 그들은 모두 오늘날의 문화와 교육에 있는 중대한 사안들을 부각시키는 데 비범한 능력이 있다. 예를 들어, 포스트먼은 그의 『교육의 종말』(End of Education)을 "신들의 필연성"이라는 제목의 장으로 시작한다. 포스트먼이 옳게 지적하듯이, 교육을 죽이는 가장 확실한 방법은 우리가 교육의 목표에 대해, 그 "끝"에 대해 불분명하게 되는 것이다. 기계적인, 기술적인 접근은 효과가 없을 것이고, 좋은 직업을 얻기 위해 교육을 받는다는 소비자의 대답도 마찬가지일 것이다. 교육은 그 안에서 목적을 발견할 수 있는 어떤 장엄한 서사를 요구한다. 포스트먼이 말하듯이, "여기서 나의 의도는 어떤 신들을 묻어버리거나 찬양하는 것이 아니고, 다만 **우리가 신들 없이는 할 수 없다는 것을 주장하려는 것이다.** 즉 우리가 자신을 그 밖의 무엇이라고 부르든, 우리는 신을 만들어 내는 종(the god-making species)이라는 것이다."[7]

캐럴도 유사한 주장을 하지만, 포스트먼이든 캐럴이든 기독교의 메타서사가 그 도전을 감당할 수 있으리라고는 생각하지 않는다. 우리가 보게 될 것처럼, 카이퍼가 평생에 걸쳐 주장한 특징적인 기독교 교육은 불가피하게 문화적 다원주의를 수반한다. 그러나 포스트먼에게 이것은 위험하다. 그는 자신이 "다문화주의"(multiculturalism)라고 부르는 것을 경제적 유용성, 소비자의 지위, 기술이라는 가짜 신들과 한데 묶고, 교육에 대한 다원주의적 접근이 분명히 위험하다고 주장한다. "이 길은 학교 교육의 사유화로 이어질 뿐만 아니라 정신을 사유화하는 것으로 이어지고, 공적 정신의 창조를

---

6   관련된 문헌은 방대하며, 거기에는 Bill Readings, *The University in Ruins* (Cambridge, MA: Harvard University Press, 1996)가 포함된다. 『폐허의 대학』(책과함께).

7   Neil Postman, *The End of Education: Redefining the Value of School* (New York: Knopf, 1996), p. 6, 강조 추가. 『교육의 종말』(문예출판사).

전적으로 불가능하게 만든다. 그렇다면 학교 교육의 주제는 동일함(sameness)이 아닌 분열이 될 것이며, 불가피하게 증오로 이어질 것이다."[8]

놀랍지 않게도, 조지 마즈던이 기독교적 학문에 대한 책을 출간했을 때 그는 그 책의 제목을 『기독교적 학문이라는 터무니없는 발상』(The Outrageous Idea of Christian Scholarship)이라고 지었다.[9] 역사적으로 대부분의 서구 학문이 여러 세기에 걸쳐 기독교적 관점에서 이루어졌다는 사실에도 불구하고, 이제 우리가 있는 맥락에서는 그런 발상 자체가 터무니없는 것이며, 심지어 포스트먼처럼 예리한 논평가에게도 그렇다. 앞에 언급한 포스트먼으로부터의 인용은 이것을 이해하도록 돕는다. 분명히, 그의 견해에 의하면, 공적 교육은 **공적 정신**을 산출해야 하는데, 그것은 그의 용어로는 "동일함"에 의해 특징지어지는 정신이다. 교육에서의 다원주의는 **반드시** 증오로 이어진다는 것이다. 포스트먼은 이런 측면에서 1993년 12월에 종교 지도자 루이스 파라칸(Louis Farrakhan)이 행한 연설의 영향을 증거로 제시한다.[10] 겉으로 보기에는 그렇지 않을 수 없다! 앞에서 인용한 문구에서 포스트먼도 자신의 입장을 드러낸다. 즉 우리가 "신을 만들어 내는 종"이라는 것이다. 여기서 우리는 루트비히 포이어바흐(Ludwig Feuerbach)가 다시 살아나는 것을 본다.[11] "신들"은 우리가 우주에 투사하는 것인데, 이는 거대 서사들을 제공해서 우리가 그 안에서 살아가고 그렇게 삶의 의미와 교육의 목적을 발견할 수 있게 하려는 것이다. 어떤 이들이 우리에게 권하는 것처럼, 그런 투사를 있는 그대로 인정하고 그것이 발생시키는 허무주의를 받아들이는 것이 더 솔직하지 않겠는가?

---

8   같은 책, p. 57.
9   George Marsden, *The Outrageous Idea of Christian Scholarship* (New York: Oxford University Press, 1997). 『기독교적 학문 연구 @ 현대 학문 세계』(IVP).
10 Postman, *End of Education*, p. 58.
11 포이어바흐는 종교가 인간이 우주에 투사한 것이라고 주장했다.

포스트먼이 옳다. 우리도 우리 교육도 "신들" 없이는 할 수 없다—그러나 모든 주요 종교에서 "신들"은 우리가 만들어 낸 것이 아니라, 오히려 그들이 우리를 만들었다! 종교의 핵심은 그것이 세계에 대한 참된 이야기를 말하는 것을 목표로 삼는다는 것이며, 이것이 불가피한 다원주의를 낳는다.

우리 가운데 종교적인 이들—세계 인구의 대부분인, 그러나 일반적으로 서구의 세속적 엘리트는 아닌 이들—에게는, 우리가 필요해서 서사를 지어 냈다는 것은 단순히 말이 안 된다. 오히려 질문은 세계에 대한 참된 이야기는 무엇인가, 그리고 그 맥락 내에서 교육은 어떤 모습인가 하는 것이다. 그리고 그리스도인들에게 그것은 세속적, 다원주의적 문화 안에서 무엇을 의미하는가? 이것들이 네덜란드 문화에서 계몽주의 이후의 사유가 호응을 얻을 때 카이퍼가 고심한 질문들이다.

카이퍼와 교육

네덜란드에서 세속화가 진행될 때, 카이퍼는 처음으로 그것이 학교에 끼치는 영향을 우려한 사람이 아니었다.[12] 흐룬 판 프린스터러가 이끈 갱신 운동의 정치 진영이 처음부터 주장한 사실은, 공립 학교들이 학생들에게 "기독교적·사회적 덕목"을 가르치면서 동시에 어떤 학생이나 학부모도 거슬리지 않도록 신조를 해석하는 일은 가능하지 않다는 것이었다. 흐룬 판 프린스터러의 해결책은 그 체제를 개신교 계통과 가톨릭 계통으로 나누어

---

12 교육에 대한 논문들을 J. L. van Essen and H. D. Morton, *Guillaume Groen van Prinsterer: Selected Studies* (Jordan Station, ON: Wedge, 2000)에서 보라. 헤르만 바빙크도 교육에 대한 그의 숙고를 통해 매우 영향력이 있었다. 참고. Herman Bavinck, *Essays on Religion, Science, and Society*, ed. John Bolt, trans. Harry Boonstra and Gerrit Sheeres (Grand Rapids: Baker Academic, 2008), 12장과 13장; Cornelius R. Jaarsma, *The Educational Philosophy of Herman Bavinck: A Textbook in Education* (Grand Rapids: Eerdmans, 1935).

서, 각 진영이 자신들의 확신을 기초로 해서 가르치도록 허용하는 것이었다. 그러나 갱신 운동의 전통주의자들은 개신교가 공교육에 대해 가지고 있는 아직 남아 있는 지배력을 내주기를 꺼렸고, 반면에 자유주의자들은 교육의 세속화를 촉진하기를 원했다. 흐룬 판 프린스터러의 반대에도 불구하고, 1857년에 국가가 자금을 지원하는 "중립적인" 체제가 타협안으로 제시되었는데, 그에 따르면 사립 종교 학교들은 보조금을 제공받을 것이었다. 법안이 의회에서 통과되었지만 보조금은 누락되었다. 넌더리를 내면서 흐룬 판 프린스터러는 의원직을 사임했고, 사립 기독교 학교들을 후원하고 궁극적으로 법을 바꾸도록 압력을 가할 수 있는 전국적인 네트워크를 발전시키는 데 자신의 관심사를 집중했다.

1869년 5월에 카이퍼는 기독교 국민 교육을 위한 연합(Union for Christian National Education)의 연례 회의에서 기조연설을 했는데, 제목은 "국민 양심에 대한 호소"(Het Beroep op het Volksgeweten)다.[13] 이 연설은 또한 카이퍼가 국가의 시민적 삶에 처음 등장했음을 표시한다.[14] 카이퍼는 이 기회를 활용해서 그 연합의 비전에 있는 첨예하게 대립하는 문제를 드러냈고, 교육에서의 진정한 다원주의를 주장했다. 네덜란드의 변화를 직면할 필요가 있었는데, 이 시기에 네덜란드는 칼뱅주의자들이 소수인 나라였다. 따라서

> 오늘날 우리나라 같은 곳에서 공립 학교는 다원주의적이어야 하고, 따라서 의도적으로 종교를 거부하거나, 아니면 종교의 탁아 시설이 되어 그 나라의 최소한의 신앙고백을 자신의 최대한의 신앙고백으로 선택해야 합니다. 그것은 무종교가 되거나, 아니면 신앙고백의 차이들을 초월하는 기독교를 특징

---

[13] 1869년 5월 18일, 암스테르담.
[14] Bratt, *Abraham Kuyper: Modern Calvinist, Christian Democrat*, pp. 68-69.

으로 해야 합니다. 여기에 딜레마가 있습니다.[15]

카이퍼는 모두가 동의할 수 있는 희석된 형태의 기독교의 불충분함을 지적하며, 또한 무종교적 교육이 어떻게 네덜란드 역사에서 기독교가 수행한 형성적인 역할을 무시하는지를 지적한다. 중립적인 공교육은, 카이퍼에 따르면, "도덕적 자살"이다. 영역 주권의 측면에서, 카이퍼는 자녀 교육과 관련한 부모의 일차적 책임과 교육에 대한 부적절한 국가 개입의 위험에 호소한다. 그는 자신도 아버지이고, 만약 자신의 두 아들을 그가 해로운 것으로 보는 교육에 넘겨주어야 한다면 고통스러울 것이라고 고백한다.[16]

카이퍼가 한 사람의 교육관을 형성하는 다섯 가지 특징을 나열하고 내리는 결론에 따르면,

> 경건, 우리나라의 역사를 소중히 여기는 것, 가정생활의 번성, 시민의 "자치", 양심의 자유에 대한 존중—이것이 다섯 가지 특징인데, 이것들은 내가 보기에는 우리나라의 얼굴에 너무나 깊이 각인되어 있어서 궁극적으로 오해될 수 없습니다. 이 다섯 가지는 우리 국민의 삶에 공립 학교가 충족할 수 없는 것을 요구하며, 이는 공립 학교의 제약들이 사라지고, 신뢰를 잃은 보호 체제가 이 나라에서 축출되고, 제약 없는 완전한 교육의 자유가 인정될 때 비로소 공정하게 다루어집니다.[17]

카이퍼의 연설에서 주목할 만한 요소는, 자신의 자녀를 사립 학교에 보낼

15　Abraham Kuyper, *On Education*, trans. Harry Van Dyke, Abraham Kuyper Collected Works in Public Theology (Bellingham, WA: Lexham Press, 2019), p. 361.
16　같은 책, p. 362.
17　같은 책, pp. 364-365.

돈이 없는 가난한 사람들에 대한 그의 관심이다. 카이퍼의 연설은 격렬한 논쟁을 일으켰으며, 이어지는 몇 년 동안에 학교 문제는 카이퍼의 정치적 일에 중심이 되었고 반혁명당 설립에서 중요한 골자가 되었는데, 그 대표 회의가 1879년 1월에 전국적인 성경과 함께하는 학교 연합의 설립 직후에 회합을 가졌다. 같은 해에 암스테르담 자유 대학교의 설립이 발표되었고, 1880년 10월 20일에 개교했다.

1887년에 이르러 네덜란드 정치는 난국에 빠졌고, 자유주의자들이 몹시 분열되기에 이르렀다. 당시에는 놀랄 만한 행보로 카이퍼는 칼뱅주의자와 가톨릭 지도자들 사이의 모임을 조직했는데, 그 모임은 총선의 결선 국면에서 서로의 후보들을 지지하기로 하는 합의를 도출했다. 1888년의 확대된 선거구는 53대 47로 하원에 종교적인 다수를 회복시켰고, 종교 학교들에서 일하는 교사들의 월급을 지원하는 국가 보조금을 위한 법안이 1년 내에 통과되었다. 온전한 동등성은 1917년에 성취되었다.

카이퍼는 학교 문제에 대해 계속해서 글을 쓰고 말했으며, 1899년에 그는 "양을 이리 가운데로"(As Sheep Among Wolves)라는 연설을 했다. 그는 예수와 그분의 제자들의 모범을 언급한다. 예수는 자신의 제자들을 교육시키기 위해 그들을 바리새인들이나 사두개인들의 학당으로 보내지 않으셨다! 물론 그들은 세상으로 보내져야 했지만, 먼저 그들이 적절히 빚어지고 준비된 다음의 일이었다. 그것은 자녀를 교육시키는 일에서도 마찬가지다. 자녀는 믿음의 선한 싸움을 싸우도록 부름을 받았지만, 만약 문화로부터 고립된 채로 있다면 그 일을 할 수 없다. 그러나 먼저 적절히 준비되는 것이 필수적이다.[18]

그러므로 카이퍼는 주장한다. "따라서 이것이 기독교 교육의 비결입니

---

[18] 같은 책, pp. 382-383.

다. 여러분의 자녀가 예수님과 동행하게 하고, 그들이 그분의 날개 그늘 아래서 준비될 때까지 교육하십시오. 그리고 그들이 준비되면, 그들을 세상으로, 이리 가운데로 보내십시오. 그러나 양으로서, 주님을 자신의 방패로 삼는 젊은이로서 말입니다."[19]

영역 주권은 학교와 관련해 대단히 매력적인 사안인데, 왜냐하면 가정·학교·정부가 학교 영역에서 모두 연결되기 때문이다. 카이퍼는 이것을 직접적으로 다루면서 다음과 같이 주장한다.

> 만약 이제 우리가 앞에 있는 것을 유기적인 관계에 두려고 시도하면서, 네 참여자(아버지, 교회, 교사, 정부)가 각각 자신의 영역에서 그 과업을 성취할 수 있기 위해서 학교를 운영하는 권리와 책임이 어떻게 규제되어야 하는지를 묻는다면, 핵심 부분에 대한 결정이 **아버지**에게 있다는 것이 명백하다.
>
> 아버지가, 결국에는, 자녀에 대한 권위를 가진다. 아버지가 자녀에 대해 책임이 있다. 아버지가 자녀의 양육과 교육에 대해 지불할 책임을 진다. 그리고 아버지는 교회에 의해 설정된 특정한 조건들에 동의해 왔다.[20]

카이퍼가 보기에는, 부모가 그들의 자녀가 교육을 받을 정신에 대해 결정한다. 교회는 그 정신이 학교에서 보전될 수 있는 원리를 결정한다. 정부는 공교육이 도달할 수준을 결정한다. 그리고 교사들은 자녀를 가르칠 방식을 결정한다. "**형식적으로** 그들은 이것을 교육의 과학에 부합하게 결정해야 한다. **내용적으로** 그들은 이것을 다양한 학문 분과의 형성적인 힘과, 아

---

[19] 같은 책, pp. 386-387.
[20] Abraham Kuyper, *Our Program: A Christian Political Manifesto*, trans. Harry Van Dyke, Abraham Kuyper Collected Works in Public Theology (Bellingham, WA: Lexham Press, 2015), pp. 202-203.

이가 그것들의 기초적인 결과에 대해 배울 필요가 있는 시기와, 그것들이 삶에 주는 유익에 근거해서 결정한다."[21]

그렇게 해서 카이퍼는 기독교 학교 교육에 대한 일곱 가지 견해를 분명히 표현한다.[22]

1. 부모가 자신 자녀 교육에 대해 일차적인 책임을 갖는다.
2. 교회는 아이의 세례 때 약속된 것이 수행되는 것을 볼 권리와 책임이 있다.
3. 교사들은 교육의 사안에 대해 스스로 결정할 수 있어야 한다.
4. 양육과 교육은 분리가 불가능하다.
5. 학교를 지원하기 위한 자발적인 기부가 강제적인 세금보다 좋다.
6. 시민들의 자유로운 주도가 국가의 품격을 높이는 반면, 국가의 간섭은 품격을 낮춘다.
7. 학교가 지성인이 하나님의 규례에 굴복하는 것을 어렵게 만들고 그렇게 해서 기독교와 대립한다면, 그것은 국가를 위한 복이 아니라 저주로 여겨져야 한다.

세 번째의 층위에서 카이퍼는 사립 대학의 학위 인증을 위해 공을 들였고, 이것은 1904년 3월에 하원에서, 그리고 1905년 5월에 상원에서 통과되었다.

대학과 기독교적 학문

암스테르담 자유 대학교의 설립은 카이퍼에게 중요한 기획이었으며, 그는

---

21 같은 책, p. 349.
22 같은 책, p. 207.

거기서 총장과 교수로 섬겼다. 그가 행한 두 번의 학위 수여식 연설은 『학문: 대학 생활에 대한 두 번의 학위 수여식 연설』(Scholarship: Two Convocation Addresses on University Life)로 출간되었는데, 그것을 읽는 것은 경탄과 영감을 불러일으킨다. 둘 다 오늘날의 학위 수여식에서 그냥 낭독만 해도 영감을 줄 것이다.

카이퍼는 연상시키는 표현으로 "학문의 성배"를 말한다. 학문적 작업은 신성한 소명이며, 그는 암스테르담 자유 대학교 학생들에게 하나님이 "여러분을 배움의 사제로 임명하셨으며, 여러분에게 거룩한 제사장직을 위해 성별된 기름을 부으셨습니다"라고 말한다. 카이퍼는 학문의 세계를 "'레스 푸블리카 리테라룸'(res publica litterarum), 즉 문자의 세계"로 말하는데, 그것은 "사회의 두드러진 영역으로서, 실제로 대학을 중심으로 하면서도 지식에 목마른 젊은이들과 함께, 그리고 우리의 도시와 마을을 밝은 별처럼 밝히는 학식 있는 사람들과 함께 온 나라에 퍼져 있습니다."[23]

카이퍼가 보기에, 하나님은 우리를 논리적인 존재로 만드셨고, 따라서 우리는 창조 세계 안에 있는 그분의 이성, 즉 그분의 로고스를 추적하고, 연구하고, 발표하고, 경탄하고, 그 경이를 다른 이들에게 퍼뜨려야 한다. 학문은 또한 하나님의 이름의 영광을 선포한다.[24] 따라서 학문은 단순히 사실들을 축적하는 것이나 직업을 얻기 위해 학위를 따는 것보다 훨씬 더 큰 것에 대한 것이다. 학문의 목적은 삼중적이다. 즉 하나님의 숨겨진 것들을 드러내는 것, 창조 세계에 숨겨진 금을 캐내는 기쁨을 우리에게 주는 것, 그리고 인간 삶의 안녕에 기여하는 것이다.

학문은 **겸손**을 요구한다. "피히테(Fichte)가 그토록 아름답게 표현하듯이, 진짜 황금 같은 재능을 가진 사람은 자신의 아름다움을 알지 못합니다.

---

23 Kuyper, Scholarship, pp. 6, 9, 3.
24 같은 책, p. 8.

진정한 재능은 스스로 인식하지 못하는 꽃향기를 갖고 있습니다." 그것은 또한 **신앙**을 요구한다. "그리고 학자들이 참된 학문에 몰두하게 하는 거룩한 충동으로 마음이 동요되는 것을 한번이라도 느끼고자 한다면, 그것은 신앙 없이 할 수 있는 것이 전혀 아니고, 오히려 신앙의 풍성함으로 시작해야 합니다." 카이퍼가 호소하는 학문은 기도로부터, 그리고 하나님의 면전에서 행해지는 것이다.[25]

카이퍼는 자신의 시대에 학문이 겪고 있던 세속화에 대해 예민하게 경계하고 있었지만, 심지어 이런 "탈선한 과학도 이득을 가져옵니다"라고 강조하면서, 세속화는 그리스도인이 학문의 세계를 포기하는 데 어떤 변명도 되지 않는다고 주장한다. 대신에, 그것은 이 하나님의 선물을 다시 선로로 올려놓고 신앙이 과학에 반립적이라는 거짓을 논박하라고 명령한다. 동시에, 우리는 다른 이들의 학문적 작업을 멸시해서는 안 되며, 우리가—그리고 그들이—우리 자신의 신앙고백적 기관들에서 할 수 있는 한, 인류에게 주어진 학문적 과업에서 그들과 함께 일해야 한다.[26]

카이퍼는 헌신된 일뿐만 아니라 안식과 휴식도 강조하며, 또한 학문이 무르익는 데 시간이 걸린다는 것을 지적한다. 아주 흥미롭게도, 그는 학문의 미학적, 문학적 차원을 강조한다. "형식과 구상은 유압 드릴로서, 이것들을 사용해서 여러분이 말하면서 대중을 관통합니다."[27] 카이퍼는 특이한 문학적 재능을 가졌지만, 그의 요점은 충분히 이해된다. 사람이 최고 수준의 학문을 너무나 잘 알면서도, 그 문체는 통찰과 함께 가는 것이 아니라 불리하게 작용할 수 있다는 것이다.

카이퍼는 지식을 추구하는 것(찾는 것, seeking)에 있는 즐거움을 인정하

---

25 같은 책, pp. 11, 12-13.
26 같은 책, p. 10.
27 같은 책, pp. 19-20.

지만, 그 목표는 **발견하는 것**(to find)**이되** 진리를 발견하는 것이라는 점을 분명히 한다. 사실, 카이퍼에게 학문은 언제나—지배하는 것이 아닌—섬기는 것이어야 하며, 진리를 탐색함으로써 봉사하는 것이다.

> 찾는 것은 발견하는 것을 섬겨야 합니다. 찾는 것의 궁극적인 목적은 발견하는 것입니다. 찾는 것은 오직 이 고귀한 목적으로부터만 자신의 존재 이유를 얻습니다. 자신의 양을 잃은 목자는 잃은 양을 찾는 과정에서 기쁨을 얻지 않고, 발견하는 데서 기쁨을 얻습니다. 바로 그때 그는 자신의 친구들과 이웃들을 불러 모아 외칩니다. "나와 함께 즐기자. 나의 양을 발견했노라."…찾는 것에서 얻는 기쁨은 값을 매길 수 없고, 그것 없이 여러분은 그곳에 도달하지 못할 것입니다. 그러나 발견하는 것이 목표이며 동기이고 따라서 가장 중요한 것이 되어야 하는데, 무엇보다도 진리를 찾는 과학에서 그래야 합니다.[28]

이것은 단 한순간도 엄밀함을 포기하는 것이 아니다. 카이퍼는 그것이 진리에 대한 봉사라면 최대한의 엄밀함을 추구하도록 학생들에게 독려한다.[29]

카이퍼는 자신의 학생들에게 깊은 역사의식을 강조하며, 관심과 홍보를 위해 유행을 따르지 말라고 충고한다. 학문은 시작할 때 잃지 않은 것을 결코 잃지 않아야 한다. 기독교적 학문은 상식을 진지하게 받아들인다. "그리고 우리 스스로가 존재 자체를 증명해야 한다고, 우리가 비매개적으로 아는 것을 우리 자신의 사유의 산물로 되찾기 위해 일단 의도적으로 폐기한다고 상상하는 것은 결코 정당하지 않습니다."[30]

---

[28] 같은 책, pp. 28-29. 카이퍼는 찾는 것이 발견하는 것보다 더 중요하다고 여긴 철학자의 예로 레싱(Lessing)을 인용한다.
[29] 같은 책, p. 44.
[30] 같은 책, p. 32.

카이퍼는 데카르트(Descartes)가 그의 '코기토'(*cogito*, 나는 생각한다)에서 견고한 토대를 발견하기 위해 모든 것을 의심하는 것을 터무니없다고 본다. 물론 칸트와 함께 우리는 생각하는 자아를 철저히 검토해야 하지만, 그럼에도 우리는 우리가 아예 처음부터 다시 시작해야 한다고 생각해서는 안 된다. 그는 그런 개인주의적 학문성을 단지 사람이 자신의 모든 힘을 그것을 다시 찾는 데 쏟기 위해 소용돌이 속에 반지를 던져 넣는 것으로 상상한다. "그것은 자신이 이미 소유한 것을 소용돌이 속에 던져서 잃어버리고 나서는 그것을 되찾으려는 헛된 희망 가운데 소용돌이 속으로 뛰어드는 사람들에게 정당한 형벌입니다. 진정한 빌라도의 자녀인 그들에게 그들의 사유를 위한 단 하나의 고정된 출발점도, 그들의 정의의 신전에 단 하나의 기둥도, 그들의 도덕 규범에 단 하나의 확고한 규칙도 남아 있지 않습니다."[31]

포스트모더니즘에 대한 더 예리한 비판을 상상하기는 힘들다! 포스트모더니즘은 놀이에 대한 찬양으로 잘 알려져 있는데, 아주 흥미롭게도 카이퍼가 비판적인 개인주의에 대해 말하는 바에 따르면, "그것은 찾는 과정에서 기쁨을 얻는 사람들에 의해 향유되는 놀이를 말하지만, 더욱 분명한 지식의 빛으로 나아가기 위한 인류의 진지한 욕망을 말하지는 않습니다."[32]

카이퍼는 자유 대학교가 가진 개혁과 공통의 출발점을 주저 없이 인정한다. "우리는 우리 선조들이 물려준 개혁파 집에 거주하며, 이곳이 우리가 우리의 삶을 이어가는 곳입니다. 만약 그것이 비과학적이라고 불린다면, 우리에게 그런 낙인을 찍는 이들이 어떻게 사실상 동일한 일을, 다만 덜 견고한 토대 위에서 행하고 있는지에 주목하십시오."[33]

카이퍼가 자신이 이것을 공개적으로 시인한다는 사실을 강조하는 것은

---

31 같은 책, p. 33.
32 같은 책, p. 34.
33 같은 책, p. 35.

옳지만, 오늘날까지도 주류 학계에서는 자신에게 영향을 주는 세계관을 보통 인정하지 않거나 의식하지 못한다. 그리고, 앨빈 플랜팅가와 마찬가지로, 카이퍼는 만약 우리가 우리에게 계시된 것이 정말 진리라고 믿는다면, 그것을 배제하고 학문을 한다는 것은 터무니없다고 생각한다. 그는 만약 하나님이 우리가 찾고 있었던 것을 계시하신다면, 그것을 찾는 것을 멈추라고 충고한다. "여러분이 찾고 있는 것을 누군가가 여러분에게 가져다줄 때 계속해서 그것을 찾는 것은 모든 합리적인 것에 반대되고, 따라서 비합리적인 것이 과학적이라고 불려서는 안 됩니다."[34] 여기서 카이퍼가 염두에 두고 있는 질문과 대답은 기초적인 세계관적 질문으로, 이를테면 최고 실재의 본질, 이 세계에서 잘못된 것은 무엇인가, 누가 이 세계를 다스리는가 등이다. 그렇다고 카이퍼가 학문이 그런 질문들을 회피해야 한다고 생각한다는 것은 아니다. 반대로, 그는 우리의 가장 근본적인 믿음을 비판적으로 검토할 것을 우리에게 촉구한다. 예를 들어, 성경을 보라.

> 여기서 또한 전적으로 잘못된 생각은, 성경이 삶을 위해 즉시 이용할 수 있는 신앙고백과 변경 불가능한 교리문답을 제공한다는 것입니다. 성경이 계시하는 것은 오직 철저한 연구 후에 비로소 확립될 수 있습니다. 그리고 비록 성경의 진리에 대한 믿음이 **성령의 증언**(testimonium Spiritus Sancti)의 열매로서 그 어떤 것보다도 확실하지만, 성경과 그 내용에 대한 지식은 오직 공부와 연구의 열매일 수 있을 뿐입니다. 실제로 성경보다 더 철저하게, 포괄적으로, 끊임없이 연구의 대상이 된 어떤 언어로 된 책도 없습니다.[35]

카이퍼는 기독교적 사유를 반대하는 이들과 관련해서 변증의 필요를 인

---

[34] 같은 책, p. 36.
[35] 같은 책, p. 40.

정한다. 실제로 그 자신이 그것을 경계하는 맥락에서 기독교적 학문을 변호하는 주장을 계속했다. 그러나 그는 우리의 자원이 제한되어 있는 한, 우리가 우리의 고유한 원리들에 대한 건설적인, 체계적인 탐구에 집중해야 한다고 주장한다. 동시에, 그는 비기독교적인 학자들 및 학문과 교류하는 것이 필수적이라고 강조한다. 학문은 인간 공통의 노력이고, "자신의 집단 안에 자신을 가두고 자신과 다르게 생각하는 이들과 한번도 '결판을 내지' 않은 사람은 생기 있게 만드는 시내를 떠나 결국 정체된 늪지에 이릅니다."[36]

카이퍼의 연설에는 너무나 많은 예리한 통찰이 있어서, 그것들 모두를 논의하고 싶은 유혹에 빠지기 마련이다! 여기서는 두 가지 풍성한 통찰에 국한하는 것으로 충분할 것이다. 첫째, 그는 학문 공동체에 예민하게 주의를 기울였으며, 학생들에게 그들이 미래라는 사실을 일깨웠다. 둘째, 그는 기독교적 학문이 교회뿐만 아니라 온 나라에 봉사한다는 점을 항상 의식했다.[37]

카이퍼와 씨름한다는 것

만약 사람이, 내가 하는 것처럼, 카이퍼가 주장하는 것을, 즉 세계관이 배움과 앎의 과정에서 형성적이라는 점을, 계몽주의 이후의 세계관(들)이 중립적이지 않다는 점을, 그리고 부모가 그들의 자녀 교육에 대해 일차적인 책임을 갖는다는 점을 인정한다면, 기독교 학교와 대학에 대한 카이퍼의 주장을 부인하기는 어렵다. 카이퍼의 시대 이후로 세속화는 포스트모더니즘과 함께 빠르게 계속되었으며, 전체적으로 보았을 때, 현대성과 동일한 형태의 해악을 끼쳤다. 비록 그것이 현대성의 근본적인 믿음들 가운데 많은 것

---

[36] 같은 책, p. 41.
[37] 같은 책, p. 24.

을 잘라냈지만, 정통 기독교를 되찾는 것은 고사하고 건설적인 대안도 제시하지 못한 채 말이다. 존 캐럴이 보기에, "바로 학문 기관의 울타리 안에서 '하나님의 죽음'(Death of God)과 급진적인 자유주의의 느리고도 뚜렷한 부식 작용이 전수된 믿음의 강철에 가장 깊이 침투해 왔다. 사실, 허무주의적 고급 문화의 진전은 대학에 일어난 변화들의 역사에서 가장 분명히 관찰될 수 있다."[38]

캐럴이 언급하고 있는 것의 한 사례는 레이 브래시어(Ray Brassier)의 『풀려난 허무』(Nihil Unbound)에서 볼 수 있다. 브래시어는 두 가지 주장이 자신의 책의 기저를 이룬다고 언급한다.

1. 세계의 탈주술화는 계몽주의가 존재의 거대한 사슬을 산산조각 내고 "'세계의 책'(성경-옮긴이)을 손상시키는" 데 사용한 것으로, "이성의 번뜩이는 잠재력의 필연적인 결과이며, 따라서 재앙을 초래하는 약화라기보다는 지적 발견의 활기를 북돋우는 매개체다."[39] 세계의 탈주술화는 성과로서 경축되어야 한다.

2. 허무주의는 환영받고 수용되어야 한다. "철학자들은 존재의 유의미성, 즉 삶의 목적성을 다시 확립할 필요성에 대해, 또는 인간과 자연 사이의 산산조각 난 조화를 고칠 필요성에 대해 더 이상 경고하기를 그만두는 것이 온당할 것이다."[40]

그리스도인 부모들은 그들의 자녀를 매일 학교에 그리고 나중에는 대학에 보내면서, 자녀의 마음을 형성하는 특권을 누구에게 부여하고 있는지를 잘 숙고하는 것이 온당하다.

---

[38] John Carroll, *Ego and Soul: The Modern West in Search of Meaning* (Berkeley, CA: Counterpoint, 2008), p. 143.
[39] Ray Brassier, *Nihil Unbound: Enlightenment and Extinction* (New York: Palgrave Macmillan, 2007), p. xi.
[40] 같은 책.

카이퍼의 아주 흥미로운 동시대 인물은 존 헨리 뉴먼인데, 그가 쓴 『대학의 이념』(The Idea of a University)은 여전히 고전으로 남아 있다. 그러나 캐럴이, 내가 보기에는 옳게, 지적하는 바에 따르면, "『대학의 이념』의 논조는 오늘날 읽기에는 종교적인 면에서나 다른 면에서 무게감이 부족하다. 그 분위기는 빅토리아 시대 상류층의 낙관주의로 들떠 있다."[41] 제1차 세계대전이 끝날 무렵에 그런 낙관주의는 사라졌고, 예를 들어 막스 베버(Max Weber)는 그의 솔직하고 충격적인 논문인 "직업으로서의 학문"(Science as a Vocation)[42]에서 대학의 근거 자체를 면밀히 살폈다. 베버는 학문이 우리에게 세계의 의미에 대해 무엇이라도 가르친다거나, 또는 행복으로 이끈다거나, 또는 그렇다면 우리가 어떻게 살아야만 하는가에 대한 질문에 답을 제공한다는 것을 부정한다. 그는 학문의 세 가지 기능을 식별하는데, 즉 지식을 진전시키는 것, 생각의 방법들을 가르치는 것, 학생들에게 사유의 명료성을 부여하는 것이다. 그러나 학문이 이런 것들을 하며 따라서 알려질 가치가 있다는 주장은 증명될 수 없다.

베버가 언급하는 니체의 작업은 인문주의 전통에 대한 어떤 순진한 확신도 약화시켰으며, 대부분의 포스트모더니즘 배후에 있는 것이 바로 니체다. 캐럴은 현대 대학의 여정을 베버, F. R. 리비스(Leavis), 마이클 오크숏(Michael Oakeshott), 니체, 필립 리프를 통해 추적한다.[43] 리프의 작업이 특히 중요하다.[44] 그는 리비스의 의견에 동의했는데, 그에 따르면 문화 유지가 대학의 일차적 과업이지만, 문화는 금지적이라고 주장한다. 문화는 신성한 질

---

41 Carroll, *Ego and Soul*, p. 145.
42 Max Weber, "Wissenschaft als Beruf", in *Gesammlte Aufsätze zur Wissenschaftslehre* (München: Duncker & Humblot, 1919), pp. 524-555. 영어 번역은 온라인으로 www.wisdom.weizmann.ac.il/~oded/X/WeberScienceVocation.pdf에서 이용할 수 있다.
43 캐럴은 필립 리프의 비범한 책 *Fellow Teachers* (New York: Delta, 1972, 1973)를 언급한다.
44 참고. Bob Goudzwaard and Craig G. Bartholomew, *Beyond the Modern Age* (Downers Grove, IL: IVP Academic, 2017).

서를 사회적 질서로 명령하고 번역해서, "수직적 권위"(vertical in authority, "via")가 문화의 건강에 필수적이게 된다.

캐럴은 그래프와 동의한다. "대학은 통일시키는 비전을 요구한다." 그러나 그것을 어디서 발견할 수 있는가? 캐럴은 교회에 대해 체념한다. "인문주의 대학은 수명이 다했다. 기독교 대학은, 중세적 형태로 설립된 것으로서, 되살리기에는 오늘날의 서구에 문화적으로 너무 이질적이다. 마찬가지로 교회는 영원한 진리들의 스승으로서 대학을 대체할 수 있을 법한 단 하나의 기관이지만, 희망 없는 절망의 상태에 있다."[45]

캐럴은 리프가 여기서 우리에게 도움을 줄 수 없다고 생각하는데, 왜냐하면 서구의 위기는 도덕성의 위기가 아니라 문화의 위기이기 때문이다. 캐럴이 보기에 우리는 이제 어떻게 살아야 하는가에 대한 통일시키는 비전의 자원을 발견해야 한다. 그의 주장에 따르면,

> 이런 대학의 이념에 핵심이 되는 것은 인간의 이야기를 일종의 서사시로 바꾸어 말하는 것인데, 그 이야기가 그것의 운명적 비극들을 펼쳐나가는 다양한 방식들을 따르면서, 무게감과 존엄을 가지고 그렇게 하는 것이다. 이것은 이야기에 대한 해석들을 요구하는데, 그 이야기는 삶이 생물학적 필연성에 의해 지배되는 이기적인 행위 이상이라는 것을 드러내는 것이다. 오늘날의 학생들은 바로 이런 종류의 교육을 갈망한다.[46]

캐럴은 뉴먼의 낙관주의에 대해 비판적이지만, 그의 비전이 나에게는 훨씬 더 비현실적이다. 우리는 통일시키는 비전이 필요하지만,⋯그것은 우리에게서, 우리의 일상을 이루는 세포 조직들로부터 나와야 한다. 이것은 다시

---

45 Carroll, *Ego and Soul*, pp. 154, 155.
46 같은 책, p. 158.

태어난 인문주의로, 캐럴이 그토록 날카롭게 진단하는 서구의 위기는 그런 맥락에서의 그런 낙관주의를—비극이 아니라면—거의 웃음거리로 만든다. 그러나 캐럴의 분석은 우리로 하여금 카이퍼의 비전의 실행 가능성을 더욱 면밀하게 들여다보게 해야 한다. 카이퍼는 중세적인 대학을 부활시키려고 한 적이 결코 없으며, 다만 대안이 되는 기독교적 비전을 제시하면서 현대성의 발전을 가지고 일하고자 했다.

카이퍼가 옳게 본 바에 따르면, 교육은 깊이 형성적이며 결코 중립적이지 않다. 너무나 많은 그리스도인 부모들이 대가를 치르고 난 후에야 이것을 깨닫는데, 그들이 그런 형성을 우리 시대의 공립 학교와 대학들에 양도하고 그 결과로 그들의 자녀들이 한때 가졌던 신앙을 모조리 잃어버린 다음이다. 우리의 맥락에서는 정말 좋은 기독교 교육을 제공하는 것이 더 적게 필요한 것이 아니라 더 많이 필요한데, 적어도 서구에서는 그렇다. 그러나 전 세계적으로 종교가, 특히 기독교와 이슬람이 번창하고 있어서, 개발도상국과 아시아 일부의 맥락은 대체로 탈기독교적인 서구의 맥락과는 다르다.

서구가 점차 이슬람을 고려해야 함에 따라, 또한 이해해야 할 사실은 이슬람이 하나의 세계관이며, 너무나 많은 서구 기독교처럼 사유화된 종교가 결코 아니라는 것이다. 이슬람은 이슬람 교육에 헌신하며, 서구가 이 사실을 직면함에 따라, 그리고 종교의 자유가 정말로 의미하는 것이 **종교의 자유**라는 사실을 이슬람이 직면함에 따라, 문화적 다원주의에 대한 카이퍼의 비전—다른 세계관들이, 특히 교육에서, 결실을 맺을 수 있도록 하는 것—은 강력한 모델로 여겨질 수 있을 것인데, 그것은 실제로 그렇다. 사실, 바로 이 영역에서 온건한 주류 이슬람이 그리스도인들과 함께 일하면서, 계몽주의 이후의 획일적인 사상이 "공적" 교육에 강요하는 것에 대항할 수 있다. 그런 다음에 아마도 더 분명히 드러나기 시작할 것은, 서구가 찬양하는

"종교의 자유"가 중요하지만, 너무나 자주 그것이 사유화된 형태의 종교를 위한 자유를 의미했다는 점이다.

나는 여기서 카이퍼의 사상이 학교와 대학들에 갖는 함의를 상세하게 탐구할 수는 없다. 카이퍼 자신이 그를 따르는 사람들에게 일깨운 사실은, 그들이 벌금 없이 종교적 학교를 위한 권리를 쟁취하고 나면, 그때 비로소 탁월한 기독교 교육을 만들어 내는 진짜 도전이 시작된 것이라는 점이다.[47] 카이퍼주의자들이 미국과 캐나다로 이주함에 따라, 그들은 놀랄 만한 기독교 학교들의 네트워크를 발전시켰다. 이 성취와 그것을 우리 시대에 지속적으로 새롭게 할 가능성에 대해서는 해야 할 말이 많다.

이 장의 남은 부분에서, 나는 카이퍼의 유산과 오늘날의 대학에 초점을 맞출 것이다. 그것을 다루기 전에, 가난한 사람들과 그들의 자녀 교육에 대한 카이퍼의 관심을 기억할 가치가 있다. 남아공에서는, 우리가 서론에서 언급한 것처럼, 가난한 사람들이 끔찍할 정도로 불충분한 교육을 받을 가능성이 아주 높고, 그 결과로 계속 빈곤에 갇혀 있게 된다. 역설적이게도, 많은 이들—아마도 대부분—이 그리스도인들이다. 기독교 교육에 대해 한 가지는 분명해야 한다. 그것은 중산층의 것으로 남아 있도록 허용되어서는 안 되며, 가난한 사람들을 위한 우선권을 가져야 하는데, 특히 가난한 사람들의 대부분이 그리스도인일 때 그렇다. 만약 남아공에서 특별히 가난한 사람들 가운데 가장 가난한 사람들을 위한 일류 학교들이 생긴다면, 그것은 엄청난 선물과 증언이 될 것이다. 카이퍼도 동의할 것이라고, 나는 생각하고 싶다!

대학과 오늘날 그것의 적실성에 대한 카이퍼의 견해를 평가하는 것으로 우리가 넘어가면서, 한두 가지의 지적이 필요하다. 다음의 논의는 토대들

---

[47] 네덜란드의 그리스도인들은 1848년 헌법 이후에 종교적 학교를 선택할 수 있는 권리를 가졌다.

넘어서기보다는 오히려 그것들에 초점을 맞추는 것으로 보일 것이다. 만약 그렇게 보인다면, 이것은 의도적이다. 비록 마즈던이 올바르게 미국의 복음주의에서 카이퍼주의 세계관의 승리 혹은 거의 승리를 말하지만, 이것은 주로 삶의 모든 것에 대한 그리스도의 주되심의 차원에서 그렇고, 일반적으로 더 상세한 것에서 그렇지는 않다. 더 나아가, "통합"이라는 기독교 대학의 철학은 그것이 그래야 하는 것만큼 작동하지 않는 것으로 보이는데, 기독교 대학들이 종종 자신들 나름대로의 배구 놀이를, 위험스럽게도 종교 밑에 숨은 채로 하면서 말이다. 따라서 오늘날을 위해 카이퍼의 비전의 기초들을 탐구해야 할 필요성이 크다.

지적 일관성의 필요성 그래프는, 우리가 앞에서 지적한 것처럼, 교육이 "학생들에게 학문의 지적 세계에 대한 더 연결된 견해를" 제공하기 시작할 필요가 있다고 주장한다. 그런 견해는 "그들로 하여금 그 세계가 일관성을 갖게 하는 대화를 인식하고 시작하게 하는 것이다." 이것은 카이퍼주의 비전의 중심에, 따라서 기독교 학교와 특히 기독교 대학의 중심에 있는 것으로, 대학의 존재 이유는 대학을 이루는 학문 분과들이 그리스도 안에서 갖는 연결성을 지속적으로 펼쳐 보이는 것이다. 실제로, 여기서 잠시 멈추고 북미에 기독교 대학들이 있다는 것이 얼마나 중요한지 지적할 가치가 있다. 영국에서 기독교 대학이란 사실상 알려져 있지 않다. 북미 전역에 걸쳐 기독교 대학들이 증가하는 있다는 것은 "존재하는 모든 것의 실마리로서의 그리스도"가 진지하게 받아들여지고 있다는 사실에 대한 놀라운 징표다.

그러나, 심지어 우리가 이것을 올바르게 칭송할지라도, 우리는 기독교 대학들이 학생들에게 세계에 대한 연결된 견해를 제공하는 데 정확히 얼마나 성공적인지 숙고해야 한다. 그의 『기독교 사회의 이념』(*The Idea of a Christian Society*)에서 T. S. 엘리엇(Eliot)은 교육에 대해 많은 것을 말한다. 그는 다음과 같이 올바르게 지적한다.

어떤 변증이 기독교 신앙을 세속적 철학에 대한 선호할 만한 대안으로 제시하고, 세속주의의 본거지에서 세속주의와 싸울 때, 그것은 패배에 대한 준비인 양보를 하고 있는 것이다.⋯우리는 마음을 우리가 경계하고 기도하는 데 실패하는 한 모두 빠지는 경향이 있는 세속적 생각 및 감정의 습관들과 기독교적 마음 사이에 있는 거대한 간극을 관조하도록 먼저 이끌어서, 무엇보다 **전체로서의 기독교가 의미하는 것을 이해하려는** 노력을 해야 하지 않겠는가?[48]

개혁파의 언어로 우리는 여기서 엘리엇이 카이퍼가 반립이라고 부르는 것을 다룬다고 말할 것인데, 즉 빛의 나라와 어둠의 나라 사이에 있는 창조 세계에 퍼져나가는 균열이다. 반립에 대한 감각은 교육에 대한 우리의 숙고를 우리가 의도적으로 기독교적 관점에서 **시작할** 필요가 있다는 것을 의미한다. 오직 이런 방식으로만, 그래프가 비판하는 **멀티-버시티**(multi-versity, 여러 캠퍼스로 이루어진 대학-편집자)에 반대되는 **유니-버시티**(uni-versity, 종합대학)를 이루어 낼 희망이 있다.

그리고 실제로, 카이퍼가 보았듯이, 우리에게는 신앙적 헌신에서 시작해야 하는지와 관련해서 선택의 여지가 없다. 궁극적으로 유일한 질문은 **어떤** 신앙적 헌신인가 하는 것이다. 베버 스스로가 대학에 대한 자신의 비전을 증명할 수 없음을 인정한다. 그것도 역시 신앙으로 받아들여져야 한다. 레슬리 뉴비긴은 인식론에 대한 많은 논의가 시감각에 의존해 왔다고 지적한다. 그에 비해 마이클 폴라니는 촉감각을 통해 인식론에 접근한다. 폴라니는 외과 전문의가 탐색을 사용하는 것을 예로 든다. 점진적으로 외과 전

---

[48] T. S. Eliot, *The Idea of A Christian Society* (New York: Harcourt, Brace, 1940), pp. 190, 191. 『기독교 사회의 이념』(현대사상사). 참고. Michael J. Buckley, *At the Origins of Modern Atheism* (New Haven, CT: Yale University Press, 1990).

문의는 탐색에 **몰두하는** 것을 배운다. 따라서 뉴비긴은 말한다.

> 그러므로 모든 앎은 개념의 언어, 발상과 인상의 언어를 무비판적으로 수용하는 것을 수반하는데, 그것은 우리가 몰두하고 우리를 둘러싼 세계를 탐색하는 데 사용하는 것이다. 이 무비판적인 수용은 처음에는 선택의 문제가 아니다.…때가 되면, 만약 우리가 다른 이들과 활발하게 교류하는 보통의 삶을 영위한다면, 이 "신뢰의 틀"(fiduciary framework) 혹은 신앙에 기초한 관점이 다른 틀에서 살아가는 이들에 의해 의문시될 것이다. 그 지점부터는 나의 개인적 선택이 관여된다. 나는 그 틀 밖으로 걸어 나가서 다른 틀에서 그것을 비판적으로 바라볼 수 있다. 그리고 나는 그 다른 틀에서 획득한 견해의 명료성과 일관성에 의해 너무나 깊은 인상을 받을 수 있고, 그것에 휩쓸려 들어갈 수 있다. 달리 말해, 나는 회심한 것이다.[49]

뉴비긴은 세계에 대한 참된 이야기인 성경의 이야기 안에 살도록 그리스도인들에게 권한다. 우리가 앞에서 주목한 것처럼, 그는 "그리스도는 존재하는 모든 것의 실마리다"라고 주장한다.[50] 이것은 지나치게 단순화한 "예수가 답이다"를 피하도록 도우면서도, 그리스도가 진정으로 실재 전체에 대한 실마리 자체라는 확신을 굳건히 붙든다. 또한 그것이 우리에게 일깨워 주는 사실은, 야웨를 경외하는 것이 지혜의 **시작**이라는 지혜서의 주제가 하는 것처럼, 그리스도에 대한 신앙이 지식에 대한 추구를 열어 주며, 복음주의 진영에서 종종 일어나는 것처럼 지식에 대한 추구를 닫는 것이 아

---

[49] Lesslie Newbigin, *A Word in Season: Perspectives on Christian World Missions* (Grand Rapids: Eerdmans, 1994), pp. 107-108.
[50] Lesslie Newbigin, *The Gospel in a Pluralist Society* (Grand Rapids: Eerdmans, 1989), pp. 103-115.

니라는 점이다. 실마리가 거기 있고, 그것이 **바로** 실마리일지라도, 그것을 우리는 우리가 발휘할 수 있는 모든 엄정함으로 추구해야 한다.

이것은 지적 지식과 발전에 특히 초점을 맞추는 오늘날의 대학과 관련해 무엇을 의미하는가?

그것이 의미하는 바는, 만약 우리가 성경 이야기 안에서 살고자 한다면 그 이야기를 상세하게 알아야 한다는 것이다. 카이퍼가 어떻게 계속해서 성경으로 돌아가는지를 보는 것은 크나큰 기쁨이다. 우리 시대는 만연한 성경 문맹의 시대이며, 따라서 우리가 만약 엄청난 가치를 지닌 진주를 계속 거듭해서 발견하기 위해 성경의 밭을 지속적으로 파지 않으면 실마리이신 그리스도를 얻을 희망이 없다는 사실에 주목해야 한다. 초기 교부들은 성경에 깊이 잠겨 있었고, 바로 그런 침잠을 통해 그들은 당시의 문화와 관계를 맺을 수 있는 언어, 어휘, 세계관을 형성했다.[51]

오늘날 개혁파 전통 내에서, 사람들은 때때로 자신들이 성경과 함께 시작해서 성경으로부터 기독교 세계관을, 그런 다음에 기독교 철학을, 그런 다음에 기독교적 학문을 발전시킨다고 느낀다. 여기에 진실이 있지만, 그러나 만약 우리가 주의를 기울이지 않는다면, 성경과 단절된 공허하고 추상적인 학문만 우리에게 남아 있는 것을 발견하게 된다. 실제로, 카이퍼주의 세계관을 알지만 그것이 어떻게 성경에 의해 승인되는지를 거의 알지 못하는 학생이나 학자들을 만나는 것은 드문 일이 아니다.

아우구스티누스, 아퀴나스, 칼뱅, 바르트, 오도노반 등을 포함하는 교회의 위대한 사상가들은 그렇지 않다. 우리가 아우구스티누스, 아퀴나스, 칼뱅에 대해 길게 말할 수 있겠으나, 바르트와 오도노반이 바로 칼뱅이 그의 『기독교강요』에서 목표로 삼았던 것의 더 동시대적인 본보기들이다. 일반

---

51 참고. Robert L. Wilken, *The Spirit of Early Christian Thought: Seeking the Face of God* (New Haven, CT: Yale University Press, 2005).

적으로 상정되는 바는 『기독교강요』가 성경을 읽는 것으로부터 나왔다는 것인데, 한편으로 이것이 사실이지만, 칼뱅이 그의 『기독교강요』를 독자들이 성경의 더 나은 독자가 되는 데 도움을 주기 위해 썼다는 것은 교훈적이다! 그리고 바르트와 오도노반의 작업에서 그토록 매력적인 점은, 그들의 개념적 틀이 자리를 잡음에 따라, 그들이 성경 주해를 더 적게 하는 것이 아니라 오히려 더 많이 한다는 것이다. 오늘날 기독교 대학들에서 이런 패턴이 드물다고 의심하게 되지만, 꼭 그럴 필요는 없을 것이다. 성경은 우리의 토대가 되는 문서이고 무오한 권위이며, 성서주의나 이원론의 포로가 되지 않으면서 우리는, 내 생각에는, 기독교 대학의 모든 곳에서 성경 주해가 툭툭 튀어나오는 것을 볼 수 있어야 할 것이다.

이것이 의미하는 바는, 성경이 기독교 대학에서 어떻게 권위적으로 기능하는지에 우리가 면밀하게 주의를 기울여야 한다는 것이다. 에반 러너는 『성경과 학습의 관계』(The Relation of the Bible to Learning)라는 중요한 책을 출간했는데, 이 주제는 오늘날 다시 철저히 검토될 가치가 있다.[52] 그것은 이용할 수 있는 전문 연구가 많은 주제가 아니다. 학문적인 작업은 개념적 틀을 요구하며, 나는 그런 틀이 성경에 의해 승인되어야 한다고 오도노반이 말한 것이 옳다고 생각하지만, 문제는 "어떻게" 그렇게 하는가다.[53]

포스트모더니즘이 도움을 주는 것들 가운데 하나는, 칼 포퍼(Karl Popper)가 지식 습득을 바구니 안에 사실들을 수집하고 그런 다음에 수집된 사실들을 논리적인 체계에 맞추어 정리하는 것으로 보기를 거부한 것이 얼마나 옳았는지를 우리가 볼 수 있게 만들었다는 점이다. 포퍼의 대안적인 이미지는 횃불인데, 횃불은 우리가 알고자 하는 것을 비추어 주며 우리가 보

---

52 H. Evan Runner, *The Relation of the Bible to Learning* (Toronto: Wedge, 1974).
53 참고. Oliver O'Donovan, *The Desire of the Nations: Rediscovering the Roots of Political Theology* (Cambridge: Cambridge University Press, 1996).

는 것에 중대한 영향을 끼친다.[54] 대학의 모든 학문 분과는 개념적 틀 안에서 작동하고, 이 틀은 지식을 획득하는 과정에 영향을 끼친다. 그런 틀은 피할 수 없으며, 유일한 질문은 **어떤** 틀을 가지고 우리가 작업할 것인가다. 그리고 그래프가 언급하는 배구공같은 학생 유형이 기독교 대학에서는 방지되고 있다고 상정해서는 안 된다. 오히려, 그것은 기독교 교육을 제공한다는 우리의 공표된 의도 때문에 더 숨겨져 있을 수 있다.

학생들과 교수들은 자신들의 연구에 작용하는 개념적 틀에 익숙해질 필요가 있으며, 차이점들이 전면에 부각되고 논의되고 토론될 필요가 있다. 이것이 특히 중요한 이유는, 개념적 틀이 종종 명시적이기보다는 **암묵적으로** 기능하기 때문이다.

커다란 질문은, 물론, 어떻게 성경으로부터 개념적 틀로 옮겨 가는가 하는 것이다. 이것은 복잡한 사안이지만, 여기서는 『세계관은 이야기다』에서 마이클 고힌과 내가 기독교 세계관을 발전시키는 중요한 출발점이 성경 이야기의 핵심적인 구성 요소들을 밝히고 그것들의 상호 관계성을 명료하게 표현하는 것이라고 제안한다는 점을 언급하는 것으로 충분하다. 하지만 학문은 이것 이상의 것을 요구한다. 그것은 개념적 틀을 요구하는데, 이는 기독교 철학과 신학이 특히 중요한 역할을 해야 할 과업이다. 나는 이것이 철학과 신학을 다른 학문 분과에 강제하는 것이 아니라 오히려 철학과 신학, 그리고 다른 학문 분과들 사이의 대화를 요청하는 것이라는 점은 말할 필요도 없다고 믿는다.

지적인 일관성을 진지하게 받아들이는 것이 쉬운 과업이 아님은 명백하다. 그러나 왜 그래야 하는가? 실마리가 추구되어야 한다! 그러나 만약 그

---

[54] Karl R. Popper, "The Bucket and the Searchlight: Two Theories of Knowledge", in David R. Keller and Frank B. Golley, eds., *The Philosophy of Ecology: From Science to Synthesis* (Athens: University of Georgia Press, 2000), pp. 141-146.

래프가 우리 시대의 막중한 필요로 밝히며 카이퍼가 자신의 일생을 바친 종류의 교육을 제공할 기독교 대학의 가능성을 우리가 진지하게 고려한다면, 어려운 작업이 이루어져야 할 것이다.

타당성의 필요성 교회가 오늘날 서구 문화에 제공해야 하는 것에 대한 그의 분석에서, 보쉬가 "타당성 구조"와 "세계관"을 나란히 놓고 이것들이 "입증"되어야 한다고 주장한다는 점을 지적하는 것은 큰 흥미를 불러일으키며 중요한 의미를 갖는다.[55] 기독교 세계관은 단지 학문적 구성물에 불과한 것이 아니지만 그렇게 인식될 위험에 자주 처하게 되는데, 특히 개혁파 전통에서 그렇다. 타당성 구조는 분명히 단지 학문적 구성물이 **아니다**. 타당성 구조의 개념은 사회학자 피터 버거와 특히 관련된다.[56] 그의 『신성한 덮개』(*The Sacred Canopy*)에서 버거는 타당성 구조를 다음과 같이 정의한다. 그의 지적에 따르면, 우리가 살아가는 세계의 유지는 "**특정한** 사회적 과정들에 의존하는데, 즉 문제시되는 특정한 세계를 계속 재구성하고 유지하는 과정들이다.…따라서 각각의 세계는 그것이 진짜 인간들에게 실제 세계로 계속 존재하기 위한 사회적 '기초'를 요구한다. 이 '기초'는 그것의 타당성 구조라고 불릴 수 있을 것이다."

따라서 타당성 구조는 관행, 습관, 사회적 소통의 연결망을 가리키는데, 그것은 세계를 보는 특정한 방식, 즉 특정한 일련의 믿음들을 지지하고 신뢰할 수 있게 하는 것이다. 타당성 구조의 정당화에 대한 그의 논의에서 버

---

55   참고. 서론. 타당성 구조에 대해 다음을 보라. Peter L. Berger, *The Sacred Canopy* (Garden City, NY: Doubleday, 1967); Clifford Geertz, "Religion as a Cultural System", in *Anthropological Approaches to the Study of Religion*, ed. M. Banton (London: Tavistock, 1966), pp. 1-46; F. Musgrove, *Margins of the Mind* (London: Methuen, 1977); D. Snow, "On the Presumed Fragility of Unconventional Beliefs", *Journal for the Scientific Study of Religion* 21 (1982): pp. 15-26.
56   Berger, *Sacred Canopy*, p. 192는 이 개념에 대한 그의 용법을 마르크스, 미드(Mead), 슈츠(Schutz)의 용법과 관련시킨다.

거는 다음을 분명히 한다.

> 정당화를 이론적인 관념화와 동일시하는 것은 심각한 실수가 될 것이다. "관념들"은, 물론, 정당화를 위해서는 중요하다. 그러나 한 사회에서 "지식"으로 통하는 것은 그 사회에 존재하는 "관념들"의 본체와 전혀 동일하지 않다. "관념들"에 관심을 가진 일부 사람들은 항상 있어 왔지만, 그런 사람들은 지금까지 작은 소수 이상을 이룬 적이 결코 없었다.…대부분의 정당화는, 결과적으로, 성격상 전이론적이다.[57]

다시 한 번 그가 지적하는 바에 따르면, "정당화의 필요성은 활동의 과정에서 나타난다.…역사상 대부분의 사람들은 종교적 정당화의 필요를 느꼈다. 하지만 오직 극히 소수만 종교적 "관념들"을 발전시키는 데 관심을 가져 왔다."[58]

예를 들어, 아미쉬(Amish)를 생각해 보라. 우리가 그들과 동의하지 않을 수도 있겠지만, 우리 시대의 소비자 문화에서 그들의 세계관이 가진 예언자적 성격에 의해 깊은 인상을 받지 않기는 힘들다. 왜 그런가? 단지 그들의 신념들 때문이 아니라, 그들의 신념들이 가시적인 생활 양식에 의해 **타당하게** 되고 그것이 동시대의 서구 문화의 생활 양식과 극명한 대조를 이루기 때문이다.

현대성은, 포스트모더니즘의 다원주의 및 소비자 지상주의와 마찬가지로, 기독교적 타당성 구조의 가능성에 엄청난 피해를 입혀 왔다.[59] 신칼뱅주의는 아미쉬가 문화로부터 물러난다고 비판한다. 대신에, 신칼뱅주의는 문

---

57 같은 책, pp. 45, 30.
58 같은 책, p. 41.
59 같은 책의 주요 주제다.

화를 변혁하기 위해 계속 관여하고 있다는 것이다. 그러나 우리는 얼마나 성공을 거두고 있는가? 카이퍼주의자들의 큰 위험은 시대의 문화에 적응하는 것이며, 내가 우려하는 점은 이것이 상당히 진행되고 있으며 특히 북미에서 그렇다는 것이다.

기독교 대학이 그 의도를 이루기 위해서는, 자신의 사명의 일부로서 적절한 타당성 구조에 주의를 기울여야 할 것이다. 버거가 지적하듯이,

> 기독교적 세계의 실재는 어떤 사회적 구조들의 존재에 의존한다. 그 사회적 구조들은 그 안에서 이 실재가 당연시되고 또한 그 안에서 개인들이 대대로, 이 세계가 **그들에게** 진짜가 될 방식으로 사회화되는 사회적 구조들이다. 이 타당성 구조가 원래 모습 혹은 연속성을 잃을 때, 기독교적 세계는 비틀거리기 시작하고 그 실재는 자명한 진리로 자처하기를 멈춘다.[60]

분명히 이것은 대학이 홀로 떠맡아야 할 책임일 수 없다. 그것은 사회의 다른 영역들에 있는 그리스도인들이 함께 주의를 기울여야 할 것이다. 그러나 사람은 어딘가에서 시작해야 하는데, 그렇다면 왜 기독교 대학에서 시작하면 안 되겠는가? 내가 앞에서 말한 것으로부터 강의실에서 가르쳐지는 것의 **내용**이 결정적이라는 점이 명백해질 것이지만, 마찬가지로 결정적인 것은 우리가 기독교 대학을 **구조화하는** 방식, 즉 우리가 받아들이고 발전시키는 습관과 관행들이다. 줄루족의 속담에 "당신의 삶이 너무나 크게 말해서 나는 당신이 말하는 것을 들을 수 없다!"라는 것이 있다. 이것을 기독교 대학에 적용하면, 우리는 단지 대학에서 가르쳐지는 것뿐만 아니라 대학의 구조들에도 주의를 기울여야 한다는 것을 의미한다. 우리가 주의를 기울여야 하

---

[60] 같은 책, p. 46.

는 질문들은 다음과 같은 것들이다.

1. 기독교 대학의 설립 환경은 기독교적 기풍을 구현하는가, 아니면 그것에 반대해서 외치는가? 강의실, 도서관, 공적 공간들은 실마리이신 그리스도를 추구하는 데 기여하는가, 아니면 말없이 방해하는가?
2. 우리는 대학의 한 해를 어떻게 구성하며 그 이유는 무엇인가? 역사적으로 교회는 교회력을 통해 성경 이야기를 살아가는 것을 추구했다. 대림절에서 부활절, 오순절, 승천절, 연중 시기를 거쳐 다시 대림절에 이르기까지 말이다. 만약 기독교 대학이 이 이야기를 진지하게 받아들였다면, 그것은 대학의 한 해의 형태에 어떤 영향을 끼칠까?

예수는 자신의 제자들과 3년을 함께 사셨는데, 이는 만약 당신이 세상을 변혁하기 원한다면 필요한 형성의 흥미로운 모델이다. 오늘날에는 누구도 동일한 그룹의 학생들에게 한 학기에 한 과목보다 더 많이 가르치는 경우가 전혀 없다. 왜 그렇게 되었을까? 이것이 최상의 교육 방법일까? 내가 대학 교육을 받았을 때, 일반적으로 과목들은 동일한 교수가 가르치는 1년짜리였다. 옥스퍼드에서 우리는 교수들의 일대일 지도를 받았고, 강의는 경시되었다.

3. 어떤 의례들이 대학의 한 해를 형성하는가? 개강은 새로운 한 해를 맞이하는 학생들에게, 그들이 어떤 학문 분과를 공부하든, 실마리이신 그리스도를 함께 추구하는 비범한 과업과 기회로 환영하고 인도하는 것으로 경험되는가? 우리의 학위 수여식 연설은 카이퍼의 연설과 어떤 유사성을 갖는가?
4. 기독교 대학의 행정은 어떻게 작동하는가?
5. 기독교 대학에서 음식과 축하는 어떻게 기능하는가?

세계를 위해 존재할 필요성 어떤 사람은 이 모든 것이 아미쉬의 도피 정신 혹은 일종의 수도원주의의 낌새를 너무 많이 보인다고 생각할 수도 있을 것이다. 여기서 다시 데이비드 보쉬가 도움이 된다. 보쉬는 선교의 기독교 국가 모델을 거부하지만, 공적 삶으로부터의 도피에 대해서도 똑같이 경고한다. 그는 이렇게 말한다.

> 우리의 선교 명령에는 우리 사회들에서의 권력 사용에 대해 질문하는 것, 생명을 파괴하는 것들의 정체를 폭로하는 것, 사회의 피해자들에 대한 관심을 보이는 동시에 그들을 피해자로 만든 이들에게 회개를 요구하는 것, 이기심과 탐욕과 자기중심적인 권력을 위해 세상을 착취하고 낭비하고 망가뜨리는 모든 것에 대한 하나님의 적극적인 진노를 명료하게 표현하는 것이 포함된다.[61]

이것은 특히 다수 세계와 관련한 선교에 중요한데, 이 다수 세계의 빈곤에 서구가 연루되어 있다. 세계 인구의 5분의 1 이상이 절대 빈곤 가운데 살며, 따라서 서구의 교회가 복음에 대한 세계 형성적인 이해를 수용하는 것이 필수적이다.[62]

주목해야 할 중요한 점은, 기독교 세계관이 세계에 대한 자신의 증언의 한 부분이자 그로부터 믿을 만한 증언을 실행할 수 있는 타당성 구조에 뿌리를 내리고 또한 그것을 구현해야 한다는 것이다. 수도원주의가 이 측면에서 교훈적이다. 우리는 수도원주의를 세상으로부터 급진적으로 물러나는 것으로 생각하는 경향이 있고, 실제로 그것은 때때로 그래 왔다. 그러나 보쉬가 그의 『변화하는 선교』(*Transforming Mission*)에서 지적하듯이, 유럽

---

[61] David Bosch, *Believing in the Future: Toward a Missiology of Western Culture* (Valley Forge, PA: Trinity Press International, 1995), p. 34.

[62] 참고. Nicholas Wolterstorff, *Until Justice and Peace Embrace* (Grand Rapids: Eerdmans, 1983).

을 변화시키고 로마 제국의 패망으로부터 회복하는 데 도움을 준 것이 바로 수도원의 수도사들이었다.[63] 루이스 멈포드(Lewis Mumford)는 중세 도시가 어떻게 수도원을 모델로 만들어졌고 혁명적인 결과들을 낳았는지에 주목한다.[64]

로마 사람들은 특별히 도시를 세우는 민족이었으며, 아우구스티누스의 시대에 이르기까지 그들은 단순하고 인구에 비례해서 설계된 수백 개의 새로운 도시를 세웠다. 로마 제국의 도시들을 특징지은 것은 성벽, 광장(forum, 공적 공간들), 목욕탕이었다. "그들이 진정으로 숭배했던 최고의 신은 몸이었다." 그러나 제국은 점점 더 멸절의 제의들에 집중하게 되었다. "심지어 로마가 공화정에서 제국으로 바뀌기도 전에, 그 도시는 거대한 집단 고문실이 되었다." 로마의 타락과 지나친 확장은 그것의 종말로 이어졌다. 그러나 로마의 도시 쇠퇴 한가운데서, 느리지만 생생한 생명의 씨앗이 이미 중세 도시의 형태에서 싹트고 있었다. "이런 삶을 가능하게 만든 새로운 종교적 비전은 로마화된 사람들이 겪었던 모든 부정과 패배에 긍정적인 가치를 부여했다. 그것은 육체적 질병을 영적 건강으로, 기아의 압박을 자발적인 금식 행위로, 세상적인 재화의 손실을 하늘의 구원을 향한 증가된 전망으로 전환시켰다."[65]

수도원은 중세 도시의 출현에 핵심적이었다.

도시 문명의 세속적 도구가 처음 형태를 갖춘 곳이 왕궁이었다면, 도시의 이상적 목적이 선별되고 유지되고 궁극적으로 새롭게 된 곳은 수도원이었다.

---

[63] David Bosch, *Transforming Mission: Paradigm Shifts in Theology of Mission*, 20th anniversary ed. (Maryknoll, NY: Orbis, 2011), pp. 237-240. 『변화하는 선교』(CLC).
[64] Lewis Mumford, *The City in History: Its Origins, Its Transformations, and Its Prospects* (New York: Harcourt, Brace and World, 1961). 『역사 속의 도시』(지식을만드는지식).
[65] 같은 책, pp. 226, 230, 243.

절제, 질서, 규칙성, 정직, 내적 훈련의 실천적 가치가 확립된 곳도 수도원이었는데, 이런 특질들이 중세 도시와 중세 이후의 자본주의에서 발명[66] 및 사업 관행의 형태로, 즉 시계·회계장부·일과표로 전달되기도 전이었다.[67]

사실, "유럽의 중세 도시는 그 주요 목적이 기독교적 삶을 사는 것인 집합적 구조로 묘사될 수 있을 것이다." 이 기독교적 기풍 안에서 병원과 빈민 구호소가 도시들 도처에 나타났다. 기독교적 기풍은 일을 고귀하게 여겼는데, 이는 베네딕트 수도회의 원칙인 "기도하며 일하라"(ora et labora)에 기초한 종교적 협회들이었던 길드에서 분명히 드러난다. "한 도시가, 하층부의 노예들 없이, 그 구성원의 다수가 서로 동등하게 함께 일하는 자유 시민들이라고 자랑할 수 있었다는 것은, 반복해서 말하지만, 도시 역사에서 새로운 사실이었다."[68]

선교적 기관으로서 기독교 대학은 결코 **자신을 위해** 존재할 수 없다. 그것은 그리스도를 위해, 따라서 그분의 세계를 위해 존재하는 것이다. 기독교 대학이 문화에 대해 갖는 관계는 다면적이다. 그것은 광기에 빠진 소비자 지상주의 문화 가운데서 매력적인 그리스도의 통치에 대한 징표가 되어야 한다. 이 측면에서 그것은 지속적으로 다른 길을 제시하는 중대한 기능을 한다. 그러나 우리는 성령이 그분의 세계에서 여전히 일하고 계심을 결코 잊어서는 안 되며, 따라서 우리는 세상과 비기독교적 학문 기관들로부터 배우는 것에 대해 개방되어 있어야 한다.

실마리이신 그리스도에 대한 우리의 추구는 우리를 모든 유형의 학문과의 대화로 이끌어야 한다. 우리는 줄 것도 많고 배울 것도 많다. 나의 시각

---

66 참고. 같은 책, pp. 258, 259.
67 같은 책, p. 247.
68 같은 책, pp. 267, 271.

과 아주 다른 시각을 가진 학문에 응답하면서, 나는 알버트 월터스의 충고가 매우 도움이 된다는 것을 깨달았다. 첫째로 당신은 학문에 있는 우상숭배를 알아채야 하며, 그러나 둘째로 당신은 우상숭배가 있는 바로 그 지점에서 예리한 통찰들이 발견된다는 것에 주의해야 한다. 그렇게 해서 어려운 과업이 시작되는데, 즉 통찰들을 이끌어내면서도 이념적 짐을 같이 가져오지 않는, 모든 생각을 그리스도께 사로잡히게 하는 일이다.

12

영성 형성의 필요성

내가 그리스도를 본받는 자가 된 것같이

너희는 나를 본받는 자가 되라.

고린도전서 11:1

이렇게 해서 우리는 카이퍼 전통의 표지들을 살펴보는 여정의 끝에 이르렀다. 그것은 정말 힘든 일이지만, 굉장히 관심을 불러일으키는 것이라고 나는 느낀다. 독자들이 유념해야 할 것은 카이퍼에 대해, 그리고 그를 앞선 이들과 그를 따른 이들에 대해, 배울 것이 훨씬 더 많다는 점이다. 카이퍼의 저작을 지금은 그 어느 때보다도 많이 영어로 접할 수 있지만, 내가—순전히 추측으로—어림잡기로는, 이것은 그의 방대한 저작 전체의 50퍼센트도 안 될 것이다. 그리고 또한 이삭 다 코스타, 하윌라우머 흐룬 판 프린스터러, 헤르만 바빙크, J. H. 바빙크 등과 같은 명사들이 있다. 더 많은 것을 배우기 위해 이 분야에 뛰어들고자 하는 독자들에게는 풍성하고 방대한 향연이 기다리고 있다. 그리고 내가 계속해서 주장하고자 했던 것처럼, 그것은 **오늘을 위해** 중요한 향연이다. 내가 서문에서 말한 것처럼, 내가 보기에는 카이퍼의 때가 이르렀다.

만약 여러분이 내가 그런 것처럼 카이퍼에게 매혹된다면 우리가 반드시 피해야 할 위험이 있는데, 바로 그를 절대화하는 위험이다. 우리는 고린도의 그리스도인들 가운데 일부처럼 되어서는 안 된다. "내가 이것을 말하거니와 너희가 각각 이르되 나는 바울에게, 나는 아볼로에게, 나는 게바에게, 나는 그리스도에게 속한 자라 한다는 것이니"(고전 1:12). 거기에 덧붙여서 "나는 카이퍼에게 속한 자라!"고 말이다.

카이퍼 전통은 그것이 성경적이고 기독교 신앙에 대한 진정한 표현인 한, **오직** 그런 조건에서만 가치가 있다. 카이퍼가 아니라 성경이 무오한 하나님의 말씀으로 있는 것이고, 우리는 카이퍼에게서 배우는 것을 계속해서 성경에 비추어서, 그리고 카이퍼가 한 부분을 차지하는 기독교 전통에 비추어서 시험해야 한다.

세 마리의 작은 여우들

카이퍼 자신은, 우리가 그의 『세 마리의 작은 여우들』(*Drie Kleine Vossen*)에서 본 것처럼, 지성주의와 행동주의의 위험성에 대해 예민하게 경계했다.[1] 내 **개인적인** 의견으로는, 카이퍼주의자들은 자신들의 포도원에서 이 여우들을 내쫓는 일에 충분히 주의를 기울이지 못했다. 카이퍼주의의 비전은 너무나 강력해서, 별로 도움이 되지 않는 방식으로 쉽게 이지적인 것이 된다. 또한 그것은 때때로 일종의 메시아주의적 행동주의와 승리주의로 나타나서, 우리가 곧 하나님 나라를 시작되게 할 것이라고 예기한다. 이런 종류의 자만심은 아주 해로운 것이며, 무슨 수를 써서라도 피해야 한다. 최고의

---

1 Abraham Kuyper, *Drie Kleine Vossen* (Kampen: Kok, 1901). 영역 근간.

상태에서 개혁파 및 카이퍼 전통들은 하나님의 주권에 대한 놀라운 감각을 갖고 있으며, 이는 우리의 제한적이고 기껏해야 결함 있는 수고를 건강한 피조물의 시각으로 보게 한다.

우리가 품을 위험성이 가장 적었던 여우는 신비주의다. 모든 것은, 물론, 여기서 우리가 **신비주의**로 무엇을 의미하는지에 달려 있다. 나는, 긍정적으로, **기독교 영성**을 가리킨다고 보는 것을 선호하는데, 우리가 카이퍼 전통을 오늘날 되찾고 그 가능성을 성취하기 위해서 가장 필요한 것이 **바로** 그것이다. 하지만 나는 어떤 독자들에게는 **영성**이라는 단어가 경고 신호를 보낼 것이라는 점을 잘 알고 있다. 때로는 그럴 만한 타당한 이유들이 있다. 한 친구가 나에게 말한 바에 따르면, 어떤 이들은 복음주의자들이 영성을 되찾고는 있지만 성경을 잃는 과정에서 그렇게 하고 있다고 말한다. 만약 이것이 사실이라면, 우리는 정말 위험한 기초 위에 있는 것이다. 영성 지도자를 대략 8년 동안 가졌던 나 자신의 경험에서, 나는 기도와 하나님의 말씀을 분리할 수 없는 하나로 붙잡아야 한다는 점이 항상 상기되었고 또 그렇게 인식했다. 하나님의 말씀을 읽는 것은 기도로 이끌 것이며, 기도는 우리를 하나님의 말씀으로 다시 돌아가도록 이끌 것이고, 계속 그렇게 이어질 것이다.

문제는 개혁파 전통도, 복음주의 전통도, 또는 카이퍼 전통도 지속적인 기도의 **실천**을 위한 깊은 자원을 가지고 있지 않다는 점이다. 여기서 내가 염두에 두고 있는 것은 여러 해에 걸쳐 한 개인이 그리스도를 닮도록 깊이 형성하는 실천들이다. 하지만 오늘날 복음주의자들 가운데서 그런 실천들의 유의미한 회복이 나타나고 있으며, 이것을 나는 환영한다.

나의 친구들 가운데 다수와 나는 엘리자베스 오코너(Elizabeth O'Connor)의 중요한 책 『세상을 위한 교회, 세이비어 이야기』(*Journey Inward, Journey Outward*)를 통해 영성의 중요성을 발견했는데, 이 책은 워싱턴 D. C.에 있는 세이비어 교회의 초창기 철학과 실천을 담고 있다.² 내적 여정은 지역 교회에 대한 헌신된 관여, 성경과의 깊은 씨름, 소그룹 공동체, 그리고 자신과의 씨름을 수반한다. 오코너의 책에서 중요한 핵심은, 세상으로의 외적 여정—카이퍼 전통이 아주 강력하게 환기시키는 것—이 오직, 카이퍼가 그의 묵상에서 강조하듯이, 내적 여정에서만 나오고 또 그것에 의해서만 유지된다는 것이다.³

헤르만 바빙크: 예수를 본받는다는 것

우리에게 절실히 필요한 것은 영성에 대한 신학과 그 신학에 기초한 실천들의 전통이다. 이 책에서 내가 지적했듯이, 기독교 영성을 위한 중요한 자원이 카이퍼 안에, 그리고 헤르만 바빙크 안에 있지만,⁴ 전반적으로 카이퍼 전통이 발전함에 따라 그들도, 적절한 실천들도 그 전통에서 두드러지지 않았다.⁵ 신학적으로 주목할 만한 예외는, 헤르만 바빙크의 저작에 있는 그리스도를 본받음이라는 주제를 다룬 존 볼트의 뛰어난 연구다.⁶

---

2   Elizabeth O'Connor, *Journey Inward, Journey Outward* (New York: Harper & Row, 1968). 『세상을 위한 교회, 세이비어 이야기』(IVP).

3   Ad de Bruijne, "Midden in de wereld verliefd op God. Kuypers aanzet tot een neocalvinistische spiritualiteit", in *Godsvrucht in geschiedenis. Bundel ter gelegenheid van het afscheid van prof. dr. F. van der Pol als hoogleraar een de Theologische Universiteit Kampen*, ed. Erik A. de Boer and Harm J. Boiten (Heerenveen: Groen, 2015), pp. 441-453.

4   George Harinck, "'Something That Must Remain if the Truth Is to Be Sweet and Precious to Us': The Reformed Spirituality of Herman Bavinck", *Calvin Theological Journal* 38 (2003): pp. 248-262. 저자는 p. 250에서 다음과 같이 관찰한다. "네덜란드 개혁과 진영들에서 아브라함 카이퍼가 거창한 의식을 좋아했던 인물이었다면, 바빙크는 고요한 관조와 만남의 사람이었다."

5   참고. "Verschalingsprapport." 네덜란드 개혁 교회 시노드에 제출된 회원들의 영적 상태에 대한 1959년의 보고서로, 개인의 성경읽기와 기도의 쇠퇴를 다룬다.

6   John Bolt, *A Theological Analysis of Herman Bavinck's Two Essays on the Imitatio Christi: Between Pietism and Modernism* (Lewiston, NY: Edwin Mellen, 2013); *Bavinck on the Christian Life: Following Jesus in Faithful Service* (Wheaton, IL: Crossway, 2015), pp. 103-120. 『헤르만 바빙크의 그리스도인의 삶』(다함). 그리스도를 본받음에 대한 바빙크의 두 논

영성에 대한 가장 유명한 작업들 가운데 하나는 토마스 아 켐피스 (Thomas à Kempis)의 『그리스도를 본받아』(*The Imitation of Christ*)다. 안타깝게도 도움이 되지 않는 방식으로, 아 켐피스의 작업은 시작 부분부터 히에로니무스가 전도서를 읽는 방식이었던 "세상에 대한 멸시"의 영향을 받아서, "세상에 대한 멸시를 통해 하늘 나라를 구하는 것이 가장 큰 지혜다"라고 한다.[7] 따라서, 심지어 우리가 가톨릭 영성의 사유와 실천의 깊은 우물로부터 물을 길을 때조차, 그런 고전의 기저에 있는 신학을 다시 한 번 생각해야 한다. 그리고 바로 이것이 바빙크가 하는 일이다.

바빙크는 그리스도를 본받는 것이 "영적 삶의 핵심"이라고 주장한다.[8] 이 주제를 다루는 처음의 시도에서 바빙크는 속사도 시대로부터 현대에 이르기까지 "본받음의 영성"의 역사를 살펴보고, 그런 분석을 통해 네 가지 유형을 밝히는데, 즉 순교자, 수도자, 신비주의자, 현대 합리주의자다.[9] 최근 수십 년 동안에 성서학에서 학자들이 수용사의 중요성을 발견하게 되었다는 것을 생각하면, 바빙크가 그리스도를 본받음이라는 주제의 탐구에서 그런 접근의 모형을 만드는 것을 보는 것은 놀랍다.[10] 그는 네 가지 모델들을 모두 공정하게 비판하며, 그리스도의 중보적인 사역과 그리스도와의 연합이 중심을 이루는 이 주제에 대한 이해를 주장한다. 더 나아가, "예수 그리스도와의 이 일차적인 영적 교제는 또한 윤리의 영역에서 구체적으로 표

문을 Bolt, *Theological Analysis*, pp. 372-440에서 볼 수 있다.

[7] Thomas à Kempis, *The Imitation of Christ* (Peabody, MA: Hendrickson, 2004), p. 3. 『그리스도를 본받아』(브니엘출판사).

[8] Bolt, *Bavinck on the Christian Life*, p. 103.

[9] Bavinck in Bolt, *Theological Analysis*, pp. 372-401. 현대 합리주의자는 예수를 단지 따라야 할 모범으로만 본다.

[10] 참고. Craig G. Bartholomew, *Introducing Biblical Hermeneutics: A Comprehensive Framework for Hearing God in Scripture* (Grand Rapids: Baker Academic, 2015), pp. 113-121.

현되어야 한다."[11] 이런 방식으로 바빙크는, 카이퍼가 '팔링게네시스'로 하는 것처럼, 그리스도 중심의 깊은 영성을 문화적 관여와 함께 붙들 수 있다. 참된 본받음은, 바빙크에게, 그리스도의 형상에 일치되어 가는 것을 수반한다.

회복과 갱신

이런 종류의 영성 신학을, 볼트가 한 것처럼, 회복하고 전유하고 발전시켜야 한다. 예를 들어, 당신은 창세기에서 하나님이 아브라함과 언약을 맺으신 후에 대략 38장에 걸쳐서 족장들의 끊임없는 기이한 행실을 다루는 것을 우리가 보는 이유에 대해 의문을 품은 적이 있는가? 그 이유는, 언약의 약속들을 받은 다음에, 그들이 그 약속들처럼 되고 하나님의 세상에서 그런 약속들을 감당할 만하게 되어야 하기 때문이다. 신학적인 언어로 말하자면, 우리는 성화의 교리를 회복해야 한다. 만약 우리가 그리스도를 그분의 세상에서 섬기고자 한다면, 우리는 그분의 형상에 일치해 가는, 그리스도처럼 되어 가는 여정을 떠나야 한다. 유진 피터슨은 예리하게, "만약 내가 끊임없는 움직임 가운데 있다면, 어떻게 내가 사람들을 고요한 물가의 조용한 곳으로 인도할 수 있겠는가?"라고 묻는다.[12] 미숙한 사람들은 자신들의 삶에서 은혜와 겸손을 드러내지 못하면서도 주권과 은혜에 대해 큰 소리로 외치면서 카이퍼 전통에 엄청난 해를 끼친다.

개혁파 전통 내에서는 유진 피터슨보다 성경적 영성의 회복을 촉진하는 데 기여한 인물이 없기 때문에, 나는 그의 저작 전체를 추천한다. 그러나 우

---

11 Bolt, *Bavinck on the Christian Life*, p. 111에 인용됨.
12 Eugene Peterson, *The Contemplative Pastor* (Grand Rapids: Eerdmans, 1993), p. 5. 『목회자의 영성』(포이에마).

리가 절대로 범하지 말아야 할 실수는, 만약 우리가 그의 책과 다른 이들의 책을 읽으면 이제 영성을 "얻었다"고 **생각**하는 것이다. 영성은 연습, 즉 "같은 방향으로의 오랜 순종"이고, 그것은 일반적으로 구전 전통으로 전수된다. 그것은 일생에 걸친 깊은 변화를 수반하며, 그 실천들은 올바르게도 일반적으로는 숨겨져 있다.

나는 일종의 영역 보편성을 전적으로 지지하는데, 그것은 대학 강의를 기도로 시작하고, 캠퍼스에 정기적인 대학 채플이 있는 것 등이다. 그러나 이런 것들은 표면적 층위에 있는 반면, 영성은 매일의, 지속되는, 숨겨진 실천들이다. 그리고 그 실천들은 우리를 안에서부터 변화시키시는 성령을 위한 공간을 만들어 내서, 어둡고 궁핍한 세상에 비추기 위해 찾는 그리스도의 빛을 우리가 점점 더 닮게 된다.

카이퍼주의자들이 카이퍼 전통 밖에 있는 이들로부터 배워야 할 것이 바로 이 중요한 영역에 있다. 다음에서 나는 우리가 배워야 할 비카이퍼주의자들의 사례로 이 책의 결론을 내릴 것이다.

교육에 대한 재고

막스 베버는 역사상 세 가지 유형의 교육을 구분했는데, 즉 문화를 위한 교육, 전문가 교육, 카리스마적 교육이다.[13] 칼 만하임(Karl Mannheim, 1893-1947)에 따르면, 카리스마적 교육은 "주술적인 시기에, 혹은 종교가 그 최고점에 이른 시기에 지배적"이다. "전자의 경우에 그것은 인간 안에 숨겨져 있는 힘을 불러일으키고자 하며, 후자의 경우에는 신앙적 직관을, 그리고

---

[13] T. S. Eliot, *The Idea of A Christian Society* (New York: Harcourt, Brace, 1940), p. 142.

초월적 경험을 위한 내적 준비성을 일깨우고자 한다."¹⁴ 통찰력 있게도 T. S. 엘리엇은 기독교 교육이 카리스마적 교육과 가장 근사치라고 지적한다. 그리고 이것이 중요한 이유는 다음과 같다.

> 우리의 경향은 지혜를 지식과, 성스러움을 자연적인 선함과 동일시하고, 은혜의 작용뿐만 아니라 자기 훈련을 최소화하고, 거룩함을 교육에서 분리시키는 것이었다. 교육은 단지 지성의 교육만 의미하게 되었으며, 또한 오직 지성에 대한 교육은…학문으로, 효율성으로, 세상적 성취로, 권력으로 이끌 수 있지만, 지혜로 이끌 수는 없다.¹⁵

엘리엇이 보기에, 우리가 교육에서 가장 무시하는 가치들은 지혜와 거룩함이다.

그의 책 『가르침과 배움』(*Lessons of the Masters*)에서 조지 스타이너(George Steiner)는 교육의 성패가 달려 있는 것이 무엇인지에 대해 우리의 주의를 환기시킨다. "진지하게 가르친다는 것은 인간 존재에 가장 필수적인 것을 붙잡는 것이다." 그의 도발적인 주장에 따르면 반(反)교육(antiteaching)이 표준에 가깝고, 학교는 "학생들을 자신들의 그저 그런 고역의 수준으로 약화시키고자 애쓰는, '델피의 신탁을 여는' 것이 아니라 닫는" "다정한 무덤 파는 사람들"로 가득하다. 대조적으로 스타이너는 자신이 경험했던 제네바의 박사 과정 세미나를 묘사하는데, 그것은 대략 25년 동안 중단 없이 계속된 것이었다. "목요일 오전 세미나들에서 일상적인, 세속적인 영이 오순절에 가장 가깝게 갈 수 있었다."¹⁶

---

14 같은 책, p. 143에 인용됨.
15 같은 책.
16 George Steiner, *Lessons of the Masters* (Cambridge, MA: Harvard University Press, 2003),

카리스마적 교육, 즉 오순절 교육은 성령에, 그러므로 그리스도에 흠뻑 젖은 교육이다. 무엇이 기독교 교육이 "가장 부식성 있는 산인 강력한 지루함, 권태의 습지 가스"에 굴복하는 것을 막을 것인가?[17] 무엇이 카이퍼주의의 사유와 실천이 시대의 정신에 넘어가는 것을 막을 것인가? 유일한 궁극적인 대답은 **예수 자신**이다. 예를 들어, 우리는 어떻게 지혜와 거룩함을 교육에 가져올 것인가? 오직, 항상 그리스도 안에서 더 깊이 살아감으로써만 그렇게 할 수 있다.

예수가 만드시는 차이

테레사 수녀의 애덕회(Sisters of Charity)를 사회복지사들과 구분하는 것은 무엇인가? 무엇이 라르쉬(L'Arche)와 장 바니에(Jean Vanier)의 사역을 장애인과 관련해 일하는 다른 단체들과 구분하는가? 그리고 무엇이 그들로 하여금 그 차이를 유지하고 키울 수 있게 하는가?[18]

그의 일기 『데이브레이크로 가는 길』(*The Road to Daybreak*)에서, 헨리 나우웬(Henri Nouwen)은 라르쉬의 모체인 트롤리(Trosly)의 중심을 다음과 같이 묘사한다.

로라투아르(L'Oratoire)는 기도실로, 성체가 하루 종일 진열되어 있고 사람들은 항상 침묵의 경배 가운데 있다. 방 자체는 크고 약간 어두운 공간으로, 조그만 무릎 방석들과 작은 깔개들이 놓여 있다. 그 공간은 육중한 회색 화산

---

pp. 18, 19. 『가르침과 배움』(서커스).
17 같은 책, p. 18.
18 독자들은 이것이 가난한 사람들과 장애인들 가운데서 일하는 데 오직 하나의 옳은 방식이 있다는 주장이 아님을 유념해야 한다.

암으로 지어진 두꺼운 석벽으로 나뉘었다.…벽의 양쪽에서 사람들은 무릎을 꿇고, 앉아서, 혹은 엎드려 기도한다.

여러모로 로라투아르는 라르쉬의 심장이다. 무한한 사랑 가운데 자신을 우리에게 완전히 주시는 숨겨진 하나님의 임재 가운데서 드려지는 끊임없는 침묵의 기도가, 라르쉬를 가능하게 하는 호흡이다. 로라투아르에 들어갈 때마다 나는 나에게 밀려오는 깊은 안식을 느끼며, 내가 기도하기 힘들 때조차 나는 거기에 붙들려 있다는 느낌을 받는다. 마치 그 방이 나를 위해 기도해주는 것 같다. 기도의 존재가 그렇게 분명하게 감지되는 다른 곳들을 나는 거의 알지 못한다. 만약 내가 기도할 수 없다면, 적어도 나는 기도로 풍성한 공기를 호흡할 수 있도록 그곳에 간다. 로라투아르에서 나는 하나님의 가난을 만난다. 육신이 되셨고 심지어 우리의 먹을 것과 마실 것이 되신 하나님, 자신의 사랑을 조금도 억누르지 않으시고 "나를 먹으라, 나를 마시라" 하시는 하나님, 너무나 깊이 숨겨지셔서 오직 신앙의 눈으로만 인식될 수 있는 하나님이다.[19]

테레사 수녀와 장 바니에의 사역을 지탱한 것이 바로 이처럼 깊은 중심을 예수 안에 둔 데 있다. 때때로 영역 주권의 이름으로 카이퍼주의자들은 영성을 교회에 위임하고 다른 영역들의 과업들에 집중하는데, 여기에는 물론 진리가 있다. 즉 우리가 대학, 가정, 학교를 교회로 만들어서는 안 된다는 것이다. 그러나 영역 보편성은 어떻게 되는가? 그리고 우리는 다른 영역들에 적절하고 필요한 특정한 영성에 집중하도록 교회에 요구할 수는 없다. 물론 우리는 지역 교회들에 깊이 관여해야 하지만, 또한 우리는 우리가 관여하는 모든 영역에 있는 우리의 삶에서 영성을 필수적인 것으로 만들어야

---

[19] Henri J. M. Nouwen, *The Road to Daybreak: A Spiritual Journey* (New York: Doubleday, 1988), p. 28. 『데이브레이크로 가는 길』(포이에마).

한다는 것도 사실이다.

자신이 켄터키로 돌아온 것에 대해 웬델 베리는 이렇게 말한다.

> 귀향은 마침내 내가 대부분의 미국 사람들에게 여전히 문화로 통하는 장식 같은 유럽주의로부터 망명하게 만들었다.⋯내가 쓴 글의 양이나 심지어 질과도 다른, 내 삶에 대한 다른 잣대가 있다는 생각이 문득 들었다. 사람은, 내가 생각하기에는, **그가 얼마나 의지적으로 그리고 온전히 자신이 있는 곳에 현존할 수 있는가에 의해 판단되어야 한다**. 즉 그가 세상에서 자신이 있는 부분을 얼마나 온전히 편안하게 만들 수 있는가에 의해서 말이다. 나는 내 공간에 속하는 것을 배우기를 간절히 원하기 시작했다.[20]

장 바니에 같은 사람들을 만날 때 가장 충격적인 것은 그 순간에 대한 그들의 존재감이며, 나는 바로 이것이 카이퍼 전통과 기독교 기관들에 가장 큰 활력을 불어넣고 그것들이 참으로 기독교적인 의미에서 독특할 수 있는 힘을 부여하리라고 생각한다.

우리는 그런 비전이 우리 앞에 두는 도전을 과소평가해서는 안 된다. 그녀의 매우 유쾌한 책『지금 머물러 있는 곳을 더욱 사랑하라』(*Finding Calcutta*)에서, 메리 포플린(Mary Poplin)은 자신이 대학 안식년의 일부로 테레사 수녀 및 그녀의 동료 수녀들과 함께한 두 달에 대해 말한다.[21] 인도에서 보낸 두 달은 그녀에게 깊은 영향을 주었다. 이상하게도, 그녀가 자신의 세속 대학에 돌아갔을 때, 그녀는 연구실에서 강의를 준비할 때마다 울고 있

---

20 Wendell Berry, *The Hidden Wound*, 2nd ed. (Berkeley, CA: Counterpoint, 2010), p. 13, 강조 추가.
21 Mary Poplin, *Finding Calcutta: What Mother Theresa Taught Me About Meaningful Work and Service* (Downers Grove, IL: InterVarsity Press, 2011).『지금 머물러 있는 곳을 더욱 사랑하라』(포이에마).

는 자신을 발견했다. 그녀가 자신의 내적 여행과 가르치고 있는 것 사이의 단절을 깨달았을 때 결심이 섰고, 이것은 그녀로 하여금 기독교 세계관과 기독교 대학의 중요성을 깨닫게 했다!

우리 카이퍼주의자들 대부분에게 요구되는 여정은 반대 방향의 것이다. 즉 우리는 기독교 세계관과 행동의 필요성을 확신하지만,…우리는 우리의 활동적인 삶에 영양을 공급하고 유지할, 예수 안에서 더 깊이 살아가는 내적 여정 가운데 있는가? 나우웬은 라르쉬 공동체의 공동 창립자인 조지 스트로메이어(George Strohmeyer) 신부와의 만남에 대해 다음과 같이 말한다.

그가 자신의 이야기를 말했을 때, 예수가 그의 삶의 중심이라는 것이 분명해졌다.…그가 예수의 이름을 발음할 때, 당신은 그가 깊고 친밀한 만남으로부터 말하고 있다는 것을 안다. 그의 삶은 더 단순해졌고, 더 숨겨졌고, 더 깊이 뿌리박혔고, 더 신뢰하게 되었고, 더 개방되었고, 더 복음적이게 되었고, 더 평화롭게 되었다.…이제 내가 분명히 아는 것은 길고 힘든 여정이 내 앞에 있다는 점이다. 그것은 예수를 위해 모든 것을 버리고 떠나는 여정이다. 이제 나는 예수가 참으로 중심이 되시도록 살고, 기도하고, 사람들과 함께하고, 돌보고, 먹고, 마시고, 잠을 자고, 읽고, 글을 쓰는 길이 있음을 안다.[22]

스탠리 하우어워스(Stanley Hauerwas)는, 장 바니에와 나눈 최근의 대화에서, 라르쉬와 장애인들의 가장 큰 선물들 가운데 하나가 그들이 우리의 속도를 늦춘 점이라는 것을 지적한다. 장애인들은 재촉될 수 없기 때문이다. "내가 생각하기에 라르쉬가 오늘날의 교회에 말해 줄 수 있는 것은 '속도를 늦추라'다. 속도를 좀 늦추라. 라르쉬는 인내를 구체화하는데, 그 인내

[22] Nouwen, *Road to Daybreak*, p. 7.

는 우리가 우리의 세상에서 신실한 사람들이 되는 법을 배우려면 절대적으로 중요한 것이다.…우리는 속도를 늦춤으로써, 이 세상이 정신없는 활동으로는 구원될 수 없다는 것을 우리의 삶으로 말함으로써 산다."[23]

그 실마리이신 그리스도를 추구하는 데 헌신된 카이퍼주의 기관들도 속도를 늦춰야 할 것이다. 그들은 공적 공간들과 숙고의 공간들을, 그리고 아마 채플도 가져야 할 것이다. 그들은 성령이 우리를 그리스도의 형상으로 빚으시고 만들어 가실 때 인내해야 할 것이다. 성경 내러티브, 제도적 기관의 내러티브, 참여자들의 내러티브가 거듭해서 시연되어서 그것들이 유기적인, 살아 있는 전체를 엮도록 해야 할 것이다. 우리는 그리스도 안으로 깊이 들어가 살기 위해, 그리고 그분의 이름으로 삶의 모든 것으로 여정을 떠나기 위해 시간과 공간이 필요하다.

그것은 우리가 성육신의 순종이라고 부를 수 있는 비전이다. 뉴비긴은 고전적 세계관과 성경적 세계관을 예리하게 비교하면서, "궁극적인 현실은 인격적이기 때문에, 우리에게 하시는 하나님의 말씀은 그분의 목적과 약속을 전하는 말씀으로, 이는 듣거나 무시할, 순종하거나 불순종할 말씀이다. 믿음은 들음에서 나고, 불신앙은 불순종이다"라고 지적한다.[24] 카이퍼주의의 사유와 실천은 순종의 맥락**으로부터** 나오고 또한 그 맥락**에서** 일어난다. 바로 이 단어를 바울이 복음에 대한 적절한 반응을 가리키는 말로 사용하면서, "믿음의 순종"이라고 한다. 그리고 이 순종은 물론 포괄적이다. 그것은 삶의 구석구석을 모두 포함하는데, 즉 음식, 솥과 냄비들, 우리가 우리의 생식 기관을 가지고 하는 것, 우리가 보는 텔레비전, 우리가 짓는 집, 우리

---

[23] Stanley Hauerwas, "Finding God in Strange Places", in Hauerwas and Jean Vanier, *Living Gently in a Violent World: The Prophetic Witness of Weakness* (Downers Grove, IL: InterVarsity Press, 2008), p. 45. 『화평케 하는 자는 복이 있나니』(IVP).

[24] Lesslie Newbigin, *Proper Confidence: Faith, Doubt, and Certainty in Christian Discipleship* (London: SPCK, 1995), p. 14. 『타당한 확신』(SFC).

가 교실을 빚어내는 방식 등이다. 그러나 그것은 단지 포괄적일 뿐 아니라, 또한 매우 깊으며, 그런 깊이는 쉽게 파악되지 않는다. 메리 로즈 오라일리(Mary Rose O'Reilley)가 지적하듯이, 소수의 사람들만 자신의 DNA에 리듬과 통합성을 갖고 있는 것으로 보이며, 나머지인 우리에게 그것은 그저 연습, 연습, 연습의 문제다.[25] 리처드 포스터(Richard Foster)의 말에 빗대자면, 카이퍼 전통이 가장 절실히 필요로 하는 것은 더 많은 학생, 더 많은 교수, 더 많은 프로그램, 더 많은 책이 아니라, 소수의 성인이다.

내적 여정, 외적 여정

딕 스타웁(Dick Staub)은 다음과 같이 지적한다.

> 지적으로 미적으로 궁핍하게 된 가벼운 기독교의 시대에, 그리스도인들이 자신들이 수 세기 동안 사회에 지적으로, 예술적으로, 영적으로 기여한 것으로 유명했다는 사실을 기억하는 것은 용기를 준다. 바흐, 멘델스존, 단테, 도스토예프스키, 뉴턴, 파스칼, 렘브란트는 단지 일부에 불과하고, 더 많은 사람이 풍성한 신앙 전통을 인격으로 구현하면서, 하나님께 영광을 돌리고자 하는 열망이라는 동기로 최고와 최선의 작품을 만들어 우리의 공통의 환경인 문화를 풍성하게 함으로써 다른 사람들을 섬겼다. 그들은 문화를 잘 아는 그리스도인들이었다. 자신들의 삶에서 신앙이 중심이 됨을 진지하게 받아들였고, 신앙과 문화 모두를 잘 알며, 그 둘을 연결하는 데 능숙했던 것이다.[26]

---

[25] Mary Rose O'Reilley, *The Love of Impermanent Things: A Threshold Ecology* (Minneapolis: Milkweed Editions, 2006).

[26] Dick Staub, *The Culturally Savvy Christian: A Manifesto for Deepening Faith and Enriching Popular Culture in an Age of Christianity-Lite* (San Francisco: Jossey-Bass, 2008), p. ix.

카이퍼 전통은 오늘날 문화를 잘 아는 그리스도인들을 만들어 낼 수 있는 자원을 가지고 있다. 나는 이 책이 그것을 의심의 여지 없이 입증했기를 바란다. 그것은 다채롭고 풍성한 전통으로서, 새롭게 되고 발전할 것을 간절히 바라고 있다. 그러나 그런 일은 형성을 진지하게 받아들이는 법을 배울 때 비로소 가능하다. 잘 발전한 지성과 칼뱅주의 직업 윤리를 가진 카이퍼주의자들이 전인적인 사람들로 형성되지 않았음을 발견하는 것은 우울한 경험이다.

이런 측면에서 나는 내적 여정과 외적 여정이라는 표현이 가장 도움이 됨을 발견한다. 이것은 양자택일의 문제가 아니다. 둘 다 최선을 다해야 하는 것들이다. 외적 여정으로의 부르심 자체가 내적 여정인 그리스도와의 깊은 만남에서 나오며, 동일한 방식으로만 유지될 수 있다. 카이퍼주의 비전의 메시아적·이지적 유혹들을 피하는 것은, 항상 그리스도 안에서 더 깊이 살아감으로써만 가능하다. 카이퍼 전통의 선교적 비전은 창조 세계를 아우르고, 따라서 그 창조 세계에 수반되는 고난도 아울러야 할 것이다. 그런 십자가들을 짊어질 수 있는 자원을 우리는 어디서 발견할 것인가? 항상 그리스도 안에서 더 깊이 살아감으로써만 가능하다. 우리는 이 측면에서 위대한 롤모델들이 없으며, 다른 누구보다도 토머스 머튼, 테레사 수녀, 장 바니에 같은 권위자들로부터 배워야 할 것이다.

그들 모두가 우리에게 가르칠 한 가지는, 세상으로 나아가는 우리의 여정 한가운데, **심지어** 우리가 외적 여정을 할 때도, 우리가 끊임없이 우리의 중심을 그리스도 안에 다시 두어야 하리라는 것이다. 우리가 그리스도의 향기를 그분의 세상에 퍼뜨리려 할 때, 우리는 그리스도처럼 되도록 형성되어야 할 것이다. 우리가 고난을 당할 때 우리는, 그리스도처럼, 그것이 골고다로 이어진다는 것을 알면서 우리의 십자가를 거듭해서 짊어져야 할 것이다. 오직 이런 식으로만 우리는 카이퍼 전통을 성경적인 방식으로 구현할 수 있을 것이다. 서로의 발을 씻고, 시원한 물 한 잔을 주고, 우리의 주님이 섬기셨던 것처럼 섬기면서 말이다.

내가 개혁파 전통과 관련해, 특히 카이퍼와 관련해 좋아하는 것들 가운데 하나는, 우리가 항상 왕이신 하나님께 돌아가게 된다는 것이다. 결국 그것은 모두 그분에 대한 것이지, 우리에 대한 것이 아니다. 우리는 **하나님 앞에서**(*coram deo*), 그리고 **왕을 위하여**(*pro Rege*) 살도록 부름을 받았다. 우리는 신실하도록 부름을 받은 것이지, 성공하도록 부름을 받은 것이 아니다. 우리가 그렇게 살 수 있도록 카이퍼 전통이 도움을 주는 한, 그것은 활기를 되찾고 표현되고 발전시켜야 하며, 또한 그리스도의 몸처럼, 굶주린 세상을 먹이기 위해 거듭해서 부서져야 한다.

후기

아브라함 카이퍼 전통을 연구하기 위한 자료

영어권 독자들에게 좋은 소식은 네덜란드어로 된 카이퍼 전통의 저작들이 점점 더 영어로 번역되고 있으며, 네덜란드어(또한 영어) 자료를 점점 더 온라인으로 이용할 수 있게 되었다는 점이다.

독자들이 유의해야 할 것은, 다음에서 내가 평전들 외에는 1차 자료에 집중했다는 점이다. 이 책을 위한 나의 연구에서 나는 1차 자료를 읽는 것이 얼마나 중요한지 더욱 분명히 알게 되었다.

아브라함 카이퍼

아브라함 카이퍼의 방대한 저작들 전체를 위한 필수적인 안내서는 다음의 책이다. Tjitza Kuipers, *Abraham Kuyper: An Annotated Bibliography 1857-2010*, Brill's Series in Church History (Leiden: Brill, 2011).

아브라함 카이퍼에 대한 몇 가지 평전을 영어로 이용할 수 있는데, 결정적이며 학문적인 것은 다음의 책이다. James D. Bratt, *Abraham Kuyper: Modern Calvinist, Christian Democrat,* Library of Christian Biography (Grand Rapids: Eerdmans, 2013).

더 대중적인 수준에서는 Jan De Bruijn, *Abraham Kuyper: A Pictorial Biography* (Grand Rapids: Eerdmans, 2008, 2014)가 매우 유용하다.

아브라함 카이퍼의 저작 가운데 일부는 오랫동안 영어로 이용이 가능했는데, 즉 *Lectures on Calvinism* (다수의 출판사, 『칼뱅주의 강연』), *Principles of Sacred Theology* [다수의 출판사, 『거룩한 신학의 원리』; 또한 *Encyclopedia of Sacred Theology* (『거룩한 신학 백과사전』)라는 제목으로], *The Work of the Holy Spirit* (다수의 출판사; 『성령의 사역』, 성지출판사) 및 카이퍼의 신앙 묵상 모음집들이 여럿 있다.

카이퍼의 『칼뱅주의 강연』은 필독서이며 쉽게 구할 수 있다.

James D. Bratt, ed., *Abraham Kuyper: A Centennial Reader* (Grand Rapids: Eerdmans, 1998)는 아주 가치 있는 자료다.

카이퍼의 『거룩한 신학의 원리』는 세 권으로 된 『거룩한 신학 백과사전』의 일부를 번역한 것인데, 이것은 신학자로서 카이퍼의 엄밀함과 창의력을 입증하는 기념비적인 작품이다. 카이퍼는 신학자가 되는 학문적 훈련을 받았고, 그의 유산의 이 측면에 관심이 있는 이들에게 『거룩한 신학의 원리』는 반드시 읽어야 할 책이다. 특정한 교리에 적용된 그의 신학 작업의 분명한 예는 『성령의 사역』이다. 이 책은 원래는, 카이퍼의 많은 책이 그랬던 것처럼, 연재물로 나누어 발표되었으며, 이 경우에는 「더 헤라우트」(*De Heraut*)에 연재되었다.

카이퍼가 쓴 다섯 권으로 된 *Dictaten Dogmatiek* (『교의학 강의록』)은 당연히 그래야 할 만큼 잘 알려지지 않았다. 이 작품의 번역 및 출간 계획이 진행되고 있다.

카이퍼는 그의 저술에서 지속적으로 성경과 씨름하는데, 그의 *The Revelation of St. John* (Eugene, OR: Wipf and Stock, 1999)은 그의 해석 작업의

예를 보여 준다. 이것도 역시 원래는 연재물이었다.

카이퍼는 북미에서 공공신학자이자 행동주의자로 가장 잘 알려져 있다. 방대한 카이퍼 번역 프로젝트가 진행되고 있으며, 그 결과물은 Abraham Kuyper, Collected Works in Public Theology (Bellingham, WA: Lexham Press)라는 제목을 가진 상당한 분량의 시리즈로 꾸준히 나오고 있다. 이 시리즈는 카이퍼에 의해 다루어진 공적 삶의 주요 영역들 대부분을 포함할 것이며, 카이퍼와 카이퍼 전통에 관심 있는 모든 사람의 서재에 반드시 추가되어야 할 것이다.

북미에서는 카이퍼의 주요 저작 모음과 중요한 온라인 자료를 프린스턴 신학교의 카이퍼 센터(The Kuyper Center)에서 이용할 수 있다.

헤르만 바빙크

헤르만 바빙크의 전집과 관련해서는 다음의 작은 연구가 매우 유용하다. Eric D. Bristley, *Guide to the Writings of Herman Bavinck* (Grand Rapids: Reformation Heritage Books, 2008).

Ron Gleason, *Herman Bavinck: Pastor, Churchman, Statesman, and Theologian* (Phillipsburg, NJ: P&R, 2010)은 바빙크의 삶과 사상에 대한 유용한 입문서다(『헤르만 바빙크 평전』, 부흥과개혁사). [이 책의 출간 후에 주목할 만한 바빙크 전기가 출간되었다. James Eglinton, *Bavinck: A Critical Biography* (Grand Rapids: Baker Academic, 2020). 『바빙크: 비평적 전기』(다함) — 편집자.]

헤르만 바빙크는 무엇보다도 신학자였다. 그의 『개혁파 교의학』(*Reformed Dogmatics*)의 일부는 오랫동안 영어로 이용할 수 있었으며, 그의 다른 짧은 저작물들도 마찬가지다. 최근 몇 년 사이의 주된 성과는 그의 『개혁파 교의학』 네 권 전체가 출간된 것이다[(Grand Rapids: Baker Academic,

2008); 『개혁교의학』(부흥과개혁사)].

그의 작업들 가운데 중요한 한 가지로서, 그 동안에도 이용할 수 있었지만 새로운 주목이 필요하며 여전히 출간되고 있는 것은 *Our Reasonable Faith* (Grand Rapids: Eerdmans, 1956)다(『개혁교의학 개요』, CH북스).

안타깝게도, 카이퍼와 바빙크는 서로를 자주 인용하지 않는다! 명백히 비교하기 좋은 부분은 카이퍼의 『성령의 사역』과 바빙크의 『중생론』[CLC; *Saved by Grace: The Holy Spirit's Work in Calling and Regeneration*, edited by J. Mark Beach (Grand Rapids: Reformation Heritage Books, 2008)]이다.

바빙크의 *Essays on Religion, Science and Society*, edited by John Bolt는 2008년에 Baker Academic에 의해 출간되었으며, 그의 *Ethics*도 출간되었다[1권이 *Reformed Ethics: Created, Fallen, and Converted Humanity* (Grand Rapids: Baker Academic, 2019)로, 2권이 *Reformed Ethics: The Duties of the Christian Life* (Grand Rapids: Baker Academic, 2021)로 출간되었다(『개혁파 윤리학』, 부흥과개혁사)-편집자].

바빙크 연구소(The Bavinck Institute) 홈페이지(https://bavinckinstitute.org)는 다량의 유용한 자료들을 담고 있다.

J. H. 바빙크

영어권에서 J. H. 바빙크의 가장 잘 알려진 책은 (여전히 출간되고 있는) 다음의 책이다. *An Introduction to the Science of Missions*, translated by David H. Freeman (Phillipsburg, NJ: P&R, 1960), 『선교학 개론』(성광문화사).

최근의 두 가지 연구가 우리를 J. H. 바빙크의 풍부한 작업에 대해 환기시키는 데 큰 역할을 했는데, 즉 Paul Visser, *Heart for the Gospel, Heart for the World: The Life and Thought of a Reformed Pioneer Missiolo-*

gist Johan Herman Bavinck (1895-1964), translated by Jerry Gort (Eugene, OR: Wipf & Stock, 2003);『복음을 향한 열정, 세계를 향한 열정』(나눔과 섬김) 및 *The J. H. Bavinck Reader*, edited by John Bolt (Grand Rapids: Eerdmans, 2013)다.

더 오래된 번역서들 가운데는 *The Church Between Temple and Mosque* (Grand Rapids: Eerdmans, 1961)가 있다(『선교적 변증학』, 성광문화사). 고무적이게도 어드먼스(Eedrmans)는 최근에 J. H. 바빙크의 책 두 권을 새로 번역했는데, 즉 *Between the Beginning and the End: A Radical Kingdom Vision* (Grand Rapids: Eerdmans, 2014) 및 *The Riddle of Life* (Grand Rapids: Eerdmans, 2016),『인생의 수수께끼』(솔로몬)다.

그때, 그리고 지금

이제는 너무나 많은 저작을 영어로 이용할 수 있기 때문에, 영어권 독자들은 카이퍼 전통의 1차 자료를 읽지 않는 것에 대한 변명거리가 없다. 향연이 기다리고 있다!

동시에 지적되어야 하는 사실은, 아브라함 카이퍼와 헤르만 바빙크가 정말 위대한 인물들이긴 하지만, 이 전통에는 더 많은 이들이 있다는 점이다. 카이퍼에 앞서, 그가 살아 있는 동안에, 그의 죽음 후에 있었던 엄청나게 많은 영향력 있는 인물들과 그들의 저술은 여전히 중요하다. 이 자료들 가운데 일부는 영어로 이용할 수 있지만(예를 들어, Guillaume Groen van Prinsterer, *Lectures on Unbelief and Revolution*; Berkouwer, *Studies in Dogmatics*), 대부분은 여전히 네덜란드어로만 있다. 지금의 카이퍼주의의 때에, 네덜란드어에 능숙하게 되고 우리를 위해 카이퍼 전통을 계속 발굴할, 그리고 물론, 현재의 네덜란드 학자들 및 카이퍼 전통에 대한 관심이 일어나고 있는 많은 다른 나라의 학자들과 함께 일할 젊은 학자들이 우리에게 필요하다. 이것은 특히 풍성한 자원이 기다리고 있는 성서학과 신학 분과들에서 사실이다.

또한 주목해야 할 중요한 사실은 네덜란드, 영국, 미국, 남아공, 그리고 아주 많은 나라에서 카이퍼 전통을 수용하는 일이 지속적으로 이루어지고 있다는 점이다. 철학, 정치학, 경제학, 예술, 그리고 다른 많은 영역들에서 충실한 연구가 이루어져 왔고 또 계속 이루어지고 있다. 더 나아가, 카이퍼 전통은 단지 이론을 위한 이론이었던 적이 결코 없었다. 흐룬 판 프린스터러 및 카이퍼에게 그랬던 것처럼 카이퍼 전통은 실천에 깊이 헌신되어 왔으며, 그 전통의 생명이 있는 이 차원이 또한 고려되어야 한다.

참고문헌

à Kempis, Thomas. *The Imitation of Christ*. Peabody, MA: Hendrickson, 2004. 『그리스도를 본받아』(브니엘출판사).

Aalders, G Ch. *Het verbond Gods*. Kampen: Kok, 1939.

Allen, Diogenes. *Spiritual Theology: The Theology of Yesterday for Spiritual Help Today*. Cambridge, MA: Cowley, 1997.

Allen, John L. *The Global War on Christians: Dispatches from the Front Lines of Anti-Christian Persecution*. New York: Image, 2013.

Althusius, Johannes. *Politica*. Abridged. Edited and translated with introduction by Frederick S. Carney. Indianapolis: Liberty Fund, 1995.

Anderson, Clifford B. "Jesus and the 'Christian Worldview': A Comparative Analysis of Abraham Kuyper and Karl Barth." *Cultural Encounters* 6, no. 1 (2006): pp. 61-80.

Anderson, Gerald, ed. *Biographical Dictionary of Christian Missions*. Grand Rapids: Eerdmans, 1999.

Anderson, Gerald, Robert T. Coote, James M. Phillips, and Norman A. Horner, eds. *Mission Legacies: Biographical Studies of Leaders of the Modern Missionary Movement*. Maryknoll, NY: Orbis, 1994.

Anderson, Owen. *Reason and Worldviews: Warfield, Kuyper, Van Til and Plantinga on the Clarity of General Revelation and the Function of Apologetics*. Lanham, MD: University Press of America, 2008.

Aquinas, Thomas. *Commentary on the Gospel of St. John*. Part 1: Chapters 1-7. Translated by James A. Weisheipl. New York: Magi, 1998.

_____. *Summa Theologiae: Questions on God*. Cambridge Texts in the History of Philosophy. Edited by Brian Davies and Brian Leftow. Cambridge: Cambridge University Press, 2006.

_____. Thomas Aquinas: *Selected Writings*. Edited and translated by Ralph McInerny. New York: Penguin, 1998.

Assad, Talal. *Formations of the Secular: Christianity, Islam, Modernity*. Stanford, CA: Stanford University Press, 2003.

Augustine. *Expositions on the Psalms*. Translated by J. E. Tweed. In Nicene and Post-Nicene Fathers, First Series, vol. 8. Edited by Philip Schaff. Buffalo, NY: Christian Literature Publishing, 1888.

_____. "Ten Homilies on the First Epistle of John." In P. Schaff, ed., *St. Augustine: Homilies on the Gospel of John, Homilies on the First Epistle of John, Soliloquies*. Translated by H. Browne and J. H. Myers. New York: Christian Literature Company, 1888.

Bacote, Vincent E. *The Spirit in Public Theology: Appropriating the Legacy of Abraham Kuyper*. Grand Rapids: Baker Academic, 2005. 『아브라함 카이퍼의 공공신학과 성령』(SFC).

Barth, Karl. *Church Dogmatics*. Edited by G. W. Bromiley and T. F. Torrance. 14 vols. Edinburgh: T&T Clark, 1957-1975. 『교회 교의학』(대한기독교서회).

Bartholomew, Craig G. "The Challenge of Islam in Africa." *Journal of Interdisciplinary Studies* 6 (1994): pp. 129-146.

_____. *Church and Society*. Pinetown, South Africa: CESA, 1988.

_____. "The Church and the World: The Power of Identity." In *Signposts of God's Liberating Kingdom. Perspectives for the Twenty-First Century*, vol. 1, pp. 21-30. Potchefstroom, South Africa: IRS, Potchefstroom University for CHE, 1998.

_____. "Covenant and Creation: Covenantal Overload or Covenantal Deconstruction." *Calvin Theological Journal* 30, no. 1 (April 1995): pp. 11-33.

_____. *Ecclesiastes*. Grand Rapids: Baker Academic, 2009.

_____. *Introducing Biblical Hermeneutics: A Comprehensive Framework for Hearing God in Scripture*. Grand Rapids: Baker Academic, 2015.

_____. "Not So Common." Introductory essay for Abraham Kuyper, *Common Grace* II. Bellingham, WA: Lexham Press, 2019.

_____. "Theological Interpretation and a Missional Hermeneutic." In Michael W. Goheen, ed., *Reading the Bible Missionally*, pp. 68-85. The Gospel and Our Culture Series. Grand Rapids: Eerdmans, 2016.

_____. *Where Mortals Dwell: A Christian View of Place for Today*. Grand Rapids: Baker Academic, 2011.

_____. "Wisdom Books (Old Testament)." In Adam J. Johnson, ed. *T&T Clark Companion to Atonement*, pp. 801-806. London: Bloomsbury, 2017.

Bartholomew, Craig G., and Michael W. Goheen. *Christian Philosophy: A Systematic and Narrative Introduction*. Grand Rapids: Baker Academic, 2013. 『그리스도인을 위한 서양 철학 이야기』(IVP).

_____. *The Drama of Scripture: Finding Our Place in the Biblical Story*. 2nd ed. Grand Rapids: Baker Academic, 2014. 『성경은 드라마다』(IVP).

Bartholomew, Craig G., and Thorston Moritz, eds. *Christ and Consumerism: A Critical Analysis of the Spirit of the Age*. Carlisle, UK: Paternoster, 2000.

Bartholomew, Craig G., and Heath A. Thomas, eds. *A Manifesto for Theological Interpretation*. Grand Rapids: Baker Academic, 2016.

Bavinck, Herman. "The Catholicity of Christianity and the Church." Translated by John Bolt. *Calvin Theological Journal* 27 (1992): pp. 220-251. 『교회의 분열에 맞서』(도서출판100).

_____. *The Certainty of Faith*. Translated by Harry der Nederlanden. St. Catherines, ON: Paideia, 1980. 『믿음의 확신』(CH북스).

_____. *Christelijke Wereldbeschouwing*. Kampen: Kok, 1913. 『헤르만 바빙크의 기독교 세계관』(다함).

_____. *Essays on Religion, Science, and Society*. Translated by Harry Boonstra and Gerrit Sheeres. Edited by John Bolt. Grand Rapids: Baker Academic, 2008.

_____. "Herman Bavinck's 'Common Grace.'" Translated by Raymond van Leeuwen. *Calvin Theological Journal* 24, no. 1 (1989): pp. 35-65. 『헤르만 바빙크의 일반은총』(다함).

_____. "John Calvin: A Lecture on the Occasion of His 400th Birthday, July 10, 1509-1909." Translated by John Bolt. *The Bavinck Review* 1 (2010): pp. 57-85.

_____. "The Kingdom of God, The Highest Good." Translated by Nelson D. Kloosterman. *The Bavinck Review* 2 (2011): pp. 133-170.

_____. *The Philosophy of Revelation*. Grand Rapids: Baker, 1909. 『계시 철학』(다함).

_____. "The Pros and Cons of a Dogmatic System." Translated by Nelson D. Kloosterman. *The Bavinck Review* 5 (2014): pp. 90-103.

_____. "Recent Dogmatic Thought in the Netherlands." *Presbyterian and Reformed Review* 10 (April 1892): pp. 209-228.

_____. *Reformed Dogmatics*. 4 vols. Grand Rapids: Baker Academic, 2008. 『개혁교의

학』(부흥과개혁사).

_____. *Reformed Ethics*. 2 vols. Grand Rapids: Baker Academic, 2019-2021. 『개혁과 윤리학』(부흥과개혁사).

_____. "The Theology of Albrecht Ritschl." Translated by John Bolt. *The Bavinck Review* 3 (2012): pp. 123-163.

Bavinck, J. H. *The Church Between Temple and Mosque: A Study of the Relationship Between the Christian Faith and Other Religions*. Grand Rapids: Eerdmans, 1961. 『선교적 변증학』(성광문화사).

_____. *The Impact of Christianity on the Non-Christian World*. Grand Rapids: Eerdmans, 1948.

_____. *An Introduction to the Science of Missions*. Translated by David H. Freeman. Phillipsburg, NJ: Presbyterian and Reformed, 1960. 『선교학 개론』(성광문화사).

_____. *Religieus Besef en Christelijk Geloof*. Kampen: J. H. Kok, 1949.

Bayer, Oswald. *Freedom in Response. Lutheran Ethics: Sources and Controversies*. Oxford: Oxford University Press, 2007.

Beauchamp, Paul. *Création et Séparation: étude exégétique du chapitre premier de la Genèse*. Paris: Aubier Montaigne-Éditions du Cerf, 1969.

Benne, Robert. *Good and Bad Ways to Think About Politics*. Grand Rapids: Eerdmans, 2010.

_____. "A Lutheran Vision of Christian Humanism." In Angus J. L. Menuge, ed., *Christ and Culture in Dialogue*, pp. 314-332. Saint Louis, MO: Concordia Academic Press, 1999.

_____. *A Paradoxical Vision: A Public Theology for the Twenty-First Century*. Minneapolis: Augsburg Fortress, 1995.

_____. *Quality with Soul: How Six Premier Colleges and Universities Keep Faith with Their Religious Traditions*. Grand Rapids: Eerdmans, 2010.

Berger, Peter L., ed. *The Desecularization of the World: Resurgent Religion and World Politics*. Grand Rapids: Eerdmans, 1999. 『세속화냐? 탈세속화냐?』(대한기독교서회).

_____. *The Many Altars of Modernity: Towards a Paradigm for Religion in a Pluralist Age*. Berlin: de Gruyter, 2014.

_____. *The Sacred Canopy*. Garden City, NY: Doubleday, 1967.

Berkhof, Hendrikus. *Two Hundred Years of Theology: Report of a Personal Journey*. Translated by John Vriend. Grand Rapids: Eerdmans, 1989.

Berkouwer, Gerrit C. *The Church*. Studies in Dogmatics. Grand Rapids: Eerdmans, 1976. 『개혁주의 교회론』(CLC).

_____. *General Revelation*. Studies in Dogmatics. Grand Rapids: Eerdmans, 1955.

_____. *A Half Century of Theology*. Translated by Lewis B. Smedes. Grand Rapids: Eerdmans, 1977.

_____. *Het probleem der Schriftkritiek*. Kampen: Kok, 1938.

_____. *The Triumph of Grace in the Theology of Karl Barth*. Translated by Harry R. Boer. Grand Rapids: Eerdmans, 1956.

_____. "World War and Theology." Speech given at the Free University of Amsterdam. October 1945.

Berry, Wendell. *The Hidden Wound*. 2nd ed. Berkeley, CA: Counterpoint, 2010.

_____. *The Mad Farmer Poems*. Berkeley, CA: Counterpoint, 2008.

_____. *What Are People For?* New York: North Point, 1990. 『나에게 컴퓨터는 필요없다』(양문).

Betz, John R. *After Enlightenment: The Post-Secular Vision of J. G. Hamann*. Malden, MA: Wiley-Blackwell, 2008.

Blair, Kirstie, ed. *John Keble in Context*. London: Anthem, 2004.

Böhl, E. *Zwölf messianische Psalmen: Nebst einer grundlegenden christologischen Einleitung*. Basel, 1862.

Bolt, John. "All of Life Is Worship? Abraham Kuyper and the Neo-Kuyperians." In Abraham Kuyper, *Our Worship*, pp. 321-329. Grand Rapids: Eerdmans, 2009.

_____. *Bavinck on the Christian Life: Following Jesus in Faithful Service*. Wheaton, IL: Crossway, 2015. 『헤르만 바빙크의 그리스도인의 삶』(다함).

_____, ed. *Five Studies in the Thought of Herman Bavinck, A Creator of Modern Dutch Theology*. Lewiston, NY: Edwin Mellen, 2011.

_____. *A Free Church, a Holy Nation: Abraham Kuyper's American Public Theology*. Grand Rapids: Eerdmans, 2001.

_____. "Herman Bavinck and Islam." *The Bavinck Review* 2 (2011): pp. 171-173.

_____, ed. *The J. H. Bavinck Reader*. Grand Rapids: Eerdmans, 2013.

_____. *A Theological Analysis of Herman Bavinck's Two Essays on the* Imitatio Christi*: Between Pietism and Modernism*. Lewiston, NY: Edwin Mellen, 2013.

Bonhoeffer, Dietrich. *Ethics*. London: SCM Press, 1955. 『윤리학』(복있는사람).

Boraine, Alex. *What's Gone Wrong? On the Brink of a Failed State*. Johannesburg: Jonathan Ball, 2014.

Bosch, David. *Believing in the Future: Toward a Missiology of Western Culture*. Valley Forge, PA: Trinity Press International, 1995.

_____. "Missiology." In I. H. Eybers, A. König, and J. A. Stoop, eds., *Introduction to*

Theology, pp. 263-286. 3rd ed. Pretoria, South Africa: NGKB, 1982.

_____. *Transforming Mission: Paradigm Shifts in Theology of Mission*. 20th anniversary edition. Maryknoll, NY: Orbis, 1991, 2011. 『변화하는 선교』(CLC).

_____. *Witness to the World: The Christian Mission in Theological Perspective*. London: Marshall, Morgan and Scott, 1980. 『세계를 향한 증거』(두란노).

Bossenbroek, Martin. *The Boer War*. Translated by Yvette Rosenberg. Auckland Park, South Africa: Jacana, 2015.

Braaten, Carl E. *The Flaming Center: A Theology of the Christian Mission*. Philadelphia: Fortress, 1977.

_____. "Foreword." In Angus J. L. Menuge, ed., *Christ and Culture in Dialogue*, pp. 7-13. Saint Louis, MO: Concordia Academic Press, 1999.

_____. *Mother Church: Ecclesiology and Ecumenism*. Minneapolis: Fortress, 1998.

_____. "Natural Law in Theology and Ethics." In Carl E. Braaten and Robert W. Jenson, eds., *The Two Cities of God: The Church's Responsibility for the Earthly City*, pp. 42-58. Grand Rapids: Eerdmans, 1997.

Bradley, Anthony B. *Black Scholars in White Space: New Vistas in African American Studies from the Christian Academy*. Eugene, OR: Pickwick, 2015.

Brassier, Ray. *Nihil Unbound: Enlightenment and Extinction*. New York: Palgrave Macmillan, 2007.

Bratt, James D., ed. *Abraham Kuyper: A Centennial Reader*. Grand Rapids, Eerdmans, 1998.

_____. *Abraham Kuyper: Modern Calvinist, Christian Democrat*. Library of Christian Biography. Grand Rapids: Eerdmans, 2013.

_____. "The Context of Herman Bavinck's Stone Lectures: Culture and Politics in 1908." *The Bavinck Review* 1 (2010): pp. 4-24.

Britz, Dolf. "Politics and Social Life." In *The Calvin Handbook*, ed. Herman J. Selderhuis, pp. 437-448. Grand Rapids: Eerdmans, 2009. 『칼빈 핸드북』(부흥과개혁사).

Brown, R. "Translating the Whole Concept of the Kingdom." *Notes on Translation* 14, no. 2 (2000): pp. 1-48.

Bruijn, Jan de. *Abraham Kuyper: A Pictorial Biography*. Translated by Dagmare Houniet. Grand Rapids: Eerdmans, 2008, 2014.

Bruner, Frederick D. *Matthew, A Commentary: The Christbook, Matthew 1-12*. Grand Rapids: Eerdmans, 2004.

Brunner, Emil, and Karl Barth. *Natural Theology*. Translated by Peter Fraenkel. Eugene, OR: Wipf and Stock, 1946, 2002. 『자연신학』(대한기독교서회).

Buber, Martin. *I and Thou*. Translated by Walter Kaufmann. Edinburgh: T&T Clark, 1970. 『나와 너』(대한기독교서회).

_____. *Kingship of God*. 3rd ed. Atlantic Highlands, NJ: Humanities Press International, 1990.

Buckley, Michael J. *At the Origins of Modern Atheism*. New Haven, CT: Yale University Press, 1990.

Bull, Malcolm. "Who Was the First to Make a Pact with the Devil?" *London Review of Books* 14 (May 1992): pp. 22-23.

Bultmann, Rudolf. *What Is Theology?* Translated by Roy A. Harrisville. Fortress Texts in Modern Theology. Minneapolis: Fortress, 1997.

Burke, Edmund. *Reflections on the Revolution in France*. New York: Bobbs Merrill, 1955. 『프랑스 혁명에 관한 성찰』(한길사).

Caird, George B. *New Testament Theology*. Completed and edited by L. D. Hurst. Oxford: Clarendon, 1994.

Calvin, John. *Institutes of the Christian Religion*. Edited by John T. McNeill. Translated by Ford Lewis Battles. Vol. 1. Philadelphia: Westminster, 1960. 『기독교강요』(생명의말씀사).

Carroll, John. *Ego and Soul: The Modern West in Search of Meaning*. Berkeley, CA: Counterpoint, 2008.

Casanova, José. *Public Religions in the Modern World*. Chicago: University of Chicago Press, 1994.

Cave, Alfred. *An Introduction to Theology: Its Principles, Its Branches, Its Results, and Its Literature*. Edinburgh: T&T Clark, 1896.

Chantepie de la Saussaye, Daniël. *Verzameld werk. Een keuze uit het werk van Daniël Chantepie de la Saussaye*. Selected and annotated by F. G. M. Broeyer, H. W. de Knijff, and H. Veldhuis. 3 vols. Zoetermeer, Netherlands: Boekencentrum, 1997-2003.

Chaplin, Jonathan. *Herman Dooyeweerd: Christian Philosopher of State and Civil Society*. Notre Dame, IN: University of Notre Dame Press, 2011.

Childs, Brevard S. *Isaiah*. Old Testament Library. Louisville: Westminster John Knox, 2000.

Claiborne, Shane, Jonathan Wilson-Hartgrove, and Enuma Okoro. *Common Prayer: A Liturgy for Ordinary Radicals*. Grand Rapids: Zondervan, 2010.

Clark, Kelly James. *Return to Reason: A Critique of Enlightenment Evidentialism, and a Defense of Reason and Belief in God*. Grand Rapids: Eerdmans, 1990. 『이성에로

의 복귀』(여수룬).

Clouser, Roy. *The Myth of Religious Neutrality: An Essay on the Hidden Role of Religious Beliefs in Theories.* Notre Dame, IN: University of Notre Dame Press, 1991. 『종교적 중립성의 신화』(아바서원).

Colson, Charles, and Nancy Pearcey. *How Now Shall We Live.* Wheaton, IL: Tyndale, 1999. 『그리스도인, 이제 어떻게 살 것인가?』(요단출판사).

Congdon, David W. *The Mission of Demythologizing: Rudolf Bultmann's Dialectical Theology.* Minneapolis: Fortress, 2015.

_____. *Rudolph Bultmann: A Companion to His Theology.* Cascade Companions. Eugene, OR: Cascade Books, 2015.

Conradie, Ernst M., ed. *Creation and Salvation: Dialogue on Abraham Kuyper's Legacy for Contemporary Ecotheology.* Leiden: Brill, 2011.

Cooper, John. *Body, Soul, and Life Everlasting: Biblical Anthropology and the Monism-Dualism Debate.* 2nd ed. Grand Rapids: Eerdmans, 2000.

Costa, Isaac da. *De Heraut.* 1857.

De Blij, Harm. *The Power of Place: Geography, Destiny, and Globalization's Rough Landscape.* Oxford: Oxford University Press, 2009. 『공간의 힘』(천지인).

De Klerk, Willem A. *The Puritans in Africa: A Story of Afrikanerdom.* Middlesex, UK: Penguin, 1975.

De Vries, Simon J. "Hexateuchal Criticism of Abraham Kuenen." *Journal of Biblical Literature* 82, no. 1 (1963): pp. 31-57.

Dengerink, Jan D. *Critisch-Historisch Onderzoek Naar de Sociologische Ontwikkeling van het Beginsel der "Sovereiniteit in Eigen Kring" in de 19e en 20e Eeuw.* Kampen: Kok, 1948.

Dilthey, Wilhelm. *Selected Writings.* Translated by H. P. Rickman. Cambridge: Cambridge University Press, 1976.

Dirksen, Peter W., and Aad W. Van Der Kooij, eds. *Abraham Kuenen (1828-1891): His Major Contributions to the Study of the Old Testament: A Collection of Old Testament Studies Published on the Occasion of the Centenary of Abraham Kuenen's Death (10 December 1991).* Oudtestamentlische Studiën 29. Leiden: Brill, 1993.

Dooyeweerd, Herman. *In the Twilight of Western Thought: Studies in the Pretended Autonomy of Philosophical Thought.* Lewiston, NY: Edwin Mellen, 1999. 『서양 사상의 황혼에서』(CH북스).

_____. *A New Critique of Theoretical Thought.* 4 vols. Translated by David H. Freeman and William S. Young. Jordan Station, ON: Paideia, 1984.

_____. *Roots of Western Culture: Pagan, Secular, and Christian Options*. Translated by John Kraay. Toronto: Wedge, 1979. 『서양 문화의 뿌리』(CH북스).

Du Bois, W. E. B. *The Souls of Black Folk*. Edited by David W. Blight and Robert Gooding-Williams. Bedford Series in History and Culture. Boston and New York: Bedford Books, 1997. 『흑인의 영혼』(유페이퍼).

Du Preez, Max. *A Rumour of Spring: South Africa After 20 Years of Democracy*. Cape Town: Zebra Press, 2013.

Duchrow, Ulrich, ed. *Lutheran Churches—Salt or Mirror of Society*. Geneva: Lutheran World Federation, 1977.

Dudley-Smith, Timothy. *John Stott: A Global Ministry*. Leicester, UK: Inter-Varsity Press, 2001.

Dumbrell, William. *Covenant and Creation: An Old Testament Covenantal Theology*. Exeter, UK: Paternoster, 1984.

Dyck, Cornelius J. "The Anabaptist Understanding of Good News." In Shenk, ed., *Anabaptism and Mission*, pp. 24-39. Scottdale, PA: Herald Press, 1984.

Dyrness, William A. *Reformed Theology and Visual Culture: The Protestant Imagination from Calvin to Edwards*. Cambridge: Cambridge University Press, 2004.

Eglinton, James, and George Harinck, eds. *Neo-Calvinism and the French Revolution*. London: Bloomsbury, 2014.

Eliot, T. S. *The Idea of a Christian Society*. Boston: Houghton Mifflin Harcourt, 2014. 『기독교 사회의 이념』(현대사상사).

Ellis, Stephen. *External Mission: The ANC in Exile, 1960-1990*. Oxford: Oxford University Press, 2013.

Elrod, John W. *Kierkegaard and Christendom*. Princeton, NJ: Princeton University Press, 1981.

Essen, J. L. van, and H. D. Morton. *Guillaume Groen van Prinsterer: Selected Studies*. Jordan Station, ON: Wedge, 2000.

Faber, Jelle. *Essays in Reformed Doctrine*. Neerlandia, Canada: Inheritance Publications, 1990.

Fennell, C. A. M. *The Stanford Dictionary of Anglicised Words and Phrases*. Cambridge: Cambridge University Press, 1892.

Finger, Thomas N. *A Contemporary Anabaptist Theology: Biblical, Historical, Constructive*. Downers Grove, IL: IVP Academic, 2004.

Flett, John G. *The Witness of God: The Trinity, Missio Dei, Karl Barth, and the Nature of Christian Community*. Grand Rapids: Eerdmans, 2010.

Follis, Bryan A. *Truth with Love: The Apologetics of Francis Schaeffer.* Wheaton, IL: Crossway, 2006.

Fretheim, Terence E. *God and World in the Old Testament: A Relational Theology of Creation.* Nashville: Abingdon, 2005.

Friesen, Duane K. *Christian Peacemaking and International Conflict.* Scottdale, PA: Herald, 1986. 『정의와 비폭력으로 여는 평화』(대장간).

Friesen, J. G. "The Mystical Dooyeweerd Once Again: Kuyper's Use of Franz von Baader." *Ars Disputandi* 3 (2003). www.arsdisputandi.org/publish/articles/000088/index.html.

_____. *Neo-Calvinism and Christian Theosophy: Franz von Baader, Abraham Kuyper, Herman Dooyeweerd.* Calgary: Aevum Books, 2015.

Gäbler, Ulrich. "Eduard Böhls Auseinandersetzung mit dem Holländer Abraham Kuenen über die rechte Auslegung des Alten Testaments, 1864." In *Jahrbuch für die Geschichte des Protestantismus in Österreich* 96, parts 1-3, 101-116. Vienna: Verlag des Evangelischen Presseverbandes in Österreich, 1980.

Gadamer, Hans-Georg. *Truth and Method.* London: Bloomsbury, 2013. 『진리와 방법』(문학동네).

Gaffin, Richard B., Jr. *God's Word in Servant Form: Abraham Kuyper and Herman Bavinck on the Doctrine of Scripture.* Jackson, MS: Reformed Academic Press, 2008.

Geertz, Clifford. "Religion as a Cultural System." In Michael Banton, ed., *Anthropological Approaches to the Study of Religion*, pp. 1-46. London: Tavistock, 1966.

Gellner, Ernest. *Postmodernism, Reason and Religion.* London: Routledge, 1992.

Gensichen, Hans-Werner. "Gutmann, Bruno." In *Biographical Dictionary of Christian Missions*, ed. Gerald H. Anderson, pp. 271-272. New York: Macmillan Reference USA, 1998.

Gleason, Ron. *Herman Bavinck: Pastor, Churchman, Statesman, and Theologian.* Phillipsburg, NJ: P&R, 2010. 『헤르만 바빙크 평전』(부흥과개혁사).

Goheen, Michael W. *"As the Father Has Sent Me, I Am Sending You": J. E. Lesslie Newbigin's Missional Ecclesiology.* Zoetermeer, Netherlands: Boekencentrum, 2000.

_____. *Introducing Christian Mission Today: Scripture, History and Issues.* Downers Grove, IL: IVP Academic, 2014. 『21세기 선교학 개론』(CLC).

_____. *A Light to the Nations: The Missional Church and the Biblical Story.* Grand Rapids: Baker Academic, 2011. 『열방에 빛을』(복있는사람).

Goheen, Michael W., and Craig G. Bartholomew. *Living at the Crossroads: An Intro-*

duction to Christian Worldview. Grand Rapids: Baker Academic, 2008. 『세계관은 이야기다』(IVP).

Goheen, Michael W., and Erin G. Glanville, eds. *The Gospel and Globalization: Exploring the Religious Roots of a Globalized World.* Vancouver: Regent, 2009.

Goudzwaard, Bob. *Capitalism and Progress: A Diagnosis of Western Society.* Carlisle, UK: Paternoster, 1997. 『자본주의와 진보사상』(IVP).

Goudzwaard, Bob, and Craig G. Bartholomew. *Beyond the Modern Age: An Archaeology of Contemporary Culture.* Downers Grove, IL: IVP Academic, 2017.

Goudzwaard, Bob, and Harry de Lange. *Beyond Poverty and Affluence: Toward an Economy of Care with a Twelve-Step Program for Economic Recovery.* Translated by Mark R. Vander Vennen. Grand Rapids: Eerdmans, 1995.

Graff, Gerald. *Clueless in Academe: How Schooling Obscures the Life of the Mind.* New Haven, CT: Yale University Press, 2003.

Greenslade, S. L., ed. *Early Latin Theology: Selections from Tertullian, Cyprian, Ambrose, and Jerome.* Library of Christian Classics. Louisville: Westminster John Knox, 1956. 『초기 라틴 신학』(두란노아카데미).

Greidanus, Sidney. *Sola Scriptura: Problems and Principles in Preaching Historical Texts.* Toronto: Wedge, 1970. 『구속사적 설교의 원리』(SFC).

Griffith, Michael. *Cinderella with Amnesia: A Practical Discussion of the Relevance of the Church.* Leicester, UK: Inter-Varsity Press, 1975. 『기억 상실증에 걸린 교회』(IVP).

_____. *Shaking the Sleeping Beauty: Arousing the Church to Its Mission.* Leicester, UK: Inter-Varsity Press, 1980.

Grim, Brian J., and Roger Finke. *The Price of Freedom Denied: Religious Persecution and Conflict in the Twenty-First Century.* Cambridge: Cambridge University Press, 2011.

Groen van Prinsterer, Guillaume. *Groen van Prinsterer's Lectures on Unbelief and Revolution.* Edited by Harry Van Dyke. Toronto: Wedge, 1989.

Gross, Leonard. "Sixteenth Century Hutterian Mission." In Shenk, ed., *Anabaptism and Mission*, pp. 97-118. Scottdale, PA: Herald Press, 1984.

Gunning, J. H., Jr., and A. de Lange. *J. H. Gunning Jr.: Brochures En Brieven Uit Zijn Leidse Tijd (1889-1899).* Kampen: Kok, 1984.

Harinck, George. "Abraham Kuyper, South Africa, and Apartheid." In Steve Bishop and John H. Kok, eds., *On Kuyper: A Collection of Readings on the Life, Work, and Legacy of Abraham Kuyper*, pp. 419-422. Sioux Center, IA: Dordt College Press, 2013.

_____, ed. *Alles of nites: Opstellen over K. Schilder.* Barneveld: De Vuurbaak, 2003.

_____. "Gerhardus Vos as Introducer of Kuyper in America." In Hans Krabbendam and Larry J. Wagenaar, eds., *The Dutch-American Experience: Essays in Honor of Robert P. Swieringa*, 242-262. Amsterdam: VU, 2000.

_____, ed. *Holwerda Herdacht: Bijdragen over leven en werk van Benne Holwerda (1909-1952)*. Barneveld, Netherlands: De Vuurbaak, 2005.

_____. "'Met de telephoon onzen God oproepen.' Kuypers meditaties uit 1905 en 1906." In *Godsvrucht in geschiedenis. Bundel ter gelegenheid van het afscheid van prof. dr. F. Van der Pol als hoogleraar een de Theologische Universiteit Kampen*, ed. Erik A. de Boer and Harm J. Boiten, pp. 454-465. Heerenveen, 2015.

_____. "'Something That Must Remain if the Truth Is to Be Sweet and Precious to Us': The Reformed Spirituality of Herman Bavinck." *Calvin Theological Journal* 38 (2003): pp. 248-262.

_____. "Twin Sisters with a Changing Character: How Neo-Calvinists Dealt with the Modern Discrepancy Between the Bible and Modern Science." In Jitse M. van der Meer and Scott Mandelbrote, eds., *Nature and Scripture in the Abrahamic Religions*, vol. 1, pp. 317-370. Leiden: Brill, 2008.

_____. "Why Was Bavinck in Need of a Philosophy of Revelation?" In *The Kuyper Center Review*, ed. James Bowlin, vol. 2, pp. 27-42. Grand Rapids: Eerdmans, 2011.

Hauerwas, Stanley. "Finding God in Strange Places: Why L'Arche Needs the Church." In Hauerwas and Jean Vanier, *Living Gently in a Violent World: The Prophetic Witness of Weakness*, pp. 43-58. Downers Grove, IL: InterVarsity Press, 2008. 『화평케 하는 자는 복이 있나니』(IVP).

Heidegger, Martin. *The Basic Problems of Phenomenology*. Bloomington: Indiana University Press, 1982. 『현상학의 근본문제들』(문예출판사).

Heideman, E. P. *The Relation of Revelation and Reason in E. Brunner and H. Bavinck*. Assen, Netherlands: Van Gorcum, 1959.

Henderson, R. D. *Illuminating Law: The Construction of Herman Dooyeweerd's Philosophy 1918-1928*. Amsterdam: Buijten and Schipperheij, 1994.

Henry, Carl F. H. *God, Revelation and Authority. Vol. 5, God Who Stands and Stays*, part 1. Waco, TX: Word, 1982.

Henry, Matthew. *Letterlijke en Practicale Verklaring van het N.T.* With Introduction by Herman Bavinck. Kampen: Kok, 1909.

Herms, Eilert. "≫Weltanschauung≪ bei F. Schleiermacher and A. Ritschl." In *Theorie für die Praxis*, pp. 121-143. München: Chr. Kaiser Verlag, 1982.

Hertz, Karl H., ed. *Two Kingdoms and the World*. Minneapolis: Augsburg, 1976.

Heslam, Peter S. *Creating a Christian Worldview: Abraham Kuyper's Lectures on Calvinism*. Grand Rapids: Eerdmans, 1998.

Heyns, Johan A. *The Church*. Pretoria, South Africa: N. G. Kerkboekhandel, 1980.

Hiltner, Seward. *Preface to Pastoral Theology*. Nashville: Abingdon, 1958. 『목회신학원론』(대한기독교서회).

Himmelfarb, Gertrude. *The Roads to Modernity: The British, French, and American Enlightenments*. New York: Vintage Books, 2004.

Hinlicky, Paul. *Beloved Community: Critical Dogmatics After Christendom*. Grand Rapids: Eerdmans, 2015.

Hobson, George. *The Episcopal Church, Homosexuality, and the Context of Technology*. Eugene, OR: Wipf and Stock, 2013.

Hoitenga, Dewey J. *Faith and Reason from Plato to Plantinga: An Introduction to Reformed Epistemology*. New York: SUNY Press, 1991.

Holtrop, P. N., ed. *ZGKN100 Een bundel opstellen over de Zending van de Gereformeerde Kerken in Nederland ter gelegenheid van de honderjarige herdenking van de Synode van Middelburg 1896*. Kampen: WZOK, 1996.

Holwerda, B. "*...Begonnen Hebbende van Mozes...*" Terneuzen: D. H. Littooij, 1953.

Houtman, Cornelius. "Abraham Kuenen and William Robertson Smith: Their Correspondence." *Nederlands Archief voor Kerkgeschiedenis* 80, no. 2 (2000): pp. 221-240.

_____. "Die Wirkung der Arbeit Kuenens in den Niederlanden." In Dirksen and van der Kooij, eds., *Abraham Kuenen*, pp. 29-48. Leiden: Brill, 1993.

Howard, Thomas A. *Religion and the Rise of Historicism: W. M. L. De Wette, Jacob Burckhardt, and the Theological Origins of Nineteenth-Century Historical Consciousness*. Cambridge: Cambridge University Press, 2006.

Hueglin, Thomas O. *Early Modern Concepts for a Late Modern World: Althusius on Communalism and Federalism*. Waterloo, ON: Wilfred Laurier University Press, 1999.

Hughes, Heather. *First President: A Life of John L. Dubbe, Founding President of the ANC*. Auckland Park, South Africa: Jacana, 2011.

Jaarsma, Cornelius R. *The Educational Philosophy of Herman Bavinck: A Textbook in Education*. Grand Rapids: Eerdmans, 1935.

Janssen, Heinrich. *Die Bibel als Grundlage der Politischen Theorie des Johannes Althusius*. Frankfurt: Peter Lang, 1992.

Jenkins, Philip. *God's Continent: Christianity, Islam, and Europe's Religious Crisis*.

Oxford: Oxford University Press, 2007.

_____. *The New Faces of Christianity: Believing the Bible in the Global South*. Oxford: Oxford University Press, 2006.

_____. *The Next Christendom: The Coming of Global Christianity*. 3rd ed. Oxford: Oxford University Press, 2011. 『신의 미래』(도마의길).

Johnson, R. W. *How Long Will South Africa Survive? The Looming Crisis*. Johannesburg: Jonathan Ball, 2015.

Jonker, W. D. *Leve de Kerk*. Nijkerk: Callenbach, 1969.

Jordan, Ellen, Charlotte Mitchell, and Helen Schinske. "'A Handmaid to the Church': How John Keble Shaped the Career of Charlotte Yonge, the 'Novelist of the Oxford Movement.'" In *John Keble in Context*, edited by Kirstie Blair, pp. 175-191. London: Anthem, 2004.

Jürgens, Henning P. *Johannes a Lasco in Ostfriesland: der Werdegang eines europäischen Reformators*. Tûbingen: Mohr Siebeck, 2000.

Kass, Leon R. *The Beginnings of Wisdom: Reading Genesis*. Chicago: University of Chicago Press, 2003.

_____. *The Hungry Soul: Eating and the Perfecting of Our Nature*. New York: Free Press, 1994.

Kearney, Richard. *Dialogues with Contemporary Thinkers. The Phenomenological Heritage*. Manchester, UK: Manchester University Press, 1984. 『현대 사상가들과의 대화』(한나래).

Keet, B. B. *Whither South Africa?* Translated by N. J. Marquard. Stellenbosch and Grahamstown, South Africa: University Publishers and Booksellers, 1956.

Kerr, David A., and Kenneth R. Ross, eds. *Edinburgh 2010: Mission Then and Now*. Oxford: Regnum, 2009.

Keulen, Dirk van. *Bijbel en dogmatiek: Schriftbeschouwing en schriftgebruik in het dogmatisch werk van A. Kuyper, H. Bavinck, en G.C. Berkouwer*. Kampen: Kok, 2003.

_____. "Herman Bavinck's Reformed Ethics: Some Remarks About Unpublished Manuscripts in the Libraries of Amsterdam and Kampen." *The Bavinck Review* 1 (2010): pp. 25-56.

_____. "The Internal Tension in Kuyper's Doctrine of Organic Inspiration of Scripture." In Cornelis van der Kooi and Jan de Bruijn, eds., *Kuyper Reconsidered: Aspects of His Life and Work*, pp. 123-130. VU Studies on Protestant History. Amsterdam: Vrije Universiteit Amsterdam, 1999.

Kierkegaard, Søren. *Journals and Papers*. Translated by Howard V. Hong and Edna H. Hong, and assisted by Gregor Malantschuk. Bloomington: Indiana University Press, 1967.

Kim, Kirsteen, and Andrew Anderson, eds. *Edinburgh 2010: Mission Today and Tomorrow*. Regnum Edinburgh 2010 Series. Oxford: Regnum, 2011.

Koslowski, Peter, ed. *Die Philosophie, Theologie und Gnosis Franz von Baaders: Spekulatives Denken zwischen Aufklärung, Restauration und Romantik*. Vienna: Passagen Verlag, 1993.

_____. *Philosophien der Offenbarung, Antiker Gnoticizmus, Franz von Baader, Schelling*. Vienna: Ferdinand Schöningh, 2001.

Kuehn, Heinz R. "Introduction." In Romano Guardini, *The Essential Guardini: An Anthology of the Writings of Romano Guardini*, pp. 1-12. Chicago: Liturgy Training Publications, 1997.

Kuenen, Abraham. *De Godsdienst tot den ondergang van den Joodschen staat*. English translation, 1874-1875.

_____. *De profeten en de profetie onder Israël*. English translation, 1877.

_____. *Historisch-Kritisch Onderzoek naar het ontstaan en de verzameling van de Boeken des Ouden Verbonds*. 3 vols. 1861-1865. 2nd ed., 1885-1893.

_____. *Levensbericht van J. Henricus Scholten*. 1885.

Kuipers, Tjitza. *Abraham Kuyper: An Annotated Bibliography 1857-2010*. Brill's Series in Church History. Leiden: Brill, 2011.

Kuitert, Harry M. *Jesus: The Legacy of Christianity*. London: SCM Press, 1999.

Küng, Hans. *Great Christian Thinkers*. New York: Continuum, 1995. 『위대한 그리스도교 사상가들』(크리스천헤럴드).

Kuyper, Abraham. *Abraham Kuyper: A Centennial Reader*. Edited by James D. Bratt. Grand Rapids: Eerdmans, 1998.

_____. *Band aan het woord. Antwoord op de vraag : Hoe is eene universiteit aan het woord van God te binden?* Amsterdam: Höveker & Wormser, 1899.

_____. "The Biblical Criticism of the Present Day." Translated by J. Hendrik de Vries. *Bibliothecra Sacra* LXI, no. 243 (1904): pp. 410-442, 666-688.

_____. "Christ and the Needy." *Journal of Markets & Morality* 14, no. 2 (Fall 2011): pp. 647-683.

_____. *Christianity and the Class Struggle*. Translated by Dirk Jellema. Grand Rapids: Piet Hein, 1950.

_____. *Common Grace: God's Gifts for a Fallen World*. Vol. 1. Translated by Nelson

D. Kloosterman. Edited by M. van der Maas. Abraham Kuyper Collected Works in Public Theology. Bellingham, WA: Lexham Press, 2015. 『일반 은혜』(부흥과개혁사).

_____. *De Engelen Gods*. Kampen: Kok, 1923.

_____. *De vastigheid des verbond*. Masterdam: Kirchener, 1908.

_____. *Dictaten Dogmatiek van Dr. A. Kuyper*. Grand Rapids: J. B. Hulst, 1910-1913.

_____. *Drie Kleine Vossen*. Kampen: Kok, 1901.

_____. *Encyclopaedie der heilige Godgeleerdheid*. 3 vols. Kampen: Kok, 1909.

_____. *Het Rassenvraagstuk: Probleem van Wereldformaat*. Kampen: Kok, 1956.

_____. "Lecture by Prof. Dr. A. Kuyper Concerning 'Missions', Mission Congress in Amsterdam, 28-30 January, 1890." 근간. https://www.allofliferedeemed.co.uk/Kuyper/AK-Missions.pdf, 2022년 6월 13일 접속―편집자.

_____. *Lectures on Calvinism*. Peabody, MA: Hendrickson, 2008. 『아브라함 카이퍼의 칼빈주의 강연』(다함).

_____. "The Natural Knowledge of God." Translated by Harry Van Dyke. *The Bavinck Review* 6 (2015): pp. 73-112.

_____. *Our Program: A Christian Political Manifesto*. Translated by Harry Van Dyke. Abraham Kuyper Collected Works in Public Theology. Bellingham, WA: Lexham Press, 2015. 『아브라함 카이퍼의 정치 강령』(새물결플러스).

_____. *Our Worship*. Translated by Harry Boonstra. Grand Rapids: Eerdmans, 2009.

_____. *Parlementaire Redevoeringen*. Amsterdam: Van Holkema and Warendorf, 1908-1912.

_____. *Principles of Sacred Theology*. Translated by Hendrik J. de Vries. Grand Rapids: Baker Book House, 1980.

_____. *The Problem of Poverty*. Sioux Center, IA: Dordt College Press, 2011. 『기독교와 사회문제』(생명의말씀사).

_____. *The Revelation of St. John*. Eugene, OR: Wipf and Stock, 1999.

_____. *Rooted and Grounded: The Church as Organism and Institution*. Translated by Nelson D. Kloosterman. Grand Rapids: Christian's Library Press, 2013.

_____. *Scholarship: Two Convocation Addresses on University Life*. Translated by Harry Van Dyke. Grand Rapids: Christian's Library Press, 2014.

_____. *The South-African Crisis*. 4th ed. Translated by A. E. Fletcher. London: Stop the War Committee, 1900.

_____. *To Be Near unto God*. Translated by John H. de Vries. Vancouver: Regent, 2005. 『하나님께 가까이』(CH북스).

_____. *Two Convocation Adresses on University Life*. Translated by Harry Van Dyke.

Grand Rapids: Christian's Library Press, 2014.

_____. *Van de voleinding*. 4 vols. Kampen: Kok, 1929-1931.

_____. *The Work of the Holy Spirit*. Translated by Henri de Vries. Grand Rapids: Eerdmans, 1900. 『성령의 사역』(성지출판사).

Lane, Tony. *The Lion Concise Book of Christian Thought*. Herts, UK: Lion, 1984. 『기독교 인물 사상 사전』(홍성사).

Langley, McKendree R. "Emancipation and Apologetics: The Formation of Abraham Kuyper's Anti-Revolutionary Party in the Netherlands, 1872-1880." PhD diss. Westminster Theological Seminary, Philadelphia, 1995.

_____. *The Practice of Political Spirituality: Episodes from the Public Career of Abraham Kuyper, 1879-1918*. Jordan Station, ON: Paideia, 1984.

Leeuwen, P. A. van. *Het Kerkbegrip in de Theologie van Abraham Kuyper*. Franeker, Netherlands: T. Wever, 1946.

Levenson, Jon D. *The Hebrew Bible, the Old Testament, and Historical Criticism: Jews and Christians in Biblical Studies*. Louisville: Westminster John Knox, 1993.

Lilla, Mark. *The Stillborn God: Religion, Politics, and the Modern West*. New York: Vintage, 2007, 2008. 『사산된 신』(바다출판사).

Lubac, Henri de. *A Brief Catechism on Nature and Grace*. Translated by Br. Richard Arnandez. San Francisco: Ignatius, 1984.

_____. *The Christian Faith: An Essay on the Structure of the Apostles' Creed*. London: Geoffrey Chapman, 1986.

Luther, Martin. *Large Catechism*. In *The Book of Concord*, ed. and trans. Theodore G. Tappert. Philadelphia: Fortress Press, 1959. 『마르틴 루터 대교리문답』(복있는사람).

_____. *Luther's Works*. 55 vols. St. Louis: Concordia, 1955-1986.

MacIntyre, Alasdair. *After Virtue*. Notre Dame, IN: University of Notre Dame Press, 1980. 『덕의 상실』(문예출판사).

_____. *Whose Justice? Which Rationality?* Notre Dame, IN: University of Notre Dame Press, 1988.

Maier, Bernhard. *William Robertson Smith: His Life, His Work and His Times*. Tübingen: Mohr Siebek, 2009.

Marsden, George. "The Collapse of American Evangelical Academia." In *Faith and Rationality*, edited by Alvin Plantinga and Nicholas Wolterstorff, pp. 219-264. Notre Dame, IN: University of Notre Dame Press, 1983.

_____. *The Outrageous Idea of Christian Scholarship*. New York: Oxford University Press, 1997. 『기독교적 학문 연구 @ 현대 학문 세계』(IVP).

_____. "The State of Evangelical Christian Scholarship." *Reformed Journal* 37 (1987): pp. 12-16.

Marshall, Paul, and Nina Shea. *Silence: How Apostasy and Blasphemy Codes Are Choking Freedom Worldwide*. Oxford: Oxford University Press, 2011.

Mattson, Brian G. *Restored to Our Destiny: Eschatology and the Image of God in Herman Bavinck's Reformed Dogmatics*. Studies in Reformed Theology. Leiden: Brill, 2012.

McCarthy, Rockne, Donald Oppewal, Walfred Peterson, and Gordon Spykrnan. *Society, State and School: A Case for Structural and Confessional Pluralism*. Grand Rapids: Eerdmans, 1981.

McGrath, Alister. *C. S. Lewis—A Life: Eccentric Genius, Reluctant Prophet*. Carol Stream, IL: Tyndale House, 2013. 『C. S. 루이스』(복있는사람).

McIntire, C. T. "Dooyeweerd's Philosophy of History." In *The Legacy of Herman Dooyeweerd: Reflections on Critical Philosophy in the Christian Tradition*, edited by C. T. McIntire, pp. 81-117. Lanham, MD: University Press of America, 1985.

Meijering, E. P. *Hendrikus Berkhof (1914-1995): Een Theologische Biografie*. Kampen: Kok, 1997.

Meijers, Erica. "The End of the Colonial Mindset: Apartheid as Challenge for the Protestant Churches in the Netherlands." In *Globalisierung der Kirchen: Der Ökumenische Rat der Kirchen und die Entdeckung der Dritten Welt in den 1960er und 1970er Jahren*, edited by Katharina Kunter and Annegreth Schilling, pp. 313-334. Göttingen: Vandenhoeck und Ruprecht, 2014.

Menuge, Angus J. L., ed. *Christ and Culture in Dialogue: Constructive Themes and Practical Applications*. St. Louis: Concordia Academic Press, 1999.

Merton, Thomas. *Contemplative Prayer*. London: DLT, 1969. 『마음의 기도』(성바오로출판사).

Michelet, Jules. *Nos Fils*. Librairie Internationale: 1869.

_____. *The People*. Translated by C. Cocks. London: Longman, Brown, Green and Longmans, 1846. 『미슐레의 민중』(고유서가).

Mietus, Leo. *Gunning en Kuyper in 1878: A. Kuypers Polemiek tegen het Leven van Jesus van J. H. Gunning Jr*. Brochurereeks nr. 28. Velp: Bond van Vrije Evangelische Gemeenten in Nederland, 2009.

Milbank, John. *The Suspended Middle: Henri de Lubac and the Debate Concerning the Supernatural*. Grand Rapids: Eerdmans, 2005.

"Modernizing the Case for God." *Time Magazine*. April 7, 1980. http://content.time.

com/time/magazine/article/0,9171,921990,00.html.

Mouw, Richard J. *He Shines in All That's Fair: Culture and Common Grace*. Grand Rapids: Eerdmans, 2001. 『문화와 일반 은총』(새물결플러스).

_____. "Klaas Schilder as Public Theologian." *Calvin Theological Journal* 38 (2003): pp. 281-298.

_____. *Political Evangelism*. Grand Rapids: Eerdmans, 1973.

_____. *When the Kings Come Marching In: Isaiah and the New Jerusalem*. Grand Rapids: Eerdmans, 1983. 『왕들이 입성하는 날』(SFC).

Mouw, Richard J., and Sander Griffioen. *Pluralisms and Horizons: An Essay in Christian Public Philosophy*. Grand Rapids: Eerdmans, 1993. 『다원주의들과 지평들』(IVP).

Mouw, Richard J., and Douglas A. Sweeney. *The Suffering and Victorious Christ: Toward a More Compassionate Christology*. Grand Rapids: Baker Academic, 2013.

Mumford, Lewis. *The City in History: Its Origins, Its Transformations, and Its Prospects*. San Diego: Harcourt Brace, 1989. 『역사 속의 도시』(지식을만드는지식).

Musgrove, F. *Margins of the Mind*. London: Methuen, 1977.

Naugle, David. *Worldview: The History of a Concept*. Grand Rapids: Eerdmans, 2002. 『세계관 그 개념의 역사』(CUP).

Newbigin, Lesslie. "Can the West Be Converted?" *Princeton Seminary Bulletin* 6, no. 1 (1985): pp. 25-37.

_____. *Foolishness to the Greeks: The Gospel and Western Culture*. London: SPCK, 1986. 『헬라인에게는 미련한 것이요』(IVP).

_____. *The Gospel in a Pluralist Society*. Grand Rapids: Eerdmans, 1989. 『다원주의 사회에서의 복음』(IVP).

_____. *One Body, One Gospel, One World: The Christian Mission Today*. London: International Missionary Council, 1958.

_____. *Proper Confidence: Faith, Doubt, and Certainty in Christian Discipleship*. London: SPCK, 1995.

_____. *Sign of the Kingdom*. Grand Rapids: Eerdmans, 1981.

_____. *Trinitarian Doctrine for Today's World*. Eugene, OR: Wipf and Stock, 1988.

_____. *A Word in Season: Perspectives on Christian World Missions*. Grand Rapids: Eerdmans, 1994.

Newbigin, Lesslie, Lamin Sanneh, and Jenny Taylor. *Faith and Power: Christianity and Islam in "Secular" Britain*. Eugene, OR: Wipf and Stock, 1998, 2005.

Nicholson, Ernest. *The Pentateuch in the Twentieth Century: The Legacy of Julius Wellhausen*. Oxford: Clarendon, 1998.

Niebuhr, H. R. *Christ and Culture*. New York: Harper & Row, 1951. 『그리스도와 문화』(IVP).

─── . *The Kingdom of God in America*. Chicago: Harper Torchbooks, 1937.

Nijhoff, Rob A. *De logosfilosofie van Jan Woltjer (1849-1917): Logos en wijsbegeerte aan de vroege Vrije Universiteit*. Amsterdam: Buitjen & Schipperheijn, 2014.

Niles, D. T. *Upon the Earth*. New York: McGraw-Hill, 1962.

Noll, Mark. *The Scandal of the Evangelical Mind*. Grand Rapids: Eerdmans, 1994. 『복음주의 지성의 스캔들』(IVP).

Noll, Mark, and James Turner. *The Future of Christian Learning: An Evangelical and Catholic Dialogue*. Edited by Thomas A. Howard. Grand Rapids: Brazos, 2008.

Nouwen, Henri. *The Road to Daybreak: A Spiritual Journey*. New York: Doubleday, 1988. 『데이브레이크로 가는 길』(포이에마).

O'Connor, Elizabeth. *Journey Inward, Journey Outward*. New York: Harper & Row, 1968. 『세상을 위한 교회, 세이비어 이야기』(IVP).

Odendaal, André. *The Founders: The Origins of the ANC and the Struggle for Democracy in South Africa*. Auckland Park, South Africa: Jacana, 2012.

O'Donovan, Oliver. *The Desire of the Nations: Rediscovering the Roots of Political Theology*. Cambridge: Cambridge University Press, 1996.

─── . *Resurrection and Moral Order: An Outline for Evangelical Ethics*. Grand Rapids: Eerdmans, 1986, 1994.

─── . *The Ways of Judgment*. Grand Rapids: Eerdmans, 2005.

Oort, Henricus, Isaäc Hooykaas, and Abraham Kuenen. *The Old Testament for Learners*. Boston: Little, Brown, 1900.

O'Reilley, Mary Rose. *The Love of Impermanent Things: A Threshold Ecology*. Minneapolis: Milkweed Editions, 2006.

Orr, James. *The Christian View of God and the World*. 2nd ed. Edinburgh: Andrew Elliot, 1893.

Parler, Branson L. *Things Hold Together: John Howard Yoder's Trinitarian Theology of Culture*. Scottdale, PA: Herald, 2012.

Paton, Alan. *Cry, The Beloved Country*. New York: Scribner, 1948, 2003. 『울어라 사랑하는 조국이여』(홍성사).

─── . *Hofmeyr*. Oxford: Oxford University Press, 1964.

─── . *Hope for South Africa*. London: Pall Mall Press, 1958.

─── . *Towards the Mountain: An Autobiography*. London: Penguin, 1986.

Pearcey, Nancy. *Total Truth: Liberating Christianity from Its Cultural Captivity*. Wheaton, IL: Crossway, 2004. 『완전한 진리』(복있는사람).

Pennington, Jonathan T. *Heaven and Earth in the Gospel of Matthew*. Grand Rapids: Baker Academic, 2009.

Perry, Tim S. *Radical Difference: A Defence of Hendrik Kraemer's Theology of Religions*. Waterloo, ON: Wilfred Laurier University Press, 2001.

Peterson, Eugene H. *Answering God: The Psalms as Tools for Prayer*. New York: HarperCollins, 1989. 『하나님께 응답하는 기도』(IVP).

_____. *The Contemplative Pastor*. Grand Rapids: Eerdmans, 1993. 『목회자의 영성』(포이에마).

_____. *Leap over a Wall: Earthly Spirituality for Everyday Christians*. New York: HarperCollins, 1997. 『다윗: 현실에 뿌리박은 영성』(IVP).

_____. *Working the Angles: The Shape of Pastoral Integrity*. Grand Rapids: Eerdmans, 1993. 『균형 있는 목회자』(좋은씨앗).

Pflanze, Otto. *Bismarck and the Development of Germany: The Period of Unification 1815-1871*. Princeton, NJ: Princeton University Press, 1968.

Pieper, Josef. *Guide to Thomas Aquinas*. San Francisco: Ignatius, 1991. 『토마스 아퀴나스』(분도출판사).

Plantinga, Alvin. *Warranted Christian Belief*. New York: Oxford University Press, 2000.

Plantinga, Alvin, and Nicholas Wolterstorff, eds. *Faith and Rationality: Reason and Belief in God*. Notre Dame, IN: University of Notre Dame Press, 1983.

Plaut, Martin. *Promise and Despair: The First Struggle for a Non-Racial South Africa*. Auckland Park, South Africa: Jacana, 2016.

Polanyi, Michael. *Personal Knowledge: Towards a Post-Critical Philosophy*. Chicago: University of Chicago Press, 1958. 『개인적 지식』(아카넷).

Poplin, Mary. *Finding Calcutta: What Mother Teresa Taught Me About Meaningful Work and Service*. Downers Grove, IL: InterVarsity Press, 2011. 『지금 머물러 있는 곳을 더욱 사랑하라』(포이에마).

Popper, Karl R. "The Bucket and the Searchlight: Two Theories of Knowledge." In David R. Keller and Frank B. Golley, eds., *The Philosophy of Ecology: From Science to Synthesis*, pp. 141-146. Athens: University of Georgia Press, 2000.

Postman, Neil. *The End of Education: Redefining the Value of School*. New York: Knopf, 1996. 『교육의 종말』(문예출판사).

Price, Timothy S. "Abraham Kuyper and Herman Bavinck on the Subject of Education as Seen in Two Public Addresses." *The Bavinck Review* 2 (2011): pp. 59-70.

Puchinger, George. *Abraham Kuyper: De Jonge Kuyper (1837-1867)*. Franeker, Netherlands: T. Wever, 1987.

_____. *Abraham Kuyper: His Early Journey of Faith*. Edited by George Harinck. Amsterdam: VU University Press, 1988.

_____. *Is de gereformeerde wereld veranderd?* Delft, Netherlands: W. D. Meinema N. V., 1966.

_____. "Newman en Kuyper." In *Ontmoetingen met theologen*, pp. 94-105. Zutphen, Netherlands: Terra, 1980.

Puchinger, George, and N. Scheps. *Gesprek over de onbekende Kuyper*. Kampen: Kok, 1971.

Räbiger, J. F. *Theologik oder Encyklopädie der Theologie*. Leipzig: Fues Verlag, 1880.

Readings, Bill. *The University in Ruins*. Cambridge, MA: Harvard University Press, 1996. 『폐허의 대학』(책과함께).

Rees, Wyn, ed. *Colenso: Letters from Natal*. Pietermaritzburg, South Africa: Shuter and Shooter, 1958.

Richard, H. L. "The Missiological Vision of J. H. Bavinck: Religion, Reticence, and Contextual Theology." *International Journal of Frontier Mission* 31, no. 2 (2014): pp. 75-84.

Ricoeur, Paul, and Andre LaCocque. *Thinking Biblically: Exegetical and Hermeneutical Studies*. Translated by David Pellauer. Chicago: The University of Chicago Press, 1998.

Ridderbos, Herman N. *The Coming of the Kingdom*. Jordan, ON: Paideia, 1979. 『하나님 나라』(솔로몬).

_____. *When the Time Had Fully Come: Studies in New Testament Theology*. Grand Rapids: Eerdmans, 1957. 『시간의 충만함이 도래했을 때』(제네바신학대학원대학교출판부).

Ridderbos, Simon J. "De theologische cultuurbeschouwing van Abraham Kuyper." PhD, Vrije Universiteit Amsterdam, 1947.

Rieff, Philip. *Fellow Teachers*. New York: Delta, 1972, 1973.

Rogerson, John W. "J. W. Colenso's Correspondence with Abraham Kuenen, 1863-1878." In *The Bible, the Reformation and the Church: Essays in Honour of James Atkinson*, edited by W. P. Stephens, pp. 190-223. Journal for the Study of the New Testament Supplement 105. Sheffield: Sheffield Academic Press, 1995.

_____. *Old Testament Criticism in the Nineteenth Century: England and Germany*. London: SPCK, 1984.

Rowell, Geoffrey. *The Vision Glorious: Themes and Personalities of the Catholic Re-*

vival in Anglicanism. Oxford: Clarendon, 2003.

Runner, H. Evan. *Christian Perspectives 1961*. Hamilton, ON: Guardian Publishing, 1961.

_____. *The Relation of the Bible to Learning*. Toronto: Wedge, 1974.

Santmire, H. Paul. *Before Nature: A Christian Spirituality*. Minneapolis: Fortress, 2014.

_____. *Nature Reborn: The Ecological and Cosmic Promise of Christian Theology*. Minneapolis: Fortress, 2000.

_____. *The Travail of Nature*. Minneapolis: Fortress, 1985.

Sap, John W. *Paving the Way for Revolution: Calvinism and the Struggle for a Democratic Constitutional State*. VU Studies on Protestant History 6. Amsterdam: Vrije Universiteit Amsterdam, 2001.

Schaeffer, Edith. *The Tapestry: The Life and Times of Francis and Edith Schaeffer*. Waco, TX: Word, 1985.

Schaff, Philip, and Henry Wace. *Early Church Fathers: Second Series: Nicene and Post Nicene Fathers*. Edited by Alexander Roberts and James Donaldson. Peabody, MA: Hendrickson, 1994.『필립 샤프 교회사 전집 3: 니케아 시대와 이후의 기독교』(CH북스).

Schelling, Friedrich. *System of Transcendental Idealism*. 1800. Translated by Peter Heath. Charlottesville: University of Virginia Press, 1978.『초월적 관념론 체계』(이제이북스).

Schilder, Klaas. *Christus in zijn lijden*. English trans., *Christ in His Suffering*. 3 vols. Translated by Henry Zylstra. Grand Rapids: Eerdmans, 1954.『수난당하시는 그리스도』(크리스천르네상스).

_____. *Wat is de Hemel?* Kampen: Kok, 1935.

Schindler, Jeanne H., ed. *Christianity and Civil Society: Catholic and Neo-Calvinist Perspectives*. Lanham, MD: Lexington Books, 2008.

Schleiermacher, Friedrich. *Brief Outline of the Study of Theology*. Translated by William Farrer. Edinburgh: T&T Clark, 1850.『신학연구입문』(대한기독교서회).

_____. *The Christian Faith*. London: T&T Clark, 1999.『기독교신앙』(한길사).

_____. *On Religion: Speeches to Its Cultured Despisers*. 2nd ed. Translated by Richard Crout. Cambridge Texts in the History of Philosophy. Cambridge: Cambridge University Press, 1988, 1996.『종교론』(대한기독교서회).

Schmemann, Alexander. *For the Life of the World: Sacraments and Orthodoxy*. 2nd ed. Crestwood, NY: St. Vladimir's Seminary Press, 1973.『세상에 생명을 주는 예배』(복있는사람).

Scholten, J. H. *Afscheidsrede bij het Neerleggen van het Hoogleraarsambt*. 1881.

_____. *Het Evangelie naar Johannes: kritisch, historisch onderzoek.* Leiden: P. Engels, 1864.

_____. *Principles of the Theology of the Reformed Church.* 2 vols., 1848-1850. 4th ed., 1861-1862.

Schumacher, E. F. *Small Is Beautiful.* London: Abacus, 1973. 『작은 것이 아름답다』(문예출판사).

Schutte, Gerrit. *A Family Feud: Afrikaner Nationalism and Dutch Neo-Calvinism.* Amsterdam: Rozenberg, 2010.

Seerveld, Calvin. "Dooyeweerd's Idea of 'Historical Development': Christian Respect for Cultural Diversity." *Westerminster Theological Journal* 58, no. 1 (1996): pp. 41-61.

Sennet, James F., ed. *The Analytic Theist: An Alvin Plantinga Reader.* Grand Rapids: Eerdmans, 1998.

Shenk, Wilbert R., ed. *Anabaptism and Mission.* Scottdale, PA: Herald, 1984.

Sherratt, Timothy. "Rehabilitating the State in America: Abraham Kuyper's Overlooked Contribution." In *On Kuyper: A Collection of Readings on the Life, Work and Legacy of Abraham Kuyper,* edited by Steve Bishop and John H. Kok, pp. 383-403. Sioux Center, IA: Dordt College Press, 2013.

Siemon-Netto, Uwe. *The Fabricated Luther: Refuting Nazi Connections and Other Modern Myths.* 2nd ed. St. Louis: Concordia, 1995, 2007. 『루터와 정치』(CLC).

Sire, James. *How to Read Slowly: Reading for Comprehension.* Downers Grove, IL: InterVarsity Press, 1978. 『어떻게 천천히 읽을 것인가』(이레서원).

_____. *Naming the Elephant: Worldview as a Concept.* Downers Grove, IL: InterVarsity Press, 2004. 『코끼리 이름 짓기』(IVP).

_____. *The Universe Next Door.* 4th ed. Downers Grove, IL: InterVarsity Press, 2004. 『기독교 세계관과 현대사상』(IVP).

Skillen, James W. "The Development of Calvinistic Political Theory in the Netherlands, with Special Reference to the Thought of Herman Dooyeweerd." PhD diss., Duke University, 1993.

_____. "*E Pluribus Unum* and Faith-Based Welfare Reform: A Kuyperian Moment for the Church in God's World." In *On Kuyper: A Collection of Readings on the Life, Work and Legacy of Abraham Kuyper,* edited by Steve Bishop and John H. Kok, pp. 405-418. Sioux Center, IA: Dordt College Press, 2013.

Smend, Rudolph. "Kuenen and Wellhausen." In Peter W. Dirksen and Aad W. van der Kooij, eds., *Abraham Kuenen (1828-1891): His Major Contributions to the Study of* the Old Testament: A Collection of Old Testament Studies Published on the Occasion of the Centenary of Abraham Kuenen's Death (10 December 1991), pp. 113-127. Oudtestamentische Studiën 29. Leiden: Brill, 1993.

_____. "The Work of Abraham Kuenen and Julius Wellhausen." In Magne Sæbø, ed., Hebrew Bible / Old Testament. III/1 The Nineteenth Century, pp. 424-453. Göttingen: Vandenhoeck & Ruprecht, 2013.

Smith, Adam. The Wealth of the Nations. Oxford: Oxford University Press, 1993. 『국부론』(올재클래식스).

Smith, David W. Transforming the World? The Social Impact of British Evangelicalism. Carlisle, UK: Paternoster, 1998.

Smith, James K. A. You Are What You Love: The Spiritual Power of Habit. Grand Rapids: Brazos, 2016. 『습관이 영성이다』(비아토르).

Snow, D. "On the Presumed Fragility of Unconventional Beliefs." Journal for the Scientific Study of Religion 21 (1982): pp. 15-26.

Sparks, Allister. First Drafts: South African History in the Making. Johannesburg and Cape Town: Jonathan Ball, 2009.

_____. Tomorrow Is Another Country: The Inside Story of South Africa's Negotiated Revolution. Wynberg, Cape Town, Struik: 1994.

Springer, Michael S. Restoring Christ's Church: John a Lasco and the Forma ac ratio. Aldershot, UK: Ashgate, 2007.

Spykman, Gordon J. Christian Faith in Focus. Jordan Station, ON: Paideia, 1992. 『신앙의 핵심』(생명의말씀사).

_____. Reformational Theology: A New Paradigm for Doing Dogmatics. Grand Rapids: Eerdmans, 1992. 『개혁주의 신학』(CLC).

Stahl, Friedrich Julius. The Philosophy of Law. Translated by Ruben Alvarado. Aalten, Netherlands: Wordbridge, 2007.

Staub, Dick. The Culturally Savvy Christian: A Manifesto for Deepening Faith and Enriching Popular Culture in an Age of Christianity-Lite. San Francisco, CA: Jossey-Bass, 2008.

Steiner, George. Lessons of the Masters. Cambridge, MA: Harvard University Press, 2003. 『가르침과 배움』(서커스).

Steinmetz, David. Luther in Context. 2nd ed. Grand Rapids: Baker Academic, 1995, 2002.

Stephens, W. P., ed. The Bible, the Reformation and the Church: Essays in Honour of James Atkinson. Journal for the Study of the New Testament Supplement 105.

Sheffield: Sheffield Academic Press, 1995.

Stiglitz, Joseph E. *Making Globalization Work*. New York: Norton, 2006. 『인간의 얼굴을 한 세계화』(21세기북스).

Storkey, Alan. "The Bible's Politics." In *Witness to the World*, edited by David Peterson. Carlisle, UK: Paternoster, 1999.

_____. *Jesus and Politics: Confronting the Powers*. Grand Rapids: Baker Academic, 2005.

Stott, John. *Christian Mission in the Modern World*. Downers Grove, IL: InterVarsity Press, 2008. 『선교란 무엇인가』(IVP).

_____. *The Contemporary Christian: An Urgent Plea for Double Listening*. Leicester, UK: Inter-Varsity Press, 1992. 『시대를 사는 그리스도인』(IVP).

Strauss, D. F. M. *Philosophy: Discipline of the Disciplines*. Grand Rapids: Paideia, 2009.

Swenson, R. A. *Margin*. Colorado Springs: NavPress, 1992. 『여유』(부글북스).

Tenzythoff, Gerrit J. *Sources of Secession: The Netherlands Hervormde Kerk on the Eve of the Dutch Immigration to the Midwest*. Historical Series of the Reformed Church in America 17. Grand Rapids: Eerdmans, 1987.

Thielicke, Helmut. *The Evangelical Faith. Vol. 2, The Doctrine of God and of Christ*. Translated by Geoffrey W. Bromiley. Grand Rapids: Eerdmans, 1977.

Thiselton, Anthony C. *The Hermeneutics of Doctrine*. Grand Rapids: Eerdmans, 2007. 『기독교 교리와 해석학』(새물결플러스).

Tracy, David. *Blessed Rage for Order: The New Pluralism in Theology*. Chicago: University of Chicago Press, 1975, 1996.

Trimp, C. *De Volmacht Tot Bedieniug Der Verzoening*. 2nd ed. Groningen: De Vuurbaak, 1970.

Troelstch, Ernst. *Social Teaching of the Christian Churches*. Louisville: Westminister John Knox, 1992. 『기독교사회윤리』(한국신학연구소).

Turretin, Francis. *Institutes of Elenctic Theology*. Translated by George M. Giver. 3 vols. Phillipsburg, NJ: P&R, 1997. 『변증신학강요』(부흥과개혁사).

VanDrunen, David. *Living in God's Two Kingdoms*. Wheaton, IL: Crossway, 2010. 『하나님의 두 나라 국민으로 살아가기』(부흥과개혁사).

_____. *Natural Law and the Two Kingdoms: A Study in the Development of Reformed Social Thought*. Emory University Studies in Law and Tradition. Grand Rapids: Eerdmans, 2010. 『자연법과 두 나라』(부흥과개혁사).

Van Dyke, Harry. "Abraham Kuyper: Heir of an Anti-Revolutionary Tradition." In *On Kuyper: A Collection of Readings on the Life, Work and Legacy of Abraham*

Kuyper, edited by Steve Bishop and John H. Kok, pp. 7-26. Sioux Center, IA: Dordt College Press, 2013.

Veenhof, Jan. *Nature and Grace in Herman Bavinck*. Translated by Al Wolters. Sioux Center, IA: Dordt College Press, 2006.

Veith, Gene. "Two Kingdoms Under One King: Towards a Lutheran Approach to Culture." In Menuge, *Christ and Culture in Dialogue*, pp. 129-144.

Velema, W. H. *De leer van de Heilige Geest bij Abraham Kuyper*. The Hague: Van Keulen, 1957.

Verburg, Marcel E. *Herman Dooyeweerd: The Life and Work of a Christian Philosopher*. Translated by Harry Van Dyke. Grand Rapids: Paideia, 2009.

Verkuyl, Johannes. *Break Down the Walls: A Christian Cry for Racial Justice*. Translated by Lewis B. Smedes. Grand Rapids: Eerdmans, 1973.

_____. *Contemporary Missiology: An Introduction*. Translated by Dale Cooper. Grand Rapids: Eerdmans, 1978. 『현대 선교신학 개론』(CLC).

Vial, Theodore. *Schleiermacher: A Guide for the Perplexed*. Guides for the Perplexed. London: Bloomsbury, 2013.

Visser, Paul. *Heart for the Gospel, Heart for the World: The Life and Thought of a Reformed Pioneer Missiologist Johan Herman Bavinck (1895-1964)*. Translated by Jerry Gort. Eugene, OR: Wipf & Stock, 2003. 『복음을 향한 열정, 세계를 향한 열정』(나눔과섬김).

Vree, Jasper. *Abraham Kuyper's "Commentatio" (1860): The Young Kuyper About Calvin, a Lasco, and the Church*. 2 vols. Leiden: Brill, 2005.

Wagenman, Michael. "A Critical Analysis of the Power of the Church in the Ecclesiology of Abraham Kuyper." PhD diss., University of Bristol, 2014.

Wagner, Tamara S., ed. *Charlotte Yonge: Reading Domestic Religious Fiction*. Abingdon, Oxford: Routledge, 2012.

Walker, Andrew. *Telling the Story: Gospel, Mission, Culture*. London: SPCK, 1996.

Walsh, Brian J., and J. Richard Middleton. *The Transforming Vision: Shaping a Christian Worldview*. Downers Grove, IL: InterVarsity Press, 1984. 『그리스도인의 비전』(IVP).

Wannenwetsch, Bernd. "Luther's Moral Theology." In Donald K. McKim, ed., *The Cambridge Companion to Martin Luther*, pp. 120-135. Cambridge: Cambridge University Press, 2003.

Warneck, Gustaf. *Das Studium der Mission auf der Universität*. Gütersloh: C. Bertelsmann, 1877.

Warren, Max. *I Believe in the Great Commission*. Grand Rapids: Eerdmans, 1976.

Webber, Robert. *The Church in the World: Opposition, Tension, or Transformation?* Grand Rapids: Zondervan, 1994.

Weber, Max. *The Vocation Lectures*. Translated by Rodney Livingstone. Edited by David Owen. New York: Hackett, 2004.

_____. "Wissenschaft als Beruf." In *Gesammlte Aufsätze zur Wissenschaftslehre*, 524-555. München: Duncker & Humblot, 1919. 영어 번역을 온라인으로 www.wisdom .weizmann.ac.il/~oded/X/WeberScienceVocation.pdf에서 이용할 수 있다.

Weigel, George. *The End and the Beginning: Pope John Paul II—The Victory of Freedom, The Last Years, The Legacy*. New York: Image, 2010.

Welsh, David. *The Rise and Fall of Apartheid*. Johannesburg and Cape Town: Jonathan Ball, 2009.

Wentsel, B. *Natuur en Genade: Een introductie in en confrontatie met de jongste onwikkelingen in de Rooms-Katholieke theologie inzake dit thema*. Kampen: Kok, 1970.

Westermann, Claus. *Blessing in the Bible and the Life of the Church*. Minneapolis: Fortress, 1978. 『축복』(소망사).

_____. *Genesis 1-11: A Commentary*. Translated by John J. Scullion. Minneapolis: Augsburg, 1984.

Wilder, A. N. "Preface." In *The Kingdom of God in 20th Century Interpretation*, pp. vii-x. Peabody, MA: Hendrickson, 1987.

Wilken, Robert L. *The Spirit of Early Christian Thought: Seeking the Face of God*. New Haven, CT: Yale University Press, 2003.

Witte, John, Jr. *God's Joust, God's Justice*. Grand Rapids: Eerdmans, 2006.

Wivel, Klaus. *The Last Supper: The Plight of Christians in Arab Lands*. Translated by Mark Kline. New York: New Vessel Press, 2016.

Wolters, Albert M. *Creation Regained: Biblical Basics for a Reformational Worldview*. 2nd ed. Grand Rapids: Eerdmans, 2005. 『창조 타락 구속』(IVP).

_____. "Dutch Neo-Calvinism: Worldview, Philosophy and Rationality." In H. Hart, J. van der Hoeven, and Nicholas Wolterstorff, eds., *Rationality in the Calvinian Tradition*, pp. 113-131. Toronto: University Press of America, 1983.

_____. "Glossary." In L. Kalsbeek, *Contours of a Christian Philosophy: An Introduction to Herman Dooyeweerd's Thought*, pp. 346-354. Amsterdam: Buijten and Schipperheijn, 1975.

_____. "The Intellectual Milieu of Herman Dooyeweerd." In *The Legacy of Herman*

Dooyeweerd: Reflections on Critical Philosophy in the Christian Tradition, edited by Carl T. McIntire, pp. 1-20. Lanham, MD: University Press of America, 1985.

_____. "Nature and Grace in the Interpretation of Proverbs 31:10-31." *Calvin Theological Journal* 19 (1984): pp. 153-166.

_____. "The Nature of Fundamentalism." Pro Rege, September 1986, pp. 2-9.

Wolterstorff, Nicholas. "Introduction." In Plantinga and Wolterstorff, eds., *Faith and Rationality: Reason and Belief in God*, pp. 1-15. Notre Dame, IN: University of Notre Dame Press, 1983.

_____. *Reason Within the Bounds of Religion*. Grand Rapids: Eerdmans, 1976. 『종교의 한계 내에서의 이성』(성광문화사).

_____. *Until Justice and Peace Embrace*. Grand Rapids: Eerdmans, 1983. 『정의와 평화가 입맞출 때까지』(IVP).

Wood, John H. *Going Dutch in the Modern Age: Abraham Kuyper's Struggle for a Free Church in the Nineteenth-Century Netherlands*. New York: Oxford University Press, 2013.

Woudenberg, René van. "Two Very Different Analyses of Knowledge." In John H. Kok, ed., *Ways of Knowing in Concert*, pp. 101-123. Sioux Center, IA: Dordt College Press, 2005.

Wright, Christopher J. H. *The Mission of God: Unlocking the Bible's Grand Narrative*. Downers Grove, IL: InterVarsity Press, 2006. 『하나님의 선교』(IVP).

Wright, N. T. *The Climax of the Covenant: Christ and the Law in Pauline Theology*. Edinburgh: T&T Clark, 1991.

_____. *Jesus and the Victory of God*. Christian Origins and the Question of God 2. Minneapolis: Fortress, 1996. 『예수와 하나님의 승리』(CH북스).

_____. *The New Testament and the People of God*. Christian Origins and the Question of God 1. Minneapolis: Fortress, 1992. 『신약성서와 하나님의 백성』(CH북스).

Wright, N. T., and Marcus Borg. *The Meaning of Jesus*. London: SPCK: 1999. 『예수의 의미』(한국기독교연구소).

Wright, William J. *Martin Luther's Understanding of God's Two Kingdoms: A Response to the Challenge of Skepticism*. Texts and Studies in Reformation and Post-Reformation Thought. Grand Rapids: Baker Academic, 2010.

Yates, Timothy. *Christian Mission in the Twentieth Century*. Cambridge: Cambridge University Press, 1994.

Yinger, Kent L. *The New Perspective on Paul: An Introduction*. Eugene, OR: Cascade Books, 2011. 『바울에 관한 새 관점 개요』(감은사).

Yonge, Charlotte M. "Authorship." *The Monthly Packet* (September 1892). Available at http://community.dur.ac.uk/c.e.schultze/index.html.

———. *The Heir of Redclyffe*. Wordsworth Classics. Ware, UK: Wordsworth Editions, 1998.

———. *John Keble's Parishes: A History of Hursley and Otterbourne*. 1898.

Zahrnt, Heinz. *The Question of God: Protestant Theology in the Twentieth Century*. Translated by R. A. Wilson. London: Collins, 1969.

Zaleski, Philip, and Carol Zaleski. *The Fellowship: The Literary Lives of the Inklings: J. R. R. Tolkien, C. S. Lewis, Owen Barfield, Charles Williams*. New York: Farrar, Straus and Giroux, 2015.

Zanden, Jan L. van, and Arthur van Riel. *The Strictures of Inheritance: The Dutch Economy in the Nineteenth Century*. Translated by Ian Cressie. Princeton, NJ: Princeton University Press, 2004.

Zuidema, S. U. *Communication and Confrontation*. Toronto: Wedge, 1972.

Zulu, Paulus. *A Nation in Crisis: An Appeal for Morality*. Cape Town: Tafelberg, 2013.

Zwaanstra, Henry. "Abraham Kuyper's Conception of the Church." *Calvin Theological Journal* 9 (1974): pp. 149-181.

Zylstra, Bernard. "Preface to Runner." In H. Evan Runner, *The Relation of the Bible to Learning*. Jordan Station, ON: Paideia, 1982.

저자 찾아보기

가다머, 한스 게오르크(Hans-Georg Gadamer) 133, 134n1, 202, 426
가이슬러, 노먼(Norman Geisler) 402
개블러, 울리히(Ulrich Gäbler) 140n19
거스너, 존(John Gerstner) 402
건턴, 콜린(Colin Gunton) 440
겐지헨, 한스 베르너(Hans-Werner Gensichen) 355n65
겔너, 어니스트(Ernest Gellner) 292
고데, 프레데릭 루이스(Frédéric Louis Godet) 320
고힌, 마이클(Michael W. Goheen) 23n4, 31n19, 59n65, 64n71, 164, 169n6, 186, 200, 201n81, 332n1, 337, 353n58, 362-363, 370-373, 397n41, 407, 436n82, 469
골리, 프랭크(Frank B. Golley) 469n54
구아르디니, 로마노(Romano Guardini) 190
군닝, 요한네스(Johannes H. Gunning, Jr.) 47
그래프, 제럴드(Gerald Graff) 443-444, 461, 464-465, 469-470
그레이다누스, 시드니(Sidney Greidanus) 155n54, 156n57, 157n59·61·63, 158n65, 164
그로스, 레너드(Leonard Gross) 96
그리피스, 마이클(Michael Griffiths) 255, 291-292
그린슬레이드(S. L. Greenslade) 258n8
그림, 브라이언(Brian Grim) 241n63, 242
글랜빌, 에린(Erin G. Glanville) 23n4
글리슨, 론(Ron Gleason) 429n56, 497
기어츠, 클리퍼드(Clifford Geertz) 470n55

나우웬, 헨리(Henri Nouwen) 487-490
나일스(D. T. Niles) 331
네이호프, 롭(Rob A. Nijhoff) 387n24

노글, 데이비드(David Naugle) 169n6,
  170, 191n59
놀, 마크(Mark Noll) 117, 193n62
뉴먼, 존 헨리(John Henry Newman)
  42, 45n26, 256, 460-461
뉴비긴, 레슬리(Lesslie Newbigin)
  127n132, 164, 198, 293, 296-297,
  332, 335-337, 343, 365-367, 370-
  372, 465-466
니버, 리처드(H. Richard Niebuhr)
  94n51, 105, 272
니체, 프리드리히(Friedrich Nietzsche)
  55, 460
니콜슨, 어니스트(Ernest Nicholson)
  137n9
닐, 스티븐(Stephen Neil) 363n86

다이어니스, 윌리엄(William A. Dyrness) 102n70, 103n71
더 브리스, 시몬(Simon J. de Vries)
  138n14
더 블라이, 하름(Harm de Blij) 24n6
더 클레르크, 빌럼(Willem A. de Klerk)
  249
더들리 스미스, 티머시(Timothy Dudley-Smith) 343n26
더크슨, 피터(Peter W. Dirksen)
  138n12·13, 139n17
덤브렐, 윌리엄(William Dumbrell) 123-
  126
데리다, 자크(Jacques Derrida) 409-410

데이비스, 브라이언(Brian Davies)
  113n97, 114n102
데카르트, 르네(René Descartes) 456
뎅어링크, 얀(Jan D. Dengerink) 212,
  217n19
도이어베르트, 헤르만(Herman
  Dooyeweerd) 92n46, 95n54, 178,
  212, 214n8, 215, 231, 249-251,
  257n6, 324, 377n4, 378n6, 388-397,
  404-409, 414, 423, 432, 435-436
두 프레즈, 막스(Max du Preez) 26
두흐로브, 울리히(Ulrich Duchrow)
  108n85
듀 보이스(W. E. B. du Bois) 245
딕, 커넬리어스(Cornelius J. Dyck)
  98n63
딜타이, 빌헬름(Wilhelm Dilthey) 202

라너, 칼(Karl Rahner) 295
라스키, 얀[Jan Laski, 요한네스 아 라
  스코(J. à Lasco)] 41-42, 44-45, 67,
  262-264
라이트, 윌리엄(William J. Wright)
  102n70, 103
라이트, 크리스토퍼(Christopher J. H.
  Wright) 164
라이트[N. T. Wright (Tom)] 91, 126-131,
  164-165, 198, 203n85
라투레트, 케네스(Kenneth S. Latourette)
  363n86
랑게, 더(A. de Lange) 47n32

랑게, 해리 더(Harry de Lange) 240
래비거(J. F. Räbiger) 338n13
랭글리, 맥켄드리(McKendree R. Langley) 299n1, 300n2, 305n16, 306n20·21, 307n22·23·24·25, 308n26·27·28·29·30·31·32, 315
러너, 에반(H. Evan Runner) 62n68, 126n127, 387n25, 406, 468
러셀, 버트런드(Bertrand Russell) 402
레벤슨, 존(Jon D. Levenson) 163
레싱, 고트홀트(Gotthold Lessing) 455n28
레이우번, 판(P. A. van Leeuwen) 262n18
레인, 토니(Tony Lane) 116n107
레프토, 브라이언(Brian Leftow) 113n97, 114n102
로스, 케네스(Kenneth R. Ross) 334n7
로웰, 제프리(Geoffrey Rowell) 256n3
로저슨, 존(John W. Rogerson) 137n8, 138n12
로크마커, 한스(Hans Rookmaaker) 168-169, 398
로티, 리처드(Richard Rorty) 171
롱, 스티븐(Stephen A. Long) 114n102
루이스(C. S. Lewis) 45
루터, 마르틴(Martin Luther) 95, 102-106, 108, 111, 159, 177n27, 258
루툴리, 앨버트(Albert Luthuli) 27
뤼박, 앙리 드(Henri de Lubac) 94n52, 117n108, 259n10
리델보스, 헤르만(Herman N. Ridderbos) 122n117, 126, 128n135, 130n139, 155, 158-160
리딩스, 빌(Bill Readings) 445n6
리비스(F. R. Leavis) 460
리스, 윈(Wyn Rees) 246
리처드(H. L. Richard) 367n90
리츨, 알브레히트(Albrecht Ritschl) 87, 169n5, 171-172
리쾨르, 폴(Paul Ricoeur) 71, 119
리크먼(H. P. Rickman) 202n83
리프, 필립(Philip Rieff) 226141, 460-461
릴, 아서 판(Arthur van Riel) 317n48

마르틀레(G. Martelet) 94n52
마샬, 폴(Paul Marshall) 94n51, 242n63·66, 323, 398
마우, 리처드(Richard J. Mouw) 91n44, 94n51, 118n110, 300n3, 323, 324n74, 412n2
마이어, 브랜트(Brant Myer) 363
마즈던, 조지(George Marsden) 63, 185n45, 446, 464
만델브로트, 스캇(Scott Mandelbrote) 136n5
만하임, 칼(Karl Mannheim) 485
매카시, 로크니(Rockne McCarthy) 324n72
매클루언, 마셜(Marshall McLuhan) 28
매킨타이어, 알래스데어(Alasdair MacIntyre) 185, 186n46, 429, 444

매킨타이어, 칼(Carl T. McIntire) 251n87, 394n35

매킴, 도널드(Donald K. McKim) 103n73

맥그래스, 알리스터(Alister McGrath) 45n27

맷슨, 브라이언(Brian G. Mattson) 92n47

머스그로브(F. Musgrove) 470n55

머튼, 토머스(Thomas Merton) 192, 493

멀러, 리처드(Richard Muller) 436

멈포드, 루이스(Lewis Mumford) 475, 476n66·67·68

메뉴지, 앵거스(Angus J. L. Menuge) 105n78, 106n79·80·81, 107n82

메이어링(E. P. Meijering) 412n5

메이어스, 에리카(Erica Meijers) 356n67

모리스, 헨리(Henry Morris) 402

모리츠, 토르스텐(Thorsten Moritz) 23n4

모턴(H. D. Morton) 414n9

몰트만, 위르겐(Jürgen Moltmann) 433, 440

미들턴, 리처드(J. Richard Middleton) 186, 203n85

미슐레, 쥘(Jules Michelet) 311

미어, 잇쳬 판 더(Jitse M. van der Meer) 136n5

미첼, 샬럿(Charlotte Mitchell) 42n17

미터스, 레오(Leo Mietus) 271n39

밀뱅크, 존(John Milbank) 117n108

바더, 프란츠 폰(Franz von Baader) 52, 271

바르넥, 구스타프(Gustav Warneck) 345, 364

바르톨로뮤, 크레이그(Craig G. Bartholomew) 23n4, 31n19, 64n71, 72n1, 85n26, 103n72, 123n121, 134n2, 164n78, 169n6, 201n81, 209n91, 225n37, 240n58·59, 241n62, 285n72, 350n47, 353n58, 371n101, 397n41, 407-408, 412n1, 436n82, 438n87, 460n44, 469, 483n10

바르트, 칼(Karl Barth) 73, 87n32, 123, 156, 193-195, 197, 232n46, 348, 360-361, 366, 414, 419, 432-433, 438-440, 467-468

바빙크(J. H. Bavinck) 126, 203n85, 286, 331, 333, 334-373, 387, 479, 498-499

바빙크, 헤르만(Herman Bavinck) 38n4, 47n33, 72-73, 84-94, 102, 113, 117-119, 121-123, 126n129, 135, 138, 147n32·34, 149n39, 151-156, 160-164, 167-169, 172n13, 190, 230, 245n73, 248, 286-293, 317n51, 318n55, 333, 378n5, 381n13, 383n18, 385-388, 404-405, 411-414, 415n10, 416n13·15, 417n17, 419n23, 420n26·29·30, 423n36, 424n37, 424n38·40, 425n41·42, 426n46, 427n48·51, 428n52·54, 429n56·57·58, 430, 431-442, 447n12, 479,

482-484, 497-499
바우어, 페르디난트 크리스티안(Ferdinand Christian Baur) 51
바울[사도, Paul (apostle)] 91, 100, 159-160, 236, 344
바이알, 시어도어(Theodore Vial) 436n83
바이어, 오스발드(Oswald Bayer) 95, 108, 113
바코트, 빈센트(Vincent E. Bacote) 431n64
바헤나르, 래리(Larry J. Wagenaar) 162n74
반 다이크, 해리(Harry Van Dyke) 212n4, 218n21, 220n24, 285n75, 302n9, 356n70
반넨베치, 베른트(Berndt Wannenwetsch) 103n73, 104, 108-109
반드루넨, 데이비드(David VanDrunen) 95
발포트, 페터(Peter Walpot) 97
백스터, 리처드(Richard Baxter) 45n28
밴턴(M. Banton) 470n55
버거, 피터(Peter L. Berger) 325, 470-472
버크, 에드먼드(Edmund Burke) 50-51
버클리, 마이클(Michael J. Buckley) 108, 465n48
베디아코, 크와메(Kwame Bediako) 36n26
베르카우어, 헤릿(Gerrit C. Berkouwer) 197, 256n2, 262n18, 295-296,
298n97, 411-414, 431-434, 440
베르코프, 헨드리쿠스(Hendrikus Berkhof) 100, 412-414, 432, 437
베리, 웬델(Wendell Berry) 33-34, 78n12, 239-240, 489
베버, 막스(Max Weber) 460, 465, 485
베스터만, 클라우스(Claus Westermann) 120, 124n123
베츠, 존(John R. Betz) 64n71, 118-119
베테, 빌헬름 데(Wilhelm de Wette) 139
벤, 로버트(Robert Benne) 106-107
벤첼(B. Wentsel) 117n108
벨하우젠, 율리우스(Julius Wellhausen) 137-138, 162
보그, 마커스(Marcus J. Borg) 91n43
보레인, 알렉스(Alex Boraine) 26
보샴, 폴(Paul Beauchamp) 54n53
보센브룩, 마르틴(Martin Bossenbroek) 243
보쉬, 데이비드(David Bosch) 30-32, 208, 287, 337, 343, 345n31, 363-364, 370-371, 470, 474
보스, 게르할더스(Geerhardus Vos) 162n74
보어, 에릭 더(Erik A. de Boer) 482n3
보에티우스(Boethius) 114, 117
보우마, 클라랜스(Clarence Bouma) 345
보울린, 제임스(James Bowlin) 385n20
보이텐, 하름(Harm J. Boiten) 482n3
보컴, 리처드(Richard Bauckham) 164
보타, 일레인(M. Elaine Botha) 398, 409

본회퍼, 디트리히(Dietrich Bonhoeffer)
　96n56, 109-113, 433
볼렌호븐, 디르크(Dirk Vollenhoven)
　92n46, 387n25, 388-390, 397, 405-
　406
볼트, 존(John Bolt) 36n26, 39n7,
　47n33, 87n32, 209n91, 282n63,
　284, 317n51, 333n5, 342n24·25,
　352n55, 358n74, 359n77, 364,
　447n12, 482-484, 498-499
뵐(E. Böhl) 140
부버, 마르틴(Martin Buber) 128, 331
불, 말콤(Malcolm Bull) 50n42
불트만, 루돌프(Rudolph Bultmann)
　195-200
뷔셔, 폴(Paul Visser) 333, 341n23,
　342n25, 346n34·35, 348n40, 364,
　498
브라운(R. Brown) 127n133
브라위너, 아드 더(Ad de Bruijne) 482n3
브라이트, 존(John Bright) 162n74
브라인, 얀 더(Jan de Bruijn) 152n48,
　315, 496
브라텐, 칼(Carl E. Braaten) 104n74,
　105n78, 105, 255, 260-261, 292,
　294-296, 372, 411
브래들리, 앤서니(Anthony B. Bradley)
　420n30
브래시어, 레이(Ray Brassier) 459
브래트, 제임스(James D. Bratt) 38n1·2,
　39n6, 40, 42n13·15, 43n18·19,

44n23·25, 46n29·31, 47n33, 48n34·
36, 49n38·39·40, 51n45·47, 52n48,
53n49·50·51, 54n52·54, 55n55·56·
57, 56n58·59, 57n60·61·62, 58n63·
64, 65n72, 66n73, 67n74, 68n75·76,
69n77, 161n70·71·72, 206, 221n26·
27, 222n29·30, 224n32·33, 225n34·
35·36, 233n48·49, 234n50·51·52,
235n53·54, 257n5, 261n16·17, 262,
264n20·21, 265, 266n242526,
267n27·28·29·30, 268n31·32·33,
269n35, 270n36, 271n38·40·41,
272, 273n45, 280n59, 281n60·61,
286n75, 303n10·11, 304n13, 305,
315n42, 316, 385n20, 448n14, 495-
496
브로이어(F. G. M. Broeyer) 47n32
브루너, 에밀(Emil Brunner) 419, 433
브루너, 프레더릭(Frederick D. Bruner)
　130n140
브리슬리, 에릭(Eric Bristley) 497
브리츠, 돌프(Dolf Britz) 214n8
블레마이어스, 해리(Harry Blamires) 192
블레어, 커스티(Kirstie Blair) 42n17
블룸하르트, 크리스토프(J. Christoph
　Blumhardt) 90
비벨, 클라우스(Klaus Wivel) 368n94
비숍, 스티브(Steve Bishop) 244n69,
　302n9, 309n33, 324n71
비스, 진(Gene Veith) 106
비치, 마크(J. Mark Beach) 498

빌더다이크, 빌럼(William Bilderdijk) 38n5

사네, 라민(Lamin Sanneh) 372n102
사보(M. Sabø) 137n9
사이어, 제임스(James Sire) 187-190, 198, 199n78, 392n34
새프, 존(John W. Sap) 212n4, 309n33
샌트마이어, 폴(Paul Santmire) 112
샤프, 필립(Philip Schaff) 258n9, 259n11
샹테피 드 라 소세, 다니엘(Daniël Chantepie de la Saussaye) 47, 431
세넷, 제임스(James F. Sennett) 390n29, 400n47, 402n48
셀더하위스, 헤르만(Herman J. Selderhuis) 214n8
셰럿, 티모시(Timothy Sherratt) 309n33
셸링, 프리드리히 빌헬름 요제프 폰(Friedrich Wilhelm Joseph von Schelling) 170, 216
쉐퍼, 이디스(Edith Schaeffer) 168n2, 186
쉐퍼, 프랜시스(Francis Schaeffer) 168-169, 185-186, 192, 198
쉥크, 윌버트(Wilbert R. Shenk) 96n58
쉰들러, 진(Jeanne H. Schindler) 328n85
쉰스크, 헬렌(Helen Schinske) 42n17
쉴링, 안네그레트(Annegreth Schilling) 356n67
슈마허(E. F. Schumacher) 443

슈메만, 알렉산더(Alexander Schmemann) 35n24, 190-193
슈탈, 프리드리히 율리우스(Friedrich Julius Stahl) 212, 216-218, 220
슈트라우스, 다비드 프리드리히(David Friedrich Strauss) 51
슐라이어마허, 프리드리히(Friedrich Schleiermacher) 46n30, 102, 143, 171-172, 263-264, 338n13, 436
스노우(D. Snow) 470n55
스멘트, 루돌프(Rudolph Smend) 137n9
스미스, 데이비드(David W. Smith) 77n10, 78
스미스, 애덤(Adam Smith) 317
스미스, 윌리엄 로버트슨(William Robertson Smith) 138, 143
스미스, 제임스(James K. A. Smith) 407n57
스미트, 마이어(Meyer Smit) 398
스웬슨(R. A. Swenson) 200n80
스위니, 더글러스(Douglas A. Sweeney) 91n44
스켑스(N. Scheps) 338
스킬더, 클라스(Klaas Schilder) 126n127, 156-157, 412n2
스킬렌, 제임스(James W. Skillen) 213-214, 220, 223n31, 323-324, 398
스타웁, 딕(Dick Staub) 492
스타이너, 조지(George Steiner) 486
스타인메츠, 데이비드(David Steinmetz) 104, 105n77

스텀프, 엘리오노르(Eleonore Stump) 114n102
스토커, 헨드릭(Hendrik G. Stoker) 249
스토키, 앨런(Alan Storkey) 300n5, 398
스토트, 존(John Stott) 22, 78, 100n66, 186, 315, 321, 343-344
스톱, 헨리(Henry Stob) 406
스투프(J. A. Stoop) 345n31
스트라우스(D. F. M. Strauss) 376
스티글리츠, 조지프(Joseph E. Stiglitz) 239
스티븐스(W. P. Stephens) 138n12
스파이크만, 고든(Gordon J. Spykman) 126, 260n12, 274n47, 398, 411, 432-434, 435n80, 438
스팍스, 앨리스터(Allister Sparks) 26n10, 27
스프라울(R. C. Sproul) 402
스프링어, 마이클(Michael S. Springer) 42n13
스피노자, 바뤼흐(Baruch Spinoza) 133, 233
스홀텐, 요한네스 헨리퀴스(Johannes Henricus Scholten) 41, 46, 48-49, 102n69, 135-138, 161
스후테, 헤릿(Gerrit Schutte) 250n86
시몬 네토, 우베(Uwe Simon-Netto) 96n56
시어, 니나(Nina Shea) 242n63·66
시어벨드, 캘빈(Calvin Seerveld) 395, 398

아르난데스, 리처드(Richard Arnandez) 94n52
아리스토텔레스(Aristotle) 49, 113, 115-116, 215n11, 393
아우구스티누스(Augustine) 58, 115, 153-154, 221, 258-259, 467
아퀴나스, 토마스(Thomas Aquinas) 96, 113-117, 393, 467
아타나시오스(Athanasius) 91n44
알더스(G. Ch. Aalders) 122n117, 155-156
알렉산더, 찰스(Charles Alexander) 79
알투지우스, 요한네스(Johannes Althusius) 212, 214-216, 223
앤더슨, 앤드루(Andrew Anderson) 337n9
앤더슨, 오웬(Owen Anderson) 185n45
앤더슨, 제럴드(Gerald Anderson) 342n25, 355n65
앤더슨, 클리포드 블레이크(Clifford Blake Anderson) 87n32, 171n11, 172n12·13, 232n46
앨런, 디오게네스(Diogenes Allen) 61n67
앨런, 존(John L. Allen) 241-242
얀센, 하인리히(Heinrich Janssen) 215n10
에글린턴, 제임스(James Eglinton) 213n4
에라스뮈스, 데시데리위스(Desiderius Erasmus) 38, 233

에반스, 스티븐(C. Stephen Evans) 375
에발트, 하인리히(Heinrich Ewald) 136-137
에스코바르, 새뮤얼(Samuel Escobar) 363
에이버스(I. H. Eybers) 345n31
엘럿, 존(John W. Elrod) 69n66
엘리스, 브래넌(Brannon Ellis) 441
엘리스, 스티븐(Stephen Ellis) 27n12
엘리엇(T. S. Eliot) 464-465, 485n13, 486
영, 샬럿(Charlotte Yonge) 42-43, 44n20·21·22, 45n26, 256, 259
예이츠, 티머시(Timothy Yates) 334n6
오덴달, 안드레(André Odendaal) 246n75
오도노반, 올리버(Oliver O'Donovan) 90, 120, 349n43, 366, 418, 444, 467-468
오라일리, 메리 로즈(Mary Rose O'Reilley) 492n25
오르트, 헨리퀴스(Henricus Oort) 139n15
오어, 제임스(James Orr) 34, 50, 63, 78, 169, 171-176, 185, 192, 206
오웨넬, 빌럼(Willem Ouweneel) 432n67
오코너, 엘리자베스(Elizabeth O'Connor) 481, 482n2
오코로, 에누마(Enuma Okoro) 408n58
오크숏, 마이클(Michael Oakeshott) 460
올스턴, 윌리엄(William Alston) 403

옵조머, 코르넬리스 빌럼(Cornelis Willem Opzoomer) 136
와겐맨, 마이클(Michael Wagenman) 262n18
와그너, 타마라(Tamara S. Wagner) 42n17
와이스헤이플, 제임스(James A. Weisheipl) 114n100
와일더(A. N. Wilder) 127n133
와츠, 아이작(Isaac Watts) 126
왈쉬, 브라이언(Brian J. Walsh) 186, 203n85
요더, 존 하워드(John Howard Yoder) 99-101
용커(W. D. Jonker) 339n14
우드, 존(John H. Wood) 262n18
우든베르흐, 르네 판(René van Woudenberg) 397
워렌, 맥스(Max Warren) 342n25
워커, 앤드루(Andrew Walker) 31
워필드, 벤저민(Benjamin B. Warfield) 185n45
월스, 앤드루(Andrew Walls) 363
월터스, 알버트(Albert M. Wolters) 73, 81, 87n32, 92n46, 94, 95n54, 99n65, 147n36, 178, 186, 229n40, 394-397, 404-405, 477
월터스토프, 니콜라스(Nicholas Wolterstorff) 95n54, 185n45, 186, 323, 347, 375, 389, 399, 403-404, 406-408, 474n62

웨버, 로버트(Robert E. Webber) 97
웨이젤, 조지(George Weigel) 21-22
웰시, 데이비드(David Welsh) 248n81
위르겐스, 헨닝(Henning P. Jürgens) 42n13
위트, 존(John Witte, Jr.) 215n10
윌슨하트그로브, 조너선(Jonathan Wilson-Hartgrove) 408n58
윌켄, 로버트(Robert L. Wilken) 207n88
윙크, 월터(Walter Wink) 98
유스티누스, 순교자(Justin Martyr) 420
잉거, 켄트(Kent L. Yinger) 159n67

자스마, 코넬리어스(Cornelius R. Jaarsma) 447n12
잔덴, 얀 판(Jan L. van Zanden) 317n48
잘레스키, 캐럴(Carol Zaleski) 294n91
잘레스키, 필립(Philip Zaleski) 294n91
젠슨, 로버트(Robert W. Jenson) 104n74
젠킨스, 필립(Philip Jenkins) 29, 209n92, 367-369
젤레마, 해리(W. Harry Jellema) 406
조던, 엘런(Ellen Jordan) 42n17
존슨(R. W. Johnson) 26, 28-30
주이데마(S. U. Zuidema) 73n3, 86
줄루, 파울루스(Paulus Zulu) 26
즈완스트라, 헨리(Henry Zwaanstra) 262n18
지라르, 르네(René Girard) 240
지지울러스, 존(John Zizioulas) 440
질송, 에티엔느(Etienne Gilson) 114n102
질스트라, 버나드(Bernard Zylstra) 126

차른츠, 하인츠(Heinz Zahrnt) 109n88, 432n68
차일즈, 브레바드(Brevard S. Childs) 300n4
채플린, 조나단(Chaplin, Jonathan) 229, 231n45, 324, 398
체스터턴(G. K. Chesterton) 114

카니, 프레더릭(Frederick S. Carney) 215n11
카사노바, 호세(José Casanova) 325-328
카스, 레온(Leon R. Kass) 54n53, 134
카잔자키스, 니코스(Nikos Kazantzakis) 331, 365
카펜터, 험프리(Humphrey Carpenter) 294
칸트, 임마누엘(Immanuel Kant) 57, 169-171, 180, 396-397, 403, 456
칼뱅, 장(Calvin, John) 42, 44, 47-48, 67, 88, 173, 177n27, 179-181, 205n86, 212-214, 257-258, 262-265, 306n20, 317, 320, 357, 391, 467-468
칼스빅(L. Kalsbeek) 178n30, 229n40
캐럴, 로버트(Robert Carroll) 445
캐럴, 존(John Carroll) 37, 69, 459-461
커, 데이비드(David A. Kerr) 334n7
커니, 리처드(Richard Kearney) 409, 410n60

케어드, 조지(George B. Caird) 131
케우트(B. B. Keet) 248
케이브, 앨프레드(Alfred Cave) 338n13
케이저, 제프리(Jeffrey F. Cayzer) 96n56
켈러, 데이비드(David R. Keller) 469n54
켐피스, 토마스 아(Thomas à Kempis) 483
코스로프스키, 페터(Peter Koslowski) 271n39
코스타, 이삭 다(Isaac da Costa) 39, 139-140, 479
코이, 아드 판 더(Aad W. van der Kooij) 138n12·13, 139n17
코이, 코르넬리스 판 더(Cornelis van der Kooi) 152n48, 432n67
코이지스, 데이비드(David Koyzis) 398
콕, 존(John H. Kok) 244n69, 302n9, 309n33, 324n71, 398n44
콘라디, 에른스트(Ernst M. Conradie) 122n116
콜렌소, 존 윌리엄(John William Colenso) 51, 138, 143, 246
콜슨, 찰스(Charles Colson) 186
콩던, 데이비드(David W. Congdon) 195n68·69, 196n70·71·72·74, 197, 355n65
쾨니히(A. König) 345n31
쿠에넌, 아브라함(Abraham Kuenen) 41, 135-139, 143, 162
쿠이퍼스, 치체(Tjitze Kuipers) 495
쿠테르트, 해리(Harry M. Kuitert) 412, 432n66
쿠퍼, 존(John Cooper) 416n11
쿤터, 카타리나(Katharina Kunter) 356n67
퀸, 하인츠(Heinz R. Kuehn) 190n56
큉, 한스(Hans Küng) 116n106
퀼런, 디르크 판(Dirk van Keulen) 86n31, 152n48, 388n27, 425n42
크나이프, 더(H. W. de Knijff) 47n32
크라벤담, 한스(Hans Krabbendam) 162n74
크래머, 헨드릭(Hendrik Kraemer) 342, 344-345, 348, 353-354, 358, 371
클라우저, 로이(Roy Clouser) 202-203, 398, 406n56
클라크, 켈리 제임스(Kelly James Clark) 400n47, 402
클레어본, 셰인(Shane Claiborne) 408n58
클루스터만, 넬슨(Nelson D. Kloosterman) 126n129
클리포드(W. K. Clifford) 402
키르케고르, 쇠렌(Søren Kierkegaard) 59, 193n61, 205
키블, 존(John Keble) 42, 45n26, 256
키프리아누스(Cyprian) 258
킴, 커스틴(Kirsteen Kim) 337n9

탐보, 올리버(Oliver Tambo) 27
터너, 제임스(James Turner) 117-119
테르툴리아누스(Tertullian) 258, 403

테일러, 제니(Jenny Taylor) 372n102

텐자프, 헤릿(Gerrit J. Tenzythoff) 136n6

토머스, 히스(Heath A. Thomas) 135n2, 438n87

톨킨(J. R. R. Tolkien) 294

투레티누스, 프란키스쿠스(Francis Turretin) 340n19

트레이시, 데이비드(David Tracy) 270n37

트루스트, 안드레(Andre Troost) 398

트림프(C. Trimp) 339n14

티슬턴, 앤서니(Anthony C. Thiselton) 426n47

틸리케, 헬무트(Helmut Thielicke) 433, 437

파스칼, 블레즈(Blaise Pascal) 154

파커, 시어도어(Theodore Parker) 51

판 에센(J. L. van Essen) 447n12

판넨베르크, 볼프하르트(Wolfhart Pannenberg) 433

팔러, 브랜슨(Branson Parler) 99-101

페넬(C. A. M. Fennell) 269n34

페닝턴, 조나단(Jonathan T. Pennington) 129n137

페루쿠일, 요한네스(Johannes Verkuyl) 247n78, 342

페르부르흐, 마르셀(Marcel E. Verburg) 390n30, 404n54, 414n9

페리, 팀(Tim S. Perry) 359n75, 371n99

페이튼, 앨런(Alan Paton) 24-25, 247-248

페인호프, 얀(Jan Veenhof) 88n34·35·36, 89, 91n42, 92n45

펠레마(W. H. Velema) 431n64

펠트하위스(H. Veldhuis) 47n32

포스트먼, 닐(Neil Postman) 445-447

포이어바흐, 루트비히(Ludwig Feuerbach) 446

포퍼, 칼(Karl Popper) 468

포플린, 메리(Mary Poplin) 489

폴라니, 마이클(Michael Polanyi) 33, 465

폴리스, 브라이언(Bryan A. Follis) 185n45

푸치우스, 히스베르투스(Gisbertus Voetius) 354

푸칭거, 조지(George Puchinger) 38n2, 45n26, 338, 375n1

퓨지, 에드워드(Edward Pusey) 42, 45n26, 256

프라이스, 티머시(Timothy S. Price) 429n56

프레, 야스퍼(Jasper Vree) 42n13

프레타임, 테렌스(Terence Fretheim) 112

프리스, 요한 헨드릭 더(Johan Hendrik de Vries) 44n24, 82n20, 138n14, 142n21

프리즌(J. G. Friesen) 271n39

프리즌, 듀에인(Duane K. Friesen) 52, 53n

플라우트, 마틴(Martin Plaut) 246n75
플라톤(Plato) 49
플랜즈, 오토(Otto Pflanze) 217
플랜팅가, 앨빈(Alvin Plantinga)
　185n45, 186, 197, 375, 377n4, 389,
　399, 402n48, 403-404, 406, 457
플랫, 존(John G. Flett) 351n49, 355n65
피어슨, 알라드(Allard Pierson) 49, 140
피어시, 낸시(Nancy Pearcey) 186
피터슨, 데이비드(David Peterson)
　300n5
피터슨, 유진(Eugene Peterson) 168,
　238-239, 484
피퍼, 요제프(Josef Pieper) 113n98,
　114n101
핑거, 토머스(Thomas N. Finger) 97-99
핑커, 로저(Roger Finke) 241n63, 242

하르낙, 아돌프 폰(Adolf von Harnack)
　261
하르트만, 에두아르트 폰(Eduard von
　Hartmann) 381n13
하링크, 조지(George Harinck) 38n2,
　136n5, 147n36, 158n64, 162n73·74,
　213n4, 244n69, 248n82, 249n85,
　288n80, 304n12, 385n20, 412n2,
　482n4
하만(J. G. Hamann) 64, 118-119
하우어워스, 스탠리(Stanley Hauerwas)
　490, 491n23
하우트만, 코넬리어스(Cornelius Houtman) 138n12, 139
하웃즈바르트, 밥(Bob Goudzwaard)
　23n5, 225n37, 240, 330, 398,
　460n44
하워드, 토머스(Thomas A. Howard)
　117n109, 384n19
하이데거, 마르틴(Martin Heidegger)
　170n7, 397
하지, 찰스(Charles Hodge) 427n48
하트(H. Hart) 95n54
할러, 칼 루트비히 폰(Karl Ludwig von
　Haller) 217
허츠, 칼(Karl H. Hertz) 108n85
헤겔, 게오르크 빌헬름 프리드리히(Georg
　Wilhelm Friedrich Hegel) 171, 222
헤르초흐(J. B. M. Hertzog) 248-249
헤름스, 아일러트(Eilert Herms) 171
헤슬람, 피터(Peter S. Heslam) 174n19,
　185n45
헤인스, 요한(Johan A. Heyns) 354n63
헤프, 발렌틴(Valentine Hepp) 433
헨더슨(R. D. Henderson) 229n39
헨리, 매튜(Matthew Henry) 155
헨리, 칼(Carl F. H. Henry) 185, 192
호이카스, 이삭(Isaäc Hooykaas) 139n15
호이텐가(D. J. Hoitenga) 186n47
호켄다이크(J. C. Hoekendijk) 352
홀베르다(B. Holwerda) 157n60, 158
홀트롭(P. N. Holtrop) 286n76
홉슨, 조지(George Hobson) 252n88
후번, 요한 판 더(J. van der Hoeven)

95n54
후설, 에드문트(Edmund Husserl) 397
후크마, 앤서니(Anthony A. Hoekema) 123n120
휘글린, 토마스(Thomas O. Hueglin) 214n9
휴즈, 헤더(Heather Hughes) 246n75
흐로스헤이더(F. W. Grosheide) 112n117
흐룬 판 프린스터러, 하윌라우머(Guillaume Groen van Prinsterer) 39, 99, 109, 175, 212-214, 216-221, 225-227, 236, 309, 394, 431n65, 447-448, 479, 499-500
흐리피운, 산더(Sander Griffioen) 94n51, 324n74
히멀팝, 거트루드(Gertrude Himmelfarb) 329n86
히스펜(W. H. Gispen) 122n117, 155
히에로니무스(Jerome) 103, 483
힌리키, 폴(Paul R. Hinlicky) 108-109, 113, 118n110

주제 찾아보기

가난한(poor), 빈곤(poverty) 29, 32, 48, 182, 218, 239, 278, 299, 317-323, 328-329, 336, 368-369, 450, 463, 474, 487-488
가정(family), 부모(parents) 24, 42, 62, 67, 140, 145, 184, 215-218, 220-222, 225-227, 237, 251, 273-277, 282-283, 288, 290, 304, 386, 449-452, 458-459, 462, 488
가톨릭주의(가톨릭 사상, Catholicism) 94-96, 113, 175, 179, 190, 393
개신교주의(Protestantism) 38, 52, 111, 144, 172-173, 177, 255, 260, 301, 393
개혁(reform) 38, 218, 264, 282, 314, 405
   교육의(educational) 218-220, 303-304
   교회(church) 218, 264
개혁파 기독교(Reformed Christianity) 참고. 칼뱅주의
갱신 운동(Réveil) 38, 139-140, 218, 225, 447-448
거듭남(중생, rebirth) 57, 60-61, 64-65
겸손(humility) 153-154, 193, 259, 362, 453, 484
경계(boundaries) 37, 52-56, 223, 229, 251, 266, 271, 310, 330
경제학(economics) 238-240, 251, 329-330, 347, 398, 500
계몽주의 이후(post-Enlightenment) 172, 302, 388, 447, 458, 462
계몽주의(Enlightenment) 108, 118-119, 133, 170, 212, 311, 393, 402, 459
계시(revelation) 40, 72, 89, 107, 116, 120-121, 142-143, 146, 152, 157-164, 173, 181, 191, 194, 197-198, 206, 216, 221, 235, 297, 299, 311, 316, 331, 345-346, 348, 350-351, 356-362, 382, 385-391, 417-425, 428, 430-431, 434-435, 457
   일반(general) 72, 93, 197, 202, 345,

348, 356-357, 361, 386-387
특별(special) 72, 93, 121, 359, 386-387, 419-420, 424
고전적 토대주의(classical foundationalism) 398-404
공산주의(communism) 23, 235, 270
공생(symbiosis) 215, 223, 229, 250-251
과학/학문(science) 23, 35, 49, 106, 108, 133, 140, 144, 149, 154, 175, 184-185, 196, 216, 228, 277, 326, 340, 345-347, 375-386, 392-393, 404, 409-410, 414-416, 421-423, 430-432, 436, 438-439, 451-455, 460, 498 참고. '비센샤프트'
교리, 신학적(theological doctrine) 38, 71, 95-96, 100, 102, 109, 111, 115, 137, 152, 183, 194-195, 263, 279, 289-292, 314, 327, 349, 371, 411-412, 425-427, 431, 433, 440, 484, 496
교부(church fathers) 207, 289, 403, 467
교육, 기독교(Christian education) 232, 445, 450, 462-463, 469, 486-487
교육, 학교(education, schools) 39, 49, 67, 77, 95, 104, 106, 140, 218-220, 225, 227-230, 232-233, 250-251, 253, 265, 302-307, 311, 314-316, 323, 326, 333, 383, 395, 403-404, 443-477, 485-487
교의적 논증(dogmatic argument) 141, 144-149

교의학(dogmatics) 87, 90, 93, 108, 142, 167, 289, 339, 413, 430-432, 435-439, 496-499
교회(church) 21-23, 30-32, 37-45, 48-49, 51-54, 56, 59-62, 65-68, 74-78, 86-88, 95-98, 100-105, 110-111, 119-120, 135-136, 138-140, 141-152, 158, 161, 167-168, 175, 177, 180-184, 203, 207, 213, 215-220, 227-233, 236-240, 248, 251-253, 255-298, 301, 304-305, 308-309, 312, 327-333, 335-337, 339-346, 350-355, 356, 362-367, 369, 372-373, 382, 395, 411, 414, 422-424, 428-429, 431, 451-452, 458, 461, 467, 470, 473-474, 481-482, 488-490, 499
국가(national) 38, 60, 140, 264, 280-281
어머니로서의(as mother) 43-45, 48, 67, 167-168, 236, 255-261, 276, 290-294, 301, 411
유기체로서의(as organism) 151, 260, 268, 273-279, 289, 292, 429
···의 일치(통일성, unity of), 기독교적 일치(Christian unity) 39, 261-263, 290, 294-298, 425-426
제도적(institutional) 66-67, 97, 101, 167, 181, 232, 236-238, 251-252, 261, 273-279, 282, 285, 293-294, 333, 382, 395, 429
지역(local), 지역 회중(local congre-

gation) 278-279, 291-293, 305, 333, 335, 353, 365, 373, 482, 488
교회론(ecclesiology) 255, 261-262, 273, 295-296, 411
교회일치주의(에큐메니즘/초교파주의, ecumenism) 67, 120-122, 255, 261, 296-298, 316, 334-336, 343, 353, 372, 411, 450
구속(redemption) 55, 71-75, 79, 93-94, 98-101, 112, 120-121, 125-126, 129-131, 160, 173, 191, 262, 287, 360, 370, 386, 393-394, 435
구원(salvation) 53, 61, 72-79, 84-87, 94, 110, 112, 117-119, 145, 161, 173, 224, 259, 331, 336, 340, 346-347, 350-352, 353, 360, 366-367, 372, 394, 475
국가(state) 26, 39, 104, 183, 213-218, 219-225, 229, 233-236, 238-239, 250, 159, 263, 265, 278, 290-291, 304-309, 313, 326-329, 363, 448-452
권세/능력/힘(powers) 41, 44, 98-101, 274-275, 434, 485-486
그리스도, 예수(Jesus Christ) 21, 27, 31, 34-35, 40, 52-56, 60-61, 64-66, 68-85, 88-91, 94, 97, 100-103, 105-106, 109-112, 114, 120-121, 126-131, 134, 139, 145-146, 152, 154-164, 173, 176, 180, 182, 184, 190-198, 205-208, 218-221, 223-225, 233,
236, 247, 255, 259-268, 272-276, 281-284, 286-294, 296-297, 299, 314, 319-322, 329-332, 336, 340, 342-348, 351-353, 356-359, 361-362, 365-366, 370, 372, 386, 391, 394, 410, 412, 421-426, 430, 436-439, 450-451, 464-467, 473, 476-477, 479-491, 493
⋯를 본받음(imitation of) 482-484
성자(Son) 88, 89, 134, 145, 157, 176, 281, 286-287, 352
그리스도의 사역(work of Christ, Christ's work) 71-76, 80, 89, 483
기도(prayer) 52-53, 77, 141, 178-181, 193, 205, 236, 257, 272-273, 285, 373, 407, 454, 481, 485-488
기독교적 일치(통일성, Christian unity) 참고. 교회: ⋯의 일치(통일성)
기독론(Christology) 85, 90, 433

남아프리카/남아프리카공화국(남아공, South Africa) 21-33, 35-36, 59, 167-169, 243-250, 294, 316, 329, 344, 356, 409, 463, 500
네덜란드 국교회(Dutch Reformed Church, Nederlandse Hervormde Kerk) 38-39, 45, 49
논리(logic) 49, 56, 122, 140, 207, 380-381, 397, 429
능력(powers) 참고. 권세

다원주의(pluralism) 119, 208-209, 242, 250, 299, 315, 323-328, 445-448, 462, 471
다형성(pluriformity) 295, 348
대학, 기독교(Christian university) 107, 220, 230, 251, 458-459, 461, 468-473, 476
데 클레르크(F. W. de Klerk) 26
도덕성(morality) 26, 41, 52, 222, 272, 311, 327, 461
돌레안치("애통", Doleantie) 67, 230, 262, 279-281, 295

『레드클리프의 상속자들』(The Heir of Redclyffe) 42-45, 48, 256
레베이(Revéil) 참고. 갱신 운동
렘브란트(Rembrandt) 492
루터파(Lutheranism) 94-96, 102-109, 112-113, 175, 177, 216

만델라, 넬슨(Nelson Mandela) 26, 28
말씀[하나님의, Word (of God)] 참고. 성경
맥락화(상황화, contextualization) 68, 159, 335, 340-342, 371
메시아(Messiah) 160, 222-225, 314, 320
멘델스존, 펠릭스(Felix Mendelssohn) 492
문화(culture) 22-23, 31-32, 37, 49, 52, 69, 89-90, 94-95, 100-102, 105-109, 118-119, 134, 140, 148, 162, 171-172, 175, 178, 184, 187, 197, 200, 206-209, 218, 225-228, 231-232, 236-237, 240, 243, 252-253, 262, 265-267, 291-292, 297, 304-305, 325, 337, 348, 356, 367, 371-373, 391-392, 408, 431-432, 445, 447, 450, 459, 467, 470-472, 476, 485, 489, 492-493
문화적 관여(cultural engagement) 66-67, 119, 165, 207, 211, 252, 296, 484
물질주의(materialism) 49, 51-52, 140, 270
믿음(beliefs, 신념) 37, 200-207, 223, 260, 309, 326, 400-402, 457-458, 470-471

바니에, 장(Jean Vanier) 487-490, 493
바흐, 요한 제바스티안(Johann Sebastian Bach) 492
박해(persecution) 96-98, 160, 241-242, 258, 291, 368-369
반대(resistance) 참고. 저항/반대
반립(antithesis) 55, 77, 97, 111, 148, 177-178, 184, 223, 268, 312, 315, 381, 395, 416, 426, 430, 465
반혁명당(Anti-Revolutionary Party) 37, 219-220, 225, 300, 304-309, 314-316, 322, 450
법/율법(law) 55, 95, 104-109, 114-116, 146, 174, 213-217, 234-235, 242-243, 262, 269, 276, 305, 308-312, 326, 383, 391, 394, 422, 448

자연…(natural) 95, 104, 109, 116
변증/변증학(apologetics) 56, 207, 315, 344, 433, 457, 465
보수주의(conservatism) 46, 50, 58, 68, 148-149, 153, 160-161, 265-268
보전(preservation) 68, 109, 160, 248-249, 265
복음(gospel) 21-22, 32, 46, 64, 68, 89, 95, 104-105, 121-122, 133, 168-169, 190-195, 198, 205-207, 211, 240, 263, 290-292, 296-298, 300, 313-314, 319-322, 325, 334-337, 342, 346-351, 356, 358, 362-363, 365, 393-394, 412, 419, 432, 474, 491
복음주의적(복음적, evangelical), 복음주의자(evangelicals), 복음주의(evangelicalism) 39, 61, 63-67, 77-78, 122, 165, 168, 186, 190, 193, 218, 255, 292, 296-297, 343-344, 364-366, 369, 372, 402, 441, 464, 466, 481, 490
복종(obedience) 참고. 순종
본성(nature) 참고. 자연
부모(parents) 참고. 가정
부활(resurrection) 90-91, 93, 120-121, 161
분화(differentiation) 231, 251, 326-328, 395
비센샤프트(Wissenschaft) 184, 376
빈곤(poverty) 참고. 가난한

사업(business, 일/비즈니스) 76-78, 213, 218, 222, 227-228, 239, 314, 317, 476
사회 철학(philosophy of society) 211-253
사회(society) 67, 92, 108, 182-183, 199, 214, 217, 219-220, 225-228, 231, 236, 244, 250-253, 265, 273, 277, 282, 291-292, 305-306, 312, 315, 318-320, 323-328, 355, 383, 386, 392, 394-395, 453, 464, 471-474, 492, 498
산업화(industrialization) 303, 317, 329
삼위일체(Trinity) 54, 114, 411-412, 433, 436, 439-440 참고. 하나님: 삼위일체
상대주의(relativism) 171, 198-199, 202, 295
새 땅(new earth) 66, 75, 80, 83-85, 98, 321
새 창조(new creation) 65, 81, 91, 97-99, 112, 120, 131, 161, 191
새 하늘[new heaven(s)] 66, 75, 80, 85, 98, 321
선거, 정치(election, political) 25, 28, 303-304, 316-317, 329, 450
선교(사명, mission) 30-31, 58, 62, 66, 76, 79, 98, 126, 160, 206-207, 232, 255, 286-287, 290, 293, 297, 331-373, 406-407, 423-424, 472-476, 493, 498
선교학(missiology) 127, 208, 287, 334-341, 344-345, 351-352, 356, 364-

366, 370-371
선택, 신학(election, theological) 55, 74-75, 224, 278, 433-434
설교/선포(preaching) 21, 46, 77-78, 150, 155-156, 159, 164, 284, 292, 319-320, 347, 350, 353, 358, 362, 428
성경 내러티브(biblical narrative) 참고. 성서(Scripture)
성경 이야기(biblical story) 참고. 성서(Scripture)
성경(Bible) 참고. 성서
성령(Holy Spirit) 45-46, 57, 60-66, 88-90, 100, 142, 144-147, 149-151, 157, 159, 179-181, 234, 237, 261-264, 274-277, 279, 286-287, 297, 332, 337, 352, 365, 393-394, 422, 426, 431, 439, 457, 476, 485-487, 491, 496-498
성례(sacraments) 114, 190-191, 236-237, 257, 277, 487
성서(기록, Scripture), 성경(Bible), 말씀[하나님의, Word (of God)], 성경 내러티브(biblical narrative) 22, 52-53, 57-59, 62-64, 72, 75, 81, 91-92, 98, 112, 122-123, 131, 133-165, 167, 177, 181, 190, 192-195, 198-199, 202-208, 214, 219, 234, 237, 240, 252-253, 255, 259-260, 270, 277-278, 282-284, 289, 292, 299, 310-314, 319, 331, 338-340, 348, 354, 537, 365-371, 378, 385, 394, 405-406, 413, 420-428, 433-441, 457, 466-469, 473, 480-482, 491, 496
 …의 권위(authority of) 57, 143, 148, 154, 164, 366, 405, 425-426, 468
 …의 무오성(infallibility of) 64, 147, 160, 165, 199, 234, 292, 438, 468, 480
 …의 영감(inspiration of) 146-153, 160, 311, 422-426
 …의 통일성(unity of) 425-426, 435, 441
성서 비평(biblical criticism), 역사 비평(historical criticism) 41, 120, 133-144, 147-155, 161-163, 432-433, 441
성육신(incarnation) 91-92, 110, 114, 152, 265, 268, 290, 421, 488
성자(Son) 참고. 그리스도, 예수
성화(sanctification) 75, 79, 484
세계관(worldview) 24, 31-34, 46, 49, 54-56, 63-64, 78-81, 103, 112, 130, 134, 140, 144, 155, 162, 167-209, 231, 250-253, 268, 274, 286, 296, 325, 333, 367, 379, 383, 387-388, 390, 393-397, 405-406, 416, 428-429, 439, 457-458, 462-464, 467-471, 474, 490-491
세계화(globalization) 23-24, 27-29, 238-239, 327, 370
세속주의(secularism) 79, 304, 323-328, 434, 440, 465
세속화(secularization) 29, 323-328,

336, 424, 447-448, 454, 458
소명(직업, vocation, vocations) 78, 87, 103, 106, 183, 191, 312, 353, 460
소명의 피라미드(vocational pyramid) 78
소비자 지상주의(consumerism) 23, 24, 28, 101-102, 209, 239-240, 329-330, 445, 471, 476
순종/복종(obedience) 72, 181, 214, 247, 335-337, 347, 353, 410, 485, 491
스트로메이어, 조지(George Strohmeyer) 490
스하이, 요한나(Johanna Schaay) 40-42, 45, 59
시민 불복종(civil disobedience), 시민적 저항(civil resistance) 236
신비주의(mysticism) 38, 159, 287-289, 342, 348, 437, 481
신앙(faith) 32, 34, 40, 43-44, 47, 51-52, 56-59, 62-63, 66-67, 76-79, 89, 93, 102-106, 113, 115-118, 128, 133, 146, 150-152, 164, 167-169, 172-173, 186, 192-197, 201-204, 216, 218-221, 224-227, 234, 236, 242, 249, 253, 255-259, 268-271, 274, 288-290, 298, 301, 309-311, 314, 336, 344-347, 352-353, 360, 369, 381, 388, 390, 394, 399, 411-413, 420, 423, 426-428, 433-439, 450, 454, 462-466, 480, 488-494, 498
신칼뱅주의(neo-Calvinism) 333, 389, 396-397, 471
신학(theology) 34, 38-41, 44-46, 48, 52-54, 59, 71, 87-92, 96-97, 99, 103-107, 109-112, 115-120, 123, 128, 135-136, 138-144, 148-151, 154, 163, 172, 174-175, 194-197, 205, 230, 256, 261-263, 268, 270-272, 286, 311, 323, 333, 338-340, 342-343, 345-346, 348, 351-358, 364, 372, 375-376, 383-387, 394, 398, 402, 408-409, 411-442, 469, 482-484, 496-497
자유주의(liberal) 102, 175, 195, 413, 432
심판(judgment) 53-55, 93, 272, 322, 350, 359, 362

아파르트헤이트(apartheid) 21, 24, 26-27, 30-33, 167-169, 239, 243-250, 329, 355-356
아프리카민족회의(African National Congress) 26-29, 245
앎(knowing), 지식(knowledge) 46, 107, 114-117, 120-121, 142, 144, 154, 170, 188, 191, 196-197, 225, 234, 270-272, 275, 288, 311, 340, 346, 376-380, 384-387, 399-401, 403-404, 408, 410, 416-423, 429-431, 437-439, 453-460, 466-471, 486, 494
암스테르담 자유 대학교(Free University

of Amsterdam) 37, 86-87, 122, 141, 155-156, 159, 211, 220, 225, 228-233, 235, 280, 289, 302, 304, 312, 342, 388, 390, 412-414, 429, 433, 438, 450, 452-453, 456

언약(covenant) 123-126, 129-131, 144, 218, 234, 349, 484

엔캅시스(*enkapsis*) 229, 250

역사 비평(historical criticism) 참고. 성서 비평

역사(history) 22-23, 27-30, 39, 45, 53, 65, 71, 74, 101, 109-110, 117-118, 130, 139, 142-147, 152, 154-160, 171-174, 179, 189-190, 196, 201, 207-208, 218, 223-224, 226-228, 233, 235, 248, 263, 273, 295, 309-310, 355-357, 362-363, 372, 383, 386, 392, 395, 398, 428, 435, 449, 455, 459, 471, 476, 483-485, 495

영광(glory) 35, 55, 63-65, 74-76, 81, 83-84, 88, 48, 121, 168, 180-182, 206, 209, 216, 224-227, 275-276, 349-350, 354, 372, 426, 439, 453

영성 형성(spiritual formation) 306, 313, 479-493

영성(spirituality) 34, 78, 178, 193, 200, 262, 287-289, 408, 429, 481-485, 488

영역 주권(sphere sovereignty) 67, 174, 183, 211-253, 273-274, 302, 305-306, 309, 324, 329, 382, 394-395, 428-429, 449-451, 451

예배(worship) 77, 82, 176, 191-193, 236-237, 257, 277, 282-285, 387, 395

예수(Jesus) 참고. 그리스도, 예수

예전(전례, liturgy) 48, 190-193, 257, 260, 282-285, 339, 365, 404, 407

은혜(grace) 46, 60-61, 69-77, 79-98, 102, 108-109, 111-113, 115-123, 131, 147, 184, 192-193, 197, 214, 276, 287, 301, 307, 353-354, 361, 391-394, 405, 436, 484-486, 498

일반(common) 73-74, 77, 83-86, 93, 214, 301, 436

특별(particular) 73-74, 77, 86, 436

음베키, 타보(Thabo Mbeki) 28

의식(consciousness) 57, 143, 147, 180-181, 184, 187-188, 277, 345, 359, 376-378, 423, 426-428

이교주의(paganism) 175, 183

이단(heresy) 51, 53, 91, 249, 260, 270

이성(인간의, human reason) 23, 41, 56, 104, 107-108, 112-119, 133, 151, 154, 180, 184-185, 188, 192-194, 212, 316, 357, 386-388, 390, 403, 408, 433, 459

이성, 자연적(natural reason) 113-115

이슬람(Islam) 29, 175, 179, 183, 209, 240-242, 253, 291-292, 367-369, 372, 462

이원론(dualism) 56, 76-77, 81, 91-92, 98-99, 102-104, 107, 115-117, 164,

167, 180, 193, 230, 271, 293, 388,
393, 405, 468
인식론(epistemology) 95, 114, 162, 170,
185, 381, 388-389, 397-400, 403-
404, 406-409, 436, 465 / 개혁파
(Reformed) 389, 397-404, 406-407,
409
인종 차별주의(racism) 21, 30, 169
일관성(coherence) 158, 173, 204, 206-
209, 229, 403, 410, 464-466, 469
일원론(monism) 41, 181, 188, 216

자본주의(capitalism) 23-24, 28, 239,
476
자연/본성(nature) 35, 41, 51-54, 72-74,
79-98, 101-103, 108-109, 111-123,
131, 153, 157-160, 170, 174-178, 180,
184, 188-191, 196-197, 215, 222,
251, 270, 275-276, 284, 287, 295,
305, 346, 352, 361, 371, 375-377,
380, 383, 386-387, 391-393, 405,
407
자유(liberty) 141, 149-150, 182-183, 221
자유주의(liberalism) 39, 68, 94, 102,
120, 261, 413-414, 459
재림(second coming) 65, 72, 81, 93,
218
재세례파(Anabaptism) 94, 96-102
재창조(re-creation) 57, 79-85, 87-88,
287
저항/반대(resistance) 21, 51, 90, 218,
221, 234, 236, 268, 292, 439
전도(evangelism) 30, 66, 77, 167, 218,
286, 292-293, 333, 336, 339-340,
343, 366, 373
전통(tradition) 34-36, 45-47, 59-66, 72,
87, 93-102, 106-109, 113-120, 128,
134, 158-161, 163-165, 168, 173,
175, 178, 182, 185-186, 190-193, 197,
200, 208, 209, 220, 229, 231, 235,
241-243, 247, 255, 286, 288, 295-
297, 301-302, 324-329, 332, 333-
338, 370-373, 375, 383, 388-391,
397-398, 405, 408-416, 428-429,
431-432, 439, 444, 460, 467, 470,
479-485, 489, 492-495, 497-500
정부/통치(government) 52-53, 67, 96,
104, 111, 125, 173, 213-215, 220,
227, 232-238, 241, 246-247, 272-
273, 278, 281, 291, 301-302, 307-
310, 312-316, 328, 341, 395, 449-451
정의(justice) 214, 223, 227, 235, 241-
242, 247, 253, 300-301, 310-311,
404, 449, 456
공적(public) 223, 227, 235, 241,
250, 301, 324
정치/정치학(politics) 27, 76-77, 95, 100,
106-108, 143, 168, 182-183, 232,
235, 244, 251, 279, 299-317, 323,
328, 368-369, 411, 450, 500
존재론(ontology) 170, 394-395, 408
종교(religion) 27-32, 39-41, 46, 62, 90,

137, 144, 154, 161, 173, 179-181,
189, 203, 209, 216, 219-221, 233,
241-243, 248, 291-292, 297, 304,
325-328, 335-336, 340-341, 344,
348-349, 356-362, 366-367, 372,
382, 385-388, 392, 396-398, 403,
408, 411, 415, 420, 447, 448-449,
452, 462-464, 485, 498
　…의 사유화(privatization of) 209,
　　241, 291-292, 326-328, 462-463
종교개혁(Reformation) 47, 88, 96, 233,
　259, 265, 272, 279, 290, 385
종교적 체험(religious experience) 356-
　358, 436
종말론(eschatology), 종말론적(eschatological) 85, 93, 111-112, 129-130,
　157, 196, 350, 352-353, 354-355, 366,
　433
죄(sin) 45, 52-55, 75, 82-85, 88-92, 96,
　107, 114, 119, 121, 125, 129-130, 153,
　173, 179-181, 183, 214, 224, 233,
　266, 272-273, 275-276, 280, 310-
　312, 340, 355, 361, 372, 378-380,
　384, 407, 420, 435, 439
중생(regeneration) 181, 287, 382, 417,
　420, 430, 498 참고. '팔링게네시아'
지식(knowledge) 참고. 앎
지역 교회(local church) 참고. 교회: 지역
지혜(wisdom) 75, 79, 104, 108, 146,
　149, 152, 233, 297, 318, 369, 381,
　386, 391, 423, 466, 483, 486-487

진화(evolution) 54-56, 140, 404

창조/창조 세계(creation) 1, 35, 52-54,
　57-58, 62-66, 71-77, 79-95, 97-103,
　109, 112-114, 119-128, 130-131, 158,
　162, 168, 173, 178-180, 184, 191,
　194, 201, 206, 218, 220-224, 227,
　231, 272, 275-276, 287, 290-291,
　297, 301, 309-310, 313-314, 349-
　350, 355-357, 365, 370-371, 386-
　387, 392-395, 405, 419-421, 435-
　436, 439-441, 453, 465, 493
철학(philosophy) 51-54, 72, 89, 113,
　115-118, 149-151, 162, 170, 174, 178,
　192-197, 203-204, 211-213, 216-219,
　225, 231, 249, 252, 270, 305, 324,
　375-410, 411, 414-415, 428-431,
　436, 441, 464-465, 467, 469, 482,
　500
　기독교(Christian) 64, 178, 213, 229-
　　231, 324, 375, 385, 388-391,
　　395-397, 406-409, 414, 430, 467
칭의, 신학적(justification, theological)
　75, 79, 159-160

카이퍼, 얀 프레데릭(Jan Frederik
　Kuyper) 39
칼뱅주의(Calvinism), 개혁파 기독교
　(Reformed Christianity), 개혁파 교
　회(Reformed church), 개혁파 전통
　(Reformed tradition), 개혁파 신학

(Reformed theology) 27, 34, 41, 47-49, 61-62, 74, 86, 92-93, 100, 136, 156, 160, 167, 172-185, 190, 203, 206, 219-221, 234-235, 245, 249-250, 262-266, 273, 278, 288-289, 309, 325, 338, 343, 373, 409, 412-413, 433, 439-441, 456, 465-467, 470, 481, 484, 494-496 참고. 인식론: 개혁파

타당성(plausibility) 31-33, 470
타당성 구조(plausibility structures) 31-32, 208, 470-472, 474
타락(fall) 72, 81, 94, 98-102, 111, 122-123, 128, 131, 145, 191, 301, 359, 393-394, 417, 420-421, 435-436
테레사 수녀(Mother Teresa) 32, 211, 329, 487-489, 493
토대주의(foundationalism) 400-403
통치(government) 참고. 정부
투투, 데스몬드(Desmond Tutu) 26-27

파라칸, 루이스(Louis Farrakhan) 446
팔링게네시아(*palingenesia*), 팔링게네시스(*palingenesis*) 57-64, 262, 382, 416-417, 484
포스트모더니즘(postmodernism) 23, 118, 162, 188, 198, 202, 208, 396, 406, 440, 444, 456-458, 460, 468, 471
프란체스코, 아시시의(Francis of Assisi) 114

프랑스 혁명(French Revolution) 50, 176, 212, 219, 268

하나님(God) 22, 27, 30-35, 40-42, 44-48, 52-67, 71-93, 96-99, 101-110, 112-115, 120-131, 134, 141-142, 144-162, 164-165, 168-173, 176-184, 188-203, 205-206, 209, 213-227, 231-238, 247-250, 252, 256, 258-261, 264, 271-278, 282-290, 292-294, 297, 299-302, 305-313, 318-322, 324, 331-332, 335-336, 339, 341, 346-359, 361-362, 365-367, 370, 372, 378, 385-388, 391, 394, 399, 402-404, 408, 412-413, 415-426, 430, 434-435, 437-439, 453-454, 457-459, 467, 480-481, 488, 491-494
  삼위일체이신(as Trinity), 삼위일체적(trinitarian), 삼위일체의(triune) 54, 72, 90, 104, 114, 121, 177, 221, 262, 286-287, 335, 352, 370, 411-412
  성부이신(아버지로서의, as Father) 48, 53-55, 74, 88-90, 157, 168, 170, 257-259, 274, 286-288, 332, 352, 433, 436, 439-440
  …을 아는 지식(knowledge of) 154, 191, 288, 346, 416-423, 437-439
  …의 권위(authority of) 151-152, 214, 221, 236

…의 주권(sovereignty of) 45, 72, 106, 174, 177-188, 182-183, 213-216, 219-222, 224-225, 234-235, 261, 278, 306, 309, 349, 419, 439, 481, 484

하나님 나라(kingdom of God) 31-34, 44, 61-67, 72, 83, 89-90, 93, 95-97, 100-109, 111, 121-131, 159, 178-180, 200, 237, 261, 264, 277, 290, 298, 320-322, 331, 346-347, 350-355, 365-366, 370, 465, 482-483

하나님을 닮음(divine likeness) 참고. 형상: 하나님의

하나님의 선교(*missio Dei*) 65, 72, 287, 335, 343, 352, 365

하나님의 형상(*imago Dei*) 101, 205, 419, 436

학교(schools) 참고. 교육, 학교

학교, 기독교(Christian school) 277, 302, 305, 448, 452, 458, 463-464

학문, 기독교적(Christian scholarship) 382, 401, 405, 408-409, 441, 446, 452-458, 467

해방 신학(liberation theology) 323, 336

해석학(hermeneutics) 156, 426-427, 440

허무주의(nihilism) 56, 188, 198, 446, 459

혁명(revolution) 50-51, 68, 92, 143, 161, 170, 175-176, 212-213, 216-219, 225, 236, 268-270, 300, 309, 335, 385,

398-399, 499 참고. 프랑스 혁명

현대성(근대성, modernity) 23-24, 34, 37, 50, 54, 69, 78, 108, 134, 153, 172-177, 192, 200, 202, 209, 239, 241, 291-292, 325-328, 376, 406, 409, 434, 440, 458, 462, 471

현대주의 신학(근대주의 신학, modernist theology) 41, 135-139

현대주의/모더니즘(근대주의, modernism) 46, 48-53, 56, 63, 102, 139-140, 160, 175-176, 184, 268-273, 315, 387, 396, 414

형상(image) 그리스도의(of Christ) 484, 491

하나님의(of God), 하나님을 닮음(divine likeness) 30, 74, 114, 121, 170, 183, 199, 227, 378 (참고. 하나님의 형상)

회개/회심(repentance) 21, 44, 55, 66, 256, 360, 474

회복(restoration) 48, 90-92, 309

회심(conversion) 38, 46, 56, 59-67, 84, 89, 159, 167, 184, 193, 243, 256, 263-264, 288, 347, 353-354, 359, 360, 366-367, 466

회심(repentance) 참고. 회개/회심

흐로닝언 학파(Groningen school) 38, 136, 144

옮긴이 이종인은 고려대학교 공과대학을 졸업하고 서울신학대학교 신학대학원, 예일 대학교 신학대학원, 클레어몬트 대학원에서 조직신학과 철학적 신학을 공부했다. 현재 미국에 거주하며 신학 연구와 번역을 하고 있다. 옮긴 책으로 『베네딕트 옵션』 『교회의 소명』(이상 IVP)이 있다.

아브라함 카이퍼 전통과
삶의 체계로서의 기독교 신앙

초판 발행_ 2023년 1월 18일

지은이_ 크레이그 바르톨로뮤
옮긴이_ 이종인
펴낸이_ 정모세

펴낸곳_ 한국기독학생회출판부
등록번호_ 제2001-000198호(1978.6.1)
주소_ 04031 서울시 마포구 동교로 156-10
대표 전화_ (02)337-2257 팩스_ (02)337-2258
영업 전화_ (02)338-2282 팩스_ 080-915-1515
홈페이지_ http://www.ivp.co.kr 이메일_ ivp@ivp.co.kr
ISBN 978-89-328-1982-2

ⓒ 한국기독학생회출판부 2023

책값은 뒤표지에 있습니다.
무단 전재와 복제를 금합니다.